빅토르 위고(1802~1885)

▲대주교 다리에서 바라본 노트르담 대성당(남쪽)
가운데에 첨탑이 보인다.

◀노트르담 대성당(서쪽 입면)

다음쪽
노트르담 대성당 화재
1790년 프랑스혁명 시기에 파괴되었다가 19세기에 복구되었다. 2019년 4월 15일 첨탑 주변 보수 공사 도중 화재가 발생해 첨탑이 무너져내렸다.

피에르 그랭구아르   뤽 올리비에 메르송 그림, 게리 비샤르 에칭. 1889.

에스메랄다 앙투안 위르츠. 19세기

카지모도 앙투안 위르츠, 19세기

〈물 한 방울 눈물 한 방울〉 뤽 올리비에 메르송. 1903. 공시대(죄인을 매달던 시설)에 있는 카지모도에게 물을 마시게 하는 에스메랄다. 빅토르 위고의 집

페뷔스를 단도로 찌르려는 클로드 프롤로   니콜라스 외스타슈 모랭 석판화. 1834. 빅토르 위고의 집

에스메랄다를 구하기 위해 노트르담 대성당을 공격하는 미라클 부랑자들   쉬플라르. 1876. 빅토르 위고의 집

▲에스메랄다를 보호하려는 귀될 수녀. 루이 불랑제, 1833. 귀될 수녀가 트리스탕 레르미트의 자비를 구하면서 에스메랄다를 보호하려고 한다.

◀숙명(Ananké) 쥘 아들린. 19세기. 성당 계단에 써 있는 문자. 빅토르 위고의 집

기절한 채 교수대로 이끌려가는 에스메랄다   딸에게 매달린 어머니 귀뮐 수녀. 모랭. 1834. 빅토르 위고의 집

클로드 프롤로 부주교　귀스타브 프레퐁. 1883. '마침내 그는 부주교가 무엇을 바라보고 있는지 알 수 있었다. …'

노트르담 대성당 이무깃돌에 걸쳐앉아 슬퍼하는 카지모도   뤽 올리비에 메르송. 1881.

《노트르담 드 파리》 주요 등장인물이 그려진 권두화   메메 드 르무드 그림, 페롱탱 편집. 1844.

 영화 〈노트르담 드 파리〉(1956) 장 들라누아 감독. 앤서니 퀸·지나 롤로브리지다 출연. 프랑스·이탈리아 합작 영화

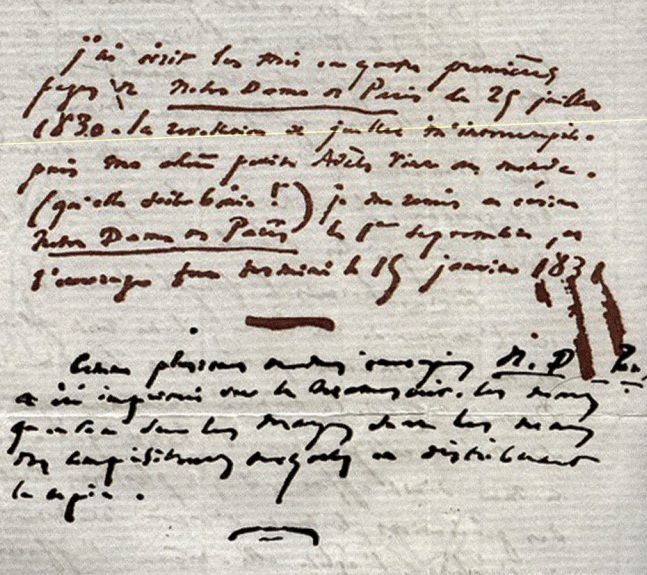

《노트르담 드 파리》(1831) 필사본 첫 페이지 샤를 고슬랭 편집. 프랑스국립도서관

World Book 198
Victor Hugo
NOTRE DAME DE PARIS
노트르담 드 파리
빅토르 위고/송면 옮김

동서문화사

디자인 : 동서랑 미술팀

노트르담 드 파리
차례

머리글
제1편
 1 대형홀 … 13
 2 피에르 그랭구아르 … 29
 3 추기경 각하 … 40
 4 자크 코프놀 영감 … 47
 5 카지모도 … 56
 6 에스메랄다 … 64

제2편
 1 산 넘어 산 … 69
 2 그레브 광장 … 72
 3 입맞춤 … 75
 4 밤거리에서 어여쁜 여인을 뒤따라갔다 봉변을 당하다 … 86
 5 계속되는 재난 … 91
 6 깨어진 항아리 … 94
 7 첫날밤 … 114

제3편
 1 노트르담 … 127
 2 파리를 내려다보다 … 137

제4편
 1 선한 영혼들 … 163
 2 클로드 프롤로 … 168
 3 짐승보다 더 무서운 짐승지기 … 173

4 개와 그 주인 … 181
5 다시, 클로드 프롤로 … 183
6 나쁜 평판 … 189

제5편
1 생마르탱의 사제 … 193
2 이것이 저것을 멸망케 하리라 … 204

제6편
1 옛 재판관들에 대한 공평한 관찰 … 221
2 쥐구멍 … 232
3 옥수수 효모로 만든 과자 이야기 … 236
4 물 한 방울 눈물 한 방울 … 258
5 과자 이야기의 끝 … 268

제7편
1 염소에게 비밀을 털어놓는 위험 … 273
2 신부와 철학자는 아주 다른 타인 … 288
3 성당의 종 … 298
4 숙명 'ANAΓKH … 301
5 검정 옷을 입은 두 사나이 … 316
6 들판에서 내뱉은 일곱 가지 저주의 말이 가져오는 효과 … 322
7 수도사 귀신 … 327
8 강 쪽으로 난 창문의 가치 … 336

제8편
1 가랑잎으로 둔갑한 금화 … 347
2 가랑잎으로 둔갑한 금화(이어서) … 358
3 가랑잎으로 둔갑한 금화(끝) … 364
4 모든 희망을 버려라 … 368

5 어머니 … 385
　　　6 저마다 다른 세 남자의 마음 … 390

제9편
　　　1 신열 … 411
　　　2 곱사등이 애꾸눈이 절름발이 … 423
　　　3 귀머거리 … 428
　　　4 질그릇과 수정 … 432
　　　5 포르트 루주의 열쇠 … 444
　　　6 포르트 루주의 열쇠(이어서) … 447

제10편
1 그랭구아르, 베르나르댕 거리에서 좋은 생각들이 잇달아 떠오르다 … 453
　　　2 거지가 되려무나 … 466
　　　3 기쁨이여 만세! … 469
　　　4 어설픈 친구 … 478
　　　5 루이 드 프랑스 전하가 기도를 올린 은신처 … 499
　　　6 바그노의 작은 불꽃 … 533
　　　7 샤토페르의 지원군이 출동하다! … 535

제11편
　　　1 작은 신발 … 541
　　　2 흰 옷을 입은 아름다운 사람 … 578
　　　3 페뷔스의 결혼 … 587
　　　4 카지모도의 결혼 … 588

위고 로망의 꽃《노트르담 드 파리》… 591
　　　빅토르 위고의 연보 … 604

머리글

몇 년쯤 전의 일이다. 이 책을 쓴 나는 노트르담 성당에 갔다가—아니 좀 더 정확히 말하면 그곳을 샅샅이 뒤지러 갔다고 하는 편이 맞겠다—그곳 한쪽 종루의 어두컴컴한 구석에서 벽에 새겨진 이런 글자를 발견했다.

'ΑΝΑΓΚΗ
(숙명)

오랜 세월이 흘러 새카매진, 돌 속 깊이 새겨놓은 그 그리스어 대문자들은 마치 중세의 누군가가 쓴 것임을 드러내려는 듯 고딕체 특유의 분위기와 모양새를 간직하고 있었다. 특히 그 음침하고 불길한 의미가 나에게 강한 인상으로 다가왔다.

이 오래된 성당의 벽면에 그런 죄악의 냄새와 불행의 흔적을 남기지 않고서는 차마 이 세상을 떠날 수 없었던 고통스러운 영혼은 과연 어떤 존재였을까 궁금했던 나는 생각에 생각을 거듭했다.

그 뒤 성당 벽을 새로 칠했는지 긁어냈는지(어느 쪽인지는 모르지만), 그 글자는 더 이상 보이지 않았다. 이미 2백여 년 전부터 중세의 경이로운 성당 건물들이 이런 대접을 받아오고 있었다. 안팎으로 온갖 훼손이 저질러지고 있는 것이다. 사제들이 덧칠을 해대고, 건축가들이 닥치는 대로 긁어내고 나면, 민중이 몰려와 마침내 허물어뜨린다.

따라서 이 책을 쓰고 있는 내가 여기에 남기는 덧없는 추억 말고는, 노트르담 어두운 종탑에 새겨진 그 신비로운 단어에 대해, 그 단어가 그토록 쓸쓸하게 담아내고 있던 미지의 운명에 대해 더 이상 아무것도 남아 있지 않은 셈이다. 단어를 새긴 사람 또한 이미 수백 년 전 세월의 흐름 속에 사라졌으며, 그 글자 또한 성당 벽에서 자취를 감추었다. 이제 머지않아 성당마저 이 땅에서 사라져갈 것이다.

이 책은 바로 그 신비한 한 단어에서 탄생한다.

1831년 2월

제1편

1 대형홀

 지금으로부터 348년 6개월하고 19일 전의 일이다. 시테 섬과 대학구, 도심을 둘러싼 세 겹의 성벽 안에서 쩌렁쩌렁 일제히 울려대는 종소리에 파리 사람들이 잠을 깬 지도.

 1482년 1월 6일, 그날은 특별히 역사에 남을 만한 사건이 일어난 날은 아니다. 아침부터 파리의 모든 시민과 종들을 온통 들쑤신 사건이란 그리 대단한 것은 아니었다. 피카르디 사람들이나 부르고뉴 사람들이 쳐들어오는 것도 아니었고, 성 유골함의 행렬이 지나가는 것도 아니었으며, 라스 포도원에서 대학생들의 폭동이 일어난 것도, "황공하옵기 그지없는 우리 국왕폐하"께서 납시는 것도 아니었고, 그렇다고 파리 재판소 광장에서 남녀 도둑들이 교수대에 매달리는 것도 아니었다. 15세기가 흔히 그러했던 것처럼 그즈음엔 그토록 빈번했던, 요란스러운 치장을 하고 말머리에 깃털 장식을 단 어느 나라의 사절단이 갑작스레 방문한 것도 아니었다. 실은 불과 이틀 전, 그런 기마행렬이 있긴 했었다. 프랑스 황태자와 플랑드르의 마르그리트 공주 결혼식을 성사시키기 위해 플랑드르측 사절단이 파리에 입성했던 것이다. 부르봉 추기경은 내키지 않았지만 국왕의 비위를 맞추느라 그쪽 촌뜨기 시장들을 환대해야 했다. 뿐만 아니라 비가 억수같이 쏟아져 문에 걸린 웅장한 휘장들을 모조리 적시는 가운데서도 자신의 성관에서 더없이 아름다운 도덕극(道德劇)과 소극, 풍자극을 베풀어 그들을 즐겁게 해주어야만 했다.

 1월 6일, 장 드 트루아의 말대로 "파리 시민의 기분을 온통 들끓게" 만든 것은, 예로부터 한데 합쳐 이중으로 성대하게 치러지던 주현절과 미치광이절이 겹친 날이었다.

 그날 그레브 광장에서는 흥겨운 폭죽이 터져 오르고, 브라크 교회당에서는 5월의 식목 행사가, 파리 재판소에서는 성사극(聖史劇)이 있을 예정이었다. 그 바로 전날, 공안장관 나리의 부하들이 투박한 양털로 짠 모자 달린 자줏빛 옷을 갖춰 입고 가슴엔 큼지막한 하얀 십자가를 단 채 거리로 나와 우렁찬 나팔 소리로 모든 행사를 이미 알린 터였다.

해가 뜨자 남녀 시민들은 상점이나 여염집이나 할 것 없이 문을 걸어 잠그고 행사가 열리는 세 장소 가운데 자신들이 원하는 곳으로 무리 지어 몰려가기 시작했다. 그들은 나름대로 마음을 정해 폭죽놀이를 즐기거나, 식목 행사에 참석하거나, 성사극을 구경하면 되었다. 그런데, 파리 구경꾼들 특유의 오래된 풍습을 칭찬할 겸 한마디 덧붙이자면, 이들 무리의 대부분은 제철을 맞은 흥겨운 폭죽놀이나, 문도 창문도 꼭꼭 닫혀 있는 갑갑한 건물에서 공연하는 성사극을 즐기러 재판소 대극장으로 몰려갔다는 것이다. 하지만 그들은 제대로 꽃이 피지 않아 추레한 5월이 한창인 떨기나무에는 관심이 없었는지 브라크 교회당 묘지의 썰렁한 하늘 아래 홀로 떨도록 나 몰라라 남겨두었다.

특히 재판소 주변 거리로 많은 사람들이 몰려들고 있었는데, 이유인즉슨 그저께 도착한 플랑드르 사절단이 성사극 공연과 더불어, 대형홀에서 이루어질 미친 교황선거에도 참석할 것이라는 이야기가 나돌았기 때문이다.

그 무렵만 해도 이곳 대형홀은 닫힌 실내공간으로서는 세계에서 가장 큰 곳으로 명성이 자자했는데, 그날만큼은 이곳에 들어가는 일이 만만하지 않았다(물론 소발(17세기 역사가)이 그때까지는 몽타르지 성의 대형홀 면적을 아직 재지 않은 때이긴 하다). 창밖을 내다보는 구경꾼들의 눈에는 인산인해로 붐비는 재판소 광장이 마치 바다처럼 보였다. 그곳으로 통하는 대여섯 개의 길은 강의 하구처럼 시시각각 새로운 사람의 물살을 토해내는 듯했다. 끊임없이 불어나는 사람들의 물결은 광장의 불규칙한 유역 여기저기에 못처럼 튀어나온 건물 모퉁이에서 출렁이듯 부딪치고 있었다. 높다란 고딕식 재판소 건물 정면 한가운데의 웅장한 계단은 오르내리는 인파로 뒤덮여 있었다. 그 흐름은 계단 아래에서 갈라져 다시 양쪽 옆으로 퍼져나갔다. 마치 폭포가 호수로 떨어져내리는 것처럼, 그 큰 계단이 그칠 줄 모르고 인파를 광장으로 흘려보내고 있다고나 할까. 고함소리, 웃음소리, 수천 명의 발소리가 뒤엉겨 엄청난 소음과 혼잡을 불러일으키고 있었다. 그러다 이따금 질서를 잡기 위해 치안행정관이 사람들을 난폭하게 다루거나 하사관의 말 뒷발길질에 차이곤 한 탓에, 웅장한 계단 쪽으로 몰린 인파가 역류하거나 대책 없이 엉키기라도 하면, 그 혼잡과 소음은 더욱 심해지는 것이었다. 그러한 질서유지책은 이른바 공안행정부에서 군법원으로, 군법원에서 기마헌병대로, 다시 기마헌병대에서 오늘날 파리의 치안을 책임질 헌병대로까지 이어지는 훌륭한 전통인 셈이다.

　차분하고 성숙한 모습의 또 다른 시민들은 집집마다 문이나 창문, 채광창, 지붕 등에 바글바글 모여 일제히 재판소 쪽과 주변의 떠들썩한 군중을 지켜보고만 있을 뿐, 그 이상을 바라는 것 같지는 않았다. 그도 그럴 것이, 대부분의 파리 사람들은 그저 엄청나게 모여든 구경꾼들을 구경하는 것만으로도 충분히 만족하고 있었기 때문인데, 그 너머에서 뭔가 벌어지고 있는 인파의 벽을 대하는 것 자체가 이미 흥미진진한 일이었다.

　만약 1830년대 사람인 우리가 상상으로나마 이들 15세기 파리 사람들과 뒤섞여, 그들과 함께 서로 부딪치고 밀고 당기면서 엎치락뒤치락 15세기의 그 널따란 재판소 대형홀—1482년 1월 6일에는 혼잡한 상황이라 답답했겠지만—로 걸어들어갈 수만 있다면 그 광경 또한 흥미와 매력이 없지는 않았을 것이다. 온통 밝고 오래된 것들로 가득한 그곳이 오히려 새롭게 다가왔을지 모른다.

　독자 여러분이 동의한다면, 이제부터 우리는 온갖 의복들을 갖춰 입은 사람들에 둘러싸여 재판수 대형홀의 문턱을 넘는 순간 경험했을 만한 생생한 느낌을 상상하여 이곳에 쓰고자 한다.

　우선 귓속이 윙윙거리고 눈이 빙빙 돌기 시작한다. 머리 위로는 조각한 목재를 입혀 하늘색으로 칠하고 금빛 백합 무늬를 넣은 이중의 둥근 천장이 있으며, 발밑으로는 하양과 검정이 번갈아 펼쳐진 대리석 타일이 깔려 있다. 몇 발짝 떨어진 지점부터 유난히 큰 기둥들이 하나둘 실내의 가로방향을 따라 모두 7개의 기둥이 서 있고, 세로방향의 한가운데서 그 둥근 천장을 각각 떠받치고 있다. 처음 4개의 기둥 주위에선 반짝이는 유리와 싸구려 금속공예품들을 파는 장사치들이 고만고만한 장사판을 벌이고 있다. 나머지 3개의 기둥을 따라서는 소송인들의 무릎까지 오는 반바지와 그 대리인들의 법복에 닳아 반들반들해진 떡갈나무 벤치들이 놓여 있다. 또 홀의 가장자리를 따라 높은 벽이 둘러쳐져 있고, 문과 문 사이, 창문과 창문 사이, 기둥 사이사이마다 파라몽 왕 이래 역대 프랑스 제왕의 조각상들이 즐비하다. 그 모양은 모두 달라 게으른 왕들은 눈을 내리깐 채 두 팔을 축 늘어뜨린 모습이고, 용맹하고 호전적인 왕들은 대담무쌍한 표정으로 고개를 높이 든 채 두 손을 하늘 높이 치켜든 형상이다. 길쭉하고 꼭대기가 뾰족한 창문들은 모두 색색의 스테인드글라스로 장식되어 있고, 홀의 큼지막한 출입구들마다 세밀하고 화려한 무늬들이 새겨진 문들이 달려 있다. 말하자면 둥근 천장, 기둥, 벽체, 창틀, 장식벽, 문짝, 조각상 할 것 없이 전체가 파랑과 금색으로 화려하게 치장되어 있다. 우리가 확인할 수 있는 지금은 물론 그 색이 형편없이 바랬지만, 1549년 무렵에도 먼지와 거미줄 아래 이미 그 본모습을 잃고 있었다. 이해에 뒤 브뤼엘 신부 같은 이가 칭찬을 아끼지 않았던 것은 단지 관례에 따른 것뿐이었다.

그럼 이제 이 거대하고 긴 홀의 모습을 떠올려보자. 희뿌연 1월의 햇살이 비쳐드는 가운데 저마다 요란한 차림새를 한 시끌벅적한 군중이 밀려들어와 벽을 따라 이어지다가 7개의 기둥 주위에서 소용돌이친다. 우선 이런 상상만으로도 이곳 전체의 모습을 대강 상상할 수 있겠지만, 여러분의 흥미를 끌 만한 자세한 것들을 조금 더 세세히 이야기하겠다.

분명한 것은, 만약 라바야크가 앙리 4세를 암살하지 않았다면(구교를 적으로 비난하던 설교에 넘어가 1610년에 앙리 4세를 찔러 죽였다), 재판소 기록보관소에 라바야크에 대한 소송관련 문서들이 보관되어 있을 리 없을 것이다. 또 그것들의 인멸을 꾀하는 공범자도 없었을 것이며 재판소에 불을 놓아야만 하는 상황도 벌어지지 않았을 것이다. 즉 서류를 없애기 위해 달리 좋은 방법이 없어서 태워버리려 하고, 그 때문에 서기과를 태우려 하며, 서기과를 태우기 위해 재판소에 불을 지르는 일은 일어나지 않았을 거라는 말이다. 그랬다면 1618년의 대화재는 일어나지 않았을 것이다. 그러면 낡은 재판소 건물일망정 그 고색창연한 대형홀과 함께 건재할 터이고, 나 역시 독자에게 가서 직접 보시라고 말할 수도 있었을 것 아닌가. 나는 구태여 이렇다저렇다 꼼꼼하게 묘사하지 않아도 되며, 독자는 그걸 꼬박꼬박 챙겨 읽지 않아도 될 테니, 둘 다 이런 수고는 피할 수 있었으리라. 하긴 이로써 다음과 같은 새로운 진리가 입증되었다. "큰 사건은 이따금 가늠할 수 없이 엄청난 결과를 낳는 법이다."

사실 라바야크에게 공범 따위는 없었다. 설령 있었다 해도 1618년의 화재와는 무관했을 수도 있다. 그 화재에 대해서는 이 밖에도 두 가지 아주 그럴 듯한 다른 설명들이 따라다닌다. 첫 번째, 다들 알다시피 3월 7일 자정이 지나서 지름 30센티미터에 높이가 50센티쯤 되는 크기의 불타는 운석 하나가 난데없이 하늘을 가르고 재판소 건물로 떨어졌다는 것이다. 두 번째는 테오필의 다음 4행시에 나오는 바로 그 사연이다.

정말이지 안타까운 일이었다.
파리에서, 정의의 여신께서
향신료를 너무 드시는 바람에
입안을 홀딱 데시다니.

(뇌물을 너무 많이 먹는 바람에
재판소에 불이 붙었다는 속뜻이 있다)

1618년의 파리 재판소 대형화재사건을 둘러싼 정치적, 물리적, 시적인 3 방면의 설명에 대해 사람들이 어떻게 생각하건, 어쨌든 화재가 있었다는 것만은 분명한 사실이다. 재해를 입어, 특히 해를 입지 않고 남아 있던 부분마저 못 쓰게 만든 갖가지 보수공사들로 말미암아 루브르 궁전의 형님 격인 이 최초의 프랑스 왕궁도 왕년의 모습은 거의 남아 있지 않다. 필리프 르 벨 왕 시내에 이미 몹시 낡은 상태였으며, 로베르 왕이 건설하고 엘갈뒤스가 묘사했던 그 훌륭한 건물의 흔적을 어디서 찾을 것인가. 지금은 온전한 거라곤 거의 없는 실정이다. 그렇다. 거의 모두 사라지고 없는 것이다. 성 루이 왕이 '그들 부부만의 침소에 드시던' 그 방은 지금 어찌 되었는가? '양털로 짠 웃옷에 민소매의 면모 교직 나사 겉옷을 받쳐 입고, 검정 호박단 망토를 걸친 모습으로 양탄자 위에 비스듬히 누워 주앵빌과 더불어' 재판을 열던 정원은 어디에 있는가? 시지스몽 황제의 방은 어디인가? 샤를 4세의 방은 또 어디에 있는 것일까? 장 상 테르 왕의 방은? 샤를 6세가 특별사면을 선포한 계단은 어디에 있는가? 마르셀이 황태자의 눈앞에서 로베르 드 클레르몽과 샹파뉴 원수의 목을 친 돌바닥은? 대립교황 베네딕투스의 교서가 발기발기 찢기던 좁은 문은 어디에 있으며, 그 칙서를 가져왔던 자들이 긴 도포 차림에 주교관을 쓴 채로 온갖 조롱과 야유 속에 파리 시내를 돌며 일일이 용서를 구한 뒤 빠져나간 바로 그 작은 문은? 눈부신 금박과 짙푸른 물감, 끝이 뾰족한 홍예들과 조각상들, 기둥들, 화려한 돌을새김으로 표현된 거대한 반원천장이 있던 대형홀은? 온통 금칠을 입힌 침실은 어디에 있으며, 솔로몬의 옥좌에 있는 사자상들처럼, 정의 앞에 걸맞게 삼가는 태도로 머리를 조아리고 꼬리까지 바짝 내린 채 무릎 꿇듯 문가에 앉아 있던 돌사자들은 어디로 갔는가? 그 정교하던 문짝들, 그토록 멋지고 눈부시던 스테인드글라스들은? 그리고 비스코르네트(노트르담 대성당의 측면 현관의 금속세공 제작자)조차 기죽게 만들었다던 그 정교한 철세공품들은? 뒤 앙시의 섬세한 장식세공품들은? …… 그 모든 경이로운 것들을 사람들은, 세월은 대체 어떻게 한 것일까? 고딕예술, 갈리아의 역사, 그 모든 것을 대신해서 우리가 물려받은 것은 무엇이란 말인가? 생제르베 성당의 정문을 만든 아마추어 건축가 브로스(1618년의 화재로 불탄 대형홀을 재건했다)가 함부로 얼버무려놓은 무거운 아치들, 이것을 예술이라고 큰소리치는 지경이다. 역사로 말하자면, 파트뤼(17세기의 웅변가) 같은 부류의 인간들이 지껄이는 소리가 여전히 메아리치고 있는, 그 굵은 원기둥에 감춰진 이야기는 추억일 뿐이다.

허나 지금 그게 무슨 대수인가. 진정한 옛 재판소의 드넓은 홀 이야기로 돌아가자.

이 거대한 평행사변형 공간의 한쪽 끝에는 굉장한 대리석판 하나가 놓여 있다. 길이로 보나 폭으로 보나 두께로 보나 어찌나 길고 넓고 두꺼운지, 옛 토지대장에 가르강튀아가 입맛을 다시는 듯한 문체로 남긴 기록을 보면, "지금까지 이렇게 큰 대리석은 세상 어디서도 본 적이 없다"고 할 정도다. 그런가 하면 다른 한쪽에는 기도소가 자리 잡고 있는데 루이 11세는 성모마리아 앞에 무릎 꿇고 있는 자신의 모습을 조각해 넣도록 했을 뿐 아니라, 멀쩡히 도열해 있는 역대 제왕의 조각상들 가운데 샤를마뉴 대제와 성 루이 왕의 조각상을 억지로 빼내 기도소 안으로 옮겨놓도록 했다. 그 때문에 마치 이가 빠진 것처럼 허전하게 되었지만, 유독 그 두 성자를 하늘이 내린 프랑스의 임금으로 떠받들던 루이 11세로선 전혀 신경 쓸 만한 문제가 아니었던 듯하다. 이 기도소는 세워진 지 6년이 채 지나지 않아 아직 새 시설이나 다름없었는데, 섬세한 건축술의 묘미와 놀라운 조각술 그리고 심오하리만치 정교한 세공 장식을 통해 저물어가는 고딕시대의 풍취는 물론, 16세기 중반 르네상스의 몽환적 매력까지 줄곧 살아 있었다. 특히 정면 출입구 위에 나 있는 작은 꽃모양의 투명창이야말로 섬세하면서 우아한 매력을 갖춘 걸작으로, 마치 철로 세공한 별처럼 보였다.

성사극에 초대된 거물급 인사들과 플랑드르 사절단을 위해서는 홀의 정문 맞은편 벽에 기대어 금빛 비단을 댄 연단을 특별히 마련해놓았으며, 거기서 곧장 귀빈실로 통하도록 출입구를 따로 냈다. 이 연단은 성사극에 초대된 플랑드르 사절단이나 고관들을 위해 마련한 것이다.

관례대로 성사극은 대리석 평판을 무대삼아 공연될 예정이었다. 이른 아침부터 널따란 판이 준비된 것도 다 그 때문이었다. 재판소 서기조합원들이 촘촘히 줄을 그어놓은 화려한 평판 위에 어디서나 볼 수 있도록 높다란 골조를 짜 올렸고, 그 위에 정식 공연무대가 설치되었다. 한편 휘장으로 가린 그 내부는 탈의실로 사용될 예정이었는데, 그로부터 가파르게 걸쳐놓은 계단이 다시 말해 무대로 나왔다가 들어가는 통로인 셈이었다. 다시 말해 그 조악한 계단을 통하지 않고서는 예기치 못한 인물의 등장도, 깜짝 놀랄 만한 상황도, 급변하는 사건의 전개도 없는 셈이니, 그것이야말로 유서 깊은 무대장치의 순박함이 아니고 무엇이겠는가?

재판이 열리든 축제가 열리든, 사람들 곁에서 늘 시민의 안전과 즐거움을 책임져야 하는 재판소 소속 경관 4명이 대리석 평판의 네 귀퉁이를 지키고 서 있었다.

재판소의 커다란 시계에서 정오를 알리는 종소리가 울려퍼지면 연극이 시작될 예정이었다. 공연을 시작하기에는 확실히 너무 늦은 시간이지만 사절단의 일정에 맞추려면 어쩔 수 없었다.

그럼에도 수많은 사람들은 이른 아침부터 이 성사극을 보기 위해 광장으로 몰려든 것이다. 열성적인 관객들은 날이 채 밝기도 전에 재판소의 커다란 계단 앞에 모여 추위에 떨며 기다리고 있었다. 그 가운데에는 문이 열리자마자 뛰어들려고 출입문을 막아선 채 그곳에서 밤을 새웠노라 떠벌리는 사람도 있었다. 모여드는 사람의 물결은 어느새 벽을 따라 넘실대거나, 기둥을 에워싸듯 불어나고, 기둥과 기둥 사이, 난관, 창문의 아래 틀, 건물의 돌출부 등등 장소를 막론하고 흘러넘치기 시작했다. 상황이 그렇다 보니 온종일 북적거리던 사람들이 서로 불편하고 신경이 날카로운 건 물론이거니와, 기다림에 지쳐 뻔뻔스러워지거나 어처구니없는 행동들을 해대도 어쩔 수가 없었다. 그야말로 예의라든가 품위 따위는 어디에 팔았는지 안중에도 없는 하루였다. 이를테면 많은 이들이 북적대다 보니 서로 조금만 닿아도 팔꿈치로 찌르지 말라 야단법석이었고, 발을 밟혔다느니 하면서 서로 옥신각신했다. 또한 해가 뜰 무렵부터 모여들어 오랜 시간 기다리다 보니 연극이 시작되기도 전부터 피로가 쌓여 지쳐가는 사람들로 아수라장이었다. 사절단의 도착까지 시간이 아직 많이 남았는데, 인파 속에서 서로 밀고 밀리느라 제풀에 숨이 막힐 지경에 이른 사람들의 광란은 점점 심해지고 있었다. 아울러 귀에 들리는 소리라고는, 플랑드르 사람들과 파리시장, 부르봉 추기경과 대법관, 오스트리아의 마르그리트 공주, 곤봉을 휘두르는 경찰과 추위와 더위, 궂은 날씨, 파리의 주교와 미치광이 교황, 기둥들과 조각상들, 닫히거나 열린 문짝에 대한 얼토당토않은 불평과 아무렇게나 내뱉는 저주의 아우성이 전부였다. 하지만 이런 모든 소동과 소란스러운 광경조차 인파에 섞여 있는 학생들과 하인들에게는 그저 신기하고 재미있는 구경거리였다. 그들은 광란 속에서 북적거리는 사람들을 향해 갖은 야유와 짓궂은 농담을 던지며 즐거워하고 있었다.

그 가운데서도 특히 눈에 띄게 짓궂은 젊은 패거리가 있었는데, 아예 유리창 하나를 부수고는 그 창틀 위에 걸터앉아 태평스럽게 홀 안쪽의 사람들과 광장 바깥쪽 인파를 번갈아 쳐다보며 연신 야유와 농담을 퍼붓는 것이었다. 그들은 홀 맞은편의 누군가를 흉내내기라도 하는지 과장된 몸짓과 야유 섞인 요란한 웃음을 주거니 받거니 하고 있었다. 한마디로 다른 사람들처럼 피곤해하거나 기다림에 지친 모습이 아니라 자기들 처지를 비롯해 눈앞의 모든 상황 자체를 즐기는 것 같았다. 그러니 진짜 구경거리를 기다리는 일이 지루할 턱이 없었다.

"이봐, 넌 장 프롤로 드 몰랑디노로구나!" 젊은 패거리 가운데 하나가 키가 자그마한 금발소년을 향해 소리쳤다. 그 소년은 귀여운 개구쟁이처럼 생긴 학생으로 원기둥 꼭대기의 아칸서스잎 모양의 장식에 매달려 있었다. "'풍차장(風車場)의 장'이라, 이름 한번 멋지단 말씀이야. 그놈의 팔다리가 정말로 바람에 빙빙 돌아가는 풍차날개 같으니 말이야. 그런데 대체 언제부터 거기 매달려 있는 거냐?"

"벌써 4시간도 더 됐어." 장 프롤로가 대답했다. "그 시간만큼은 앞으로 내가 연옥에서 치러야 할 시간에서 빼주어야 할 텐데. 이래 봬도 난 시칠리아 왕의 성가대원 8명이 생트 샤펠 성당에서 부른 7시 대미사의 시작을 알리는 미사곡까지 들었다니까."

"정말 대단한 성가대원들이지. 어째 목소리가 그들이 쓰고 있는 모자 끝보다도 더 뾰족한 것 같더라니까! 그나저나 왕께선 성 요한 봉헌미사 전에 라틴어를 프로방스 사투리로 읊조리는 것이 과연 성 요한의 마음에 드실지 여쭤봤어야만 하는데." 다른 한 패가 말한다.

"시칠리아 왕이 그런 짓을 한 건 엉터리 같은 성가대원들을 부려먹기 위해서라고!" 그때, 창문 아래쪽 인파에 섞여 있던 한 노파가 외쳤다. "게다가 미사 한 번 드리는 데 파리 돈으로 1천 리브르라니, 말이 되는 소리야? 이번에도 파리 어시장에서 거둔 피 같은 돈이겠지 뭐!"

순간, 생선장수 노파 옆에서 코를 틀어막고 서 있던 뚱뚱하고 점잖아 보이는 남자가 불쑥 끼어들었다. "입 다물어, 이 할망구야! 미사야 당연히 드려야 하는 건데, 할망구는 그럼 왕이 다시 병에 걸려도 상관없단 거야?"

"지당하신 말씀이에요, 왕실 모피제조업자이신 질 르코르뉘 나리!" 원기둥 꼭대기에 매달려 있던 학생이 끼어들었다.

우연치 않게 왕실 모피상의 이름이 나오자 짓궂은 학생들의 폭소가 터졌다.

"르코르뉘! 질 르코르뉘!" 결국 몇몇 사람들이 노골적으로 이름을 불러대며 놀리기 시작했다.

"코르누투스, 뿔 난 털북숭이!" 그러자 원기둥 꼭대기에 매달려 있던 학생이 한술 더 뜨는 것이었다.

"그 정도가 뭐 그리 우습다고 난리지? 이래 봬도 질 르코르뉘 어르신은 왕궁 감독관인 장 르코르뉘 어르신 동생이신 데다, 뱅센 숲의 일등문지기인 마이에 르코르뉘 어르신 아드님이라고요. 집안 모두 파리 시민이고 조상 대대로 아내를 둔 어엿한 남편들이시라니까!"

그 말에 사람들은 더욱 웅성거렸다. 뚱뚱한 모피상은 아무 대꾸도 못하고, 사방에서 화살처럼 쏟아지는 사람들의 시선을 피하기에 급급하다. 그러나 숨만 가빠지고 식은땀 범벅인 몰골로, 벌겋게 달아오른 얼굴을 옆 사람들 어깨 사이로 숨기는 수밖에 빠져나갈 구멍이라곤 보이지 않았다.

마침내 모피상과 마찬가지로 뚱뚱하고 키가 작으면서도 어딘지 품위가 있어 보이는 한 사내가 보다 못해 모피상의 흑기사로 나섰다.

"이런 버릇없는 것들이 있나! 아직 학생인 주제에 어른에게 무슨 짓들이냐? 내가 조금만 젊었더라면 네놈들을 몽둥이로 흠씬 두들겨 팬 다음에 그 몽둥이를 불쏘시개 삼아 모조리 태워 죽이고도 남았어. 이놈들아!"

그 소리에 학생들이 술렁였다.

"핫핫핫! 난데없이 잠꼬대를 하는 건 누구지? 무서워 죽겠네. 어디서 날아든 수리부엉이냐?"

"아하, 왠지 낯익은 얼굴인데. 그렇군! 알아보겠어. 앙드리 뮈니에 어른이시군?" 하나가 말했다.

"맞아, 대학에 드나드는 책방주인 4명 중 하나야!" 다른 하나가 말한다.

"저놈의 너저분한 학교에는 뭐든지 넷씩 있거든. 학생들의 국적도 넷, 축제도 넷, 감사도 넷, 선거인도 넷이고 책방주인도 넷이라니까!" 또 다른 하나가 소리쳤다.

학생들이 이렇게 떠들어대자 장 프롤로가 외쳤다. "이런 난장판을 보겠나!"

"뮈니에, 당신의 책들을 불태워버리겠어."

"뮈니에, 당신의 하인들을 두들겨 패주겠어."

"뮈니에, 당신 마누라가 입고 있는 옷가지를 찢어버리겠어!"

"마음씨 착한 뚱보 아가씨 우다르드의 것도?"

"그 아가씬 과부처럼 순진하고 쾌활하지."

이런 야유가 쏟아지자 앙드리 뮈니에는 분에 못 이겨 씩씩대기 시작했다.

"망할 것들 같으니. 개에게나 먹혀라!"

"여봐요, 앙드리 나리, 조용히 하시지. 안 그러면 당신 머리 위로 펄쩍 뛰어내릴 테니까." 장 프롤로가 여전히 기둥 꼭대기에 매달려 위협했다.

앙드리 뮈니에는 고개 들어 기둥의 높이와 상대의 체중을 가늠하고는 곧 입을 다물어버렸다.

승리감에 더욱 의기양양해진 장이 말했다.

"내가 부주교의 동생이긴 하지만, 그 정도쯤이야 얼마든지 해치울 수 있다고!"

"그나저나 우리 대학 선생들은 참 답답하기도 하지! 적어도 오늘 같은 날엔 우리 특권을 좀 존중해줘야 하지 않나? 시내에는 축제도 열리고 불꽃놀이도 하고, 성사극과 미치광이 교황 같은 볼거리에 플랑드르 사절단도 오는데, 대학에는 아무것도 없잖아!"

"하긴 모베르 광장 같은 곳은 꽤 넓기는 하지!" 창가의 탁자 위에 자리를 잡은 학생의 대꾸에 장이 버럭 외쳤다.

"총장과 선거인과 감사까지 모조리 쫓아내자!"

순간 다른 학생이 맞장구를 쳤다. "말 나온 김에 오늘 저녁 가이야르 광장에서 앙드리 나리의 책들로 불꽃놀이를 한판 벌이는 게 어때?"

"서기 놈의 지긋지긋한 책상도 태워버리자!" 옆에 있던 학생이 말한다.

"수위들의 곤봉도 마찬가지야!"

"학장의 타구도 없애버려!"

"감사의 식기장도 태워버려!"

"선거인들의 빵 궤짝도 처치하자고!"

"총장 의자까지 모조리!"

"없애버려!" 그렇게 너도나도 소리를 질러대는 가운데 장도 질세라 더욱 드높여 소리쳤다. "앙드리 나리, 수위, 서기들도 모두 없애버려. 신학자들과 의사와 교회법학자들도 해치워. 감사, 선거인, 총장 모조리 타도하라!"

"맙소사, 말세로군, 말세야!" 앙드리 뮈니에가 귀를 틀어막으며 중얼거리는데, 창가에 있던 사람 하나가 불쑥 외쳤다.

"이봐들, 저길 좀 봐, 총장이야! 광장을 걸어오고 있어!" 그 소리에 모두 광장을 돌아다보았다.

"정말로 우리가 존경하는 티보 총장이 맞아?" 풍차장의 장 프롤로가 물었다. 그는 강당 안의 기둥 꼭대기에 매달려 있었기 때문에 밖에서 일어나는 일을 볼 수가 없었다.

"맞다니까, 틀림없이 티보 총장이야!" 다른 사람들이 모두 대답했다.

정말로 티보 총장과 대학의 고명한 선생들이 사절단을 맞이하기 위해 재판소 앞 광장을 가로지르고 있었다. 학생들은 일제히 창가로 몰려가더니 빈정거림과 야유가 뒤섞인 고함을 내지르며 웅성거렸다. 일행을 이끌고 앞서 가던 총장이 맨 먼저 희생양이 될 수밖에 없었다. 듣는 이의 체면 따위는 아랑곳없이 쏟아져내리는 비아냥거림 그 자체였다.

"안녕하신가, 총장 나리! 이봐, 인사하는 소리 안 들려?"

1 대형홀 23

"어떻게 여기까지 납시었지? 늙다리 노름꾼 주제에? 주사위는 어디에 버리셨나?"

"당나귀 엉덩이 위에서 흔들거리는 모습이라니! 당나귀 귀때기가 저 인간 귀보다 짧군그래."

"여봐! 티보 총장 선생, 안녕하슈? 노름꾼 티보! 늙어빠진 바보 노름꾼!"

"어때? 지난밤엔 한몫 잡았나?"

"저걸 봐, 얼마나 주사위 노름에 빠졌으면, 퀭한 눈하며 삭아빠진 얼굴이 도저히 인간 몰골이 아니로군!"

"어딜 그리 부지런히 가시나? 주사위 노름판이라도 벌어진 모양이지? 주사위 노름꾼 티보. 학교는 팽개치고 뭘 그렇게 촐랑촐랑 시내 쪽으로 가시는가?"

"뭘 그래, 티보토데 거리로 판 벌어진 곳을 찾아가는 걸 거야!" 장이 외쳤다.

그러자 학생들은 모두 미친 듯이 박장대소하며 계속해서 야유를 쏟아부었다.

"맞아, 거기 노름판에 가는 거야, 총장선생, 주사위 노름의 대왕, 그렇지? 역시 빌어먹을 노름꾼은 다르다니까!"

이제 야유는 나머지 선생들에게로 향했다

"수위들을 해치워라! 권표(權標)지기들을 몽땅 해치워버려!"

"어이, 거기 로뱅 푸스팽. 저기 오는 건 누구지? 못 보던 놈인데?"

"오텅 대학 학장인데 질베르 드 슈이라고 하지. 점잖은 라틴어로는 길베르투스 데 솔리아코라고 해!"

"이봐, 자, 여기 내 신발짝 하나 줄 테니, 거기 높은 데서 저놈 낯짝에 냅다 던져버려!"

"아, 참! 사투르누스 축제의 호두알이나 던져줄까?"

"흰옷 입은 여섯 놈의 신학교수들도 해치워라!"

"저것들이 신학자라고? 난 또 생트주느비에브가 파리 시에 하사하신 하얀 거위새끼 여섯 마리인 줄 알았지 뭐야!"

"의학자랍시고 거들먹거리는 놈들은 깡그리 해치워버려!"

"그놈의 지긋지긋한 필수토론이고 선택토론이고 모조리 끝장내버려!"

"어이, 생트주느비에브의 학장인지 뭔지 내 모자나 받아라! 저놈은 정말 편애가 심한, 치사한 놈이라니까! 저놈이 노르망디 반의 내 자리를 부르주에서 온 아스카니오 팔자스파다 놈한테 줘버렸어! 제 놈이 이탈리아치거든."

"그건 명백한 부정행위야! 생트주느비에브 학장을 타도하라!" 학생들은 흥분하여 이구동성으로 외쳤다.

"어이, 주아샹 드 라드오르 선생! 이봐, 루이 다유! 야! 랑베르 옥트망."

"귀신은 다 어디서 뭐 하고 있는 거야? 저런 독일 반 학장의 숨통이나 따 버리지 않고."

"그 옆에 회색 제의를 걸친 생트샤펠 소속 사제들도 해치워!"

"그보다 저기 모피 걸친 녀석들도 똑같아!"

"오호라, 문학사 나리들도 납셨네! 근사한 검정 망토며 깔끔한 붉은 망토 나리들!"

"총장 꽁무니를 부지런히도 따라다니는군! 훌륭하신 꼬랑지야."

"그야말로 바다와 결혼하러 나서는 베네치아 공작 같군." (공작은 해마다 승천의 대축일에 아드리아해에 결혼반지를 던지고 바다와 결혼하기로 되어 있었다)

"이봐 장! 생트주느비에브의 참사회원들이신데?"

"참사회원 따윈 똥이나 먹으라고 해!"

"이봐, 클로드 쇼아르 신부! 클로드 쇼아르 박사 양반! 마리 라 지파르드를 찾으시나?"

"그녀는 그라티니 거리에 있을 텐데."

"어느 창녀감독관의 잠자리를 마련하고 있을걸?"

"4드니에나 되는 영업세를 내고 있다는군."

"아니면 손님한테 내게 했을걸?"

"아니, 너도 대접받고 싶은 거야?"

"여보게, 친구들! 피카르디의 선거인 시몽 상갱 선생이 말 엉덩이에 여편네를 태워 가고 있네!"

"기사의 등에는 항상 어두운 근심이 따르나니."

"정말 뻔뻔하다니까, 시몽 선생."

"안녕하쇼, 선거인 나리들!"

"잘 자요, 선거인의 부인님들!"

"훤히 다 내다보이니 좋기도 하겠군." 여전히 기둥 꼭대기 잎사귀 모양의 장식에 매달려 있는 장 프롤로 드 몰랑디노가 한숨을 쉬며 중얼거렸다.

아래에선 대학에 드나드는 서적상 앙드리 뮈니에가 왕실 모피상 질 르코르뉘의 귀에 대고 무언가 속삭이고 있었다.

"아무리 세상이 변했기로서니 이건 말세입니다! 어떻게 학생들이 저렇게 선생들을 향해 노골적으로 비난과 야유를 퍼부어댈 수 있는지 이건 난생처음이에요! 요즘 새로 발명되는 것들이 모든 걸 엉망으로 만들고 있다니까요. 대포며 세르판틴 포, 절구포 등등, 특히 독일에서 발명됐다는 인쇄술 말이오! 그것 때문에 이제는 사본도 책도 필요 없게 됐어요. 그놈의 인쇄술 때문에 우리 서점들이 다 죽어난다니까. 이러니 말세라 하지 않을 수 있겠소? 젠장!"

"나 참, 누가 아니랍니까. 벨벳 옷감 질이 점점 좋아지고 있으니 내 사정 역시 답답하긴 매한가지올시다."

모피상이 맞장구를 치는 순간, 정오를 알리는 종이 울렸다.

"와!" 모여 있던 사람들이 일제히 환호성을 질렀다. 쉼 없이 떠들어대던 학생들은 오히려 입을 다물었다. 사람들이 움직이기 시작했다. 발과 머리의 움직임이 물결처럼 이어지면서 사람들의 기침소리와 코 푸는 소리가 더불어 요란해졌다. 모여 있던 사람들은 이제 줄 서서 제자리를 정하기도 하고 발돋움을 하는가 하면 끼리끼리 모이기도 했다. 곧이어 사방이 쥐 죽은 듯 고요해졌다. 이제 저마다 목을 길게 빼고 입을 벌린 채 대리석 평판 무대를 응시하기 시작했다. 한동안 그곳에는 아무것도 나타나지 않았다. 사람들의 안전을 담당하는 재판소 소속의 경관 넷도 긴장한 듯 꼼짝 않고 서 있었다. 문득 사람들 눈길이 한꺼번에 플랑드르 사절단을 위해 마련된 귀빈석 쪽으로 향했다. 아직까지 문은 닫혀 있고 자리는 모두 비어 있었다. 사실 이 많은 사람들이 이른 아침부터 그곳 광장에서 기다린 건 다음 세 가지였다. 우선 정오가 되기를 기다렸고, 다음으로 플랑드르 사절단을, 마지막으로는 성사극이 시작되기를 기다렸던 것이다.

대체 얼마를 더 기다려야 하는지, 이건 너무 심한 것이 아닌가!

정오를 알리는 종이 울린 뒤로 1분, 2분, 3분, 5분, 마침내 15분을 다시 기다렸으나 마치 약속이라도 한 듯 아무것도 시작되지 않았다. 귀빈석은 아직도 비어 있고, 무대 역시 썰렁한 채였다. 텅 빈 무대를 바라보던 사람들의 기대와 조바심은 점점 분노로 바뀌기 시작했다. 술렁임이 크지는 않았지만 차츰 성난 목소리가 여기저기서 불거지고 있는 건 분명했다.

"성사극은 어떻게 된 거야? 왜 시작하지 않지?" 아직은 나직한 웅성거림이다. 사람들의 머리가 초조한 듯 이리저리 두리번거리고 있었다. 폭풍우를 머금은 먹구름이 모두의 머리 위를 맴돌았다. 바로 그런 상황에서 가장 먼저 번쩍하고 섬광을 터뜨린 것은 풍차장의 장이었다.

"연극을 시작해라! 플랑드르 놈들은 개에게나 주어버려!" 장이 기둥 꼭대기에서 뱀처럼 몸을 비틀면서 악을 썼다.

군중은 그 소리에 박수를 보냈다.

"성사극을 어서 시작해라! 플랑드르 놈들은 개에게나 주어버려!" 사람들은 일제히 발악에 가까운 고함을 내질렀다.

"당장 연극을 시작하라! 빨리 해라! 아니면 희극이나 교훈극에서 하는 것처럼 대법관의 목을 매달아버릴 테다!"

장이 또다시 외쳤다.

"옳거니, 우선 저 경관놈들 모가지부터 매달자!" 흥분한 사람들의 호응과 너불어 박수갈채가 이어졌다.

죄 없는 경관들은 새파랗게 질린 채 멀뚱하니 서로를 쳐다볼 뿐이었다. 누가 먼저랄 것도 없이 그들을 붙잡기 위한 사람들의 움직임이 시작되는가 싶더니, 한쪽으로 몰려든 인파에 밀려 경관과 군중 사이를 가로막고 있던 난간이 힘없이 무너지기 시작했다.

그야말로 위기일발의 순간이었다.

"잡아 죽여! 목을 비틀어버려라!" 분노와 흥분이 극에 달한 사람들이 사방에서 목청껏 소리쳤다.

바로 그때, 분장실의 휘장이 갑자기 열리면서 한 사람이 나타났다. 그와 더불어 사람들도 일제히 멈칫하더니, 마치 마술에라도 걸린 듯 호기심 어린 눈으로 무대를 바라보게 되었다.

"조용! 조용!"

난데없이 나타난 사내는 몹시 불안한 듯 팔다리를 벌벌 떨면서도 허리를 굽실거리며 대리석 무대의 가장자리까지 걸어나왔다. 아울러 그의 허리는 점점 더 깊게 숙여져서 나중에는 아예 무릎을 꿇은 것처럼 보였다.

어느새 주위의 소란은 완전히 가라앉았다. 들리는 것이라고는 침묵 속에 가끔씩 들려오는 나지막한 소음들뿐이었다.

"이 자리에 모여주신 시민 여러분!" 마침내 사내가 입을 열었다. "저희는 추기경 각하를 모시고 〈성모 마리아의 올바른 심판〉이라는 매우 아름다운 교훈극을 여러분에게 보여드리게 된 것을 대단히 영광스럽게 생각하는 바입니다. 유피테르 역은 제가 맡았습니다. 추기경 각하께서는 지금 오스트리아 공작 사절단과 함께 오고 계십니다만, 사절단 일행은 보데 문 앞에서 대학총장의 환영사를 듣는 중이라 예정된 공연이 지연되고 있습니다. 추기경 각하께서 도착하시는 대로 연극을 시작하겠습니다."

유피테르가 때마침 납시지 않았더라면 가엾은 경관들만 끔찍한 꼴을 당했을 것이다. 이것은 실제 있었던 일이다. 혹시 내가 만들어낸 것이라 생각한다 해도, 이 이야기로 말미암아 비판의 여신 앞에서 책임을 져야 한다고 생각한다 해도, 지금 '함부로 신을 개입시키지 말라'는 예부터의 계율을 꺼내 들고 나를 책망하는 일이 없기를 바란다. 아무튼 유피테르의 의상이 어찌나 근사했던지 군중의 흥분을 가라앉히는 데 도움이 된 것은 사실이었다. 검정 벨벳옷감에 금박단추가 달린 쇠사슬 갑옷을 입고, 머리에는 은으로 도금한 장식용 단추가 박힌 두건을 쓴 모습이었다. 게다가 얼굴에는 절반 가깝게 연지를 바르고 텁수룩한 수염까지 기르고 있었다. 손에는 원통형으로 둘둘 만 금색마분지를 들고 있었다. 번득이는 쇠붙이를 비스듬히 박아넣은 소도구는 연극에 대한 약간의 지식을 가진 사람이라면 누구라도 번갯불을 나타내고 있다는 것을 알 수 있었다. 또한 살색으로 칠한 다리는 그리스식 리본으로 장식되어 있었다. 사실 그런 분장들만 아니었다면 그의 근엄한 태도로 미루어 베리 공작 군단에 소속된 브르타뉴 출신의 사수 못지않다고 할 만했다.

2 피에르 그랭구아르

한편 그가 양해의 말을 전하는 동안, 유피테르 차림에 대한 사람들의 감탄과 경이의 감정은 차츰 수그러들고 있었다. 그리고 마침내, "추기경 각하께서 도착하시는 대로 연극을 시작하겠습니다"라는 말에 이르러서는 사람들의 북받치는 분노와 야유의 함성에 묻혀 목소리조차 들리지 않았다.

"당장 시작해! 얼른 연극을 시작하란 말야!" 성난 군중은 일제히 고함치기 시작했다. 그중에서도 장 드 몰랑디노의 목소리는 어찌나 날카롭던지 마치 새된 피리소리처럼 멀리 울려퍼졌다. "지금 당장 시작햇!"

"유피테르와 부르봉 추기경을 쳐 없애라!" 빠질세라 창가에 있던 로뱅 푸스팽과 신학생들 패거리도 바락바락 악을 써댔다.

"지금 당장 교훈극을 시작하란 말이야! 당장! 그렇지 않았다간 배우들과 추기경을 몽땅 잡아다 목을 매달아버릴 테다!"

또다시 시작된 야유와 소동 때문에 요란하게 분장한 유피테르의 얼굴까지 겁에 질려 그만 하얗게 변했다. 어찌나 혼비백산했는지 그는 들고 있던 번갯불 소도구를 떨어뜨리고 두건까지 벗어들고는 연신 허리를 굽실거리면서 더듬거렸다. "추기경 각하께서는…… 사절단 일행은…… 플랑드르의 마르그리트 님께서는……." 겁에 질려 자기가 무슨 말을 하는지도 모르는 모양이었다. 이러다간 분노한 사람들이 당장에라도 목을 매달 것만 같아 두려웠던 것이다.

조금만 더 기다리게 했다가는 성난 군중 손에 목이 매달릴 것이고, 기다리지 않았다가는 추기경에게 목이 달아날 판이었다. 결국 이러나저러나 어느 쪽을 보아도 사형대밖에는 보이지 않는 셈이었다.

그런데 다행스럽게도 곤경에 빠진 그를 위해 때마침 구원자가 나타났다. 난간 이쪽 대리석 무대 주변의 비어 있는 공간으로 슬그머니 들어선 문제의 인물을 사람들은 아직 눈치채지 못하고 있었다. 그리고 보니 다가선 기둥의 그림자에 완전히 가려질 만큼 호리호리한 체구였다. 키가 크고 홀쭉한 몸매에다가 금발인 그의 얼굴은 창백하리만큼 안색이 좋지 않을 뿐 아니라 여기저기 잔주름까지 나 있었지만, 나이는 아직 젊은 것 같았다. 그런가 하면 눈빛은 매우 날카롭고 입가에는 미소까지 머금었으며, 낡아서 해지고 반들반들해진 검정 저지 천으로 된 옷을 입고 있었다. 유피테르의 구원자는 대리석 무대 앞쪽으로 걸어나와, 성난 군중의 공격을 한 몸에 받고 있던 가엾은 유피테르에게 손짓했다. 그러나 혼이 빠져나갈 정도로 당황하고 있던 유피테르는 아직껏 그의 등장을 눈치채지 못하고 있었다.

구원자는 한 걸음 더 다가가 큰 소리로 그를 불렀다. "이봐, 유피테르!"
이 소리도 유피테르의 귀에는 들리지 않는 모양이었다.
하는 수 없었는지 키다리 금발머리는 다급하게 코앞까지 다가가 냅다 소리쳤다.
"어이, 미셸 지보른!"
"누구요? 누가 날 불렀지?" 그제야 유피테르는 잠에서 깬 듯 소스라치게 놀라며 말했다.
"나요!" 검정 옷의 사내가 대답했다.
"아······." 유피테르가 말했다.
"그러지 말고 지금 당장 시작합시다! 이 사람들이 원하는 대로 하잔 말이오. 대법관에게는 내가 해명을 하겠소. 그리고 추기경에게는 대법관이 알아서 잘 말해줄 게 아니겠소?" 갑자기 나타난 사내가 말했다.
유피테르는 안도의 한숨을 내쉬었다.
"시민 여러분, 지금 곧 연극이 시작됩니다!" 그는 야유하는 사람들을 향해 있는 힘을 다해 외쳤다.
"여러분 박수를 보냅시다!" 학생들이 신이 나서 소리쳤다.
"와, 만세! 만세!" 군중의 함성이 뒤를 이었다.
곧이어 고막을 찢을 듯한 큰 박수 소리가 터졌고, 유피테르가 무대 뒤로 돌아간 다음에도 그 소리는 장내가 떠나갈 듯 울려퍼졌다.
그러나 누군지 모를 인물, 경애하여 마지않는 우리의 코르네유의 말마따나, 거센 폭풍우가 몰아치는 바다를 잠재우듯, 마법사처럼 성난 사람들을 온순하게 만든 미지의 그 인물도 기둥 뒤쪽 어두운 그늘 속으로 다시금 사라져버리고 없었다. 만약 아무 일도 없었더라면 그는 아무의 눈에도 띄지 않은 채 숨어서 묵묵히 구경이나 했을 것이었다. 그런데 바로 그때, 무대 맨 앞에 자리 잡고 있었으므로 사내의 등장과 퇴장, 미셸 지보른-유피테르와 주고받은 말을 죄다 듣고 지켜본 젊은 두 여인이 그의 발길을 돌려세웠다.

"저기요, 신부님!" 그중 한 여인이 다가가려는 듯 손짓까지 하며 그를 향해 소리쳤다.

"어머나, 리에나르드." 좀더 예쁘고 발랄해 보이는 또 다른 여자가 자신감 넘치는 어조로 말했다 "저분은 성직자가 아니라 보통 사람이라니까. 그러니까 '여보세요'라고 하는 게 맞아!"

"저기, 여보세요!" 리에나르드가 호칭을 바꾸어 다시 불렀다.

"아가씨들 무슨 볼일이라도?" 사내는 난간 쪽으로 다가와 정중하게 물었다.

"아, 아무것도 아니에요." 리에나르드는 당황한 듯 더듬거리며 말을 이었다. "제가 아니라, 여기 있는 지스케트 라 장시엔이 당신께 할 말이 있대요!"

"어머, 얘는, 아니에요!" 지스케트는 당황하며 얼굴이 새빨개져서는 얼버무렸다. "리에나르드가 신부님이라고 하기에 그게 아니라고 고쳐준 것뿐이에요."

그러면서 두 아가씨는 수줍은 듯 고개를 들지 못했다. 사내는 빙긋이 웃는 얼굴로 아가씨들을 바라보며 말했다.

"그럼, 두 분께선 다른 볼일은 없으신 거죠?"

"예에, 아무것도요." 지스케트가 대답했다.

"맞아요, 아무것도 아니에요." 리에나르드도 덧붙였다.

그제야 젊은 키다리 금발은 본디 있던 곳으로 돌아가기 위해 발길을 돌렸다. 그런데 호기심 많은 두 아가씨는 아쉬운 마음에 그를 그냥 보내줄 수가 없었다.

"여보세요, 저기요!" 이번에는 지스케트가 작심을 했는지 없는 용기를 짜내어 마치 봇물이 터지듯 빠른 어조로 질문을 던졌다. "있잖아요, 선생님은 오늘 연극에서 성모 마리아 역할을 하는 병사님을 알고 계시죠?"

"아, 유피테르 역을 맡은 사람 말이군요?"

"네! 맞아요. 유피테르를 아세요?" 리에나르드가 끼어들었다.

"미셸 지보른을 말씀하시는군요? 그럼요, 잘 알고말고요." 그가 대답했다.

"그 사람 수염이 너무 멋져서요!"

리에나르드의 이도저도 아닌 말에 지스케트가 수줍은 어조로 말했다. "오늘 무대 위에서 정말 근사한 장면들을 보게 될까요?"

"그럼요, 매우 근사할 겁니다." 사내는 망설임 없이 당당하게 대답해주었다.

"연극 제목이 뭐지요?" 리에나르드가 조심스레 물었다.

"〈성모 마리아의 올바른 심판〉이라는 교훈극이에요, 아가씨."

"아, 그럼 전에 하던 것과는 다르네요?" 잠시 이야기가 중단되었으나 사내가 다시 입을 열었다.

"완전히 새로운 교훈극이지요. 아직 한 번도 상연한 적이 없는 신작이에요."

"그렇다면 2년 전에 교황의 특사가 오셨을 때 했던 것하고는 다른 거로군요. 그때 예쁜 아가씨 3명이 무대에 나왔더랬는데……." 지스케트가 애써 기억을 떠올려 말했다.

"세이렌 (아름다운 목소리로 노래하여 뱃사람들을 유혹하고 배를 난파시켰던 바다의 마녀) 역이었죠" 리에나르드도 지지 않고 말했다.

"다 벌거벗은 아가씨들이었고요." 젊은 사내가 덧붙이자 리에나르드는 부끄럽다는 듯 눈을 내리깔았다. 지스케트도 그걸 보고 눈을 내리뜨자 키다리 사내는 미소 지으며 말을 이었다.

"그것도 아주 재미있는 연극이었어요. 그런데 오늘 올리는 것은 플랑드르의 공주님을 위해 특별히 쓴 교훈극이랍니다."

"사랑의 노래도 부르나요?" 지스케트가 물었다.

"무슨 말씀을. 교훈극에서는 그런 건 부르지 않아요. 풍자극이라면 또 모를까. 장르가 뒤섞이면 곤란합니다."

사내의 간단명료한 대답에 지스케트는 말을 이었다. "그렇다면 정말 아쉽네요. 예전엔 퐁소의 연못가에서 야만스러운 남녀들이 많이 등장했었죠. 서로 실랑이를 벌이기도 하고 성가라든지 연가 같은 것도 불렀었는데요."

"교황의 특사에겐 그런 게 어울릴지 모르지만 공주님에겐 그렇지 않아요." 사내가 꽤 퉁명스레 대답하자, 이번에는 리에나르드가 나섰다.

"그리고 그 사람들 곁에선 여러 가지 악기들이 나직하게 아름다운 선율을 들려주었죠."

"행인들이 목을 축이는 거리의 분수꼭지에서는 우유, 포도주, 향료가 든 포도주를 세 줄기로 내뿜어 누구든지 그것을 마실 수 있게 했고요." 지스케트도 뒤질세라 거들었다.

"게다가 퐁소 조금 아래에 있는 트리니테에서는 예수 수난 무언극을 공연했었잖아!" 리에나르드의 맞장구에 지스케트는 더욱 신이 나서 외쳤다.

"맞아, 기억난다. 예수님은 십자가에 못 박히시고 두 도둑놈은 그 좌우에 매달렸었어!"

그렇게 두 아가씨는 교황의 특사가 왔던 때의 기억을 떠올리며 수다스럽게 떠들어댔다.

"그리고 그 앞의 팽토르 문에는 아주 화려하게 차려입은 사람들이 있었어."

"또 생 지노상 연못가에서는 사냥꾼이 나팔을 불며 사냥개와 함께 암사슴을 쫓고 있었고 말야!"

"파리의 도살장에는 디에프 성채(영국해협의 디에프 항구에 있는 성채. 백년전쟁 때 프랑스의 농민이 농성을 하여 영국군과 싸웠다)를 흉내낸 무대도 설치됐었는데!"

"참, 지스케트, 너도 보았지? 교황특사가 지나갈 때 말이야, 공격이 시작되고 영국군은 모두 목이 달아났잖아!"

"그리고 샤틀레 문 앞에 마련된 무대에서도 등장인물들이 정말 멋졌었는데!"

"온통 융단이 깔린 샹주 다리 위는 또 어떻고."

"교황특사가 지나샬 때 생각나니? 수많은 종류의 새들을 2천4백 마리도 더 넘게 다리 위로 날려보냈잖아. 정말 멋있었어, 그렇지 리에나르드?"

"아마 오늘 공연은 그보다 훨씬 더 환상적일 거요." 아가씨들의 시끄러운 수다를 하릴없이 듣고 있다가 드디어 사내가 끼어들었다.

"곧 시작될 성사극이 재미있다고 정말 장담하실 수 있어요?" 지스케트가 묻자 사내는 힘주어 대답했다.

"물론이죠! 아가씨들, 사실은 제가 만든 작품이랍니다."

"정말이에요?" 아가씨들은 너무 놀라 말문이 막혔다.

"정말이고말고요!" 시인은 잘난 체하며 말했다. "정확히 말하자면 둘이서 만든 겁니다. 무대에 쓰이는 나무판을 톱으로 자르거나, 무대용 목조골격을 짜거나, 마루를 까는 일을 맡은 장 마르샹과 작품을 쓴 나와 둘이서. ―나는 피에르 그랭구아르라는 사람입니다."

아마 〈르시드〉의 작자도 그토록 당당하게 "나로 말할 것 같으면 피에르

코르네유라는 사람이오" 하고 큰소리치지는 못했을 것이다.
　유피테르가 무대 뒤로 사라지고, 새로운 교훈극의 작자가 수다스러운 지스케트와 리에나르드에게 이름을 밝힐 때까지 시간은 꽤 흐른 뒤였다. 놀랍게도 조금 전까지 미쳐 날뛰며 떠들어대던 사람들이 유피테르의 "지금 곧 시작하겠습니다"라는 말 한마디에 이제는 얌전한 고양이처럼 잠자코 기다리고 있었다. 어쩌면 이것은 고금을 초월한 진리인지도 모르겠다. 따지고 보면 어느 공연장에서든 안달 난 관객을 진정시키는 방법은 바로 그 한마디가 아니겠는가!
　하지만 기둥 꼭대기에 매달려 있는 장은 더 이상 버틸 수 없었는지 얌전해진 관객들 머리 위로 여전히 악을 써대고 있었다.
　"야, 이 유피테르놈아! 성모 마리아놈! 사람 놀리냐? 연극은 어떻게 된 거야! 금방 시작한다더니 누굴 약 올리는 거냐? 한바탕 뒤집어놓기 전에 당장 시작하란 말이야!"
　이걸로 충분했다.
　바로 그 순간, 목제 난간 속의 악사들에게서 높낮이가 제각각인 악기들의 소리가 들려오기 시작했다. 이윽고 검은 막이 오르면서 요란한 분장과 의상으로 치장한 배우 4명이 무대로 이어지는 가파른 사다리를 타고 오르더니, 뚫어져라 쳐다보는 수많은 관객들을 향해 허리를 깊이 숙였다. 동시에 배경으로 흐르던 음악 소리가 멈췄다. 바야흐로 기다리고 기다리던 연극이 막 시작될 참이었다.
　연달아 이어지는 배우들의 등장 인사에 사람들은 기대와 흥분이 담긴 박수갈채를 아낌없이 보냈다. 장내의 분위기가 정리되고 잔기침 소리 하나 없는 완전한 고요 가운데 서시 낭독이 시작됐는데 그것에 대해서는 더 이상 설명하지 않겠다. 그것은 예나 지금이나 마찬가지지만, 관객들은 배우들의 대사보다는 그들의 의상에 더욱 관심을 보이기 마련이니까. 생각해보면 그럴 만도 하다. 첫 번째로 무대에 오른 네 사람은 모두 노랑과 하양이 반씩 어우러진 긴 옷을 입고 있어서 모두 거기서 거기인 듯 보였지만, 옷감의 질은 약간 달랐다. 첫 번째 배우는 금색과 은색의 화려한 비단옷이었고, 두 번째는 견직물이었으며, 세 번째는 모직, 네 번째 배우의 옷은 마로 만들어진 것이었다. 또한 첫 번째 배우는 오른손에 칼을 들었고, 두 번째는 금빛 열쇠 2개를 쥐고 있었으며, 세 번째는 저울을, 네 번째는 쟁기를 들고 있었다. 이러한 의상과 소품들만 보아도 배우의 역할을 충분히 짐작하고도 남았으나, 그럼에도 혹시 이해를 못하는 사람들이 있을까 네 사람의 옷자락에는 검은 글씨로 이런 설명이 굵게 새겨져 있었다. 즉 비단 옷자락에는 "나는 귀족입니다", 견직물 옷자락에는 "나는 성직자입니다", 모직 옷자락에는 "나는 상인입니다", 그리고 마직 옷자락에는 "나는 농부입니다"라고 말이다. 이들 배우 4명 가운데 두 사람, 즉 성직자와 농부는 상대적으로 짧은 옷 길이와 머리에 크라미뇰 모자를 쓴 것으로 보아 남자라는 것을 알 수 있었다. 나머지 두 사람, 곧 상인과 귀족은 성직자나 농부보다 길이가 긴 옷을 입고 머리에는 어깨까지 내려오는 두건을 쓴 것으로 보아 여자임이 틀림없었다.

그들의 관계에 대해서는, 서시를 잘 듣고 있으면 심보가 어지간히 비뚤어지지 않은 이상 극의 줄거리가 어떻게 흐를지 대강 알 수 있었다. 즉 농부는 상인과 결혼하고, 성직자는 귀족과 결혼한 사이임을 알 수 있었다. 그리고 이들 행복한 두 부부는 귀중한 황금돌고래 상(像) 하나를 공동으로 소장하고 있는데, 그것을 가질 자격은 이 세상 최고의 미인에게만 있었다. 결국 황금돌고래를 가질 만한 미인을 찾아 그들은 온 세상을 헤매고 다니는 처지였다. 그동안 골콘다의 여왕, 트레브존의 공주는 물론, 타타르족 칭기즈칸의 딸을 비롯한 수많은 미녀들을 찾아갔었지만 모두 퇴짜를 놓은 다음 이곳, 파리 재판소의 대리석 무대에 도착하여 쉬고 있는 셈이었다. 그들은 쉬는 동안에도 점잖은 관객들을 상대로 문학사 시험의 궤변이나 논문발표, 삼단논법, 공개토론에나 나올 법한 수많은 격언과 금언들을 주절대고 있었다.

참으로 훌륭한 솜씨였다.

그들이 그처럼 화려한 비유의 언변을 쏟아내는 사이, 조금 전 수다스럽고 어여쁜 두 아가씨에게 제 이름을 밝힌 이 연극의 작자 피에르 그랭구아르만큼 무대에 신경을 바짝 곤두세우고 있는 사람은 없었다. 그는 두 아가씨와 헤어져 몇 걸음 떨어진 기둥 뒤로 돌아간 뒤, 눈을 크게 뜨고 귀를 기울여 연극을 즐기고 있었다. 그가 쓴 서시가 낭독될 때 울려퍼지던 우레 같은 박수갈채 소리가 아직도 그의 마음을 뒤흔들고 있었다. 또한 배우들의 입을 통해 자기 생각들이 관중의 가슴속으로 하나둘 파고드는 것을 보며 황홀한 감동에 사로잡히지 않을 수 없었다. 과연 피에르 그랭구아르가 아닌가 말이다!

그러나 황홀하던 순간은 곧 산산이 깨지고 말았다. 승리의 감동에 북받친 그랭구아르가 축배의 술잔을 들어 입술에 갖다 대려는 순간, 한 방울의 쓴맛이 어느새 그 안으로 섞여들었던 것이다.

구경꾼 속에서 이리저리 떠밀려 다니던 거지 하나가 제대로 된 적선 한 푼 받지 못하자 옆 사람 주머니까지 뒤졌지만 별 소득이 없었다. 그래서 어디 높은 곳에라도 올라가 앉아 사람들 이목이라도 끌어 푼돈이라도 모아보자 생각했다. 누더기를 걸친 거지는 사람들 눈에 잘 띄는 자리를 찾아 열심히 두리번거렸다. 마침내 그는 서시의 첫 문장이 낭독될 즈음 귀빈석 난간 밑 차양까지 기어올라갔다. 그러고는 거기 주저앉아 자기 누더기와 오른팔의 흉측한 상처를 내보이며 사람들 주의를 끌려 애썼다. 그러나 특별히 무슨 말을 지껄이지는 않았다.

어쨌든 거지가 특별히 떠들거나 하는 건 아니었으므로 기둥 위에 매달려 있던 장이 거지의 행동을 알아채지 못했다면 연극은 무사히 진행되었을 것이다. 그런데 하필이면 거지 속이 뻔히 들여다뵈는 짓거리에 이내 눈길이 닿은 장난꾸러기 장이 갑자기 미친 듯 웃어대고 소리치면서부터 상황은 완전히 달라지기 시작했다. "으핫핫, 저 비렁뱅이는 여기까지 와서 동냥질을 하고 있네."

개구리들이 우글대는 연못 속에 돌멩이 하나를 던져본 사람이나, 새 떼들이 지저귀는 숲 한가운데서 총 한 발을 쏘아본 사람이라면, 모든 이들이 한 곳에 집중하고 있는 상황에서 그 같은 한마디 외침이 어떤 결과를 초래했을지 충분히 짐작하고도 남을 것이다. 그 순간, 그랭구아르는 벼락이라도 맞은 사람처럼 온몸을 부들부들 떨었다. 서시 낭독은 즉각 중단되었으며 무대를 바라보던 모든 사람들은 한꺼번에 거지가 있는 쪽을 돌아보았다. 그런 상황에서도 거지는 기회가 왔다고 생각했는지 당황하지도 허둥대지도 않고 더욱 처량해 보이도록 눈을 게슴츠레 뜨고는 청승맞은 목소리로 이러는 것이었다. "제발 한 푼 줍쇼!"

"아니, 저게 누구야? 저건 클로팽 트루유푸잖아? 다리에 붙이고 있던 상처를 오늘은 팔에 붙이고 있네. 왜? 무슨 사정이라도 생겼나?"

마침내 거지의 정체까지 알아본 장은 잔뜩 호들갑을 떨면서 기름때 찌든 그의 펠트모자 속으로 은화 한 닢을 던져넣었다. 거지는 장의 조롱 섞인 물음엔 들은 체도 않고 던져주는 은화를 얼른 받아 챙기더니 여전히 청승맞은 소리로 말했다. "한 푼만 적선합쇼!"

난데없는 상황으로 말미암아 구경꾼들의 주의는 완전히 무대를 떠나고 말았다. 로뱅 푸스팽을 비롯한 학생들과 수많은 구경꾼들은, 서시가 한창 낭독되고 있는 참에 터져나온 거지의 태연한 하소연과 그걸 악착같이 붙들고 늘어지는 장의 기괴한 이중창에 폭소와 함성과 박수갈채를 마구 쏟아내기 시작했다.

멍하니 지켜보던 그랭구아르는 잠시 어이가 없다는 듯 멍하고 있었지만 이내 정신을 가다듬고 황당한 방해꾼들에게 더 이상 눈길조차 주지 않은 채 무대에 서 있는 4명의 배우들을 향해 목청껏 외치기 시작했다. "계속하시오! 신경 쓰지 말고 어서 계속하라고!"

그 순간, 그랭구아르는 누군가 자신의 외투 자락을 잡아당기는 느낌이 들었다. 잠깐 불쾌했으나 뒤를 돌아보고는 억지로 미소지을 수밖에 없었다. 지스케트 라 장시엔이 그녀의 고운 팔을 난간 사이로 뻗어 그의 주의를 끌려 하고 있었기 때문이다.

"저기 선생님, 연극은 계속되는 거죠?"

"물론이오!" 그랭구아르는 그녀의 질문이 언짢았지만 애써 당혹감을 감추며 대답했다.

"그럼 죄송하지만 연극에 대해 설명을 좀 해주시면 안 될까요?" 그녀가 다시 물었다.

"앞으로 펼쳐질 이야기를요?" 그랭구아르가 말했다. "좋고말고요. 기꺼이 해드리지요."

"그게 아니고요, 지금까지 했던 부분을 다시 한 번 설명해주세요." 지스케트가 말했다.

그랭구아르는 그녀의 말을 듣자 속살이 드러난 생채기에 뭐라도 닿은 것처럼 펄쩍 뛰며 중얼거렸다.

"뭐 이런 멍청한 계집애가 다 있어!"

이 순간 이후 철없는 지스케트는 그랭구아르의 관심 밖으로 영영 밀려나고 말았다.

한편 배우들은 그의 지시에 따라 연극을 계속했다. 관객들도 무대 위 배우들이 다시 대사를 읊는 걸 보고는 잠자코 귀를 기울이기 시작했다. 그럼에도 느닷없이 맥이 끊긴 탓인지 중간에 다시 이야기를 이어보려 해도 매끄럽게 되지 않아 정취가 줄어들 수밖에 없었다. 그랭구아르는 부아가 치밀어 혼자 투덜거리고 있었다. 그러는 사이 장내 분위기는 서서히 차분해졌고, 학생들도 입을 다물고, 거지도 말없이 모자 속 동전들만 세고 있을 뿐, 연극이 재개되는 것을 방해할 문제는 더 이상 일어나지 않을 것 같았다.

사실 이번 연극은 제법 괜찮은 작품이었다. 조금만 손보면 오늘날까지도 훌륭하게 상연되었을 작품이라고 생각한다. 물론 도입부가 조금 지루하고 이렇다 할 내용이 없으며 구성에만 치우쳐 있기는 하다. 하지만 문체는 간결하여 그랭구아르 스스로 명쾌한 작품이라 자부하고 있었던 것이다. 이미 알다시피 우의적 등장인물 네 사람은 귀중한 황금돌고래의 진짜 주인을 아직 찾지 못한 채, 오랜 여행으로 기진맥진한 상태였다. 이제 그들은 플랑드르 마르그리트 공주의 젊은 약혼자를 암시하는 온갖 그럴듯한 비유들을 늘어놓으면서 한껏 황금돌고래 예찬론을 펼치고 있었다. 물론 그 주인공은 농부와 성직자, 귀족과 상인이 자신을 위해 세상을 헤매고 다니는 걸 꿈에도 모른 채, 앙부아즈 성에 갇혀 따분한 나날을 보내고 있을 테지만 말이다. 요컨대 여기서 돌고래는 프랑스의 젊고 아름다울 뿐 아니라 힘도 센(이야말로 왕으로서 갖춰야 할 모든 미덕의 근본이 아니던가!) 사자(獅子)의 아들이었던 것이다. 장담하건대, 이토록 대담한 비유는 그 자체로 멋질 뿐 아니라, 교훈극이라든가 왕자의 결혼축가 같은 것이 유행하던 시절이었음을 감안하면 돌고래가 사자의 새끼라 한들 하나도 어색하지 않다. 아니, 오히려 이처럼 진기한 핀다로스(고대 그리스의 기교파 시인)풍의 혼합이야말로 관객을 열광시키는 데는 그만이었던 것이다. 다만 한마디 덧붙인다면, 시인 그랭구아르는 굳이 2백 줄이나 써 내려가지 않아도 충분히 아름다운 시상을 표현해낼 수 있었다. 그러나 파리 시장의 명령에 따라 연극은 정오부터 오후 4시까지 이어져야 했고, 그동안 무엇이든 지껄여야만 했다. 어쨌든 모두가 진득하니 귀를 기울이는 상황이 아닌가 말이다!

상인과 귀족이 한창 옥신각신하는 와중에, 농부가 호기롭게 다음과 같이 시구를 읊은 순간이었다.

"세상 어느 숲에서도 이보다 위풍당당한 짐승은 본 적이 없노라."

갑자기 지금껏 굳게 닫혀 있던 사절단용 연단 출입문이 활짝 열렸고 안내인의 우렁찬 목소리가 울려퍼졌다. "부르봉 추기경 각하께서 도착하셨습니다!"

3 추기경 각하

 가엾은 그랭구아르! 생장 축제 이중 폭죽의 요란한 소리를 한꺼번에 터뜨린다 해도, 대형 화승총 20자루가 일제히 불을 뿜어댄다 해도, 1465년 9월 29일 일요일 파리가 포위되었을 때, 한 발로 부르고뉴인을 7명이나 해치웠던 그 비 망루의 유명한 세르판틴 포의 폭발음도, 탕플 문에 쌓아둔 대포용 탄약이 한꺼번에 폭발한다 해도 이토록 무겁게, 극적인 순간에 안내인의 입에서 터져나온 "부르봉 추기경 각하께서 도착하셨습니다"라는 한마디 말보다 더 그랭구아르의 가슴을 철렁하게 만들지는 못했을 것이다.
 그렇다고 그가 추기경의 등장을 꺼려하거나 두려워하고 있었단 얘기는 아니다. 그는 그렇게 졸렬하거나 오만한 사람은 아니었다. 그보다는 시쳇말로 진정한 절충주의자라고 할 만한 인물이었다. 그는 매사에 중용의 미덕을 지키려했고, 추기경들을 존경했으며, 머릿속엔 이성과 자유로운 사상으로 가득했다. 또 언제나 고상하고 온건하며 침착한 정신의 소유자였다. 철학자라는 귀중한, 예부터 혈통이 끊어진 적 없는 종족은, 또 하나의 아리아드네(그리스 신화의 미노스 왕의 딸, 테세우스에게 실꾸러미를 주어 미궁을 탈출시켰다)처럼, 실타래를 받아 그 지혜를 서서히 풀어가며 복잡한 세상사를 헤쳐 나온 것처럼 보인다. 이런 종족은 어느 시대에나 있는데 누구 하나 다를 것 없이 똑같다. 언제나 모든 시대를 통틀어 변함이 없다는 말이다. 우리의 피에르 그랭구아르 군도, 만약 내가 그의 진가를 제대로 알아본 것이라면, 15세기에 있어서 이 종족의 대표자가 될 것이 분명하다. 예를 들어 뒤 브뤼엘 신부가 16세기에 숭고하면서도 시대를 초월하여 심금을 울리는 다음과 같은 말을 한 것도 사실은 이 종족의 정신이 그의 가슴속에 힘차게 살아 있었기 때문이다. "나는 파리에서 태어났고, 내가 쓰는 말은 파레어이다. 파레시아란 그리스어로 언론의 자유를 뜻함이니. 나는 콩티 공의 삼촌이자 형제인 추기경 각하들 앞에서도 자유롭게 할 말을 해왔거니와, 그렇다고 내가 그들의 품위에 대한 경의를 저버리거나 수많은 시종들에게 무례를 범한 적은 결코 없었다."

따라서 오래도록 기다리던 추기경이 마침내 도착했을 때 그랭구아르의 머릿속에 순간적으로 언짢은 느낌이 스친 건 사실이지만, 그렇다고 각하에 대한 못마땅함이라든가 업신여기는 심정이 있었던 것은 결코 아니다. 오히려 우리의 시인 그랭구아르는 매우 박학다식한 관계로 자신의 서시에 숨겨진 수많은 은유 가운데서도 프랑스 사자왕의 아들인 돌고래 왕자에 대한 찬미의 어구가 추기경 귀에 들어가는 것에 대해 커다란 의미를 부여하고 있었다. 그러나 시인의 고상한 기질을 좌우하는 것은 이해타산이 아니다. 생각건대 시인의 본질을 10이라고 했을 때, 라블레가 말한 것처럼 그것을 어느 화학자가 엄밀히 분석하고 약리분해한다면, 자존심 9에 이해타산 1로 이루어져 있음을 발견하리라 생각한다. 한편 추기경의 도착과 더불어 문이 열릴 즈음 그의 자존심은 사람들의 찬탄과 반응에 한껏 부풀어올라 터무니없이 커져 있었다. 그리고 그 순간, 그랭구아르의 마음속에 있던 아주 작은 이해타산마저도 북돋워진 자존심에 밀려 아예 씨가 말라버린 듯했다. 그렇다 해도 이해타산 역시 인간사를 헤쳐나가는 데 없어서는 안 되는 것이고, 그것이 아예 없다면 시인들이 땅에 발을 붙일 수조차 없었을 터. 그랭구아르는 장내를 가득 메운 관객들이 축혼시의 대목마다 끝없이 이어지는 대사의 흐름에 어리둥절해하고 숨도 제대로 가누지 못할 만큼 열광하는 광경을 두 눈으로 직접 확인하는 깃을 님서서 온몸으로 느끼며 즐거워하고 있었다. 관객들이라고 해봐야 대부분 변변치 못한 사람들뿐이었지만 그런 것은 문제되지 않았다. 어쨌든 그는 수많은 사람들과 함께 자기가 쓴 희곡의 공연을 가슴 벅찬 심정으로 즐기고 있었다. 라퐁텐의 희곡 〈피렌체 사람〉(실은 상마레의 희곡, 위고 시대에는 라퐁텐의 작품으로 간주)을 상연했을 때 "이따위 난장 같은 희곡을 쓴 자가 누구냐?" 물었던 것과는 반대로 그랭구아르가 감히 옆 사람에게 "이 걸작은 누가 만든 것입니까?" 의기양양하게 물었다 해도 전혀 이상할 것이 없었다. 따라서 갑작스러운 추기경의 등장이 그에게 어떤 의미였는지는 짐작하고도 남을 것이다.

그가 걱정하던 일이 곧 피할 수 없는 현실이 되고 말았다. 사람들은 추기경이 들어설 문을 향해 일제히 고개를 돌렸다. 무대 위 배우들의 말소리는 이제 들리지도 않았고 어떤 말을 지껄이든 아무도 아랑곳하지 않았다. "추기경이야! 추기경이 도착했어!" 모두 입을 모아 그렇게 웅성거리는 와중에 안타깝게도 서시는 또다시 중단되고 말았다.

추기경은 귀빈석으로 향하기 전 문 앞에서 잠깐 걸음을 멈추었다. 그러고는 무심한 시선으로 관객들을 훑어보았는데 그 바람에 장내는 더욱 소란스러워졌다. 추기경의 얼굴을 조금이라도 더 잘 보기 위해 저마다 앞사람 어깨 위로 고개를 들고 기웃거리느라 안간힘을 쓰고 있었다.

그도 그럴 것이 추기경이라는 하늘같이 높은 분을 가까이서 본다는 것은 연극을 보는 것보다 훨씬 가치 있고 드문 일이었던 것이다. 부르봉의 추기경이자 리옹의 대주교 겸 백작이며 갈리아의 수석대주교인 샤를은, 형인 보죄의 영주 피에르가 국왕의 첫째 공주와 결혼한 덕분에 루이 11세의 인척이다. 어머니인 아녜스 드 부르고뉴로 인해 샤를 르 테메레르(부르고뉴 공, 부르고뉴 플랑드르의 영주. 루이 11세와 늘 다투었다)와도 친척이었다. 이런 사정으로 이 갈리아 수석대주교의 성격적으로 가장 두드러진 특징은 궁정인으로서의 정신자세와 권력을 향한 무한한 애정이었다. 신화 속 괴물인 카리브디스와 스킬라처럼 느무르 공작과 생폴 원수(모두 루이 11세에 대한 반역죄로 참수형을 당했다)를 집어 삼킨 루이나 샤를에게 희생당하지 않기 위해 그의 정신의 선박은 지금까지 얼마나 많은 암초를 우회하여 바람과 싸우며 항해해왔던가? 그토록 복잡하게 얽히고설킨 친인척 관계 속에서 얼마나 잡다한 곤경들이 그를 괴롭혀왔을까? 이제 무사히 로마에 닿은 몸으로서 불안하고 고된 정치 역정 속 무수한 장면들을 떠올릴 때마다 그는 오싹 소름마저 끼치는 것이었다. 1476년이 자신에겐 유독 "길하고도 흥한" 해였다고 말하는 것도 그 같은 감회를 반영한 것이었다. 즉 그해에 어머니 부르보네 공작부인과 사촌 부르고뉴 공을 잃었는데, 어머니를 잃은 슬픔을 다른 한 사람의 죽음으로 위로받았다고 토로하고 싶었던 것이다.

사실 추기경은 선한 사람이었다. 그는 추기경다운 유쾌한 삶을 살고 있었고, 샤이오 영지의 특제 술과 더불어 흥취에 젖을 줄도 알았다. 또한 리샤르드 라 가르무아즈와 토마스 라 사야르드 같은 여자도 미워하지 않았으며, 나이든 여자들보다는 예쁜 아가씨들에게 베풀기를 좋아했다. 그 때문에 파리의 '민중' 사이에서 그는 꽤 재미난 추기경으로 통했다. 그가 행차할 때면 가문 좋고, 여자를 밝히며, 노골적이고, 서글서글하며, 때론 좋은 술과 음식을 즐기는 대여섯 명의 지체 높은 주교와 사제들을 데리고 다니곤 했다. 그런가 하면 밤에 불을 환히 밝힌 부르봉 대주교관에서는 그날 낮까지만 해도 저녁기도를 읊조리던 목소리들이 술고래 교황 베네딕투스 12세(14세기 아비뇽의 교황. 청렴한 교황이었지만 술을 좋아한 한량이라는 오보도 유포됐다)가 지은 권주가 〈교황처럼 마셔보자〉를 드높여 외치면서, 술잔 부딪치는 소리가 창문을 넘는 일이 다반사였다. 저녁 무렵, 그곳을 지나는 생제르맹의 선량한 여신도들이 혼비백산한 것도 한두 번이 아니었다.

조금 전까지만 해도 늑장부리는 것이 몹시 못마땅했고 고위 성직자에게 딱히 존경심을 지닌 것도 아닌 어중이떠중이 군중이 막상 추기경을 보자 그다지 냉대하지 않은 것도 다 그런 친근한 사정이 있었기 때문일 것이다. 하긴 파리 사람들은 지나간 일을 크게 개의치 않는 편이다. 게다가 마구 몰아붙인 끝에 조금이나마 앞당겨 연극을 시작하게 했으니, 착한 시민들은 추기경을 이겼다는 뿌듯한 자부심까지 즐길 수 있는 처지였다. 나아가 부르봉 추기경의 그럴듯한 외모와 멋들어진 법의는 그곳에 모인 관객의 절반에 해당하는 여성들을 자기편으로 끌어들이기에 충분한 것이었다. 요컨대 이렇게 잘생긴 고위 성직자에게 단지 기다리게 했다는 이유 하나로 비난을 퍼부어서야 어디 말이 되겠는가!

드디어 추기경이 귀빈석에 들어섰다. 이어 지체 높은 귀족이 서민들에게 보내는 격조 있는 미소로 관객들에게 인사를 하고는 무언가 다른 생각이 있는지 붉은 벨벳의자 쪽으로 천천히 걸음을 옮겼다. 그 뒤를 따라 수행주교와 사제들이 들어오자 관객들의 호기심과 웅성거림은 더욱 커졌다. 사람들은 자기들끼리 그들 가운데 누군가를 손가락으로 가리키거나 이름을 맞춰가면서 알은체하기 시작했다. 내가 알기로 저 사람은 마르세유의 주교 알로데라는 둥, 저 사람은 생드니 성당의 참사회장이라는 둥, 또 저 사람은 생제르맹데 프레의 수도원장 로베르 드 레스피나스인데, 루이 11세 애첩의 오빠로 방탕하기가 이루 말할 수 없다더라는 둥, 그 모든 말들에는 수많은 멸시와 억측이 담겨 있었다. 그런가 하면 학생들은 노골적인 욕지거리를 퍼부어대고 있었다. 오늘이야말로 그들이 활개를 치는 날이며, 마음껏 소란을 피워도 어느 정도 용인이 되는 날이었으니, 서기단과 학생들의 연례행사였던 것이다. 어떠한 난동이나 엉터리 수작을 부려도 아무런 제재를 받지 않고 당당하게 거리를 활보할 수 있는 날이었다. 게다가 사람들 속에는 시몬 카트르리브르, 아녜스 라 가딘, 로빈 피에드부처럼 말 많고 시끄럽기로 유명한 창녀들도 섞여 있었다. 높은 분들과 창녀들이 있는 가운데 마음껏 욕설을 퍼붓거나 아주 조금쯤은 하느님의 이름을 모욕해도 죄가 안 된다니 이 얼마나 좋은 날이겠는가! 그러니 망나니 같은 학생들이 이런 절호의 기회를 그냥 흘려보낼 리가 없었다. 귀가 터질 듯한 소음 속에서 귀를 막고 싶을 정도로 상스러운 욕설, 얼토당토않은 말들이 난무했다. 1년 내내 평소에는 성 루이 왕의 단근질이 무서워서 참아야 했던 해괴한 경거망동도 이날만큼은 서슴없이 해댔다. 가엾은 성 루이, 자신이 세운 재판소 안에서 얼마나 심한 모욕을 당하고 있는가! 학생들은 검은색, 회색, 하얀색, 보라색 옷을 걸친 성직자들을 향해 집요하게 독설을 퍼부어댔다. 그 가운데 장 프롤로 드 몰랑디노가 부주교의 동생이라는 이유로 공격대상으로 삼은 상대는 대담하게도 붉은색 옷이었다. 그는 추기경을 노골적으로 쏘아보면서 목이 터져라 "술에 쩐 놈!"이라고 외쳐댔다.

그러나 이처럼 자세히 소개하는 모든 상황들은 장내에 가득한 소음 탓에 귀빈석까지 전달되지 못하고 사라져버린 것이 사실이다. 하긴, 만에 하나 그런 야유와 비난의 말들이 추기경의 귀에 들어갔더라도 크게 놀랄 만한 일은 없었을 것이다. 그 정도로 어떤 짓이나 말을 해도 넘어가는 날이었기 때문이다. 게다가 누가 보아도 추기경은 자기와 거의 동시에 단으로 들어선 플랑드르 사절단 일행에 신경 쓰느라 그 밖의 상황은 안중에도 없었다.

추기경은 훌륭한 정치가는 아니었거니와 조카딸인 마르그리트 드 부르고뉴 공주와 조카인 황태자 샤를의 결혼으로 생겨날 여러 가지 결과를 이용하려는 생각도 전혀 없었다. 오스트리아 공작과 프랑스 왕과의 표면적인 우호관계가 얼마나 유지될 것인가, 영국 왕이 자기 딸에게 가해진 이 모욕(샤를은 마르그리트와 약혼하기 전에 영국 왕 에드워드 4세의 맏딸 엘리자베스와 약혼한 상태였다)을 어떻게 받아들일 것인지도 그에게는 별 관심거리가 아니었다. 같은 맥락에서, 밤마다 왕가의 특제 포도주를 즐기면서도 그와 똑같은 종류의 포도주 몇 병이 루이 11세로부터 에드워드 4세에게 전달됨으로써(하긴 그 술은 루이 11세의 시의(侍醫) 쿠악티에의 손을 살짝 거친 게 사실이지만) 결국 에드워드 4세의 돌연사가 가능했으리라는 점은 그로선 절대 상상조차 못할 그림이었다. 요컨대 "오스트리아 공작의 높고 귀하신 사절단"은 추기경에게 그 어떤 정치적 근심거리도 아니었으나, 그와는 좀 다른 면에서 신경 쓰이는 존재였다. 말하자면 앞에서도 어느 정도 언급했지만, 샤를 드 부르봉인 자신이 근본도 내력도 알 수 없는 지방 손님들을 이처럼 환영하고 후하게 대접해야 한다는 사실 자체가 견딜 수 없었던 것이다. 추기경으로서 일개 시청

직원들을, 포도주 향연을 즐기는 프랑스인으로서 맥주 따위나 들이켜는 플랑드르인들을 수많은 사람이 지켜보는 가운데 환대해야 한다는 사실이 못마땅하게 느껴졌던 것이다. 오로지 국왕의 비위를 맞추기 위해 지금까지 수없이 마음에도 없는 일을 해왔지만 이처럼 내키지 않는 일은 흔치 않았다.

그러므로 안내인이 우렁찬 목소리로 오스트리아 공작 사절단의 도착을 알려왔을 때, 그는 가장 상냥한 얼굴로—그만큼 표정관리에 신경을 쓰고 있었다—문 쪽을 바라보았다. 장내를 가득 메운 관객들 역시 일제히 사절단이 들어설 문을 향한 것은 말할 것도 없다.

그때 오스트리아 공작 막시밀리앙의 사절단 48명이 샤를 드 부르봉의 성직자 수행원들과는 대조적으로 엄숙한 얼굴로 2명씩 짝을 지어 들어왔다. 맨 앞에 서서 들어온 이들은 황금양털 기사단장 겸 생베르탱 수도원장인 장 신부와, 강 시(市)의 참사관인 도비 귀하, 자크 드 고아 두 사람이었다. 안내인이 차례로 들어서는 사람들의 괴상망측한 이름이나 직함을 소개할 때마다 관객들은 터져나오는 웃음을 참느라 안간힘을 쓰고 있었다. 안내인이 소개를 하면서 이름과 직함을 마구 뒤섞고 잘라먹는가 하면, 발음도 제멋대로였기 때문에 더했다. 그럼에도 사절단의 소개가 모두 끝날 때까지 사람들은 무던히도 참고 기다렸다. 루뱅 시 보좌관 로이 루로푸 님, 브뤼셀 시 보좌관 클레이 데추엘드 님, 플랑드르 총녹 무아르미젤 경, 폴 드 베우스트 님, 앙베르 시장 장 콜레겐스 님, 강 시의 최고 보좌관 조르주 드 라 뫼르 씨, 강 시의 제일 보좌관 겔돌프 반 데르 아주 님, 이어 비르베크 님, 장 핀노크 님, 장 디메르젤 님 등등. 대법관, 보좌관, 시장, 조역 등 모두가 점잖고 꼿꼿하게 굳은 채로 벨벳과 비단옷을 입고서 머리에는 키프로스산(産) 금실로 만든 커다란 술이 달린 검정 벨벳 크라미뇰 모자를 쓰고 있었다. 요컨대 모두가 플랑드르 상류사회의 인사들로, 렘브란트가 그림 〈야경〉에서 어두운 배경 위에 힘차고 근엄하게 부각시킨 인물들처럼 당당하고 근엄한 얼굴들이었다. 오스트리아 공작 막시밀리앙의 선언문에 나오는 "여러분의 판단력과 용기와 경험과 충성과 정직을 충심으로 신뢰하는"이라는 구절을 이마에 고스란히 새겨놓은 듯한 인물들이라 해도 과언이 아니었다.

그러나 그 가운데 단 한 사람, 예외가 있었는데 그는 교활하고 총명하며 능글맞고 민첩하기가 원숭이를 닮은 듯한 얼굴이었다. 그 이름이 소개되자 추기경은 앞으로 몇 걸음 나아가 그에게 깊이 허리를 숙였는데, 그는 단지 '강 시(市)의 참사관이며 연금수령자 기욤 랭'이라 불릴 뿐이었다.

그 무렵 기욤 랭이 어떤 인물인지 아는 사람은 거의 없었다. 그러나 그는 매우 보기 드문 인물로 혁명 때라면 사회의 표면에 드러나 보일 수도 있었겠지만, 15세기에는 유감스럽게도 지하 음모에 일관하며, 생시몽(17~8세기의 회상록 작가)의 말처럼 "지하 동굴 속에 사는" 처지였다. 그러나 그는 유럽 제일의 모략정치가로 재능을 인정받아 루이 11세와 함께 은밀히 음모를 꾸미고 국왕의 비밀 작전에 참여하고 있었다. 그러나 관객들은 그런 것에 대해 전혀 모르고 있었으므로 추기경이 별 볼일 없어 보이는 이 인물에게 정중히 인사하는 것을 보고 깜짝 놀라 눈이 휘둥그레질 수밖에 없었다.

4 자크 코프놀 영감

    강 시(市)의 연금수령자가 추기경과 마주 허리 굽혀 인사를 나누고 목소리를 더 낮추어 몇 마디 말을 주고받는 동안 어깨가 벌어지고 훤칠한 키에 얼굴이 넓적한 사나이가 나타나 기욤 랭과 함께 귀빈석에 오르려 했다. 언뜻 보면 그들은 여우와 불도그가 나란히 서 있는 것 같았다. 그의 펠트 모자와 가죽 재킷은 다른 일행들의 벨벳이나 비단옷들과 어울리지 않았다. 안내인은 웬 마부가 잘못 들어온 줄 알고 그를 제지했다.
    "여봐, 거긴 들어가면 안 돼!"
    가죽 재킷을 입은 사나이는 안내인의 어깨를 툭 밀쳐내며 말했다.
    "뭐야, 이 녀석은?" 그의 우렁찬 목소리에 관객들의 시선이 그들에게 쏠렸다. "이봐, 나도 내빈인데 몰라보겠나?"
    "성함이 어떻게 되십니까?" 그제야 안내인이 물었다.
    "자크 코프놀이오."
    "신분은 어떻게 되십니까?"
    "강 시에 있는 '3개의 쇠사슬'이라는 양품점 주인이오."
    그러자 안내인은 머뭇거렸다. 보좌관이나 시장이라면 문제가 없지만, 양품점 주인이라니. 안내인이 곤란한 표정을 짓자 추기경도 불안한 눈치였다. 수많은 사람들이 귀를 쫑긋하고 지켜보고 있었다. 지난 이틀 동안 추기경이 플랑드르의 무례한 촌뜨기들을 어떻게든 사람들 앞에 내놓아도 될 만큼 꾸며주려고 애썼음에도 소용이 없었던 것이다. 그 사이, 기욤 랭은 타고난 빈틈없는 미소를 지으며 안내인에게 다가가 속삭였다.
    "강 시의 부시장 서기 자크 코프놀 님이라고 소개하시오!"
    그러자 추기경이 큰 소리로 말했다. "안내인! 저 유명한 도시 강의 부시장 서기 자크 코프놀 님을 소개하시오."
    그러나 그것은 경솔한 짓이었다. 기욤 랭이 그 상황을 직접 수습하게 두었더라면 좋았을 것을, 코프놀이 추기경의 말을 먼저 들어버린 것이다.
 "뭐라고? 이런 엉터리가 있나? 나는 양품점 주인 자크 코프놀이란 말이오! 안내인, 더하지도 빼지도 말고 그렇게 소개하시오. 오스트리아 대공께서도 우리 가게에서 여러 번 장갑을 사가셨단 말이오!" 그의 목소리는 장내를 쩌렁쩌렁 울렸다.
 그의 말이 끝나기 무섭게 웃음소리와 박수소리가 터져나왔다. 재치 있는 농담은 파리 시민에게는 금세 통하게 되어 있고, 그에 따라 박수갈채를 받게 마련이다.
 한마디 덧붙이자면, 코프놀은 평범한 시민이며 거기 모인 사람들도 지극히 평범한 시민들이었다. 그러니 그들 마음은 전기가 통한 것처럼, 동지처럼 금세 통한 것이다. 플랑드르 양품점 주인의 엉뚱한 수작은 그곳에 모인 높으신 양반들의 콧대를 보기 좋게 꺾어놓았으니 그 자리의 하층민들에게 "추기경과 맞장을 뜬 옷장수도 우리네와 똑같은 인간이다"라는 생각을 갖게 했다. 추기경의 옷자락을 받드는 생트주느비에브 수도원장 관할 법관의 하인이나 그 밑의 심부름꾼에게까지 굽실거려야 하는 가련한 백성들 속을 시원하게 만들어준 것이었다.
 코프놀이 거만한 태도로 추기경에게 인사를 하자 추기경은 루이 11세에게조차 두려움의 대상이었던 이 시민 권력자에게 곧장 답례했다. 두 사람은 각자 자기 자리로 돌아갔고, 필리프 드 코민^(15세기의 연대기 작가)이 "총명하고 심술궂은 사나이"로 평했던 기욤 랭은 조롱과 멸시 섞인 미소를 지으며 그 둘을 지켜보았다. 추기경은 몹시 당황하고 초조해하는 반면, 코프놀은 침착하면서도 어딘지 거만한 데가 있었다. 어쩌면 코프놀은 이런 생각을 하고 있었는지도 모른다. '옷장수라는 내 직함이 어때서? 다른 여느 직함 못지않아. 오늘 이 손 덕분에 혼인이 성사될 마르그리트 공주의 어머니 마리 드 부르고뉴도 내가 옷장수가 아니라 추기경이었다면 그다지 두려워하진 않았을걸. 샤를 르 테메레르 딸의 충신들에 대항해 강의 시민을 선동하는 노릇을 추기경이 할 수는 없었을 테고, 플랑드르 공주가 교수대 밑에까지 와서 그들의 선처를 애원할 때, 그 눈물에 마음 약해지려는 군중을 다그쳐 끝끝내 처형을 성사시키는 것도 추기경이 할 수 있는 일은 아니었으니까 말이야.* 게다가 나 같은 옷장수가 가죽옷 팔꿈치를 슬쩍 치켜드는 것만으로도 기 댕베르쿠르와 서기관 기욤 위고네 정도의 높으신 귀족 둘의 모가지가 가뿐히 달아나지 않았는가 말이야."

어쨌거나 불쌍한 추기경의 재난은 여기서 끝나지 않았다. 이 기막힌 손님이 일으킨 무모하기 짝이 없는 행동을 그저 참고 있을 수밖에 없었던 것이다.

앞서 서시의 낭송이 시작되던 무렵에 이미 귀빈석의 가장자리에 올라앉아 있던 뻔뻔스러운 거지를 기억할 것이다. 그는 귀빈들이 도착했는데도 그 자리에서 물러날 생각을 하지 않고 있었다. 고위 성직자들과 사절단이 그야말로 플랑드르의 청어처럼 귀빈석에 빽빽하게 들어찼음에도 그는 여전히 처마 끝에 책상다리를 하고 태연스레 앉아 있었다. 참으로 말도 안 되는 뻔뻔함이었지만 사람들은 모두 다른 것에 정신이 팔려 있어 처음에는 아무도 그것을 눈치채지 못했다. 거지조차도 거기서 무슨 일이 일어나는지 전혀 깨닫지 못한 채 나폴리 사람처럼 태평스레 고개를 흔들면서 시끄러운 혼란 속으로 가끔 입버릇처럼 "한 푼만 보태줍쇼, 예?"를 되풀이하고 있었다. 그러고 보니 오직 그만이 코프놀과 안내인의 옥신각신에도 눈을 돌리지 않은 유일한 사람이었을 것이다. 그런데 방금 군중의 열렬한 호응을 받았던 강 시의 옷장수가 그 거지가 앉은 바로 윗자리, 즉 귀빈석 첫줄에 앉게 되었다. 그때 깜짝 놀랄 일이 벌어졌다. 이 플랑드르 사절이 바로 밑에 앉아 있는 거지를 발견하고는 잠시 살펴보다가 이내 그의 어깨를 다정하게 치며 알은체를 한 것이다. 뒤돌아본 거지는 처음에는 깜짝 놀라더니 곧 누구인지 알겠다는 듯 서로의 얼굴이 환해졌다. 그들은 마침내 반갑게 두 손을 맞잡고 주변 사람들의 시선 따위는 아랑곳없이 작은 소리로 이야기를 나누었다. 거지 클로팽 트루유푸의 누더기는 귀빈석의 금색 장막 위로 늘어져 있었는데 이는 꼭 오렌지 위에 송충이가 앉은 것처럼 보였다.

난생처음 보는 신기하고 엉뚱한 광경에 사람들이 모두 미칠 듯이 흥에 겨워 떠들어대자 추기경도 곧 눈치를 채게 되었다. 그는 몸을 조금 굽혀서 그쪽을 바라보았으나 거지의 누더기만 조금 보였을 뿐이다. 그래서 거지가 무엄하게 동냥질을 한다고 판단한 그는 화가 나서 소리쳤다. "대법관, 저놈을 강물에 던져버리시오."

---

* 루이 11세는 마리를 며느리로 맞아 그녀의 영지인 플랑드르를 손에 넣으려 했으나, 강 시를 비롯한 플랑드르 지방이 반발하자 마리가 보낸 두 사절을 교수형에 처했다.

"당치 않습니다, 추기경 각하! 이 사람은 제 친굽니다!" 코프놀이 클로팽의 손을 잡은 채 추기경에게 말했다.

"얼씨구! 잘한다!" 군중이 외쳤다. 그때부터 코프놀 나리는 강 시에서와 마찬가지로 파리에서도 필리프 드 코뮌의 말처럼 "민중에게 큰 신임"을 얻게 되었다. '이처럼 도에 넘치는 일을 할 때 민중의 마음을 얻을 수 있는 것'이기 때문이다.

괜한 소동만 일으킬 것 같아 추기경은 입술을 꽉 깨물었다. 그리고 옆에 있던 생트주느비에브 수도원장에게 몸을 굽혀 속삭였다.

"오스트리아 대공 전하께서는 공주의 혼례를 결정하는 자리에 별 이상한 사절단을 다 보내셨구먼!"

"그러니 각하, 저 플랑드르의 돼지들에게는 예의를 지킬수록 손해지요. 돼지에 진주라는 말이 딱 맞아요." 수도원장이 말했다.

"돼지들이 마르그리트 공주의 함진아비로 왔다고 하는 게 차라리 낫겠구려!" 추기경이 빙그레 웃으며 말했다.

주위에 있던 성직자 옷을 입은 이들이 추기경의 말을 듣고 몹시 즐거워했다. 그제야 추기경은 마음이 조금 풀리는 것 같았다. 이로써 코프놀과는 비긴 셈이다. 자신의 야유도 먹혔으니 말이다.

이미지나 개념을 개괄하는 능력을 지닌 요즘 독자들에게 잠깐 묻고 싶다. 독자들의 주의를 끌고 있는 지금 이 순간, 커다란 평행사변형의 재판소 홀에서 벌어지고 있는 광경을 제대로 상상하고 있는가 하는 점이다. 홀의 중앙에는 서쪽 벽에 기대어 금실 수를 놓은 비단을 덮어 크고 화려하게 꾸며놓은 강단이 있어 그곳에서 안내인이 이름을 부르면 높으신 분들이 아치형 문을 지나 줄지어 들어온다. 맨 앞줄 좌석들에는 하얀 담비털이나 벨벳, 붉은 실크 모자를 쓴 분들이 앉아 있다. 강단 주위는 사람들로 꽉 들어차 있고, 그들은 잠시도 쉬지 않고 떠들어댄다. 강단 위의 인물들 하나하나에 수많은 시선들이 쏠리고, 이름이 불릴 때마다 어김없이 술렁임이 일어난다. 자주 볼 수 있는 것이 아니었기에 구경거리로는 확실히 쓸 만했고 구경꾼들의 주의를 끌기에 충분한 가치가 있었다. 그런데 저 아래 맨 끝에 있는 무대는 무엇일까? 얼굴에 분장을 하고 갖가지 의상을 차려입은 꼭두각시가 그 위아래로 각각 4개가 놓여 있는 것 같은데, 무대 옆에 있는 저기 검정 누더기의 사내는 누구일까? 아, 이럴 수가! 그것은 바로 피에르 그랭구아르와 그의 서시를 낭독하던 무대다.

우리는 어느새 그를 까맣게 잊고 있었다.

이것이야말로 그랭구아르가 가장 두려워한 일이다.

추기경이 등장할 때부터 그랭구아르는 서시를 끝까지 무사히 마칠 수 있게 하려고 무던히 애를 썼다. 먼저 갑작스러운 상황에 놀라 입을 다문 채 멍하니 서 있는 배우들에게 멈추지 말고 좀더 큰소리로 계속하라고 명령했다. 그러나 아무도 그들의 공연에 귀 기울이지 않음을 깨닫고 잠깐 중지시킬 수밖에 없었다. 연극이 중단된 이후로 15분 가까이 그는 발을 동동 구르고, 쓸데없이 이리저리 서성이며 지스케트나 리에나르드에게 말을 걸기도 하면서 주변의 관객들을 서시에 주목하게 하려 애썼다. 그러나 어떤 노력도 소용이 없었다. 강당 안의 모든 사람들은 오로지 단상 위의 추기경과 사절단만 바라볼 뿐이었다. 또한 유감스럽게도 추기경의 등장으로 갑자기 분위기가 바뀌던 순간, 마침 관객들도 서시가 따분하게 느껴지기 시작했다. 말하자면 단상 위에서도 대리석 무대 위에서와 마찬가지로 볼만한 구경거리가 펼쳐지고 있었다. 즉 농부와 성직자와 귀족과 상인의 갈등이 연출되고 있었다. 하지만 관객들로서는 그랭구아르의 연출 아래 무대 위에서 요란한 분장을 하고 노랗고 하얀 웃지락들을 펄럭이며 시를 읊조리고 인형처럼 서 있는 광경을 보느니 차라리 플랑드르의 사절단과 추기경 일행들의 생생한 호흡과 군중에게 느낌이 와닿는 단상 위의 장면이 훨씬 재미있고 볼만한 것이었다.

어느덧 장내 소음이 잦아들기 시작하자 시인 그랭구아르는 재빨리 사태를 수습할 묘안을 생각해냈다.

그는 예의바르고 참을성 있어 보이는 통통한 사나이를 향해 물어보았다.

"저어…… 이제 슬슬 시작해도 되겠지요?"

"뭘요?" 그 사나이가 되물었다.

"성사극 말입니다." 그랭구아르가 대답했다.

"좋을 대로 하시죠."

그의 대답에 적어도 반은 찬성한 것이라고 생각한 그랭구아르는 만족스러운 마음에 사람들 속으로 비집고 들어가면서 무대를 향해 소리쳤다. "성사극을 계속하시오! 얼른 다시 시작하라고!"

"이런 젠장! 저 구석에선 뭐라고 지껄이는 거야?"(그랭구아르가 떠들어 대고 있었다) 장 드 몰랑디노가 말했다. "여보게 친구들! 연극은 끝난 게 아니었나? 뭘 또 시작하라는 거지?"

"무슨 소리야! 연극 따위는 집어치우라고! 집어치워!" 학생들이 일제히 소리쳤다.

그러나 그랭구아르는 혼자서 여러 명을 감당해보겠다며 더욱 힘주어 소리쳤다. "계속해! 연극을 계속하라니까!"

이들의 소동은 마침내 추기경의 귀에까지 들어갔다.

추기경은 조금 떨어진 곳에 있던 검정 옷을 입은 키 큰 사내에게 물었다. "대법관님! 저 녀석들은 귀신에 씌이기라도 했나 왜 저리 떠들어대는 게요?"

대법관은 상황대처가 매우 날랜 사람이었다. 사법계의 박쥐 같은 존재로서 어느 때는 쥐가 되었다가 또 어느 경우에는 새가 되는 등 재판관이면서 경비원이기도 했다. 그는 추기경에게 다가가 이 사람이 불만을 터뜨리지나 않을까 조마조마해하면서 관객들의 소란에 대해 더듬더듬 설명했다. 즉 추기경 각하의 도착이 늦어지자 기다리던 관객들이 닦달을 하는 바람에 하는 수없이 연극을 미리 시작해버렸다고 사정을 이야기한 것이다.

추기경은 웃음을 터뜨렸다.

"그런 상황이라면 대학총장이라도 그렇게 했을 것이오. 안 그렇습니까, 기욤 랭 선생?"

"각하, 연극 절반이 공연되지 않은 것을 다행으로 여기시지요. 그만큼 시간을 벌었으니까요" 기욤 랭이 대답했다.

"그럼 연극을 계속하라고 할까요?" 대법관이 물었다.

"좋고말고요. 계속하라고 하세요. 난 아무래도 상관없습니다. 연극을 하는 동안 성무일과서나 읽겠소!" 추기경이 대답하자 대법관은 귀빈석의 가장 자리로 나아가 손을 흔들어 관객들을 진정시키고는 큰 소리로 외쳤다.

"시민 여러분! 연극을 계속 보고 싶어하는 사람과 그만 끝내기를 바라는 사람들이 있어 그들 모두를 만족시키기 위해 추기경 각하께서 연극을 계속하라고 명하셨습니다."

이제는 양쪽 모두 명령에 따르지 않으면 안 되었다. 그러나 그로 말미암아 작가도 관객들도 오랫동안 추기경을 원망하게 되었다.
 곧바로 무대 위의 배우들은 주어진 대사를 계속하기 시작했다. 그랭구아르는 작품의 나머지 부분만이라도 끝까지 공연이 이루어지기를 바랐다. 그러나 그런 희망도 곧 물거품이 되고 말았다. 사실 연극이 시작되자 관객들의 소동은 줄어들고 잠잠해지기 시작했다. 그런데 그랭구아르가 미처 생각하지 못한 것이 있었으니, 그것은 추기경이 연극을 다시 시작하라고 할 때 귀빈석에 아직 빈자리가 많았다는 사실이다. 그리고 아직 입장하지 않은 플랑드르 사절단이 한 사람씩 계속해서 들어오고 있었다. 안내인은 그들 한 사람 한 사람의 이름과 직함을 큰 소리로 외치고 있었다. 그 고함소리가 배우들의 대사 사이사이로 끼어들어 극의 진행을 망쳤다. 안내인의 우렁찬 목소리가 운과 운 사이에, 때로는 구절과 구절 사이에 삽입구를 던져 이런 상황이 벌어진 것이다.
 "종교재판소 검사 자크 샤르몰뤼 님!"
 "귀족, 파리 시 기마야경대장 장 드 아를레 님!"
 "기사, 부뤼자크 영주, 근위 포병대장 갈리오 드 주누아라크 각하!"
 "프랑스, 샹파뉴와 브리 두 주(州)의 왕실 하천 및 숲 감찰관 드뢰 라귀에 님!"
 "기사, 국왕 고문관 겸 시종, 프랑스 해군대장, 뱅센 임무관, 투이 느 그라빌 각하!"
 "파리 맹인원 관리장관 드니 르 메르시에 님!" 등등.
 이런 상태로는 더 이상 연극이 계속될 수 없었다. 그랭구아르는 점점 화가 치밀었다. 이제부터 연극이 재미있어지므로 관객들이 집중해야 하는데, 불협화음의 반주가 끼어드는 바람에 완전히 망칠 수도 있었기 때문이다. 사실 그랭구아르의 이 작품만큼 기교가 뛰어나고 탄탄한 줄거리를 가진 연극은 드물다. 배우 4명이 어찌할 바를 몰라 쩔쩔매고 있을 때, '걸음걸이만으로도 진짜 여신인 줄 알아본' 베누스(비너스) 여신이 파리 시의 배 모양 문장이 아로새겨진 옷차림으로 나타나 세계 최고의 미녀에게 주어지는 돌고래를 자신이 차지하겠다고 말했다. 그러는 사이 유피테르는 분장실 앞에서 천둥소리로 베누스를 응원하고 있었다. 여신의 승리가 거의 눈앞에 이를 즈음, 다시 말해 돌고래 도령과 결혼하려는 순간, 손에 진주 한 알을 든 흰옷 차림의 소녀—플랑드르의 마르그리트 공주의 화신—가 나타나 베누스와 겨루기 시작했다. 이 부분이야말로 연극의 클라이맥스이며 대단원인 셈이다. 베누스 여신과 마르그리트 공주는 옥신각신하던 끝에 결국 문제를 성모 마리아의 정의로운 심판에 맡기기로 합의하기에 이르렀다. 그 밖에 이 연극에는 메소포타미아 왕 돈 페드로라는 또 하나의 멋진 역할도 있었다. 그러나 연극이 몇 차례 중단되다 이어지는 사이 그것이 무슨 의미가 있는지 제대로 이해할 수가 없었다. 그동안 배우들은 사다리를 통해 연신 오르내리고 있었다.

하지만 연극은 이제 끝난 것이나 다름없었다. 관객들은 그러한 아름다움을 제대로 느끼지도, 이해하지도 못했다. 추기경이 대형홀로 들어선 순간, 수많은 사람들의 시선은 보이지 않는 마법의 실에 의해 대리석 무대에서 귀빈석으로, 귀빈석 남쪽에서 서쪽으로 일제히 끌어당겨진 것만 같았다. 어떤 수단으로도 관객들에게 걸린 그러한 마법을 풀 수는 없었다. 수백 개의 눈동자는 동시에 귀빈석에 못 박혀버렸으며, 차례로 등장하는 높으신 분들과 그들의 저주스러운 이름들 하며 얼굴 생김새와 옷차림 따위에 완전히 마음을 빼앗겨버린 것이다. 몹시 한탄스러운 일이었다. 그랭구아르가 소매를 잡아당겨야만 가끔 돌아다보는 지스케트와 리에나르드, 그리고 옆자리의 참을성 강하게 생긴 뚱보 말고는 아무도 대사에 신경 쓰지 않았으며, 외면당한 교훈극에 눈길을 주는 사람은 없었다. 이제 그랭구아르의 눈에는 사람들 옆모습밖에 보이지 않았다.

그랭구아르는 자신의 영광과 시적 감각이 넘치는 연극이 하나씩 무너져가는 것을 보며 얼마나 괴로웠을까! 더군다나 이 관객들은 연극이 시작되기를 기다리다 못해 대법관에게 반역을 일으키려 하지 않았던가? 그런데 막상 연극이 시작되자 사람들은 전혀 관심을 보이지 않는 것이다. 우레와 같은 박수갈채를 받으며 막이 올랐던 바로 그 연극이! 순식간에 오르내리는 인기란 예나 지금이나 마찬가지이다! 조금 전만 해도 재판소 경관들의 목을 매달겠다고 으르렁대지 않았던가 말이다. 다시 한 번 그처럼 감격적인 순간으로 돌아갈 수만 있다면 그랭구아르는 무슨 짓이든 할 수 있었을 것이다.

어느새 안내인의 외침소리는 끝이 났다. 내빈들이 모두 들어오자 그랭구아르는 그제야 긴 한숨을 쉬었다. 그럼에도 배우들은 여전히 꿋꿋하게 연극을 계속하고 있었다. 바로 그때였다. 옷장수 코프놀 영감이 자리에서 벌떡 일어나더니 사람들의 시선을 한 몸에 받으며 수준 낮은 연설을 늘어놓기 시작하는 것이 아닌가! 그랭구아르의 귀에 그 목소리가 거침없이 들려왔다.

"파리의 신사 숙녀 여러분! 우리가 지금 여기서 무엇을 하고 있는 건지 나는 도통 모르겠습니다. 저쪽 구석 무대 위에서는 당장에라도 서로 치고받는 싸움이 벌어질 것 같은데, 그게 바로 성사극인지 뭔지는 모르겠소만 도무지 재미가 없구려. 서로 입씨름만 할 뿐, 전혀 진도가 안 나가니 더 이상은 볼 게 없소이다. 언제 누가 먼저 한 방을 먹이려나 하고 벌써 15분째 기다리고 있는데 아무 일도 일어나지 않는구려. 입으로 험담이나 욕설만 주고받는 것은 비겁한 자들이나 하는 짓인데 이럴 바엔 차라리 런던이나 노트르담에서 싸움꾼이라도 불러오는 게 나았을 것을. 그랬더라면 치고받는 주먹질 소리를 광장 너머에서도 들을 수 있었을 텐데 말이오. 한데 저자들은 아주 밥맛이오! 하다못해 무언인의 춤이나 어릿광대짓이라도 보여주면 좋겠구먼. 저런 덜떨어진 짓거리를 한다는 얘기는 금시초문이오. 미치광이축제에서 교황을 선출한다고 들었소이다. 우리 강 시에서도 미치광이축제에 교황을 선출하는데, 축제라면 우리도 어디에 내놔도 뒤지지 않거든! 이런 젠장, 그럼, 뒤지지 않고말고! 우리는 그걸 이렇게 하지. 지금 여기서처럼 사람들이 모이기는 해. 그 다음, 한 사람씩 차례로 구멍 밖으로 머리를 내밀고 남들에게 인상을 잔뜩 찌푸려 보이는 거요. 몹시 추악한 낯짝을 만들수록 박수를 받고 교황으로 뽑히는 거외다. 어떻소, 여러분? 지금 이 자리에서 우리처럼 교황을 한번 뽑아볼 생각들 없으시오? 저런 말장난이나 듣고 앉아 있는 것보다는 훨씬 재미날 거요! 여기에는 괴상망측한 생김새들이 이미 많이 있으니 플랑드르식으로 웃기에도 부족함이 없어 보이는데 말이오!"

그랭구아르는 말로써 한 방 먹이고 싶었다. 그러나 너무나 뜻밖의 일인 데다 몹시 흥분한 나머지 아무 말도 생각나지 않았다. 더욱이 "신사 숙녀 여러분!"이라는 깍듯한 칭호에 사람들은 매우 들뜬 상태였으므로 그 상황에선 어떠한 반발이나 저항도 용납되지 않을 것 같았다. 그랭구아르는 티만테스(이피게네이아의 희생을 그린 고대 그리스의 화가)가 묘사한 아가멤논처럼 얼굴을 가릴 외투가 없었기에 두 손으로 얼굴을 감출 수밖에 없었다.

5 카지모도

 코프놀의 일장연설이 끝나기가 무섭게 그의 생각을 실행할 준비가 갖추어졌다. 시민과 학생들, 법률가들도 거들었다. 얼굴 찌푸리기 대회의 무대는 대리석 무대 맞은편에 있는 작은 교회당으로 정해졌다. 교회당 문 위쪽의 둥글고 아름다운 유리창이 하나 깨져 있어 돌틀에 둥근 구멍이 하나 뚫려 있었다. 그 구멍으로 얼굴을 내미는 것이다. 어떤 이가 어디서 술통 2개를 가져다가 쌓아놓았는데, 밟고 올라서면 구멍으로 얼굴을 내밀기에 알맞았다. 남녀 후보자들은—여자도 교황으로 뽑힐 수 있었다—오만상을 찌푸린 얼굴을 보다 실감나게 보여주기 위해 무대에 오르기 전까지 모두 교회당 안에 숨어 있기로 했다. 작은 교회당은 어느새 경쟁자들로 가득 찼고 문이 닫혔다.
 코프놀은 자기 자리에서 앞으로 펼쳐질 장면들에 대해 명령을 내리거나 지시하고 계획을 가다듬고 있었다. 이처럼 장내가 소란스러워지자 추기경도 그랭구아르만큼이나 당황했다. 그는 남은 일을 처리하고 저녁미사를 드려야 한다는 핑계를 대고 수행원들을 모두 이끌고 서둘러 퇴장하고 말았다. 추기경이 등장할 때 그렇게나 수선을 피우던 관객들은 막상 그가 떠날 때에는 손톱 밑의 때만큼도 신경 쓰지 않았다. 추기경이 중간에 도망치듯 빠져나가는 것을 눈여겨본 사람은 오직 기욤 랭뿐이었다. 관객들의 눈길은 태양처럼 쉬지 않고 움직였던 것이다. 귀빈석 한쪽 구석에서 출발하여 잠시 중앙에 머물렀다가 이제는 그 반대쪽 끝으로 가 있었다. 대리석 무대와 금실로 수놓은 비단으로 둘러쳐진 귀빈석은 이미 뒷전이 되었으며, 이제는 루이 11세의 교회당으로 시선과 관심이 집중될 차례였다. 바야흐로 바보스러운 난장판이 벌어질 순간이 다가왔다. 이제 남아 있는 사람들이라고는 플랑드르인들과 파리의 서민들뿐이었다.
 드디어 얼굴 찡그리기 대회가 시작되었다. 맨 먼저 둥근 구멍으로 얼굴을 내민 것은 눈꺼풀을 까뒤집고 먹이를 노리는 짐승처럼 입을 쩍 벌린 데다,

제정시대 경기병의 승마용 장화처럼 굵은 주름살이 진 얼굴이었다. 그것을 본 사람들은 배꼽을 움켜쥐지 않을 수 없었는데, 아마도 호메로스가 그 자리에 있었더라면 그 많은 사람들을 모두 신으로 착각했을 것이다. 그러나 그곳이 결코 올림포스 산이 될 수 없다는 것은 그랭구아르의 가엾은 유피테르가 가장 잘 알고 있는 사실이었다. 두 번째, 세 번째, 꼬리에 꼬리를 물고 찡그린 얼굴들은 끝도 없이 이어졌다. 그때마다 깔깔대는 웃음소리와 발을 구르고 떠들어대는 소리들은 점점 요란스러워졌다. 그런 광경에는 알게 모르게 사람들을 끌어들이는 어떤 매력이 있었다. 그러나 그러한 느낌을 여러분에게 설명하기란 쉽지 않은 일이다. 세모꼴, 사다리꼴, 원뿔형에서 다면체에 이르기까지 온갖 기하학적 형태를 가진 수많은 얼굴들을 상상해보시라. 심술 난 얼굴에서 색기가 줄줄 흐르는 얼굴까지 인간의 온갖 표정들, 갓난아기의 주름살에서 죽어가는 노파의 주름살에 이르기까지 모든 연령대를, 파우누스(목신(牧神)으로 받은 사람, 받은 인간의 모습)에서 바알세불(악귀의 우두머리)까지의 온갖 종교적 환상들, 길짐승의 아가리에서 날짐승의 주둥이에 이르기까지, 이마에서 콧등에 이르기까지 갖가지 얼굴들이 여러분의 눈앞에 차례로 나타나 두 눈을 부릅뜨고 쳐다보는 장면을 상상하기 바란다. 퐁네프 다리의 모든 수인(獸人)의 얼굴이, 제르맹 필롱(16세기의 조각가. 작품에는 추악한 얼굴이 없다.)의 손에 걸려 돌이 되어버린 그 추악한 괴물의 얼굴이, 숨을 쉬며 불타오르는 눈길로 여러분을 바라보는 모습을 상상해보라. 베네치아의 카니발 가면행렬에 나오는 온갖 가면이 당신의 쌍안경에 비쳤을 때를 상상해보기 바란다. 한마디로 인간 얼굴의 만화경인 셈이었다.

 이 난리법석은 시간이 흐를수록 플랑드르 풍속을 닮아가고 있었다. 테니르스(아버지(16~17세기), 아들(17세기) 플랑드르 화가. 축제 광경을 그렸다.)로서도 이러한 광경은 제대로 묘사해내지 못할 것이다. 살바토르 로사(17세기 나폴리의 전쟁화가)의 전쟁화가 바쿠스 축제로 고스란히 변형되었다고 상상해보라. 이젠 학생이니 사절단이니 하는 구분도, 남녀의 구별도 필요치 않았다. 클로팽 트루유푸도 질 르코르뉘도, 마리 카트르리브르나 로뱅 푸스팽도 없었다. 모든 것이 한데 뒤섞여 그냥 휩쓸려 들어가고 있었다. 그곳은 이제 능청스러움과 쾌활함의 거대한 도가니로 변하여 저마다 입으로는 고함을 질러대고, 눈들은 광기로 번들거리고, 얼굴이란 얼굴들은 모두가 잔뜩 찡그린 모습으로 온통 해괴한 몰골들을 하고 있었다. 남에게 질세라 고함을 지르고 아우성이었다. 둥근 구멍으로 내민 괴상망측한 얼굴들이 이를 가는 소리를 낼 때마다 관중의 열기는 숯불 위에 짚단을 던져넣은 것처럼 활활 타올랐다. 그러한 사람들의 쩌렁쩌렁한 울림은, 날벌레가 떼 지어 날아다닐 때 들려오는 소음처럼, 도가니 뚜껑을 열 때 확 치솟는 뜨거운 증기처럼 솟아오르고 있었다.

"야, 이 징그러운 놈아!"
"저 낯짝 좀 봐!"
"저 정도로는 안 되지!"
"어디 더 나은 놈은 없나?"
"기유메트 모제르퓌, 저기 황소 대가리 좀 봐! 뿔만 있었으면 완벽했을 텐데. 아니, 저건 네 남편 아니니?"
"저놈은 또 나왔네."
"이런 젠장! 뭐 저런 상판대기가 다 있지?"
"야! 속임수 쓰지 마! 얼굴만 내놓으란 말이야!"
"페레트 칼보트잖아! 계집애가 저럴 수가 있냐?"
"만세! 만세!"
"숨이 막힌다!"
"저 놈은 머리통이 너무 커서 귀가 빠져나오질 않아!"
등등.

우리의 친구 장이 얼마나 대단한지도 알아주어야 한다. 그런 북새통 속에서도 여전히 돛에 매달린 꼬마 뱃사람처럼 기둥 꼭대기에 악착같이 매달려 있었으니 말이다. 그뿐인가. 나름대로 악을 쓰면서 고래고래 고함까지 치고 있다. 하지만 그 소리가 사람들에게까지 가 닿지는 못했다. 그것은 관중들의 소란 때문이 아니라, 그의 고함소리가 가청범위의 한계, 즉 소뵈르(17~18세기의 물리학자)가 말하는 진동수 1만 2천 회, 또는 비오(18~19세기의 물리학자)가 주장하는 8천 회의 진동수에 달했기 때문이다.

한편, 한때 낙심하여 풀이 죽었던 그랭구아르는 곧바로 안정을 되찾았다. 그리고 앞으로 펼쳐질 난관만은 반드시 헤쳐나가겠노라 다짐하면서 세 번째로 배우들에게 "계속하시오!" 재촉했다. 사실 그는 대리석 무대 앞을 서성이며 자기도 둥근 구멍 밖으로 찌푸린 얼굴을 한번 장난삼아 쑥 내밀어볼까 하는 엉뚱한 생각을 하고 있었다. 그렇게 하는 것이 단지 무례한 사람들의 즐거움만 더해주는 일이 될 수도 있지만, 치밀어오르는 부아를 조금이나마 달랠 수 있다면 상관없었다. 하지만 그런 생각도 잠시, 곧 정신을 가다듬고 되뇌었다. "아냐, 그건 차마 못 할 짓이야. 품위를 손상시키면서까지 복수하지는 말자. 끝까지 최선을 다해 싸우자. 시가 민중에게 끼치는 영향력은 크다. 저들이 다시 돌아오게 만들면 된다. 못생기고 찌푸린 얼굴이 이기는지 예술이 이기는지, 어디 두고 보라지."

생각은 그렇게 했지만 연극의 관객이라고는 그 자신 말고는 아무도 없었다.

전세는 아까보다 더욱 나빠지고 있었다. 그에게는 이제 미친 듯이 흥분하여 날뛰는 사람들의 뒷모습밖에 보이지 않았다.

아니, 꼭 그렇지만도 않았다. 앞서 연극이 중단될 뻔한 위태로운 순간에 그랭구아르에게 용기를 주었던, 성격 무던한 뚱뚱보는 아직도 무대 쪽을 향하고 있었기 때문이다. 반면 지스케트와 리에나르드는 이미 오래전에 사라지고 없었다.

그랭구아르는 그 유일한 관객에게 진한 감동을 느꼈다. 그는 곧장 그에게 다가가 가볍게 팔을 톡 치며 말을 걸었다. 참을성 있는 뚱뚱보는 난간에 기대어 졸고 있었던 것이다.

"저어, 감사의 말씀을 드리고 싶습니다." 그랭구아르가 말했다.

"왜요? 무슨 말씀이신지." 뚱뚱보는 하품을 하며 물었다.

"선생께서 갑갑해하시는 이유를 잘 알아요. 이렇게 시끄러우니 아무것도 제대로 안 들리시죠. 하지만 안심하십시오. 당신 이름은 후세에까지 전해질 테니까요. 실례지만 성함이?"

"르노 샤토라고 하오, 파리 샤틀레 재판소 인감보관담당이오만."

"여기선 당신이 뮤즈 여신의 유일한 특사입니다." 그랭구아르가 말했다.

"무슨 말씀을, 과분한 칭찬이십니다." 샤틀레 재판소 인감보관담당이 대답했다.

"오직 선생님 한 분만이 이 연극을 제대로 봐주셨습니다. 연극은 어떻던가요?"

"아, 좋아요, 썩 괜찮은 연극이라고 생각합니다!" 그랭구아르의 물음에 뚱뚱보는 잠에서 덜 깬 얼굴로 대답했다.

그나마 그랭구아르는 그 정도로 만족해야 했다. 마침내 미치광이 교황이

뽑혀 우레 같은 박수갈채와 터져나갈 듯한 함성소리가 그들의 대화를 끊어 버렸기 때문이다.
"대단하다! 대단해!" 사람들이 여기저기에서 고함을 질러댔다.
그도 그럴 것이 때마침 깜짝 놀랄 만큼 추악하게 생긴 얼굴이 둥근 구멍 밖으로 기괴한 빛을 뿜어냈기 때문이다. 그때까지 오각형이니 육각형, 형편없이 일그러진 얼굴 등 괴이하리만큼 찌푸린 얼굴들이 나타났다가는 사라졌다. 하지만 흥분한 사람들의 상상력이 만들어낸 기괴한 이상형에 딱 들어맞는 얼굴은 없었다. 코프놀 영감마저 자기도 모르게 박수갈채를 보내고 경쟁에 참가했던 클로팽 트루유푸도—그가 얼마나 추악한 얼굴로 변했는지 우리로서는 상상하기가 어렵다—투구를 벗지 않을 수 없었다. 이처럼 구경꾼들의 표를 단박에 싹쓸이해버린 그의 생김새는 이렇다. 사면체의 뭉툭한 코, 말발굽처럼 생긴 입, 텁수룩한 붉은 눈썹에 가린 작은 왼쪽 눈과 커다란 무사마귀로 덮여 완전히 숨어버린 오른쪽 눈, 요새의 총구멍처럼 여기저기 빠져 있는 들쭉날쭉한 치아, 그 가운데 코끼리 엄니처럼 삐죽 튀어나온 이 하나, 그 이에 밀려 튀어나온 굳은살 박인 입술, 한가운데가 잘쏙하게 폭 파인 턱, 생김새에 서려 있는 악함과 놀라움과 슬픔이 뒤섞인 표정. 그 얼굴을 실제 보고 있는 것처럼 느낌을 전달하기에는 한계가 있다. 여러분의 충분한 상상력을 보태야 한다.
모든 사람이 함성을 질렀으며 장내가 터져나갈 듯한 박수소리가 이어졌다. 모두들 교회당으로 몰려들어 영예의 미치광이 교황을 끌어내는 순간, 사람들의 놀라움과 감탄은 절정에 이르렀다. 세상에 어디서도 찾아볼 수 없는 괴상망측한 그 생김새는 연출된 것이 아니라 생긴 그대로 맨얼굴이었기 때문이다!
거기서 끝이 아니었다. 그의 몸 전체가 잔뜩 찌푸린 것 같았다. 커다란 머리에는 붉은 머리카락이 곤두서 있고, 두 어깨 사이로 나 있는 커다란 혹은 앞가슴 쪽에도 똑같이 튀어나와 있었다. 또한 이상하게 꼬여서 무릎 부분에서만 양쪽이 맞닿는 넓적다리와 정강이하며—앞에서 보면 마치 반원형의 풀 베는 낫 두 자루를 손잡이 부분에서 맞물리게 한 모양새다—발도 커다랗고 손은 괴물 같았다. 그러한 모든 기형적인 몸집에 걸맞지 않게 그의 몸놀림은 왠지 모르게 무섭고, 기운차고 날렵했으며, 활기차 보였다. 힘은 아름다움과 마찬가지로 조화에서 나온다는 불멸의 법칙과는 기이하게 어긋나는 예외의 모습이었다. 사람들이 미치광이 교황으로 뽑은 사나이는 이렇게 생겼다.

그야말로, 거인의 몸을 조각조각 나눴다가 아무렇게나 다시 끼워 맞춘 듯한 모습이었다.

키는 짜리몽땅한데 어깨넓이가 키만큼은 되고, 어느 위인(나폴레옹 1세)의 말마따나 밑바닥부터 떡 벌어진 외눈박이 괴물이 은색 종무늬가 새겨진 빨강과 자주가 섞인 외투를 걸치고 교회당 문 앞에 나타났을 때, 사람들은 뭐라 말할 수 없는 그 추한 모습만으로도 그를 단박에 알아보고는 입을 모아 외쳤다.

"저건 종지기 카지모도잖아! 노트르담의 꼽추다! 애꾸눈 카지모도! 안짱다리 카지모도, 와! 만세!"

이 가련한 괴물에게는 수많은 별명이 있었음을 알 수 있다.

"임신한 여자들은 조심해!" 학생들이 외쳤다.

"임신하고 싶은 여자들도 조심해야 할걸!" 장이 말을 받았다.

그 소리에 여자들은 정말 두 손으로 얼굴을 가렸다.

"세상에! 흉측한 원숭이 꼴이네!"

"못생긴 만큼이나 심술도 고약하다지?"

"저건 인간이 아니야. 악마야, 악마!"

"우리 집이 노트르담 성당 바로 옆인데, 저 괴물이 밤새도록 빗물받이 사이를 이리저리 어슬렁거리는 소리가 다 들린다니까."

"고양이들을 거느리고 다닌다며?"

"하여튼 저 인간은 노상 우리 지붕 위를 돌아다닌다고."

"굴뚝에다 대고 우리한테 주문을 거는 걸 거야."

"며칠 전 밤에는 우리 집 천장창에 들러붙어서는 나한테 낯짝을 찌푸려 보였다니까. 치한이 나타난 줄 알고 어찌나 놀랬는지."

"틀림없이 악마들이 모이는 한밤 잔치에도 갈 거야. 언젠가 우리 집 지붕에 빗자루를 놓고 간 적도 있다니까!"

"정말이지 역겨운 몰골이야!"

"에구! 정말 싫어!"

"소름끼쳐!"

그러나 여자들과 달리 남자들은 뭐가 그리 신이 나는지 박수갈채를 보내느라 떠들썩했다.
 이러한 대소동의 주인공인 카지모도는 여전히 어둡고 무표정한 얼굴로 사람들의 감탄 표적이 되어 교회당 문에 오래도록 꼼짝 않고 서 있었다.
 학생 하나가—아마도 로뱅 푸스팽이라고 생각되는—그의 코앞까지 다가가 얼굴을 들이대고 큰 소리로 웃어젖혔다. 그가 너무 가까이 다가섰던 모양인지 순간 카지모도는 그의 허리띠를 움켜잡고는 앞쪽 군중 속으로 냅다 동댕이쳐버리는 것이었다.
 코프놀 영감도 몹시 감탄했는지 그의 곁으로 바짝 다가갔다.
 "거 참 정말, 내 너처럼 못생긴 놈은 태어나서 처음 본다! 그만하면 로마에 가더라도 충분히 교황이 되고도 남겠구나."
 그렇게 말하면서 코프놀은 들뜬 기분으로 카지모도의 어깨에 손을 얹었다. 웬일인지 카지모도는 얌전히 있었다. 코프놀은 하던 이야기를 계속했다.
 "어떠냐? 너처럼 생긴 놈하고 식사 한번 해보고 싶구나! 돈이야 얼마가 들든 상관없어. 네 생각은 어떠냐?"
 카지모도는 좋다 싫다 반응이 없었다.
 "뭐야! 안 들리는 게야?" 옷장수 코프놀이 말했다.
 그랬다. 카지모도는 귀머거리였다.
 한편 카지모도는 카지모도대로 코프놀의 하는 짓거리에 슬슬 부아가 나기 시작했는지 이를 갈면서 느닷없이 그를 향해 홱 돌아섰다. 그 기세가 어찌나 험악했던지 플랑드르의 이 거인도 발톱을 곤두세운 고양이 앞의 개처럼 주춤주춤 뒷걸음칠 수밖에 없었다.
 카지모도의 주변 열다섯 걸음쯤 떨어진 곳으로 군중이 몰려들어 원을 이루었다. 사람들은 원의 중심을 향해 공포와 존경의 시선을 던졌다. 그때 한 노파가 코프놀 영감에게 카지모도가 귀머거리임을 알려주었다.
 "귀머거리라고? 졌다, 졌어. 그야말로 기막힌 조화가 아닌가! 완벽한 교황감이야!" 코프놀 영감은 플랑드르식 너털웃음을 터뜨리며 말했다.
 "아니, 이제 알겠군! 이놈은 우리 형님이 부주교로 계시는 성당의 종지기야. 카지모도, 잘 있었나?" 카지모도를 좀더 가까이에서 보려고 기둥머리에서 내려온 장이 외쳤다.
 "아니 저게 괴물이야, 사람이야? 서 있는 꼴은 꼽춘데, 걷는 꼴은 안짱다리, 눈은 애꾸고, 말을 시켜보자니 귀머거리 아닌가! 이놈은 대체 혀를 어따 쓰지?" 군중 속으로 내동댕이쳐졌던 로뱅 푸스팽이 아직도 온몸이 쑤시는지 일어나지도 못한 채 말했다.

"마음이 내키면 말도 한다오. 종만 쳐대느라 귀를 먹은 거지, 날 때부터 벙어리는 아니야." 노파가 옆에서 설명했다.

"옥에 티로구먼." 장이 대꾸하자 로뱅 푸스팽이 덧붙였다.

"한쪽 눈은 전혀 보질 못해."

"애꾸눈은 장님보다 더 나쁘다니까. 눈 하나가 없다는 걸 알게 되니 말이야." 장이 그럴싸하게 말했다.

그사이 거지 떼와 하인들과 소매치기들은 학생들과 한데 어울려 법률가들의 사무실로 가서 미치광이 교황에게 줄 마분지 교황관과 가짜 법의를 챙겨 왔다. 카지모도는 눈썹 하나 까딱 않고 우쭐한 얼굴로 그것들을 순순히 받아 입었다. 이어 그들은 울긋불긋 요란하게 꾸민 가마 위에 그를 앉혔다. 미치광이축제단의 일꾼 12명이 가마를 어깨에 멨다. 애꾸눈 카지모도는 자신의 더러운 발아래로 잘난 사나이들의 말쑥하고 잘생긴 얼굴들이 즐비한 것을 보자 그 복잡하고 우울한 얼굴에 왠지 슬픈 듯한, 그러면서도 경멸이 담긴 기쁜 미소를 띠었다. 요란스러운 누더기 행렬은 관례에 따라 한길과 네거리로 나서기 전에 재판소 안을 한 바퀴 돌기 시작했다.

6 에스메랄다

여러분께 알려드릴 수 있다는 것을 참으로 기쁘게 생각하는 바, 미치광이 교황의 선거가 치러지는 그 소란 속에서도 그랭구아르와 그의 연극은 꿋꿋하게 이어지고 있었다. 배우들은 그의 재촉 탓에 대사 읊조리기를 멈추지 않았고 그 역시도 귀 기울여 듣기를 중단하지 않았다. 이런 뜻밖의 소란은 어찌할 수 없다고 포기한 채 머지않아 관객들이 다시 연극으로 관심을 돌릴 것이라는 희망을 그는 버리지 않고 있었다. 그는 기어코 연극을 끝까지 해내리라고 마음먹었던 것이다. 마침내 그러한 희망은 카지모도와 코프놀과 미치광이 교황 행렬이 왁자지껄하게 밖으로 나가는 순간 되살아났다. 흥분한 군중은 행렬을 따라 밖으로 몰려나갔다. 그제야 그는 "이제 됐다! 방해꾼들이 다 떠나고 있어!" 혼자 중얼거렸다. 그러나 어쩌나? 그 방해꾼들이란 바로 관객들 모두였던 것이다! 눈 깜짝할 사이에 대형홀은 텅 비어버렸다.

아니 좀더 정확히 말하자면, 구경꾼 몇 명이 아직 남아 있기는 했다. 여기저기 한 둘씩 흩어져 있거나 기둥 아래 모여 있는 그들은 주로 미치광이놀이에 질려버린 여자들과 노인들, 어린아이들이었다. 대여섯 명의 학생들은 창틀에 걸터앉아 광장을 바라보고 있었다.

'괜찮아! 이 정도만 있어도 연극을 대단원까지 밀고 가는 데는 충분해. 숫자는 적지만 선택받은 관객이고 문학이 뭔지 아는 관객들이니까.' 그랭구아르는 이렇게 생각했다.

그러나 곧 성모 마리아의 등장에 맞추어 효과를 내어줄 근사한 관현악 연주가 필요하다는 것을 퍼뜩 깨달았다. 그러나 그것은 불가능했다. 왜냐하면 미치광이 교황의 행렬에 악단이 끌려가버린 것이다. "괜찮아, 그딴 것 없어도 돼!" 그랭구아르는 스토아학파 철학자처럼 꾹 참으며 말했다.

그는 그의 연극에 대해 이야기를 나누고 있다고 생각되는 사람들에게 다가갔다. 그러나 그들은 이런 이야기를 하고 있었다.

"혹시 나바르 저택을 알아요? 전엔 느무르 나리의 소유였는데."
"그럼요. 브라크 성당 바로 맞은편에 있는 저택 말이죠?"
"맞아요. 그런데 그걸 삽화가인 기욤 알렉상드르에게 빌려주기로 했다는군요. 1년 집세가 글쎄 파리 돈으로 6리브르 8솔이래요."
"세상에, 임대료가 많이 올랐네요!"
'괜찮아! 다른 사람들은 보고 있을 테지.' 실망한 그랭구아르는 한숨지으며 생각했다.
"어이, 다들 여길 봐! 에스메랄다야! 에스메랄다가 광장에 나왔다니까!" 창가에 있던 짓궂은 젊은이 하나가 느닷없이 소리쳤다.

그 말은 마술 같은 효과가 있었다. 말이 떨어지기가 무섭게 홀에 남아 있던 사람들은 너나 할 것 없이 창가로 우르르 몰려가 밖을 내다보려고 벽을 기어오르면서 하나같이 "에스메랄다야! 에스메랄다!" 하는 소리만 되풀이하고 있었다.

동시에 밖에서 요란한 박수소리가 들려왔다.
"에스메랄다는 또 뭐람? 이번엔 창문이 방해할 차례인 모양일세!" 실망한 그랭구아르는 두 손을 맞잡으며 중얼거렸다.

생각났다는 듯 그가 대리석 무대를 다시 돌아보았을 때는 연극이 또다시 중단되어 있었다. 마침 유피테르가 번갯불을 가지고 등장할 차례였다. 그런데도 유피테르는 무대 아래 우두커니 서 있었다.

"미셸 지보른! 뭘 멍하니 서 있는 거요? 지금 나올 차례잖아? 얼른 올라가지 못해!" 시인이 초조하게 소리쳤다.
"큰일 났어요. 학생들이 사다리를 가져가버렸어요!"
비로소 그랭구아르는 사다리가 제자리에 없다는 것을 알아차렸다. 결국 연극의 절정에서 대단원으로 이르는 연결고리가 끊겨버린 것이다.
"대체 어떤 놈이 그런 짓을 한 거야? 사다리는 왜 가져가느냐고?"
"에스메랄다를 보려고 가져갔겠죠. '신난다, 여기 사다리가 있었네?' 하면서 말이에요." 유피테르도 어처구니가 없다는 듯 대답했다.
그것은 치명타였다. 그랭구아르도 마침내 포기하고 말았다.
"모두 당장 사라져버려! 공연료를 받으면 출연료를 줄 테니."
그는 비록 고개를 푹 숙인 채 퇴장했지만, 힘을 다해 싸운 장수답게 마지막을 장식했다.
  그리고 재판소 계단을 걸어내려가면서 잇새로 이렇게 중얼거렸다. "파리 사람들이란 멍텅구리에다 천박해! 기껏 성사극을 구경하러 왔으면서 대사에는 도통 신경도 쓰지 않다니. 클로팽 트루유푸, 추기경, 코프놀, 나중엔 카지모도까지 별의별 잡동사니 놈들한테만 정신이 팔려서는! 그러면서 성모 마리아 님에겐 아무도 눈길 하나 주지 않더군! 그럴 줄 알았더라면 그 성모상이나 많이 보여주는 건데. 어이구, 한심한 족속들 같으니! 난 또 뭐냐구! 환호하는 사람들 얼굴을 보러 왔다가 이렇게 뒤통수만 보고 갈 줄이야! 명색이 시인인 내가 환자들에게 외면당한 의사 꼬라지가 되지 않았느냔 말이야! 하긴 호메로스도 그리스 방방곡곡을 누비면서 구걸을 했다지? 오비디우스 역시 그 추운 모스크바 땅으로 유배 가서 생고생을 하다가 죽었고. 그나저나 그 에스메랄다라는 게 대체 무엇이기에 저리도 법석이지? 정말 종잡을 수가 없구먼. 에스메랄다는 어느 나라 말이지? 이집트 말인가?"

제2편

1 산 넘어 산

 1월은 해가 짧다. 그랭구아르가 재판소를 나왔을 때 거리는 이미 어둑어둑해지고 있었다. 어둠이 깔리기 시작한 거리가 그는 너무나 고마웠다. 한시라도 빨리 사람들이 없는 골목으로 들어가 마음껏 생각에 잠겨 낙심한 시인 그랭구아르의 상처를 철학자 그랭구아르가 어루만져줄 수 있기만을 바랐다. 지금 그에게는 철학만이 유일한 안식처가 되어줄 것이었다. 그날 밤을 어디서 지내야 할지 막막한 상황이었으므로 더욱 그랬다. 연극의 마수걸이 공연이 보기 좋게 실패로 끝난 지금, 그르니에 쉬르 로 거리에 있는 숙소로는 차마 돌아갈 수가 없었다. 그랭구아르는 파리의 마소통관세 징수 청부업자인 기욤 두시르 영감에게 6개월 치의 방세가 밀려 있었는데 파리시장에게 지어준 축혼가의 대금으로 그것을 해결할 생각이었다. 6개월분 방세라 하면 파리 돈으로 12솔. 그가 지금 걸치고 있는 보잘것없는 옷가지를 포함한 전재산의 12배에 해당하는 액수였다. 생트샤펠 성당 출납관이 관리하고 있는 감옥의 작은 창문 아래 잠시 몸을 기댄 그랭구아르는 오늘 밤 잠자리를 어디로 할 것인지 고민하기 시작했다. 문득 사바트리 거리에 있는 파리 고등법원 판사의 집 앞에서 지난주에 얼핏 보았던 디딤돌 하나가 떠올랐다. 흔히들 나귀에 올라타거나 할 때 발을 디디는 돌이었는데 경우에 따라서는 거지나 시인에게 하룻밤 베개로도 매우 훌륭하겠다는 생각을 한 적이 있었던 것이다. 그는 기막힌 순간에 기억을 떠올리게 해준 신에게 감사하며, 바리예리 거리, 비에유 드라프리 거리, 사바트리 거리, 쥐브리 거리 등 고만고만하게 낡고 지저분한 골목길들이 오밀조밀 얽혀 있는 시테 섬으로 가기 위해 재판소 앞 광장을 건너기 시작했는데, 바로 그때였다. 그랭구아르보다 먼저 재판소를 나섰던 미치광이 교황 행렬이 저만치서 횃불을 든 채, 성사극에서 끌어낸 악대를 앞세우고 이쪽으로 와자지껄 다가오는 것이 아닌가! 그랭구아르는 문득 자존심의 상처가 되살아나 고개를 돌려버렸다. 연극의 실패로 엄청난 실의에 빠진 그에게 그날의 축제를 떠올리게 하는 것은 무엇이든 견디기 힘든 고통만 안겨줄 뿐이었다.
　그는 생미셸 다리를 건너기 위해 걸음을 옮겼으나 그곳에는 어린아이들이 폭죽심지와 폭죽을 들고 사방으로 뛰어다니고 있었다.
　"빌어먹을 폭죽 같으니라고!" 그랭구아르는 툴툴거리며 샹주 다리 쪽으로 방향을 바꾸었다. 다리 들머리의 집집마다 국왕과 황태자, 플랑드르의 마르그리트 공주를 상징하는 깃발 3개와 오스트리아 공작과 부르봉 추기경과 보좌전하와 잔 드 프랑스 공주와 서자인 부르봉 전하, 그리고 누군지 알 수 없는 또 한 사람의 초상이 그려진 작은 깃발 6개가 걸려 있었다. 그 깃발들은 어둠 속에서도 횃불에 의해 모습이 뚜렷이 드러나 보는 이들의 감탄을 자아냈다.
　"환쟁이 장 푸르보가 부럽구먼!" 그랭구아르는 무거운 한숨을 내쉬며 크고 작은 깃발들로부터 등을 돌려버렸다. 눈앞에 큰 거리가 하나 나타났다. 그러나 이미 캄캄한 어둠 속에 묻혀 있는 데다 인적도 끊긴 상태였다. 그 길로 가면 웅성거리는 축제의 불빛과 메아리로부터 비로소 벗어날 수 있을 것만 같았다. 그는 망설임 없이 그 길을 택했다. 한참을 걸어가던 그는 발끝에 무언가가 걸려 넘어지고 말았다. 그를 넘어뜨린 것은 법률가 서기들이 그날의 축제를 위해 고등법원장 집 앞에 갖다놓은 5월 나무심기에 쓰일 묘목다발이었다. 그랭구아르는 갑작스러운 사태를 남자답게 참아냈다. 그는 일어나 다시 걸어 강가에 이르렀다. 그리고 민사법원과 형사법원을 지나 왕실 정원의 높은 벽을 따라 발이 푹푹 빠지는 진창길과 모래 위를 걸어 시테 섬 서쪽 끝에 도착했다. 그 지점에서 퐁뇌프 다리 청동 마상 아래로 보이는 파쇠르 오 바슈 섬을 그는 한동안 바라보았다. 어둠 속에서 그 섬은 강물 위에 떠 있는 검은 대리석 덩어리처럼 보였다. 그곳에는 오두막집에서 새어나온 벌통 모양의 작은 불빛 하나가 어른거리고 있었다. 소를 건네주는 사공이 밤을 보내는 곳이었다.
　'뱃사공아, 네 팔자가 부럽구나!' 그랭구아르는 생각했다. '너는 명예를 동경지도 않고 축혼시 같은 것도 지을 필요가 없겠지? 국왕의 결혼식이며 부르고뉴 공주 따위가 너에게 다 무슨 상관이겠니! 4월의 잔디밭에서 너의 암소들이 뜯어먹는 마거리트 말고 다른 마거리트는 알 필요도 없지? 그런데 시인인 나는 대체 뭐란 말이냐? 관중들에게 야유나 당하고 추위에 덜덜 떨고 있으니. 게다가 여섯 달씩이나 방세가 밀려 있는 데다 신발 바닥은 닳아빠져 초롱에 끼우는 유리처럼 훤히 비쳐 보일 지경이니. 고맙다, 뱃사공아! 네 오두막집이 내 눈을 쉬게 하고 부아가 치밀어오르는 파리의 북새통을 잊게 해주는구나!'

그랭구아르가 이런 감상에 젖어 있을 때, 그 몽롱한 서정을 느닷없이 날려버린 것은 바로 하늘의 축복이 내린 그 오두막집에서 터져나온 요란한 이중 폭죽소리였다. 그날의 축제를 즐기려는 사공이 자기 집에서 폭죽을 쏘아올린 것이다.

폭죽 소리에 화들짝 놀란 그랭구아르는 이참 저참 화가 머리끝까지 치밀어올랐다.

"빌어먹을 축제 같으니라고! 도대체 어디까지 나를 쫓아다닐 셈이지? 거참 정말! 여기까지 쫓아와서 괴롭히다니!"

그렇게 악에 받쳐 고래고래 소리치던 그는 문득 발아래 흐르는 센 강물을 내려다보는 순간, 무서운 유혹에 사로잡혔다.

"아! 물이 차갑지만 않다면 뛰어내려버릴 텐데······."

그와 동시에 절망적인 어떤 결심을 굳혔다. 그것은 미치광이 교황에게서도, 장 푸르보의 깃발들로부터도, 5월의 식목 다발에서도, 축제용 폭죽에서도 벗어날 수가 없다면 차라리 소동이 벌어지고 있는 축제의 한복판으로 과감하게 뛰어들자는 생각이었다. 그레브 광장으로 돌아가자고 결심한 것이다!

'적어도.' 그는 상상했다. '거기선 타다 남은 모닥불에 곁불을 쬐며 몸이라도 녹일 수 있을 테지. 시영 식당에서 마련한 커다란 왕가 문장의 설탕 덩어리를 3개씩 나누어주었을 테니 그 부스러기로라도 허기를 달랠 수 있을 거야!'

2 그레브 광장

지금은 그 무렵 그레브 광장의 모습을 찾아보기란 쉽지 않다. 광장 북쪽 한 귀퉁이에 있는 아름다운 작은 망루 하나가 그 흔적으로 남아 있다. 하지만 조각 작품으로서의 예술적인 선들은 얼룩덜룩한 물감의 덧칠 속에 묻혀버렸거니와, 망루 자체도 파리의 많은 건물들을 빠르게 집어삼키는 신축건물의 홍수 속으로 머지않아 사라져버릴지 모른다.

그레브 광장을 지날 때 루이 15세 시절 세워진 낡은 두 채의 건물 사이에 끼어 숨 막혀 보이는 그 볼품없는 망루에 연민과 동정의 눈길을 던지는 사람들이라면—나도 그 가운데 한 사람이다—그 옛날 이 망루는 어떤 건물 사이에 서 있었는지 쉽게 그려볼 수 있을 것이다. 다시 말해 케케묵은 15세기의 오래된 고딕식 광장의 풍광까지도 쉽게 떠올릴 수 있을 것이다.

그즈음의 광장은 지금의 모습과 똑같이 한 면은 강둑에 잇닿고 나머지 세 면은 높고 비좁은, 집들로 둘러싸인 사다리꼴이었다. 그곳에서 흔히 볼 수 있는 목조주택과 석조건물들의 온갖 장식적 요소들은 마치 중세 주택양식의 본보기들을 늘어놓은 것처럼 보였다. 끝이 뾰족한 홍예 대신 채택된 십자형 둥근 천장을 비롯하여 로마네스크 양식의 반원 홍예에 이르기까지 15세기에서 멀게는 11세기로 거슬러 올라가는 다양한 건축양식을 그곳 어디서나 볼 수 있었다. 타느리 거리 방향 센 강가의 광장 모퉁이에 위치한 고풍스러운 롤랑 망루 2층에서 볼 수 있는 것 역시 그러한 반원 아치의 흔적이었다. 하지만 그것도 낮의 얘기다. 날이 저물면 광장 주위를 둘러싼 건물들의 세세한 특징들은 모두 어둠 속에 묻혀버리고 그저 하늘을 배경으로 집집마다 지붕의 윤곽들이 만들어내는 삐뚤빼뚤한 선들만 알아볼 수 있었다. 이른바 당시의 도시와 요즘 도시 모습의 근본적인 차이 때문에 벌어진 현상인데 예전에는 집의 옆면이 광장과 거리를 향했다면, 이제는 그것이 모두 정면으로 바뀌어 있다는 것이다. 집들이 그렇게 방향을 바꾸기 시작한 것은 2세기 전부터였다.

광장의 동쪽 한가운데에는 집 세 채를 나란히 붙여 지은, 육중하지만 볼품 없는 건물 하나가 서 있었다. 그 건물의 이름은 모두 세 가지였고 그것들을 통해 건물의 역사와 쓰임새, 건축양식을 짐작할 수 있었다. 먼저 그 집은 샤를 5세가 황태자 시절에 살았다 하여 '태자궁'으로 불렸다. 또한 시청으로도 쓰였으므로 '거래소'라고도 불리고, 굵은 원기둥이 4층 건물을 떠받치고 있다 하여 '기둥집'이라고도 불렸다. 그곳은 파리처럼 번듯한 도시에 필요한 모든 것이 갖추어져 있었다. 이를테면 하느님께 기도하기 위한 성당, 재판을 하거나 필요할 때 궁정인들을 징계하는 '제소실'이 있는가 하면 꼭대기에는 대포가 들어차 있는 '병기고'도 있었다. 시의 자주권을 온전히 지켜내려면 때로는 기도나 변론만으로 충분치 않다는 것을 파리 시민들도 알고 있었으므로 시청 옥탑방에는 훌륭한 화승총을 녹이 슬 때까지 비축하고 있었다.

요즘도 그레브 광장이라고 하면 '기둥집' 자리에 건축가 도미니크 보카도르가 세운 시청사의 음울한 모습이 떠오르면서 기분이 언짢아진다. 이 광장은 이미 그 시절부터 음울한 느낌을 주는 기분 나쁜 광경을 보이고 있었다. 그 시절, 사람들이 '심판' '사다리'라고 부르던, 늘 세워져 있는 교수대와 죄인 공개대가 포장된 광장 한가운데에 줄지어 있었던 탓에 사람들이 불길한 광장에서 눈을 돌리게 되었다는 것도 말해두어야겠다. 무엇보다도 건강했던 많은 사람들이 이곳에서 임종의 고통을 맛보아야 했기 때문이다. 또 50년 뒤에는 '생바리에의 열병', 다시 말해 교수대 공포증이 이 광장에서 생겨났다. 이 병은 온갖 질병 가운데 가장 무서운 질병이었다. 그것은 신으로부터가 아닌 인간 자신에게서 나온 것이었으므로.

3백 년 전만 해도 빈번하게 이루어지던 사형을 오늘날엔 거의 볼 수 없게 된 것은 그나마 위로가 된다. 그 시절엔 그레브 광장은 물론이고 중앙시장, 황태자 광장, 크루아 뒤 트라우아르, 돼지 도축시장, 그 끔찍한 몽포콩, 집행관들의 방벽, 고양이 광장, 생드니 문, 샹포 문, 보데 문, 생자크 문의 형장에는 극형용 쇠바퀴라든가 석조 교수대, 아예 돌바닥에 고정시켜놓은 상설 처형 도구들이 즐비했다. 그 밖에도 그 무렵에는 사제장과 주교, 성당참사회, 사제, 사법권을 가진 수도원장들이 관리하는 수많은 교수대가 있어 마구 사형을 집행했다. 또한 센 강의 익사형도 있었다. 하지만 오늘날 이 봉건사회의 늙은 군주(사형)는 갑옷의 모든 문양들과 변덕스럽게 행사하던 온갖 형법들, 그랑 샤틀레에서 가죽침대를 5년마다 갈아야 했던 고문 수단들을 하나씩 포기한 뒤, 이제는 우리 도시에서 쫓겨나고 법전에서 물러나, 그레브 광장 한쪽 구석에 초라하게 불명예스러운 모습으로 단두대 한 대가 겨우 남아 있다. 과연 그 자체로 위안을 삼을 만하지 않겠는가!

3 입맞춤

 피에르 그랭구아르가 그레브 광장에 이르렀을 때 그의 몸은 꽁꽁 얼어 있었다. 샹주 다리의 무수한 사람들과 장 푸르보의 작은 깃발들을 피하기 위해 뫼니에 다리를 지나오는 길에 주교의 물방앗간 풍차에 물세례를 받았다. 그렇지 않아도 남루한 옷이 흠뻑 젖어버리고 말았다. 게다가 연극 실패에 따른 좌절감까지 겹쳐서 온몸은 더욱 덜덜 떨고 있었다. 그는 광장 한복판에서 활활 타오르는 모닥불로 허겁지겁 달려갔다. 이미 많은 사람들이 모닥불을 에워싸고 있었다.
 "빌어먹을 파리놈들 같으니라고!" 그는 부아가 나 혼자 투덜거렸다. "곁불도 마음대로 쬐지 못하게 하는군! 불 한쪽 귀퉁이에라도 좀 앉고 싶은데 말이야. 신발 속에 물이 들어차 질퍽거리는 데다 그놈의 물레방안지 뭔지는 날 이렇게 홀딱 적셔놓질 않나. 염병할 파리 주교는 저따위 물방앗간을 가지고 뭘 해먹을 속셈인지 모르겠어. 젠장, 별 볼일 없어지면 주교 자리 내놓고 방앗간이라도 해먹으려는 건지. 내 저주만으로 그자가 망한다면 얼마든지 그렇게 해주마. 주교놈의 성당도 방앗간도 죄다 저주를 퍼부어줄 테다! 여보게들, 웬만하면 자리 좀 내주지 그래? 다들 뭘 하고 있는 거야? 불을 쬐고 있는 거지. 따뜻하겠다! 잔가지 다발 무더기가 타는 걸 보고 있는 거야. 불꽃이 아름다울 테지." 그랭구아르는 혼잣말을 했다. 그도 그럴 것이 그랭구아르는 극시인답게 혼잣말을 하는 버릇이 있었던 것이다.
 다가가 자세히 살펴보니 모닥불을 에워싼 군중은 그저 불을 쬐려고 모인 것 같지는 않았다. 이토록 많은 사람들이 화려하게 타오르는 모닥불 열기와 구경에만 이끌렸을 리 없을 터였다.
 수많은 사람을 한곳으로 끌어모은 것은 바로 그 안쪽 빈 공간에서 춤을 추고 있는 한 아가씨였다.
 회의파 철학자에 풍자 시인을 자처하는 그랭구아르의 눈에도 그녀가 사람인지 요정인지 하늘에서 내려온 천사인지 얼른 보아선 구별할 수가 없었다. 그는 눈부신 여인의 모습에 매료되고 말았다.

키가 큰 편이 아닌데도 그녀는 늘씬하게 쭉 뻗은 몸매 때문에 제법 훤칠해 보였다. 갈색 피부는 낮에 보았다면 안달루시아나 로마의 여인들처럼 아름다운 금빛으로 빛났을 게 분명하다. 사그마한 발도 안달루시아풍이었다. 화려한 신발이 그 조그만 발을 딱 들어맞게 감싸고 있었지만 조금도 불편해 보이지 않았다. 그녀는 바닥에 아무렇게나 깔린 페르시아 양탄자 위에서 빙글빙글 돌거나 소용돌이치듯 춤추고 있었다. 빙글빙글 돌며 사람들 앞을 스칠 때마다 검은 두 눈에서는 광채가 쏟아졌다.

주위 구경꾼들은 모두 멍하니 입을 벌린 채 넋을 잃고 그녀를 바라보고 있었다. 그도 그럴 것이 통통하고 매끈한 두 팔은 머리 위로 높이 치들어 탬버린을 치고, 주름 하나 없는 금색 조끼에 봉긋하게 부풀어오른 원피스, 드러난 어깨, 가끔 치마 밑으로 살짝살짝 보이는 가느다란 다리, 까만 머리카락, 불꽃 같은 눈동자, 말벌같이 가늘고 낭창낭창하면서도 생동감 있는 그 모습은 도무지 이 세상 사람이 아니었다.

"이건 분명 불의 요정이야. 아니, 물의 요정이야. 여신? 아니, 아냐, 메날론 산에 사는 무녀가 틀림없어!" 그랭구아르는 그렇게 생각했다.

바로 그때, '불의 요정'의 땋아 늘어뜨린 머리채가 풀리면서 꽂혀 있던 놋쇠 머리장식이 바닥에 떨어져 뒹굴었다.

"뭐야! 집시여자였군!" 그랭구아르가 투덜거렸다.

환상은 그렇게 사라지고 말았다.

여자의 춤사위가 다시 시작되었다. 그녀는 이제 바닥에 두었던 칼 두 자루를 집어들고는 그 뾰족한 끝을 이마에 세우더니 몸을 빙빙 돌리기 시작했다. 칼은 몸과는 반대 방향으로 빙글빙글 돌았다. 영락없는 집시여자였다. 그랭구아르는 심한 환멸을 느꼈지만, 마치 그림 같은 광경에 마법에라도 걸린 듯 황홀감에 빠져들지 않을 수 없었다. 모닥불이 주위를 붉게 비추고 있었고, 그 빛은 빙 둘러 원을 이룬 구경꾼들의 얼굴과 춤추는 여자의 갈색 이마 위에서 일렁였다. 광장 한 귀퉁이 기둥집의 낡아빠진 정면에도, 교수대의 받침돌에도 빛이 만들어낸 움직이는 모든 것의 그림자가 춤추듯 덩달아 어른거렸다.

그런데 붉게 물든 수많은 얼굴들 가운데서 열정적으로 춤추는 아가씨를 유난히 눈여겨보는 사람이 있었다. 엄격하고 침착한 모습이면서도 어딘지 얼굴에 어두운 그림자가 드리워진 남자였다. 차림새는 사람들에 가려져 잘 보이지는 않았으나, 나이는 어림잡아 35살을 넘지 않은 것 같은데 머리는 벌써 많이 벗어져 관자놀이에 흰머리가 듬성듬성 남아 있을 뿐이었다. 높고 넓은 이마에 몇 가닥 주름이 잡혀 있기는 했지만 움푹 팬 눈에는 젊음과 타오르는 듯한 생기, 깊은 정열이 깃들어 있었다. 사내의 눈은 집시여자에게서 내내 떨어지지 않았다. 발랄한 16살 아가씨가 경쾌한 춤으로 주위의 많은 사람들에게 즐거움을 선사하는 동안 사내는 점점 더 깊은 상념에 빠져드는 것 같았다. 그는 잠깐 미소를 짓는 것 같다가도 알게 모르게 한숨을 내쉬곤 했는데, 왠지 그 미소가 한숨보다 더 괴로워 보였다.

가쁜 숨을 내쉬던 그녀의 춤이 끝나자 사람들은 환호하며 박수를 보냈다.

"잘리!" 집시여자가 불렀다.

어디선가 하얀 털이 몽실몽실하고 작고 귀여운 암염소 한 마리가 날래고 씩씩하게 나타났다. 뿔과 발도 금색이고, 금색 목걸이까지 하고 있었다. 사람들이 미처 눈치채지 못하고 있었지만 암염소는 그때까지 양탄자 한 귀퉁이에 웅크려 앉아 주인이 춤추는 것을 지켜보고 있었던 것이다.

"잘리, 이제 네 차례야!"

여자는 자리에 앉으면서 탬버린을 암염소 앞으로 다정하게 내밀었다.

"잘리, 지금이 몇 월이지?"

질문이 떨어지자마자 염소는 앞발로 탬버린을 한 번 쳤다. 그렇다. 1월이었다. 정확하게 맞추자 사람들은 손뼉을 쳤다.

"잘리, 오늘은 며칠이야?" 여자는 탬버린을 뒤집어 들고 다시 물었다.

잘리는 귀여운 금빛 앞발을 들어 탬버린을 여섯 번 쳤다.

"잘리, 지금은 몇 시일까?" 다시 탬버린을 뒤집어 들며 그녀가 물었다.

잘리가 일곱 번을 내리치자, 그와 동시에 '기둥집'의 큰 시계에서도 7시를 알리는 종소리가 울리기 시작했다.

사람들은 눈을 휘둥그레 떴다.

"저건 마법이야!" 사람들 속에서 음산한 목소리가 들려왔다. 집시여자를 집요하게 바라보던 대머리의 목소리였다.

여자가 흠칫하며 뒤를 돌아보는 순간, 공교롭게도 박수가 터져나와 그 음산한 목소리를 삼켜버렸다. 박수소리가 그녀의 마음에서 그 목소리를 몰아낸 듯 집시여자는 다시 염소에게 물었다.

"잘리, 성축일 행렬 때 파리 시 기마대장 기샤르 그랑 레미 나리는 어떻게 하시더라?"

잘리는 뒷발로 서더니 음매음매 울면서 아주 귀엽게, 점잔 빼듯 걷기 시작했다. 사람들은 기마대장의 가짜 신앙심을 기막히게 흉내내는 염소의 모습에 폭소를 터뜨렸다.

여자는 더욱 용기를 얻어 계속 질문을 던졌다. "잘리야, 종교재판소 검사 자크 샤르몰뤼 나리는 설교를 어떻게 하시지?"

이제 염소는 엉덩이를 땅에 붙이고 앉아서 울기 시작했다. 그러면서 앞발을 이상하게 흔들어댔는데, 굳이 어설픈 프랑스어나 라틴어를 구사하지 않더라도 그 몸짓과 울음소리가 자크 샤르몰뤼의 어색한 말투와 몸짓을 떠올리게 만들었다.

사람들의 박수와 환호가 더욱 격렬해지는 것은 당연했다.

"신이 무섭지도 않은 게야? 신을 모독하는 거냐?" 또다시 대머리의 외침이 벼락처럼 터져나왔다.

집시여자가 다시 소리 나는 쪽을 돌아보았다.

"어머나! 그 얄미운 남자로군!" 그녀는 아랫입술을 삐죽 내밀어 보이며 버릇인지 뾰로통한 표정을 짓더니 뒤꿈치로 휙 방향을 바꾸고 탬버린 속에 사람들이 던지는 동전을 주워담기 시작했다.

커다란 은화, 작은 동전, 방패 동전, 독수리가 새겨진 동전 등 갖가지 동전들이 비 오듯 쏟아지고 있었다. 그녀는 그랭구아르가 있는 곳까지 왔다. 그랭구아르가 자기도 모르게 주머니에 손을 찔러넣었기 때문에 그 앞에서 우뚝 멈춰 섰다. 그의 입에서 난데없이 "아차, 이런!" 소리가 새어나오는 것이었다. 주머니가 텅 비어 있는 자신의 현실을 그제야 깨달은 것이다. 그러나 사랑스러운 그녀는 진땀을 흘리면서 멀뚱하니 서 있는 그랭구아르 코 앞에 탬버린을 내민 채 시침을 딱 떼고 있었다. 만약 그의 주머니 안에 페루의 갑부에 견줄 만한 큰돈이라도 있었다면 탈탈 털어 그녀에게 다 내주었을 것이다. 그러나 한 푼도 없었다. 게다가 아메리카라는 땅덩이는 아직 발견되기 한참 전이었다.

운 좋게도 마침 뜻하지 않은 일이 그를 도왔다.

"썩 꺼지지 못해! 요 이집트 메뚜기야!" 광장의 가장 어두운 구석 어디쯤에서 누군가 날카로운 목소리로 외쳤다.

집시여자는 깜짝 놀라 돌아보았는데 이번엔 먼젓번 대머리 남자 목소리가 아니라 여자 목소리, 그것도 신앙으로 똘똘 뭉친 심술궂은 목소리였다.

그 바람에 주변에서 얼쩡거리던 아이들이 즐겁게 왁자지껄 떠들어댔다.

"롤랑 망루의 은둔자잖아!"

"자루를 뒤집어쓴 할망구가 으르렁거리네! 저 할망구는 아직 저녁밥을 안 먹었나! 극빈자 식당에 아직 남은 게 있으면 갖다주자고!"

아이들은 깔깔거리며 외쳐대고는 모두 '기둥집'으로 내달렸다.

갑작스러운 소동에 질겁한 여자가 당황한 틈을 타 그랭구아르는 잽싸게 자리를 떠버렸다. 아이들 떠드는 소리에 자신도 아직 저녁을 먹지 못했음을 문득 깨달은 것이다. 허겁지겁 극빈자 식당으로 달려갔지만, 음식은 모두 말끔히 치워진 뒤였다. 1파운드에 5솔짜리 싸구려 빵조차도 남아 있지 않았다. 대신에 1434년에 마티외 비테른이 벽에다 그려놓은 날씬한 백합과 장미나무 몇 그루가 덩그러니 그를 반기고 있었다. 참으로 구차하기 이를 데 없었다.

저녁도 굶은 채 주린 배를 안고 잠을 자야 한다는 것도 참을 수 없는 일이었지만, 잠잘 곳조차 정하지 못했다는 사실이 더욱 기가 막혔다. 졸지에 그랭구아르는 노숙자 신세로 전락해버린 것이다. 빵도 없고 집도 없다니! 이런저런 자연적인 욕구에 시달린다는 것이 얼마나 성가신 일인지 그는 이미 오래전에 깨달은 터였다. 즉 유피테르는 그의 인간혐오증 발작이 극에 달했을 때 인간을 창조했다. 따라서 현자는 살아가는 내내 자신의 철학이 자기 운명에 포위당해 괴롭힘을 당한다는 것이다. 그럼에도 그랭구아르는 지금껏 이처럼 완벽한 곤경에 처한 적이 한 번도 없었다. 텅 빈 배 속에서 들려오는 요란한 항복의 북소리를 듣자, 그는 식량공급을 중단함으로써 '철학'의 참담한 항복을 얻어내려 하는 '운명'의 장난질이 그토록 얄미울 수가 없었다.

생각하면 할수록 더 깊은 우울 속으로 빠져들게만 하는 이런 몽상에 시달리고 있을 때, 부드러우면서도 어딘지 모르게 기묘한 느낌을 주는 노랫소리가 들려와 그는 퍼뜩 정신을 차렸다. 바로 집시여자의 노래였다.

목소리 또한 춤사위만큼이나 아름답고 고혹적이어서 어떤 말로도 충분히 설명하기 어려운 매력이 있었다. 굳이 묘사하자면, 밝고 낭랑하고 경쾌하며 하늘을 훨훨 나는 새의 날갯짓 소리 같다고나 할까? 소리는 끊어질 듯, 끊어질 듯하면서 길게 이어졌다. 감미로운 가락, 예상을 뒤엎고 허를 찌르는 박자, 날카로운 피리소리 같은 단조로운 선율과 꾀꼬리가 울고 갈 만큼 높지만 그러면서도 결코 조화를 잃지 않고 매끄럽게 치고 올라가는 청아한 목소리. 게다가 노래하는 아가씨의 아름다운 각선미처럼 위아래로 굽이쳐 흐르는 부드러운 옥타브의 물결. 순간적인 가락의 변화는 때로는 창녀처럼 보였다가 때로는 여왕처럼 보일 정도로 변화무쌍했다.

노래가사는 그랭구아르가 알지 못하는 언어였는데 그녀도 의미를 정확히 아는 것 같지 않았다. 그래서인지 그녀가 노래하며 지어 보이는 다양한 표정들은 왠지 가사와는 어울리지 않는다는 느낌이 들었다. 이를테면 이런 에스파냐어 4행시를 미칠 듯 신나게 부르는 것이었다.

    기둥 속에서 그들은
    값비싼 궤짝 하나를 찾아냈다네.
    흉측한 얼굴을 그린 깃발들이
    그 안을 가득 채우고 있었다네.

그리고 잠시 멈췄다가 이런 구절을 강조하며 노래했다.

    아라비아의 기사들이
    꼼짝할 수도 없을 만큼
    무시무시한 칼을 차고 어깨엔
    무쇠 활을 메고 있었다네.

집시여자의 노랫소리를 한참을 듣고 있자니 그랭구아르는 자기도 모르게 눈물이 어리는 것을 느꼈다. 하지만 여자의 목소리는 분명 기쁨을 나타내고 있었고, 새처럼 명랑하게 아무런 생각 없이 노래하고 있었다.

그녀의 노랫소리는 그랭구아르의 몽상을 뒤흔들기는 했지만 그것은 마치 백조가 물 위를 조용히 헤쳐가듯 고요한 것이었다. 그는 완전히 마음을 빼앗겨 모든 것을 잊은 채 귀를 기울이고 있었다. 잠시나마 현실의 고통을 잊을 수 있었던 것은 그야말로 몇 시간 만에 처음이다.

하지만 그것도 잠시였다.

집시여자의 춤을 중단시키던 때와 마찬가지로 이번에도 그 소름끼치는 노파의 목소리가 노래를 멈추게 했다.

"그 입 닥치지 못해! 이 지옥의 매미 같으니라고!" 여전히 어두운 광장 한쪽 구석에서 터져나오는 소리였다.

가여운 매미는 그만 노래를 딱 멈추고 말았다. 그랭구아르는 귀를 틀어막으며 외쳤다.

"이런 젠장! 이 빠진 톱니 주제에 거문고를 부숴놓다니!"

다른 구경꾼들도 그와 마찬가지로 툴툴거리기 시작했다. "망할 수녀 같으니라고, 에잇, 꺼져버려라!" 여기저기서 욕설이 터져나왔다. 만약 미치광이 교황 행렬이 횃불들을 치켜들고 수많은 거리와 길목을 왁자지껄 누비고 다니다가 바로 그 순간 그레브 광장까지 쏟아져 들어오지 않았더라면, 그 심술 궂은 노파는 곧 자신의 행위를 후회해야 하는 봉변을 당했을지 모른다.

일다시피 미치광이 교황 행렬은 재판소를 떠나 이곳저곳을 누비고 다니는 동안 파리시내의 불량배와 부랑자, 도둑놈들까지 모조리 끌어모은 상태였다. 그래서 광장에 나타났을 때에는 상당히 규모가 큰 행렬로 바뀌어 있었다.

행렬의 선두는 이집트부대(당시 이집트인이란 집시를 의미하기도 했다)가 차지하고 있었다. 공작으로 치장하고 말을 탄 사람이 맨 앞에 나서면 백작으로 분장한 나머지가 말고삐나 등자를 잡고 걷는 식이었다. 그 뒤를 이어 아이들을 무등 태운 남자와 여자들이 따랐다. 공작이든 백작이든 서민들이든 누구랄 것 없이 남루한 누더기를 걸친 모습으로. 그 뒤로는 거지왕국의 온갖 도둑들이 서열별로 줄줄이 섰는데 맨 앞은 좀도둑들 차지였다. 절름발이, 곰배팔이, 위장 실직자, 가짜 순례자, 싸움꾼, 가짜 간질병 환자, 부랑자, 망건을 뒤집어쓴 거지, 목발 짚은 4인조 거지, 야바위꾼, 가짜 종기 난 환자, 가짜 화상 입은 거지, 거짓 파산자, 가짜 상이군인, 앵벌이, 거지왕국 입법자, 가짜 나병 환자 등등, 저마다 모양도 괴상한 계급장들을 달고 4명씩 짝을 지어 행진하는 꼬락서니를 일일이 열거하자면 아마 호메로스라도 손사래를 쳤을 터였다. 가짜 나병환자와 거지왕국 입법자들로 이루어진 교황선거위원회 한복판, 덩치 큰 개 두 마리가 끄는 작은 수레에 거지왕국 임금인 왕초가 버티고 앉아 있었지만, 자세히 보지 않으면 분간하기도 어려웠다. 거지왕국에 이어 갈리아 제국이 뒤를 따랐다. 갈리아 제국의 황제 기욤 루소는 여기저기 포도주 얼룩으로 찌든 붉은 옷을 입고, 서로 싸우거나 칼춤을 추는 어릿광대들을 앞세운 채, 회계원과 관리들, 재판소 회계실의 서기들에게 둘러싸여 위풍당당하게 행진하고 있었다. 그 뒤로는 검은 옷차림에 화관을 쓰고, 미치광이 소동에 어울릴 만한 음악대를 이끈 재판소 서기단이 노란색 굵은 초를 밝혀 들고 행진해오고 있다. 이런 갖가지 군상들의 행렬 한가운데에선 미치광이축제위원회의 임원들이 흑사병 창궐 당시에 생트주느비에브 교회의 성유물함보다 더 많은 초를 꽂은 가마를 메고 걸어왔다. 그 가마에는 지팡이를 짚고 머리에 교황관을 쓴 제복차림의 새 미치광이 교황, 즉 노트르담의 종지기 꼽추 카지모도가 당당하게 앉아 있었다.

이렇게 괴상망측한 행렬을 이루고 있는 각각의 무리들은 저마다 악대를 갖추고 있었다. 이집트 무리들은 아프리카 악기 부부젤라를 불며 요란스레 북을 쳐댔다. 거지왕국의 패거리들은 음악과는 거리가 멀었지만 비올라와 원시적 나팔과 12세기 고딕식 뿔피리를 빽빽, 끽끽대며 불고 있었다. 갈리아 제국도 별반 다르지 않아 역시 원시적이었다. 그들은 '레, 라, 미' 세 가지 음밖에 내지 못하는 유치하고 궁상맞은 삼현호궁(三絃胡弓 : 중세기 음유시인의 악기) 같은 것이 드문드문 눈에 띄는 정도였다. 다만, 미치광이 교황을 가까이서 에워싼 무리만큼은 최신식 악기들로 한껏 뽐을 내고 있었는데, 플루트와 금관악기를 비롯해 소프라노 삼현호궁과 알토 삼현호궁, 테너 삼현호궁까지 갖추고 있었다. 그렇다! 여러분도 기억하고 있겠지만 바로 이것이 그랭구아르의 관현악대였던 것이다.

재판소를 나서서 그레브 광장에 이르기까지 카지모도의 추하고도 괴이한 얼굴이 자랑스러움과 행복의 감정들로 북받쳐 얼마나 환히 빛났는지 말로 다 표현하기 어렵다. 그는 태어나서 처음으로 자존심이 채워지는 기쁨을 맛보았다. 지금까지 자신의 생김새에 대한 경멸과 혐오감, 사람들이 던지는 모욕에 매우 익숙해져 있던 터였다. 그래서 카지모도는 사랑받지 못했기에 그 또한 싫어했던 세상 사람들의 박수갈채를, 비록 귀머거리일망정 정말 교황이 된 듯한 기분으로 마음껏 즐기고 있었다. 그의 백성을 자처하고 나선 이들이 불구자이든 도둑이든 거지이든 미치광이이든 그에겐 아무 상관이 없었다. 어찌되었건 그들은 백성이고 자신은 제왕인 것이다. 또한 이 떠들썩한 무리의 빈정거림이나 환호, 조롱 섞인 존경 따위를 그는 모두 사실로 받아들이고 있었다. 다만, 사람들은 겉으로는 비웃음 섞인 존경과 환호를 보내면서도 속으로 카지모도에 대한 어떤 두려움을 갖고 있는 게 분명하다. 카지모도는 비록 꼽추였지만 힘이 셌고, 안짱다리일망정 날랬으며, 귀머거리인 데다 심술궂었기 때문이다. 그는 이 세 가지 특징 덕분에 완전한 바보 취급을 당하지는 않았던 것이다.

사람들은 새로 뽑힌 이 미치광이 교황이 자기만의 느낌이나 다른 사람에 대한 이해력을 갖고 있으리라고는 꿈에도 생각지 못했다. 하긴, 부자유스러운 신체에 깃든 정신이기에 불완전하고 미련스러운 점도 있었다. 그 떠들썩한 와중에 카지모도가 느낀 감정 역시 왠지 막연하고 안개 낀 것처럼 흐릿했으나 그저 기쁘고 무언가 자랑스러운 느낌이었을 것이다. 어둡고 불행으로 가득 찬 그의 얼굴 주위에 모처럼 후광이 환하게 깃들어 보이는 건, 오로지 그런 느낌 때문이었다.

그러나 바로 이때, 사람들을 놀라게 한 사건이 발생했다. 들뜨고 행복한 기분에 젖어 있는 카지모도가 의기양양하게 기둥집 앞을 지날 즈음, 군중 속에서 한 사나이가 불쑥 뛰쳐나왔다. 그리고 몹시 화가 난 모습으로 카지모도의 손에서 미치광이 교황의 표지인 금빛 나무지팡이를 거칠게 빼앗았다.

제멋대로인 이 남자는 조금 전까지 사람들 틈에 끼어 집시여자에게 위협적인 말로 으르렁대던 바로 그 대머리였다. 그는 성직자 옷을 입고 있었는데, 군중 틈에서 느닷없이 뛰어나올 때까지는 그가 누구인지 전혀 몰랐다. 하지만 그랭구아르는 한눈에 그를 알아보았다. "아니! 내 스승이 아니신가! 클로드 프롤로 신부잖아! 저런 흉물스러운 애꾸눈 꼽추를 어쩌시려고 저러지? 오히려 한 방에 쓰러질 것 같은데?

우려했던 대로 모여 있던 사람들 사이에서 겁에 질린 비명소리가 치솟았다. 화가 난 카지모도는 그렇지 않아도 흉측한 얼굴을 소름끼치도록 무시무시하게 일그러뜨린 채, 외마디소리를 지르며 가마에서 뛰어내렸다. 여자들은 그가 부주교를 해치우는 모습을 차마 눈뜨고 볼 수가 없어 시선을 돌렸다. 카지모도는 무서운 기세로 달려들다 말고 신부의 얼굴을 보더니 그 자리에 무릎을 꿇었다.

신부는 카지모도의 머리에서 교황관을 벗겨내고 지팡이를 부러뜨리더니 번쩍이는 법의를 잡아 찢어버렸다.

카지모도는 무릎을 꿇은 채 두 손을 모으고 고개를 떨구고 있을 뿐이다.

두 사람은 손짓 발짓 해가며 무언의 대화를 주고받기 시작했다. 둘 다 아무 말도 하지 않았다. 신부는 꼿꼿이 서서 몹시 화가 치민 듯 그를 윽박지르며 뭐라고 명령하는 것 같았고, 카지모도는 땅바닥에 납작 엎드려서는 비굴한 자세로 애원하는 것이었다. 마음만 먹으면 손가락 하나만으로도 상대를 납작하게 만들어버릴 만한 괴력을 지니고 있었음에도 말이다.

마침내 부주교는 카지모도의 다부진 어깨를 거칠게 잡아 흔들며 일어나 따라오라고 손짓했다.

카지모도는 일어섰다.

그러자 갑자기 벌어진 어리둥절한 상황에 잠시 머뭇거리고 있던 미치광이 교황의 백성들이 정신이 들었는지 자기들의 교황을 지키기 위해 우르르 몰려들었다. 이집트 패거리들도, 거지왕국의 무리도, 법원서기단도 모두 부주교를 둘러싸고 소란을 피우기 시작했다.

카지모도는 신부를 보호하듯 앞으로 나서서 무쇠처럼 단단해 보이는 주먹을 흔들어 보이더니, 몰려드는 사람들을 성난 호랑이처럼 으르렁대며 무섭게 노려보았다.

신부는 이제 평소의 침착하고 근엄한 얼굴로 돌아와 카지모도에게 눈짓을 하더니 말없이 걸음을 옮기기 시작했다.

카지모도는 얼른 앞장서서 몰려드는 사람들을 밀치며 길을 텄다.

두 사람이 군중을 헤치고 광장을 지날 때 한 무리의 건달들과 구경꾼들이 뒤를 바짝 쫓아왔다. 순간 카지모도는 재빠른 몸짓으로 뒤돌아서더니, 부주교를 호위하듯 뒷걸음으로 그를 따랐다. 땅딸막한 몸집에다 금방이라도 덤벼들 것 같은 험상궂은 그의 몰골에 두려움을 느끼지 않는 사람이 없었다. 흡사 멧돼지 같은 어금니를 드러내면서 들짐승처럼 으르렁거리는 가운데, 손짓이나 눈짓으로 사람들을 위협하여 공포에 떨게 하는 것이었다.

그렇게 두 사람이 어둡고 좁은 거리로 사라지는 것을 그저 바라볼 뿐, 뒤를 따르던 어느 누구도 감히 더 이상 뒤쫓아갈 엄두가 나지 않는 모양이었다. 카지모도는 성난 야수처럼 이를 갈아대는 것만으로 훼방꾼을 얼씬거리지 못하게 만들어버렸다.
 "별 희한한 구경을 다 하는군! 그나저나 이제 어디로 가야 끼니를 때울 수 있을까?" 그랭구아르가 중얼거렸다.

4 밤거리에서 어여쁜 여인을 뒤따라갔다 봉변을 당하다

그랭구아르는 무작정 집시여자의 뒤를 밟기 시작했다. 여자가 염소를 데리고 쿠텔르리 거리로 들어서는 것을 보고 그도 얼른 그 길로 접어들었다.
"안 될 게 뭐 있담!"
그렇게 중얼거리면서도 파리의 길거리 철학자인 그랭구아르는 어디로 가는지도 모른 채 미녀의 뒤를 밟는 이런 엉뚱한 짓이 크게 보탬될 게 없다는 것은 잘 알고 있었다. 그처럼 의도적으로 자유의지를 포기하는 태도, 될 대로 되라 식으로 타인의 뜻에 자신을 맡겨버리는 이 같은 태도 속에는 맹목적인 복종심과 말리지 못할 이상한 고집이 묘하게 어우러져 있었다. 그랭구아르는 똑 부러지게 규명할 수 없는, 노예근성과 자유의지 사이를 오가는 이런 감정을 좋아했다. 무엇보다 그는 절충적이었으며 어느 쪽으로도 치우치지 않았다. 복잡한 온갖 사물의 양극단을 쥐고, 인간의 여러 성향 사이에 매달려 그 성향들을 중화시키는 사람이었던 것이다. 그는 자기 처지가 마치 두 자석에 의해 양쪽으로 끌어당겨지면서 위와 아래, 천장과 바닥, 추락과 상승, 즉 하늘에 영원히 떠 있는 마호메트의 관 같다고 곧잘 말하곤 했다.
그랭구아르가 만약 지금 우리가 사는 이 시대에 살고 있다면, 고전주의와 낭만주의 사이에서 얼마나 멋진 중간적 태도를 취했을지 가히 짐작이 간다.
안타깝게도 그는 3백 년은 너끈히 살았다는 까마득한 시대의 인물이 아니라는 사실에, 그의 부재로 인한 공허감이 오늘따라 유난히 큰 아쉬움으로 다가온다.
게다가 지금 그랭구아르가 아무런 망설임 없이 뛰어든 행동처럼 길거리에서 지나가는 사람(특히 여자)의 뒤를 밟는 일은 마땅히 잘 곳 없는 그에게 어울리는 일이다.
그는 생각에 잠긴 채 아가씨 뒤를 따라 걷고 있었다. 여느 때처럼 손님들이 모두 돌아간 뒤 하나둘씩 문을 닫는 술집들을 눈으로 좇으며 그녀는 몸집

작은 염소와 함께 발길을 재촉했다.

'어찌 됐든 저 아가씨는 어디든 잘 곳이 있지 않겠어? 집시란 본디 인정이 많은 사람들이니까, 잘하면……'

이 말줄임표들 속에서 이런저런 생각을 해보는 그의 머릿속은 별의별 달착지근한 상상들로 넘쳤다.

제일 늦게까지 깨어 있던 시민들이 문단속하고 있는 길을 지날 때, 이따금 들려오는 그들의 대화로 그랭구아르는 즐거운 공상의 끈을 놓치고 말았다.

어느 집 앞에선가 두 노인이 이런 이야기를 나누고 있었다.

"여보게, 티보 페르니클 영감, 올해는 유난히 추운 것 같지 않나?"

(그랭구아르는 초겨울부터 이미 그렇게 생각하고 있었다.)

"누가 아니래, 보니파스 디좀 영감! 3년 전 같은 겨울이 또다시 오는 건 아니겠지? 3년 전에는 장작 한 단에 8솔이나 했는데 올해도 장작 값이 만만치 않겠어."

"1407년 겨울에 비하면 그 정도는 아무것도 아니야. 그해에는 성 마르탱 축일부터 성촉절(聖燭節)까지 모든 게 꽁꽁 얼어붙을 정도였잖아! 추위가 어찌나 매서웠던지 재판소 서기가 법정에서 세 글자를 쓰기도 전에 펜이 얼어버리곤 했다네! 그 바람에 기록도 제대로 못 했지 뭔가!"

조금 지나니 이웃 아낙들이 서로의 창가에서 촛불을 켠 채 이야기를 나누고 있었다.

"그 댁 주인께서 사고 얘기를 하던가요, 라 부드라크 부인?"

"아뇨. 그건 또 무슨 말씀이세요? 튀르캉 부인?"

"샤틀레의 공증인 질 고댕 씨 말이 글쎄 플랑드르인 행렬에 몹시 놀라서 셀레스틴회 수도원 수도사 필리포 아브릴로 나리를 냅다 내동댕이쳤다지 뭐예요."

"그게 정말이에요?"

"그렇다니까."

"보통 사람 말이 그랬다니 좀 시시하네요! 기마대 말이었다면 제법 볼만 했을 텐데!"

그러고는 이내 창들이 닫혔고, 그랭구아르는 조금 전까지 자신이 무슨 생각을 하고 있었는지 까맣게 잊고 말았다.

하지만 저만치서 어딘가로 바쁘게 걸음을 옮기고 있는 집시여자에게 다시 눈길이 닿자 다행히 생각의 끈을 되찾을 수 있었다. 가냘프고 섬세한 아가씨와 염소 한 마리. 앙증맞도록 작고 귀여운 발과 맵시 있는 뒤태를 바라보자니 그 두 피조물이 서로 혼동될 지경이었다. 둘이서 도란도란 사이가 좋은 걸로 봐서는 둘 다 아가씨 같다가도, 날렵하고 사뿐사뿐하게 걷는 모습을 보면 둘 다 염소 같다는 생각이 들기도 했다.

그런 상상을 하며 아가씨 뒤를 따르는 사이 밤은 더욱 깊어지고 인적도 뜸해졌다. 소등을 알리는 종소리가 한참 전에 울렸기에 거리를 지나는 사람도, 불 켜진 창문도 거의 눈에 띄지 않았다. 집시여자의 뒤를 좇던 그랭구아르는 골목길과 네거리와 막다른 길목이 마치 고양이가 마구 엉키게 해놓은 실타래처럼 복잡하게 뒤얽힌 옛날 생지노상 묘지 주변 미로로 접어들었다. "이거야 원, 잠시 한눈을 팔았다간 영락없이 길을 잃겠군!" 들어서는 골목마다 조금 전에 왔던 길에 다시 들어선 느낌이 들어 그랭구아르가 중얼거렸다. 하지만 집시여자는 이 정도쯤은 훤히 꿰고 있는지 한 치 망설임도 없이 더 속도를 내어 어딘가로 발걸음을 옮겼다. 어느 길모퉁이를 지나자 중앙시장 죄인 공개대의 팔각형 건물이 눈에 띄었다. 그것이 보이지 않았다면 그랭구아르는 자기가 어디쯤 와 있는지 전혀 알아차리지 못했을 것이다. 채광창이 달린 그 팔각형 건물 지붕은 베르들레 거리에서 아직 불이 꺼지지 않은 어느 창문 위에 검은 그림자를 던지고 있었다.

바삐 걸음을 옮기던 집시여자는 누군가 자신의 뒤를 밟고 있다는 것을 언제부턴가 알아차렸다. 그녀는 무서운 생각이 들어 몇 번인가 뒤돌아보았다. 한번은 걸음을 멈추더니 반쯤 문이 열린 빵집에서 흘러나오는 불빛을 통해 미행자를 머리끝에서 발끝까지 유심히 훑어보았다. 그러고는 아까 광장에서 그랬던 것처럼 입술을 삐죽이 내밀어 보이고는 다시 걸음을 서둘렀다.

그 모습을 본 그랭구아르는 또다시 생각에 잠겼다. 사랑스러운 그 표정 속엔 분명 비웃음과 멸시의 감정이 담겨 있을 터였다. 그는 고개를 숙여 길바닥에 깔린 돌멩이를 세면서 조금 거리를 두고 따라갔다. 얼마를 더 걸었을까, 어느 길모퉁이에서 그녀의 모습이 사라지고 갑자기 날카로운 비명이 들려왔다.

그랭구아르는 재빨리 뛰어갔다.

거리는 칠흑 같은 어둠 속이었다. 그러나 길가 성모상 아래 쇠창살 안에서 기름을 머금은 삼베쪼가리가 타고 있어 그녀에게 무슨 일이 일어났는지 대번에 알아볼 수 있었다. 어둠 속에서 집시여자는 두 괴한에게 붙들려 발버둥치고 있었고, 그들은 여자가 소리지르지 못하게 하려고 안간힘을 쓰고 있었다. 겁을 집어먹은 염소는 뿔을 내린 채 음매음매 울고 있었다.

"야경대! 여기요, 여기!" 그랭구아르는 큰 소리로 야경대를 부르며 용감하게 앞으로 나섰다. 그때 아가씨를 잡고 있던 두 괴한 중 하나가 그를 홱 돌아보았다. 무뢰한은 다름 아닌 그 무시무시하게 생긴 카지모도였다!

그랭구아르는 줄행랑을 치지는 않았지만, 그렇다고 앞으로 한 걸음 내딛지도 못했다.

성큼성큼 그랭구아르 앞으로 다가온 카지모도는 다짜고짜 주먹을 휘둘러 상대를 길바닥에 패대기쳤다. 그러고는 마치 실크 숄이라도 걸치듯 가뿐히 집시여자를 한쪽 팔에 걸치고는 어둠 속으로 소리 없이 사라져버렸다. 또 다른 괴한 하나도 부랴부랴 자취를 감추자, 졸지에 주인을 잃은 가엾은 염소는 슬피 울며 그들 뒤를 좇기 시작했다.

"사람 살려요! 사람 살려!" 어둠 속 저 멀리에서 불쌍한 집시여자의 비명소리만 안타깝게 들려올 뿐이었다.

"사람 살려! 누가 좀 도와줘요!" 불쌍한 집시여자가 계속 비명을 질러댔다. 이때, "거기 서! 이 나쁜 놈들. 그 여자를 내려놔!" 우렁찬 고함소리와 함께 근처 네거리에서 기병 하나가 불쑥 튀어나왔다.

머리끝에서 발끝까지 완전무장을 하고 손에는 양날 검을 든 왕실 친위헌병대 중대장이었다.

그는 엉거주춤 서 있는 카지모도의 팔에서 집시여자를 홱 낚아채더니 말안장 위에 옆으로 뉘어 실었다. 순간, 제정신으로 돌아온 애꾸눈 꼽추가 여자를 되찾으려고 대장에게 달려들었으나 뒤따라 달려온 헌병 10여 명이 양날 장검을 들고 가로막았다. 그들은 다름 아닌 파리시장 로베르 데스투트빌의 명령을 받들어 비밀순찰을 돌고 있던 헌병대의 한 분대였다.

결국 카지모도는 꼼짝없이 붙잡혀 밧줄로 꽁꽁 묶이는 신세가 되었다. 옴짝달싹할 수 없는 상태에서도 그는 연신 으르렁거리고 거품을 뿜으며 미친 들짐승처럼 뭐든 물어뜯으려 했다. 때가 대낮이었더라면 모두들 그를 붙잡기는커녕 가뜩이나 흉측한 얼굴이 더욱 심각해진 모습을 보고 오히려 줄행랑을 쳐버렸을지도 모른다. 카지모도로서는 운 나쁘게도 밤이었기에 자신의 가장 큰 무기가 빛을 잃고 만 셈이었다.

한편 카지모도와 함께 있던 사람은 혼잡한 틈을 타 어디론가 사라져버리고 없었다.

집시여자는 순찰대장의 말 위에서 얌전하게 몸을 일으켜 앉더니 두 팔을 그의 어깨에 올리고는, 곤경에서 구해준 데 대해 고마움을 전하는 것인지 사내의 잘생긴 용모를 한동안 뚫어져라 바라보았다. 이윽고 고운 목소리를 더 곱게 하여 말했다.

"존함이 어떻게 되시나요, 헌병 나리?"

"페뷔스 드 샤토페르 대위라 하오. 아름다운 아가씨!" 순찰대장은 자세를 가다듬으며 답했다.

"구해주셔서 정말 감사합니다!"

페뷔스가 부르고뉴 지방색이 풍기는 콧수염을 쭉 들어올리는 사이, 집시여자는 경쾌한 인사말과 함께 땅바닥에 내리꽂히는 화살처럼 말에서 훌쩍 뛰어내리더니 눈 깜짝할 사이에 어둠 속으로 사라져버렸다.

번쩍하고 사라지는 번갯불도 그보다 빠르지는 못했을 것이다.

"젠장! 이런 놈을 잡느니 차라리 저 여자를 잡아두는 게 나았을 텐데!" 순찰대장이 카지모도를 묶은 가죽끈을 바짝 죄며 내뱉자, 곁에 있던 부하가 맞장구를 쳤다.

"누가 아니랍니까? 대장님. 꾀꼬리는 날아가고 박쥐만 남았네요!"

5 계속되는 재난

그랭구아르는 성모상 앞 길바닥에 정신을 잃고 나동그라져 있었다. 조금씩 의식이 돌아오고 나서도 그는 잠깐 꿈을 꾸듯 몽롱한 상태였다. 이런 느낌도 나쁘지 않다고 생각했다. 문득 집시여자와 염소의 발랄한 모습, 카지모도의 무쇠 같은 주먹이 눈앞에 떠올랐다. 그러나 이런 생각도 잠시, 섬뜩하리만큼 차가운 느낌이 그의 정신을 번쩍 들게 만들었다. "왜 이렇게 차가운 거야?" 이렇게 중얼거리던 그는 자신이 시궁창에 널브러져 있다는 것을 알아차렸다.

"망할 놈의 애꾸눈 카지모도!" 그는 투덜거리며 몸을 일으키려 했으나 극심한 통증과 어지럼증 때문에 일어날 수가 없었다. 그나마 움직일 수 있는 손으로 코를 감싸 쥔 채 움직이는 것은 포기하기로 했다.

'파리의 시궁창은' 하고 그는 생각했다. (그는 시궁창에서 밤을 보낼 수밖에 없다고 생각했다. 아니면 지금 상황에서 잠자리에 든다 해도 달리 무엇을 할 수 있겠는가!)

'파리의 시궁창은 냄새가 유난히 고약하다. 틀림없이 휘발성 아질산염을 포함하고 있어서일 것이다. 물론 이것은 니콜라 플라멜 선생을 비롯한 연금술사들 의견이기는 하지만······.'

그는 '연금술사'라는 단어를 생각하다가 문득 머릿속에 클로드 프롤로 부주교가 떠올랐다. 뿐만 아니라 카지모도와 다른 한 사내의 손에 집시여자가 잡혀갈 뻔했던 일이며, 광장에서 카지모도를 굴복시켰던 부주교의 어둡고 근엄한 얼굴이 한꺼번에 어지럽게 맴도는 것이었다. '뭔가 이상해!' 생각하면서 그는 오늘 있었던 일들을 바탕으로 환상적인 축조물, 즉 철학자들이 즐겨 하는 종이성 쌓기를 시작했다. 그러다 불현듯 다시 정신을 차린 그의 입에서 외마디 신음소리가 새어나왔다. "맙소사! 이러다 얼어 죽는 거 아냐?"

그도 그럴 게 한겨울의 쌀쌀한 밤을 그곳에서 지새우는 것은 천하장사라도 어려운 일일 것이다. 시궁창 물 분자들이 그랭구아르의 몸에서 체온을 빼앗아가고 있었다. 이러다가는 얼마 안 있어 그의 체온과 시궁창 수온이 같아지게 될 터. 그런데 엎친 데 덮친 격으로 또 다른 골치 아픈 상황이 닥쳐오고 있었다.

예부터 '부랑아'라는 불멸의 이름이 붙여진 무리가 있었다.

파리 거리를 하릴없이 어슬렁거리는, 제멋대로 자란 가난한 아이들. 어릴 적 하굣길에서 너무 말끔하게 차려입었다는 이유로 그들 맨발의 부랑아들에게서 돌팔매질을 당하기 일쑤였다. 바로 그런 부랑아들이 지금 그가 널브러져 있는 네거리 쪽으로 왁자지껄 다가오고 있었던 것이다. 마치 벌떼처럼 장난꾸러기 한 무리가 밤이 깊어 모든 사람들이 자고 있다는 건 안중에도 없는 듯, 큰 소리로 웃고 떠들어대고 있었다. 하나같이 나막신을 신고, 정체를 알 수 없는 자루 같은 것을 질질 끌며 오고 있었는데, 그 신발 소리만으로도 죽은 사람이 벌떡 일어날 정도로 요란했다. 그랭구아르는 윗몸을 반쯤 일으켰다.

"어이, 에네캥 당데슈! 어이, 장 팽스부르드! 저기 길모퉁이 철물장수 외스타슈 무봉 영감이 죽었지 뭐야. 그래서 그 영감 짚방석을 가져왔어. 이걸로 화톳불을 피우자! 플랑드르 축제일이 아쉽게 지나가기 전에 말이야."

그리고는 그랭구아르를 미처 발견하지 못한 채 그의 머리 바로 위로 짚방석을 휙 던졌다. 그들 가운데 한 녀석이 짚을 한 움큼 쥐고 성모상 등불 심지에서 불을 붙이려 했다.

"이런 제기랄! 이러다 짚불에 타죽겠군!" 그랭구아르는 기겁을 하며 중얼거렸다.

그야말로 절체절명의 위기였다. 물과 불 사이에 끼여 오도 가도 못하는 신세가 되었으니 이거야말로 환장할 노릇 아닌가. 시궁창에서 얼어 죽으나 짚불에 타 죽으나, 이래저래 영락없이 죽을 처지가 되고 보니 없던 힘도 솟아날 지경이었다. 글자 그대로 죽을힘을 다해 몸을 일으킨 그랭구아르는 짚방석을 어린 부랑아들에게 냅다 집어던지고는 무조건 달리기 시작했다.

"어이쿠, 이게 뭐야? 죽은 철물장수가 도로 살아났나 봐!" 아이들 역시 갑작스러운 사태에 혼비백산해서 어디론가 달아나버렸다.

결국 임자 잃은 짚방석만이 그 자리에 덩그러니 남아 있게 되었다. 벨 포레와 르 쥐주 신부, 코로제의 말에 따르면 그 짚방석은 이튿날 그 지역 성직자들에 의해 무슨 성물이라도 되는 듯 조심스럽게 주워 올려져 생트오포르튄 성당의 보물창고로 들어가게 되었다고 한다. 나중에 그곳 성당지기는 문제의 짚방석을 모콩세유 거리에서 발견된 성모상의 기적이라 둘러대고는 1789년까지 짭짤한 수입을 올렸다는 것이다. 기적의 내용인즉, 외스타슈 무봉이라는 자가 악마를 희롱하기 위해 죽을 때 자신의 혼을 그 짚방석 안에 숨겨두었는데, 1482년 1월 6일에서 7일 사이 그 기념할 만한 밤에 근처에 있던 성모상의 힘으로 마귀를 쫓아냈다는 것이다.

6 깨어진 항아리

시궁창에서 벗어난 그랭구아르는 한참을 무작정 뛰었다. 어디로 가는지도 모르고 허겁지겁 내달리는 사이, 그는 수많은 길모퉁이 담벼락들에 머리를 찧었고 진흙탕과 시궁창을 수없이 건너뛰었으며, 셀 수 없이 많은 골목길과 막다른 길, 네거리를 지나쳤다. 그는 중앙시장의 환하고 복잡한 골목들을 지나며 채 가시지 않은 두려움으로부터 도망칠 구멍만 찾고 있었다. 어찌나 놀랐는지 근엄한 라틴어 법조문에서 늘 볼 수 있는 '온갖 도로와 길과 통로'라고 언급해온 길목들을 모조리 헤매고 다닌 뒤에야 그의 걸음이 우뚝 멈추었다. 무엇보다 숨이 턱까지 찼으며, 머릿속에 갑작스레 떠오른 딜레마가 또다시 그의 덜미를 덥석 낚아챘던 것이다. "여보게, 그랭구아르 군!" 그는 걸음을 멈추고 손바닥으로 이마를 짚으며 스스로에게 중얼거렸다. "정말 한심하기 짝이 없군! 아까 그 불한당 녀석들도 분명 자네가 무서웠을 거야. 자네가 북쪽으로 내달리는 동안 녀석들의 나막신 소리는 남쪽으로 나던 것을 들은 것 같다 이 말씀이야. 그러니 잘 생각해보라고. 녀석들도 자네만큼이나 혼비백산했다면 틀림없이 그 짚방석을 잊고 갔을 거야. 그 짚방석이야말로 자네가 줄곧 찾아 헤매던 오늘의 잠자리가 아니겠나? 성모 마리아께서 자네가 지어 바친 교훈극에 대한 상으로 기적을 내려보내주신 게 아니겠냐고! 뿐더러 만약 녀석들이 달아나지 않았더라도 말이야, 제대로 불을 붙이게 놔두었더라면 젖은 옷을 말리고 언 몸을 녹여주는 데 더할 나위 없이 좋은 난로가 되어주지 않았겠나! 어찌되었든 그 짚방석이야말로 하늘이 내려주신 선물이란 말일세. 모콩세유 거리의 사랑이 많으신 성모 마리아께서 오로지 자네를 위해 외스타슈 무봉을 데려가셨다 이거야! 그런데도 자네는 프랑스 군대 앞에서 걸음아 날 살려라 도망치는 피카르디 군처럼 꽁지 빠진 새 모양으로 줄행랑을 치다니, 이 얼마나 바보 같은 짓인가 말이야! 정말 넌 바보 멍청이, 멍청이라고!"

그래서 그는 오던 길을 되짚어가기 시작했다. 먹이를 찾는 사냥개처럼 코와 귀를 활짝 열고 방향을 확인해가면서, 이 골목 저 골목을 뒤지며 하늘이 내려주신 기적의 짚방석을 찾으려고 애썼다. 그러나 아무리 헤매고 다녀도 아까 그곳으로는 갈 수 없었다. 비슷한 길목으로 들어서다 보면 빽빽하게 집들이 들어찬 막다른 골목이거나 낯선 네거리만 나오는 것이었다. 투르넬 궁전의 미로보다 더 어지럽고 복잡한 데다 어둠이 짙게 내리깔린 골목길을 그는 어찌할 바를 모르고 헤맸다. 시간이 갈수록 어찌나 울화통이 치미는지 자기도 모르게 버럭 고함을 내질렀다. "망할 놈의 거리들 같으니라고! 이거야 원, 악마의 저주가 담긴 쇠스랑을 본떠 만든 것도 아닐 텐데 왜 이리 복잡한 거야!"

냅다 소리를 지르고 나자 속이 좀 풀리는 것 같았다. 그때 멀리 좁은 골목 끝으로 불그스름한 불빛이 어른거리는 것이 보이자 기운이 솟기 시작했다. "아이고 이제 살았다! 내 짚방석이 타고 있는 걸 거야." 반가운 마음에 그는 이렇게 중얼거리며 자신을 암흑 속을 나아가는 뱃사공에 견주며 덧붙였다. "감사합니다, 감사합니다, 바다의 별님이시여!"

그는 이 감사기도를 성모 마리아와 짚방석, 둘 가운데 어디를 향해 던진 것일까? 그야 아무도 알 수 없는 일.

그는 짚방석이 타고 있다고 생각되는 골목을 향해 걸어들어갔다. 제법 긴 골목이었는데, 포장도 되지 않은 진창길인 데다 비탈진 오르막이었다. 이 길을 대여섯 걸음 걸어올라간 바로 그때 뭔가 수상한 것이 눈에 들어왔다. 이 길에는 사람이 다니고 있었던 것이다. 희끄무레한 이상한 형체의 무리가 모두 막다른 곳 불빛을 향해 엎드려 기어가는 것이 보였다. 마치 한밤중 양치기의 모닥불에 이끌려 여기저기 풀잎을 옮겨다니는 장수풍뎅이 무리 같았다.

빈털터리가 되면 사람은 앞뒤 가릴 형편이 되지 못한다. 그랭구아르는 그 움직이는 형체들을 얼른 따라잡았다. 그중 가장 느린 것을 자세히 살펴보니 다리를 잃은 장님거미처럼 두 손을 발삼아 폴짝거리며 앞으로 나아가는 가엾은 앉은뱅이였다. 그랭구아르가 사람의 얼굴을 한 거미 같은 앉은뱅이 옆을 지날 때, 이탈리아어로 중얼거리는 아주 처량한 목소리가 들렸다. "나리, 한 푼 줍쇼! 부디 적선합쇼!"

"너 같은 놈은 개한테나 먹혀버려라. 뭐라고 씨부렁거리는지 난 모르겠다, 이놈아!" 그랭구아르는 이렇게 대꾸하고는 얼른 지나쳐버렸다.

그는 또 다른 형체들을 살펴보았다. 그중 하나는 절름발이에 손이 없는 불구자였다. 장애가 아주 심한 그의 몸을 보조하는 나무지팡이는 마치 미장이의 발판이 걸어다니고 있는 것 같았다. 품위 있고 고상한 비유를 즐기는 그랭구아르가 보기에 그 불구자의 상태는 마치 불카누스(로마신화의 불의 신)의 살아 있는 세 다리를 연상케 했다.

이 '살아 있는 세 다리'도 옆을 지나는 그랭구아르에게 불쑥 인사를 건넸다. 이발사의 비누접시 같은 모자를 그의 턱 밑에까지 갖다 붙이면서 에스파냐어로 외치는 것이었다. "나리, 빵 한 조각 살 돈만 주시지!"

"이 녀석도 말은 할 수 있는 모양이군. 하지만 말이 너무 거칠어. 그게 대체 무슨 소린지 알아들을 수 있다면 분명 나보다 행복한 놈이겠지." 그랭구아르는 중얼거렸다.

그러고는 갑자기 무슨 생각이 났는지 이마를 탁 쳤다. "그나저나 아침에 저들이 말하던 '에스메랄다'는 무슨 뜻일까?"

그가 서둘러 그 자리를 뜨려는 순간, 또다시 '무언가'가 앞을 가로막았다. 어떤 장님이었는데 수염을 기른 유대인 같은 생김새에 한 손으로는 지팡이로 길을 더듬으며 큰 개에게 이끌려가고 있었다. 그는 헝가리 억양이 섞인 라틴어를 콧소리로 중얼거렸다. "적선 좀 해주십시오!"

"오호라! 이제야 겨우 제대로 말할 줄 아는 놈을 만났군. 아무래도 오늘은 내가 자선사업가처럼 보이는 모양이야. 주머니가 텅텅 비어 있는데도 모두들 나만 보면 구걸을 하는 걸 보면 말이야!" 그는 장님을 향해 돌아서며 말했다. "어이, 이보게, 내가 지난주에 마지막 셔츠까지 팔아먹었거든. 자네는 키케로의 말이라면 잘 알아들을 것 같으니 내가 제대로 다시 말해주지. 난 지난주에 내 마지막 셔츠를 팔았네."

그러고 나서 그는 가던 길을 서둘렀다. 하지만 그와 동시에 장님은 물론 앉은뱅이와 절름발이까지 길바닥에 깔린 돌 위로 목발과 동냥 깡통을 요란하게 부딪쳐가며 모두들 그와 똑같은 방향으로 내달리듯 움직이는 것이었다. 그러는 와중에 그들은 그랭구아르를 밀쳐낼 것처럼 서로 앞서거니 뒤서거니 하면서, 아까와 마찬가지로 구걸 타령을 해댔다.

"한 푼 줍쇼!" 맹인이 노래했다.

"한 푼만 주시오!" 앉은뱅이도 말했다.

그러자 절름발이는 박자까지 맞춰가며 "빵 한 조각!" 하고 되풀이했다.

그랭구아르는 귀를 막았다. 그러고는 "바벨탑이 따로 없군" 하며 달리기 시작했다. 그러자 장님도 절름발이도 앉은뱅이도 죽을힘을 다해 그 뒤를 좇았다.

그가 깊은 골목으로 들어갈수록 주위에는 더 많은 앉은뱅이와 장님과 절름발이들이 우글거렸다. 그 밖에도 조막손이나 애꾸눈이, 상처투성이의 문둥병 환자들까지 근처의 집이나 골목, 또는 지하 환기구에서 뛰어나와 먹잇감을 다투는 굶주린 짐승들처럼 아우성치고 고함을 질러댔다. 절룩절룩 꾸역꾸역 불빛을 향해 몰려드는데, 그 모양이 꼭 비 온 뒤 진흙탕에 뒹구는 민달팽이들 같았다.

그랭구아르는 여전히 세 거지에게 둘러싸여 앞으로 어찌할지 알지 못한 채, 절름발이를 피하거나 앉은뱅이를 뛰어넘거나 우글우글 몰려 있는 그 무리 때문에 발걸음이 더뎌지거나 깜짝깜짝 놀라면서 걸었다. 게 무리 속에 잘못 들어선 영국 대장과 똑같은 꼴이었다.

그는 순간적으로 그냥 되돌아가버릴까 생각도 했다. 하지만 그러기에는 너무 늦은 상황이었다. 이미 민달팽이 같은 존재들이 뒤를 가로막고 있는 데다, 처음 마주쳤던 거지 셋이 그를 붙잡고 있었던 것이다. 더욱이 유령 같은 거지들 행진에 떠밀리다 보니 막연한 두려움과 함께 악몽 같은 현기증까지 덮쳐, 그는 계속해서 앞으로 걸어갈 수밖에 없었다.

어쨌든 그는 골목 끝으로 나오게 되었다. 골목이 끝난 곳에는 드넓은 광장이 펼쳐져 있었고, 여기저기 수많은 불빛들이 뿌연 밤안개 속에 흔들리고 있었다. 그랭구아르는 여전히 자신에게 매달린 세 거지를 떼어내기 위해 광장으로 후다닥 뛰어들었다.

"이봐, 어딜 가는 거야!" 절름발이가 짚고 있던 목발을 내던지며 에스파냐어로 외쳤다. 그러고는 파리 거리를 걸어다닌 다리 가운데 그만한 다리는 없을 듯 보이는 훌륭한 다리로 쫓아오기 시작했다.

그러는 사이, 앉은뱅이가 자리를 털고 일어나 그랭구아르의 머리에 묵직한 그릇을 덮어씌웠다. 장님도 눈빛을 반짝이며 그랭구아르를 노려보았다.

"여기가 대체 어디요?" 겁에 질린 시인이 묻자, 어느새 그들 곁으로 따라와 있던 네 번째 유령이 대답해주었다.

"기적의 소굴*이지!"

"맞는 말이로군. 장님도 눈을 뜨고 절름발이도 두 다리로 뛰는 걸 내 이 두 눈으로 똑똑히 봤으니 말이야. 그런데 구세주는 어디 계신 거요?" 그랭구아르가 이렇게 말하자 그들은 알 듯 모를 듯 괴이한 웃음만 터뜨렸다.

가엾은 시인은 가만히 주위를 살펴보았다. 그는 그야말로 무시무시한 '기적의 소굴'에 들어와 있었던 것이다. 제대로 된 사람이라면 그런 야심한 시각에 그곳에 들어갈 이유가 없었다. 공무집행을 위해 들어섰던 샤틀레의 경찰관들이나 헌병들조차 혼비백산 돌아나와야 했던 끔찍한 곳이었다. 파리의 얼굴에 흉물스레 돋아난 무사마귀와도 같은 도둑놈들의 소굴이자, 도시의 거리에 흘러넘치기 마련인 죄악과 구걸, 밤이면 모여들었다 아침이면 어디론가 빠져나가는 부랑자들의 시궁창이었다. 사회질서를 뒤흔들어놓는 달빛이 저녁이 되면 수확물을 들고 돌아오는 끔찍한 소굴인 것이다. 집시, 환속 수도자, 타락한 학생들, 스페인, 이탈리아, 독일 여러 나라의 망나니들과 유대교, 기독교, 이슬람교, 우상숭배자 온갖 종교의 무뢰한들이 별의별 가짜 장애와 생채기들로 분장한 채, 낮에는 동냥질을 하고 밤에는 흉악한 강도로 재빨리 탈바꿈하는 엉터리 병원인 것이다. 한마디로 말해, 도둑질과 매춘과 살인 등 파리의 거리를 수놓는 드라마의 배우들을 위한 거대한 분장실인 셈이었다.

그 시절 파리 모든 광장이 그렇듯, 그 광장 또한 제대로 길 하나 닦여 있지 않은 타원형 공터에 지나지 않았다. 이곳저곳 불밝혀진 데마다 수상한 사람들이 모여 웅성거리거나, 다들 이리저리 서성이다가 툭하면 고함을 질러댔다. 찢어질 듯 새된 웃음소리, 어린아이들 울음소리, 여자들의 목소리가 여기저기서 터져나왔다. 그들의 손이나 머리 뒤에는 불빛을 받은 그림자가 일렁이며 기이한 움직임을 만들어내고 있었다. 어렴풋한 불빛이 그림자에 섞여 흔들리는 땅 위로는 사람 같은 개나 개 같은 사람이 지나는 것을 볼 수도 있었다. 종족과 종의 구별이 사라졌다고나 할까? 남자, 여자, 짐승, 나

---

* 13세기 이후, 파리의 도둑이나 걸인들의 소굴이었던 구역. 밤이 되면 낮에 만들어 붙인 상처나 불구처럼 보이기 위해 변장했던 것을 떼어내고 건강한 몸으로 돌아왔기 때문에 붙여진 이름.

이, 성별, 건강, 질병까지도 군중 속에서는 똑같아지는 것이었다. 모든 게 뒤섞이고 합쳐져 전체가 한데 어우러졌다.

그랭구아르는 당황한 중에도 희미하게 흔들리는 불빛을 통해 그저 넓기만 한 광장이 낡고 지저분한 집들로 둘러싸여 있는 것을 알 수 있었다. 한두 개씩 창으로 불빛이 새어나오는 찌그러진 집들은, 마치 찌푸린 얼굴로 둘러서서 악마들의 밤 소동을 지켜보는 어둠 속 노파들의 괴상하게 큰 머리통처럼 보였다.

마치 듣도 보도 못한 꼴불견들이 슬슬 기어다니거나 우글우글 모여드는 괴상야릇한 신세계에 온 느낌이었다.

그랭구아르는 세 개의 기다란 집게에 집히듯 세 거지에게 에워싸인 채, 북적대는 주위 다른 거지 떼들의 아우성까지 겹쳐, 다른 소리는 아무것도 들을 수가 없었다. 악재가 겹친 그랭구아르는 오늘이 혹시 마법사들이 잔치를 연다는 그 토요일이 아닌지 생각해내려 무진 애를 썼다. 그러나 아무리 머리를 쥐어짜도 무엇 하나 떠오르는 것이 없었다. 기억과 생각의 실마리가 모두 끊어진 채, 보고 느끼고 의심하는 것 사이에서 폭풍우를 맞은 돛단배처럼 흔들리고 있었다. 그는 극도의 혼란 상태에서 스스로에게 답할 수도 없는 질문을 던져보았다. "내가 살아 있다면 이것은 이승의 재판일까? 이것이 현실이라면 나는 신실로 살아 있는 것일까?"

순간, 그를 둘러싸고 있던 군중 속에서 귀청을 찢는 듯한 고함소리가 솟구쳤다. "이놈을 임금님께 끌고 가라! 임금님께 끌고 가자!"

그랭구아르는 가쁜 숨을 몰아쉬며 중얼거렸다. "오, 성모님! 이곳 임금이라면 틀림없이 악마일 텐데!"

"임금님께 끌고 가!" 이제는 모두 한목소리로 외쳐댔다.

그는 우악스레 달려드는 사람들 손에 이끌려 어디론가 끌려가고 있었다. 그 요란스러운 소동 속에서도 세 거지는 "이놈은 우리 거야! 손을 떼!"라고 고함치며 사람들 손에서 그를 잡아 빼내려 악을 썼다.

마침내 시인의 이미 병든 옷은 이 쟁탈전 속에서 마지막 숨을 거두고 말았다.

그렇게 끔찍한 과정을 거치며 광장을 지나는 사이 현기증은 사라졌다. 몇 걸음 더 걷고 나자 천천히 현실감이 돌아왔다. 어느새 그곳 분위기에 익숙해지기 시작한 것이다. 처음 이 낯선 상황에 맞닥뜨렸을 때는 마치 연기가 피어올라 온갖 사물과 상황들을 흐려놓는 통에 갈피를 잡을 수 없는 것처럼 몽롱하고 당혹스럽기만 했었다. 갑자기 어둠 속에 들어서면 아무것도 보이지 않다가 곧 눈이 익숙해져 사물들을 구별할 수 있게 되는 것처럼 이제는 차츰 현실감을 되찾고 있었다. 요컨대 그는 마법사들의 집회인 줄 알았던 곳에서 어느 순간 정신을 차리고 보니 거대한 술판 한가운데 팽개쳐져 있는 자신을 발견하게 된 것이다.

그렇다. '기적의 소굴'은 그 자체가 하나의 술판이었다. 그렇다고 단지 술만 마셔대는 것이 아니라 피와 포도주가 난무하는 강도들의 소굴이기도 했다.

드디어 그랭구아르는 누더기를 걸친 호송대에 의해 목적지까지 끌려왔다. 그의 첫눈에 비친 광경은 결코 사심을 불러일으킬 수 없었다. 그곳이 지옥이었다 해도 시적 감흥과는 거리가 멀었던 것이다. 이보다 더한 것은 없을 정도로 보잘것없고 혼란스러우며 무시무시한 선술집의 적나라한 모습 그 자체였다. 15세기에서 잠시 벗어나 얘기해보자면, 그랭구아르는 미켈란젤로에서 칼로(16~17세기의 판화조각가. 가난한 사람과 거리를 주로 묘사했다)의 세계로 전락한 것이었다.

둥글넓적한 돌바닥 위에서 화톳불이 뜨겁게 타오르고 있고, 그 위에 걸친 빈 석쇠 다리를 시뻘건 불꽃이 마구 핥고 있다. 불가에는 여기저기 이가 빠진 낡은 탁자가 아무렇게나 놓여 있었다. 꼼꼼한 하인이 탁자를 평행으로 놓는다든지 하다못해 보기 좋게 놓으려고 노력한 티는 티끌만큼도 없었다. 탁자마다 포도주와 맥주가 가득 담긴 항아리들이 놓였고, 둘레에는 화기와 술기운에 얼굴이 불콰해진 사람들이 모여 있었다. 그들 가운데 쾌활한 얼굴에 배가 불룩 나온 한 남자는 포동포동 살찐 매춘부를 부둥켜안은 채 떠들고 있었다. 은어로 '사이비 상이용사'라 불리는 가짜 군인 하나는 휘파람을 불며, 아침부터 자신의 멀쩡한 다리에 칭칭 동여맸던 붕대를 풀었다. 그러고는 건강하고 우람한 다리를 쭉 뻗어 온종일 죄어 저린 무릎을 주무르고 있었다. 건너편의 부스럼쟁이 거지는 애기똥풀과 소의 피를 가지고 다음 날 써먹을 '하느님의 다리'(가짜 상처 투성이의 다리)를 만들고 있었다. 거기서 몇 테이블 떨어진 곳에서는 순례자 차림을 한 걸인 하나가 단조로운 콧소리로 성녀 레지나의 애가를 띄엄띄엄 흥얼거리고 있었다. 또 다른 자리에서는 한 젊은 거지가 나이든 가짜 간질환자에게서 어떻게 하면 간질발작을 그럴듯하게 흉내낼 수 있는지 방법을 배우고 있었다. 가짜 간질환자가 젊은이에게 가르쳐준 방법이란, 비누조각을 씹어 거품 효과를 내는 것이었다. 바로 그 옆 탁자에서는 수종환자 하나가 제 몸의 가짜 부기를 빼는 동안, 여자 네댓이서 그날 저녁 유괴해온 어린애 하나를 서로 갖겠다고 쟁탈전을 벌이고 있었다. 이런 모든 광경은 소발이 말한 것처럼 2세기 후 "왕을 포함한 궁정사람들에게 아주 재미난 심심풀이가 되었고, 4부로 나뉘어 프티부르봉 궁의 무대에서 추는 밤 연회의 왕실발레에 등장하는 무용의 소재"로 활용되었다. 1653년 현장을 직접 목격한 사람은 이렇게 덧붙이고 있다. "'기적의 소굴' 사람들의 갑작스러운 변신이 이보다 더 잘 연출된 적은 일찍이 없었다. 방스라드(17세기의 궁정시인, 발레의 줄거리도 많이 지었다)는 그것을 몹시 우아한 시구로 다듬어 우리에게 보여주었다."

술집 안 여기저기서 난잡한 노랫소리와 요란한 웃음소리가 터져나오고 있었다. 옆 사람 말에는 전혀 귀 기울이지 않으면서 모두들 말꼬리를 잡거나 욕설을 퍼붓고, 저마다 멋대로 지껄여대느라 정신이 없었다. 술항아리들이 부딪치는 순간 싸움이 벌어졌다. 술항아리에 이가 빠졌다며 누더기들의 멱살잡이가 시작된 것이다.

덩치 큰 개 한 마리가 꼬리를 말고 앉아 불꽃을 바라보고 있었다. 이 미치광이 소동에 어린아이들도 섞여 있었는데 어디선가 유괴되어 끌려온 아이는 낯선 곳에 대한 두려움 때문에 막무가내로 울부짖고 있었다. 4살쯤 되어 보이는 똥똥한 남자아이는 한마디 말도 없이 높은 의자에 앉아 연신 다리를 흔들거리며 탁자에 턱을 걸치고 있었다. 또 어떤 아이는 흘러내리는 촛농을 손가락으로 탁자 위에 문질러대고 있었다. 그리고 아주 어려 보이는 다른 한 아이는 더러운 바닥에 퍼질러 앉은 채, 몸이 들어갈 정도의 커다란 냄비 바닥을 기와조각으로 긁어대 스트라디바리우스(17~18세기 이탈리아의 바이올린 제작자)도 울고 갈 소리를 내고 있었다.

화톳불 옆에는 커다란 술통이 하나 놓여 있고, 그 위에 거지 하나가 올라앉아 있었는데 그야말로 임금의 옥좌가 따로 없었다.

그랭구아르를 잡아온 거지 셋은 그를 술통 앞으로 끌고 갔다. 그 순간, 아수라장 같던 술집 안이 물을 끼얹은 듯 조용해졌다. 다만 철모르는 어린아이가 냄비 바닥을 긁어대는 소리만 이어지고 있었다.

그랭구아르는 숨도 제대로 쉬지 못했으며 고개 들어 주변을 살펴볼 엄두도 내지 못했다.

6 깨진 항아리 101

"야, 모자 벗어!" 그를 끌고 온 거지 하나가 에스파냐어로 소리쳤는데 그랭구아르가 그 말뜻을 알아듣기도 전에 다른 거지가 그의 모자를 거칠게 벗겨냈다. 볼품없는 벙거지일망정 햇볕이 따갑거나 비오는 날이면 그런대로 쓸 만한 모자를. 그랭구아르는 한숨을 내쉬었다.
그때, 술통 위에 앉아 있던 임금이 한마디 넌졌다.
"이놈은 또 뭐냐?"
그 목소리에 그랭구아르는 몸서리를 쳤다. 과장되게 위협적인 거친 말투였지만 누구 목소리인지 분명히 알아들을 수 있었기 때문이다. 그는 바로 그날 아침 성사극이 벌어지던 재판소 홀의 관객들 속에서 "한 푼 줍쇼, 적선합쇼!"라고 외침으로써 그에게 최초의 타격을 입힌 주인공이었다. 그제야 그랭구아르는 고개를 들어 임금의 얼굴을 확인했다. 틀림없는 클로팽 트루유푸였다.
클로팽 트루유푸는 명색이 임금이라고는 하지만 차림새는 그때와 조금도 다르지 않았다. 대신 팔에 있던 상처는 흔적도 보이지 않았고, 손에는 순경들이 군중을 통제할 때 쓰던 '불라이유'라는 하얀 가죽 끈이 달린 회초리를 들고 있었다. 머리에는 위로 갈수록 좁아지는 모자를 쓰고 있었는데 아무리 보아도 어린이용 모자인지 왕관인지 분간할 수가 없었다.
그랭구아르는 이 '기적의 소굴' 임금이 자신의 연극공연장에 왔던 그 거지였다는 사실에 왠지 모를 희망을 품게 되었다.
기대감에 찬 그랭구아르는 더듬더듬 입을 열었다. "저어…… 나리…… 각하…… 아니, 폐하…… 어떻게 불러드려야 좋을까요?" 크레센도의 절정에 이르렀으나 그는 다시 어떻게 내려가야 할지 몰랐다.
"각하든 폐하든 네 맘대로 불러. 대신 빨리 말해. 너 자신을 변호할 무슨 말이 있긴 한 거냐?"
'나 자신을 변호할 말이라고? 이거 뭔가 잘못된 것 같은데.' 그랭구아르는 속으로 중얼거리다 말고 다시 말을 이었다. "저는 오늘 아침에……."
"에라 이 빌어먹을 놈아! 잡소리 그만 지껄여!" 하고 클로팽이 가로막았다. "네 이름이나 대란 말야! 잘 들어, 넌 지금 세 분의 높으신 대왕 앞에 있는 거야. 우선, 도둑왕국의 임금이시며 거지왕국 최고군주 대제폐하의 뒤를 이은 나 튀니스 왕 (걸인 왕을 가리킴과 동시에 아프리카의 튀니지 왕이라는 뜻도 포함되어 있다) 클로팽 트루유푸. 다음은 대갈통에 걸레를 걸친 저기 저 노란 얼굴의 노인, 이름하여 이집트와 보헤미아(집시) 공작인 마티아스 앙가디 스피칼리. 그리고 남이 뭐라 지껄이든 계집이나 실컷 주무르고 있는 저 뚱보, 갈리아의 황제 기욤 루소 폐하. 이렇게 세 사람이 너를 심판할 것이다. 너는 거지도 아닌 주제에 무엄하게도 우리 거지 왕국을 침범했어. 그러니 도둑, 문둥이, 부랑자 이 세 가지의 어느 것에도 해당되지 않으면 너는 단단히 벌을 받아야 하는 거야. 자, 그러니 대체 넌 어떤 놈인지 정체를 밝히란 말이다!"

"아닙니다! 오, 불행히도 제겐 그와 같은 명예가 없습니다. 저는 그냥 일개 작가인걸요."

그랭구아르의 말에 임금은 무 자르듯 단호하게 말했다. "그래? 알았어. 한마디로 교수형감이로군. 속세의 신사 나리, 너희가 우리를 대하듯, 우리 세계에 뛰어든 네놈에게는 우리 식으로 다루는 게 공평하겠지? 너희가 부랑자를 단속하듯이 우리 세계에도 신사를 단속하는 법이 있단 말야. 그 법이 가혹하다면 그건 너희 탓이야. 때로는 삼베에 목을 매단 네놈들의 일그러진 낯짝을 보고 싶기도 하거든. 이제 네가 입고 있는 그 누더기는 저 매춘부들에게나 줘. 걸인들을 위로하기 위해 네놈 목을 매달아줄 테다. 아 참, 당연히 지갑도 넘겨줘야겠지? 마지막 기도라도 하고 싶다면 얼마든지 하시고. 저기 사발 속에 생피에르 오 뵈프 성당에서 가져온 놀하느님이 계시니 말이야. 네놈 영혼을 신께 바치기 전에 4분 여유를 주마!"

소름이 끼칠 만큼 훌륭한 연설이었다!

"대단해! 클로팽 트루유푸는 교황처럼 말도 참 기막히게 잘한다니까!" 갈리아 황제는 술항아리를 깨트려 그 조각으로 흔들거리는 탁자 밑을 괴면서 소리쳤다.

그랭구아르도 가만있지는 않았다. 어디서 용기가 났는지, 단호한 어조로 입을 떼기 시작하는 것이었다. "황제폐하 및 국왕폐하 여러분, 뭔가 오해가 있는 것 같습니다. 저는 피에르 그랭구아르라고 하는 시인입니다. 오늘 아침 재판소 대형홀에서 있었던 연극 대본을 쓴 사람이란 말입니다!"

그러자 클로팽의 야멸친 대꾸가 단박에 터져나왔다. "오호라! 그게 너였냐? 나도 갔었지. 오늘 아침 그토록 지루한 연극을 보게 해놓고 밤에 교수형 당하는 것은 싫다고 하다니 욕심이 지나치군."

'아이고, 도무지 빠져나갈 수가 없는걸.' 그랭구아르는 다시 생각을 가다듬고, 한 번 더 통사정을 해보기로 했다. "하온데 저 같은 시인이라고 거지왕국 시민이 되지 말라는 법이 어디 있습니까? 이솝도 방랑자였고, 호메로스도 거지였으며, 메르쿠리우스(로마신화의 상업과 절도의 신 문학·수학 등의 신이라고도 한다)도 도둑이었단 말씀입니다."

그러자 클로팽이 재빠르게 말을 가로챘다. "이놈! 당장 그만두지 못해! 갈수록 요상한 말로 우리를 헛갈리게 하려는 수작인가 본데 어림없는 소리 말고 빨리 목이나 내놓으시지."

"죄송합니다만, 튀니스 왕 폐하! 그러지 마시고 잠깐 제 말 좀 들어보십시오! 듣지도 않고 그런 형벌을 내리신다는 건 말도 안 됩니다." 그랭구아르는 필사적으로 이야기를 이어보려 했다.

하지만 간절한 목소리는 주위의 시끄러운 소리에 금세 파묻혀버렸다. 냄비 바닥을 긁어대는 소리가 더욱 요란해진 데다 화톳불로 시뻘겋게 달궈진 석쇠 위 프라이팬에 한 노파가 갑자기 기름을 뿌려댄 것이다. 덕분에 마치 가면 쓴 사내를 뒤쫓는 어린아이들의 아우성처럼 요란한 소리가 터져나왔다.

그사이 클로팽 트루유푸는 이집트 공작과 술에 찌든 갈리아 황제와 무슨 의논을 하는가 싶더니, 불쑥 외쳤다. "야! 좀 조용히들 못 하겠어?" 그럼에도 냄비와 프라이팬에서 여전히 시끄러운 소리가 나자 그는 신경질적으로 술통에서 냅다 뛰어내려 곧장 아이 앞으로 가 단숨에 냄비를 걷어차버렸다. 그 바람에 냄비는 아이와 함께 열 걸음도 더 떨어진 곳으로 나동그라졌고, 뒤이어 걷어차인 프라이팬에서 끓고 있던 기름이 불 속으로 쏟아졌다. 그 바람에 놀란 아이는 숨이 넘어갈 듯 울어젖혔고, 노파 역시 불길 속으로 떨어져버린 자신의 저녁 끼니가 아까워 거칠게 투덜댔다. 하지만 클로팽은 전혀 아랑곳하지 않고 태연스레 자기 자리로 돌아갔다.

마침내 거지왕초가 신호를 보내자 이집트 공작과 갈리아 황제, 대감과 부하들이 와락 몰려들어 말편자 모양으로 둘러쌌다. 그랭구아르는 꼼짝없이 그 한가운데 갇힌 꼴이 되었다. 모여든 인간들의 면면을 보자니, 하나같이 누더기 차림에 싸구려 쇠붙이를 들고, 쇠스랑과 도끼를 쥐고 있는가 하면, 술에 취해 덜덜 떠는 다리와 땟국이 자르르한 팔뚝들까지 어딜 보나 흐리멍덩해 한참 맛이 간 몰골이었다. 우르르 몰려든 거지들 회의장 한복판에서 클로팽 트루유푸는 원로원 총독이나 귀족원의 왕, 추기경회의의 교황이나 되는 듯, 높다란 술통 위에 올라앉아, 거만하고 잔인한 데다 무엇인지 종잡을 수 없는 표정으로 그 자리에 모인 어떤 거지보다도 험상궂고 가증스러운 눈빛을 희번덕거리면서 모두를 내려다보고 있었다. 추악하기 이를 데 없는 돼지 상판 가운데 으뜸이라고나 할까?

"이봐!" 그는 투박하고 거친 손으로 볼썽사나운 턱수염을 쓸며 그랭구아르를 향해 소리쳤다. "듣고 보니 네놈이 목을 내놓지 않아도 될 만한 이유가 하나도 없잖아! 안타깝지만 사실이니 어쩌겠나. 아무튼 거리의 인간들이 이런 일에 익숙하지 않아서 그렇지, 사실 목 하나 달아나는 게 무슨 대수인가! 더도 말고 덜도 말고 모가지 하나 잘리는 건데. 다만 한 가지, 네가 곤경을 면할 방법이 있긴 있다. 우리와 한패가 되면 되는데 어떠냐?"

그의 말에 그랭구아르가 어떤 생각을 했을지는 짐작하고도 남을 것이다. 실낱같은 회생 가능성에 다시 악착같이 매달렸음은 물론이다.

"아, 그야 물론 좋죠! 틀림없이, 맹세하겠습니다." 등줄기에 서늘한 식은땀까지 흐르고 있었다.

"분명 우리 소매치기 일당이 되겠단 말이지?"

"소매치기요? 물론입지요." 그랭구아르는 두 번 생각할 것도 없이 제꺽 대답했다.

"정말 네 스스로 우리 시민이 되겠다 이거지?" 튀니스 왕이 다시 물었다.

"예, 진짜 시민이 되겠습니다."

"거지왕국의 신하가 되겠다는 거냐?"

"물론이죠, 거지왕국의 신하가 되겠습니다."

"부랑자가 되겠다 이거지?"

"그렇다니까요!"

"진심이냐?"

"네, 진심입니다."

"그래도 역시 넌 목을 내놓아야 돼!"

기겁을 하는 시인을 빤히 내려다보며 클로팽은 뻔뻔스럽게 시침 뚝 뗀 얼굴로 말을 이었다.

"물론 그건 좀 나중 일이 되겠지. 좀더 격식을 갖춘 형태 말이야. 선량한 파리 시민의 돈으로, 아름다운 교수대에서, 진짜 시민들이 지켜보는 가운데! 어떠냐, 그 정도면 충분히 위안이 되겠지?"

"옳으신 말씀이고말고요." 그랭구아르가 대답했다.

"뿐만 아니라 다른 이로운 점도 많아. 우리 거지왕국의 시민이 되면, 파리 시민들이 내는 도로세나 빈민세, 가로등 세금 따위는 내지 않아도 된단 말이야!"

"꼭 그렇게 하고 싶습니다! 부랑자, 거지왕국 백성, 탈세 시민, 소매치기 등등 뭐든지 시키시는 대로 하겠습니다. 임금이시여, 사실 전 애초부터 그런 사람이었습니다. 왜냐하면 저는 철학자거든요. '철학은 모든 사물을 포함하고 철학자는 모든 인간을 포함한다'고 하지 않습니까요?"

그 말에 왕은 대번에 눈살을 잔뜩 찌푸렸다.

"네 이놈! 대체 나를 뭘로 보고 그런 소리를 지껄이느냐? 꼭 헝가리 유대인놈 같구나. 난 히브리어 따윈 몰라. 도둑놈이라고 해서 죄다 유대인이란 법은 없으니까. 그리고 난 더 이상 도둑질 같은 건 안 해. 이제는 사람을 죽이지. 목치기는 해도, 소매치기 같은 건 벌써 옛날에 손을 뗐다니까!"

그랭구아르는 점점 더 달아오르는 클로팽의 거칠고 단호하게 툭툭 내뱉는 말들 사이에 끼어들어 어떻게든 변명이나 사죄의 말을 해보려고 애썼다. "저, 정말 죄송합니다, 폐하. 그건 히브리어가 아니라 라틴어인데요."

"그러니까 내 말은, 난 유대인이 아니란 소리야! 그리고 네놈은 반드시 교수대에 매달아야겠어. 빌어먹을! 네놈 옆에 있는 그 유대인 땅꼬마 가짜 파산자 녀석도 마찬가지야. 언젠가는 저놈도 가짜동전처럼 계산대 위에 못박히는 꼴을 꼭 보고야 말겠어."

클로팽은 그렇게 말하면서 얼굴에 수염이 난 땅딸막한 헝가리 유대인을 가리켰다. 다른 나라 말을 전혀 모르는 헝가리 거지는 왕의 노여움이 자신에게까지 미치는 것도 모른 채 그저 눈만 껌벅거리며 지켜보고 있었다.

이윽고 흥분이 서서히 가라앉자 클로팽 트루유프는 툭 내뱉었다.

"거기 놈팡이 친구, 너 정말로 거지가 되고 싶은 거냐?"

"그렇다니까요!"

"되겠다고 말로만 해서 되는 게 아니야. 선의(善意)라는 것도 사실 수프에 고기 조각 하나 더 담아주는 걸로 끝나는 게 아니라고. 그건 천국에 갈 때 필요할지는 몰라도, 거지왕국과 천국은 하늘과 땅 차이라는 걸 알아야

해! 우리 거지왕국에 들어오려면 네가 정말로 우리에게 필요한 존재라는 사실을 보여줘야 한단 말이야! 예컨대, 꼭두각시를 상대로 호주머니를 뒤지는 시범이나 한번 보여보든가."

"얼마든지 하겠습니다." 그랭구아르는 힘주어 대답했다.

클로팽이 신호를 하자 도둑놈 몇 명이 어디론가 사라졌다가 다시 돌아왔다. 그들은 기둥 2개를 가져왔는데 아래쪽에는 주걱 모양의 뼈대가 달려 있어서 바닥에 세울 수 있게 되어 있었다. 그들은 기둥과 기둥 사이에 들보 하나를 가로지르더니 밧줄까지 매달아놓았다. 그러자 어느새 번듯한 간이교수대가 완성되었다

'이놈들이 뭘 하려는 거지?' 그랭구아르는 은근히 불안해졌다. 그때 방울 소리가 요란하게 울렸고, 그는 정신을 바짝 차리려고 애를 썼다. 가만히 보니, 거지들이 꼭두각시 인형을 하나 가져다가 밧줄에 목을 걸고 있었다. 그것은 다름 아닌 새를 쫓는 허수아비였는데 빨간 옷을 입고 몸에는 크고 작은 방울과 종들을 달고 있었다. 카스티야 나귀 30마리의 목에 충분히 달 수 있을 만큼 많고, 밧줄이 흔들릴 때마다 함께 울렸다. 그러다 점차 소리가 줄어들더니 마침내 조용해졌다.

클로팽은 허수아비인형 아래 놓인 다리가 셋뿐인 삐뚜름한 의자를 가리키며 그랭구아르에게 말했나. "저 위로 올라가!"

"말도 안 됩니다. 목뼈가 부러질 거예요. 저건 마르티알리스의 (1세기의 로마 풍자시인) 9행시처럼 불균형이 아닙니까!" 그랭구아르가 못마땅한 투로 말하자, 클로팽이 다시 윽박질렀다.

"올라가!"

그랭구아르는 하는 수 없이 그 위태로워 보이는 의자 위로 올라섰다. 순간적으로 온몸이 휘청거렸으나 간신히 중심을 잡는 데 성공했다.

"이제 네놈 오른발을 왼쪽 다리에 감고 왼쪽 발끝으로 서라!" 튀니스 왕이 명령했다.

"폐하, 기어이 제 팔다리가 부러져야 속이 시원하시겠습니까?" 그랭구아르가 말하자 클로팽은 고개를 끄덕였다.

"이봐, 말이 너무 많군그래. 잘 들어, 방금 시킨 대로 발끝으로 서면 인형의 호주머니에 손이 닿게 될 거다. 그러면 거길 뒤져서 지갑을 꺼내는 거야.

단, 방울소리가 나면 안 되지. 알겠어? 그걸 해내면 합격이야. 우리와 함께 살 수 있게 된다는 뜻이라고. 어때? 아울러 처음 일주일은 흠씬 두들겨 맞는 일만 치르면 되고 말이야!"

"맙소사! 어떻게 방울소리를 안 내고 그걸 꺼냅니까? 방울소리가 나면 어떻게 되는 겁니까?"

"그땐 곧장 교수형이지! 알겠나?"

"전혀 모르겠습니다!" 그랭구아르가 진저리를 치며 대답했다.

"그럼, 다시 말해줄까? 저 허수아비인형의 주머니를 뒤져서 지갑을 꺼내보란 말이야. 방울소리가 나지 않게 조심하면서. 소리가 났다 하면 넌 끝장이라고! 알겠어?"

"예, 거기까진 알아들었습니다. 그 다음엔?"

"방울소리가 나지 않게 지갑을 꺼내면 성공이니까 넌 명실상부하게 거지가 되는 거고, 그로부터 한 주일은 우리에게 실컷 두들겨 맞는 일만 남게 돼. 이제 알아듣겠냐?"

"글쎄요! 모르겠습니다. 이러나저러나 제겐 득이 되는 게 없잖습니까? 잘못하면 목이 매달리고 잘하면 두들겨 맞는다니요?"

"거지가 되잖아! 이 시험에 합격하면 넌 당당히 거지가 되는 거라고. 그게 어째서 아무것도 아니란 말이냐? 얻어터지는 건 거지로 살기 위해 필수적이야. 아무리 맞아도 끄떡 않고 견딜 수 있도록 네 몸을 단련시키는 거라고나 할까?" 클로팽의 설명에 시인은 허탈한 듯 중얼거렸다.

"참으로 눈물겹도록 고마운 일이로군요."

"그렇다니까! 빨리 하기나 해!" 왕이 이렇게 말하면서 앉아 있던 술통을 냅다 발로 차자 술통에서 큰 북을 두드리는 소리가 요란하게 울렸다. "인형 주머니를 뒤지는 거야. 답답해 죽겠군. 빨리 해치워. 다시 한 번 말해두지만 방울이 조금이라도 울렸다가는 네가 곧장 인형 자리에 서게 되는 것이다."

거지 떼거리는 클로팽의 말에 큰 박수를 보내며 교수대 주위를 에워쌌다. 모두 재미있어 죽겠다는 듯 잔인하게 웃어댔다. 그런 모습에 그랭구아르는 자신이 제물이 되고 있다는 것과 일의 결과가 어찌됐든 험한 꼴을 당하리라는 것을 깨닫고 공포를 느끼기 시작했다. 이제는 무조건 왕의 명령대로 해내는 도리밖에 없었다. 그 밖에는 어떤 희망도 보이지 않았다. 그랭구아르는 이 모험을 시도하기로 마음먹었다. 그러나 그에 앞서 간절한 마음으로 인형에게 기도를 올렸다. 저 피도 눈물도 없는 거지들보다야 차라리 인형이 자신을 불쌍히 여겨줄 것만 같았기 때문이다. 조그만 구리 혓바닥을 가진 수많은 방울들이 마치 입을 벌리고 덤벼드는 살모사처럼 보였다.

"저 하찮은 방울들의 흔들림에 내 목숨이 달렸다니 기가 막히는군. 세상에 이런 일이 있을까?" 그는 절망적인 목소리로 중얼거리고는 두 손 모아 기도했다. "제발! 방울들아, 울리지 말아다오! 제발 울리지 마라! 흔들리면 안 돼!"

마지막으로 그는 한 번 더 클로팽에게 물었다.

"만약 바람 때문에 방울이 울린다면 그땐 어떻게 됩니까?"

"뭘 물어? 당연히 교수형이지!" 한 치의 망설임도 없는 대답이었다.

무슨 수를 쓰든 이 상황을 벗어날 수도, 미룰 수도, 아예 도망칠 수도 없음을 깨달은 그랭구아르는 이제 남자답게 최선을 다하기로 마음먹었다. 그는 오른발을 왼쪽 다리에 감고 왼쪽 발끝으로 서서 팔을 쭉 뻗었다. 그렇게 손이 허수아비에 닿은 순간, 다리가 3개뿐인 의자 위에 간신히 서 있던 그의 몸이 중심을 잃고 휘청거렸다. 그리고 마침내 바닥으로 쿵 소리를 내며 떨어지고 말았다. 순간 인형에 매달려 있던 수많은 방울들이 목을 매달라는 듯 일제히 흔들리기 시작해 그랭구아르의 귀가 먹을 만큼 요란스레 울려퍼졌다.

"젠장, 다 틀렸어!" 바닥에 나동그라진 그랭구아르의 잇새에서 안타까운 탄식이 새어나왔다. 그는 이제 납작 엎드린 채 죽은 듯이 꼼짝도 하지 않았다.

머리 위에서는 호환마마보다 더 무서운 방울소리들과 거지들의 악마 같은 웃음소리, "저놈을 일으켜 당장 목을 매달아라!" 외치는 트루유푸의 목소리가 마구 뒤섞이고 있었다.

잠시 뒤 시인은 바닥에서 일으켜졌다. 정해진 대로 거지들은 교수형을 집행하기 위해 밧줄에서 인형을 풀어내고 있었다.

거지왕국 백성들은 무엇이 그토록 신나는지 그를 냉큼 의자에 앉혔다. 클로팽이 다가와 목에 밧줄을 걸어주고는 어깨를 툭 치며 내뱉었다. "잘 가게, 젊은이! 더 이상 도망칠 데가 없지? 그래도 제법 잘 버티던데!"

제발 목숨만 살려달라는 말이 그랭구아르의 목구멍까지 올라왔다가 다시 사라졌다. 주위를 아무리 둘러보아도 살아날 구멍이라곤 보이지 않았다. 아무 희망도 없었다. 모두들 웃고 있었다.

"벨비뉴 드 레투알!" 튀니스 왕의 날카로운 호출에 덩치가 우람한 웬 거지 하나가 쓱 나섰다.

"가로지른 들보 위로 올라가!" 왕의 지시에 벨비뉴 드 레투알은 잽싸게 움직였다. 잠시 뒤, 들보 위에 올라앉아 웅크리고 있는 거구와 눈이 마주친 그랭구아르는 자기도 모르게 몸서리를 쳤다.

"자, 이제 내가 손뼉을 치면 앙드리 르 루주, 너는 곧장 무릎으로 의자를 차내는 거야. 그리고 프랑수아 샹트 프륀, 너는 놈의 다리에 매달리고, 그와 동시에 벨비뉴는 놈의 어깨 위로 뛰어내려. 셋이 동시에 그렇게 하는 거야, 알겠지?"

그랭구아르는 바들바들 떨기 시작했다.

"어때? 준비됐나?" 클로팽 트루유푸가 세 부랑자에게 말했다. 세 부랑자는 한 마리 파리를 노리는 거미들처럼 일제히 그랭구아르에게 달려들 태세였다. 가엾은 사형수가 죽음의 공포 속에서 허우적거리는 동안, 클로팽은 차분하게 발끝으로 화톳불에다 마른 포도나무가지를 밀어넣었다. "준비 다 됐지?" 클로팽이 마지막으로 확인하면서 신호를 하기 위해 두 팔을 벌렸다. 1초 뒤면 모든 게 끝날 참이었다.

그런데 그 순간, 클로팽은 무슨 생각이 났는지 갑자기 손을 내리며 말했다. "잠깐, 깜빡 잊을 뻔했군! 우리는 관례상 사내를 처형하기 전에 그를 원하는 여자가 있는지 물어보게 되어 있다. 이게 너의 마지막 기회인 셈이지. 좋다는 여자가 있으면 그녀와 같이 살 것이고, 없으면 예정대로 죽게 돼 있어!"

이러한 관례가 이상하게 들릴지 모르지만, 실제로 그 자세한 내용이 수록된 영국의 옛 법률문헌이 오늘날까지 전해지고 있다. 궁금하다면 《버링턴의 소견》을 참조하기 바란다.

그랭구아르는 안도의 한숨을 내쉬었다. 그러나 이미 반 시간 동안 두 번이나 죽다 살다를 반복해온 처지인지라, 이번에도 큰 희망을 가질 수는 없었다.

"여봐라! 계집들, 암컷들, 마녀든 암고양이든 상관없으니 너희들 중에서 이놈을 갖고 싶은 년이 있으면 앞으로 나와라! 콜레트 라 샤론! 엘리자베트 트루뱅! 시몬 조두윈! 마리 피에드부! 톤라 롱그! 베라르드 파누엘! 미셀

주나유! 클로드 롱주 레유! 마튀린 지로로! 이자보 라 티에리! 자자, 이리 나와. 어서들 가까이 와서 보란 말이야! 쓸모없는 사내 녀석이지만, 그래도 공짜로 살 수 있는데 누구 갖고 싶은 년 없나?"

 그랭구아르 자신이 생각하기에도, 이처럼 비참하고 절박한 상황에 처해 있는 판에 실제로 여자들에게 호감을 줄 수나 있을까 기대도 하지 않았다. 과연 여자 거지들은 제의에 그다지 큰 흥미를 보이는 것 같지 않았다. 딱하게도 그랭구아르는 여자들의 이런 대답을 들어야 했다. "관둬! 쓸데없어! 차라리 목을 매달면 우리 모두한테 구경거리라도 되니, 그게 낫겠네!"

 그런데 그 와중에도 여자 셋이 사람들을 헤치고 앞으로 나오더니 그랭구아르를 샅샅이 훑어보기 시작했다. 첫 번째 여자는 네모진 얼굴의 뚱보였다. 그녀는 시인이자 철학자의 닳아빠진 저고리를 헤쳤다. 너무 닳아서 밤을 굽는 냄비보다 더 구멍이 많은 옷이었다. 아니나 다를까, 여자는 곧장 얼굴을 찌푸렸다. "깃털 빠진 닭 같네!" 여자는 그렇게 중얼거리더니, 그랭구아르에게 망토를 보여달라고 했다. "잃어버렸는데요." "그럼, 모자는?" "누가 뺏어갔어요!" "신발 좀 봐!" "밑창이 다 빠졌어요." "그럼 지갑은?" "죄송합니다. 한 푼도 없네요." 그랭구아르는 난감한 표정으로 더듬거렸다. "그래? 그럼 감사히 여기고 매달리기나 해!" 여자 거지는 냉정하게 등을 돌리며 쏘아붙였다.

 두 번째 여자는 새까맣고 늙어빠진 데다 못생기기까지 한 노파였다. '기적의 소굴'에서조차 눈에 거슬릴 정도로 흉한 몰골이었다. 노파는 그랭구아르 주위를 천천히 돌아보기 시작했다. 그랭구아르는 노파가 자기를 갖겠다고 할까봐 벌벌 떨었다. 그러나 다행히도 노파는 "너무 말라비틀어졌네!" 내뱉더니 홱 돌아서 가버렸다.

 세 번째는 발랄하고 별로 밉지 않은 아가씨였다. "제발 살려줘요!" 그녀가 다가오자 그는 작은 목소리로 애원했다. 아가씨는 가엾다는 듯 그를 바라보더니 눈을 내리깔고 망설이는지 치마를 만지작거리기 시작했다. 불쌍한 사형수 그랭구아르는 그녀의 일거수일투족을 눈여겨보고 있었다. 이젠 정말 마지막 희망이었던 것이다. "안 되겠네요. 그랬다가는 기욤 롱그주에게 얻어맞을 거예요." 망설임 끝에 아가씨가 이렇게 말하고는 사람들 사이로 사라졌다.

클로팽이 기다렸다는 듯 소리쳤다. "어이쿠, 지지리 복도 없는 놈일세그려!"
그는 이제 술통 위에 우뚝 서서는 경매중개인처럼 떠들어대기 시작했다. "사내가 필요한 사람이 더 없단 말인가?" 거지들이 재미있다는 듯 소리를 지르기 시작했다. "마지막으로 한 번 더 묻겠나. 뜻 있는 사람 없어? 하나, 둘, 셋!" 클로팽은 교수대 쪽으로 돌아서서 고개를 끄덕이며 선언했다. "낙찰!"
이를 신호로 델비뉴 드 레투알과 앙드리 르 루주, 프랑수아 샹트프뢴이 그랭구아르 옆으로 다가섰다.
바로 그때 거지들 사이에서 이런 외침이 터져나왔다. "에스메랄다다! 에스메랄다야!"
그랭구아르는 두방망이질하는 심장을 간신히 억누르며 소리가 나는 쪽을 바라보았다. 사람들이 길을 터주는 가운데, 눈이 부시도록 밝고 환한 자태로 걸어나오고 있는 한 여자가 있었다.
그녀는 바로 집시처녀였다.
"에스메랄다라고?" 그랭구아르는 자기도 모르게 외마디 소리를 질렀다. 그 한마디 속에 그날 하루 동안 겪었던 일들이 주마등처럼 뇌리를 스쳐갔다.
세상에서 보기 드문 이 미녀는 무시무시한 '기적의 소굴'에서조차 그 아름다움과 매력의 힘을 마음껏 발산하고 있었다. 그녀가 나올 수 있게 길을 터주고 서 있는 짐승 같은 거지들의 얼굴에도 환한 표정이 스치고 있었다.
집시여자는 사뿐사뿐 가벼운 발걸음으로 그랭구아르에게 다가왔다. 옆에는 귀여운 염소 잘리도 있었다. 그녀는 비참한 표정의 그를 잠깐 바라보더니 클로팽에게 물었다.
"이 사람을 매달려고 하나요?"
"그래. 네가 남편으로 삼겠다면 모를까." 왕이 대답했다.
"그럼 제가 가질게요." 그녀는 말했다.
그 말을 듣는 순간, 그랭구아르는 아침부터 지금까지 꿈을 꾸고 있는 것이 확실하다고 생각했다.
급작스러운 운명의 변화 앞에서 여간 당혹스러운 게 아니었다.
마침내 목에서 밧줄이 풀리게 된 시인. 하지만 의자에서 내려서자마자 그 길로 바닥에 털썩 주저앉을 수밖에 없었다. 심한 충격과 벅찬 감격 때문에 현기증이 나서 몸을 제대로 가눌 수가 없었던 것이다.
 이집트 공작은 말없이 점토 항아리를 가져왔다. 집시여자는 그것을 그랭구아르에게 건넸다. "이걸 바닥에 던져 깨뜨리세요."
 항아리는 네 조각으로 깨졌다.
 "형제여, 앞으로 4년 동안 이 여자는 그대 아내요. 그리고 누이여, 이 남자는 그대의 남편이라오!" 이집트 공작은 그들 각각의 이마에 한 손씩 얹으며 선언했다.

7 첫날밤

얼마 뒤, 우리의 시인 그랭구아르와 에스메랄다라는 이름의 아가씨는 끝이 뾰족한 반원형 천장을 이고 있는 자그마한 방으로 들어갔다. 문이 꼭 닫혀 훈훈한 작은 방 탁자 앞에 그랭구아르는 아가씨와 마주 앉았다. 필요한 음식은 바로 옆 찬장에서 꺼내오도록 준비되어 있었다. 아리따운 아가씨와 함께 있는 데다 푸근해 보이는 잠자리를 생각하니 그랭구아르는 오늘 하루 동안 일어난 일들이 모두 꿈만 같았다. 그는 자신이 정말로 동화 속 인물이라도 된 듯했다. 아직도 그는 날개 달린 키마이라 두 마리가 불수레와 더불어 옆에 있는 것이 아닌지 문득문득 주위를 둘러보았다. 키마이라의 불수레가 아니고서야 그토록 빠르게 자신을 지옥에서 천국으로 끌어내지는 못했을 테니 말이다. 그는 현실을 직시하면서 발을 땅에서 떼지 않기 위해 닳아빠진 윗옷에 뚫린 구멍을 응시하고 있었다. 그렇게라도 하지 않으면 도무지 이 혼란스러운 정신을 가다듬을 수가 없을 것 같았다.

그런데 집시여자는 그에게 전혀 관심이 없어 보였다. 슬그머니 의자에서 일어나더니 그저 방 안을 왔다 갔다 하면서 염소와 이야기를 하고, 입술을 삐죽거리면서 미소를 짓기만 하는 것이었다. 이윽고 그녀가 테이블 건너편 의자에 다시 앉은 뒤에야 그랭구아르는 상대를 천천히 바라보았다.

언젠가 어린이였을 독자 여러분은 아마 지금도 어린이라면 더없이 행복하리라고 생각할 것이다. 그 좋던 어린 시절, 햇볕이 따스하게 내리쬐던 날, 맑은 시냇가 덤불 사이를 뛰어다니며 빛깔 고운 잠자리들을 쫓아다니고, 때로는 잠자리의 비행을 갑작스럽게 훼방하기도 하면서 뭇 나뭇가지 끝에 입을 맞추기도 했을 것이다(나로 말하자면 그렇게 뛰어다니면서 며칠을 고스란히 보냈으며, 그 시절이야말로 내 생애에서 가장 즐거운 날들이었다). 재빠른 움직임에 가려 포착하기가 쉽지 않았던 그 어떤 형체, 주홍빛 또는 하늘빛 날개가 윙윙거리고 파닥거리던 그 앙증맞은 소용돌이를 얼마나 호기심 가득하고 사랑스러운 눈망울로 바라보았는지 여러분은 회상해볼 수 있으리라. 날개의 떨림을 통해 아른거리며 나타나는 그 허공 속 존재는 너무도 환상적이라 도저히 손으로 만질 수 없고, 눈으로 볼 수 없는 존재처럼 느껴졌었다. 그러다 마침내 갈대 끝에 내려앉은 잠자리의 그 기다랗던 망사 날개, 에나멜을 칠한 것 같은 기다란 옷, 수정 같은 그 눈망울을 숨죽이며 들여다볼 수 있게 되었을 때, 당신은 얼마나 경이에 찼었는가! 형체가 어둠 속으로 다시 사라져 그 존재가 환상과 더불어 자취를 감추는 것을 보고는 얼마나 두려움을 느꼈던가! 그때의 인상을 떠올려보면 당신은 그랭구아르가 지금껏 춤과 노래와 시끄러운 소리의 소용돌이 너머로 어렴풋하게만 보았던 에스메랄다를 이제 손으로 만질 수 있고 눈으로 볼 수 있는 형체로 마주보고 있는 지금, 과연 무엇을 느끼고 어떤 기분일지 충분히 짐작할 수 있을 것이다.

그는 더욱 깊은 몽상에 빠져들며 여자를 멍하니 바라보았다. "이 여자가 정녕 에스메랄다인가?" 그는 그녀의 생김새를 눈으로 쫓으며 중얼거렸다. "정말로 천사 같은 여인! 그러나 보잘것없는 거리의 무희! 오늘 아침, 내 연극에 마지막 타격을 가한 것은 바로 이 여자다. 달처럼 아름답지만 집시여자다. 오늘 밤에 나를 살려준 것 또한 이 여자…… 나의 마녀이자 구원의 천사라니. 어쨌거나 분명 아름다운 여인이다. 나를 남편으로 정한 것을 보면 나에게 홀딱 반한 게 틀림없어." 그랭구아르는 지금까지 자신의 성격과 철학에 바탕이 되어준 진리를 향한 탐구의식이 또다시 발동하는 것을 느끼며 자리에서 벌떡 일어섰다. "어찌됐든 나는 이제 이 여자의 남편이야!"

이런 생각과 더불어 그는 그녀 곁으로 군인처럼 당당하게 다가갔다. 예상치 못한 듯 여자는 놀라 주춤주춤 뒷걸음쳤다.

"왜 이러세요?"

"나에게 뭘 기대하고 있는지…… 사랑스러운 에스메랄다!" 그랭구아르 스스로도 깜짝 놀랄 만큼 뜨거운 말투였다.

집시여자는 눈을 더욱 휘둥그렇게 뜨며 말했다. "무슨 말씀인지 통 모르겠군요."

"뭐라고! 난 당신 것이고 당신은 이제 내 것이 아니겠소?" 몸이 바짝 달아오른 그랭구아르는 지금 눈앞에 있는 여자가 '기적의 소굴'에서 만난 일개 숫처녀에 불과하다는 생각이었다.

그는 여자의 허리에 팔을 감으려 했다.

그러나 예상과는 달리 그녀의 몸은 뱀장어 껍질이라도 걸치고 있는 것처럼 그의 팔에서 매끄럽게 쏙 빠져나갔다. 그러고는 방 한쪽 구석으로 달려가 몸을 숙이더니 작은 칼 하나를 집어들고 일어섰다. 여자는 몹시 화가 났는지 입술을 실룩이고 코를 벌름거리면서 두 볼은 사과처럼 붉게 상기된 가운데, 눈에는 불꽃이 일렁이고 있었다. 게다가 그녀의 흰 염소까지 앞으로 쑥 나서더니, 금빛 뿔을 그랭구아르에게 겨누며 당장이라도 덤벼들 태세였다. 모든 것은 순식간에 일어난 일이었다!

잠자리가 말벌로 변신해 일침을 가하려 하고 있는 것이다.

철학자는 몹시 당황한 채 염소와 아가씨를 번갈아 바라보며 허둥댈 뿐이었다.

"맙소사! 둘 다 어지간히도 고집불통이로군." 그는 간신히 이렇게 말하고는 정신을 가다듬었다.

그러자 집시여자도 한마디 했다.

"당신이야말로 참 뻔뻔스럽군요!"

"미안합니다, 아가씨. 그럼 왜 나를 남편으로 삼은 겁니까?" 그랭구아르가 빙긋 웃으며 묻자 여자는 톡 쏘듯 대꾸했다.

"그냥 죽게 내버려둘 걸 그랬죠?"

"그럼 불쌍해서 그냥 목숨이나 구해주려는 생각으로 그랬단 말이오?" 그는 아가씨 말에 몹시 실망하며 되물었다.

"그게 아니면, 제가 무슨 딴생각이라도 했을까 봐서요?"

그랭구아르는 입술을 깨물었다. "그렇군요…… 난 사랑을 얻은 게 아니었군요. 그럼 항아리는 왜 깨뜨린 겁니까?"

이야기를 하는 동안에도 에스메랄다와 염소는 여전히 공격 태세를 늦추지 않고 있었다.

"알았어요, 에스메랄다 양. 자, 화해합시다. 나는 샤틀레 법원의 서기가 아니오. 따라서 당신이 시장 명령을 어기고 그렇게 칼을 소지하고 시내를 활보하고 다녀도 소송을 걸지는 않겠소. 하지만 당신도 알다시피 일주일 전에는 노엘 레크리뱅이 단검을 가지고 다니다가 파리 돈으로 10수의 벌금을 물었소. 맹세컨대, 당신이 허락하지 않으면 절대로 가까이 가지 않겠어요. 대신에 먹을 거나 좀 주시오."

사실 그랭구아르는 데프레오(17~18세기 고전주의 문학의 대표적 이론가)와 마찬가지로 그다지 색정을 밝히는 인물이 아니었다. 그는 여자들을 마구 대하거나 함부로 범하는 부류가 아니었다. 다른 모든 일과 마찬가지로 연애도 때를 기다리고 합의를 바랐으며, 사랑스러운 여자와 마주 앉아 꿀맛 같은 저녁식사를 하는 것은 그에게 새로운 연애의 시작과 끝 사이의 멋진 막간처럼 느껴졌다.

집시여자는 아무 말도 하지 않았다. 그러다 비웃는 것인지 한동안 입술을 삐죽거리더니, 새처럼 고개를 치켜들고는 큰 소리로 웃어젖혔다. 조금 전까지만 해도 들고 있던 칼은 어디다 감추었는지 더 이상 눈에 띄지 않았.

잠시 뒤, 테이블에는 흑빵과 베이컨 한 조각, 시들어빠진 사과 몇 알과 맥주 한 병이 올라왔다. 그랭구아르는 허겁지겁 며칠 굶은 사람처럼 달려들어 게걸스레 먹기 시작했다. 쇠로 만든 포크가 사기접시에 부딪치는 소리가 요란했다. 그의 욕정이 어느새 식욕으로 바뀌어버린 것 같았다.

그녀는 정신없이 먹는 남자 앞에 앉아 그 모습을 말없이 지켜보고 있었다. 무슨 다른 생각을 하는지 혼자 이따금씩 미소짓기도 하고, 무릎 사이로 고개를 내밀고 있는 염소의 작고 딴딴한 머리를 쓰다듬곤 했다.

노란 촛불이 그의 식욕과 몽상의 한 장면을 밝게 비춰주고 있었다.

잎뒤 가릴 것도 없이 허겁시섭 배를 채우던 그랭구아르는 눈앞에 달랑 사과 한 알만 남은 것을 알아차리고서야 얼마간 부끄러움을 느꼈다. "당신은 왜 안 먹는 거요, 에스메랄다?"

그 말에 여자는 고개를 가로젓더니, 깊은 생각에 잠긴 듯 눈을 들어 둥근 천장을 쳐다보았다.

'뭐야, 이 여자는 대체 무슨 생각을 하는 거지?' 속으로 중얼거리며 그랭구아르는 여자가 쳐다보는 곳을 함께 바라보았다. '저 천장에 새겨진 난쟁이의 찡그린 얼굴에 빠진 건 아닐 테고. 설마하니 내가 저만도 못하단 것은 아니겠지!'

그가 목소리를 높였다. "아가씨!"

여자는 들리지 않는 모양이었다.

그는 더 큰 목소리로 다시 한 번 여자를 불렀다. "이것 봐요, 에스메랄다 아가씨!"

소용없었다. 여자의 마음은 다른 데 가 있었고, 그랭구아르가 아무리 고래고래 소리쳐봤자 그녀의 주의를 끌 수는 없을 것 같았다. 그런 와중에 때마침 염소가 대신 나서주는 것처럼 주인의 소맷부리를 슬며시 잡아당겼다. "잘리, 왜 그러니?" 그제야 여자는 잠에서 깨어난 듯 돌아보며 물었다.

"배가 고픈가보오." 그랭구아르가 때를 놓칠세라 얼른 대답했다.

에스메랄다는 잘리가 우아하게 먹을 수 있도록 빵을 잘게 부수어 손바닥 위에 놓아주었다.

그랭구아르는 또다시 여자가 몽상에 빠질까봐 말을 붙이기 시작했다.

"그럼 당신은 나를 남편으로 삼을 생각이 전혀 없단 말이오?"

그녀는 사내를 뚫어져라 응시하다가 대답했다. "네, 그래요."

"그냥 애인은 어떻소?" 그랭구아르가 다시 물었다.

그녀는 입술을 삐죽이며 대답했다. "싫은데요!"

"친구는 어때요?" 그랭구아르는 포기하지 않았다.

그녀는 한참 동안 물끄러미 쳐다보다가 툭 던지듯 대답했다. "그건 가능하겠네요."

그랭구아르는 철학자들이 좋아하는 '가능하다'라는 말이 자신에게 이토록 크게 용기가 되어줄지 전에는 미처 몰랐었다.

"당신은 우정이 무엇인지 아시오?" 그랭구아르의 질문에 에스메랄다가 대답했다.

"알아요. 그건 오누이가 되는 거죠. 두 영혼이 한데 섞이는 것이 아니라 서로 마주보는 것, 한 손의 두 손가락처럼요."

"그럼 사랑은 뭐죠?"

"아, 사랑!" 이렇게 말하는 여자의 목소리는 떨리고 눈은 반짝반짝 빛나고 있었다. "그건 둘이면서 하나가 되는 거예요. 남자와 여자가 합쳐서 하나의 천사가 되는 거죠. 천국 말이에요!"

한낱 거리에서 춤추는 여자의 입에서 이런 아름다운 말들이 거침없이 흘러나오자 그랭구아르는 무척 깊고 강한 인상을 받았다. 그녀의 한마디 한마디 말에서 동방의 분위기가 물씬 풍겼다. 그녀의 순결한 장밋빛 입술은 방그레 미소 짓고 있었고, 천진난만한 밝은 이마는 날숨에 흐려지는 거울처럼, 때때로 그녀의 생각과 더불어 아스라한 기운이 감돌았다. 내리깐 그녀의 기다란 속눈썹에서는 말로 표현하기 힘든 빛이 스며나와 그녀의 얼굴에 더할 나위 없는 부드러움을 감돌게 했다. 라파엘로가 처녀성과 모성과 신성의 신비로운 교차점에서 훗날 다시 찾아낸 그 이상적인 부드러움 말이다.

그랭구아르가 계속 물었다.

"당신 마음에 들려면 내가 어떻게 해야 할까요?"

"사나이가 되어야죠."

"그럼 지금의 나는 뭡니까?"

"아무튼 머리에는 투구, 손에는 칼, 뒤꿈치에는 황금 박차를 단 사나이여야 해요!"

"좋습니다. 말을 타지 않으면 사나이가 아니란 거로군. 좋아하는 사람이라도 있소?"

"애인 말인가요?"

"그렇소!"

그녀는 잠시 생각에 잠기더니 이윽고 독특한 표정으로 말했다. "곧 알게 될 거예요!"

"오늘 밤엔 알 수 없소? 난 왜 안 되는데요?" 시인은 다정스레 계속 물었다. 여자는 정색을 하며 그를 똑바로 쳐다보았다.

"나를 지켜줄 믿힌 사람이어야 해요!"

그랭구아르는 얼굴이 새빨개져서는, '그도 그렇군' 생각했다. 두 시간 전 그녀가 위기에 처했을 때 시인이 조금도 도와주지 못했다는 사실을 암시하는 것이 분명했다. 자신에게 잇달아 벌어진 일들 때문에 도무지 정신이 없었던 그랭구아르는 그제야 그 일이 생각났다. 안타깝다는 듯 그는 자신의 이마를 탁 치며 말했다.

"아하, 그렇군요! 그 얘기를 먼저 했어야 하는데 깜빡했어요. 그 카지모도에게선 어떻게 벗어난 거죠?"

그러자 여자는 몸을 바르르 떨었다.

"아, 정말이지 끔찍한 꼽추였어요!" 그녀는 두 손으로 얼굴을 감싸며 생각만 해도 소름이 끼치는지 바들바들 떨기 시작했다.

"그래요, 정말 끔찍한 놈이더군요." 그랭구아르는 계속해서 물었다. "그런데 어떻게 그놈에게서 벗어났소?"

에스메랄다는 살며시 웃음지을 뿐, 곧이어 깊은 한숨과 함께 입을 다물어 버렸다.

"그놈이 왜 당신을 업어갔는지 알고 있습니까?" 그랭구아르는 다시 이렇게 물으며 본디 질문으로 돌아오려 애썼다.

"글쎄요…… 모르겠어요." 여자가 대답했다. 그러고는 서둘러 덧붙였다. "하지만 당신도 내 뒤를 따라왔잖아요. 당신이야말로 왜 그랬죠?"

"아, 그건 솔직히 말해 나도 잘 모르겠어요. 왜 그랬는지." 그랭구아르가 대답했다.

방 안에는 한동안 침묵이 흘렀다. 시인은 나이프를 가지고 테이블에 괜한 흠집만 내고 있었다. 여자는 미소를 띤 채 벽 너머 무언가를 바라보는 듯 멍하니 있더니, 갑자기 나지막한 목소리로 노래를 흥얼거렸다.

갖가지 색깔의 새들이
노래하기를 멈출 때, 땅이……

문득 노래를 멈춘 아가씨는 잘리의 머리를 쓰다듬기 시작했다.

"아주 예쁜 짐승이군요." 그랭구아르가 염소를 보며 중얼거리자 여자가 대꾸했다.

"제 동생이랍니다."

"그런데 사람들이 왜 당신을 에스메랄다라고 부르는 겁니까?" 시인은 다시 조심스레 물어보았다.

"모르겠어요."

"무슨 까닭이라도 있나요?"

에스메랄다는 호두를 꿴 줄로 목에 걸고 있던 작은 주머니를 품에서 꺼냈다. 그 주머니에서 좀약 냄새가 강하게 풍겨왔다. 그것은 초록색 비단으로 싸여 있고 한가운데는 모조 에메랄드인지 큼지막한 초록색 유리구슬 하나가 달려 있었다.

"아마 내가 이 주머니를 몸에 지니고 다니기 때문일 거예요."

여자의 대답에 그랭구아르는 그것을 만져보고 싶어 손을 내밀었다. 하지만 그녀는 움찔 뒤로 물러나며 말했다. "안 돼요! 만지지 마세요. 이건 부적이에요. 함부로 만지면 효력이 없어지거나 당신이 벌을 받게 돼요!"
시인의 호기심은 점점 커져갔다.
"누가 준 건데요?"
여자는 손가락을 입술에 갖다 대고 누르더니 얼른 부적을 품속에 도로 감추었다. 그랭구아르는 계속 질문을 퍼부었으나 그녀는 제대로 대답하지 않으려 했다.
"에스메랄다가 무슨 뜻인가요?"
"저도 몰라요."
"어느 나라 말입니까?"
"아마 이집트어일 거예요!"
"아하, 그럴 줄 알았습니다! 역시 당신은 프랑스 사람이 아니로군요."
"그건 저도 몰라요."
"부모님은 계신가요?"
이번에는 여자가 대답 대신 노랫가락을 흥얼거리기 시작했다.

　　우리 아빠는 작은 새,
　　우리 엄마도 작은 새라오,
　　거룻배가 없어도 강을 건너고,
　　돛단배가 없어도 바다를 건너죠.
　　우리 엄마는 작은 새,
　　우리 아빠도 작은 새.

"좋은 노래로군요. 몇 살 때 프랑스로 왔습니까?" 그랭구아르가 물었다.
"아주 어릴 때였어요."
"파리에는 언제 왔나요?"
"지난해 8월 말쯤이었어요. 우리가 성문으로 들어설 때 개개비들이 줄지어 하늘을 날아가는 걸 봤거든요. 그때 올겨울은 몹시 춥겠다고 말했던 기억이 나요."
"맞습니다! 정말 추웠어요. 겨우내 손이 시려 호호 불면서 지냈죠. 그러고 보니 당신은 앞날을 내다볼 줄 아는 모양이군요?" 여자가 다시 말문이 트인 것 같아 은근히 좋아하며, 그랭구아르는 요리조리 질문을 이어갔다.

그것도 잠시, 갑자기 여자의 말수가 적어지기 시작했다.

"아뇨!"

"당신들이 이집트 공작이라고 부르던 사람이 당신네 무리의 우두머린가요?"

"네."

"그러고 보니 우리를 결혼시킨 것도 바로 그 사람이었어요, 맞죠?" 시인은 수줍게 말했다.

여자는 볼에 바람을 넣어 귀여운 표정을 지으며 대꾸했다. "나는 아직 당신 이름도 모르거든요?"

"내 이름 말이오? 궁금하다면 알려드리죠. 난 피에르 그랭구아르라고 합니다."

"저는 그보다 더 멋진 이름을 알고 있답니다."

여자의 말에 그랭구아르는 제법 씩씩한 어조로 입을 열었다. "오호, 좀 짓궂으신 데가 있군요? 어쨌든 상관없습니다. 그 정도로 화를 내거나 하진 않을 테니까요. 하지만 당신이 앞으로 나에 대해 좀더 알게 되면 틀림없이 날 사랑하게 될 겁니다. 당신이 당신 이야기를 해주었으니 나도 내 얘길 좀 해야겠군요. 아까도 말했지만 내 이름은 피에르 그랭구아르라고 합니다. 고네스 공증인사무소 소속 징세 청부인의 아들이지요. 아버지는 부르고뉴 군대에 붙잡혀 교수형을 당하셨고 어머니는 피카르디 군인 칼에 돌아가셨습니다. 20년 전 파리가 포위됐을 때에 말이죠. 그때 나는 6살이었는데 고아가 된 뒤로 파리 길바닥을 맨발로 떠돌아다녔어요. 16살이 될 때까지 어떻게 살아왔는지 나도 잘 모릅니다. 과일장수가 자두 하나를 던져주면 맞은편에선 빵장수가 빵 껍데기를 던져주고, 뭐 그런 식으로 살아왔답니다. 밤에 야경꾼에게 붙잡혀 감옥에 가면 짚단 하나에 의지해 잠을 잤어요. 그런데도 보시다시피 키는 훌쩍 자랐지요. 겨울엔 상스 대주교관 현관에서 햇볕을 쬐며 생장 축제의 화톳불을 한여름까지 간직해두는 건 바보짓이라 생각했답니다. 16살 때부터는 돈을 벌기 위해 안 해본 일이 없습니다. 처음엔 군인이 됐었는데 그다지 용맹한 편이 아니어서 잘해내지 못했어요. 그다음엔 수도사가 됐지만, 신앙심이 별로 깊지 않아 중도에 포기했고요. 술도 잘 못 마셨죠.

그렇게 하는 일마다 되는 게 없어 절망한 나머지 목수 일을 시작하게 되었답니다. 그런데 특별히 힘이 센 편도 못되어 그것마저 잘할 수가 없었습니다. 나는 학교 선생에 더 소질이 많았어요. 물론 글을 읽을 줄 몰랐죠. 하지만 그런 건 이유가 되지 않았습니다. 어쨌든 난 얼마 뒤 내가 어떤 존재인지 알게 됐어요. 무슨 일을 하건 어딘가 한 군데는 꼭 빠져 있다는 걸 알게 된 겁니다! 그때 용기를 내어 시인 겸 작곡가가 되었죠. 시인이나 작곡가는 떠돌이 뜨내기로선 언제든지 할 수 있는 일이었고 도둑질보다는 나았으니까요. 그러던 어느 날 다행히도 노트르담의 클로드 프롤로 부주교를 우연히 만났어요. 그분이 제게 관심을 보이시더군요. 오늘날 내가 키케로의 〈의무론〉에서부터 셀레스틴 수도회 신부들의 장례연설에 이르기까지 라틴어를 줄줄이 꿰고, 스콜라철학과 시학은 물론 지혜 중의 지혜라는 연금술에까지 눈을 뜰 정도로 진정한 학자가 된 것은 모두 그분 덕택입니다. 오늘 재판소 대형홀에서 수많은 관중들의 박수갈채 속에 막을 올린 연극의 각본을 쓴 것도 바로 나예요! 또 한 사나이를 광기로 몰아간 1465년의 놀라운 혜성에 대해 쓴 책도 6백 쪽이나 될 것 같아요. 그 밖에도 나는 부족하나마 대포를 만드는 기술이 있어서 장 모그의 대구포도 제작했어요. 아마 당신도 알 겁니다. 그걸 시험하던 날, 그것이 샤랑통 다리에서 터지는 바람에 구경꾼이 24명이나 죽게 했지요. 어쨌든 나는 그렇게까지 별 볼일 없는 사나이는 아니란 말입니다! 갖가지 깜찍한 곡예도 할 줄 아는데 그걸 당신 염소에게도 가르쳐줄 수 있어요. 파리 주교나리 흉내내기 같은 거죠. 그는 터무니없는 위선자예요. 뫼니에 다리를 건너는 행인들에게 숨 쉴 틈도 주지 않고 물을 끼얹는답니다. 그리고 내가 만든 성사극으로 꽤 짭짤한 수입을 올릴 수 있을 겁니다. 다 지불해준다면 말이죠. 그래요, 분명히 말하건대 나는 당신이 바라는 거라면 무엇이든 하겠습니다. 내 몸과 정신과 학문, 문학적 재능까지 몽땅 바치겠습니다! 에스메랄다 양, 함께 살 수만 있다면 뭐든 당신 뜻에 따르겠어요! 부부로 살고 싶다면 부부로, 남매간이 좋겠다면 남매지간으로, 어쨌든 함께 살지 않겠습니까?"

그랭구아르는 긴 이야기를 마치고 입을 다물었다. 자신의 설득이 아가씨에게 효과가 있기를 기대하면서. 그러나 그녀는 줄곧 바닥만 내려다보고 있었다.

"페뷔스!" 그녀가 혼잣말처럼 말했다. "페뷔스가 무슨 뜻이에요?" 한참 뒤 그녀가 시인을 돌아보며 나지막이 물었다.

그랭구아르는 지금까지 자기가 펼친 일장연설과 그녀의 질문 사이에 어떤 관계가 있는지 알 수 없었지만 자신의 학식을 드러낼 기회가 주어진 것이 싫지만은 않았다. 그는 별것 아니라는 듯 가슴을 펴고 말했다.

"태양이라는 뜻이지요. 라틴어입니다."

"태양!" 그녀가 그를 따라 외쳤다.

"아주 잘생긴 사수 모습을 한 신의 이름이지요."

"신이라고요!" 집시여자가 또다시 소리쳤다. 그녀의 목소리에는 뭔가 골똘히 생각하는 듯한, 열정적인 느낌이 담겨 있었다.

그때 여자의 팔찌 하나가 벗겨져 바닥으로 떨어졌다. 그랭구아르가 허리를 굽혀 그것을 줍는 사이, 여자와 염소의 모습은 온데간데없이 사라졌다. 어디선가 문 빗장 지르는 소리가 들렸다. 그것은 분명 옆방으로 통하는 작은 문이 밖에서 잠기는 소리였다.

"잠자리는 마련되어 있는 건가?" 우리의 철학자는 그렇게 중얼거리며 방 안을 둘러보았다. 침대를 대신할 만한 것이라곤 누워 자기에 적당해 보이는 기다란 나무상자 하나가 있을 뿐이었는데 상자 뚜껑에는 울퉁불퉁 조각이 새겨져 있었다. 그 위에 누운 그랭구아르는, 미크로메가스(볼테르가 지은 같은 이름 소설 주인공. 지구에 온 시리우스 혜성의 거대한 주인)가 알프스 산맥 위에 길게 드러누웠을 때 바로 이런 느낌이었을 거라는 생각이 들었다.

"하는 수 없지." 그는 되도록 편한 자세를 잡으려고 애쓰며 중얼거렸다. "먼저 이 정도로 만족하는 수밖에 별 수 있나. 어쨌든 오늘은 정말 이상한 첫날밤이로군. 아쉽고 섭섭한 일이야. 항아리를 깨뜨리는 그 결혼식은 뭔가 소박하고 원시적인 느낌이 있어 무척 마음에 들었었는데……."

제3편

1 노트르담

파리의 노트르담 대성당은 오늘도 여전히 장엄하고 숭고한 건축물임이 분명하다. 그러나 제아무리 아름다운 모습을 유지하고 있다 해도 시간의 흐름에 따른 풍화작용에다, 최초의 돌을 놓은 샤를마뉴와 마지막 돌을 놓은 필리프 오귀스트에 대한 경의를 저버린 채 인간들이 이 존경할 만한 기념물에 가한 수많은 훼손의 흔적 앞에서 한숨을 참고 치밀어오르는 분노를 억제하기란 결코 쉽지 않다.

프랑스의 대성당 가운데 가장 늙은 이 여왕 얼굴에선 주름살과 함께 하나의 상처를 발견할 수 있다. "세월은 모든 것을 갉아먹지만, 인간은 더욱 심하게 갉아먹는다"는 오비디우스의 이 말을 나는 이렇게 해석하려 한다. '세월은 몰지각하며, 인간은 어리석다'고.

이 옛 성당에 가한 여러 가지 파괴의 흔적들을 여러분과 함께 하나하나 살펴볼 기회가 있다면 파괴에 있어서 세월은 하찮은 것일 뿐 더욱 참혹한 결과는 인간들, 특히 예술가들에 의해 저질러지기 일쑤임을 알게 될 것이다. 굳이 '예술가'라고 하는 까닭은, '건축가'라는 호칭을 쓰는 인간이 나타난 것이 겨우 2세기 전 일이기 때문이다.

우선 몇 가지 중요한 예만 들어봐도 이 성당의 정면만큼 훌륭한 축조물은 건축사에서 찾기 어렵다. 먼저 뾰족아치로 지어진 3개의 현관, 그 위로 역대 왕들의 조각상을 안치했던 28개의 벽감이 만들어내는 아름답고 뾰족한 모양의 윤곽선, 마치 부제와 차부제를 거느린 사제처럼 한가운데에 자리 잡은 장미창과 양쪽에 있는 보다 작은 창문들이 눈에 들어온다. 또한 그 위로 나란히 늘어선 조붓한 기둥들이 육중한 전망대를 받치고 있고, 클로버 모양 장식이 붙은 높고 화려한 아케이드 주랑과 슬레이트 차양이 달린 검고 튼튼한 종각 2개가 그 위용을 자랑하고 있다. 이처럼 완벽한 조화를 이루며 각 부분들을 거대한 5층 석조물로 올린 가운데, 장엄한 정면 전체 모습이 산만한 느낌

하나 없이 단박에 눈앞에 펼쳐진다. 짜임새가 크고 호화롭기 이를 데 없는 전체 건물 속에서 여러 목각, 석각, 금각 조각상들의 수많은 세부 요소들이 하나로 합해져 있다. 한마디로 거대한 새김질의 교향악이라고나 할까! 그야말로 인간, 아니 하나의 민족이 만들어낸 일대 걸작이라 불러도 좋으리라! 이 건축물은 《일리아스》나 그 형제 격인 《로만세로》(중세 에스파냐의 서사시, 연대기 등을 집대성한 것)처럼 전체적으로 잘 짜여져 복잡하면서도 통일성을 유지하고 있다. 시대마다 여러 장인들이 저마다 기량을 쏟아부어 혼신을 다해 빚어놓은 작품인 만큼, 돌 하나하나에는 예술적 영감으로 단련된 장인의 환상이 갖가지 형태로 또렷하게 새겨져 있다. 한마디로 노트르담 대성당은, 신의 천지창조와 같이 힘차고 풍부한 인간의 창조물이다. 인간은 신의 창조물에서 다양성과 영원성이라는 두 본질을 훔쳐내어 이 성당을 지은 듯하다.

지금 여기서 말하고 있는 성당 정면에 대한 이야기는 성당 전체에 해당되는 내용이기도 하다. 파리의 대성당에 대해서뿐만 아니라, 중세 기독교국가의 모든 성당들에 관해서도 비슷한 이야기를 할 수 있다. 모든 것이 자연스럽게 생겨난, 논리적이면서 잘 조화된 예술의 개념으로 설명될 수 있는 것이다. 마치 발가락 크기를 가지고 거인의 키를 가늠해볼 수 있듯이 말이다.

연대기 작가들 말처럼, "그 큰 덩치로 보는 이에게 경외감을 불러일으키는" 장엄하고도 강대한 대성당…… 이제 우리 모두의 눈앞에 떡하니 위용을 드러낸 저 노트르담 정면의 장관으로 다시 돌아가보자.

본디 정면에 있었던 세 가지 중요한 요소는 오늘날 사라져버리고 없다. 그 첫 번째는 바닥에서 현관 앞까지 이어진 11개의 계단이다. 이 계단으로 말미암아 성당 정면은 지면보다 꽤 높은 데 있었다. 두 번째는 3개의 현관 벽감에 있던 조각상들이고, 마지막으로는 2층 회랑을 든든히 받치고 있던 초기 프랑스 왕 28명의 조각상이다. 이것은 쉴데베르에서 시작하여 필리프 오귀스트에 이르는 왕들의 모습인데, 손에는 하나같이 '제국의 능금'을 쥐고 있었다.

계단을 사라지게 한 것은 세월의 힘이다. 시테 섬의 지반이 서서히 밀어올려진 끝에 결국은 오늘날처럼 되어버린 것이다. 하지만 세월의 힘은 건물의 장엄함을 더해주던 11개의 계단을 하나씩 삼키면서도 빼앗아간 그 이상의 것을 이 성당에 돌려주었다. 즉 늙어가는 건축물에 독특한 아름다움을 남겨준 것 역시 세월의 힘이기 때문이다.

　그렇더라도 문제의 조각상들을 없애버린 것은 누구인가? 누가 그 벽감 속의 조각상을 치워버렸는가? 과연 누가 중앙 현관 한가운데에 저 새로운 절충식 뾰족아치를 만들었는가? 감히 누가 비스코르네트의 아라베스크 장식 옆에 루이 15세 시대의 조각이 새겨진, 멋대가리 없고 투박한 문짝을 끼워 넣었는가? 그건 다름 아닌 인간의 짓이다. 후세의 건축가와 예술가들 솜씨인 것이다.

　이제 건물의 내부로 들어가보자. 누가 저 성 크리스토프의 거상을 넘어뜨렸는가? 재판소의 대형홀을 홀 중에서 으뜸으로 치고, 스트라스부르의 첨탑을 종루 가운데 최고로 여기는 것과 마찬가지로 그 거상은 여러 조각상 중에서도 가장 널리 알려진 걸작 가운데 하나였다. 주랑과 성가대석 기둥들 사이에 가득했던 수천 개의 조각상, 무릎을 꿇거나 서 있는 것, 말을 타고 있는 것, 남자, 여자, 어린이, 왕, 주교, 헌병, 석상, 대리석상, 금상, 은상, 동상 심지어 밀랍으로 만들어진 것에 이르기까지 모든 조각상들을 난폭하게 쓸어낸 것은 누구인가? 그것은 결코 세월의 소행이 아니다.

　그리고 성골함과 유물함으로 가득 차 있던 화려하면서도 고색창연한 고딕식 제단을 치워버리고 그 자리에 발 드 그라스 육군병원이나 앵발리드(퇴역군인 주거지)에나 어울릴 것 같은, 천사의 얼굴과 구름을 새겨넣은 저 둔중한 대리석관을 갖다놓은 사람은 또 누구인가? 에르캉뒤스가 만든 카롤링거 시대의 포석에 어처구니없게 저질러놓은 저 시대착오적인 발상은 과연 누가 책임져야 한단 말인가! 그것은 루이 13세의 어리석은 소원을 이루어주려는 루이 14세의 지나친 욕심이 아니었던가?

　또한 우리 선조들이 경이롭게 바라보던 현관 정면의 장미창과 후진(後陣)의 뾰족아치 사이에 그 색깔도 선명하던 스테인드글라스를 떼어버리고 차갑고 투명한 흰 유리를 끼워넣은 건 대체 누구였는가? 오늘날 방자하기 짝이 없는 대주교들이 대성당을 노랑물감으로 덧칠해놓은 작태를 16세기 성가대원들이 본다면 과연 뭐라고 할까? 옛날 사형집행인이 바로 그 색깔로 '감옥'을 칠했었다는 걸 기억이나 하려는지 모르겠다. 그리고 유명한 총사령관 반역사건 때문에 프티부르봉 대저택이 온통 그 색깔을 뒤집어썼던 사실을 머릿속에 떠올릴 수도 있겠다. "어쨌거나 이 노랑물감의 질이 어찌나 좋은지

백 년이 지난 오늘날에도 전혀 색이 바래지 않았다"고 소발은 말하고 있다. 생각이 그쯤 가 닿은 성가대원들은 이 성스러운 장소가 오염됐다고 여기고 는 틀림없이 줄행랑이라도 쳐버릴 것이다.

자, 이제 야만스럽기 짝이 없는 모든 파괴의 흔적을 뒤로하고 대성당 안쪽으로 좀더 올라가보자. 본당과 바깥채의 교자섬 위에 서 있던 그 아름답다면 조그만 종각은 지금 어떻게 되었는가? 거대한 두 종루보다 더 높게 솟아, 바로 이웃에 있는 생트샤펠 첨탑이—이 역시 파괴되어버렸지만—그랬던 것처럼 가냘프고 날렵하면서 은은하기까지 한 종소리를 냈다던, 그 윤곽 또렷한 종각은 대체 어떻게 되었는가? 감식안이 뛰어난 어느 건축가께서—1787년의 일이다—그걸 깨끗하게 제거해버리고, 그 자리를 냄비뚜껑같이 넓적한 납 덩어리로 고약처럼 덮어버리면 상처가 쉽게 가려질 거라 생각하신 모양이다.

어느 나라 사정은 거의 비슷하겠지만, 특히 프랑스에서는 중세의 훌륭한 예술이 정말이지 어처구니없는 푸대접을 받았다. 원인은 세 가지 정도로 나눌 수 있는데, 각 원인에 따른 상처의 깊이는 저마다 다르다. 첫째, '세월'이 알게 모르게 여기저기 구멍을 내고 표면 전체를 녹슬게 했다. 둘째, 자고로 정치적, 종교적 혁명일수록 맹목적인 분노가 판을 치기 마련이어서 누구든 느닷없이 들이닥쳐 건물의 훌륭한 의상과도 같은 조각품이나 기타 세공품들을 마구잡이로 때려 부수고 장미창을 박살냈다. 아라베스크 장식을 포함한 작은 상들을 닥치는 대로 망가뜨리는가 하면, 자기들의 주교관이나 왕관을 위해 조상들의 유품을 제멋대로 날치기하는 일이 허다했다. 셋째, 유행이라는 흐름의 해괴망측한 꼬락서니가 날이 갈수록, 그야말로 점입가경이었던 것이다. 이는 르네상스라는 엄청난 혼란의 소용돌이 속에서 급격한 방향 전환을 거치는 가운데, 건축가들의 변질과 타락을 불러일으킨 원인으로 작용했다. 혁명보다 유행이 더 큰 피해를 끼친 셈이다. 유행은 건축의 핵심에 파고들어 예술의 골조를 무너뜨렸다. 수많은 건축물들을 형식과 상징, 논리, 미적인 측면에서 갈가리 찢고 산산이 허물어버렸다. 또한 유행은 모든 걸 새로 만들어버리는 데 반해, 세월이나 혁명은 결코 그런 엄두조차 내지 못하는 것이다. 유행은 가증스럽게도 '심미안'이라는 미명 아래 고딕건축물의 상처에 임시로 치장하고 대리석 리본이나 금속 술 장식을 달았다. 달걀형 장식, 소용돌이무늬 장식, 가장자리 장식, 주름 장식, 꽃 장식, 다발형 모서리 장식, 불꽃 모양의 돌 조각, 구름 모양의 청동 조각, 뚱뚱한 큐피드, 통통 부은 지품천사 등등, 그야말로 문둥이를 연상시킬 정도로 부담스러운 장식 기법들이 득실거렸다. 이는 결국 카트린 드 메디시스의 작은 성당에서 예술의 얼굴을 갉아먹기 시작해, 2세기 뒤에는 뒤바리 부인(루이 15세의 애인)의 방에서 예술을 괴롭히며 얼굴을 찌푸리게 하고 숨을 거두게 만든 꼴이다.

　요컨대 앞서 언급한 세 가지 원인이 오늘날 고딕건축물을 보기 흉하게 만들어버렸음은 이제 온 세상이 다 아는 사실이다. 건물 표면에 새긴 주름살과 무사마귀 같은 변화의 흔적은 세월의 흐름 때문이다. 그 아름다운 예술품에 폭력과 만행을 가함으로써 타박상과 골절 따위의 상해를 입힌 것은 루터에서 미라보에 이르기까지의 갖가지 혁명들이었다. 그런가 하면 절단이나 제거, 해체나 복원 같은 행위들은 비트루비우스(기원전 1세기의 로마 건축가)와 비뇰라(16세기 이탈리아의 건축가)를 따르는 대가들의 그리스나 로마식, 또는 야만적인 작업 결과로 볼 수 있다. 반달족이 이룩해놓은 훌륭한 예술을 아카데미파 교수가 죽여놓은 셈이다. 그나마 세월의 흐름과 이런저런 혁명의 거친 파괴는 공평하고 장대한 파괴를 자행했다고 볼 수 있다. 반면에 알량한 선서나 해대면서 떼거리로 몰려다니기나 하는 건축가들이란 늘 악취미적 사고방식에 사로잡혀, 파르테논 신전(아테네의 아크로폴리스에 있는 고대 그리스 신전. 지금은 주랑만 남아 있다.)의 영광을 위해서라면 고딕식 철세공 장식을 단숨에 루이 15세식 치커리 장식으로 바꾸어버리는 삭태노 서슴지 않았던 것이다. 죽어가는 사자에게 먹인 당나귀의 일격이라고나 할까. 가지가 마르고 시든 데다 벌레들에게 먹히고 찢긴 늙은 떡갈나무의 신세를 연상시키기도 한다.

　옛 이교도들이 그토록 가호를 빌어 헤로스트라투스를 불후의 이름으로 만든 에페수스의 그 유명한 아르테미스 신전(에페수스인 헤로스트라투스는 기원전 4세기 무렵, 이 신전에 불을 질러 자신의 이름을 불후의 것으로 만들려 했다.)을 파리의 노트르담과 비교하면서, 로베르 세날리스가 갈리아의 대성당이 "길이와 넓이, 높이와 구조에서 훨씬 우수하다"*고 했던 그 시대만 해도 이런 상황은 전혀 상상할 수 없는 것이었다.

　파리의 노트르담은 결코 특정한 건축양식으로 간단히 분류할 수 있는 건물이 아니다. 로마네스크식 성당이 아니며, 그렇다고 고딕식도 아니다. 이 건물은 어떤 전형을 가지고 있지 않다. 파리의 노트르담 대성당에는 투르뉘

---

*《프랑스 교회사》 제2권, 3장, 130편, 1쪽.

의 대수도원처럼 반원아치를 기본으로 하는 건물의 장중함이라든가, 육중하고 드넓은 반구형 천장의 장엄하면서도 단순한 맛 같은 건 도무지 찾아볼 수 없다. 또한 부르주 대성당처럼 뾰족아치식 건축물의 특성을 잘 살린 웅장한 아름다움과 경쾌함, 변화무쌍한 맛과 뒤얽힌 맛이 줄줄이 이어지면서 막힘없이 펼쳐지는 대담한 취향도 거의 찾아볼 수가 없다. 마치 반원아치의 무게에 압도당한 것처럼 느껴지는 어둡고 비밀스러운 옛 성당들과, 노트르담 대성당을 동격으로 볼 수는 없다. 이러한 성당들은 천장 말고는 거의 대부분 이집트식이다. 모든 것이 신성문자적이고, 성직자적이며, 상징적이다. 장식에는 주로 마름모꼴이나 지그재그 문양이 사용되었고, 다음으로 많은 것이 꽃무늬, 동굴 모양, 사람 모습 순이다. 요컨대 건축가라기보다는 성직자가 만든 것 같은 분위기이며, 신정적(神政的)이고 군대적인 규율의 흔적이 뚜렷하게 나타나는 예술의 초기 형태다. 3세기 끝무렵 로마제국 몰락기에 뿌리를 두고 정복자 윌리엄에 이르러 달리기를 멈춘 건축물의 전형을 보여준다. 그렇다고 노트르담 대성당을 높고 경쾌하며, 스테인드글라스와 조각상들로 풍부한 다른 어떤 계열의 건축물 가운데 하나로 보기도 어렵다. 즉 날카롭고 뾰족한 형태와 대담한 자태가 특징이면서도 공동체적이고 서민적인 정치적 상징성과 자유분방하고 변덕스러운 예술작품의 멋을 동시에 아우르는 건축물들 말이다. 이들은 더 이상 신성문자적이거나 성직자적이라기보다는 예술적이고 진보적이며 민중적인 건축의 제2기 형태라 할 수 있는데, 십자군의 귀환 시기에 시작되어 루이 11세 시대에 그 수명을 다했다. 말하자면 파리의 노트르담은 처음에 말한 순수 로마네스크식 건축에도, 두 번째에 말한 순수 고딕식 건축에도 속하지 않는 것이다.

  노트르담 대성당은 한마디로 과도기적 양식의 건축물이다. 색슨인 건축가가 본당의 첫 기둥들을 세우자마자 곧장 십자군이 뾰족아치를 가지고 돌아오는 바람에, 본디 반원아치를 떠받치기 위해 큼지막하게 만든 기둥머리 위로 난데없는 뾰족아치가 버젓이 올라앉게 된 것이다. 그때부터 뾰족아치가 지배권을 장악하게 되었고, 성당의 나머지 부분은 이 아치의 양식에 맞추어 건축되었다. 그러나 처음 경험하는 양식이라 겁이 났던지, 뾰족아치의 끝이 조금 넓어지고 폭은 넓어지거나 때론 위축되어서, 훗날 여러 훌륭한 대성당들처럼 높다랗게 위로 뾰족 솟아오르지도 못했다. 이를테면 둔중한 로마네스크식 원기둥의 영향에서 미처 벗어나지 못했다고나 할까.

또한 로마네스크에서 고딕 양식으로의 과도기적 건축물은 연구 대상으로서는 순수하고 전형적인 건물 이상의 귀중한 가치를 지닌다. 이러한 건축물이 보존되어 있기 때문에 구예술에서 신예술로의 완만한 변화양상을 뚜렷하게 확인할 수 있는 것이다. 예컨대 반원아치에다 뾰족아치를 접목한 건물을 다른 어디에서 이처럼 적나라하게 살펴볼 수 있겠는가!

파리의 노트르담 대성당은 이러한 변화를 가장 잘 보여주는 보기 드문 본보기이다. 이 찬탄할 만한 건물 구석구석은 프랑스 역사의 세세한 발자취를 보여줄 뿐만 아니라, 학문과 예술의 발전과정 자체를 감동적으로 드러내고 있기 때문이다. 이쯤에서 중요한 일부를 짚어본다면, '붉은 문짝'은 15세기 정교한 고딕 양식의 한계를 보여주는 데 비해, 본당의 원기둥들은 그 부피와 육중함으로 말미암아 생제르맹 데 프레의 카롤링거 왕조식 수도원으로까지 거슬러 올라간다. 사람들은 이 문과 원기둥들 사이에 6백 년이라는 시간차가 존재한다고 생각할 수도 있다. 연금술사마저도 생자크 드 라 부셰리 같은 성당이 완벽하게 대변하는 그들 학문의 만족스러운 요약을 바로 이 정면 현관문의 상징 가운데서 확인할 정도이다. 그리하여 노트르담 속에는 로마네스크 수도원이며 연금술식 성당, 고딕 예술, 작센 예술, 그레고리우스 7세를 연상케 하는 육중한 원기둥들, 루터를 예고한 니콜라 플라멜의 연금술적 상징주의, 교황의 단일성, 성당의 분리, 생제르맹 데 프레, 생자크 드 라 부셰리 등등, 모든 것이 한데 녹아 있고 합쳐 있고 뒤섞여 있는 것이다. 하나의 중심이면서 막강한 영향력을 갖고 있는 이 성당은 파리의 수많은 성당들 가운데 하나의 키마이라 같은 존재다. 그것은 어떤 성당의 머리를 가지고 있는가 하면, 다른 성당의 팔다리를, 또는 다른 성당의 엉덩이를 가지고 있다. 온갖 성당들의 그 무엇인가가 이 성당 안에 들어 있는 것이다.

거듭 말하지만, 이처럼 여러 요소가 한데 섞여 있는 건축물들은 예술가나 고고학자, 역사가의 흥미를 불러일으킬 수밖에 없다. 이런 건축물, 이집트의 피라미드, 인도의 탑 같은 거대한 유물을 보면 건축술의 가장 위대한 성과란 개개인이 만든 것이라기보다는 사회가 만든 것임을 알 수 있다. 또한 건축기술이 얼마나 원시적인 것인지도 깨우쳐준다. 그런 건축은 천재적인 사람들이 만든 것이라기보다는 오히려 일련의 진통을 겪은 민중이 노력한 산물임을 느끼게 한다. 아울러 하나의 민족이 남긴 공탁물이자, 장구한 세월이 이루어놓은 침전물이며, 인간사회가 계속적으로 만들어낸 것들의 잔재라는 사실을 말이다. 세월의 더께가 그대로 충적토가 되어 쌓이고, 민족이 건축물 위에 그 널판을 올려놓고, 사람들이 하나씩 자기의 돌을 가져다놓는 것이다. 비버들이나 꿀벌들이 집을 지을 때처럼 인간들도 그렇게 하는 것이다. 그런 뜻에서 건축술의 위대한 상징인 바벨탑은 하나의 장엄한 벌집이다.

장엄하고 숭고한 건축물일수록 거대한 산과 마찬가지로 오랜 세월에 걸쳐 완성된 작품이다. 건축물이 아직 완성되지 않은 사이, 다시 말해 '공사가 중단되었을' 때에도 예술의 성향이나 기법이 달라져버리는 일이 곧잘 있다. 건축은 변화한 예술에 묵묵히 뒤따라 간다. 새로운 예술은 미완의 건축물을 떠안고, 그 속을 다시 파고들어 없앨 것은 없애고 받아들일 것은 받아들여가면서, 제멋대로 발전시키고 완성한다. 마치 자연법칙이 조용히 작용하는 것처럼 접목이 가해지고 수액이 감돌면서 새로운 생장이 시작되는 것이다. 하나의 건축물, 서로 다른 높낮이, 여러 가지 예술이 그런 식으로 이어나가는 용접작업을 이루어낼 경우, 몇 권의 아주 두꺼운 책, 심지어 인류의 세계사에 버금갈 내용이 그 안에 고스란히 새겨질 만하다. 이때 특정 예술가나 개인의 이름은 그 거대한 건축물 속에 흔적도 없이 사라져버리고, 인류의 지성만이 그 안에 요약되고 집계된다. '세월'이 곧 건축가이고 민중이 바로 석공인 셈이다.

이런 관점에서 동양의 위대한 석조 건축물의 동생 격인 유럽 기독교 국가의 건축술은, 서로 명확하게 구분되는 3개 층이 모여 만들어진 하나의 거대한 구조물을 연상할 수 있다. 즉 로마네스크층*, 고딕층, 그리고 르네상스의 층인데, 마지막 것을 나는 차라리 그리스·로마의 층이라고 하고 싶다. 로마네스크층은 가장 오랜 역사와 깊은 뿌리를 가졌는데, 그 대표 격인 반원아치는 후기 르네상스라는 근대적 상층의 그리스식 원기둥에 얹혀 다시 그 모습

---

* 이것은 로마네스크층이라는 명칭 외에 그것이 세워진 국가들이나 지방에 따라 롬바르디아층, 색슨층, 비잔틴층이라는 세 가지 명칭을 갖고 있다. 그러나 건축된 장소에 따라 서로 다른 특징을 갖고 있어 4종류라 할 수 있는 유사 건축물이다. 이들 모두 반원아치라는 공통된 원리를 갖는다.

 그 얼굴 모두 같지는 않으나
 그렇다고 전혀 다르다 할 수는 없네. 즉……. (오비디우스 《변신이야기》 2, 3)

을 드러낸다. 우리가 잘 아는 뾰족아치는 두 층 사이에서 확인할 수 있다. 셋 가운데 단 하나의 층에만 속해 있는 건물들은 아주 명확하고, 통일되어 있으며, 완전무결한 형식미를 보여준다. 예컨대 쥐미에주의 수도원이나 랭스 대성당, 오를레앙의 생트크루아가 그러하다. 문제는 세 층이 마치 태양 스펙트럼의 각각의 빛깔들처럼 각 층의 경계면에서 서로 섞이고 합쳐진다는 점이다. 그로 말미암아 복합적이면서도 미묘한 차이를 품은 중간과정 건축물들이 존재하는 것이다. 이를테면 어떤 건물의 발은 로마네스크 양식이고, 중간 몸체는 고딕 양식이며, 머리는 그리스·로마식이다. 이는 전체를 완성하는 데 6백 년이라는 시간이 걸렸기에 가능한 일이다. 그렇더라도 이 정도로 변화가 풍부한 건물은 사실 보기 드물다. 굳이 예를 들자면 에탕프 성의 망루 정도라고 할까? 대신 두 가지 층이 합쳐서 형성된 건축물들은 그보다는 흔한 편이다. 예컨대 노트르담 대성당의 경우, 뾰족아치식 건물이면서도 초기에 들어선 원기둥들 때문에 생드니의 정면 현관과 생제르맹 데 프레의 본당이 속하는 로마네스크층에 속한다. 보셰르빌의 매혹적인 반(半)고딕식 참사회실도 마찬가지인데, 중간 이하는 모두 로마네스크층으로 이루어져 있다. 루앙의 대성당은, 르네상스층에 속한 중앙 첨탑의 끝부분만 아니라면 고딕층에 속하는 건물이라고 해야 할 것이다.*

그러니 이 모든 차이짐들은 건물 표면에만 나타나 있다. 예술의 표피만 바뀐 것이다. 기독교 성당건축의 본질 자체는 아무런 영향도 받지 않았다. 늘 똑같은 내부골조에 각 부분이 동일한 논리적 배치 상태를 보이고 있는 것이다. 조각상이나 그 밖의 외적 장식물이 어떻든 간에 그 아래, 근원적이고 원초적인 차원에서는 언제나 로마의 바실리카식 성당의 전형적 구도를 발견하게 된다. 모든 성당건물이 지상에서 똑같은 법칙에 따라 영원히 발전하고 있는 것이다. 이를테면 언제나 십자 모양으로 엇갈리는 서로 다른 두 공간이 있고, 가장 안쪽 둥근 윗부분이 성가대석을 구성하고 있다. 또한 내부의 사람 행렬과 작은 제단을 위한 옆 기둥이 있는데, 이는 가운데 기둥들 사이로 이어진 하나의 측면 산책로 기능을 한다. 그런가 하면 작은 제단과 현관문, 종루, 지붕 위 작은 첨탑 수는 시대와 대중, 기술에 따라 변화무쌍하다. 일

---

*이 첨탑의 꼭대기는 목재로 되어 있었는데 1823년, 낙뢰로 불탔다.

단 예배의식이 확립되고 나면, 건축기술은 그것에 적합한 양상으로 자리 잡는다. 그리고 조각상들, 스테인드글라스, 장미창과 아라베스크 장식, 지그재그 장식, 기둥머리, 오목새김 등등 모든 상상력의 산물들이 예배의식에 걸맞은 건축적 배열을 갖추게 되는 것이다. 변치 않는 질서와 통일성을 밑바탕에 간직하고 늠직하게 서 있는 저 건물들의 놀라운 외적 다양성은 바로 거기서 유래한다. 나무줄기는 변함이 없으나 가지의 생장은 늘 변덕스럽게 진행되는 것이다.

2 파리를 내려다보다

 지금까지 나는 독자 여러분을 위해 웅장한 노트르담 대성당의 본디 모습을 꼼꼼히 전달하려고 애썼다. 그 결과, 15세기에는 있었지만 오늘날에는 사라지고 없는 대부분의 아름다운 요소들을 대강 지적했다. 그러나 한 가지 중요한 점을 빠뜨렸으니, 그것은 바로 그 시절 성당 종루에서 한눈에 들어왔을 파리의 전망이다.
 종루의 두꺼운 벽을 수직으로 관통하고 있는 어두컴컴한 나선형 계단을 한참 더듬어 올라간 뒤, 마침내 햇빛과 공기가 넘쳐흐르는 공간으로 빠져나오면, 갑자기 눈 아래 한 폭의 아름다운 그림이 저만치 사방으로 펼쳐진다. 바이에른의 뉘른베르크나 에스파냐의 비토리아, 혹은 그보다는 소규모 본보기라 할 수 있는 부르타뉴의 비트레나 프로이센의 노르트하우젠 등 현존하는 고딕식 도시를 운 좋게도 조망해본 독자라면 지금 내가 이야기하는 파리의 전망이 어떤 것인지 쉽게 짐작할 수 있을 것이다.
 지금으로부터 350년 전 파리, 즉 15세기 파리는 이미 하나의 거대한 도시였다. 우리네 파리 시민들은 일반적으로 지금이 그때보다 훨씬 상황이 좋아졌다고 생각하겠지만 그건 큰 오산이다. 파리가 아무리 거대해졌다 해도 루이 11세 이후 넓어진 부분은 전체 크기의 채 3분의 1을 넘지 않는다. 그렇게 생각하면 파리는 크기에서 얻은 것보다 훨씬 더 많은 것을 미적인 차원에서 잃어버린 셈이다.
 누구나 알다시피 파리는 요람처럼 생긴 시테라는 오랜 섬이 그 발원지이다. 이 섬의 모래사장이 파리 최초의 성곽이요, 센 강은 최초의 해자(垓子)인 셈이다. 남쪽과 북쪽으로 각각 하나씩 놓인 2개의 다리, 성문이자 요새이기도 한 오른편 기슭의 그랑 샤틀레와 왼편 기슭의 프티 샤틀레를 교두보 삼아, 파리는 수백 년간 섬 상태로 있었다. 그러다가 최초 왕조시대의 여러 왕들을 거치는 가운데 너무 비좁은 섬 안에서는 운신에 제약을 받게 되자 강을 건너게 된 것이다. 즉 그랑 샤틀레와 프티 샤틀레를 넘어, 성벽과 망루를 갖춘 최초의 성곽이 센 강의 양쪽 기슭에서 들판을 파먹어 들어가기 시작했다. 그 전 세기까지만 해도 옛 울타리의 자취가 그런 대로 건재했지만, 오늘날에는 그저 추억의 잔재만이 남아 있어 보데 문과 보두아예 문—바구다 문—같은 이름만이 그 흔적을 말해줄 뿐이다. 집들의 물결이 도심에서 바깥으로 차츰 밀려나와 성벽을 넘고 갉아먹으며 마침내는 허물어뜨리고 지워버린 것이다. 그러다가 필리프 오귀스트가 파리에 새로운 둑을 쌓아 높고 튼튼한 탑들의 둥그런 사슬 속에 파리를 다시 가두어놓았다. 집들은 한 세기가 넘도록 마치 저수지의 물처럼 분지 안에 모이고 쌓여 그 높이를 더해갔다. 그것들은 층층이 쌓아 올려지면서 전체가 깊어지기 시작했다. 압축된 수액이 그러하듯 자꾸만 위로, 위로 솟아오르며 조금이라도 더 많은 공기를 접하려는 듯 앞다투어 이웃집 위로 고개를 내밀었다. 그에 따라 거리는 더욱더 깊이 파이고 좁아졌고, 광장과 공터는 갈수록 메워지고 사라져갔다. 마침내 그 많은 건물들이 필리프 오귀스트의 성벽마저 뛰어넘어 우후죽순처럼 평야로 퍼져나갔다. 이제 들판 저 너머까지 휩쓰는 건 시간문제였다. 그곳 어디든 깊숙이 침범한 집들은 먼저 터를 닦아 버젓이 정착할 수 있었다. 1367년, 성곽 밖으로 퍼져나갈 대로 퍼져나간 도시의 윤곽은 이제 오른편 기슭 지대에 새로운 울타리가 필요하게 되었고, 샤를 5세(14세기 프랑스 왕)가 그것을 세운다. 그러나 본디 파리 같은 도시는 끊임없이 커나갈 수밖에 없고, 또 그런 도시들만이 한 나라의 수도가 될 자격이 있는 법이다. 그것은 하나의 국가, 한 민족의 지리적, 정치적, 정신적 조류가 모두 한곳으로 모여드는 깔때기의 끝과 같다. 이를테면 한 국가의 상업, 공업, 문화, 지성, 인구 등등 모든 정기와 생명, 영혼이 각 시대별로 한 방울 한 방울씩 스며들어 괴는 우물이요, 또한 배수로인 것이다. 샤를 5세의 성벽 또한 필리프 오귀스트의 성벽과 같은 운명을 겪는다. 15세기 끝무렵부터 가옥들이 그 성벽을 건너뛰고 넘어가서, 교외의 경계선은 더욱 멀리 달아났다. 16세기에 새로운 도시가 성 밖으로 팽창해 나아감에 따라 기존의 성벽은 눈에 띄게 뒷걸음쳐 옛 도시 속으로 파묻히는 듯했다. 요컨대 이미 파리는 15세기에 배교자 율리아누스(4세기 로마 황제) 시대의 그랑 샤틀레와 프티 샤틀레에서 비롯된 동심원의 세 겹 성벽을 서서히 무너뜨리고 있었던 셈이다. 하루가 다르게 자라나는 아이 옷에 어쩔 수 없이 구멍이 나듯, 그 세 성벽의 띠가 차례로 파열을 일으켰다고나 할까? 루이 11세 시대에는 어느새 건물들의 바다가 되어버린 도시 한복판, 옹기종기 솟아 있는 성벽의 밝은 망루들만 그 초라한 고개를 삐죽 내밀고 있을 뿐이었다. 마치 홍수를 이기고 드러난 언덕마루처럼, 새로운 파리 아래 가라앉은 옛 파리의 섬들처럼.

우리에겐 불행한 일이지만 그 뒤로 파리는 또다시 변모한다. 하지만 성벽 하나를 뛰어넘는 정도에 불과했으니, 그것은 이른바 루이 15세의 성벽, 즉 그것을 쌓게 한 왕은 물론 그것을 아래와 같이 노래한 시인에게도 걸맞은, 진흙과 침으로 이뤄진 보잘것없는 성벽이었다.

파리를 둘러친 담은 파리를 투덜거리게 할 뿐.

15세기까지만 해도 파리는 서로 다른 모습과 특색, 풍속, 습관, 특권, 역사를 지닌 서로 뚜렷하게 구별되는 세 구역, 즉 시테와 대학구와 도심으로 나뉘어 있었다. 시테는 섬 전체에 해당하는데, 면적이 가장 작으면서도 가장 오랜 역사를 지니고 있어 다른 두 도시의 어머니나 다름없다. 이렇게 비유해도 된다면, 시테는 마치 아름다운 두 딸 사이에 끼인 늙은 어머니처럼 두 구역 사이에 그 작은 몸집을 간신히 의지하는 꼴이었다. 센 강 왼편 기슭을 덮고 있는 대학구는 투르넬에서부터 네슬 탑까지, 즉 오늘날 파리로 말하자면 포도주 시장에서부터 조폐국까지 차지하고 있었다. 그 성곽은 율리아누스가 목욕탕을 세웠던 들판 쪽으로 초승달 모양으로 꽤 크게 파고들어갔고 생트주느비에브 산도 그 안에 있었다. 이 성곽이 그리는 곡선의 정점은 파팔 문, 다시 말해 대략 현재의 팡테옹이 있는 자리였다. 도심은 파리의 세 덩어리 가운데 가장 컸는데, 센 강 오른편 기슭에 자리하고 있었다. 이 구역은 군데군데 끊어지기는 했지만 비이 망루에서부터 부아 망루까지 센 강을 따라 이어졌다. 지금으로 말하자면 공설 곡물창고가 있는 곳에서부터 튈르리 공원이 있는 곳까지 걸쳐 있었다. 센 강이 수도의 성벽을 가르며 흐르던 네 지점, 즉 왼편 기슭의 투르넬과 네슬 망루, 오른편 기슭의 비이 망루와 부아 망루는 '파리의 4대 망루'라 불렀다. 도심은 들판 저 너머 대학구보다 더 깊숙하게 그 세력권이 확대되어 있었다. 도심 성벽(샤를 5세의 성벽)의 정점은 생드니와 생마르탱 두 문에 있었는데, 그 위치는 오늘날에도 변함이 없다.

앞서 말했듯이 파리의 세 구역은 각각 하나의 도시였으나, 홀로 완전한 도시 기능을 하기에는 조금 부족했으며 하나의 도시로 기능하려면 반드시 다른 두 도시가 필요했다. 그러면서 저마다 성격이 다른 면모를 지니고 있었다. 시테에는 성당이, 도심에는 저택이 많았고, 대학구에는 학교가 많았다. 옛 파리의 부수적인 특성과 도로행정권의 갑작스러운 변화를 무시하고 일반적인 관점에서 설명한다면, 섬은 주교의 관할이고, 오른편 기슭은 행정장관의 관할이며, 왼편 기슭은 대학총장의 관할이라고 할 수 있었다. 이 모두를 총괄하는 것은 시가 아니라 왕실 소속 관리인 파리행정관이었다. 시테에는 노트르담이 있었고, 도심에는 루브르 궁전과 시청, 대학구에는 소르본이 있었다. 또한 도심에는 중앙시장, 시테에는 시립병원, 대학에는 프레 오 클레르(지식인의 들판이라는 뜻)가 있었다. 학생들이 왼편 기슭에서 범죄를 저지르면 섬 안의 파리재판소에서 재판하고, 오른편 기슭의 몽포콩의 형장에서 처형되었다. 물론 대학구의 세력이 우세하고 왕권이 약할 때에는 대학총장이 사법권에 개입하는 경우도 있었다. 그만큼 자기 학교 안에서 교수형을 당한다는 것 또한 학생들만의 특권이었다.

(내친김에 말해두자면, 방금 말한 학생의 특권보다 더 좋은 것들도 있었는데 그러한 특권은 대부분 반란과 폭동을 통해 왕에게서 강탈한 것이다. 이는 아득한 옛날부터 자연스럽게 이어져온 것이다. 자고로 왕은 그 권익을 백성이 강제로 빼앗지 않으면 절대 놓지 않는 법이다. 말이 나왔으니 충성에 관한 순진한 발상을 적나라하게 드러내는 옛 문장 하나를 살펴보자. "국왕에 대한 충성은 때로 반란에 의해 중단되었어도 반란이란 백성의 처지에선 특권의 근원이나 마찬가지다.")

15세기에 센 강은 파리 성벽 안에서 5개의 작은 섬들을 휘감아 흐르고 있었다. 예컨대 루비에 섬에는 나무들이 울창했지만 지금은 모두 목재일 뿐이다. 그런가 하면 바슈와 노트르담, 이 두 섬은 한 채의 오두막을 제외하고는 사람이 살지 않는 주교의 땅이었다(17세기에 이 두 섬은 하나가 되었고 그 이름을 생루이 섬이라고 했다). 마지막으로 시테 섬과, 나중에 퐁뇌프 다리 아래 주저앉아버린 파쇠르 오 바슈 섬이 있다. 시테에는 그 무렵 다리가 다섯 있었는데, 3개는 오른편 기슭에 있는 노트르담 다리와 돌로 지은 샹주 다리, 나무로 된 뫼니에르 다리이다. 나머지 2개는 왼편 기슭에 있는 돌로 된 프티 다리와 나무로 지은 생미셸 다리로, 둘 다 다리 위가 집들로 빽빽이 들어차 있었다. 대학구에는 필리프 오귀스트가 세운 6개의 성문이 있었는데, 투르넬을 비롯해 생빅토르, 보르델, 파팔, 생자크, 생미셸, 생제르맹 문이 그것이다. 도심에도 샤를5세에 의해 6개의 문이 세워졌는데, 비이 망루를 출발점으로 해서 생탕투안, 탕플, 생마르탱, 생드니, 몽마르트르, 생토노레 문 순서다. 그 모든 문들은 튼튼할 뿐 아니라 아름답기까지 했다. 그러고 보면 아름다움과 견고함은 서로 양립할 수 있는 것이다. 겨울철 물이 불어날 때는 물살이 거세지는 넓고 깊은 해자의 물이 파리를 둘러싼 성벽 아래를 씻어주는데 센 강이 그 물을 대주고 있었다. 파리는 밤이 되면 성문을 굳게 닫은 채 굵다란 쇠사슬로 도시 양쪽 가장자리의 강줄기를 막고 편안히 잠을 청했다.

 시테와 대학구와 도심이라는 세 구역을 높은 데서 내려다보면, 거리들은 저마다 묘하게 뒤얽혀 마치 헝클어진 실타래 같은 모습으로 드러난다. 그러면서도 그 세 조각이 결국 하나의 몸통을 이루고 있다는 사실을 알아내기란 그리 어렵지 않다. 요컨대 두 줄의 기다란 평행도로가 남쪽에서 북쪽으로, 센 강과 수직으로 만나면서 동시에 세 구역을 꿰뚫고 그들을 하나로 맺어주고 있는 것이다. 그로 밀미암아 한 구역의 수민들은 다른 구역의 성벽 안으로 자연스레 섞여들고 옮아가면서 세 구역을 하나의 거대한 도시로 만들고 있다. 그 2개의 도로 가운데 첫 번째 것은 생자크 문에서 생마르탱 문으로 통한다. 대학구 쪽에서는 그것을 생자크 거리라 부르고, 시테 쪽에서는 쥐브리 거리라고 하며, 도심 쪽 사람들은 생마르탱 거리라 불렀는데, 이 거리는 프티 다리와 노트르담 다리를 통해 두 차례 강을 넘나들게 되어 있었다. 그런가 하면 두 번째 것은 왼편 기슭 쪽에선 아르프 거리라 하고, 섬 안쪽에서는 바리예리 거리, 오른편 기슭에서는 생드니 거리라 했다. 센 강 한쪽 지류를 위로는 생미셸 다리, 다른 쪽에선 샹주 다리를 지나가며 대학구 쪽 생미셸 문에서 도심 쪽 생드니 문으로 통과하고 있었다. 여러 이름으로 불리면서도 실상은 2개의 도로일 뿐이었지만, 그것은 어디까지나 파리의 두 중심도로요, 기간도로이며, 두 동맥이나 다름없었다. 세 구역의 다른 모든 정맥은 거기에서 빠져나가거나 그리로 흘러들고 있었다.

옆으로 가로질러 파리를 꿰뚫는 위의 두 주요 도로와는 별개로 도심과 대학구에는 센 강과 평행하게 세로방향으로 지나면서 2개의 기간도로를 수직으로 자르는 두 큰 거리가 있었다. 그 길을 통해 도심에서는 생탕투안 문에서 생토노레 문으로 똑바로 직행하고, 대학구 쪽에서는 생빅토르 문에서 생제르맹 문으로 곧장 내려갈 수 있었다. 이 2개의 큰길은 처음 두 길과 교차하면서 사방팔방으로 촘촘히 짜인 파리 특유의 미로 같은 도로망의 뼈대를 이루고 있었다. 게다가 알아보기 어려운 이 도로망의 도면을 유심히 들여다보면, 마치 하나는 대학구 쪽에서, 다른 하나는 도심 쪽에서 펼쳐지는 2개의 다발처럼 다리에서 성문으로 퍼져가는 두 묶음의 넓은 거리를 분간할 수 있다.

이러한 파리 구도의 일부는 오늘도 여전히 남아 있다.

요컨대 1482년 노트르담 종루 위에서 이러한 사정을 한눈에 내려다보았을 때 그 전체는 과연 어떤 모습으로 비쳤을까? 이제 그 이야기를 해보도록 하자.

숨을 헐떡이며 종루 꼭대기에 도착한 구경꾼에게 그것은 일단 눈부신 지붕과 굴뚝과 거리와 다리와 광장과 종탑들의 집합이나 다름없었을 것이다. 모든 것이 한꺼번에 시선을 사로잡았으리라. 깎아지른 듯한 합각머리, 뾰족한 지붕, 성벽 모퉁이에 비죽이 튀어나온 작은 첨탑, 11세기의 석조첨탑, 15세기에 지은 슬레이트로 만든 네모난 첨탑, 망루의 꾸밈없는 둥근 탑, 성당의 네모진 장식탑들, 큰 것, 작은 것, 육중한 것, 경쾌한 것이 한눈에 들어온다. 우리는 잠시 이 혼잡한 미궁에 빠져든다. 이들은 나름의 독창성과 동기와 개성과 아름다움을 지니고 있다. 색과 조각으로 장식하고 밖으로 드러나 있는 목조들, 아치형 문틀하며, 위층이 앞으로 불거져나온 소규모 가옥에서부터 망루들이 주랑처럼 늘어선 장엄한 루브르 궁에 이르기까지, 예술의 힘을 빌리지 않고 서 있는 것은 아무것도 없었다. 그처럼 요란한 건축물들에 눈이 서서히 익숙해지기 시작하면, 다음과 같은 주요 건축물들을 차근차근 식별할 수 있게 된다.

우선 시테를 보자. 소발의 말대로—그는 많은 신통찮은 글들을 썼지만 가끔은 이런 명문도 썼다—"시테 섬은 물결 따라 흘러가다 센 강 한복판에서 좌초하여 지저분한 개흙 속에 처박힌 커다란 배같이 생겼다". 15세기에 이 배가 5개의 다리로 양쪽 기슭에 매여 있었다는 사실은 앞에서 이미 다루었다. 이 선박 모양은 문장학자들에게도 깊은 인상을 준 모양이다. 파뱅 (16~17세기)의 역사가과 파스키에(16~17세기의 법학자)에 따르면, 파리의 옛 문장(紋章)에 그려져 있는 배 문양이 야말로 노르만해적이 아닌 바로 이 시테 섬의 형태에서 비롯된 것이다. 문장학은 그것을 해독할 줄 아는 사람에게는 하나의 대수학이며 어엿한 언어다. 이를테면 중세 전반기의 역사가 로마네스크식 성당의 상징주의 속에 씌어 있듯이, 후반기의 모든 역사는 문장학에 고스란히 담겨 있다. 요컨대 문장이란, 신정(神政) 체제의 상형문자 다음에 온 봉건제도의 상형문자와 같은 셈이다.

따라서 맨 먼저 바라다보이는 시테는 배꼬리를 동쪽으로 대고, 뱃머리는 서쪽을 향한 배 모양이었을 것이다. 뱃머리 쪽으로 돌아서면 수많은 오래된 지붕들이 마치 양떼처럼 들쭉날쭉 들어서 있고, 그 너머로 생트샤펠 성당 납지붕의 뒤편이 마치 탑을 짊어진 코끼리의 엉덩이처럼 둥글게 펼쳐져 있다. 여기서 보면 생트샤펠 성당의 탑은, 지금까지 그 투명한 철세공 원뿔을 통해 푸른 하늘을 생생하게 보여주고 있는 수많은 첨탑 중에서도 가장 대담하고 분방하며 제일 손이 많이 간 작품이다. 그리고 제일 정교하면서도 가장 섬세한 윤곽을 갖고 있다. 노트르담 대성당의 앞마당이나 다름없는 아름다운 광장으로는 큰길 3개가 흘러들고 있었다. 그 앞마당은 오래된 집들로 둘러싸인 아름다운 광장이었다. 이 광장 남쪽에는 주름투성이에 무뚝뚝해 보이는 파리 시립병원이, 뾰루지와 사마귀가 가득 낀 깃 같은 지붕을 얹고 앞으로 쓰러질 듯 버티고 서 있다. 그런가 하면 시테 섬의 좌우와 동서를 불문하고 하나같이 좁아터진 울타리 안에는, 생드니 뒤 파 성당의 이른바 '그라우키누스의 감옥'의 낮고 낡아빠진 로마네스크 종루에서 생피에르 오 뵈프 성당과 생랑드리 성당의 날씬한 종루에 이르기까지, 시대와 형태와 크기를 망라한 21개의 성당이나 성당의 종루가 자리가 비좁을 만큼 빽빽하게 서 있었다. 노트르담 대성당 북쪽 뒤로는 고딕식 회랑이 있는 수도원이 서 있고, 남쪽에는 반(半)로마네스크식 주교관이, 동쪽에는 강으로 튀어나온 테랭이라 불리는 삼각형 공터가 각각 자리 잡고 있었다. 이렇듯 빽빽하게 들어선 집들 가운데, 샤를 6세 때 파리 시에서 쥐베날 데 쥐르생(14~15세기 파리시장)에게 증여한 저택이 눈에 띈다. 이 저택의 옥상에 있던 틈새 있는 석조굴뚝 덮개의 열이, 그 시절 대저택의 제일 높은 창의 열보다 더 높이 솟아나 있었기 때문이다. 그 조금 앞에는 팔뤼 시장의 타르를 칠한 임시건물들이 있었다. 그리고 1458년에

증축되어 페브 거리의 한편으로 튀어나온 생제르맹 르 비외 성당의 신축된 후면. 여기저기 사람으로 넘쳐나는 네거리. 거리 한쪽 구석에 서 있는 죄인 공시대. 필리프 오귀스트가 만들게 한 포장도로의 일부—이것은 말이 미끄러지지 않도록 도로 한복판에 줄무늬 모양으로 깔린 멋진 돌길이었으나, 안타깝게도 16세기에 '구교연맹의 포장도로'라 불린 한심한 자갈길로 바뀌었다. 또, 인적 없는 뒷마당에는 15세기 무렵 유행한 계단 달린 환한 느낌의 소탑—이런 탑 하나가 지금도 부르도네 거리에 남아 있다. 섬 서쪽으로는 생트샤펠 성당이, 오른편으로는 재판소의 수많은 탑들이 물가에 우뚝 솟아 있다. 파쇠르 섬은 시테의 서쪽을 차지하고 있는 국왕의 무성한 정원 숲에 가려 보이지 않는다. 또한 노트르담 대성당의 탑 위에서는 시테 섬 양쪽으로 흐르는 센 강의 흐름이 거의 보이지 않는다. 센 강의 흐름은 다리 아래에 숨어 있고, 다리는 빼곡한 집들 아래 숨어버린 것이다.

강물의 수증기로 나이가 들기도 전에 곰팡이가 잔뜩 슬어 눈에 띄게 푸르러 가는 그 다리 위에 서 있는 지붕들. 그곳을 지나 왼편 대학구 쪽으로 시선을 돌리면, 맨 먼저 눈에 띄는 건물이 한 다발의 굵고 낮은 프티 샤틀레 망루들. 이 성채의 입을 떡 벌리고 있은 현관은 프티 다리의 끄트머리를 삼킨 것처럼 보인다. 그다음에 동쪽에서 서쪽으로, 다시 말해 투르넬 탑에서 네슬 탑까지 둘러보면, 대들보에 조각을 하고 스테인드글라스 창을 단 집들이 줄줄이 늘어서 있다. 포도 위에 층층이 불룩 튀어나와 있는 시민의 집 솟을각머리의 지그재그꼴은 끝없이 이어진다. 그러나 이 선도 길을 만나는 곳에서 곧잘 끊기고, 이따금씩 커다란 석조저택의 정면이나 모서리에서도 끊겼다. 대저택들은 마치 많은 농민들 위에 군림하는 대영주처럼, 촘촘히 박힌 옹색한 집들 사이에 마당이며 정원, 별채며 안채와 더불어 천민들처럼 편안히 들어앉아 있었다. 강둑 위에는 그러한 저택들이 대여섯 채 있었는데, 투르넬 옆의 널찍한 울 안에 성 베르나르드교(校)와 함께 있었던 로렌가의 저택을 비롯한 네슬 저택이 여기에 속했으며, 네슬 저택의 주요 탑은 파리의 경계를 이루었다. 그리고 세모꼴 모양의 뾰족하고 검은 저택의 지붕들은 1년에 석 달 동안은 저물어가는 석양에 의해 V자 모양을 그리며 다홍빛으로 물들고는 했다.

센 강의 왼쪽 기슭은 오른쪽 기슭보다 상인이 적었는데, 여기서는 학생들이 상인들보다도 더 북적였다. 엄밀히 말해 강둑은 생미셸 다리에서 네슬 탑까지였다. 그 밖의 센 강가는 성 베르나르드교 맞은편처럼 민둥민둥한 모래사장이거나, 아래가 강물에 잠긴 집들이 즐비했다. 그곳은 빨래하는 아낙네들로 와자지껄했다. 여자들은 아침부터 저녁까지 물가에서 악을 쓰고 지껄이고 노래 부르면서, 오늘날과 마찬가지로 빨랫감을 힘껏 두드렸다. 이 또한 빠뜨릴 수 없는 파리의 밝고 유쾌한 풍경 가운데 하나다.

대학구는 언뜻 보아도 한 덩어리를 이루고 있었다. 한쪽 끝에서 다른 쪽 끝까지 같은 모양의 집들이 빽빽하게 들어차 있다. 높은 데서 내려다볼 때, 거의 비슷한 모습의 모난 지붕들이 수천 개쯤 빼곡하게 서로 달라붙은 모습은, 같은 물질이 만들어내는 일정한 결정체처럼 보였다. 제멋대로 내달리는 협곡 같은 길들이 집들을 이토록 심한 불균형 덩어리로 갈라지게 한 것 같지는 않았다. 42개의 학교는 두루 고르게 흩어져 있어 구내 어디를 둘러봐도 학교가 눈에 들어온다. 이 아름다운 건물들의 다양하고 흥미로운 꼭대기는 그 아래로 내려다보이는 단순한 지붕들과 같은 양식이었다. 결국 똑같은 기하학적 도형을 평면적이거나 입체적으로 크게 만든 것에 지나지 않았다. 그래서 전체적인 조망은 복잡하면서도 혼란스럽지 않고, 중압적이지 않은 완전함을 갖추고 있었다. 기하학은 하나의 조화다. 몇 채의 아름다운 저택들 역시 왼편 기슭의 그림 같은 평야지대 위에 여기저기 당당하게 한층 더 높이 솟아 있었다. 느베르 저택과 로마 저택, 랭스의 저택은 지금 남아 있지 않다. 여전히 남아 예술가의 위로가 되어주는 클뤼니 궁은 5, 6년 전에 그 탑 꼭대기가 잘렸다. 참으로 한심한 일이다. 클뤼니 궁 옆에 보이는 아름다운 반원아치의 로마풍 건물은 율리아누스 황제의 목욕탕이었다. 또한 이 저택들보다 더 경건한 아름다움과 장중한 규모를 지닌 수도원들이 수없이 많았는데, 그렇다고 그 저택들보다 덜 아름답거나 작지도 않았다. 맨 먼저 눈에 띄는 수도원은, 3개의 종루를 가지고 있던 성 베르나르드회 수도원, 아직도 건재한 네모난 탑으로 인해 나머지 부분이 사라진 것을 몹시 아쉬워하게 만드는 생트주느비에브, 반은 학교이고 반은 수도원이었던 소르본. 소르본에서 여전히 감탄할 만한 신도석이 남아 있는 본당이 바로 사변형의 아름다운 마튀랭 수도원이다. 그 옆에 있었던 생브누아 수도원—이 수도원에서 이 책의 제7판과 8판을 인쇄하는 사이 급하게 만든 연극을 상연한 적이 있었다.

3개의 거대한 합각머리를 나란히 늘어놓은 성 프란체스코회 수도원, 성 아우구스티누스회 수도원—이 건물의 우아한 종루는 파리 서쪽에서부터 세어 네슬 망루 다음으로 유명한 톱니 모양으로 솟아 있는 탑이다. 학교들은 수도원과 속세의 연결고리가 되는 것이어서, 건축에 있어서도 저택과 수도원의 중간 모습을 보이고 있다. 다시 말해 엄격함 속에 부드러움이 있고, 대저택만큼은 경박하지 않은 조각, 수도원만큼 답답하지는 않은 건축물이었던 것이다. 호화로움과 검소함 사이의 중간지점에 있던 이러한 고딕식 건축물이 거의 남아 있지 않다는 것은 불행한 일이다. 성당들은 (대학구 안에는 성당이 무수히 많았으며, 하나같이 훌륭했다. 그것들은 생쥘리앵 성당의 반원아치로부터 생세브랭 성당의 뾰족아치에 이르기까지 모든 시대의 건축양식이 망라되어 있었다) 그 모든 것 위에 군림하고 있었다. 마치 전체의 조화 속에 하나의 조화를 더하려는 듯, 창공을 찌르고 있는 첨탑이나 채광창 달린 종루, 날렵한 첨탑들이 끊임없이 솟아 있었는데, 이 첨탑들의 선은 지붕들의 날카로운 각을 화려하게 과장한 것에 불과했다.

  대학구가 자리한 곳은 굴곡이 심한 지형이었다. 생트주느비에브 언덕은 동남쪽에 거대한 종을 엎어놓은 모양으로 솟아 있었다. 굽이치는 수많은 좁다란 길(오늘의 라틴구역)하며 다닥다닥 박혀 있는 집들도 노트르담 위에서 보면 볼만했다. 집들은 그 언덕 꼭대기에서 사방으로 흩어져 뒤죽박죽이었으며, 거의 수직으로 물가까지 이어져 있었다. 굴러떨어질 듯이 보이는 집도 있고 다시 기어오르려는 듯이 보이는 집도 있었는데 하나같이 위쪽 집들을 붙잡고서 떨어지지 않으려는 것 같았다. 무수한 검은 점들의 끊임없는 흐름이 포장된 길 위에서 뒤섞여 주변에 있는 것들을 모두 움직이는 것처럼 보이게 한다. 멀리 떨어진 높은 곳에서는 통행인들이 모두 그렇게 보였다.

  마지막으로 그 지붕들이며 뾰족탑들, 대학구 맨 가장자리 선을 구부리고 비틀고 들쭉날쭉하게 만드는 수많은 건물들의 높낮이 사이로 군데군데 이끼 낀 거대한 담벼락과 듬직한 망루, 요새처럼 보이는 총구멍 뚫린 성문이 어렴풋하게 보이고 있었으니 그것은 필리프 오귀스트의 성벽이었다. 그 너머로 푸르른 목장들과, 그 목장을 세로로 지른 도로들이 이어지고 있었다. 그 도로들을 따라 아직도 교외엔 집들이 몇 채씩 흩어져 있었는데, 멀리 갈수록 집들은 더 드문드문해졌다. 이 가운데 중요한 것들도 몇 가지 있었다. 투르넬 탑에서부터 짚어나가자면 먼저 생빅토르 마을이 있다. 여기에는 비에브르 냇물을 가로지르는 다리가 있고, 루이 르 그로왕 묘비가 있는 수도원이나, 11세기의 작은 첨탑 4개가 양쪽에 붙은 팔각첨탑 종루(이렇게 생긴 첨탑 하나를 에탕프에서 볼 수 있다. 그것은 아직 무너지지 않았다)가 있는 성당이 있었다. 그다음에는 이미 성당 3채와 수도원 하나가 있었던 생마르소 마을. 다음으로 고블랭 직조장의 물레방아와 그 물레방아의 흰 벽을 왼쪽으로 보고 가노라면 생자크 마을. 이곳에는 조각된 아름다운 십자가가 네거리에 서 있고, 당시 고딕 건축물이었던 뾰족하고 매력적인 생자크 뒤 오 파 성당이나 나폴레옹이 마른풀 창고를 만들었던 14세기의 아름다운 신도석이 있는 생마글루아르 성당(제정시대에 성당은 창고 역할도 했다), 비잔틴풍의 모자이크로 장식된 노트르담 데 샹 성당이 있다. 끝으로 파리 재판소와 동시대의 훌륭한 건물로서, 조금씩 구획을 지어놓은 정원들과 유령이 잘 나오지 않는 보베르 성의 폐허가 있는 샤르트뢰 수도원을 한가운데에 둔 채 서쪽으로 눈길을 돌리면 생제르맹 데 프레 수도원의 로마식 첨탑 종루 3개가 보인다. 생제르맹은 그 무렵 이미 큰 마을로서, 뒤로 열다섯 내지 스무 개의 거리를 이루고 있었다. 생쉴피스 성당의 뾰족한 종루는 이 마을 한구석에 서 있었다. 바로 그 옆에 생제르맹 정기시장 네모난 울타리가 보였는데, 오늘날에도 장터로 쓰이고 있다. 그다음으로 사제의 죄인 공시대는 납으로 된 원뿔모자를 반듯하게 쓴, 예쁘고 귀여운 원탑이었다. 기와공장은 더 멀리 있었다. 푸르 거리는 영주의 빵을 굽는 화덕(중세에는 영주가 소유하고 있어 농민들은 요금을 지불해야 사용할 수 있었다)으로 통했다. 야트막한 언덕 위에는 방앗간과 눈에 잘 띄지 않는 조그만 외딴 집인 나환자 격리수용소가 있었다. 그러나 각별히 시선을 끌면서 오랫동안 눈길을 붙잡아놓는 것은 생제르맹 데 프레 수도원 그 자체다. 확실한 성당 같고, 장원처럼 위풍당당한 수도원, 파리의 주교들이 묵는 것을 행복하게 여기던 수도원장 관사 대성당 같은 외관의 아름다움, 찬란한 장미창이라는 건축술의 혜택을 받은 수도원 식당, 우아한 성모 마리아의 교회당, 넓고 큰 공동 침실, 넓디넓은 정원, 내리닫이 격자, 도개교(跳開橋), 주변의 푸른 초원에 눈금을 새기는 총안이 있는 성벽, 금빛 법의들 틈에 섞여서 병사들이 번쩍번쩍 빛나고 있는 안뜰, 고딕식 성당 후진 위에 확고부동하게 선 채로 반원아치가 달린 3개의 높다란 뾰족탑 주위에 모이고 합쳐져 있는 그 모든 것은 지평선에서 하나의 웅장한 형체를 이루고 있었다.

　오랫동안 대학구를 들여다본 뒤, 마침내 센 강 오른쪽 기슭으로 돌아서서 도심 쪽을 바라보자 광경이 갑자기 바뀌었다. 도심은 과연 대학보다 훨씬 컸지만 하나의 도시로서는 뭔가 빠져 있는 듯하다. 이곳은 언뜻 보기만 해도 이상하리만큼 서로 다른 몇몇 부분으로 나뉘어 있는 것을 알 수 있다. 첫째, 동쪽의 카밀로젠(고르의 대장. 루테키아(파리의 옛 이름) 방어전에서 카이사르에게 패배)이 카이사르를 진퇴양난에 빠뜨린 늪이라는 데에서 비롯하여 오늘날까지도 마레 지구라 불리고 있는 그곳에는 궁궐들과 대저택이 모여 있었다. 이 한데 뭉친 건물들이 센 강기슭까지 뻗어 있었다. 거의 밀착되어 있는 저택 4채, 주이, 상스, 바르보, 여왕궁의 쭉 뻗은 소탑의 슬레이트 지붕들이 센 강물에 비치고 있었다. 이 대저택 4채는 노냉디에르 거리에서 셀레스틴회 수도원까지의 공간을 채우고 있었는데, 이 수도원 종루의 첨탑은 네 저택의 합각머리와 총구멍의 윤곽을 우아하게 드러내고 있었다. 이 호화로운 저택들 앞에 푸른 이끼가 낀 낡은 집 5, 6채가 강기슭으로 튀어나와 있었으나 눈에 거슬리지는 않았다. 그런 것은 아랑곳없이 저택들 앞면의 아름다운 각과, 네모지고 커다란 돌 유리창, 위에 조각상들을 잔뜩 세워놓은 뾰족아치의 현관, 어디를 보아도 훌륭하게 만들어진 담들의 예각, 고딕 예술이 자신의 예술적 배합을 끊임없이 궁리하고 있는 것처럼 보이게 만드는 뜻밖의 건축미를 즐길 수 있었다. 이 궁전이나 대저택들 뒤로 경탄할 만한 생폴 궁(샤를 5세가 생애 대부분을 보낸 궁)의 다양하고 거대한 성벽이 때로는 갈라지고, 울타리로 에워싸였다가, 총안이 뚫렸는가 하면, 때로는 샤르트르회 수도원처럼 울창한 나무들로 가리기도 하면서 사방팔방으로 내달리고 있었다. 생폴 궁은 프랑스 국왕이 만든 것으로, 왕세자급이나 부르고뉴 공작급의 지위를 가진 22명의 왕후들과 그 시종들, 관련된 모든 자들이 묵기에 충분한 크기를 갖추고 있었다. 대제후들을 대접하는 데에도 손색이 없었고, 신성로마제국 황제가 파리를 방문할 때에도 이곳에 묵었다. 그 시절 왕후의 처소는 알현실에서부터 기도실에 이르기까지 11개의 큰 방을 갖추고 있었다는 사실을 여기서 밝혀둔다. 궁내 산책로나 목욕탕, 한증막, 어느 주거지에나 딸려 있는 그 밖의 예비실은 말할 것도 없고, 국왕의 손님들을 위해 따로 마련된 정원들, 주방이나 와인창고, 찬방, 궁내의 공용식당들도 있었으며, 빵 굽는 곳을 비롯해 포도주를 공급하는 곳에 이르기까지 22개의 일반 작업실이 있었던 부속건물, 가축 사육장, 각종 유희시설, 테니스장, 무예 겨루기 터도 있었으며 큰 새장과 어장, 동물원, 마구간, 외양간, 도서실과 병기고, 제련소들도 있었다. 그 무렵 루브르 궁(오귀스트 시대에 기공, 나폴레옹 3세 시대에 오늘과 같은 형태를 갖춤. 현재는 미술관)이나 생폴 궁 같은, 나라님의 궁궐이라는 곳은 거의가 이러했다. 그야말로 도시 안에 또 다른 도시를 이룬 것이다.

우리가 서 있는 노트르담의 탑 위에서 보면 생폴 궁이 앞에서 말한 큰 저택 4채 때문에 거의 반쯤 가려져 있다. 그래도 무척 웅장하고 규모가 커서 보는 이를 놀라게 한다. 샤를 5세가 스테인드글라스 창과 원기둥으로 장식한 기다란 회랑을 통해 생폴 궁 본관과 이어붙인 건물 3채는 잘 연결되어 있기는 했지만 옛날에는 서로 떨어져 있던 것임을 쉽게 알아볼 수 있다. 지붕 가장자리를 곱게 장식한 레이스 모양 난간이 달린 프티 뮈스의 저택. 성채처럼 우뚝 솟아 있는 커다란 탑과 돌출 회랑, 총안, 쇠로 된 측면 보루, 도개교의 두 도랑 사이로 작센식 넓은 문 위에 그려진 사제의 방패꼴 문장 등이 있는 생모르의 사제관. 망루 꼭대기가 허물어져 수탉의 볏처럼 뾰족뾰족한 에탕프 백작의 저택이 그것들이었다. 그 밖에도 여기저기에 마치 거대한 꽃양배추처럼 숲을 이루던 서너 그루의 늙은 떡갈나무. 그늘과 햇빛으로 온통 주름져 보이는 양어장의 밝은 물에서 뛰노는 백조들. 토막토막 보이는 그림 같은 수많은 안뜰. 작센식 짧은 원기둥 위에 나지막한 뾰족아치와 내리닫이 쇠살문이 달려 있고 사자의 포효소리가 끊이지 않는 사자 우리. 그 모든 것들 너머로 보이는 아베마리아 수녀원의 비늘 같은 첨탑. 왼쪽으로는 날씬하고 미끈한 소탑 4개를 양쪽에 거느린 파리시장의 저택. 그리고 저 안쪽 한가운데로 본디의 생폴 궁 본관이 또렷이 보였다. 생폴 궁 본관 건물은 여러 개의 정면이 있다. 샤를 5세 이후 연이어 장식들이 덧붙여지고, 2백 년이라는 세월이 흐르는 사이 건축가들이 제멋대로 손을 대어 뾰루지처럼 부풀어 올라 있다. 궁 안에 있는 교회당들의 모든 애프스나 회랑들의 합각머리, 바람 부는 대로 돌아가는 수많은 바람개비, 아랫부분이 총안으로 둘러싸인 원뿔 모양 지붕이 테를 잡아 올린 뾰족 모자처럼 보이는 높은 망루 2개가 나란히 보였다.

이런 대저택들은 강당의 계단처럼 계속 이어져 있다. 이 층들을 끝까지 쫓아가 시내의 지붕들 사이에 난 움푹 파인 길―이 길은 생탕투안 거리와 만

2 파리를 내려다보다 149

난다—을 넘어가면 앙굴렘 저택이 보인다. 이 저택은 몇 세기에 걸쳐 지어진 건물로 아직 때가 타지 않은, 최근에 지어진 깨끗한 부분도 눈에 띈다. 그런 부분은 이 저택이 전체적인 조화와 어울리지 않고 마치 파란 조끼에 빨간 천 조각을 덧대어 기운 것 같은 생뚱맞은 느낌이 들게 한다. 신관 지붕은 유달리 뾰족하고 높으며 세공되어 있는 물받이 가장자리로 불쑥 솟아나왔다. 지붕을 에워싸고 있는 납판(鉛板) 한 면은 금색으로 덧칠되어 있는데, 이것이 옛 건물의 거무튀튀한 폐허의 한가운데서 맵시 좋게 우뚝 솟아 있었다. 그 옛 건물의 큼지막하고 낡은 큰 탑은 세월 탓에 헐어빠져서 위아래가 터지고 저절로 찌부러지는 술통처럼 가운데가 불룩 불거져 있어 마치 단추를 끌러놓은 뚱뚱한 바지 같았다. 앙굴렘 저택 뒤로는 투르넬 궁의 종루들이 숲처럼 우뚝 솟아 있었다. 이 마술 같고 꿈 같은 환상적인 조망은 세계 어디에서도, 샹보르(루아르 강 중류에 있는 마을. 탑이 숲을 이루는 성이 있다.)에서도, 알람브라(모르인이 에스파냐의 그라나다에 세운 광장)에서도 찾아볼 수 없다. 첨탑, 굴뚝, 바람개비, 나선형 계단, 송곳으로 들쑤신 듯 작은 구멍이 수없이 뚫려 바깥이 훤히 보이는 탑 꼭대기, 별채, 물렛가락 모양의 작은 탑, 그 시절 말대로 하자면 성벽 등. 모양도 높이도 자태도 저마다 다른 것이 무수히 모여 거대한 광경을 보이고 있는 것이다. 그것은 마치 말을 가득 올려놓은 거대한 돌 체스판 같았다.

투르넬의 오른쪽으로 서로 겹겹이 싸여 하나의 둥그런 해자로 끊어져 있다고도 할 수 있는 먹처럼 새카만 한 다발의 거대한 탑들, 창문보다도 총안이 훨씬 더 많이 뚫려 있는 아성, 늘 세워져 있는 도개교, 항상 내려져 있는 쇠살문, 그것은 바스티유(14세기에 성채로 세워져 머지않아 감옥으로 바뀌었다. 프랑스혁명의 실마리가 된 감옥)다. 총안과 총안 사이로 튀어나와 있는 새카만 부리 같은 것들을 멀리서 보면 홈통으로 착각하겠지만, 그것은 대포다.

그 포탄 아래 무시무시한 바스티유 건물 밑 두 탑 사이에 파묻혀 있는 것이 생탕투안 문이다.

투르넬 궁 너머로는 샤를 5세의 성벽에 이르기까지 여러 구획으로 나뉜 푸른 초목과 꽃들과 더불어 부드러운 양탄자처럼 왕의 경작지와 공원이 펼쳐져 있었는데, 그 한복판에 보이는 것이 루이 11세가 쿠악티에에게 내린 그 유명한 다이달로스 정원임을 그 나무와 통로들의 미궁에서 알아볼 수 있었다. 쿠악티에 박사의 천문대는 마치 작은 집 한 채를 기둥머리로 삼아 외따로 떨어져 있는 하나의 통통한 원기둥처럼 그 미로 위에 우뚝 솟아 있었다. 그는 이 실험실에서 무시무시한 점성학을 완성했다.

이곳에는 오늘날 루아얄 광장이 있다.

아주 중요한 점만을 살펴보기는 했으나 대략적인 모습을 여러분에게 전하고자 노력했다. 궁전이나 대저택이 모여 있는 이 구역은, 동쪽으로 샤를 5세의 성벽이 센 강의 흐름과 뒤섞여 만들어진 모서리 부분 일대를 차지하고 있다. 도시 중심부를 차지하고 있었던 것은 산더미 같은 서민가옥이었다. 시테의 세 다리가 오른쪽 기슭으로 사람들을 토해내고 있었던 곳이 바로 여기다. 시테 섬에서 온 사람들은 왕궁 지역으로 나오기 전, 이 주민지역 앞을 통과해야만 했다. 벌집 속 구멍처럼 촘촘히 박힌 이 다닥다닥한 시민의 주택들도 나름대로 아름다움을 지니고 있었다. 바다에 파도가 있듯 수도인 대도시에는 지붕들이 있게 마련이고, 그것은 웅대하다. 우선 서로 엇갈리고 엉클어진 거리들은 이 구역에서 갖가지 재미난 형상을 이루고 있었다. 중앙시장 주위는 수천 개 빛줄기를 발산하는 별 같았다. 생드니와 생마르탱 거리들은 수많은 길로 갈라져 마치 서로 가지가 닿아 있는 두 그루의 커다란 나무처럼 마치 경쟁이라도 하듯 북으로 뻗어나가고 있었다. 그런 다음에 꼬불꼬불한 선들, 플라트르리 거리며 베르리 거리, 틱스랑드리 거리 등의 구부러진 선이 굽이굽이 겹쳐지고 있었다. 그러나 십들의 합각머리가 움직임을 멈춘 바다의 파도처럼 굽이굽이 기복이 심한 이 중심구역에서도 줄지어 있는 집들을 관통하여 한층 더 높이 솟아 있는 훌륭한 건물도 몇 채 보인다. 우선 상주 다리—이 다리 너머로 센 강이 뫼니에르 다리의 물레바퀴 때문에 흰 거품을 물고 있는 것이 보였다—바로 아래 세워져 있던 샤틀레 성벽이다. 그 성벽은 15세기에는 배교자 율리아누스의 시대처럼 로마네스크 양식이 아니라 13세기의 봉건적 탑으로 바뀌었는데, 어찌나 튼튼한 돌탑이었던지 3시간 동안 곡괭이질해도 주먹만 한 두께조차 부숴내지 못할 정도였다. 그리고 생자크 드 라 부슈리 성당의 사각 망루는 15세기에는 아직 완성되지 않았으나 그 모서리들이 하나같이 조각들로 다듬어져 있어 둥근 느낌을 주었으며 이미 경탄할 만한 작품이었다. 특히 지붕의 네 모퉁이에 앉아 새로운 파리에 옛 파리의 수수께끼를 던져주고 있는 스핑크스 같은 모양의 저 괴물 조각 4개가 당시에는 없었다. 조각가 로가 이 군상을 새겨 지붕에 얹은 것이 1526년 무렵이었는데 그 수고의 대가로 겨우 20프랑을 받았다. '기둥집'은 여러분에게 간략하게 설명했던 그레브 광장 쪽으로 트여 있었다. 그리고 이른바 '심미안'으로 건축됐다는 정면 현관 하나 때문에 그 뒤로 망쳐버린 생제르베 성당, 많은 뾰족아치가 그때에는 아직 거의 반원아치였던 생메리 성당, 그 밖에도 수십 채의 역사적 건축물이 이 좁고 깊고 어두운 거리들의 혼돈 속에 그들의 경이로운 모습을 파묻기를 마다하지 않았다. 거기에 또 덧붙여야 할 것은, 네거리에서 교수대보다도 더 많이 볼 수 있는 조각된 돌 십자가들, 멀리 지붕들 너머로 번듯하게 세워진 울타리가 보이던 생지노상 묘지, 코손느리 거리의 두 굴뚝 사이로 꼭대기가 보이던 중앙시장의 죄인 공시대, 언제나 사람들로 인산인해를 이뤘던 네거리의 트라우아르 죄인 공시대의 계단, 곡물시장의 둥그렇게 늘어선 오두막들이 있다. 또한 거대한 집들의 파도에 묻혀 있으면서도 여기저기서 그 흔적을 분간해낼 수 있었던 필리프 오귀스트의 낡은 성벽 파편들, 등나무줄기에 감아먹힌 탑들, 무너진 문들, 허물어지고 비틀린 담벼락들도 있었다. 무수한 상점 외에 피비린내 나는 도살장들이 있는 강기슭 거리, 포르 토 푸앵에서 포르 레베크까지 배들이 촘촘히 떠 있는 센 강. 여기까지만 이야기해도 1482년 무렵, 도심의 중앙 사다리꼴이 어떻게 생겼을지 어렴풋하게나마 짐작하리라 생각한다.

　저택지구와 가옥지구인 이 두 지구와 함께 도심이 보여주던 또 하나의 광경이 있었다. 그것은 기다란 수도원 지대로 동쪽에서 서쪽에 걸쳐 도심 주변 전체를 거의 에워싸고 있었는데, 파리를 가두던 성벽 뒤 수도원과 성당들이 도심에 제2의 내부성벽을 만들어주었다. 예를 들어 투르넬 궁의 정원 바로 옆, 생탕투안 거리와 옛 탕플 거리 사이에 있는 생트카트린 여자수도원은 파리의 성벽으로 경계를 삼은 광대한 경작지를 가지고 있었다. 신구(新舊) 탕플 거리 사이에는 탕플 수도원이 있었다. 탕플 수도원은 어두운 느낌의 탑이 다발 짓듯 서 있는 수도원으로, 총안이 뚫린 장대한 성벽 한가운데에 외따로 높이 서 있었다. 새 탕플 거리와 생마르탱 거리 사이에는 생마르탱 수도원이 있고, 그 정원 한가운데에는 방어시설을 갖춘 화려한 성당이 있었는데, 그것을 둘러싼 탑들이며 종루는 웅장함과 화려함에서 다른 어느 성당에도 뒤지지 않았다. 단, 생제르맹 데 프레 성당은 제외하고 말이다. 생마르탱과 생드니 거리 사이에는 트리니테 병원 부지가 펼쳐져 있었다. 끝으로 생드니 거리와 몽토르게유 거리 사이의 피유 디외 수녀원이 있었고, 그 옆으로 기적의 소굴의 썩은 지붕들과 포석을 빼내버린 부지가 보였다. 그곳은 그 신심 깊은 수도원들이 줄을 이어 만들어낸 사슬 속에 잘못 섞여들어간 유일한 속세의 고리였다.

끝으로 오른편 기슭에 지붕들이 대거 밀집해 있는 곳에서 뚜렷이 드러나 보이는 네 번째 구획은, 성벽의 서쪽 모퉁이와 센 강 하류의 강가를 차지하는 지대로 루브르 궁 아래 대궐과 저택들의 밀집지역이었다. 큰 탑 주위의 수많은 작은 탑들과 주랑 23개가 모여 있는 어마어마하게 크고 밝은 필리프 오귀스트의 이 루브르 궁은 멀리서 보면 마치 알랑송 궁과 프티 부르봉 궁의 고딕식 지붕들 사이에 끼여 있는 것 같았다. 줄곧 치켜들고 있는 24개의 머리와, 슬레이트 비늘로 덮여 금속 반사광으로 온통 번쩍거리는 허리. 파리의 수호자라고도 할 수 있는 이 탑들은 도심의 지세를 서쪽에서 이상한 모양으로 마무리해주고 있었다.

그리하여 로마인들이 '평민가옥들의 섬'이라고 부르던 가옥 밀집지역은 좌우 양쪽으로 나뉘어 있었다. 한편에는 루브르 궁, 다른 한편에는 투르넬 궁을 중심으로 한두 저택군으로 둘러싸여 있었던 것이다. 북쪽으로는 수도원과 울안 경작지들이 긴 띠처럼 경계를 두르고 있었는데, 그 모든 것이 한데 어우러져 있었나. 높고 낮은 기와와 슬레이트 지붕늘이 이어져 수많은 괴이한 사슬들을 부각시켜놓은 듯한 그 수천의 집들 위로, 문신을 넣고 줄무늬와 바둑판무늬로 장식된 종루들이 솟아 있는 44채의 성당이 오른편 기슭에 자리 잡고 있었다. 수많은 거리가 사통팔달하는 가운데 경계선으로서 한쪽으로는 네모진 탑이 달린 높은 성벽이 둘러쳐 있고(대학구 성벽에는 둥근 탑들이 달려 있었다), 다른 쪽으로는 다리들로 끊기고 숱한 배가 떠다니는 센 강이 흐르고 있었다. 이것이 15세기 도심의 모습이었다.

도심을 둘러싼 성벽 너머로 몇 개의 크고 작은 마을이 성문들 가까이 퍼져 있었는데, 대학구 안쪽보다는 많지 않았다. 바스티유 성 뒤로 보기 드문 조각이 있는 크루아 포뱅 마을과 생탕투안 데 샹 수도원의 공중 부벽 주위로 둥글게 서 있는 20채가량의 오막살이. 보리밭 속에 파묻힌 포팽쿠르 마을. 다음으로는 술집이 많았던 쾌활하고 밝은 쿠르티유가 있었다. 멀리서 보면 종루가 생마르탱 문의 뾰족한 탑들과 이어진 것처럼 보이는 성당이 있는 생로랑. 생라드르 나병 병원의 널따란 땅이 있는 생드니. 몽마르트르 문밖 하얀 벽으로 둘러싸인 그랑주 바를리에르. 그 뒤로는 백토의 비탈이 있는 몽마르트르가 있었다. 여기에는 그 시절 방앗간만큼이나 많은 성당이 있었는데, 지금은 방앗간만 남아 있다. 그도 그럴 것이 요즘 사회에서는 육신을 기르는 빵만을 요구하게 되었기 때문이나. 끝으로 무브르 궁 너머토 당시에는 상당히 규모가 컸던 생토노레가 있고, 프티트 브르타뉴가 파랗게 보이며 돼지 시장이 넓게 펼쳐져 있었는데, 그 한가운데에는 가짜동전을 만든 사기꾼들을 삶는 무서운 가마가 둥그렇게 보였다. 쿠르티유와 생로랑 쪽을 살펴봤을 때, 이 두 마을 사이 인적 없는 광야에 웅크리고 있는 듯한 언덕이 하나 있고, 이 언덕 꼭대기에 뭔가 건물 같은 것이 서 있었던 것을 기억할 것이다. 이 건물은 멀리서 보면 뿌리가 드러난 토대 위에 서 있는 허물어진 주랑처럼 보인다. 그것은 파르테논 신전도 아니요, 올림포스의 유피테르 신전도 아니다. 그것은 몽포콩의 교수대였다.

간단하게 하려고 애를 썼지만 그토록 수많은 건물들을 열거하는 바람에 여러분의 머릿속에 쌓아올린 옛 파리의 전반적인 영상이 도리어 깨져버렸을지 모르겠다. 다행스럽게도 잘 기억하고 있다면 이제 그것을 몇 마디로 요약하여 복습하기로 하자. 중앙에는 시테 섬, 그것은 한 마리의 거대한 거북이처럼 회색 지붕의 등껍질 아래 기와비늘로 덮인 다리들을 발처럼 쑥 내밀고 있다. 센 강 왼쪽 기슭에는 촘촘하고 빽빽하고 머리칼을 곤두세운 듯한 하나의 단단한 돌로 된 사다리꼴 모양의 대학구. 오른쪽 기슭으로는 다른 두 부분보다 정원과 기념비적인 건축물들이 훨씬 더 많이 섞여 있는 반원형의 거대한 도심부. 대리석 무늬 같은 도로가 이 세 구역을 관통하여 종횡무진 달리고 있다. 뒤 브뤼엘 신부가 "유모의 강 센"이라고 말한 센 강은 섬과 다리와 배 따위의 방해를 받으면서 이 도시 구석구석을 흐른다. 주위에는 갖가지 종류의 경작지들이 조각조각 이어지고, 아름다운 마을들이 여기저기 흩어져 있는 드넓은 평야. 왼쪽에 이시, 뱅부르, 보지라르, 몽루주, 둥근 탑과 사각탑이 있는 장티이 등등. 오른쪽에는 콩프랑에서 빌 레베크에 이르기까지 수많은 마을들. 지평선에는 분지의 테두리처럼 원을 이루며 겹겹이 늘어선 언덕. 저 멀리 동쪽에는 7개의 사각탑이 있는 뱅센 성, 남쪽에는 뾰족탑이 있는 비세트르 성, 북쪽에는 첨탑종루가 있는 생드니, 서쪽에는 생클루 성과 망루. 이것이 1482년 무렵 까마귀들이 노트르담 탑 꼭대기에서 내려다본 파리다.

그러나 이 도시에 관해 볼테르는 "루이 14세 이전에 파리는 4개의 아름다운 대건축물밖에 없었다"는 어리석은 말을 하고 있다. 볼테르가 말한 4개의 건물이란 소르본의 둥근 지붕, 발 드 그라스 수녀원, 새 루브르 궁, 넷째는 아마도 뤽상부르 궁이었을 것이다. 다행히 볼테르는 《캉디드》(계몽적 풍자소설) (1959년 간행)라는 훌륭한 작품을 남겼다. 그는 오랜 인류의 연속 속에서 대를 이어온 모든 사람들 가운데 어느 누구보다도 더 악마적인 웃음을 잘 이해하고 있던 사람이었다. 그 말은, 사람이란 아무리 훌륭한 천재라도 자신의 영역 밖의 예술에 대해서는 전혀 이해하지 못할 수도 있다는 것을 증명해준다. 몰리에르 같은 대작가도 라파엘로와 미켈란젤로를 "그들 시대의 아무지지 못한 그림"이라고 부름으로써 그들에게 큰 영광을 주었다고 믿지 않았던가!

다시 15세기 파리로 돌아가자.

파리는 하나의 아름다운 도시였을 뿐만 아니라, 동질적인 도시, 중세건축술과 역사의 산물이요, 돌로 만들어진 연대기였다. 그것은 오직 두 층, 즉 로마네스크층과 고딕층만으로 형성된 도시였다. 왜냐하면 로마층은 아직도 중세의 두꺼운 껍질을 뚫고 나와 있는 율리아누스의 목욕탕을 제외하고는 오래전에 사라져버렸기 때문이다. 켈트층으로 말하자면, 우물을 깊이 파내려가도 더 이상 그 흔적조차 찾아볼 수 없을 만큼 깊이 매몰되어버렸다.

50년 뒤, 르네상스가 찾아와 그토록 엄격하면서도 다양한 통일성에 르네상스의 상상과 방식에 따른 산물들의 눈부신 사치를, 로마식 반원아치와 그리스식 원기둥과 고딕식 토대의 풍요로움을, 그토록 부드럽고 이상적인 조각을, 아라베스크 및 아칸서스 잎 장식에 의한 독특한 취미를, 그리고 루터 시대의 이교적 건축술을 뒤섞어놓았다. 그 결과 파리는 눈으로 본 경관이나 생각하기에 따라서는 덜 조화로웠을지 모르지만 아마도 한층 더 아름다웠을 것이다. 그러나 그런 찬란한 시기는 그리 오래 지속되지 못했다. 르네상스 정신은 공평하지 않았으며, 건축하는 것으로 만족하지 못하고 무너뜨리고자 했기 때문이다. 르네상스에 장소가 필요했던 것은 사실이다. 그러므로 고딕 건축의 파리는 완성되었다고 생각한 순간 파괴되었다. 생자크 드 라 부셰리 성당이 완성될 무렵 낡은 루브르 궁을 무너뜨리기 시작한 것이다.

그 후, 이 대도시는 나날이 기묘한 모습으로 변해갔다. 로마식 파리는 고딕식 파리 아래서 사라져갔고, 결국엔 이 고딕식 파리 또한 사라질 차례가 된 것이다. 그러나 그다음으로 어떠한 파리가 생겨났다고 말할 수 있을까?

튈르리 궁(옛 프랑스의 왕궁, 여러 혁명의 와중에 민중의 습격을 받아 파리되었고, 파리 코뮌의 난 때 소실됨)*에는 카트린 드 메디시스 시대 파리의 흔적이 있다. 시 청사에는 앙리 2세 시대의 파리 흔적이 있는데, 이 두 건물은 여전히 위대한 양식의 긴축물이다. 루아얄 광장에는 앙리 4세 시대의 파리가 있는데, 그 정면은 벽돌, 모퉁이에는 돌, 지붕은 슬레이트인 삼색 가옥들이 줄지어 있다. 발 드 그라스 수녀원에는 루이 13세 시대의 파리가 있는데, 이 건물은 짜부라진 듯 땅딸막하고, 둥근 천장은 바구니 손잡이 같고, 원기둥은 어찌된 셈인지 배가 불룩 튀어나온 듯한 모양이고, 둥근 지붕은 커다란 혹처럼 보인다. 앵발리드에는 루이 14세 시대의 파리가 있는데, 이것은 웅장하고 풍부하며 황금빛인 데다 차가운 느낌이다. 생쉴피스 성당에는 루이 15세 시대의 파리가 있는데, 그 장식은 소용돌이, 리본 매듭, 구름, 국수, 치커리 등의 여러 가지 모양으로 장식되어 있으며 그 모두가 석조이다. 팡테옹(루이 15세가 생주느비에브 성당으로 지은 건물. 프랑스 혁명 후, 국가에 공헌한 사람들의 묘지로 사용)에는 루이 16세의 파리가 있는데, 이것은 로마의 성 베드로 사원을 어설프게 흉내낸 것이다(돌이 제멋대로 쌓아올려져 있을 뿐, 윤곽이 제대로 갖추어져 있지 않다). 의학교에는 공화정 시대의 파리가 있는데, 이것은 공화력 제3년의 헌법(1795년, 국민공회가 제정한 헌법)이 미노스의 법률(그리스신화에 나오는 크레타의 왕 미노스가 만든 명법)을 닮았듯이 콜로세움이나 파르테논을 닮은 그리스 로마 양식으로, 건축학에서는 '메시도르 양식'이라고 부르고 있다. 방돔 광장에는 나폴레옹 시대의 파리가 있는데, 이 시대의 파리는 숭고한 느낌이다. 광장에는 적군에게서 빼앗은 대포를 녹여 만든 청동 기념 기둥이 서 있다. 증권거래소에는 왕정복고 시대의 파리가 있는데, 여기에는 아주 매끄러운

---

* 나는 이 훌륭한 궁전의 증축이나 개조, 개축, 다시 말해 파괴가 자행되고 있는 것을 보면서 슬프고 화가 났다. 현대 건축가들에게는 르네상스의 이 민감한 작품에 손댈 만한 수완 따위가 전혀 없다. 그런 어리석은 생각일랑 버려주면 좋겠다는 생각을 늘 한다. 게다가 튈르리 궁전을 그렇게 파괴하는 것은, 오늘날 술 취한 야만인도 얼굴 붉힐 끔찍한 폭거일 뿐 아니라 반역행위이기도 하다. 튈르리 궁전은 16세기 걸작 중 하나인 데다 19세기 역사의 한 페이지이기도 하다. 이 궁전은 이제 더 이상 국왕의 것이 아닌 국민의 것이다. 가만히 그대로 내버려두자. 우리나라의 혁명은 두 번이나 이 건물의 이마에 낙인을 찍었다. 2개 있는 정면의 한쪽은 8월 10일 탄환을 맞았고, 또 한쪽은 7월 29일 탄환을 맞았다. 신성한 건물에 더 이상 손대지 말자.

1831년 4월 7일, 파리에서(제5판의 주)

소규모 벽을 떠받치고 있는 새하얀 원기둥이 늘어서 있으며 사각형 구조의 이 건물을 짓는 데 2천만 프랑이 들었다.

이처럼 한 시대를 대표하는 건물, 취향이나 양식, 구조가 서로 비슷한 집들이 시내 여기저기에 산재해 있다. 감식가들은 그것들을 쉽게 식별하고 연대를 알아낸다. 안목이 있는 사람은 심지어 문을 두드리는 쇠붙이 하나에서도 그것이 만들어진 시대의 정신과 그 시절 프랑스를 다스리던 국왕의 모습까지 찾아내는 것이다.

안타깝게도 현재의 파리는 일반적인 특징이 전혀 없다. 다시 말해 현재의 파리는 수세기에 걸친 갖가지 건축양식의 본보기들을 모아놓은 듯 각양각색일뿐더러 그중 가장 아름다운 것은 사라져버렸다. 수도는 집들로만 넘쳐나고 있거니와, 집들은 왜 또 그 모양인가! 이대로 가다가는 50년마다 파리의 모습이 바뀔 것이다. 파리 건축물의 역사적 의의는 날이 갈수록 사라져가고 있다. 기념비적인 대건축물들은 더욱더 드물어지고, 새로 지어진 집들 속에 잠겨 차츰 사라져가는 것만 같다. 우리 조상들은 돌의 파리를 가지고 있었지만, 우리 자손은 회반죽의 파리를 갖게 될 것이다.

새로운 파리의 현대적 대건축물들에 관해서는 이야기하지 않으려 한다. 이는 내가 그것들을 제대로 평가하기 싫어서가 아니다. 수플로 씨가 만든 생트주느비에브 수도원은 분명 지금까지 놀로 만든 것 가운데 가장 아름다운 사부아 과자 같은 느낌이다. 레종 도뇌르 궁 역시 맛과 향이 매우 뛰어난 과자다. 곡물시장의 둥근 지붕은 높은 사다리 위에 씌운 영국 경마기수의 모자 같다. 생쉴피스 성당 탑은 2개의 커다란 클라리넷 같다. 이 클라리넷 모양은 오늘날 훌륭하게 통용되는 하나의 형태가 되었다. 구불구불하고 주름 잡힌 전신기는 탑 지붕 위에서 귀여운 모양을 그리고 있다. 생로슈 성당은 그 웅장함에서 성 토마스 아퀴나스 성당하고나 비교할 수 있는 정면 현관을 가지고 있다. 이 성당에도 지하실에 환조로 조각된 예수 십자가상과 금박으로 태양을 본떠 만든 성체현시대(聖體顯示臺)도 있다. 이들 또한 매우 경탄할 만한 것들이다. 식물원 미로의 초롱 또한 무척 희한하게 만들어져 있다. 증권거래소로 말하자면, 주랑은 그리스식이고, 출입구나 창의 반원아치는 로마식, 둥글넓적한 천장은 르네상스식인데, 매우 가지런하고 순수한 건축물이라는 점에서 의심 여지가 없다. 그 증거로, 이 건물은 아테네에서는 볼 수 없었던 다락방이 위에 올라앉아 있는데, 그 아름답고 쭉 곧은 선이 여기저기 굴뚝들로 끊어져 있다. 한마디 덧붙이건대, 한 건물의 건축술이 쓰임새에 적합하여 건물을 척 보기만 해도 그 쓰임새를 절로 알 수 있도록 되어 있으면 건물이 왕궁도 될 수 있고, 시의회나 시청, 학교나 승마학교, 학술원, 창고나 법정이나 박물관, 병사, 묘소, 사원이나 극장, 그 밖에 다른 무엇으로도 보인다는 것은 참으로 놀라운 일이다. 그런데 이 건물은 '증권거래소'이다. 그리고 건축물이란 그 토지의 기후와도 맞아야 한다. 이 증권거래소는 프랑스의 춥고 비 많은 기후를 염두에 두고 지은 것이 분명하다. 지붕은 동쪽 여러 나라에서 볼 수 있도록 거의 평평하다. 겨울에 눈이 오면 지붕을 쓸어야만 하는데, 지붕이란 쓸 수 있도록 만들어져야 한다. 방금 말한 용도로 말하자면 이 건물은 그 쓰임새를 훌륭히 충족시키고 있는데, 그리스에서라면 신전이 되었을지 모르지만 프랑스에서는 증권거래소인 것이다. 정면의 아름다운 선의 순수성을 깨뜨렸을지 모르는 커다란 시계의 숫자판을 감추느라 건축가가 꽤 수고한 것은 사실이다. 그 대신 건물 주위를 휘감고 도는 주랑이 있어, 종교의식이 있는 엄숙한 날이면 이 주랑 아래서 증권중개인과 주식중개인들이 그들의 이론을 위엄 있게 전개할 수도 있었다.

지금까지 열거한 중세의 건축물들은 의심할 여지없이 아주 훌륭한 건축물이다. 거기에다 리볼리 거리 같은 재미있고 다양하고 수많은 아름다운 거리들을 덧붙여보면, 기구를 타고 하늘에서 파리를 내려다볼 때, 이 도시는 반드시 우리의 눈에 아름답고 풍부한 선이나, 수없이 많은 사소한 재미, 천차만별의 조망이나, 바둑판과 같은 그 어떤 장대함 속의 간소함, 뜻하지 않은 아름다움을 펼쳐보일 것이다.

그러나 현재의 파리가 여러분 눈에 정말 훌륭해 보인다 해도, 어쨌든 15세기의 파리를 상상해보길, 머릿속에서 재건해보길 바란다. 저 놀라울 정도로 빽빽이 들어서 있는 첨탑 종루나 탑의 종루 무리들을 통해 햇살을 바라보는 것은 어떨까. 뱀껍질보다 더 빨리 색을 바꾸는 센 강이 광대한 도시의 한가운데를 유유히 흐르고, 섬들 끝에서 강이 갈라지며, 그중 더러는 다리의 아치 밑에 고여 초록색이나 금색으로 주름지는 그 여러 가지 모습을 그려보는 것은 또 어떤가. 그 옛날 파리의 고딕식 윤곽을 지평선 푸른 하늘에 선명하게 묘사해보자. 셀 수 없이 많은 굴뚝에 귀찮게도 달라붙는 겨울날 짙은 안개 속에 옛 파리의 윤곽을 그려보자. 또 옛 파리의 모습을 칠흑 같은 어둠 속에 빠뜨려, 뒤엉킨 집들 사이에 보이는 어둠과 빛의 기묘한 유희를 떠올려 보길 바란다. 그 위에 달빛을 던져 파리 거리의 희미한 윤곽을 그려넣고, 안개 속에서 많은 탑들이 얼굴을 드러내고 있는 것을 상상해보라. 그 파리의 검은 실루엣을 다시 한 번 꺼내어 탑이나 합각머리가 그려내는 무수한 모퉁이들을 흐릿한 어둠으로 다시 칠하고, 붉은 저녁놀을 배경으로 상어의 이빨보다 더 많은 예각들을 드러내고 있는 모습을 떠올려보는 것도 좋으리라. ― 그런 다음, 옛 파리의 모습을 오늘날 파리의 모습과 비교해보기를 바란다.

그런데 만약 이 옛 도시에서 여러분이 현대의 파리에서는 더 이상 찾아볼 수 없는 것들을 느껴보고 싶다면, 대규모 축제 날 아침이나 부활절, 오순절 해돋이 때 파리 전체를 내려다볼 수 있는 지점으로 오르기 바란다. 거기서 새벽녘 잠을 깨우는 종소리에 귀기울여볼 것을 권한다. 하늘에서 출발한 신호이기에―해가 얼굴을 내미는 것이 그 신호이다―파리 안의 무수한 성당이 한꺼번에 떠는 것을 보라. 처음에는 마치 악사들이 합주를 시작하기 전 조금씩 소리내어 음을 맞추듯이 이 성당에서 저 성당으로 종소리가 멀리 퍼져나간다. 어떤 때는 귀도 시신경을 가진 것 같으니 보라, 저마다의 종루에서 소리의 기둥 같은 화음의 연기가 솟아오르는 것을. 처음에는 종의 떨림 하나하나가 똑바로, 순수하게, 말하자면 다른 소리들과 섞이지 않은 채 화창한 아침 하늘로 올라간다. 그런 다음 시나브로 굵어지면서 서로 녹아들고 섞여들어 어느 순간 홀연히 훌륭한 합주가 된다. 그것은 이제 한 덩어리의 우렁찬 떨림이 되어 수없이 많은 종루들에서 끊임없이 솟아나와 도시 위에 떠다니며 물결치고, 뛰어다니고, 소용돌이치고, 그러면서 귀를 먹먹하게 하는 진동의 원을 지평선 저 너머까지 그려나간다. 그러나 이 화음의 바다는 전혀 혼란스럽지 않다. 아무리 거칠고 깊다 해도 그것은 투명함을 조금도 잃지 않는다. 여러분은 그 종소리의 오케스트라에서 도망쳐나온, 수많은 서로 다른 소리의 그룹이 제각기 동떨어져 몸을 울려가며 허공을 굽이쳐 나아가는 것을 보게 되리라. 우리는 거기서 이 종의 높은 울림과 저 종의 묵직한 울림이 대화 나누는 것을 들을 수 있다. 8음계가 종루에서 종루로 옮겨가는 것도 알 수 있을 것이다. 은종에서 흘러나오는 옥타브는 마치 날개라도 달린 듯 휘파람 불듯 가볍게 떠오른다. 나무 종소리는 불안정하고 맥없이 땅에 떨어지는 것도 느낄 것이다. 여러분은 그 옥타브 가운데에서, 생외스타슈 성당의 종 7개의 풍부한 음계가 끊임없이 오르내리는 소리도 듣게 될 것이다. 또 우리는 밝고 빠른 음계들이 그 사이를 가로질러 달리면서 서너 번 구불구불 반짝이다가 번개처럼 사라져가는 것도 볼 수 있을 것이다. 저기서는 생마르탱 수도원의 날카롭고 카랑카랑한 종이 노래한다. 이쪽에서 들리는 불안하고 까칠한 소리는 바스티유의 종이다. 파리 서쪽 끝에 치솟아 있는 루브르 궁의 굵은 탑이 바리톤과 베이스의 중간 음으로 노래한다. 이 궁전의 늠름한 종소리가 쉼 없이 사방으로 빛나는 트릴 음을 던지면 그 위에 노트르담 종루의 무거운 타종소리가 똑같은 간격으로 떨어져, 그 떨림이 마치 망치 아래에서 두드려지는 모루처럼 반짝반짝 불꽃을 튀어낸다. 때때로 여러분은 생제르맹 데 프레 수도원의 3중주 종소리에서 나오는 갖가지 형태의 소리들이 지나가는 것을 보게 될 것이다. 그리고 그 장엄한 연타(連打) 소리의 덩어리는 이따금씩 벙긋벙긋 열리어, 마치 별처럼 빛나고 반짝이는 아베마리아 수녀원의 화려한 스트레토(푸가 따위에 사용되는 한 기법, 또는 부분)에 길을 터준다. 아래를 보면, 이 합주의 제일 밑바닥에는 여기저기 성당의 떨리는 둥근 천장의 틈새에서 솟아오르고 있는 성가 소리를 듣게 될 것이다. —확실히 그것은 들어볼 가치가 있는 오페라다. 보통 낮에 파리에서 풍겨나오는 소음은 도시가 이야기하는 것이요, 밤에 새어나오는 속삭임은 도시가 숨을 쉬는 것인데, 지금 듣고 있는 종소리는 도시가 노래를 하고 있는 것이다. 그러니 이 종루들의 합주에 귀를 기울여보라. 50만 시민의 중얼거림이나 센 강물의 영원한 하소연, 바람의 끊임없는 숨결, 거대한 파이프오르간 상자처럼 지평선 언덕에 흩어져 있는 네 군데 숲에서 멀리 들려오는 웅장한 사중창을 들어보기 바란다. 그 중심이 되는 종소리가 너무 거슬리고 날카로운 부분을 부드럽게 하고 있다는 것도. 그리고 이 떠들썩한 종소리, 이 음악의 도가니, 1백 미터 높이의 돌 플루트 속에서 한꺼번에 노래하는 이 수만의 청동 목소리, 이제 하나의 오케스트라 그 자체가 되어버린 파리, 폭풍처럼 우람한 소리를 내는 교향악, 세상에서 이보다 더 풍부하고, 더 즐겁고, 더 반짝이고, 더 눈부신 것이 있는지 말해보기 바란다.

제4편

1 선한 영혼들

 이야기는 16년 전쯤으로 거슬러 올라간다. 그해 부활절이 지난 첫 번째 주일(카지모도) 아침, 미사가 끝난 뒤 노트르담 성당 앞뜰 왼쪽 벽에 붙박아놓은 침대 판자 위에 어떤 생명체 하나가 놓여 있다. 그 자리는 마침 성 크리스토퍼의 〈거상(巨像)〉 맞은편이다. 1413년 이래로 기사 앙투안 데 제사르트의 석상이 무릎 꿇고 성 크리스토퍼를 우러러보고 있었다. 그해 사람들은 이 성자와 신자인 기사의 석상을 모두 철거하기로 했다. 아이를 버리려는 사람들은 이 판자 위에 아이를 갖다놓는 것이 관례였고, 반대로 아이를 원하는 사람들은 그곳에서 버려진 아이를 데려가곤 했다. 판자 앞에는 동정을 바라는 구리 접시 하나가 놓여 있었다.
 1467년 부활절 후 첫 주일 아침 이 판자 위에 뉘여 있던 생명체 같은 것은 주변에 몰려든 사람들의 호기심을 끌기에 충분했다. 미사를 마치고 나오던 수많은 사람들이 그 주위로 하나둘 모여들었다. 그들은 대부분 나이 많은 여자들이었다.
 가장 가까이 서서 판자 쪽으로 몸을 굽혀 들여다보는 네 여자는 성직자 같은 모자 달린 회색 민소매 외투를 입고 있는 것으로 보아 아마도 신도모임의 회원인 듯했다. 어째서 이 조신하고 덕망 있는 부인들의 이름이 역사에 남겨지지 않았는지 도무지 알 수가 없다. 그들의 이름은 아녜스 라 에름, 잔 드 라 타름, 앙리에트 라 골티에르, 고셰르 라 비올레트라고 하는데 모두 미망인으로 성모 승천회 교회당의 과부회원들이었다. 그들은 그날 강론을 듣기 위해 피에르 다이의 규칙에 따라 원장의 허락을 받고 외출한 것이었다.
 이들 성실한 성모 승천회 미망인들은 피에르 다이의 규율에는 잘 따랐지만 무자비한 침묵령을 내린 미셸 드 브라슈나 피사 추기경의 규정은 그냥 무시하고 있었다.
 "도대체 이게 뭘까요, 자매님?" 많은 사람들이 지켜보는 가운데 겁에 질린 듯 판자 위에서 몸을 뒤틀며 울음을 터뜨리는 작은 생명체를 뚫어져라 쳐다보며 아녜스가 고셰르에게 말했다.

"갓난아기를 이런 식으로 버리다니 세상이 앞으로 어떻게 되려고 이러는지 원!" 잔이 말했다.

"아기에 대해선 잘 모르지만, 이렇게 보는 것만으로도 죄가 아닐까요?" 아녜스가 다시 말했다.

"아기가 아닌 것 같아요, 아녜스 님!"

"생기다 만 원숭이인 모양이에요!" 고셰르가 말했다.

"그렇다면 기적이군요." 앙리에트 라 골티에르가 말했다.

"그럼 이건 사순절 네 번째 주일 이후로 일어난 세 번째 기적이네요. 순례자들을 조롱한 사나이가 오베르빌리에의 성모상에게 천벌을 받은 지 아직 일주일도 채 지나지 않았어요. 그게 이달 들어 두 번째 기적이었잖아요?" 아녜스가 말했다.

"아휴, 아기 같은 이건 정말 흉측한 괴물이네요!" 잔이 말했다.

"이렇게 꽥꽥대며 악을 쓰고 울어대다니, 성가대원들 음정 맞추기 어렵겠어요. 그 입 좀 다물어라, 이 울보야!" 고셰르가 말했다.

"랭스의 주교님이 이런 괴물을 파리의 대주교님께 보내셨다네요!" 라 골티에르가 두 손을 모으며 덧붙였다.

"내가 보기에 이건 분명 짐승이에요. 아마도 어떤 유대인이 암퇘지에게 낳게 한 것이 틀림없어요. 아무튼 기독교도의 짓은 절대 아니니까 물이나 불 속에 던져버려야 해요!" 아녜스가 말했다.

"저런 짐승을 맡아 기를 사람은 절대로 없을 거예요!" 라 골티에르가 말했다.

"에그머니, 끔찍하기도 하지! 저 강가 골목 아래 있는 주교 저택 바로 옆에 고아원이 있잖아요. 거기 유모들한테 데려간다 해도 대체 누가 젖이나 물리려고 하겠어요? 나라면 차라리 흡혈귀한테 젖을 물리겠어요!" 아녜스가 외쳤다.

"참 순진하기도 하시네. 잘 봐요, 아녜스. 서너 살은 되어 보이지 않아요? 자매님 젖보다는 구운 고기를 먹고 싶어할 것 같은데요." 잔이 말했다.

분명 '이 작은 괴물'(괴물이라고밖에는 달리 부를 방도가 없어 보였다)은

갓 태어난 아기가 아니었다. 그것은 작고 울퉁불퉁하고 꾸무럭꾸무럭 움직이는 덩어리로 보였다. 그도 그럴 것이 당시 파리 주교였던 기욤 샤르티에의 이름 첫 글자가 박힌 마대자루에 담긴 채 머리만 겨우 내놓은 상태였기 때문이다. 그 얼굴은 참으로 보기 흉했다. 보이는 것이라고는 불그죽죽한 머리털과 하나만 열려 있는 눈, 턱, 그리고 입과 치아뿐이었다. 하나뿐인 눈은 눈물범벅이고 입으로는 뭐라고 악악대며 소리치는 데다 이는 끊임없이 뭔가 물어뜯으려 하는 것처럼 보였다. 자루 안에 갇혀 있는 몸뚱이 또한 갑갑해 죽겠다는 듯 잠시도 쉬지 않고 버둥거렸다. 주위에는 사람들이 점점 더 몰려들었고, 그들은 이 괴상한 광경에 놀라 입을 다물지 못하고 그저 쳐다볼 뿐이었다.

그중에는 알로이즈 드 공들로리에라는 부자에 귀족인 부인도 있었다. 그녀는 6살쯤 되어 보이는 귀여운 여자아이의 손을 잡고 뾰족한 모자의 금빛 베일을 길게 늘어뜨린 채 그 앞을 지나가다 걸음을 멈추었다. 그러고는 가엾은 생명체를 잠시 들여다보았다. 그러는 사이 비단과 벨벳으로 온몸을 고급스럽게 꾸민 귀여운 딸 플뢰르드리 드 공들로리에는 앙증맞은 손가락을 들어 탁자 옆에 붙어 있는 '버려진 아이'라는 안내판 글씨를 가리키며 한 글자씩 또박또박 읽어내려갔다.

"어머나, 여기에는 진짜 인간의 아기들만 갖다버리는 줄 알았는데!" 귀부인은 몹시 불쾌하다는 듯 고개를 돌리며 말했다.

그녀는 고개를 돌리면서도 앞에 놓인 접시에 1플로린짜리 은화 한 닢을 던져넣었다. 은화는 구리동전만 가득한 접시에 떨어지며 찰그랑 하는 호화스러운 소리를 냈다. 그러자 에티엔 오드리 교회당의 가난하고 착한 여인들의 눈이 휘둥그레졌다.

바로 뒤이어 국왕의 근엄하고 유식한 대법원장인 로베르 미스트리콜이 한쪽 팔에는 커다란 미사 사전을 끼고, 다른 쪽에는 아내인 기유메트 라 메레스 부인의 팔을 걸고 지나갔다. 그는 양쪽 옆구리에 영계와 속계의 두 조정자를 끼고 있는 셈이었다.

"버려진 아이라! 지옥의 강 난간에서 주워온 것이 분명해!" 그는 탁자 위 물체를 자세히 들여다보고 나서 말했다.

"눈이 하나밖에 없어요! 한쪽 눈은 사마귀에 뒤덮여서 아예 볼 수가 없겠어요!" 그의 아내가 말했다.
"저건 사마귀가 아니라, 알이야! 저 알 속에 이 아이하고 똑같이 생긴 악마가 들어 있고, 그 악마도 알이 있어 그 속에 작은 악마가 들어 있는 거야. 그 작은 악마에게도 역시 알이 있고…… 뭐, 그런 식일 테지." 로베르 미스트리콜의 말이다.
"그런 걸 어떻게 알아요?" 아내가 물었다.
"그 정도야 알 수 있지!" 대법원장이 대답했다.
"대법원장님, 이 거짓 고아에게 무슨 징조 같은 거라도 있을까요?" 고셰르가 물었다.
"가장 끔찍하고 무서운 일이 벌어질 징조요!"
"아이고, 하느님 맙소사! 작년에는 끔찍한 전염병이 돌았고, 이제는 엄청난 영국군이 아르플뢰에 상륙한다는 소문도 있던데……." 대법원장의 말에 한 노파가 두려움에 떨며 말했다.
"그렇다면 왕비님이 9월에 파리에 오지 않으시겠네요. 장사도 잘되지 않는데 어찌 해볼 방법도 없고." 다른 사람이 말을 받았다.
"그렇다면 파리 시민들을 위해서라도 저 '괴물딱지'는 판자가 아니라 장작더미 위에 올리는 게 맞지 않겠어요?" 잔 드 라 타름이 외쳤다.
"그렇지, 활활 타오르는 장작더미 말이야!" 좀 전의 노파가 덧붙였다.
"아무래도 그렇게 하는 게 좋겠어요!" 미스트리콜도 동조했다.
성모 승천회 수녀들과 대법원장이 이런 대화를 나누고 있을 때 젊은 신부 하나가 옆에서 가만히 귀를 기울이고 있었다. 그는 엄격한 생김새와 넓은 이마에 깊이가 느껴지는 신중한 눈빛을 지니고 있었다. 곧이어 젊은 신부는 사람들을 헤치고 나아가 그 작은 '괴물딱지'를 찬찬히 들여다보다 갑자기 손을 쭉 내밀었다. 갑작스러운 사태에 사람들이 술렁이기 시작했다. 신앙심이 깊은 여인들은 모두 그 괴물을 불타는 장작더미에 올릴 생각에 기뻐 들썩이고 있었기 때문이다.
"제가 이 아이를 키우겠습니다." 젊은 신부는 이렇게 말하고는 선뜻 자기 품에 아이를 안고 돌아섰다.
너무나 눈 깜짝할 사이에 벌어진 일이었으므로 그 자리에 있던 사람들은 놀란 눈으로 멍하니 신부의 뒷모습만 바라볼 수밖에 없었다. 젊은 신부는 성당에서 수도원으로 통하는 빨간 문 안으로 사라졌다.

놀라움이 어느 정도 가라앉자, 잔 드 라 타름이 라 골티에르 쪽으로 고개를 살짝 기울이며 속삭였다.

"내가 말했었지? 클로드 프롤로라는 저 젊은 양반은 마법사가 틀림없다니까!"

2 클로드 프롤로

잔의 말마따나 클로드 프롤로는 결코 평범한 사람이 아니었다.

지난날 그다지 적절하지 못한 표현으로 상류 부르주아라든가 소귀족 등으로 불리던 중류층 집안 출신이었다. 그의 가문은 파클레 형제들에게서 티르샤프의 영지를 상속받았는데 그 땅은 파리주교의 관할이었다. 그 영지 안에 있는 집 21채는 13세기에 이따금 소송에 휘말려 종교재판소 판사 앞에 서야만 했다. 클로드 프롤로는 그 영지의 소유자로서 파리와 근교에서 소작료를 받는 '147명의 영주' 가운데 한 사람이었다. 생마르탱 데 샹 수도원에 보관된 기록부에 프랑수아 르 레즈 소유의 탕카르빌 저택과 투르 학교 사이의 영주로서 그 이름이 올라 있는 것을 확인할 수 있다.

그가 어릴 때부터 클로드 프롤로의 부모는 그를 성직자로 만들려 했다. 그래서 라틴어를 배우는 것은 물론 여느 사제들처럼 눈을 내리깔고 낮은 목소리로 말하도록 훈련받았다. 그의 아버지는 그가 아주 어릴 적부터 대학구 안 토르시 학교에 보내 클로드를 꼼짝 못하게 했다. 그는 거기서 줄곧 미사전서와 그리스어 사전을 벗 삼아 성장했다.

또한 그는 성향이 차분하고 근엄하며 성실한 소년으로, 열심히 공부했고 기억력이 좋았다. 쉬는 시간에도 크게 떠들지 않는 것은 물론, 푸아르 거리에서 다른 학생들이 미치광이 소동에 빠져들 때도 함께 휩쓸리거나 하지 않았다. 그래서 그는 '따귀를 갈기고 머리털을 쥐어뜯는다'는 말이 무슨 뜻인지도 몰랐다. 연대기 작가들이 '대학의 여섯 번째 소동'이라는 제목 아래 엄숙하게 기록하고 있는 1463년의 폭동에도 전혀 관여하지 않았다. 그리고 짧은 망토를 걸치고 다닌다 해서 '카페트'로 불리는 몽타귀의 가난한 학생들을 비웃는 일도 없었다. 도르망 학교의 장학생들이 정수리 부분을 동그랗게 깎고 청록색—카트르 쿠론 추기경의 규약에 쓰인 말로는 '수수한 파랑이나 자주색'—의 세 가지 색상으로 된 외투를 입는 것을 두고 놀리는 법도 없었다.

대신에 그는 생장 드 보베 거리의 크고 작은 여러 학교에 부지런히 출석했다. 생피에르 드 발 수도원장은 성당법 강의 시간이면 언제나 교단 맞은편 기둥에 바짝 붙어 앉은 한 사람을 맨 먼저 발견하곤 했다. 바로 클로드 프롤로였다. 그는 뿔로 된 잉크병을 옆에 놓고 펜 끝을 깨물어 낡아빠진 무릎에 대고 길들였으며, 겨울에는 손가락에 입김을 불어 언 손을 녹이며 수업이 시작되기를 기다렸다. 성당학 박사인 밀 딜리에는 월요일 아침이면 셰프 생드니 교문이 열리는 시각에 맞추어 가장 먼저 헐레벌떡 뛰어오는 학생을 볼 수 있었는데 그 역시 클로드 프롤로였다. 그리하여 클로드 프롤로는 신부지망생이던 16살 때 이미 신비신학에서는 성당의 신부 앞에서, 또 스콜라신학에서는 소르본의 박사 앞에서 자기 주장을 펼칠 정도로 학식을 갖추게 되었다.

신학공부를 마친 뒤 그는 교령집 연구에 매달렸다. '판결집의 스승'(12세기 이탈리아 출신 신학자 페트루스 롬바르두스)의 저서에서 '샤를마뉴의 법령집'까지 섭렵했다. 그리고 학구열에 불타 교황령집과 히스팔리스의 주교 테오도르의 교령집, 보름스의 주교 부샤르의 교령집, 샤르트르의 주교 이브의 교령집, 나아가서는 샤를마뉴의 법령집에 이은 그라티아누스의 교령집은 물론 그레고리우스 9세의 교령집과 호노리우스 3세의 서한〈거울에 대하여〉까지 차례로 탐독해나갔다. 그는 테오도르 주교가 618년에 열고 그레고리우스 교황이 1227년에 막을 내린, 중세의 무질서 속에서 실시된 민법과 성당법이 오랜 세월 소란과 동요를 겪으면서도 스스로를 지켜나간, 그 시대의 역사에 정통하게 되었다.

마침내 교령에 통달하게 된 그는 의학과 학예연구에 뛰어들었다. 그는 약초학과 고약(膏藥)학에 대해서도 연구했다. 차츰 그는 열병이나 타박상은 물론 상처와 종기에 관해서도 전문가가 되었다. 자크 데스파르(15세기 명의)라면 그를 내과의로 인정했을 것이며 리샤르 엘랭(15세기 대학의학부장)이라면 외과의로 인정했을 것이다. 그 밖에도 그는 여러 예술과 학문의 학사와 석사, 박사학위를 취득했다. 뿐만 아니라, 그 시절로선 드물었던 라틴어와 그리스어, 히브리어 등의 영역을 넘나들며 즐길 정도였다. 세상의 학문이란 학문은 모두 통달하려는 열병에 사로잡혀 있었던 것이다. 마침내 열여덟의 나이에 대학의 4개 과정, 즉 신학, 법학, 의학, 예술이 모두 그의 머릿속에 정립되었다. 젊은 클로드 프롤로는 오직 배우는 것이 인생의 목표인 것처럼 보였다.

바로 그즈음이었다. 1466년 여름, 끔찍한 무더위는 무시무시한 질병 페스트를 몰고 와 파리의 자작령에서 무려 4만 명 이상의 목숨을 앗아갔다. 그중에는 장 드 트루아의 말대로 "매우 덕망 있고 지혜롭고 유쾌한 국왕의 천문학자 아르눌 님"의 목숨도 있었다. 특히 티르샤프 거리가 페스트로 입은 타격이 매우 크다는 소문이 대학구까지 퍼져 있었다. 그곳이 바로 클로드의 부모가 사는 영지였다. 클로드는 소문을 듣고 놀라 집으로 달려가 보았지만 아버지와 어머니는 이미 전날 세상을 떠난 상태였다. 아직 배내옷을 입은 갓난아기 동생만이 요람 속에서 혼자 울고 있었다. 이제 클로드의 피붙이라곤 그 어린 동생뿐이었다. 그는 어린 동생을 안고 생각에 잠긴 채 밖으로 나왔다. 그 전까지 그는 오직 학문의 세계 안에서만 살고 있었으나 그 순간부터 비로소 진정한 의미의 인생으로 발을 들여놓은 것이다.

갑자기 닥친 불행은 그의 인생에 위기를 몰고 왔다. 고아에 장남이며, 19세기 가장이 된 클로드는 학교에서의 몽상에서 끌려나와 세상 속으로 난폭하게 내동댕이쳐진 기분이었다. 갑작스러운 현실에 망연자실해 있던 그는 곧 정신을 추스르고 자신보다 더 가엾게 된 동생에 대한 사랑과 헌신을 다짐한다. 책 외엔 사랑해본 적이 없는 그의 가슴에 인간에 대한 애정이 싹튼 것은 어찌 생각해보면 기이하기도 하고 즐겁기도 했다.

그의 애정은 신기할 정도로 격렬해졌다. 세상일이라고는 아무것도 모르던 클로드에게 이것은 마치 첫사랑 같았다. 아주 어릴 때부터 가족과 떨어져 수도원 테두리를 벗어나지 못한 채 오로지 책을 벗 삼아 살며, 그 속에서 자신의 지성을 갈고닦아 배우는 기쁨만을 인생의 낙으로 여기며 살았다. 그런 그에게 인간에 대한 애정이 무엇인지 알고 느낄 여유는 없었던 것이다. 하지만 아버지와 어머니를 한꺼번에 잃은 이 어린 동생이 하늘에서 떨어진 것처럼 갑자기 그의 품 안으로 들어온 순간, 그는 전혀 다른 사람이 되었다. 그는 이 세상에 소르본의 사색이나 호메로스의 시구와 다른 것이 존재한다는 것을 알게 되었다. 인간에게는 애정이 필요하다는 것도. 그리고 인생에 온정과 사랑이 없다면 그것은 마치 기름기가 없어 시끄러운 소리를 내는 기계 장치와 같다는 것을 깨닫게 된 것이다. 그는 아직은 공상 속에 살 나이였으므로 필요한 것은 피붙이와 가족에 대한 사랑뿐이었다. 사랑하는 동생 하나만으로도 삶 전체를 채우기에 충분하다고 생각했다.

그래서 그는 어린 동생을 위해 열정적으로 모든 것을 바칠 각오를 다졌다.

사랑스러운 금발고수머리의 가엾은 동생은 세상에 형 말고는 달리 의지할 데가 없는 처지였으니, 생각만 해도 가슴이 아려왔다. 그는 동생의 미래에 대해서도 진지하게, 무한한 자비심을 가지고 생각했다. 그에게 동생은 부서지기 쉬운 너무나도 소중한 존재 그 이상이었다. 그는 어린 동생에게 형은 물론 어머니 역할까지도 해야 했다.

어린 동생 장은 아직 젖먹이였으므로 클로드는 동생을 위해 유모를 구했다. 그는 아버지에게서 티르샤프의 영지 말고도 장티이의 사각탑에 속하는 '풍차장' 영지까지 이미 상속받은 상태였다. 그것은 비세트르 성 근처 언덕 위에 있는 방앗간이었다. 그 방앗간은 대학에서도 그리 멀지 않은 데다 그곳 안주인이 포동포동한 어린애를 기르는 것을 보고는 그녀에게 동생 장을 부탁했다.

그때부터 그는 무거운 책임감을 느끼고 인생에 대해 진지하게 생각하기 시작했다. 그에게 동생은 생각만 해도 마음의 휴식이 되어줄 뿐 아니라 공부하는 이유가 되었다. 그는 동생의 미래를 위해 자신의 모든 것을 바치기로 결심하고, 결혼은 물론 아이도 낳지 않겠다는 각오를 다졌다. 그래서 그는 성직자로서만 충실하기로 한 것이다. 그는 재능과 학식이 출중할 뿐만 아니라 파리주교가 아끼는 제자였으므로 그 앞에는 출세의 문이 활짝 열려 있었다. 그는 20살 때 교황청의 특별임명을 받아 신부가 되었고, 노트르담 대성당에 속한 가장 젊은 신부로서 늦은 시각에 열리는 탓에 "게으른 사람들의 미사"라고 불리는 미사를 집전하게 되었다.

그는 노트르담의 신부가 된 뒤에도 하루에 1시간, 동생을 맡긴 방앗간에 갈 때 말고는 늘 책에서 눈을 떼지 않았다. 그는 나이에 어울리지 않는 풍부한 학식과 근엄한 인격으로 동료들의 존경과 찬탄을 한 몸에 받았다. 학자로서의 그의 명성은 수도원을 넘어 일반인들에게까지 알려지게 되었는데, 그 과정에서 왜곡되고 과장된 면이 없지 않아 사람들 사이에선 마법사로 알려지게 되었다.

버려진 아이를 놓아두는 판자 주위의 술렁거림에 클로드의 시선이 미친 것은 부활절 후 첫 주일, 카지모도의 아침이다. 성모상에서 가장 가까운 오른쪽 본당으로 통하는 성가대석 옆 제단에서 게으른 사람들의 미사를 끝마치고 막 돌아오던 참이었다.

그가 뭇 사람들로부터 혐오와 위협을 당하고 있던 어린 생명에게 다가간 것은 바로 그때였다. 그 비참함, 흉측하게 일그러진 얼굴, 버려짐, 그와 동시에 어린 동생에 대한 생각이 겹쳐 자기가 없어지면 천애고아가 될 가엾은 동생도 저런 비참한 꼴을 당하리라는 데에 생각이 미치자 버려진 아이가 가엾고 안쓰러워 그 아이를 데려갔던 것이다.

자루에서 꺼내 보니 아이는 생각했던 대로 매우 심한 기형이었다. 한쪽 눈에는 사마귀가 혹처럼 달려 있고, 머리는 두 어깨 사이로 파묻히듯 들어가 있으며, 등은 활처럼 휘었을 뿐 아니라, 가슴뼈는 툭 불거져나온 데다 두 다리는 괴상하게 뒤틀려 있었다. 그럼에도 그 아이는 분명 살아 있었고 무슨 말을 하듯 우물거리는 소리는, 알아들을 수는 없지만 힘과 건강상태를 짐작케 했다. 클로드의 측은지심은 더욱 깊어졌다. 앞으로 동생을 키우면서 그가 만에 하나 어떤 잘못을 저지르더라도 오늘의 적선으로 조금이나마 보상받기를 바라는 마음으로, 동생을 위해 이 불쌍한 아이를 기르겠다고 다짐했다. 이 선행이 어린 동생의 신상에 결실을 맺도록 씨앗을 뿌리려는 것이다. 즉 동생이 훗날 천국에 들어갈 때 통행세를 납부하는 곳에서 내놓아야 할 어떠한 화폐, 즉 선행이 부족하여 곤란을 겪지 않도록 지금부터 하나씩 씨를 뿌려두려는 것이었다.

클로드는 주워온 아이에게 영세를 받게 하고, 카지모도라는 이름을 붙여주었다. 그 이름은 아이가 자신에게 발견된 날을 나타낼 뿐 아니라, 가여운 어린것이 얼마나 불완전하고 흉측한 모습인지 특징을 잘 나타낸다고 생각했다. 사실 애꾸눈에 곱사등이, 게다가 절름발이인 카지모도는 '거의' 인간의 모습을 한 생물이라고밖에 할 수 없는 아이였다.

3 짐승보다 더 무서운 짐승지기

 이 이야기가 시작된 1482년에 카지모도는 이미 완전히 자라 있었다. 그는 양아버지 클로드 프롤로 덕분에 몇 년 전부터 노트르담의 종지기 노릇을 하고 있었다. 클로드 프롤로가 부주교가 된 것은 영주인 루이 드 보몽 덕분이었다. 루이 드 보몽은 후원자인 올리비에 르 댕의 도움으로 기욤 샤르티에가 죽은 뒤 1472년에 파리의 주교가 되었다. 올리비에 르 댕은 천운을 입어 국왕 루이 11세의 왕실 이발사로 일한 사람이다.
 이리하여 카지모도는 노트르담의 종지기가 되었던 것이다.
 시간이 흐를수록 카지모도와 노트르담 대성당 사이에는 딱히 뭐라 짚어 말할 수 없는 어떤 유대감 같은 것이 생겨나고 있었다. 근본을 알 수 없는 출생이력과 선천성 기형이라는 숙명의 무거운 굴레 속에서 어려서부터 완전히 세상과 동떨어진 채 살아가게 된 카지모도는 다행스럽게도 자신을 받아준 성당 벽 너머의 세상일에 대해서는 아무런 관심도 갖지 않으려는 버릇이 생겨버렸다. 그에게 노트르담 대성당은 차츰 자라 성인이 되어가는 동안 알껍데기 역할을 하는 보호막이었고, 때로는 안전한 둥지였으며, 집이자 조국이며 하나의 우주가 되었다.
 분명 그와 이 건물 사이에는 그가 태어나기 전부터 존재하고 있었던 것만 같은 신비로운 조화가 있었다. 클로드 프롤로 신부가 그를 거둔 뒤로 아주 어린 그가 성당의 둥근 천장 아래나 어두운 구석에서 몸을 구부리거나 절룩이면서도 팔짝팔짝 뛰며 날렵하게 움직일 때면 그 모습은 얼굴만 인간일 뿐 팔다리는 짐승의 그것처럼 보였다. 마치 로마식 원기둥머리의 그림자가 갖가지 이상야릇한 형상을 던지는 축축하고 그늘진 바닥을 기어다니는 뱀이나 도마뱀 같았다.
 언젠가 그가 처음으로 우연히 종탑 줄에 매달려 종을 울리는 것을 본 양아버지 클로드는 마치 처음으로 말문이 트인 어린아이를 보듯 몹시 기뻐했다.

그렇게 노트르담 대성당 어딘가에 끼어 바깥나들이도 하지 않은 채 오직 그곳에서 대성당의 기운을 받으며 살아가는 동안 카지모도는 조금씩 성당과 닮아가고 있었다. 이를테면 성당 안에 틀어박힌 채 거의 성당의 일부가 되어버린 것이다. 이런 비유가 적절할지 모르지만, 그는 울퉁불퉁 불거진 몸의 일부분이 성당 건물의 움푹움푹 들어간 부분에 적당히 들어박힘으로써 그곳에 그냥 사는 것이 아니라 마치 본디부터 가지고 있던 껍질 속에 들어간 달팽이 같았다. 즉 노트르담은 그의 집일뿐 아니라 소굴이며 몸의 일부인 겉껍질이기도 했다. 그와 이 낡은 성당 사이에는 매우 깊은 본능적 교감과 자기적(磁氣的)인 친화력, 물질적인 유사성이 있었다. 그 친화력은 서로를 자석처럼 강하게 끌어당기고 있었는데, 거북이에게 등딱지가 붙어 있는 것처럼 그에게 노트르담은 등껍질과 다름없었다.

한 인간과 한 건물의 기이하리만큼 동질적이고 공감적인 상태를 설명하기 위해 여기서 사용한 비유들을, 여러분은 물론 글자 그대로 이해하고 받아들이지는 않으리라 생각한다. 또한 카지모도가 얼마나 오랜 시간 동안 노트르담에 파묻혀 살면서 그처럼 깊은 친밀감을 형성하게 되었는지는 굳이 설명할 필요도 없을 것이다. 노트르담 대성당은 그의 것이었다. 가장 깊은 곳이나 가장 높은 어느 탑을 막론하고 어느 한 군데도 그의 발길이 닿지 않은 곳이 없었다. 그는 자주 울퉁불퉁하게 튀어나온 것들만을 이용하여 성당 정면 꽤 높은 곳까지 맨손으로 기어오르기도 했다. 수직으로 깎아 세운 듯한 탑 표면을 도마뱀처럼 기어오르는 그의 모습을 자주 볼 수 있었는데, 높고 험준하며 무서운 쌍둥이 거인과 같은 탑을 올려다보는 것은 그에게 현기증이나 공포감은 물론 아찔한 느낌조차도 주지 못했다. 손이 닿기만 하면 매우 얌전해져서는 아무 어려움 없이 오르는 것으로 보아 마치 그 자신이 탑을 길들여놓은 것만 같았다. 거대한 대성당의 심연 속에서 마음껏 뛰거나 날고 기어오르는 동안 어느덧 그는 원숭이나 영양처럼 민첩해졌다. 마치 칼라브리아(이탈리아 남쪽 지방)의 어린아이가 걷기도 전에 바다에서 헤엄치며 노는 것처럼.

게다가 그의 몸과 마음은 대성당 모양을 본떠 형성된 것처럼 보였다. 그의 영혼이 어떤 상태에 있었으며 어떤 습관이 생겼는지, 그리고 그 발육부전의 몸과 야성적인 생활 속에서 어떤 모양새를 갖게 되었는지 알아내기란 쉽지 않을 것이다. 카지모도는 태어날 때부터 애꾸에다 꼽추였으며 절름발이였다. 클로드 프롤로가 그에게 말을 가르치고 입을 떼게 하기까지 들인 노고와 인내심은 엄청난 것이었다. 그러나 카지모도의 불행은 거기가 끝이 아니었다. 그가 노트르담의 종지기가 되던 14살 무렵에 또 하나의 불행이 닥쳤고, 그것은 그를 완전한 불구로 만들어버렸다. 어쩌면 그것은 종지기에게는 필연적인 운명인지도 몰랐다. 종소리가 그의 고막을 망가뜨림으로써 귀머거리가 된 것이다. 자연이 그에게 유일하게 열어두었던 세상을 향한 문마저도 영원히 닫혀버린 것이다.

소리마저 듣지 못하게 됨으로써 카지모도는 그의 영혼 속에 스며 있던 단 하나의 기쁨과 빛을 잃은 것이나 마찬가지였다. 그 뒤로 가엾은 영혼은 깊은 어둠 속으로 가라앉아버렸다. 그로 인한 우울증은 그의 선천적 기형과 마찬가지로 고치기 힘든 병이 되었다. 귀가 들리지 않게 되자 그는 말도 제대로 할 수 없게 되었다. 그리고 사람들의 웃음거리가 되지 않기 위해 더욱 굳게 침묵을 지키기로 마음먹었다. 입을 여는 때라곤 오로지 홀로 있을 때뿐이었다. 클로드 프롤로가 그토록 애를 써서 풀어놓은 혀를 그는 스스로 묶어버린 것이다. 그렇다 보니 다시 굳어진 그의 혀는 꼭 말을 해야 하는 경우에도 어눌하고 어설펐으며 마치 돌쩌귀가 녹슬어버린 문짝 같았다.

이제 그의 몸의 두껍고 단단한 가죽을 뚫고 들어가 영혼이 있는 곳까지 들여다보자. 처음부터 잘못 지어진 그의 몸뚱이 깊숙한 곳까지 더듬어볼 수 있을 것이다. 횃불을 들고 빛이 통하지 않는 내장 뒤쪽을 들여다보고, 이 불투명한 인간의 캄캄한 안쪽을 더듬어 구석구석 대책 없는 꼬부랑길을 찾아다니다 갑자기 밝은 빛에, 즉 이 동글 깊숙한 곳에 묶여 있는 영혼에 다다랐다고 치자. 분명 이 불행한 영혼이 뭔가 비참하고 주눅 든, 척추측만증에 걸린 모양으로 쭈그리고 있는 것이 눈에 들어오리라. 천장도 낮고 좁아터진 돌 감옥 속에서 몸을 구부린 채 늙어간 저 베네치아의 죄인처럼.

제아무리 올바른 정신이라도 일그러진 육체 속에서는 위축되지 않을 수 없다. 카지모도는 자기 내부에서 자신의 모습을 닮은 영혼이 제멋대로 움직이는 것을 분명하게 느끼지 못했다. 사물에 대한 인상은 그의 생각에 이르기 전에 매우 크게 구부러지고 꺾였다. 그의 머리는 다른 사람과 다르게 작용했다. 따라서 그의 머릿속을 지나 나오는 생각들은 모두 뒤틀려 있었다. 그러한 굴절된 사고방식은 필연적으로 잘못되고 터지고 갈라지는 결과를 낳게 마련이다.

그의 시각은 착각을 일으키기 쉬웠고 판단 또한 잘못되기 일쑤였다. 생각도 이상했으며 사리에 맞지 않았다.

불행한 육체가 낳은 첫 번째 결과는 이렇듯 사물을 보는 그의 눈을 흐려놓은 것이다. 그는 어떤 사물도 객관적인 실체 그대로 바라보지 못했다. 그에게 외부세계란 우리가 보는 것보다 훨씬 먼 거리에 존재하는 것 같았다.

이러한 불편한 육체가 낳은 또 하나의 결과는 그를 지독한 심술쟁이로 만들었다는 것이다.

그는 실제로 매우 심술궂었는데 이는 사람을 혐오했기 때문이다. 사람을 혐오한 것은 그 자신이 추악했기 때문이다. 이런 그의 기질 속에는 우리와 마찬가지로 나름대로 어떤 논리가 서 있었다.

게다가 남들과 달리 매우 힘이 세다는 것도 그를 심술궂게 만든 하나의 원인이 되었다. 홉스 또한 "억센 아이는 심술궂다"고 말하지 않았던가!

그러나 지독한 심술은 그가 태어날 때부터 지녔던 것은 아님을 인정해야 한다. 그는 사람들 사이에 처음 얼굴을 내밀었을 때부터 자신이 그들로부터 거침없는 야유와 조롱과 모욕을 받았을 뿐만 아니라 외면당해왔음을 너무나 잘 알고 있었던 것이다. 남들이 그에게 건네는 말은 모두 조롱이거나 저주였다. 자라면서 그는 증오의 말밖에 들어보지 못했다. 그는 그러한 상처들을 오롯이 제 가슴속에 아로새겼다. 그리고 사람들이 그에게 상처 입힌 무기들을 주워 모아 자기 것으로 만들었다.

결국 그는 사람들과 마주치는 것조차 싫어하게 되었다. 그에게는 대성당만 있으면 되었다. 성당 안에는 왕이며 성자, 주교들의 대리석상이 가득했지만 적어도 그것들은 성당 밖의 사람들처럼 그의 코앞에서 비열한 웃음을 터뜨리지 않았을뿐더러 늘 조용하고 친절한 눈으로 바라봐주기만 했다. 그 밖의 괴물이나 악마의 조각상들도 카지모도에게 어떤 특별한 증오를 표현하지 않았다. 어느덧 그는 그 조각상들과 닮아 있었던 것이다. 그들은 오히려 겉이 완전한 다른 인간들을 비웃고 있었다. 성자들은 그의 친구로서 그를 축복해주었고, 괴물들도 그의 친구가 되어 곁에서 지켜주었다. 그래서 그는 곧잘 그들 앞에서 오랫동안 자신의 마음을 터놓았다. 때때로 조각상들 앞에 몇 시간이고 웅크리고 앉아 혼자 중얼중얼 이야기하곤 했다. 만약 갑자기 누군가 나타나기라도 하면 사랑하는 여인의 창문 아래에서 세레나데를 부르다 들킨 남자처럼 달아나버렸다.

노트르담 대성당은 그에게 사람 사는 사회였을 뿐만 아니라 우주이자 대자연이었다. 그는 늘 꽃이 피어 있는 스테인드글라스 창 말고는 다른 꽃이나 열매를 꿈꾸지 않았으며, 색슨식 원기둥머리의 덤불 속에서 지저귀는 새들이 있었으므로 다른 나무 그늘을 바라지도 않았다. 그에게 성당의 거대한 종탑들은 산이었고, 담 너머로 펼쳐진 왁자지껄한 파리 시가지는 망망대해와 같았다.

그에게 어머니와도 같은 이 건물 안에서 그가 가장 사랑한 것은, 영혼을 일깨우고 동굴 안에 웅크리고 있던 영혼의 날개를 펼치게 해주며 때때로 행복마저 느끼게 해주는 대성당의 종들이었다. 그는 그것들을 사랑하고 어루만지며 그것들과 이야기를 나누고 그것들의 기분을 이해했다. 성당 바깥쪽 주종에서부터 정면 현관의 큰 종에 이르기까지 모두 사랑스러웠다. 바깥쪽 종루와 2개의 종탑은 그에게 자신이 키우는 새들의 새장 같은 존재였다. 그가 키워낸 종은 이 새장 속에서 그만을 위해 작은 새처럼 노래했다. 그 종들이 자신을 귀머거리로 만들었지만 어머니가 자기를 가장 괴롭힌 자식을 여전히 사랑하는 것처럼 그는 종들을 사랑했다.

사실 그에게 들리는 유일한 소리는 바로 종소리였다. 그런 의미에서 그는 큰 종을 가장 사랑했다. 축제일이 되면 그의 주위에서 소란스레 재잘대는 아가씨들 같은 종들 가운데 그가 가장 좋아하는 것이 바로 그 종이었다. 그 종의 이름은 마리였다. 그녀는 남쪽 탑 속에 동생 자클린과 단둘이 매달려 있었다. 마리보다 키가 좀더 작은 자클린은 마리의 종루 옆, 조금 작은 탑 안에 들어 있었다. 이 자클린이라는 이름은 종을 기증한 장 드 몽타퀴의 아내 이름을 딴 것이다. 이런 헌납에도 불구하고 그는 몽포콩 형장에서 목이 잘리고 말았다. 두 번째 탑 속에는 6개의 종이 있었다. 끝으로 그보다 작은 6개의 종이 나무 종 하나와 함께 위쪽 외진 종루 안에 들어 있었다. 이 나무 종은 성목요일 저녁부터 부활절 아침까지만 울리게 되어 있었다. 그러므로 카지모도는 후궁으로 15개의 종을 가지고 있었던 셈이고, 가장 사랑하는 것은 뚱뚱한 그녀, 마리였다.

종들이 일제히 울리는 날, 그의 기쁨은 상상조차 하기 어려울 정도이다.

3 짐승보다 더 무서운 짐승지기

"자, 이제 시작하거라!" 하는 부주교의 말이 떨어지는 순간, 그는 종루의 나선 모양 계단을 다른 사람이 내려오는 속도보다도 훨씬 빠르게 뛰어올라갔다. 그는 큰 종이 있는 탑 안으로 황급히 뛰어들어가 숨을 고르며 사랑이 담뿍 담긴 눈길로 그녀를 바라본다. 그러고는 조용히 말을 걸며 곧 장거리 달리기에 나서는 애마를 어루만지듯 다정하게 쓰다듬는다. 이제부터 그녀가 견뎌야 할 고통과 수고로움을 안쓰러워하는 것이다. 곧이어 그는 탑 아래쪽 계단에서 밧줄을 잡고 대기하고 있는 조수들에게 시작하라고 외친다. 조수들이 일제히 밧줄에 매달리면서 도르래가 삐걱거리기 시작하면 이윽고 거대한 종이 천천히 움직이기 시작한다. 카지모도는 가슴을 두근거리며 눈으로 종의 움직임을 좇는다. 청동 벽면과 추가 처음으로 부딪쳐 그가 걸터앉은 뼈대에까지 진동이 퍼진다. 카지모도는 종과 한 몸이 되어 온몸에 전율을 느낀다. 그 순간 그는 만족스러운 쾌감에 미친 듯이 웃음을 터뜨린다. 그러는 사이 큰 종의 움직임은 점점 빨라지고 흔들림의 폭이 커진다. 그에 따라 카지모도의 동공도 더욱 크게 열리며 반짝반짝 빛이 나고 감정이 격해진다. 이윽고 대성당의 모든 종이 일제히 울리면 종소리는 더욱 커지고 탑 전체가 흔들리며 뼈대와 납덩어리와 석재와 기초에서부터 탑 꼭대기의 클로버 장식에 이르기까지 모든 것이 울려퍼진다. 카지모도는 입에 거품을 물고 이리저리 왔다 갔다 한다. 종탑과 더불어 머리에서 발끝까지 떤다. 갇힌 몸에서 풀려나 미친 듯이 날뛰는 종은 청동의 입을 양쪽 벽면으로 번갈아 향하면서 16킬로미터 밖에서도 들리는 폭풍 같은 숨결을 내뿜는다. 카지모도는 활짝 열린 종의 아가리 앞으로 바짝 다가가 웅크렸다가 종이 돌아가면 다시 일어서며 거친 숨을 들이마신다. 그는 발아래로 60미터쯤 떨어진 광장에서 사람들이 바글대는 모습과 시시각각 아우성치는 그 거대한 종의 혀를 번갈아 바라본다. 이것이야말로 그가 들을 수 있는 단 하나의 말소리, 우주의 침묵을 깨뜨리는 유일한 소리였다. 그는 마치 햇볕을 즐기는 새처럼 그 소리에 마음이 상쾌해지는 것을 느낀다. 그러다 갑자기 종의 광란이 그를 사로잡아 눈은 이상한 빛을 띠기 시작한다. 거미가 파리를 노리듯 종이 가까이 다가오기를 기다렸다가 덮치듯이 필사적으로 냅다 뛰어오른다. 그는 이제 심연 위에 매달려 엄청난 진동 속에 몸을 맡긴 채 청동괴물의 귀를 붙잡고 두 무릎으로는 종의 허리를 옥죄고, 양쪽 발뒤꿈치로는 더욱 박차를 가하여 제 몸의 무게와 충격을 더해 맹렬하게 종을 울리는 것이다. 그가 미친 듯이 고함을 지르며 이를 갈고 붉은 머리털이 잔뜩 곤두선 채, 대장간의 풀무 같은 괴상한 소리를 지르며 불꽃이 타오르는 듯한 눈빛을 하는 동안 괴물 같은 종은 그의 몸뚱이 아래서 헐떡거리며 울었고 탑은 요란하게 흔들렸다. 그럴 때면 그것은 더 이상 노트르담의 종도 카지모도도 아닌, 하나의 꿈이자 소용돌이이며 폭풍이었다. 소리에 올라탄 현기증이자, 하늘을 나는 말의 엉덩이에 매달린 정령, 반은 사람이고 반은 종의 모습을 한 기이한 켄타우로스(그리스 신화에 나오는 반인반마)였다. 살아 있는 놀라운 청동 히포그리프(말 몸에 독수리 머리와 날개를 가진 전설 속 괴물)에게 실려가는 무서운 아스톨프(아리오스트의 서사시 《광란의 오를란도》에 나오는 인물) 같은 것이었다.

 이 유별난 존재가 있음으로써 노트르담 안에는 뭔가 알 수 없는 생명의 숨결 같은 것이 온통 감돌고 있었다. 민중의 근거 없는 이야기에는 조금 과장된 데가 있긴 하지만 아무튼 그들 이야기에 따르면, 카지모도에게서는 이상한 방사물질이 나와 노트르담의 모든 돌들에 생기를 불어넣고 이 오래된 성당 구석구석을 숨쉬게 한다는 것이다. 그가 거기에 있는 것만으로도 성당의 회랑과 정면 현관의 수많은 조각상들이 살아 움직이는 것처럼 보였다. 또한 대성당은 그의 말만 듣는 온순하고 고분고분한 생물처럼 제 목소리를 내기 위해 그의 명령만을 기다리며, 마치 수호신에게 그러하듯 카지모도에 의해 수유당하고 충만해지는 깃 같았다. 그가 이 드넓은 건물에 숨결을 불어넣는 듯했다. 그는 신출귀몰하듯 성당 내 어느 장소에나 존재했으며, 그가 활약하지 않는 곳이 없었다. 사람들은 누군가가 탑의 가장 높은 꼭대기에 기어오르거나 몸을 비틀며 네 발로 기어다니고, 바깥쪽 심연을 내려다보면서 내려와 건물의 모서리에서 모서리로 뛰어다니고, 어느 괴물 조각상의 배 속을 뒤지는 것을 볼 때가 있었는데 그것은 까마귀들을 둥지에서 쫓아내는 카지모도였다. 때로는 성당의 컴컴한 구석에 웅크리고 앉아 얼굴을 찌푸리고 있는 살아 있는 키마이라와 맞닥뜨리는 수도 있었는데 그 또한 생각에 잠긴 카지모도였다. 때로는 종루 밑에서 아주 큰 머리통과 한 덩이의 너저분한 팔다리가 줄에 매달려 열심히 흔들리고 있는 것을 목격할 수도 있는데, 이는 카지모도가 밤 기도를 알리는 종을 치는 모습이었다. 밤에는 기괴한 형상 하나가 이따금 성당 애프스 주위의 가장자리를 둘러싼 레이스 모양의 들쭉날쭉하고 빈약한 난간 위를 어슬렁거리는 것을 볼 때도 있었는데, 그 역시 노트르담의 꼽추 카지모도였다. 그럴 때면 성당 전체가 어떤 환상적이며 초자연적이고 무시무시한 존재로 보인다고 이웃 여자들은 말했다. 수많은 조각상들이 성당 곳곳에서 눈을 뜨고 입을 벌렸다는 것이다. 대성당 주위로 밤낮을 가리지 않고 목을 뻗치고 두 눈을 부릅뜨고 입을 벌린 채 보초를 서고 있는 돌로 된 개나 뱀, 용들의 부르짖음이 들리고, 크리스마스 밤 같은 때면 큰 종이 숨을 헐떡이는 듯한 소리를 내며 신자들을 자정미사로 이끈다. 그사이 대성당의 어두운 정면 위에는 매우 야릇한 분위기가 감도는데 마치 큰 현관문이 사람들을 집어삼키고 장미창이 그것을 바라보는 것 같다고 한다. 이 모든 환상과 오해는 바로 카지모도 탓이었다. 이집트인이라면 그를 이 신전의 신으로 여겼을 테고, 중세였다면 그를 성당의 수호신으로 믿었으리라. 그는 노트르담의 영혼이었던 것이다.

  이런 이유로 카지모도가 존재했다는 것을 알고 있는 사람들의 눈에는 오늘날 노트르담이 황량하고 숨쉬지 않는 죽은 장소로 보일 것이다. 사람들은 뭔가 사라지고 빠져 있다는 느낌을 받는다. 거대한 육체는 속이 텅 빈 해골일 따름이다. 정신은 그것을 떠나버렸고 껍질만이 남아 있을 뿐이다. 그것은 마치 눈이 있던 자리에 구멍은 남아 있되 눈동자는 사라져버린 머리뼈같이 보일 것이다.

4 개와 그 주인

 카지모도가 모든 인간에게 악의와 증오심을 품고 있었음에도 단 한 사람 예외가 있었다. 카지모도는 그 사람을 대성당만큼, 아니 그 이상으로 사랑했다. 바로 클로드 프롤로다.
 이유는 간단했다. 클로드 프롤로는 그를 주워 양자로 삼은 것은 물론, 먹이고 입히고 길러주었기 때문이다. 어려서부터 개나 다른 아이들이 뒤따라 다니며 놀림감으로 삼을 때마다 으레 숨어들어간 곳이 바로 클로드 프롤로의 다리 사이였다. 클로드 프롤로는 그에게 읽기와 쓰기는 물론 말하기를 가르쳤다. 그리고 마침내는 노트르담의 종지기를 맡겨주었다. 카지모도에게 큰 종을 맡긴다는 것은 로미오에게 줄리엣을 안겨주는 것과 같은 의미였다.
 그 때문에 카지모도는 클로드 프롤로에게 한없는 감사와 깊은 존경심을 가졌다. 비록 양아버지가 얼굴색이 자주 어두워지고 표정이 엄하며 평소의 말투가 무뚝뚝하고 엄격했어도 그런 고마운 마음이 흔들린 적은 단 한 순간도 없었다. 카지모도는 부주교 클로드 프롤로의 가장 순종적인 노예이자 온순한 하인이었으며, 더없이 신중하고 충성스러운 개였다. 불행에 불행이 겹쳐 귀머거리가 된 뒤로 카지모도와 클로드 프롤로 사이에는 그들 두 사람 말고는 이해할 수 없는 신비한 신호로 대화가 이루어졌다. 부주교는 카지모도가 의사를 전달할 수 있는 유일한 인간이 된 것이다. 카지모도는 노트르담과 클로드 프롤로 말고는 세상의 어느 것과도 관계를 맺지 않았다.
 종지기 카지모도에 대한 부주교의 지배력과 부주교에 대한 종지기의 충성심과 애착은 세상 어느 것과도 견줄 수 없었다. 클로드가 아주 작은 신호를 보내거나 그것이 주인을 기쁘게 하는 일이라 여겨지면 카지모도는 노트르담의 탑 꼭대기에서도 기꺼이 뛰어내렸을 것이다. 카지모도가 주인을 위해 놀랄 만큼 강인한 육체의 힘을 아낌없이 사용했다는 사실은 주목할 만한 일이다. 거기에는 부모를 지극정성으로 모시는 효심이나 온순한 하인으로서의 충성심이 함께 작용하고 있었을 것이다. 또 한 영혼이 다른 영혼에게 매혹되었다고도 할 수 있다. 비참하고 뒤틀리고 쓸모없는 육신이 고상하고 심오하며 강인하고 뛰어난 지성 앞에 고개 숙여 애원의 눈길을 보내고 있는 것이다. 그러나 그 모든 것보다 큰 것은 고마움을 느끼는 마음이었다. 다른 어떤 것과도 비교할 수 없을 정도로 극에 다다른 고마움의 표현. 이는 인산들 사이에서 흔히 볼 수 없는 것이다. 카지모도는 그 어떤 개나 말, 코끼리가 주인을 사랑하는 것 이상으로 부주교를 깊이 사랑하고 있었다.

5 다시, 클로드 프롤로

1482년, 카지모도는 어느새 20살이 되었으며 클로드 프롤로는 36살이 되어 있었다. 한 사람은 어른이 되고 다른 한 사람은 나이가 들어가고 있었다.

클로드 프롤로는 더 이상 토르시 학교의 학생이 아니었으며, 어린 동생의 보호자가 아니었다. 그는 또한 많은 것을 알고 있으면서도 많은 것을 모르는 젊고 몽상적인 철학자도 아니었다. 그는 엄격하고 성실하며 까다로운 성직자가 되어 있었다. 사람의 영혼을 책임지고, 조자의 부주교이자 몽틀레리와 샤토포르의 두 수도원장직을 겸하며 시골에서 174명의 사제를 담당하는 주임신부 역할도 하고 있었다. 위엄 있고 음울한 그가 엄숙하게 생각에 잠겨 팔짱을 끼고서 넓게 벗어진 이마밖에 보이지 않을 만큼 고개 숙인 채 성가대석 높다란 아치 아래를 천천히 지나갈 때면, 흰옷이나 재킷을 입은 성가대 아이들과 하급관리들, 성 아우구스티누스 회원들이며 노트르담의 이른 아침 미사에 참석한 신학생들도 그 자리에서 숨을 죽이고 벌벌 떨었다.

클로드 프롤로 신부는 일생을 통한 두 가지 과업, 즉 학문연구와 동생의 교육을 포기하지 않았다. 그러나 시간이 흐를수록 그토록 즐겁게 헌신하던 그 일에 고통이 섞여 들었다. 폴 디아크르(*8세기 프랑스의 역사가, 시인*)의 말마따나 "가장 좋은 베이컨도 결국은 썩게 마련"이다. 자란 곳의 이름을 따서 일명 '풍차의 장'이라고 불리는 동생 장 프롤로는 클로드가 바라던 대로 자라주지 않았다. 형은 동생이 경건하고 온순하고 풍부한 지식을 가진 뛰어난 학생이 되기를 기대했다. 그러나 동생은 정원사의 갖은 노력에도 불구하고 공기와 햇빛 방향으로만 뻗어나가는 어린 나무처럼 나태와 무지, 방탕한 생활 속으로만 무성한 가지를 뻗고 있었다. 동생 장은 정말로 난잡하고 쓸모없는 악당이 되어 클로드 신부의 이맛살을 찌푸리게 했다. 그러나 한편으로는 우스꽝스럽고 엉뚱한 면이 있어 형을 미소 짓게 만들어주곤 했다. 클로드는 자신이 처음 공부와 묵상으로 여러 해를 보낸 토르시 학교에 동생을 맡겼다. 그러나 예전에 프롤로라는 이름을 널리 떨치며 명예를 드높였던 그 학교의 얼굴에 동생은 먹칠만 하고 있는지라 형으로서는 여간 난감하고 괴로운 일이 아닐 수 없었다. 그런 이유로 그는 동생에게 이따금 매우 엄격하고 장황한 설교를 하곤 했는데 동생은 참을성 있게 그 시간을 견디었다. 말하자면 이 젊은이는 어느 희극에서나 볼 수 있는 악당 같으면서도 실은 사람 좋은 인물이었던 것이다. 그러나 설교가 끝나면 곧바로 엉뚱한 짓을 해댔다. 언젠가는 '병아리'라고 일컫는, 대학에 갓 들어온 신입생을 환영한답시고 정신 못 차리게 들볶았는데 그것은 오늘날까지도 전통이 되어 내려오고 있다. 또 학생들의 무리를 선동하여 '나팔소리에 용기가 불끈 솟아' 당당하게 술집을 덮쳐 주인을 '공격적인 몽둥이'로 흠씬 두들겨 패고는 기세 좋게 술집을 약탈했다. 그것으로도 모자라 지하저장고의 포도주통 바닥을 구멍내버리기까지 했다. 그 뒤 토르시 학교의 자습 감독생 보조가 당장 울음을 터뜨릴 것 같은 얼굴로 '싸움의 첫째 원인은 학생들이 가장 좋은 포도주를 마셔버린 것'이라는 참담한 글이 적힌 라틴어 보고서를 클로드 신부에게 가져왔다. 게다가 한술 더 떠서 장의 나이 아직 16살임을 감안할 때 매우 당황스러운 일이 아닐 수 없는, 글라티니 거리로 여자를 사러 드나든다는 말도 들려왔다.

이 때문에 클로드는 인간을 사랑하는 일에 실망하고 몹시 괴로워하다가 전보다 더 열정적으로 학문에 빠져들었다. 학문이라는 이름의 누이는 사람 눈앞에 대고 비웃지 않았으며, 시간과 노력을 투자한 만큼 반드시 보답해주었다. 그리하여 그의 학문은 더욱더 깊어져갔고 성직자로서도 더욱 엄격해졌으며, 인간으로서는 점점 더 슬픔이 짙어졌다. 사람의 지성과 품성, 인격 사이에는 어떤 상관관계가 있는데 이 관계는 끊임없이 발전하며 어지간히 큰 동요가 있지 않은 한 깨어지지 않는다.

클로드 프롤로는 젊어서부터 공식적으로 인정받고 있는 거의 모든 학문을 섭렵했다. 그래서 '이 세상 끝'에서 멈추어 서지 않는 한 어떻게 해서든 더 앞으로 나아가 만족을 모르는 그의 지적 활동을 위해 새로운 양식을 구하는 수밖에 없었다. 제 꼬리를 물고 있는 옛 뱀의 상징은 특히 학문에 매우 적절한 비유이다. 클로드 프롤로는 그것을 느끼고 있었다. 점잖은 사람들 중에는 그가 인간의 지식 가운데 '인간에게 허락된 부분'은 모두 파헤친 뒤, 대담하게도 '인간에게 허락되지 않는 부분에까지 뛰어든 사람'이라고 잘라 말하는 이들도 있었다. 그들에 따르면, 그는 슬기의 나무에 열린 사과를 차례로 모두 먹어치운 바람에 결국 금단의 열매까지 손을 대기에 이르렀다는 것이다. 여러분도 알다시피 그는 소르본의 신학강의, 생틸레르 상 옆에서 열리는 예술가들의 집회, 생마르탱 상 옆에서 열리는 성당법령 학자들의 토론회는 물론, 노트르담의 성수반 옆에서 열리는 의사들의 모임 등에 차례로 출석하고 있었다. 4학부라 불리는 4개의 커다란 조리실에서 공들여 요리하여 인간의 지성 앞에 올려진, 세상에 인정받고 허락된 갖가지 음식들을 모두 먹어치웠지만 아직도 그의 배는 채워지지 않아 늘 배고픈 상태였다. 그래서 물질적이고 유한한 온갖 학문을 더 멀리 더 깊이 파헤쳐 나갔다. 그는 영혼을 걸고 있었음이 분명하다. 그리고 연금술사나 점성술사들이 모이는 동굴 속 그 신비한 테이블에 앉게 되었던 것이다. 중세의 학자 이븐 루슈드(12세기의 이슬람 철학자, 아리스토텔레스의 주석자)와 기욤 드 파리스(13~14세기의 철학자, 파리 주교), 니콜라 플라멜은 이러한 학문의 대미를 장식하는 대가들이다. 이 학문의 기원은 그 유명한 일곱 촛대(유대교 제사에 쓰이는 촛대)에 비쳐진 동양의 신비주의자들, 솔로몬이나 피타고라스나 조로아스터까지 거슬러 올라간다.

옳고 그름을 떠나서 세상 사람들은 그를 이렇게 상상하고 있었다.

분명한 것은, 클로드 프롤로 부주교가 1466년에 페스트로 세상을 떠난 사람들과 함께 부모님이 잠들어 계신 생지노상 묘지를 찾아가곤 했지만, 부모 무덤의 십자가보다는 바로 옆에 세워진 니콜라 플라멜과 클로드 페르넬(플라멜의 아내)의 기묘한 모양이 새겨진 묘비에 더욱더 경건한 태도를 보였다는 것이다.

그가 롱바르 거리를 지나 에크리뱅 거리와 마리보 거리 모퉁이에 있는 작은 집으로 숨어드는 모습이 사람들에게 자주 목격되었다. 그 집은 니콜라 플라멜이 지었으며, 1417년 무렵 그가 숨을 거둔 뒤 비어 있던 까닭에 슬슬 허물어지기 시작하고 있었다. 그도 그럴 것이 여러 나라에서 찾아온 수많은 연금술사와 현자의 돌 연구가들이 그 집 벽에 자기 이름을 함부로 새겨넣어 벽이 엉망이 되었다. 이웃 사람들은 니콜라 플라멜이 버팀돌 위에 수많은 시구와 상형문자들을 직접 새겨놓은 두 지하실에서 클로드 프롤로 부주교가 땅을 파헤치는 광경을 환기창 너머로 목격하기도 했다. 사람들은 플라멜이 그 지하실에 현자의 돌을 묻어놓았다고 생각했다. 그런 생각을 가진 마지스트리부터 파시피크 신부에 이르기까지 수많은 연금술사들이 무려 2백 년이라는 세월 동안 그곳을 집요하게 파헤치는 바람에 결국 집이 무너져내리는 지경에 이른 것이다.

또한 기욤 드 파리스 주교가 마법 주문 한 페이지를 돌에다 새겨놓은 노트르담의 상징적인 정면 현관에 부주교는 비정상적일 정도로 깊은 관심을 가졌다. 노트르담 건물의 나머지 부분이 영원히 노래하는 성스러운 시임을 감안할 때 그처럼 악마적인 권두화(券頭畵)를 붙여놓은 기욤 드 파리스는 분명 지옥에 떨어졌을 것이다. 클로드 부주교는 성 크리스토퍼의 거상이나 그 시절 사람들이 '잿빛 화상'이라고 놀려대던, 성당 앞뜰 어귀에 서 있는 수수께끼 같은 키 큰 조각상도 깊이 연구한 것으로 알려졌다. 누구나 알고 있던 일은 그가 이따금 성당 앞뜰 난간에 앉아 오랫동안 정면 현관의 조각상을 바라다보았다는 사실이다. 어느 때는 뒤집힌 등불을 든 어리석은 처녀상들을 살펴보기도 하고 또 어느 때는 똑바로 세운 등불을 든 현명한 처녀상(인간은 모두 신의 심판에 대비하고 있어야 한다는 성서의 가르침, 마태복음 25장 1~13절)들을 살피기도 했다. 왼쪽 현관에 내려앉은 까마귀 상의 시선의 각도를 몇 시간씩 계산하기도 했다. 까마귀의 시선이 대성당의 어느 한 지점을 바라보고 있는데 현자의 돌이 니콜라 플라멜의 집이 아니라면 분명 까마귀의 시선이 머문 노트르담 성당 안 어딘가에 숨겨져 있을 것이라고 믿었기 때문이다. 어쨌든 같은 시대를 사는 서로 아주 다른 두 사람, 클로드와 카지모도에게 노트르담이 저마다 다른 방법으로 이토록 사랑을 받고 있었다는 것은 매우 기이한 운명이라 할 것이다. 본능적이고 야생적이며 여느 인간과는 다른 카지모도에게 노트르담은 아름다움과 높이, 그 웅장함에서 풍겨 나오는 조화 때문에 사랑받았다. 또한 박식하고 열정적이며 상상력이 풍부한 클로드 신부에게서는 건물이 지닌 의의와 신화, 숨겨져 있는 의미로 인해 사랑을 받았다. 양피지 위에 적힌 문장 곳곳에 처음 썼다가 지워버린 문장들이 조금씩 남아 있는 것처럼 클로드 신부는 정면의 다양한 조각 아래로 언뜻언뜻 보이는 상징들을 사랑했다. 즉 성당이 지성을 향해 영원히 제시하고 있는 수수께끼를 사랑했던 것이다.

또 한 가지, 부주교는 그레브 광장이 내려다보이는 쪽의 탑 가운데 종을 매달아둔 바로 옆 작은 방을 정리하게 했다. 그곳은 그의 허락 없이는 누구도, 주교라 할지라도 결코 들어갈 수 없는 비밀스러운 장소였다. 그 방은 예전에 위고 드 브장송(브장송의 제2대 위고 주교를 가리킴, 1326~1332 재직) 주교가 탑 꼭대기 바로 밑 까마귀 집들 사이에 만든 것으로 그는 생전에 그곳에서 저주의 주술을 행하곤 했다. 그 작은 방에 무엇이 있는지는 아무도 모른다. 다만 깊은 밤이면 종루 뒤쪽 작은 채광창에 이상한 붉은빛이 규칙적으로 깜박이는 것이 이따금 보였다. 그것은 풀무가 격렬한 호흡에 박자를 맞추는 것처럼 보였는데 등불이라기보다는 어떤 불꽃에서 나오는 빛 같았다. 짙은 어둠 속에서 반짝이는 불빛은 보는 이에게 어쩐지 꺼림칙한 느낌을 주었으므로 나이든 여인네들은 이렇게 말하곤 했다. "저길 봐라, 부주교님이 불을 피우고 있어! 지옥 불이 저 위에서 번쩍거리는 거야!"

그렇다고 그런 상황이 부주교가 마법을 부린다는 증거가 되는 것은 아니었다. 그러나 '아니 땐 굴뚝에 연기 나랴?' 하는 옛말처럼 그런 일들이 빌미가 되어 부주교에게는 매우 흉흉한 소문이 따라다니게 되었다. 여기서 미리 말해두어야 할 것이 있다. 이집트의 신비학이나 강신술(降神術), 마법 등은 아무리 결백하고 무고하다 해도 노트르담 종교재판소 판사들 앞에서는 유례를 찾기 어려울 만큼 적대시되고 가차 없이 고발되어왔다는 사실이다. 클로드가 종교재판소 판사들에게 정말 두려움의 대상이었기 때문일까, 아니면 "도둑이야, 도둑!" 외치며 달아나는 도둑처럼 뻔뻔스러워 그렇게 생각한 것일까. 성당의 참사회에 속한 학식 있는 사람들은 부주교가 지옥의 문턱을 들여다본 인간이며, 강신술의 동굴에 뛰어든 인간이자 신비술의 암흑 속을 헤매고 다니는 인간이라 여겼다. 그 점에서는 일반 대중도 마찬가지였다. 조금이라도 머리가 돌아가는 사람이라면 카지모도는 악마이며, 클로드 프롤로는 마법사라고 생각했다. 종지기가 일정 시간 동안 부주교에게 봉사한 뒤, 그 대가로 그의 영혼을 가져가리라는 것이었다. 그래서 부주교는 지나치리만큼 엄격하게 생활했음에도 신자들 사이에서 좋은 평판을 듣지 못했다. 아무리 경험이 부족한 신자라도 어느새 그에게서 마법사 냄새를 맡곤 했다.

그렇게 세월이 흐르는 동안 그의 학문에는 어느덧 심연이 생겨났으며, 동시에 그의 가슴속에도 심연이 생겨났다. 얼굴에 드리워진 어두운 그림자 너머로 간신히 영혼의 반짝임을 넘겨짚을 수밖에 없었기에 사람들이 그를 그렇게 여기는 것도 당연했다. 이마는 왜 그리 벗어졌을까? 왜 늘 고개를 숙이고 다니는 걸까? 왜 늘 한숨을 쏟아내는 걸까? 찌푸린 그의 두 눈썹이 싸우려고 달려드는 두 마리 황소처럼 가까워지는 바로 그 순간, 그는 한편으로

5 다시, 클로드 프롤로

어떤 은밀한 생각을 하기에 그토록 씁쓸한 미소를 짓는 것일까? 얼마 남지 않은 머리카락은 왜 벌써 희끗희끗해진 걸까? 이따금 그의 눈 속에서 타오르는 불꽃은 마음속에 어떤 도가니를 품고 있어서일까?

부주교의 이러한 정신적 불안징후는 이 이야기가 진행되는 시기에 특히 심해졌다. 성가대의 어린 소년이 성당 안에 혼자 있는 그를 보고는 겁에 질려 달아난 일이 한두 번이 아니었다. 그 정도로 그의 눈빛은 비정상적이리만치 번쩍거렸다. 예배시간이면 그의 옆자리에 앉는 성직자는 그가 그레고리오 성가에 다른 여러 가지 가락으로 뜻 모를 가사를 끼워넣는 것을 수도 없이 들었다. 참사회의 세탁을 맡고 있는 성의 빨래꾼 아낙이 조자 부주교의 흰 법의에 손톱이나 손가락 자국이 남아 있는 것을 보고 놀란 일도 한두 번이 아니었다.

더욱이 그는 날이 갈수록 더 엄격해졌고 더 이상 모범적일 수 없을 만큼 바람직한 성직자였다. 신분으로나 성격상으로도 그는 늘 여자들을 멀리했으며, 여자라는 존재를 전보다 더 싫어하는 것 같았다. 이를테면 비단 치맛자락이 스치는 소리만 들려도 망토의 두건을 깊이 눌러쓰곤 했던 것이다. 그런 점에서 그의 신중함과 엄격함은 보통이 아니었다. 1481년 12월에 보죄 공주가 노트르담 수도원을 방문하겠다고 했을 때에도, '상하노소를 막론하고 모든 여자는 수도원에 들어올 수 없다'는 1334년 생바르텔미 축제 전날 공포된 〈흑서(黑書)〉(마술이나 강신술에 관한 책)의 규정을 주교에게 상기시키며 그녀의 방문을 엄숙하게 반대하고 나섰다. 그러자 주교는 하는 수 없이 몇몇 신분이 높은 부인, 즉 '피하기만 하면 큰 문제가 되지 않는 몇몇 지체 높은 부인'을 예외로 인정한 교황특사 오도의 명령을 인용해 보여주었다. 그럼에도 부주교는 교황특사의 명령이 〈흑서〉보다 127년이나 거슬러 올라간 1207년에 나온 것이므로 그것은 〈흑서〉가 나옴으로써 사실상 폐지된 것이라고 주장했다. 그리고 그는 공주 앞에 나타나기를 끝까지 거부했다.

또한 얼마 전부터 집시들에 대한 증오가 커지고 있었다. 그는 특별히 집시 여자들이 성당 앞 광장에서 춤추고 북 치는 깃을 금지하는 법령을 내리도록 주교에게 요청했고, 염소나 돼지, 양 등을 이용해 마법을 부렸다는 이유로 화형이나 교수형을 당한 마법사들의 사례를 모으기 위해 성당 재판소 내의 곰팡내 나는 옛 문서들을 뒤지기 시작했다.

6 나쁜 평판

앞서 말한 것처럼 부주교와 종지기는 대성당 주변의 부자나 가난한 사람 어느 쪽에게도 호감을 얻지 못했다. 클로드와 카지모도는 곧잘 함께 외출했는데 노트르담 성당 주변의 비좁고 어두운 거리를 걸어갈 때면 사람들이 뒤에서 그들을 향해 욕설과 조롱 섞인 야유를 보내고 비아냥거려 그들을 당혹스럽게 만들곤 했다. 자주 있는 일은 아니지만, 클로드 프롤로가 험상궂다는 느낌을 줄 만큼 근엄한 얼굴을 똑바로 들고 이마를 반듯이 세운 채 걷기라도 하면 그들을 놀리던 사람들은 흠칫 놀라 머뭇거렸다.

그들 두 사람은 이미 그 일대에서 레니에(16~17세기 풍자시인)가 노래한 '시인' 같은 존재였다.

어중이떠중이들이 시인들의 뒤를 쫓는다.
찌꼬리들이 지저귀며 부엉이들을 뒤따라다니듯.

어느 날엔, 약삭빠른 어린애가 통쾌감을 맛보기 위해 목숨을 걸고 카지모도의 혹을 바늘로 찔렀다. 또 어떤 때는, 예쁘장한 아가씨가 천박하고 뻔뻔스러운 얼굴로 부주교의 옷자락을 스치듯 건드리며 입을 바짝 들이대고서 "오오, 악마에 사로잡혔네!" 하고 업신여기듯 가락을 붙여 말하기도 했다. 또는 차림이 지저분한 노파들이 떼 지어 현관 계단 위에 앉아 있다가 부주교와 종지기가 지나가는 것을 보고는 심한 말로 떠들어대기도 했다. "저것 봐, 하나의 영혼을 가진 두 분이 납시셨네그려!" 뿐만 아니라, 공기놀이를 하던 학생이나 보병들도 한꺼번에 일어서서 라틴어로 함성을 지르며 자기들 딴엔 점잖게 인사를 건네기도 했다. "여어! 클로드가 이상한 다리를 가진 놈을 데리고 왔어!"

그러나 부주교와 종지기는 그런 욕설을 알아차리지 못했다. 카지모도는 귀머거리였고, 클로드는 언제나 깊은 생각에 잠겨 이런 말들이 전혀 귀에 들어오지 않았기 때문이다.

제5편

1 생마르탱의 사제

클로드 신부의 명성은 먼 곳까지 퍼져나갔다. 그가 보죄 공주의 접견을 거부했을 무렵 어떤 사람이 그를 찾아온 적이 있었다. 그때의 기억은 그 뒤 오래도록 그에게 추억으로 남게 되었다.

어느 날 저녁, 그가 일과를 마치고 노트르담 수도원 독방으로 돌아왔을 때였다. 그 방은 한쪽 구석에 연금술 가루와 매우 비슷한 수상쩍은 가루들로 가득 찬 몇 개의 유리병이 있는 것 말고는 특별히 이상할 것이 없었다. 벽면 여기저기에 뭐라고 써 붙여놓은 것들이 있기는 했지만 그것은 훌륭한 저서에서 추려낸 학문과 신앙에 관한 금언들이었다. 부주교는 책 사본이 잔뜩 쌓인 커다란 책상 앞, 불빛이 3개의 구멍으로 비쳐나오는 등잔 아래 자리 잡고 앉았다. 그가 방금 가져온 오노리우스 도탱의 〈구령(救靈)예정 및 자유의지론〉을 활짝 펼쳐놓고는 그 위에 팔꿈치를 대고, 인쇄된 2절판 책 한 권을 깊은 명상에 잠겨 뒤적이고 있었다. 그 책은 방에 있는 유일한 인쇄물이었다. 그가 한창 생각에 잠겼을 때 누군가가 문을 두드렸다. "누구요?" 갑자기 몽상에서 깨어난 학자는 고기를 뜯다가 방해받은 굶주린 사냥개처럼 외쳤다. 그러자 밖에서 대답이 돌아왔다. "자크 쿠악티에라오!" 그는 문을 열려고 일어섰다.

자크 쿠악티에는 국왕의 시의(侍醫)이고, 교활한 눈빛에 표정이 무뚝뚝한 50살쯤 된 인물이다. 그는 다른 한 사람과 함께였는데 둘 다 회색 다람쥐털로 안을 댄 청회색 긴 외투에 허리띠를 매고, 단추를 꼭꼭 채우고 있었다. 그리고 같은 천으로 된 챙 없는 모자도 눌러쓰고 있었다. 손은 소맷자락에 가려 보이지 않았고 발은 외투자락에 가려졌으며, 눈 또한 모자 그늘에 숨어 있었다.

"오 하느님, 이런 시각에 이렇게 귀하신 분들이 찾아오시다니요." 부주교는 그들을 맞아들이며 정중하게 말했다. 그러면서 한편으로는 불안하고 탐색하는 듯한 시선을 의사에게서 낯선 이에게 돌렸다.

"클로드 프롤로 부주교님 같은 대학자를 찾아뵙는데 아무리 늦은 시간이면 어떻습니까?" 프랑슈 콩테(프랑스 동부의 옛 주(州)) 지방의 사투리가 섞인 쿠악티에 의사의 말은 마치 바닥에 질질 끌리는 가운 자락처럼 장엄하게 늘어졌다.

이어서 이 무렵의 관례에 따라 의사와 부주교 사이에 의례적인 축하와 칭찬의 인사말이 오갔다. 아무리 서로 증오하는 사이라도 학자들은 이런 칭찬을 주고받았다. 이는 오늘날에도 마찬가지인데 달콤한 칭찬 이면에는 날카로운 칼날이 숨어 있기 마련이다.

클로드 프롤로는 자크 쿠악티에에게 주로 이 훌륭한 시의가 갖고 있는 갖가지 물질적 특권에 대한 찬사를 늘어놓았다. 참으로 부러운 직업이다, 왕이 병들었을 때마다 주머니가 두둑해진다, 현자의 돌 탐구보다 훨씬 뛰어나고 확실한 연금술을 갖고 있다는 따위였다.

"축하드립니다, 쿠악티에 박사님. 조카이신 피에르 베르세 신부님께서 주교자리에 오르셨다지요? 그 소식을 듣고 무척 기뻤습니다. 지금 아미앵의 주교로 계시지요?"

"그렇습니다, 부주교님. 모든 게 하느님의 자비와 은혜 덕분이지요."

"크리스마스에 원장님께서 회계원들의 선두에 서 계신 모습은 정말 위풍당당하더군요!"

"부원장입니다, 클로드 부주교님. 아직 그 정도는 아니에요."

"생탕드레 데 자르크 거리에 짓고 있는 그 훌륭한 대저택의 진행상황은 어느 정도인가요? 마치 루브르 궁전 같던데! 문에 있는 살구나무에 새겨진 '쿠악티에 저택'이라는 경쾌하고 멋스러운 장식도 참 보기 좋고요."

"안타깝지만, 클로드 부주교님. 그런 돌로 짓는 건물은 공사비용이 엄청나답니다. 집이 완성될수록 파산 날짜가 다가오는 것 같아요."

"설마 그럴 리가요! 형무소와 대법원에서 들어오는 수입도 있고, 집을 여러 채 가지고 계신 데다 푸줏간과 상점과 수도원의 단층집들에서 나오는 임대료도 꽤 되실 텐데요? 젖이 불은 젖소에게서 우유를 짜내는 것과 같지 않습니까?"

"올해 푸아시의 영지에서는 아무 수입도 없었어요."

"그래도 트리엘과 생잠과 생제르맹앙레의 통행세는 어때요? 여전히 잘 들어오죠?"

"그건 겨우 120리브르예요. 게다가 파리 주화도 아닌걸요."

"박사님은 국왕의 고문관이기도 하시잖습니까? 그건 그야말로 고정수입이지요?"

"그렇습니다, 클로드 부주교님. 하지만 폴리니 장원은 고작해야 1년에 금화 60에퀴 정도랍니다." 클로드가 자크 쿠악티에에게 보내는 찬사에는, 훌륭한 재능을 갖고 있으면서도 운이 없는 남자가 세속에 닳고 닳은 인간의 엄청난 재물 축적을 희롱하며 은근히 조롱하고 야유하는 어조와 우울하고 잔인한 미소가 담겨 있었다. 그러나 상대는 그것을 눈치채지 못했다.

"아무튼 이렇게 건강하신 모습을 뵈니 참으로 기쁩니다." 그제서야 시의의 손을 잡으며 부주교가 말했다.

"고맙습니다, 클로드 부주교님."

"그런데 말입니다. 국왕폐하의 병환은 좀 어떻습니까?" 클로드 부주교가 큰 소리로 물었다.

"어째 폐하께서는 시의에게 만족스러운 보수를 지불하지 않으시는군요." 의사는 동행한 사람을 곁눈질하며 답했다.

"그렇게 생각하시오, 쿠악티에?" 동행인의 놀라움과 비난 섞인 말투를 들은 부주교는 새삼 이 낯선 남자에게 주의를 기울였다. 사실, 그 낯선 방문객이 들어온 뒤로 계속 신경을 쓰고 있었다. 루이 11세의 절대적인 권력을 등에 업은 자크 쿠악티에 박사의 비위를 맞추고 낯선 동행인을 맞아들인 데에는 여러 이유가 있었다. 그래서 자크 쿠악티에가 다음과 같이 말했을 때 부주교의 표정은 조금도 좋아 보이지 않았다.

"그런데 클로드 부주교님, 친구를 한 사람 데리고 왔답니다. 부주교님의 명성을 듣고 만나 뵙고 싶어해서요."

"학문을 하는 분이신가요?" 부주교는 쿠악티에와 함께 온 사람을 날카로운 눈빛으로 바라보며 물었다. 그는 그 낯선 남자의 눈빛에서 자기 못지않은 날카로움과 의심을 발견했다.

희미한 불빛으로 판단할 수 있는 만큼만 짐작컨대, 그 남자는 60살쯤 된 노인이었고 중간키에 매우 쇠약하고 병들어 보였다. 옆모습은 장사꾼 같았으나 어딘지 모르게 강하고 준엄한 인상이었다. 눈동자는 동굴 깊숙한 곳에서 나오는 빛처럼 눈썹 밑에서 빛나고 있었다. 코까지 덮을 듯 눌러쓴 모자 아래로 천재의 이마에서 탄생하는 광대한 계획들이 꿈틀거리고 있을 것만 같았다.

그는 부주교의 물음에 심각한 어조로 선뜻 대답했다.

"부주교님, 높으신 명성은 익히 들어 알고 있습니다. 그래서 고견을 듣고자 찾아왔습니다. 저는 시골의 보잘것없는 귀족에 지나지 않습니다. 박학한 스승의 문을 두드리기에는 참으로 부족한 자입니다. 제 이름은 투랑조입니다."

'귀족치고는 이상한 이름이로군!' 부주교는 생각했다. 그러나 왠지 힘 있고 대단한 존재 앞에 마주 서 있는 느낌이었다. 높은 지성으로 연마된 그의 직관력이 투랑조의 모자 아래쪽에 그 못지않은 높은 지성이 자리하고 있음을 꿰뚫어본 것이다. 그 중후한 얼굴을 보고 있는 사이 자크 쿠악티에 때문에 자신의 얼굴에 떠올랐던 빈정거림과 비웃음의 빛은 지평선을 따라 스러지는 석양빛처럼 차츰 사라졌다. 그는 말없이 우울한 얼굴로 자신의 안락의자에 앉아 여느 때처럼 탁자 위에 팔꿈치를 괴고 손으로 이마를 받쳤다. 잠시 꼼짝 않고 생각에 잠겼다가 두 손님에게 자리를 권하며 투랑조에게 말했다.

"선생께서는 제 의견을 듣고 싶다고 하셨는데 어떤 학문에 관해서지요?"

"부주교님, 저는 환자입니다. 그것도 아주 중병이랍니다. 신부님께선 위대한 아스클레피오스(그리스·로마 신화에 나오는 의술의 신)라고 사람들이 그러더군요. 그래서 부주교님께 의학에 관한 도움말을 청하고 싶어서요." 투랑조가 답했다.

"의학이라고요!" 부주교는 고개를 저으며 말했다. 그리고 잠시 무슨 생각에 잠긴 듯하더니 말을 이었다.

"투랑조 선생, 뒤를 한번 보십시오. 제 대답은 저 벽에 모두 쓰여 있습니다." 그의 말대로 투랑조가 뒤돌아 머리 위 벽에 새겨진 글을 읽었다. "의학은 몽상의 산물이다—이암블리코스(3, 4세기 그리스 철학자)."

그사이, 옆에 있던 자크 쿠악티에 박사는 일행의 질문을 화난 듯 듣고 있었는데, 클로드 신부의 대답을 듣자 더욱 분개했다. 그는 투랑조의 귀에 대고 부주교에게는 들리지 않을 만큼 작은 목소리로 속삭였다. "제정신이 아니라고 진작 말하지 않았습니까? 그런데도 기어이 만나보시겠다더니!"

"어쩌면 이자의 말이 맞을지도 모르죠." 투랑조는 여전히 침착한 어조로 씁쓸한 미소를 지으며 말했다.

"좋을 대로 하세요!" 쿠악티에는 쌀쌀맞게 대꾸했다. 그러고는 부주교에게 말했다. "당신은 일을 지나치게 빨리 해결하시는군요, 클로드 부주교님. 원숭이가 개암나무 껍질을 벗기는 정도의 뜸도 들이지 않고 히포크라테스(고대 그리스의 의사, 의학의 아버지라 불린다)를 간단히 정리해버리시는구려! 의학이 몽상이라니 약장수나 몰약장수들이 여기 있다면 당신을 돌로 쳐 죽이지 않을까 염려되는군요. 그러니까 당신은 미약(媚藥)이 혈액에 미치는 작용이나, 고약이 육신에 끼치는 효과를 부정한단 말이죠? 각종 꽃이나 금속류로 이루어지는, 세계라 불리는 이 영원한 약학을 부정하는 겁니까? 이것이야말로 인간이라는 영원한 병자를 위해 특별히 만든 거라고요."

"저는 약학도 병자도 부인하지 않습니다. 제가 인정하지 않는 것은 의사일 따름입니다." 클로드 신부가 태연히 말했다.

"아니면 뭐란 말이오? 통풍이 몸속의 수포진에 기인한다는 것도, 대포로 인한 상처에는 구운 생쥐를 붙여 치료한다는 것도, 노쇠한 혈관에 젊은 피를 수혈해서 젊음을 되돌리는 것도 모두 거짓이란 말이군요. 2에 2를 더하면 4가 된다는 것도, 엠프로스토토노스(파상풍 등의 증상으로 근육이 경련 위축되어 몸이 앞으로 구부러지는 병)가 오피스토토스(파상풍 등의 증상으로 몸이 뒤로 젖혀지는 병)에 뒤이어 나타나는 증상이라는 것도 전부 엉터리란 말이오?" 쿠악티에는 몹시 흥분하여 말했다.

"어떤 것에 대해선 제 나름의 생각이 있다는 말입니다." 신부는 조금도 당황하지 않고 대답했다.

그러자 쿠악티에는 더욱 성이 나는지 얼굴이 벌겋게 달아올랐다.

"자, 자, 쿠악티에 공. 그렇게 화내지 말아요. 부주교님은 우리 친구가 아닙니까?" 투랑조가 말했다.

"이자는 미쳤어!" 쿠악티에는 흥분을 가라앉히려 애쓰며 나직한 목소리로 중얼거렸다.

"나 참…… 클로드 부주교님." 투랑조는 그렇게 불러놓고는 잠시 뜸을 들이다가 다시 천천히 입을 열었다. "정말 난처하네요. 저는 선생님께 두 가지 여쭤볼 것이 있어 찾아왔습니다. 하나는 제 건강에 관한 것이고, 다른 하나는 제 별자리에 관해서입니다."

"그러시다면, 이렇게 늦은 시각에 이곳까지 힘들여 찾아오지 않으셔도 될 걸 그랬군요. 저는 의학을 믿지 않습니다. 물론 점성술도 마찬가지고요." 부주교가 대답했다.

"정말이오?" 투랑조가 놀라며 말했다.

쿠악티에는 터무니없다는 표정을 지으며 웃었다.

"그것 보세요. 이제 저자가 미쳤다는 걸 똑똑히 아셨겠죠?" 그는 투랑조에게 이렇게 말하고는 다시 아주 작은 소리로 속삭였다. "섬성술을 믿지 않는다잖아요!"

"어리석은 생각입니다. 별빛 하나하나가 실처럼 인간의 머리와 결부되어 있다니!" 클로드 부주교가 말했다.

"그럼 선생은 대체 무얼 믿으시오?" 투랑조가 소리쳤다.

부주교는 잠시 생각하는 듯 머뭇거리다가 자기가 했던 말을 취소라도 하려는 듯 쓸쓸한 미소를 지으며 대답했다. "저는 하느님을 믿습니다."

"우리의 주이신 하느님을 믿습니다." 투랑조가 성호를 그으며 덧붙였다.

"아멘!" 하고 쿠악티에가 답했다.

투랑조가 다시 입을 열었다. "존경하는 부주교님, 부주교님의 훌륭한 신앙심을 보니 무척 기쁩니다. 그런데 부주교님 정도의 대학자가 되고 나면 더 이상 학문 같은 건 믿지 못하게 되나요?"

"당치 않습니다." 이렇게 말하면서 부주교는 투랑조의 팔을 붙잡았는데, 그 순간 흐릿하던 그의 눈동자에 열정의 빛이 타올랐다. 부주교는 계속 말을 이었다. "천만의 말씀입니다! 저는 학문을 부정하지 않습니다. 제가 깊은 동굴 속 수없이 많은 갈림길을 오랫동안 헤매다닌 것도 어두운 갱도의 저쪽 끝에 한 줄기 빛을, 하나의 불꽃을 보았기 때문입니다. 그것은 어쩌면 참을성 있는 사람들과 슬기로운 사람들이 뜻밖에 하느님을 발견한 눈부신 중앙 실험실의 불빛일지도 모를 어떤 것이지요."

"그러니까 결국, 참되고 확실한 것은 뭐라고 생각하시는 겁니까?" 투랑조가 말을 자르며 물었다.

"연금술입니다."

쿠악티에가 이의를 제기했다. "얼씨구! 이것 봐요, 클로드 부주교님. 아마 연금술도 참된 것이겠지요. 하지만 의학과 점성술을 모독하는 이유는 뭡니까?"

"허무하기 때문입니다. 인간 육체를 연구하는 학문 따위는 빈껍데기일 뿐이죠. 하늘의 별을 연구하는 학문이라니!" 부주교는 위엄 있게 말했다.

"에피다우로스(고대 그리스 도시. 의학의 신 아스클레피오스의 성소가 있었다)와 칼데아(바빌로니아의 옛 이름. 점성학의 발생지)더러 엿이나 먹으라는 거군요?" 쿠악티에가 비웃으며 반박했다.

"제 말 좀 들어보세요, 쿠악티에 박사님. 저는 지금 진지하게 말씀드리고 있는 겁니다. 저는 왕의 주치의도 아니고, 폐하께서 별자리를 관찰하도록 다이달로스 정원을 내려주시지도 않았습니다. 화부터 내지 마시고 얘기를 좀 들어보세요. 의학은 말하지 않겠습니다. 그건 너무나 변변찮은 것이니 문제 삼지 않겠습니다. 박사께서는 점성술을 연구해서 어떤 진리를 얻으셨습니까? 수직 부스트로페돈(줄을 좌우로 엇갈려 쓰는 그리스의 옛 문서 형식. 점성학에서의 의미는 불명)의 효능이라든가 세피로트 같은 수를 통해 알게 된 게 뭔지 가르쳐주신다면 감사하겠습니다."

"그럼 당신은 〈작은 열쇠〉(솔로몬이 썼다고 잘못 알려진 마술책)라는 책의 감응력도, 거기서 신비한 힘이 나온다는 사실도 부인하는 겁니까?" 쿠악티에가 물었다.

"터무니없습니다, 자크 선생. 당신의 주장은 어느 것도 진리와는 무관합니다. 하지만 연금술은 많은 발견을 했지요. 연금술이 이루어낸 두세 가지 성과에 대해 말씀드리겠습니다. 설마 여기에 토를 달지는 않으실 테죠. 얼음이 천 년 동안 땅속에 묻혀 있으면 수정이 됩니다. 또한 납은 모든 금속들의 조상입니다(금은 금속이 아니라 빛이니까요). 납은 처음에는 납의 상태였다가 적비소(赤砒素)가 되지요. 적비소에서 다시 주석으로, 주석에서 또다시 은으로 변합니다. 이렇게 각각 2백년마다 그 성질이 변하는데 그 2백년을 1기(期)로 했을 때 총 4기만 필요할 뿐이죠. 이런 것들이 사실이 아닙니까? 하지만 작은 열쇠나 실선이나 별을 믿는다는 것은, 옛 중국 사람들과 더불어 꾀꼬리가 두더지로 변하고 밀알이 잉어가 된다고 믿는 것처럼 어리석은 일입니다."

"연금술 공부는 나도 할 만큼 했소!" 쿠악티에가 소리쳤다. "맹세하건대……" 쿠악티에가 말을 이으려 했지만 부주교는 그가 말을 마치도록 놔두지 않았다.

"나 역시 연금술뿐 아니라 의학과 점성술 공부도 했습니다. 하지만 진리는 오직 여기에만 있어요. (이렇게 말하면서 그는 앞서 말한 가루가 가득 든 유리병 하나를 집어들었다.) 오직 이 안에만 빛이 있단 말입니다. 히포크라테스? 그건 꿈입니다. 우라니아(그리스 신화에 나오는 천문학과 기하학의 여신)요? 그것도 꿈이에요. 헤르메

1 생마르탱의 사제 199

스(헤르메스 트리메기스토스 연금술의 시조), 이건 사상이지요. 황금, 그건 태양이고, 황금을 만든다는 것은 바로 신이 된다는 뜻입니다! 연금술이야말로 유일한 학문이에요. 말씀 드렸다시피 나도 의학과 점성술을 파고든 적이 있었습니다. 하지만 그건 헛것입니다! 빈껍데기! 인체에 대해 뭘 알 수 있겠습니까? 저 하늘의 별들에 대해서도 알 수가 없습니다!"

이렇게 말하며 그는 매우 강력한 영감을 받은 듯 안락의자에 털썩 주저앉았다. 투랑조는 말없이 그를 지켜보았으나 쿠악티에는 그를 비웃으려 하며 살짝 어깨를 들썩이더니 작은 소리로 중얼거렸다. "미친놈!"

갑자기 투랑조가 말을 꺼냈다. "그래서 그 신묘한 목적을 이루었습니까? 황금을 만드셨나요?"

"만약에 제가 금을 만들었다면." 부주교는 말을 꺼낸 뒤, 무언가 깊은 생각에 잠긴 사람이 그러듯 한마디 한마디를 천천히 발음했다. "프랑스의 왕은 루이가 아니라 클로드라 불리고 있겠지요."

부주교의 답에 투랑조는 눈살을 찌푸렸다.

"맙소사, 내가 지금 무슨 소릴 하는 거지?" 클로드 신부는 스스로 경멸하는 듯한 미소를 지으며 말을 이었다. "황금을 만들었다면 동로마제국을 재건할 수도 있을 텐데 프랑스 왕위 따위가 대수겠습니까?"

"옳거니, 말씀 한번 잘하셨소!" 투랑조가 말했다.

"오호, 가엾어라. 미쳐도 단단히 미쳤군!" 쿠악티에가 중얼거렸다.

부주교는 말을 계속했으나 이제는 자신의 생각에 답하고 있는 것 같았다.

"아! 나는 아직도 어두운 지하 동굴 속을 헤매고 있어. 어둠 속 돌부리에 여기저기 얼굴과 무릎이 까지고 있지. 빛은 살짝살짝 보일 뿐, 그 빛의 정체를 붙잡을 수가 없어. 그 깊은 뜻을 읽어낼 수가 없단 말이야. 그저 더듬더듬 간신히 읽는 게 최선이라고!"

"그럼 당신이 제대로 읽을 수 있게 되면 금을 만들어낼 수 있다는 거요?" 투랑조가 물었다.

"누가 그걸 의심하겠습니까!" 부주교가 말했다.

"그렇다면, 내가 몹시 궁핍하다는 건 성모님께서도 잘 알고 계시니 당신의 그 책 읽는 법을 나도 같이 연구하고 싶군요. 그리고 부주교님, 당신이 말한 그 학문이 성모님의 적이거나 그분의 뜻에 거슬리는 것은 아닌지 알려주십시오."

투랑조가 묻자 클로드 신부는 차분하고 의연하게 그저 이렇게 답할 뿐이었다. "제가 누구를 섬기고 있다고 생각하십니까?"

"아, 그렇군요. 부주교님, 그럼 제게 그 비결을 가르쳐주시겠습니까? 당신과 함께 더듬더듬이라도 읽을 수 있게 해주십시오."

클로드는 사무엘(이스라엘의 사사(士師)이자 예언자, 대제사장으로서 위엄이 이스라엘 온 땅에 미쳤다) 같은 위엄 있고 고위 성직자다운 태도를 보였다.

"이보십시오. 신비로운 세계로 여행을 떠나려면 당신에게 앞으로 남아 있는 시간보다 몇 배는 더 긴 시간이 필요합니다. 당신은 이미 백발입니다. 동굴 속에 들어가는 것은 검은 머리일 때라야 합니다. 학문을 연구하는 그 수고로움만으로도 얼굴에는 깊은 주름이 생기고 빛을 잃으며 푸석푸석해지지요. 나이를 먹지 않아도 주름투성이가 되는 겁니다. 그렇지만 그 연세에도 학문에 몰입하여 현인들의 어렵고 까다로운 문자를 판독하고 싶다면 제게 오십시오. 받아들이겠습니다. 함께 해보십시다. 가련한 노인이여, 저는 나이 든 당신에게 헤로도토스(고대 그리스 역사가)가 말하는 피라미드의 무덤방들을 찾아가시라는 말도, 바빌로니아의 벽돌탑을 찾아가시라는 말도, 에클링가 인도사원의 거대한 흰 대리석 성전을 찾아가시라는 말도 하지 않겠습니다. 저도 당신과 마찬가지로 시크라(인도의 뾰족탑이 붙은 둥근 탑)의 거북한 형태를 따라서 건축된 칼데아의 벽돌 건축물도, 이미 파괴된 솔로몬의 신전도, 이스라엘 왕릉의 허물어진 돌문도 본 일이 없습니다. 우리는 우리가 여기 가지고 있는 헤르메스 책의 몇몇 단편들에 만족해야 할 겁니다. 저는 당신에게 성 크리스토퍼의 조상과, '씨 뿌리는 사람'의 상징과, 생트샤펠 교회당 정면 현관에 있는 두 천사의 비밀에 대해 설명해드리죠. 그중 하나는 손을 단지 속에 넣고 있고 다른 하나는 구름 속에 넣고 있는데……."

그때까지 부주교의 기세에 눌려 있던 쿠악티에는 다시 정신을 가다듬고 학자가 경쟁상대의 잘못을 지적할 때처럼 의기양양한 어조로 부주교의 말을 가로막았다. "당신이 잘못 알았소이다. 클로드 부주교님! 상징은 숫자가 아니오. 당신은 오르페우스를 헤르메스로 착각하고 있소."

"잘못 알고 있는 건 내가 아니라 당신이오." 부주교는 정색을 하고 대꾸했다. "다이달로스는 토대요, 오르페우스는 벽이고, 헤르메스는 건물이오. 그렇게 하나가 되는 것이오. 원한다면 언제든지 오시오." 그는 다시 투랑조를 돌아보며 말을 계속했다. "니콜라 플라멜의 도가니 바닥에 남아 있는 금 조각을 보여드릴 테니 기욤 드 파리스가 만든 황금과 비교해보십시오. 그리고 당신에게 그리스어 '페리스테라'*라는 단어의 은밀한 효능을 가르쳐드리겠습니다. 그러나 무엇보다도 내리식에 새겨진 알파벳 글자를, 화강암 면에 새겨진 비밀 책을 하나씩 하나씩 읽을 수 있게 해드리겠습니다. 우리는 기욤 주교의 정면 현관과 생장 르 롱에서 생트샤펠로, 그 다음에는 마리보 거리에 있는 니콜라 플라멜 저택으로, 생지노상에 있는 그의 무덤으로, 몽모랑시 거리에 있는 그의 두 병원으로 갈 것입니다. 생제르베 병원의 현관문과 커다란 4개의 철제 받침대를 덮고 있는 페로느리 거리의 상형문자도 읽게 해드리지요. 그리고 생콤과 생트주느비에브 데 자르당이나 생마르탱, 생자크 드 라 부슈리와 같은 성당 정면을 함께 읽어볼 것입니다……."

머리가 총명해 보이는 투랑조도 한참 전부터 클로드 신부의 말을 알아듣지 못하는 것 같았다. 그는 클로드 신부의 말을 가로막았다.

"이거야 원, 대체 당신의 책들이란 게 뭐요?"

"이것이 그중 한 권입니다." 부주교가 답했다.

그러고는 창문을 열고 거대한 노트르담 성당을 가리켰다. 성당은 이미 별이 총총한 밤하늘에 2개의 탑과 돌로 된 측면과 괴물 같은 궁둥이의 검은 그림자를 드리우고 있어 마치 파리 한복판에 주저앉아 있는, 머리가 둘 달린 거대한 스핑크스처럼 보였다.

부주교는 한동안 말없이 그 거대한 건물을 바라보다가, 한숨을 쉬며 자기 책상 위에 펼쳐놓은 인쇄된 책 위에 오른손을 뻗고, 왼손은 노트르담을 가리키며 선 채로 서글픈 눈길을 책에서 성당 쪽으로 옮기면서 읊조리듯 말했다.

"오오 슬프도다! 이것이 저것을 멸망케 하리라."

재빨리 그가 가리키는 책 쪽으로 다가간 쿠악티에는 자신도 모르게 외쳤

---

* 그리스 신화에 나오는 미와 사랑의 여신인 아프로디테에게는 아들인 사랑의 신 에로스가 있었는데, 아프로디테와 에로스는 어느 날 누가 더 꽃을 많이 따는지 내기를 했다. 아프로디테를 잘 따르던 요정 페리스테라(peristera)는 남몰래 아프로디테가 꽃을 모으는 것을 도와주었다. 자신이 요정 때문에 지게 된 것을 안 에로스는 페리스테라를 비둘기로 만들어버렸고, 이때부터 비둘기는 아프로디테의 상징이 되었다.

다. "이 책 속에 뭐 그리 대단한 것이 들었단 말이오? 〈성 바오르의 서간집 주해, 뉘른베르크, 안토니우스 코부르거 출판사, 1474〉이게 뭐 어쨌단 말이오? 금언의 대가인 피에르 롱바르의 책이잖소. 이게 인쇄되어서 두렵다는 겁니까?"

"맞아요, 그렇습니다." 이렇게 대답하는 클로드의 모습은 깊은 생각에 잠긴 듯했는데, 집게손가락을 구부려 이름 있는 뉘른베르크 출판사에서 나온 2절판 책 위를 짚은 채였다. 이윽고 그는 이런 신비로운 말을 했다. "오오, 두려운 일이다! 작은 것이 큰 것을 이긴다. 하나의 충치가 몸뚱이 전체를 망가뜨린다. 나일 강의 쥐가 악어를 죽이고, 황새치가 고래를 죽이며, 책이 건물을 무너뜨리리라!"

"저놈은 미쳤어요." 쿠악티에가 자신만만한 투로 투랑조에게 속삭였을 때, 소등을 알리는 수도원 종이 울렸다. 드디어 투랑조도 이번에는 동조했다. "그런 것 같군요."

이제 외부 사람은 아무도 수도원에 머물 수 없는 시각이었으므로 두 사람은 곧 그곳을 떠날 준비를 했다. 돌아가기 전 투랑조는 부주교와 작별 인사를 나누었다. "부주교님, 나는 학자들과 위대한 정신의 소유자들을 사랑하며, 당신을 매우 존경하고 있습니다. 내일 투르넬 궁으로 오셔서 생마르탱 드 투르 수도원장을 찾아주시면 고맙겠습니다."

그제야 부주교는 투랑조라는 인물의 실체를 깨달았고, 생마르탱 드 투르의 기록집 문장을 떠올리며 어리둥절한 기분으로 자기 방으로 돌아갔다. "생마르탱의 사제, 즉 프랑스 국왕은 성당 참사원의 관습에 따라 성 베난티우스가 갖는 약간의 성직록을 가지며, 재무관 자리에 앉아야 한다."

그 뒤로 클로드 부주교는 루이 11세가 파리를 방문할 때마다 자주 알현했고, 그의 신임은 올리비에 르 댕과 왕의 주치의인 자크 쿠악티에를 능가했다. 쿠악티에는 그 나름의 방법으로 왕에게 화풀이를 했다고 한다.

2 이것이 저것을 멸망케 하리라

앞에서 부주교가 "이것이 저것을 멸망케 하리라. 책이 건물을 무너뜨리리라" 수수께끼 같은 말을 흘렸었다. 그 말 속에는 대체 어떤 뜻이 숨겨져 있는 것일까? 여기서 잠시 걸음을 멈추는 것을 여러분, 특히 여성 독자 분들의 양해를 구하고 잠시 알아볼까 한다.

그것은 두 가지로 해석할 수 있다. 하나는 성직자로서의 사상이다. 인쇄술이라는 신흥세력 앞에서 떨고 있는 성직자들의 두려움이다. 말하자면 성직자로서 구텐베르크(독일의 활판 인쇄술 발명자)의 환상적인 인쇄기에 대해 느끼는 두려움과 경탄을 뜻한다. 설교와 복사본, 즉 입으로 한 말과 글로 쓰인 말이 인쇄된 말에 느끼는 불안의 전율 말이다. 마치 참새 한 마리가 일제히 6백 만의 날개를 펼친 천사군단과 마주쳤을 때 간이 콩알만 해질 정도로 기겁하는 것과도 같다고나 할까. 그것은 신앙이라는 쇠사슬로부터 해방된 인류가 웅성거리며 무리지어 몰려드는 소리를 일찌감치 들은 예언자의 비통한 외침이다. 장차 지성이 종교를 무너뜨리고, 여론이 믿음의 자리를 빼앗고, 세계가 로마를 뒤흔드는 것을 보는 예언자의 절규이기도 하다. 인쇄기에 의해 기화된 인류의 사상이 신정정치라는 그릇에서 증발하는 것을 내다본 철학자의 예언이다. 적의 병사가 들고 있는 청동망치를 보고 "탑이 곧 무너지리라" 말하는 병사의 공포이다. 그것은 바야흐로 하나의 힘이 다른 힘을 이어받으리라는 것을 의미했다. '인쇄기가 마침내 성당을 멸망케 하리라'는 것을 뜻했다.

그러나 이러한 사상, 아마도 지극히 단순한 사상 말고 한층 근대적인 것이 하나 더 숨겨져 있으리라 나는 생각한다. 그것은 첫 번째 사상의 필연적인 귀결로서, 그리 쉽게 알아차릴 수 있는 것이 아니면서도 이의를 불러일으키기 쉬운 것이다. 성직자뿐만 아니라 학자와 예술가들이 품는 철학적인 견해였다. 그것은 인류의 사상이 형식을 바꾸면서 바야흐로 그 표현방법을 바꾸어가게 될 것이고, 각 세대의 주요 관념에 새로운 재료와 방식이 도입될 것이다. 그토록 견고하고 영속적인 돌로 만들어진 건물의 책도 이윽고 한결 견고하고 영속적인 종이책에 그 자리를 내놓게 되리라는 예감이었다. 이렇게 볼 때, 부주교의 막연한 표현은 두 번째의 뜻을 가지고 있었으니, 그것은 하나의 기술이 다른 기술의 자리를 빼앗게 되리라는 것을 의미했다. 즉 '인쇄술이 건축술을 죽이리라'는 뜻이었던 것이다.

사실 역사가 시작된 뒤로 서력기원 15세기 끝무렵까지, 건축술은 인류의 위대한 책이요, 힘으로나 지성으로나 여러 측면에서 인간의 중요한 사상 표현의 수단이 되어왔다.

아주 오랜 옛적, 인간들이 후세에 남겨야 할 추억이 너무도 많다고 느꼈을 때, 기억이라는 짐이 너무 무겁고 혼잡해져 고정되지 않은 벌거숭이 말로서는 도중에 그 기억을 잃을 염려가 생겼을 때, 사람들은 그것이 가장 잘 보이도록 영속적이면서도 자연스러운 방법으로 땅 위에 옮겨놓았다. 즉 하나하나 말로써 전하던 것을 기념비라는 양식으로 만든 것이다.

인류 최초의 기념비는 모세의 말처럼, "쇠가 섞이지 않은" 바윗덩어리에 지나지 않았다. 건축술은 글씨쓰기를 배우기 시작할 때 함께 시작되었다. 맨 먼저 생긴 것은 알파벳이었다. 돌을 하나 세우면 그것이 곧 하나의 문자가 되었다. 이 문자는 상형문자였는데, 일련의 사상이 마치 원기둥 위의 기둥머리처럼 각각의 상형문자 위에 나타났다. 최초의 인종들은 말설음을 옮기는 곳곳마다 같은 시기에 비슷한 기념비를 세웠다. 아시아의 시베리아 지방에서, 남미의 대초원에서 켈트족의 '선돌'이 지금도 발견된다.

나중에 가서 사람들은 이러한 건축물로 낱말을 만들었다. 사람들은 돌에 돌을 겹쳐놓았고, 화강암의 음절들을 연결했으며, 동사는 약간의 결합을 시도하여 문장 같은 것을 만들기 시작했다. 켈트족의 거석분과 거석비, 에트루리아의 고분, 히브리의 석총 등은 모두 낱말에 비유할 만한 기념비이다. 어떤 것들은, 특히 고분은 고유명사다. 심지어 어떤 때에는, 많은 돌과 널따란 모래사장이 있을 때는 문장을 썼다. 카르나크(브르타뉴 지방의 마을 인근에 거석기념물이 많다)의 거대한 돌무더기는 이미 하나의 완전한 표현이다.

그러다 사람들은 마침내 건축물로 책을 만들었다. 여러 가지 전승은 이 무렵까지 많은 상징을 낳는데, 이런 상징의 그늘 속에서 전승은 마치 무성한 잎사귀 아래 나무줄기처럼 사라져갔다. 인류가 믿었던 그 모든 상징들은 더욱더 커져가고 불어나고 엇갈려가고 복잡해졌다. 이렇게 되자 원시적인 기념비로는 도저히 상징을 표현해낼 수 없게 되어 곳곳에 상징들이 넘쳐났다. 건축물들은 단순한 기념비 그 자체였다. 그래서 단순하고 땅 위에 벌거숭이로 누워 원시적 전승조차 하기 어렵게 되었다. 그리하여 상징을 표현하기 위해 거대한 건축물이 세워졌고, 건축술은 인간의 사상과 더불어 발전하게 되었다. 건축물은 무수한 머리와 무수한 팔을 가진 거대한 모습이 되기에 이르렀다. 영원불변한, 눈으로 보고 손으로 만질 수 있는 형태로 세상에 떠다니는 온갖 상징을 정착시킨 것이다. 힘을 상징하는 건축의 신 다이달로스가 재고, 지성의 상징인 오르페우스가 노래하는 사이에 하나의 글자인 기둥과 하나의 음절인 회랑과 하나의 낱말인 각뿔은 기하학과 시의 법칙에 따라 동시에 움직였다. 서로 한데 어울리고, 합쳐지고, 섞이고, 내려가고, 올라가고, 땅 위에 나란히 놓이고, 공중에 층층이 겹쳐져서, 마침내 한 시대의 사상이 명령하는 대로 수많은 근사한 서책들을 탄생시키기에 이르렀다. 즉 훌륭한 건축물이 완성된 것이다. 인도 에클링가의 파고다, 이집트의 람세스 왕의 무덤(이집트 왕 람세스 2세가 테베에 만든 묘), 솔로몬(고대 이스라엘 왕, 예루살렘 신전을 세움)의 신전이 그것이다.

　기본사상, 즉 말은 이 모든 건축물들의 토대일 뿐만 아니라 형태 그 자체이기도 했다. 예컨대 솔로몬 신전은 단순히 성서의 호화로운 겉표지에 불과한 것이 아니라 신성한 성서 그 자체였다. 성직자들은 성궤(모세의 율법을 새긴 돌판이 보관되어 있던 상자)를 중심으로 그 주위에 몇 겹으로 둘러쳐진 벽 하나하나가 나타내는 말을 눈으로 확인하며 성소에서 성소로 나아가다가 마침내 신전에 들어간다. 그리고 성궤라는, 이 또한 건축물인, 매우 구체적인 모양을 가진 말을 이해했던 것이다. 이렇게 말은 건물 속에 갇혀 있었으나, 그 모습은 미라의 관에 그려진 사람의 얼굴처럼 건물의 겉모양 그 자체에 나타나 있었던 것이다.

　건물의 형식뿐만 아니라 건물이 자신을 위해 선택하는 땅의 지세(地勢)도 그것이 나타내고자 하는 바를 말해준다. 표현할 상징이 우아한 것이냐, 음침한 것이냐에 따라 그것이 세워지는 장소도 달라졌다. 그리스인은 보기에 조화로운 신전을 산 위에 세웠고, 인도인은 산허리를 잘라 화강암 코끼리의 거대한 행렬에 업힌 기괴한 파고다를 동굴 안에 새겨놓았다.

　그리하여 태곳적 힌두스탄의 파고다로부터 쾰른의 대성당에 이르기까지 6천 년 동안 건축술은 인류의 위대한 문자 역할을 톡톡히 해왔다. 이것은 의

심할 여지없는 사실로, 종교적 상징뿐만 아니라 인류의 온갖 사상은 기념비나 거대한 건축물 속에 기입되어 있다.

모든 문명은 신정정치로 시작되고 민주주의로 끝난다. 통일에 뒤이어 오는 이 자유의 법칙은 건축에서도 나타난다. 그것은 석고건축술이 신전을 세우거나, 신화나 종교적 상징을 표현하거나, 상형문자로 돌판에 법의 신비로운 표를 옮겨놓는 정도의 힘밖에 없다고 생각해서는 안 되기 때문이다. 만약 그렇다면 모든 인류사회가 겪기 마련인, 신성한 상징이 자유사상 아래 밟혀 없어지고 인간이 성직자를 피하고 철학과 제도들의 부속물이 종교의 얼굴을 갉아먹는 시기가 왔을 때, 건축술이 인간정신의 이 새로운 상태를 재현할 수 없을 것이다. 그 책장들의 한쪽 면은 가득 차 있되 옆면은 텅 빈 채 끝맺어야만 하리라. 작품은 미완성으로 남고 책은 불완전할 것이다. 그러나 실은 그렇지가 않다.

중세를 예로 들어보자. 중세는 그리 먼 과거가 아닌 만큼 사정을 정확하게 알 수 있다. 중세 초기에 신정정치가 유럽을 조직하고, 바티칸이 카피톨리노의 유피테르 신전(로마의 카피톨리노 언덕에 세워진 주피터의 신전) 주위에 허물어진 상태로 있던 고대 로마를 재건하기 위해 모든 요소들을 모아 재분류하는 사이, 다시 말해 그리스도교가 옛 문명의 잔해를 파헤쳐 사회의 여러 계급을 찾아 헤맨 끝에 성직자를 주축으로 하는 새로운 사회구조를 재건할 때였다. 그 혼란 속에서 뭔가 끓어오르는 소리가 들리고, 뒤이어 무너진 건축물의 잔재 속에서 그리스·로마풍의 신비로운 로마네스크 건축이 그리스도교의 입김 아래, 야만족의 손에 의해 조금씩 모습을 나타내는 것이 보였다. 로마네스크 양식은 이집트나 인도의 신정정치적인 석조 건축물의 자매이며, 순수 가톨릭교의 영원한 상징이다. 그것은 교황에 의한 통일을 나타내는 영원한 상형문자였던 것이다. 사실 그 시절의 온갖 사상은 이 음침한 로마양식으로 표현되었다. 사람들은 그것을 통해 권위와 통일성, 침투할 수 없는 것, 절대적인 것, 그레고리우스 7세(황제권보다 교황권의 우위를 확립한 11세기 로마 교황)를 느낀다. 가는 곳마다 인간미라곤 찾아볼 수 없는 성직자의 그림자가 느껴진다. 곳곳에서 특권계급을 느끼되 결코 민중을 느낄 수 없다. 그러나 십자군 운동이 일어난다. 이것은 민중이 일으킨 위대한 운동인데, 위대한 민중운동이란 그 원인과 목적이 무엇이든 마지막에 이르러서는 으레 자유정신을 발산시키게 마련이다. 바야흐로 새로운 사상이 태동하고 있었던 것이다. 이제 농민폭동과 귀족반란(1440년, 사를 7세의 정책에 반항하여 봉건제후가 일으킨 반란)과 동맹(정치적 목적을 달성하기 위한 단체)이 휘몰아치는 격동의 시대가 열렸다. 권위는 흔들리고 통일에서 분열로 치달았다. 봉건제는 신정정치와 몫을 나누어 갖기를 요구하지만, 뒤이어 필연적으로 민중이 나타나 이익을 독점하게 된다. 결국 영주권이 성직권 아래 대두하고, 민중이 영주권 아래 대두한 셈이다. 이제 유럽의 형편이 바뀌었다. 그러자 건축양식 또한 달라졌다. 문명과 마찬가지로 건축술에도 새로운 장이 열렸다. 건축은 시대의 새로운 정신으로 책장을 메울 준비가 된 것이다. 마치 각국의 국민들이 십자군으로부터 자유를 가지고 돌아온 것처럼 건축술은 뾰족아치를 가져왔다. 로마 교황의 위신이 날로 추락하게 되자 건축술도 파멸을 맞게 되었다. 상형문자는 대성당을 버리고 나가서 봉건제에 위세를 만들어주기 위해 제후의 성 망루에 가문을 그려넣는다. 지난날 그토록 독단적인 건물이었던 대성당도 그 뒤로는 시민과 자치제와 자유에 침범당하여 성직자의 손아귀에서 빠져나가 예술가의 세력 아래 떨어진다. 예술가는 제멋대로 성당을 짓게 되었다. 신비여, 신화여, 율법이여, 안녕! 그 대신 작가의 환상과 변덕이 지배하게 된다. 성직자는 자기 성당과 제단만으로도 감사하게 여겨야 했다. 사면 벽은 예술가의 차지가 된 것이다. 건축물이라는 책은 더 이상 성직자나 종교, 로마 교황에게 속하지 않는다. 상상력이나 시상(詩想)은 민중의 손으로 넘어간 것이다. 이런 까닭으로 그 뒤 불과 3세기 사이에 민중의 것이 된 건축은 급속히, 엄청나게 변했다. 앞 세대의 6, 7세기의 로마네스크 양식이 고여 있는 듯 정체된 모습이었던 것을 상상하면 참으로 놀라운 일이 아닐 수 없다. 이사이에도 예술은 장족의 발전을 이루었다. 이전에는 신부들이 했던 일을 민중의 타고난 능력과 독창력이 대신하게 되었다. 각 세대마다 건축물이라는 책에 한 줄이라도 자기의 흔적을 남기고 떠났다. 그들은 대성당 정면에 쓰여 있는 오래된 로마네스크풍 상형문자를 깎아내버렸으므로 옛 교리는 민중이 새로 적어넣은 상징 아래에서 드문드문 모습을 드러낼 뿐이었다. 민중이 친 막에 가려 종교는 그 뼈대도 거의 알 수 없게 되어버렸다. 그 무렵의 건축가들이 교회당에까지 얼마나 제멋대로 흉내를 내놓았는지는 상상조차 하기 어렵다. 파리 재판소 난로 곁에는 뻔뻔스럽게 껴안고 있는 수도사와 수녀의 모습으로 장식된 기둥머리가 몇 개나 있다. 부르주 대성당 정면 현관에는 노아 이야기(노아가 포도주에 취해 나체로 잠들어 있는 모습을 그 아들 함에게 들켰다. 〈창세기〉9장 20~27절)가 '매우 노골적으로' 조각되어 있다. 보세르빌 수도원 세면장에는 귀가 나귀 귀처럼 생긴 주정뱅이 수도사가 손에 잔을 들고 신자들 눈앞에 대고 비웃는 그림이 그려져 있다. 그 시절, 돌에 쓰인 사상에는 오늘날 출판의 자유와 다름없는 자유라는 특권이 부여되어 있었다. 이것은 '건축의 자유'라고 불릴 만하다.

이 자유는 극단으로 치달아 때로는 정문과 정면, 교회당 전체가 종교와는 아무런 상관도 없거나 교회에 대적하기까지 하는 상징적인 의미를 드러내기도 했다. 기욤 드 파리스는 일찍이 13세기에, 니콜라 플라멜은 15세기에, 이러한 반항적인 페이지를 건축물이라는 책에 담았다. 생자크 드 라 부슈리 교회 등은 전체가 반(反)종교의 덩어리로 보일 정도다.

그 무렵 사상은 그런 식으로밖에 표현할 수 없었으므로 이른바 건물이라는 책들에서나 완전하게 쓰이고 있었다. 건물이라는 형식이 없었다면 사상은 사본이라는 형식이 될 수밖에 없었을 것이다. 만약 정말로 사본처럼 되었다면 광장에서 화형을 당했으리라. 그랬다면 성당 정문에 쓰인 사상은 책에 쓰여 있던 사상이 처형당하는 모습을 구경하게 되었을 터, 이런 까닭에 석조 건축이라는 방법을 택하지 않으면 세상에 나올 수 없었던 사상은 사방팔방 건축 속으로 뛰어들었다. 그래서 수많은 대성당이 유럽 전체를 뒤덮기에 이른 것이다. 그 숫자는 실로 엄청나서 분명히 확인하고 난 다음에도 선뜻 믿어지지 않는다. 사회의 모든 물질적인 힘과 지적인 힘이 똑같은 점에, 즉 건축에 집중되었다. 그런 식으로 하느님께 성당을 지어드린다는 핑계 아래 예술은 엄청난 기세로 발전해갔다.

그 시절 시적 재능을 갖고 태어난 사람은 너 나 할 것 없이 건축가가 되었다. 그리고 민중 속에 흩어져 있던 천재는 마치 청동방패의 테스투도(머리 위에 귀갑형으로 방패를 이어 붙여 가리개를 만든 로마 병사들의 공격대형. 일명 거북이 대열) 아래에서처럼, 봉건제 아래에서 사방으로 압박을 받아 건축술 쪽으로 출구를 찾을 수밖에 없었다. 그리하여 민중의 《일리아스》(트로이 전쟁을 다룬 대서사시. 호메로스 저)는 대성당이라는 형태를 취했다. 다른 모든 예술들은 건축술 아래 복종하고 규율에 따랐다. 여러 예술가들이 건축에 종사한 것이다. 건축가, 시인, 명인은 그 작품의 정면을 새김질하는 조각과, 스테인드글라스 창을 채색하는 회화, 종을 흔들고 오르간을 연주하는 음악까지 모두 스스로 총괄했다. 사본(寫本) 속에서 그럭저럭 살아가려고 했던 가련한 예술, 이른바 시가(詩歌)라 불리는 것도 어떤 가치 있는 것이 되기 위해 성가나 '산문'이라는 형식으로 성당 건물 속에 와서 끼지 않을 수 없었다. 요컨대 그것은 그리스의 종교 축제에서 아이스킬로스의 비극이나 솔로몬의 신전에서 창세기가 했던 것과 같은 역할을 한 셈이다.

이렇게 구텐베르크가 나타나기 전 건축술은 사상을 기록하기 위한 가장 중요하면서도 보편적인 문자였다. 동양에서 시작되고 고대 그리스·로마에 의해 계속된 이 화강암 책은, 중세가 그 마지막 페이지를 장식했다. 게다가 우리가 앞서 중세 건축 부분에서 살펴본 민중적 건축이 계급적 건축에 뒤이어 일어난다는 현상은 역사상 온갖 중요한 시대뿐만 아니라 인간의 지성 속에도 똑같은 현상이 나타난다. 여기에는 하나의 법칙이 존재한다. 그 법칙을 모두 설명하자면 여러 권의 책이 필요할지도 모르지만 간단히 간추리면 다음과 같다. 원시시대 인류 문명의 요람인 고대 동양에서는 인도의 건축술 다음에 아라비아 건축술의 풍만한 어머니인 페니키아 건축술이 나타났다. 고대에는 이집트 건축술 다음에 그리스 건축술이 왔다. 에트루리아 양식과 거대한 기념 건축물들은 이집트 건축술의 변종에 지나지 않으며, 로마 양식은 그리스 양식의 연장으로서 카르타고식 둥근 지붕을 더한 것뿐이다. 근대에는 로마네스크 건축술 다음에 고딕 건축술이 나타났다. 이상 살펴본 이 세 계열을 둘로 나누면, 언니뻘로는 인도의 건축술, 이집트의 건축술, 로마네스크 건축술인데 모두가 같은 상징이 엿보인다. 그것은 곧 신정정치, 계급제, 통일, 교리, 신화, 하느님이다. 동생뻘로는 페니키아 건축술, 그리스 건축술, 고딕 건축술을 들 수 있는데, 이들의 성질과 고유한 형태의 다양성이 어떠하든 간에 거기에도 역시 같은 의미가 있으니 그것은 곧 자유, 민중, 인간이다.

브라만이라고 불리든, 마기(조로아스터교 사제)라고 불리든, 교황이라고 불리든 간에, 인도나 이집트 또는 로마네스크의 석조 건축에서 사람들은 성직자의 존재감을 강하게 느낀다. 성직자 외에는 아무것도 느낄 수 없는 것이다. 그러나 민중의 손에서 탄생한 건축술은 그렇지 않다. 그것들은 종교건축물보다 한결 풍부하지만 덜 성스럽다. 사람들은 페니키아 건축술에서는 상인을 느끼고, 그리스의 건축술에서는 공화주의자를 느끼고, 고딕 건축술에서는 시민냄새를 맡는다.

모든 신정적 건축술의 일반적 성격은 불변성, 진보에 대한 혐오, 전통적 방식 유지, 원시적 유형들에 대한 숭배, 상징의 불가해한 변화들을 가진 인간과 자연의 모든 형태를 언제나 환상적이고 불가해한 상징으로 표현하려 하는 습관 등이다. 그것은 비전(秘傳)을 깊이 연구한 사람들만이 판독할 수 있는 난해한 책이다. 게다가 건물의 모든 형태와 기형적인 부분마저도 신성한 것으로 만들어주는 하나의 뜻을 가지고 있다. 인도와 이집트와 로마네스크의 석조 건축에 획기적 구상이나 조각술의 개선을 요구하는 것은 쓸데없는 짓이다. 모든 개선이 신성모독이 된다. 이 건축술에 있어서는 경직된 교리가 돌 위에 퍼져 돌을 한층 더 견고하게 만들어버린 느낌이다. 반대로 민중의 건축술은 다양성, 진보, 독창성, 사치, 항구적인 움직임이다. 이는 이미 종교를 떠나 있으므로 미관이라는 것을 염두에 두고, 그 아름다움을 손질하여 조각상이나 아라베스크 무늬 장식을 끊임없이 고쳐나갈 수 있다. 즉 건축이란 시대정신을 표현하는 것이다. 그것은 신성한 상징을 갖고 세워진 것이나, 그 상징에 쉼 없이 인간적인 것을 덧붙이고 있어 전체적으로 보면 어딘지 모르게 인간성이 느껴진다. 그러므로 이 건물들은 인간의 마음, 지성, 상상력에 호소하며, 아직은 상징성이 남아 있으면서도 자연처럼 이해하기 쉬운 것이다. 신정적 건축술과 민중적 건축술 사이에는 신성한 말과 통속어, 상형문자와 예술, 솔로몬과 페이디아스(고대 그리스 조각가)의 차이가 있다.

내가 주장하는 바를 뒤집는 수많은 증거들과 세부적인 사항에 대해 세상 사람들이 꼽을 만한 갖가지 반론들은 모두 생략했다. 지금까지 대략적으로 서술한 부분을 더 간결하게 짚어보면 다음과 같다. 즉 건축술은 15세기까지는 인류의 주요 장부 노릇을 했다. 15세기 이전, 인류가 가진 복잡한 사상은 모두 건축이라는 형식으로 표현되었다. 민중의 사상도 종교의 율법도 모두 그것을 상징하고 기념하는 건물로 표현된 것이다. 그리고 인류는 마침내 돌로 쓸 수 있는 것 말고는 다른 생각을 하지 않게 되었다. 왜일까? 그것은 종교적이든 철학적이든 모든 사상이 영속하기를 바라기 때문이다. 한 세대를 움직인 관념은 후대 사람들의 마음까지도 움직여 그 흔적을 남기기를 원한다. 그런데 사본의 생명은 얼마나 덧없는가! 건물은 그와 달리 얼마나 견고하고 영속적이며 내구력 있는 책인가! 쓰인 말을 부수기 위해서는 하나의 횃불과 한 마리의 애벌레면 충분하다. 세워진 말을 허물기 위해서는 사회혁명이나 천재지변이 필요하다. 로마에 침입한 야만인들이 콜로세움 위를 지나갔으나 이 원형경기장은 어찌 하지 못했고, 노아의 대홍수도 피라미드를 쓸어버리지 못했을 것이다.

15세기가 되자 모든 것이 변한다.

인간의 사상은 건축술보다도 견고하고 내구력 있을 뿐만 아니라 더 단순하고 쉽게 영속하는 방법을 발견한다. 건축물은 왕좌에서 밀려난 것이다. 구텐베르그의 납 글자가 오르페우스의 돌 글자를 대신하게 된다.

'책이 건물을 무너뜨리려 했던' 것이다.

인쇄술의 발명은 역사상 큰 획을 그은 사건이다. 그것은 근본적 혁명이다. 인류의 표현방식이 완전히 새로워지고, 인간 사상이 새로운 표현 방식을 갖게 된 것이다. 아담 이래 지성을 상징하던 뱀이 결정적으로 허물을 벗은 것이다.

인쇄술이라는 형태 아래 사상은 어느 때보다 더 불멸의 것이 되었다. 그것은 마치 공기처럼 만질 수도 없고 부숴버릴 수도 없게 되었다. 사상이 공기 속에 녹아든 것이다. 건축이 지식을 대변하던 시대에는 사상이 산 같은 건물로 표현되어 한 세기와 한 장소를 강력하게 점령하고 있었다. 그 사상이 이제는 한 떼의 새처럼 사방으로 흩어져, 세상 모든 장소를 동시에 차지하게 되었다.

다시 한 번 되풀이하거니와 사상이 인쇄라는 형태로 표현되고부터 그것을 소멸시키기 어렵게 되었다. 누가 여기에 이의를 제기할 수 있으리! 사상은 견고했던 것에서 강인한 것, 지속성 있는 것에서 불멸의 것이 되었다. 쌓아 올린 돌들은 파괴할 수 있지만, 지상 여기저기에 흩어져 존재하는 것을 어떻게 없애버릴 수 있겠는가? 홍수가 오고, 산이 물결 아래로 사라져버렸다 하더라도 새들은 한동안 날 것이고, 대홍수의 표면에 단 한 척의 방주라도 떠 있다면 거기에 앉아 배와 함께 살아남아 물이 줄어드는 것을 볼 것이다. 그 혼돈에서 솟아나올 새로운 세계는 눈을 뜨면서 삼켜져버린 세계의 사상이 자기 위에 살아서 날개를 펴고 훨훨 날아다니는 것을 보리라.

이 표현방식은 가장 보존적일 뿐만 아니라, 가장 간단하고 편리하며 모든 사람이 간편하게 이용할 수 있다. 인쇄술로 인해 짐의 부피가 줄어들 것이고, 이동을 위한 무거운 도구들을 더 이상 사용하지 않아도 된다. 사상은 그것을 건물로 표현하기 위해 네다섯 분야의 예술이나 몇 톤에 이르는 금, 산만큼의 석재나 삼림(森林)만큼의 목재, 한 민족 정도의 노동자를 동원해야만 했다. 그에 비해 인쇄술을 활용한 책으로 만드는 데에는 약간의 종이와 약간의 잉크, 펜 한 자루만 있으면 된다. 이러한 점을 생각할 때 인간 지성이 건축을 버리고 인쇄술을 택했다는 사실은 전혀 놀랄 일이 아니다. 강바닥에 내려가 그보다 낮은 위치에 수로를 파보라. 그러면 강물은 본디 물길을 벗어나 다른 방향으로 세차게 흐르리라.

 인쇄술이 발명된 때부터 건축술이 얼마나 시나브로 여위어가고 오그라져가고 발가벗겨져 갔는지 보라. 물이 줄어들어 수위는 낮아져 한 시대의 사상이나 여러 민족의 생각이 건축술에서 물러가는 것을 사람들은 얼마나 절감하고 있는가! 그러나 건축에 대한 관심이 서서히 식어가고 있다는 사실을 15세기에는 거의 알아챌 수 없었다. 그 무렵 인쇄술의 영향력은 매우 미약한 수준으로 기껏해야 강력한 건축술의 잉여 생명력을 흡수하는 게 고작이었다. 그러나 16세기에 들어서자 건축술의 병세가 눈에 띄게 나빠졌다. 건축은 더 이상 사회 그 자체를 표현할 수 없게 되면서 가엾게도 고전 예술이라는 자리에 머물게 되었다. 건축물로 표현된 고딕 정신, 유럽의 정신, 순수한 민족정신은 상실되고 그리스·로마의 흉내를 내기에 이르렀다. 즉 근대적 양식에서 모조품인 고전적 양식으로 퇴화해버린 것이다. 이러한 쇠퇴를 사람들은 르네상스라 부른다. 그러나 화려한 쇠퇴다. 왜냐하면 옛 고딕 정신이, 마인츠(독일 서부, 구텐베르크의 출생지)의 거대한 인쇄소 뒤로 서물어가는 태양이 아직 얼마 동안은 그 마지막 햇살로 라틴식 아치와 코린트식 둥근 기둥들로 이루어진 모든 잡동사니 건축물 더미를 비춰줄 테니까.

 우리는 이 석양을 여명으로 잘못 알고 있다.

 건축술이 더 이상 종합예술, 최고예술, 전제군주적 예술이 아니라 다른 예술과 마찬가지로 하나의 예술에 불과한 것이 되자마자, 그것은 다른 예술들을 붙드는 힘을 잃는다. 이에 따라 다른 예술들은 해방되고, 건축가의 지운 멍에에서 벗어나 저마다 제 갈 길을 간다. 예술은 이러한 분리를 통해 이득을 본다. 고립은 온갖 것을 키워준다. 성당조각은 조상술(彫像術)이 되었으며, 종교화는 회화가 되고, 미사 때의 성체에 대한 기도는 음악으로 진화했다. 이는 마치 황제 알렉산드로스가 죽자 하나의 제국이 해체되면서 지방마다 왕국이 들어선 것과 같다.

 라파엘로, 미켈란젤로, 장 구종(16세기 프랑스의 조각가, 건축가), 팔레스트리나(16, 17세기 이탈리아 작곡가) 등 16

세기를 찬란하게 장식한 대천재들이 나타나게 된 배경에는 이러한 시대적 흐름이 있었다.

예술과 함께 사상도 곳곳에서 해방된다. 중세 이단의 시조들은 천주교에 커다란 상처를 입히고 있었다. 16세기에 들어서면서 종교적 통일성은 무너진다. 인쇄술이 발명되기 전이라면 종교개혁은 성당 분리에 불과했을 터이나, 인쇄술은 그것을 혁명으로까지 몰아갔다. 인쇄술을 없애버리면 이단은 무기력해진다. 그것이 하느님의 섭리에 맞든 맞지 않든 간에, 구텐베르크는 루터의 선구자였던 것이다.

그러는 동안 중세의 태양은 수평선 아래로 자취를 감추고, 고딕의 진수도 세상에서 완전히 사라지자 건축술은 점점 더 윤기를 잃고 빛이 바래고 스러져가기만 했다. 인쇄된 책이, 건물을 쏠아먹는 이 벌레가 건축술을 갉아먹고 삼켜버렸다. 건물은 껍질이 벗겨지고, 잎이 떨어지고, 눈에 띄게 야위어갔다. 빈약해지고 초라해지고 아무짝에도 쓸모없게 되었다. 더 이상 아무것도, 심지어 다른 시대 예술의 추억마저도 표현하지 않게 된 것이다. 건축술은 인간에게 버림받자 다른 예술로부터도 버림받고, 고독한 운명에 놓이게 됐으며 예술가들로부터도 외면당했으므로 어설픈 인부들에게 도움을 구해야 했다. 유리창이 스테인드글라스를 대신하고, 석공이 조각가를 계승했다. 모든 활기여, 모든 독창성이여, 모든 생명이여, 모든 지성이여, 안녕! 건축술은 작업장의 한심스러운 겉껍질이 되어 모방에서 모방으로 힘없이 추락했다. 미켈란젤로는 벌써 16세기부터 그것이 죽어가는 것을 느꼈는지 마지막 남은 힘을 다 바쳐 이를 구하려 했다. 그리하여 이 예술의 대가는 파르테논 신전(기원전 5세기에 아테네의 아크로폴리스 언덕에 세워진 신전) 위에 판테온 신전(기원전 27년, 로마에 세워진 신전)을 겹쳐 로마의 성 베드로 대성당을 지었다. 유일무이한 것으로 남아 있을 만한 위대한 걸작이다. 이것은 건축술의 대미를 장식한 독창적 건물이며, 건축가의 이름이 줄을 이은 기록부, 지금 덮이려 하고 있는 그 기록부 아래쪽에 표시된 거장 예술가의 서명인 것이다. 미켈란젤로가 죽은 뒤, 유령과 망령의 상태로 명맥을 잇고 있던 이 가련한 건축술은 로마의 성 베드로 대성당을 모사하고 흉내내고 있었다. 이것은 하나의 기이한 유행으로 애석함을 자아낸다. 세기마다 로마의 성 베드로 대성당을 모방한 것이 세워졌다. 17세기에는 발 드 그라스 수녀원이 있고, 18세기에는 생트주느비에브 수도원이 있다. 나라마다 각기 다른 로마의 성 베드로 대성당을 가지고 있다. 런던에도, 상트페테르부르크에도 있으며, 파리는 그것을 두세 개나 가지고 있다. 그것은 죽기 전, 어린아이의 유치함으로 돌아간 늙은 대가의 하찮은 유언이며 임종 시의 헛소리와 같다.

앞서 말했듯이 독특한 건물들 대신 16세기부터 18세기까지 예술의 일반적 양상을 살펴보면, 똑같은 쇠퇴와 쇠약 현상이 눈에 띈다. 프랑수아 2세 시대 이후 건물의 건축학적 형태는 더욱더 사라져가고, 야윈 병자의 앙상한 뼈대처럼 기하학적 형태가 두드러지게 되었다. 예술적인 아름다운 선들은 기하학의 싸늘하고 엄격한 선들에 자리를 내준 듯한 느낌이다. 건물다운 아름다움은 사라지고 하나의 다면체에 지나지 않게 되었다. 그러나 건축가들은 그러한 민숭민숭함을 감추려 했다. 그리하여 그리스식 박공(博栱)벽이 로마식 박공벽에 쓰이는가 하면, 반대로 로마식 박공벽이 그리스식 박공벽에 쓰이기도 했다. 그것은 변함없이 파르테논과 판테온을 짜맞춘 듯한 작품, 즉 로마의 성 베드로 대성당의 모조품에 불과했다. 여기에는 모서리를 돌로 감은 앙리 4세 시대의 벽돌집들이나 루아얄 광장, 도핀 광장이 있다. 중후하고 나지막하며 반원아치에 곱사등 같은 둥근 지붕을 가진 루이 13세 시대의 성당들도 그러한 건축물이다. 또 마자랭이 세운 카르트 나시옹 역시 이탈리아풍 건축물의 서툰 모작 중 하나다. 어색하고 냉랭하며 지루한 신하들을 수용하는, 가늘고 긴 병영 같은 루이 14세의 왕궁도 그중 하나이다. 치커리나 국수처럼 생긴 데다, 사마귀나 혹 같은 군더더기와 이 빠진 듯한 모양새가 고풍스러운 건물을 엉망으로 만들고 있는 루이 15세 시대의 건축물들도 마찬가지다. 프랑수아 2세 시대에서 루이 15세 시대에 이르기까지 나쁜 풍조는 기하급수적으로 증가했다. 예술은 이제 뼈대 위에 가죽만 남은 채 비참하게 죽어가고 있었다.

건축술이 이렇게 변모해가는 사이 인쇄술은 어떻게 되었는가? 건축술에서 빠져나간 모든 생명은 인쇄술로 흡수되었다. 건축술이 쇠퇴함에 따라 인쇄술은 발전을 거듭했다. 인간은 건물에 쓰던 힘의 자본을 책에 쏟아붓게 되었다. 이로써 16세기부터 쇠퇴기에 들어선 건축술의 수준까지 자란 인쇄술은 건축술을 무너뜨리고야 만다. 마침내 17세기에는 완전히 주도권을 빼앗아 승리의 개가를 올리고, 세계를 '문예의 세대'라는 향연에 초대하기에 충분할 만큼의 권좌를 차지하기에 이른다. 루이14세의 궁정에서 오랫동안 쉬고 있던 인쇄술은 18세기가 되자 루터의 낡은 칼을 다시 잡고, 그 칼로 볼테르를 무장시켜, 이미 건축학적 표현을 중단시켰던 유럽을 공격하기 위해 야단스레 달려간다. 그리하여 18세기가 끝날 무렵에는 케케묵은 유럽을 완전히 부쉬버리고 19세기에 재건을 시도한다.

여기서 한 가지 묻겠다. 이 3세기 동안, 인간 사상을 실제로 잘 표현해낸 것은 건축술과 인쇄술 중 어느 쪽인가? 어느 쪽이 더 충실하게 사상을 담아냈는가? 인간 정신의 문학적, 학문적인 열광뿐만 아니라 그 광대하고, 심오하며, 보편적인 움직임을 어느 쪽이 더 진실되게 표현해냈는가? 과연 어느 것이 발을 수천 개 가진 괴물에 비유되는 인류의 행보에 끊임없이 일치된 행동을 보이고 있는가? 건축술인가, 아니면 인쇄술인가?

그것은 바로 인쇄술이다. 이 점을 오해해서는 안 된다. 건축물은 죽었다. 영원히 죽었다. 인쇄된 책에 의해 살해당했다. 건축물은 보존이 어렵고 비용이 많이 들어 죽음을 당했다. 대성당을 하나 짓는 데에는 10만 프랑이라는 비용이 든다. 그러니 건축의 책을 다시 쓰려면 얼마나 많은 자금이 필요할지 상상해보라. 어느 목격자가 "세상이 성당이라는 한 벌의 옷을 입기 위해 몸을 흔들어 낡은 옷을 벗어내려 하는 것 같다"(라블리스 글라베르, 11세기의 《연대기》 5권을 쓴 프랑스의 작가·수도사)고 할 만큼 큰 건물들이 떼 지어 있던 그 시대를 다시 한 번 맞이하려면 얼마나 많은 비용이 들지 상상해보기 바란다.

책은 쉽게 인쇄할 수 있고, 비용도 적게 들며, 아무리 먼 곳이라도 들고 다닐 수 있다! 인간의 모든 사상을 인쇄물에 담아내게 된 것은 놀랄 일이 아니다. 그렇다고 해서 건축예술이 다시는 아름다운 대건축물을, 말하자면 하나의 걸작을 만들어내지 못하게 되리라는 말은 아니다. 인쇄술이 지배하는 세상에서도 때로는 적군에게서 뺏은 대포를 부수어 만든 그 원기둥(나폴레옹 군(軍)이 적으로부터 뺏은 1천2백 문에 이르는 대포를 녹여 만들어서 방돔 광장에 세움)과도 비견할 만한 건물이 세워질 수도 있을 것이다. 마치 건축술의 군림 아래 온 국민이 서사시들을 한데 모아 녹여 만든 《일리아스》와 《로만세로》와 《마하바라타》와 《니벨룽겐의 노래》 같은 문학적 걸작들이 탄생했던 것처럼. 13세기에 단테와 같은 대천재가 나타났듯 어느 천재적인 건축가가 20세기에 우연히 나타날 수도 있으리라. 그러나 건축술은 더 이상 사회적 예술, 집단적 예술, 지배적 예술은 되지 못할 것이다. 앞으로 인류의 사상을 대표하는 위대한 시, 대건축, 걸작은 건축물로 표현되지 않고 인쇄물로 발표될 것이다.

앞으로 건축술이 어쩌다 부흥하게 되더라도 더 이상 지배적 존재로서의 역할은 하지 못할 것이다. 옛날에는 문자를 지배했지만 앞으로는 문자의 규정에 따르게 되리라. 이 두 예술의 처지는 서로 뒤바뀔 것이다. 확실히 건축의 시대에 쓰인 시가 드물었던 것은 사실이지만 대건축물을 닮았다. 인도 비야사(고대 인도의 성자, 대서사시 《마하바라타》 작자로 알려짐)의 작품은 파고다처럼 복잡하고 난해하여 헤아릴 수 없는 신비감을 지니고 있다. 이집트의 시는 건물처럼 장대하고 차분한 선을 갖고 있다. 고대 그리스의 시는 아름다움과 청량함과 조용함이 있다. 기원 후 유럽 문학은 장중함과 민중적 기질을 나타내는 소박함, 문화 갱신 시기의 특징인 풍부함, 약동하는 기운을 머금고 있었다. 성서는 피라미드를 닮았고, 《일리아스》는 파르테논을, 호메로스는 페이디아스를 닮았다. 13세기 단테의 작품은 스러져가는 로마네스크식 성당의 모습을 간직하고 있다. 또 16세기 셰익스피어의 작품에서는 말기 고딕 대성당의 모습이 엿보인다.

본의 아니게 어쩔 수 없이 굵직한 사건 중심으로 대강의 줄거리를 살펴보았는데 이것을 요약하면 다음과 같다. 인류는 두 권의 책, 두 벌의 장부, 두 장의 유서, 즉 벽돌공사와 인쇄, 돌의 성서와 종이의 성서를 가지고 있다. 물론 수세기에 걸쳐 활짝 펼쳐져 있는 이 두 가지 성서를 들여다볼 때, 화강암 글씨의 징엄한 길모양을, 기둥과 박문과 오벨리스크로 이루어진 거대한 알파벳을, 피라미드 모양의 건축물에서 종루에 이르기까지, 쿠푸 왕(기원전 2600년 무렵 이집트 왕. 그의 피라미드는 현존하는 것 중 제일 크다)에서 스트라스부르에 이르기까지 세계와 과거를 뒤덮고 있는 하나의 인류문화의 산들이라 할 건축물들을 그리워하지 않을 수 없다. 이 대리석의 책장 속에서 과거를 다시 읽어볼 필요가 있다. 건축물로 쓰인 책을 끊임없이 찬미하고 그 책장을 뒤적거릴 필요가 있는 것이다. 그렇다고 해서 건축물에 이어 등장한 인쇄술의 위대함을 부인해서는 안 된다.

이 인쇄술이 세운 건조물은 참으로 거대하다. 어느 통계학자의 계산에 따르면, 구텐베르크 이후 출판된 모든 책을 차곡차곡 쌓아올리면 지구에서 달에 이르는 공간을 가득 채울 것이라지만, 내가 말하고자 하는 바는 그런 종류의 위대함이 아니다. 오늘날까지 인쇄기가 찍어낸 모든 책들을 하나로 쌓아올린 모습을 상상해볼 때, 그것은 전세계에 발붙이고 있는 하나의 거대한 건조물처럼 보이지 않을까? 인류가 쉬지 않고 손대고 있는 건물, 미래라는

2 이것이 저것을 멸망케 하리라

짙은 안개 속에 거대한 정상을 숨기고 있는 그 건물로 보이지는 않을까? 그것은 지성이라는 개미집이다. 그것은 모든 상상력들이, 저 금빛 꿀벌들이 꿀을 가지고 오는 벌통이다. 이 건물에는 수많은 층이 있다. 여기저기, 사람들은 그 깊은 내부에서 서로 엇갈리는 학문의 어두운 동굴들이 난간으로 통해 있는 것을 본다. 그 표면에는 예술이 곳곳에 이리베스그 장식과 장미창과 가장자리 장식으로 현란하게 꾸며놓아 눈을 즐겁게 해준다. 인간이 만들어낸 작품이란 참으로 제멋대로이고 다른 것들과 상관없는 것처럼 보이지만 저마다 있어야 할 자리에서 그 특징들을 드러내 보이고 있다. 그 전체가 하나의 조화를 이룬다. 셰익스피어의 대성당에서 바이런의 회교사원에 이르기까지, 수많은 종루가 이 세계 사상의 수도(首都) 위에서 뒤죽박죽 무리지어 있다. 그 기초에 사람들은 건축물이 일찍이 기록하지 않았던 인류의 몇몇 옛 칭호들을 다시 적어넣었다. 출입구 왼쪽에는 하얀 대리석에 새겨진 호메로스의 낡은 오목새김을 해놓았고, 오른쪽에는 여러 나라 말로 된 성서의 조각상이 7개의 머리를 쳐들고 있다. 안쪽에는 로만세로의 히드라 모양 조각상이 머리가 곤두선 채 서 있고, 그 밖의 몇 가지 잡종들, 베다(고대 인도의 성전)며 니벨룽겐 같은 것들도 보인다. 게다가 이 경이로운 건물은 언제까지나 미완성으로 남아 있다. 인쇄기라는 거대한 기계는 사회의 모든 지적 정기를 끊임없이 빨아들여 자기 작품을 위해 쉴 새 없이 새로운 재료들을 토해내며 인류 전체가 있어야 할 자리에 올라 있다. 하나하나의 정신은 석공이다. 아무리 미천한 자라도 구멍을 막거나 돌을 쌓아올린다. 레스티프 드 라 브르통(18~19세기의 작가, 방종하고 사실적인 작품을 남김) 같은 이도 그 나름대로 한 채롱의 벽토를 가져온다. 날마다 한 층씩 새로이 솟아오른다. 작가 한 사람 한 사람이 독창적인 재능을 쏟아내지만 이와는 별도로 몇몇 작가들이 자금을 모아 내는 일도 있다. 18세기는 《백과사전》(디드로와 달랑베르가 감수한 전 28권 사전, 여러 학자가 협력하여 완성)을 주고, 대혁명은 〈모니퇴르〉(1789년 간행된 관보신문)를 만들어냈다. 확실히 인쇄술도 끝없이 커져가고 나선형으로 쌓여 올라가는 하나의 건축물이다. 여기에서도 여러 나라말의 혼돈이 있고, 쉴 새 없는 활동이 있으며, 지칠 줄 모르는 노동이 있고, 온 인류의 맹렬한 협농이 있다. 책도 건축물과 마찬가지로 새로운 홍수와 야만인의 침입에 대비하여 인간을 지킬 사명을 가진 피난처다. 이것은 인류가 낳은 제2의 바벨탑인 것이다.

제6편

1 옛 재판관들에 대한 공평한 관찰

1482년에 이브리 및 생탕드리 앙 라 마르슈 남작, 국왕의 고문 겸 시종관에 파리시장이기도 한 기사 로베르 데스투트빌은 나는 새도 떨어뜨릴 기세였다. 혜성*이 나타난 1465년 11월 7일에 그가 왕에게서 관직이라기보다는 영주권으로 간주되던 파리시장 직을 받은 것이 어느덧 17년 전이었다. 시장이란, 관직이라기보다는 오히려 영주와 같은 직위였다. 그 직책은 조안 륌뇌의 말을 빌리면, "막강한 경찰력과 수많은 권리와 특권이 주어지는 현직(顯職)"인 셈이다. 루이 11세의 애인이 낳은 서녀 잔과 부르봉의 서자 루이의 결혼 즈음에 임명된 이 귀족이 1482년까지 국왕의 신임을 받고 있었다는 것은 참으로 놀라운 일이다. 자크 드 빌리에의 후임으로 로베르 데스투트빌이 파리시장에 오른 바로 그날, 장 도베 씨는 엘리 드 토레트의 후임으로 파리 최고법원의 수석 의장이 되었으며, 장 주브넬 데 쥐르생은 피에르 드 모르빌리에 후임으로 프랑스 법무상에 자리 잡았고, 르뇨 데 도르망은 피에르 퓌이를 대신하여 왕실 참사원 상임위원이 되었다. 그런데 로베르 데스투트빌이 파리시장이 된 뒤로 얼마나 많은 사람들이 의장이며 법무상이며 장관자리에 앉았다 떠나기를 반복했던가! 그러나 파리시장이라는 자리가 그에게 '관리하도록 맡겨진' 것임을 잘 알고 있는 그는 그것을 제대로 수행해냈다. 주어진 임무에 충실했으며, 일과 하나가 되는 것에 머무르지 않고 완전히 동화되었다. 그는 관리들을 자주 갈아치움으로써 자기 권력의 유연성을 유지하고 싶어하던, 의심 많고 심술궂은 왕 루이 11세에게서 벗어날 수 있었다. 뿐만 아니라, 이 용감한 기사는 아들을 위해 자기 관직의 세습권을 손에 넣은 것은 물론, 아직 기사 시종인 아들 자크 데스투트빌의 이름을 이미 2년 전부터

---

* 이 별이 나타났을 때 보르지아가(르네상스 시대, 이탈리아의 권모술수에 능했던 정치가)의 삼촌 갈리스토 교황은 위험을 모면하기 위해 신도들에게 기도드리도록 명했는데, 1835년에 다시 나타난 별이 바로 그 혜성이었다.

파리재판소 재판관 명부의 첫머리에 자기 이름과 나란히 올리는 데도 성공했다. 확실히 놀랍고 특별한 총애였다! 사실 로베르 데스투트빌은 훌륭한 군인이었는데, 왕의 충신으로서 '공익동맹(무이 11세의 중앙집권 정책에 반대 하여, 신부와 제후들이 결탁한 동맹)'에 대항해 충성스럽게 반기를 들었으며, 왕비가 파리에 입성한 날에는 썩 맛있게 요리된 사슴고기 스튜를 대접한 적도 있었다. 또한 그는 왕실 기마대장인 트리스탕 레르미트(샤를 7세, 루이 11세 시대의 현병대사령관. 혼란기의 프랑스 치안 유지에 크게 공헌, 많은 고관들을 처형함) 씨와 가까운 사이였다. 그런저런 이유로 로베르 씨의 생활은 매우 평온하고 유쾌하게 이어졌다. 우선 그가 받는 보수는 매우 높은 편이어서, 마치 포도나무에 포도송이들이 주렁주렁 열리듯 그가 감독한 법원의 민사 및 형사 서기과와 샤틀레 하층 법정에서도 저마다 일정 보수가 들어오는가 하면, 망트와 코르베유 다리의 통행세, 파리의 식육처리장이나 장작과 소금상인들로부터 들어오는 수입도 있었다. 게다가 그는 시청 관리와 경호원들이 입는 빨강과 갈색이 반씩 섞인 옷 위에 멋진 군복을 입고, 머리에는 몽틀레리에서의 전투로 울퉁불퉁해진 투구를 쓴 채 시내 기마행렬에서 여봐란 듯이 자신을 과시하는 즐거움도 누렸다. 그의 군복 차림은 노르망디의 발몽 수도원에 있는 그의 묘비에 새겨져 있어 오늘날에도 감상할 수 있다. 그뿐이 아니다. 그가 경찰 12명과 샤틀레 재판소의 수위 겸 감시인, 배석판사, 16구(區)의 감찰관 16명, 샤틀레 감옥의 간수, 영지가 주어진 경찰관 4명, 기마 순검 120명, 곤장 순검 120명, 야경대와 보조 야경대, 비밀 야경대와 후면 야경대를 거느리는 기마대장 등, 이 모든 사람들이 그의 감독 아래 있었다는 것은 정말 대단한 일이었다. 상급재판이나 하급재판, 회술레와 교수형, 수레끌기형을—영광스럽게도 7명의 귀족 대법관과 관할구가 주어진 파리의 자작령에서 초심의 재판권, 즉 헌장에서 '제1심'이라 부르는 소재판권은 말할 것도 없고—행사할 권리를 갖는다는 것은 과연 어떤 의미였을까? 필리프 오귀스트 왕이 지은 넓고 납작한 뾰족아치 아래서 날마다 그랬듯 로베르 데스투트빌이 그랑 샤틀레에서 체포령이나 판결을 내리는 것보다 더 기분 좋은 상상이 어디 있겠는가? 그리고 저녁때가 되면 으레 그의 아내 앙브루아즈 드 로레 부인 소유의 팔레 루아얄 구내 갈릴레 거리에 있는 안락한 집으로 돌아가 가엾은 죄인들에게 형을 선고한 뒤의 피로를 푸는 이런 생활만큼 기분 좋은 것이 있을까? 한편, 형을 선고받은 인간은 시장과 시청 관리들이 옥사로 사용하고 있던 3미터 길이에 폭 2.2

미터, 높이 3.3미터의 방을 들인, 레스코르슈리 거리의 작은 오두막*에서 밤을 지내게 되어 있었다.

로베르 데스투트빌 씨는 파리시장이나 자작 고유의 재판권만 가졌던 것이 아니라 국왕의 대재판에도 관여하고 있었다. 조금이라도 신분이 높은 사람들 중에서 사형집행인의 손에 넘어가기 전에 그의 신세를 지지 않은 사람이 없었다. 느무르(파리 총독, 루이 11세에게 반기를 들어 처형 당함) 씨를 중앙시장의 형장으로 끌어가고 생폴(프랑스군 원수, 루이 11세에게 반기를 들어 처형 당함) 씨를 그레브 형장으로 데려가기 위해 그들을 생탕투안의 바스티유 감옥에서 불러낸 것도 그였다. 데스투트빌은 생폴 씨를 좋아하지 않았으므로 그가 울상을 짓거나 비명을 지르는 것을 보고 매우 고소해했다.

이처럼 행복하고 영화로운 생활은 분명 매우 과분한 것이며 훗날 파리시장들의 흥미로운 역사의 한 페이지를 장식하기에 걸맞다. 하지만 기록을 살펴보면, 우다르 드 빌뇌브는 부슈리 거리에 집 한 채를 가지고 있었고, 기욤 드 앙제스트는 크고 작은 사부아의 영지를 지녔으며, 기욤 티부스트는 생트주느비에브의 수녀들에게 클로팽 거리의 자기 집들을 기증했고, 위그 오브리오는 포레피크 저택에 살았다는 등 그 밖의 여러 개인적인 내막을 더 알 수 있다.

그러나 이처럼 자신의 인생을 즐겁고도 조용히 지낼 만한 여러 가지 조건을 갖추었음에도 로베르 데스투트빌 씨는 1482년 1월 7일 아침에 눈을 떴을 때 기분이 매우 나쁜 상태였다. 이유가 무엇일까? 그것은 스스로도 알 수가 없었다. 단지 찌뿌듯한 날씨 때문이었을까? 아니면 몽틀레리의 전투에서 사용했던 낡은 허리띠가 잘못 조여져 뚱뚱한 시장의 몸을 군대식으로 너무 졸라놓았기 때문일까? 아니면 셔츠도 입지 않은 허름한 옷차림에 뚜껑이 없는 모자를 눌러 쓴 채 바랑과 술병을 허리에 차고 서너 명씩 짝지어 지나며 자신을 경멸하는 건달들을 창밖으로 보았기 때문일까? 그도 아니면 미래의 왕 샤를 8세가 이듬해부터 파리시장의 월급에서 370리브르 16솔 8드니에나 삭감하리라는 사실을 어렴풋이 짐작했기 때문일까? 이유에 대해서는 여러분의 상상에 맡기겠다. 나는 그저 아무 이유 없이 기분이 나빴기 때문에 기분이 나빴다고 믿고 싶다.

---

* 1383년에 간행된 《번령사(藩領史)》에 수록되어 있다.

더군다나 그날은 축제가 있었던 이튿날이었으니 누구나 허탈해지는 날이었고, 특히 축제로 인해 만들어진 엄청난 양의 쓰레기와 오물—비유적 의미이기는 하나—을 치워야 하는 관리들은 더 우울해졌다. 그뿐만이 아니다. 그는 그랑 샤틀레에서 법정을 열어야만 했다. 그런데 일반적으로 재판관들은 공판 날짜와 자기들의 기분이 나쁜 날이 맞아떨어지게 조처했다. 왜냐하면 국왕이나 법률가 또는 정의의 이름으로 자기들 가슴속에 쌓여 있는 것을 마음껏 털어낼 수 있는 대상이 필요했기 때문이다.

재판은 시장이 도착하기 전에 이미 시작되었다. 민사, 형사, 특별 재판에서 관례에 따라 그의 보좌관이 시장의 직무대행을 하고 있었다. 아침 8시부터 많은 시민들이 샤틀레 하층 법정의 어두컴컴한 한쪽 구석, 튼튼한 떡갈나무 난간과 벽 사이에 빽빽하게 들어차 있었다. 그들은 샤틀레 재판소의 배석판사이자 파리시장의 보좌관인 플로리앙 바르브디엔이 뒤죽박죽 아무렇게나 판결을 내리고 있는 민·형사 재판을 진지하게 방청하고 있었다.

법정은 좁은 데다 천장이 낮고 둥글었다. 나리꽃 무늬를 넣은 책상 하나가 안쪽에 있고 떡갈나무로 만든 커다란 팔걸이의자가 옆에 놓여 있었다. 이것이 바로 시장의 자리인데 지금은 비어 있다. 그 왼쪽에는 플로리앙 판사 자리가 있고, 아래쪽에서는 서기가 바쁘게 펜을 놀리고 있었다. 그 맞은편에는 방청객이 있고 문과 책상 앞에는 하얀 십자가가 달린 자줏빛 제복을 입은 경찰들이 여럿 서 있었다. 파리 시청 소속 경찰 2명이 만성절 때 입는 붉은색과 푸른색이 반씩 섞인 재킷 차림으로 책상 뒤쪽에 보이는 굳게 닫힌 낮은 문 앞을 지키고 서 있었다. 두꺼운 벽에 좁게 뚫려 있는 단 하나뿐인 창문으로는 1월의 희뿌연 햇빛이 들어와 둥근 천장에 장식으로 새겨놓은 돌 악마와 방 안쪽 나리꽃 무늬 위에 앉은 재판관의 얼굴을 비추고 있었다. 실제로 그를 한번 상상해보라. 법정의 책상 위에 놓인 두 묶음의 소송 문서 사이에 턱을 괸 채 무늬 없는 갈색 법의 자락을 밟고 앉아 있는 플로리앙 바르브디엔 배석판사를. 그의 얼굴은 흰 새끼양 가죽을 뒤집어쓴 듯한데 속눈썹이 그 가죽에서 삐져나와 있는 것 같았다. 불그스레하면서 고집 센 듯한 표정에, 쉴 새 없이 눈을 깜빡였다. 탱탱하게 살 오른 위압적인 양 볼은 괴고 있는 턱까지 처져 있었다.

그런데 이 배석판사는 귀가 어두웠다. 판사로서는 결코 작지 않은 결점이다. 그런데도 그는 피고인의 호소를 들은 뒤에야 판결을 내렸고, 이 판결은 매우 적절했다. 언제나 매우 적절한 판결을 내리고 있었다. 판사는 그저 피고인의 진술을 들어주는 시늉만 해도 충분했기 때문이다. 그런 만큼, 배석판사는 아무리 주위가 시끄러워도 전혀 방해받지 않았던 만큼 그야말로 훌륭한 판결을 내리기에는 누구보다도 좋은 조건을 갖추었다고 할 수 있을 것이다.

게다가 방청석에는 그의 말과 행동에 대하여 일일이 감독하는 비평자 하나가 있었는데, 그는 다름 아닌 풍차의 장으로 통하는 장 프롤로였다. 그 어린 학생 '부랑자'는 학교를 제외한 파리의 어느 장소에나 나타나곤 했다. 그는 친구와 함께 눈앞에서 열리는 재판 과정을 지켜보고 있었다.

"저것 봐!" 장이 바로 옆에 있는 친구 로뱅 푸스팽에게 작은 소리로 말했다. 장이 눈앞에서 펼쳐지는 여러 가지 광경에 하나하나 토를 달고 있는 동안 이 남자는 곁에서 비웃음을 머금고 있었다. "저 애는 장통 뒤 뷔송이야! 카냐르 오 마르셰 뇌프의 짝이라고. 아마 늙은이가 저 여자한테 유죄를 선고할 테지. 그러고 보니 귓구멍만 먼 게 아니라 눈도 먼 모양이지? 묵주알 장식 2개를 달고 다닌다는 이유로 파리 주화 15솔 4드니에씩이나 벌금을 물리다니! 벌금이 너무 세잖아! 정말 인정머리 없는 재판이야! 저 사람은 또 뭐지? 여관 주인 로뱅 셰프 드 빌인데! 여관업자로 인정받으려면 가입금을 내야 한다고? 아니! 서 선날들 사이에 귀속이 둘이나 끼어 있네? 에글레 드 수앵과 위탱 드 마일리잖아? 기사 시종이 둘이나 잡혀왔군. 이거 정말 놀라운데? 저것들은 주사위 노름을 하다 잡혀왔구나! 우리 대학 총장님은 언제쯤 잡혀오시려나? 왕에게 파리 주화 1백 리브르를 벌금으로 바치러 말이야. 바르브디엔 녀석, 아무것도 안 들리는 것처럼 오늘 아주 사정없이 후려치는구나! 아참, 정말로 귀머거리였지. 나도 형처럼 부주교가 되고 싶어. 도박을 그만둘 수만 있다면 말이야. 밤낮으로 도박에 빠져들어 정신 못 차리다 결국에는 내 영혼마저 걸어도 헤어나지 못할 이 노름버릇을 고칠 수만 있다면! 아이고 성모님, 웬 여자들이 저렇게 많이 등장하나? 앙브루아즈 레퀴예르, 이자보 라 페네트, 베라르드 지로냉! 저 여자들은 내가 다 아는 얼굴들인데, 모조리 벌금, 벌금, 벌금형이네! 금띠 두르고 있다가 그만 톡톡히 곤욕을 치르는구나! 파리 주화 10솔! 쌤통이다. 얄미운 계집애들! 늙어빠진 데다 귀머거리 멍텅구리 주제에 그래도 판사랍시고 정말 꺼벙한 플로리앙 바르브디엔! 저런 놈이 법정에 자리를 차지하고 앉아 소송인을 집어삼키고 있잖아. 제멋대로 깨물고 씹어서 닥치는 대로 삼키고 있어! 벌금, 분실물, 세금, 소송비용, 법정비용, 봉급, 손해배상금, 이자, 고문과 감옥과 우리와 수갑, 족쇄 같은 것이 저 늙은이한테는 크리스마스 케이크가 되고, 성 요한 제삿날의 편도과자가 되는구나! 저 돼지 같은 상판대기 좀 봐! 어럽쇼! 매춘부 계집이 또 하나 나왔네! 티보 라 티보드야. 글라티니 거리의 매음굴에서 나갔다는 죄로 잡혀온 거겠지. 저건 또 뭐야? 석궁 사수 헌병 지에프루아 마본인가? 신에게 욕설을 퍼부었다고 벌금형을 받았군. 티보드, 벌금형! 제프로바도 벌금형! 둘 다 벌금형으로 해! 저런 늙다리 귀머거리가 있나! 두 사건을 혼동하고 있는 거야. 여자에겐 신성모독죄를 씌우고 헌병에게는 매음죄를 씌울 거야! 이봐, 로뱅 푸스팽. 이번에 끌려 들어오는 건 뭐지? 경찰들이 아주 떼거지로 들이닥치는구나! 빌어먹을, 아주 사냥개들이 다 됐구먼. 대단한 먹잇감이라도 물어오는 모양이야. 멧돼지라도 되나? 오호, 진짜 멧돼지다. 야! 아주 대단한 놈이야! 염병할, 저건 어제 우리가 뽑은 바보 임금이잖아. 우리의 미치광이 교황, 우리의 종지기, 애꾸눈에다 곱사등이 카지모도!"

그랬다.

카지모도였다. 밧줄로 온몸이 꽁꽁 묶인 채 삼엄한 감시를 받으며 법정 안으로 들어온 것은 바로 카지모도였던 것이다. 가슴에는 프랑스의 은장, 등판에는 파리 시의 문장이 수놓인 옷을 입은 야경대장이 카지모도를 에워싼 경찰대를 이끌고 들어섰다. 카지모도에게는 그의 기형적인 외모 말고는 사람들을 향한 아무런 무기나 위협도 없었으나 경찰들은 그에게 총과 날카로운 창끝을 겨누고 있었다. 그는 침울한 얼굴로 아무 말 없이 가만히 있었다. 이따금 하나뿐인 눈으로 제 몸에 감겨 있는 포승줄을 씩씩거리며 둘러볼 뿐이었다.

또한 그는 성난 눈초리로 방청석을 둘러보기도 했는데 그 시선이 흐리멍덩하여 꼭 잠을 자는 것 같았으므로 여자들은 서로 손가락질하며 그를 비웃어댔다.

그사이 배석판사 플로리앙은 서기가 가져온 소송서류를 신중하게 뒤적거리고 있었는데, 다 살펴본 뒤, 한동안 곰곰이 무언가 생각하는 것 같았다.

그는 언제나 심문을 시작하기 전에 이처럼 신중한 태도로 피고인의 이름과 신분, 범죄사실에 대해 미리 파악한 뒤, 예상되는 피고인의 답변에 대한 응답을 준비함으로써 자신의 귀가 들리지 않는다는 사실을 들키지 않고 성공리에 판결을 내릴 수 있었다. 소송서류는 그에게 있어 맹인을 인도하는 안내견과 같았다. 때로는 깜박 잊고 엉뚱한 질문을 하다가 귀머거리라는 사실을 들키기도 했는데, 그런 경우에 어떤 사람들은 그것을 그의 심오함으로 생각하고, 또 어떤 이들은 어리석음 때문으로 여기기도 했다. 어느 경우든, 재판관으로서의 명예는 훼손되지 않았다. 그것은 재판관이 귀머거리라고 알려지기보다는 어리석다거나 심오하다는 평을 듣는 것이 훨씬 나았기 때문이다. 그래서 그는 자신의 장애를 감추는 데 몹시 신경을 썼으며, 대개 그 일은 성공적이어서 스스로도 이따금 그 장애를 잊곤 했다. 그런 착각은 생각보다 쉬운 일이었다. 왜냐하면 곱사등이인 사람들도 자신은 허리를 펴고 걷는다고 생각하며, 말을 더듬는 사람들도 자신이 말을 할 때는 또박또박 말을 잘한다고 여기고, 귀머거리인 사람들은 다른 사람들이 모두 작은 소리로 말한다고 믿기 때문이다. 즉 우리의 플로리앙 배석판사 역시 자신은 살짝 가는귀를 먹은 정도라고 여겼던 것이다.

그래서 그는 서류를 통해 카지모도의 문제를 완전히 파악한 뒤 머리를 뒤로 젖히고 한층 위엄성과 공정성을 갖추었음을 보이기 위해 눈을 반쯤 감고 있었다. 그러자, 그는 귀머거리인 동시에 장님이 되어버렸다. 그 두 가지는 완벽한 판사가 되기 위한 더없는 조건이었다. 그는 이처럼 가장 법관다운 태도로 카지모도를 심문하기 시작했다.

"이름은?"

그런데 여기서 법률에 규정되어 있지 않은 희대의 돌발 상황이 벌어졌으니, 그것은 바로 귀머거리가 귀머거리를 심문해야 하는 것이었다.

카지모도는 자신에게 무엇을 묻는지 전혀 알지 못한 채 판사의 얼굴만 멀뚱히 쳐다볼 뿐이었다. 판사 역시 귀머거리인 데다 피고인이 귀머거리인 줄 모르니 당연히 그가 대답을 했다고 여기고는, 어리석게도 심문을 이어갔다.

"좋아, 그럼 나이는?"

이번에도 카지모도는 아무 대답도 하지 않았다. 판사는 대답한 것으로 생각하고 다음 질문을 이어갔다.

"그럼 직업은?"

카지모도는 여전히 침묵했다. 그사이 방청석에서는 작은 수군거림이 들려오더니 이내 웅성거리기 시작했다.

"좋아." 피고인의 대답을 침착하게 기다려준 배석판사는 세 번째 질문에 대한 답변이 끝났다고 생각하고 말했다. "피고인은 다음의 죄목으로 이 법정에 서게 되었다. 첫째는 야간에 난동을 부린 것, 둘째는 매춘부에게 폭력을 행사한 것, 셋째는 국왕 폐하의 친위대 헌병들에 대한 반항이다. 이에 대해 자신의 생각을 말할 기회를 주겠다. 서기는 지금까지 피고인이 말한 것을 모두 기록했나?"

터무니없는 이 물음에 서기석은 물론 방청석에서 일제히 폭소가 터져나왔다. 그 웃음의 폭발력이 어찌나 컸던지 두 귀머거리도 그것을 알아차리지 않을 수 없었다. 카지모도는 자신의 굽은 등을 들썩거리며 경멸의 시선으로 방청석을 돌아보았다. 또한 카지모도 못지않게 놀란 플로리앙 판사는, 피고가 어깨를 들썩인 것으로 보아 틀림없이 피고인이 함부로 입을 놀림으로써 구경꾼들에게서 웃음이 터져나온 것이라고 믿었다. 그는 몹시 화를 내며 피고를 꾸짖었다.

"이런 발칙한 놈을 보았나! 지금 그 대답은 교수형을 받아도 마땅할 것이다! 네놈이 지금 감히 누구 앞에서 말을 하고 있는 줄 모르느냐?"

아무리 엄중한 질책이라도 이미 촉발된 웃음을 멈추게 하기에는 역부족이었다. 그것은 누가 보아도 바보 같고 엉뚱한 소리였으며, 그 질문은 창을 들고 언제나 멍청한 표정을 짓고 있는 재판소의 경찰들까지 포복절도하게 만들었다. 카지모도만이 여전히 진지한 얼굴이었으니, 그것은 자신의 주위에서 무슨 일이 벌어지고 있는지 전혀 알 수 없었기 때문이다. 그럴수록 판사는 더욱 화가 나서 노발대발 피고인을 다그치고 호령했다. 그것만이 방청객들을 진정시키는 유일한 방법이라고 믿었던 것이다.

"이 버르장머리 없고 막된 놈아, 네가 감히 샤틀레의 배석판사를 우습게 여긴단 말이냐? 나로 말하자면 파리 시민의 안전을 책임지고 온갖 범죄와 악행을 수사하고 모든 직업을 감독하고 독점을 금지하며, 거리질서 유지와 땔감과 기타 목재의 판매를 책임지고 있는, 간단히 말해 나는 보수도 없고 급료를 받을 희망도 없이 쉴 새 없이 공공을 위해 봉사하는 사법관이란 말이다. 또한 파리시장의 보좌관이며 시청과 대법원과 등기소의 초심 재판소에서 똑같은 권력을 가진 감찰관이자 조사관, 감독관이며 심사관인 플로리앙 바르브디엔이란 사람이다!"

귀머거리가 귀머거리에게 하는 말은 언제 끝날지 알 수 없었다. 그때 만약 안쪽의 낮은 문이 갑자기 열리고 파리시장의 모습이 나타나지 않았더라면, 그처럼 웅변술을 자랑하던 플로리앙 판사가 언제쯤 이 사건을 매듭지을지 하느님만이 알고 계실 터였다.

시장이 들어섰을 때, 플로리앙은 즉각 입을 다문 것이 아니라, 발뒤꿈치로 몸을 반 바퀴 돌려 시장을 향해 서서는, 그때까지 카지모도를 향해 쏟아붓던 말의 화살을 재빨리 돌리며, "각하" 하고 말을 이어갔다. "여기 있는 피고인이 중대한 죄를 저지르고도 부족해 법정에서 재판관을 모욕하는 죄까지 더했으니 각하께서 좋으실 대로 벌을 내려주시길 바라는 바입니다."

그러고는 숨을 몰아쉬며, 이마에서 뚝뚝 떨어져 앞에 펼쳐져 있던 양피지를 눈물처럼 적시는 땀방울을 훔치며 자리에 앉았다. 로베르 데스투트빌 각하가 눈살을 찌푸리며 카지모도에게 매우 위압적인 손짓을 했다. 그러자 귀머거리인 카지모도 어떤 의미인지 짐작할 수 있었다 파리시장이 그에게 엄중히 물었다.

"너는 대체 무슨 죄를 짓고 이곳에 끌려왔느냐?" 가엾은 귀머거리는 시장이 이름을 묻는 것이라 지레 짐작하고 침묵을 깨고 기어들어가는 쉰 소리로 대답했다. "카지모도라고 합니다."

질문과 대답이 전혀 달랐기 때문에 또다시 폭소가 터져나왔다. 그러자 로베르 데스투트빌도 성이 나서 얼굴이 시뻘개져서는 소리쳤다. "뭐야? 나까지 조롱하는 거냐? 이런 발칙한 놈 같으니라고!"

"노트르담의 종지기입니다." 카지모도가 다시 이렇게 대답했다. 판사가 직업이 뭐냐고 묻는 줄 알았던 것이다.

"종지기라고?" 그렇게 되뇌는 시장은 앞서 말한 대로 아침부터 심기가 불편했으므로 굳이 이런 동문서답 때문이 아니더라도 당장 울화통이 터질 지경이었다. "종지기? 그렇다면 내가 너를 파리 한복판으로 끌고 나가 네놈의 등짝을 종 치듯 채찍으로 후려쳐주마, 알겠느냐? 이 악당아!"

"제 나이는…… 성 마르탱 축제가 지나면 20살이 됩니다."

1 옛 재판관들에 대한 공평한 관찰 229

다시 이어진 대답에 시장의 참을성은 한계에 다다랐다.

"뭐야? 네가 감히 나를 가지고 노는 거냐? 채찍 담당은 이놈을 그레브 광장의 죄인 공시대로 끌고 가서 1시간 동안 빙글빙글 돌려가며 채찍질한 다음 거리에서 끌고 다니도록 하라! 아주 따끔한 맛을 보여주겠다! 요 발칙한 놈! 본 판결은 파리 자작령의 7개 영지 안에서 나팔 4명을 앞세워 세상 사람들에게 알리도록 하여라."

서기는 즉시 판결문을 기록했다.

"제기랄, 아주 훌륭한 판결이다!" 장 프롤로가 한쪽 구석에서 외쳤다.

시장은 고개를 돌려 여전히 분노가 가라앉지 않은 채 씩씩대며 카지모도를 매섭게 쏘아보았다. "저 녀석이 방금 '제기랄'이라고 욕을 한 것 같은데. 이봐, 서기! 신성한 법정을 욕설로 모독한 죄로 파리 주화 12드니에의 벌금을 추가하라. 징수된 벌금의 절반은 생퇴스타슈 성당의 재산관리위원회로 기부하도록. 나는 생퇴스타슈를 특별히 아끼니까."

얼마 뒤 완성된 판결문은 간결하고 단순했다. 파리 시와 파리 자작령의 관례는 법원장 티보 바이예와 국왕 변호사 로제 바름에 의해 바뀌지 않아 아직은 예전 그대로였다. 그 시절 그것은 이 두 법률가가 16세기 초에 거기에 심어놓은 소송과 소송 절차의 높다란 덤불에 가로막혀 있지 않았다. 모든 것이 명쾌하고 빠르고 분명했다. 사람들은 목적지를 향해 곧바로 걸어갔고, 덤불도 에움길도 없이, 곧장 오솔길 끝에서 차형(車刑) 바퀴나 교수대 또는 죄인 공시대에 맞닥뜨리는 것이었다. 어쨌든 사람들은 자기가 어디로 가는지 알고 있었다.

서기가 시장에게 판결문을 제출하자 시장은 도장을 찍고 법정을 순회하기 위해 나갔다. 그토록 기분 나쁜 상태로는 그날 파리 시내의 모든 감옥을 죄수로 가득 채우고도 남을 것 같았다. 장 프롤로와 로뱅 푸스팽은 낮은 소리로 낄낄대며 웃었다. 카지모도는 뭔지 모르지만 놀랐다는 표정으로 주위를 둘러보았다.

그러는 사이 서기는 플로리앙 바르브디엔 판사가 서명을 위해 판결문을 읽고 있을 때 유죄선고를 받은 가엾은 귀머거리를 측은히 여겨 조금이라도 형량이 줄어들기를 바라는 마음에서 그의 귀에 대고 카지모도를 가리키며 말했다. "저 사람은 귀머거리입니다."

같은 장애를 가진 플로리앙의 마음을 움직여 조금이라도 죄인을 선처해주기를 바랐던 것이다. 그러나 플로리앙 판사는 자기가 귀머거리라는 사실이 세상에 알려지는 것을 몹시 싫어했으며, 귀가 꽉 막혀서 서기의 말을 한마디도 알아듣지 못했으나 알아들은 체하기 위해 이렇게 대답했다. "그렇다면 문제가 다르지! 그걸 몰랐구나. 그렇다면 죄인 공시대에 1시간 더 세워놓아야겠어!"

그러고는 변경된 판결문에 도장을 찍었다.

"고것 참 쌤통이다. 남에게 함부로 대하면 어떻게 되는지 이제 잘 알았을 테지." 카지모도에게 원한을 품고 있던 로뱅 푸스팽이 말했다.

2 쥐구멍

 이번엔 어제 그랭구아르가 에스메랄다를 뒤따라가기 위해 떠났던 그레브 광장으로 되돌아가보자.
 오전 10시였다. 광장의 모든 것은 축제가 끝난 다음날의 냄새를 물씬 풍기고 있었다. 돌바닥에는 갖가지 부스러기들과 리본, 누더기, 장식용 깃털, 등불에서 떨어진 촛농과 음식 찌꺼기들로 넘쳐났다. 많은 시민들이 여기저기서, 요즘 말로 하자면 '어슬렁거리면서' 꺼져가는 화톳불의 불씨들을 걷어차거나, '기둥집' 앞에서 간밤의 멋진 장면들을 떠올리며 감회에 젖기도 하고, 어제 둘러쳤던 장막의 흔적으로 남은 못들을 바라보며 즐거웠던 축제를 떠올리고 있었다. 사과주와 맥주를 파는 사람들이 술통을 굴리며 지나갔다. 바쁘게 지나가는 사람들의 모습도 보였다. 상인들은 가게 앞에 삼삼오오 모여서 잡담을 나누고 있었다. 축제나 사절단, 코프놀과 미치광이 교황에 대한 이야기가 사람들의 주된 화제였다. 서로 질세라, 어제의 일에 대해 나름의 해설까지 곁들이며 배꼽을 쥐고 웃어댔다. 그러는 동안, 기마경관 4명이 나타나 죄인 공시대를 에워쌌다. 광장 여기저기에 흩어져 있던 사람들이 하나 둘씩 모여들어 무슨 형 집행이라도 있는 건지 궁금하여 미동도 않고 지켜보고 있었다.
 여러분이 만약 광장 한편에서 벌어지는 와자지껄하고 활기찬 광경을 본 다음에 서쪽 모퉁이에 있는 반고딕식이자 반로마네스크식 투르 롤랑의 옛 건물로 시선을 옮긴다면, 정면 모서리에 풍부한 채색삽화가 든 커다란 공용 성무일과서(聖務日課書) 한 권을 볼 수 있을 것이다. 그것은 비에 젖지 않도록 작은 처마 밑에 놓여 있었고, 철망이 둘러쳐져 있어 펼쳐볼 수는 있지만 가져갈 수는 없게 되어 있었다. 이 성무일과서 옆에는 좁다란 첨두형 채광창이 광장 쪽으로 나 있는데 그것은 십자형의 쇠창살로 닫혀 있었다. 이 낡은 집 아래층 벽 속에 만들어놓은, 출입문이 없는 작은 독방의 조그만 구멍만이 그곳에 약간의 공기와 햇빛을 들여보내주는 유일한 창문이었다. 이 작은 방은 파리에서도 가장 복잡하고 시끄러운 광장 옆에 있어서 주위가 소란한 만큼 더 깊은 평온과 음산한 고요로 가득 차 있었다.

이 방은 롤랑드 드 라 투르 롤랑 공주가 십자군전쟁 때 전사한 아버지를 기리며 영원히 틀어박히기 위해 자신의 집 벽 안에 구멍을 파 만든 것이었다. 공주는 훌륭한 저택 중에서 출입구는 벽으로 막혀 있고, 채광창은 여름이나 겨울에나 늘 열려 있는 이 방 외에는 모두 가난한 사람들과 교회에 기부했다. 슬픔에 잠긴 공주는 사실 살아서 들어간 이 무덤 속에서 그 뒤로 20년 동안 죽음이 찾아오기를 기다렸던 것이다. 매일 밤 아버지의 영혼을 위해 기도하고, 베개로 삼을 돌도 없이 회개 속에서 잠들고, 검정 상복을 입은 채 지나는 사람들이 가엾다며 가져다주는 빵과 물만으로 연명했다. 자신의 모든 것을 베푼 공주는 그렇게 다른 사람들의 적선을 받는 신세가 되었다. 마침내 그녀는 죽을 때가 다가오자, 어떤 일로 괴로움에 처한 여자들, 어머니거나 과부이거나 또는 처녀일지라도 남을 위해서나 자신을 위해 기도하며 고통과 고행 속에 파묻히고자 하는 이들에게 이 방을 언제까지라도 사용해도 좋다는 유언을 남겼다. 가난한 사람들은 눈물을 흘리며 그녀에게 축복과 함께 번듯한 장례식을 치러주었다. 하지만 안타깝게도 후원자가 없어 그녀는 성자의 대열에 오르지 못했다. 교황에게 조금 불만을 가진 사람이나 약간 신앙심이 부족한 사람들 중에서는 그녀가 로마에서보다 천국에서 성자에 오르는 것이 더 쉬울 것이라고 여겨 죽은 그녀를 위해 교황이 아닌 신에게만 기도를 드렸다. 대부분의 사람들은 롤랑드를 성녀로 추억하고 그녀의 누더기를 성유물처럼 간직하는 것으로 만족해야 했다. 한편 시에서는 공주를 위해 한 권의 공용 성무일과서를 만들어 독방의 채광창 옆에 비치하여 행인들이 기도를 드리기 위해서라도 걸음을 멈추고, 그녀처럼 작은 방에 살며 고행하는 여자들이 먹을 것도 없이 잊히지 않게 했다.

그런데 이러한 종류의 무덤은 중세의 도시에서는 그리 드문 것이 아니었다. 사람들이 많이 다니는 큰길이나 시끄럽고 복잡한 시장 한복판, 즉 지나다니는 말의 발밑이나 짐수레나 마차가 오가는 차바퀴 밑에는 흔히 동굴이나 우물 또는 벽으로 둘러싸이고 쇠창살로 둘러친 작은 방이 있어 그 속에서 탄식과 속죄의 기도에 몸을 던진 이들이 있었던 것이다. 집과 무덤, 무덤과

도시를 잇는 쇠사슬 울타리라고 비유되는 이러한 무서운 작은 방, 인간 사회와 단절되고 이미 이 세상 사람이 아니라고 간주된 저 은둔자들, 어둠 속에서 마지막 한 방울의 기름을 태우는 등불처럼 인간 동굴 속에서 흔들리는, 목숨이 얼마 남지 않은 사람들, 돌무덤 같은 방 속에서 들려오는 은둔자들의 숨소리와 영원한 기도 소리, 이미 다른 세계의 태양이 비치는 눈, 무덤 벽에 바짝 달라붙어 있는 귀, 그 같은 몸에 갇힌 그 같은 영혼, 그 같은 감방에 갇힌 그 같은 몸뚱이, 육체와 돌이라는 이중의 거죽 아래서 고통 받는 은둔자들의 영혼의 신음 소리, 이와 같은 기이한 광경이 오늘날 우리 가슴에 불러일으킬 것이 분명한 여러 가지 느낌을 그 시절 사람들은 전혀 느끼지 못했다. 그다지 이론적이지도 섬세하지도 못했던 그 무렵 신앙심은 종교행위의 여러 가지 면을 보지 못했다. 그 시절 신앙심은 사물을 한 덩어리로 파악하고, 희생을 존경하고 숭배하고 필요하다면 성스럽게 여겼으나 그 희생의 고통을 분석하지 않았고 그다지 가엾게 여기지도 않았다. 그 신앙심은 때때로 불쌍한 고행자에게 음식을 가져다주고 아직 살아 있는지 구멍으로 들여다보게도 했지만 정작 그의 이름이라든가 몇 년 전부터 그가 죽어가기 시작했는지는 알지 못하며, 그 지하실에서 썩어가는 살아 있는 해골에 대해 누가 물으면 이웃들은, 남자라면 "은둔자요"라고 대답하고, 여자라면 "여자 은둔자요" 간단히 대답할 뿐이었다.

　그 무렵 사람들은 모든 것을 그렇게 추상적이거나 과장됨이 없이, 확대경도 없이 육안으로 바로 가까이에서 보고 있었다. 물질적인 것을 위해서나 정신적인 것을 위해서나, 현미경은 아직 발명되기 전이었다.

　게다가 사람들은 그것을 그다지 특별하게 여기지 않았는데, 앞서 말했듯이 도시 한복판에 그런 종류의 유폐는 흔했기 때문이다. 파리에는 하느님에게 기도하고 고행을 하는 그런 독방이 꽤 많았으며, 그곳엔 거의 다 사람이 들어 있었다. 성직자는 그런 독방들을 비워둘 마음이 없었는데, 그것은 신자들의 신앙심이 미약함을 뜻하는 것이어서 고행자들이 없을 때는 궁여지책으로 문둥이라도 갖다 넣었던 것이 사실이다. 그레브 광장의 이 작은 방 말고 몽포콩에도 하나가 또 있었고, 생지노상 묘지의 납골당에도 있었으며 또 하나가 아마도 클리숑 저택에 있었던 것 같다. 그 밖에도 그런 것들이 여러 곳에 있었는데 건물은 없어졌을망정 그 존재 사실은 그곳 전설 속에 남아 있다. 대학구에도 그것이 있었다. 생트주느비에브 산 위에서는 중세의 욥이라고도 할 만한 남자가, 빗물받이 웅덩이 안쪽 두엄 위에서 고행에 관한 일곱 시편의 송독을 끝내면 다시 시작하고, 밤에는 한결 높은 '어둠을 꿰뚫는 큰 소리'로 읊조리며 30년 동안이나 노래를 불렀는데, 오늘날에도 옛것을 그리워하는 사람들은 '퓌 키 파를' 거리로 들어가면 아직도 그의 목소리가 들려온다고 믿고 있다.

투르 롤랑의 독방에 관해서만 이야기하자면, 이제까지 은둔자가 없었던 적은 단 한 번도 없었다. 롤랑드 공주가 죽은 뒤로, 그 방이 아주 드물게 1, 2년 동안 비어 있던 적이 있기는 했지만 거의 빈 적이 없다. 숱한 여자들이 거기서 죽을 때까지 부모나 애인을 애도하고 참회의 눈물을 흘리며 죽어갔다. 모든 것에, 심지어 심술하고는 아무 상관도 없는 것들에까지 참견하기 좋아하는 장난기 많은 파리 사람들은, 은둔자 중에 과부들은 별로 없었다고 주장한다.

그 시절 관습에 따라 바깥벽에는 라틴어로 된 비명이 붙어 있었는데 통행인들 가운데 학식 있는 사람이라면 이 방이 종교적인 목적으로 쓰인다는 것을 알 수 있었다. 문 위에 짤막한 문구를 새겨 건물의 쓰임새나 유래에 대해 설명하는 습관은 16세기 중엽까지 지켜져왔다. 그리하여 프랑스에서는 지금도 투르빌 성주의 저택에 있는 감옥 쪽문에 "묵묵히 희망을 가져라"라는 글이 새겨져 있으며, 아일랜드에는 재판정 포테스큐 싱의 대문에 그려진 방패 문장 아래 "강한 방패는 인명의 안전을 구한다"라는 글이 새겨져 있고, 영국에는 쿠퍼 백작의 방문객용 숙소의 현관 출입문 위에 "이 성은 당신 것입니다"라는 글이 씌어 있다. 이러한 것들을 통해 그 무렵 건물은 모두 사상을 잘 표현하고 있다는 것을 알 수 있다.

투르 롤랑의 벽으로 둘러싸인 작은 방에는 문이 없었으므로 창문 위에 큼지막한 라틴어로 다음과 같은 두 글자가 새겨져 있다.

"투 오라(그대, 기도하라)."

일반인들이란 극히 상식적이어서 사물의 미묘한 의미를 관찰하지 못하므로 "루이 대왕에게"를 "생드니 문"이라 번역하고도 오류를 알지 못한다. 그와 마찬가지로 위의 라틴어로 인해 사람들은 그 어둡고 축축한 동굴 같은 방에 "투르 오 라(쥐구멍)"라는 이름을 붙이고 말았다. 이것은 본디 뜻에 비하면 전혀 경건함이 느껴지지 않지만 오히려 더욱 생생한 느낌을 준다.

2 쥐구멍 235

3 옥수수 효모로 만든 과자 이야기

 이 이야기가 전개되던 무렵에도 투르 롤랑의 작은 방에는 한 사람이 살고 있었다. 그가 누구인지 궁금하다면 앞서 '쥐구멍'에 대해 설명할 때 마침 샤틀레에서 그레브 광장으로 들어서서 곧장 '쥐구멍' 쪽으로 가고 있는 세 여인네의 이야기에 귀를 기울이면 될 것이다.
 세 여인 가운데 두 사람은 상류 파리 시민의 옷차림을 하고 있었다. 그들은 희고 얇은 소매장식과 붉고 푸른색의 줄무늬가 들어간 치마에 가장자리를 색실로 수놓아 뜨개질한 희고 긴 양말, 검은 밑창에 연한 황갈색의 네모진 가죽 구두를 신었다. 또한 머리에는 리본과 레이스로 장식한 뿔처럼 생긴 반짝이는 삼각모를 썼다. 오늘날도 샹파뉴 지방의 여인들은 러시아 친위대의 선발병과 맞서기라도 하듯 이런 모자를 쓰는데 이 모든 차림새로 보아 두 사람은 하인들이 '아주머니'라고 부르는 사람과 '마님'이라고 부르는 사람의 중간 정도를 차지하는 부유한 상인 계급의 부인임을 짐작할 수 있다. 두 사람 모두 반지나 금 십자가 목걸이를 하지 않았는데, 그것은 돈이 없어서가 아니라 괜히 벌금이라도 물게 될까봐 미리 조심하는 것임을 알 수 있다. 그 옆에 다른 한 여인도 마찬가지로 비슷한 차림새였으나 그녀에게서는 왠지 시골 공증인의 부인 같은 촌스러움이 느껴졌다. 그녀의 허리띠가 허리 위로 올라간 것으로 보아 파리에 온 지 얼마 되지 않았음을 짐작할 수 있었다. 게다가 옷깃 장식에는 주름이 많고 구두에 달린 리본매듭과 치마의 줄무늬 또한 가로로 나 있다는 것 등등이 고상하고 멋을 아는 여인이라면 몹시 거슬릴 만한 독특한 점들이 눈에 띄었다.
 앞서 말한 두 여인은 마치 시골에서 갓 올라온 사람에게 파리 구경을 시켜 주는 파리의 여인만이 보일 수 있는 독특한 걸음걸이였다. 시골에서 올라온 듯한 세 번째 여인은 커다란 과자를 손에 든 덩치 큰 사내아이의 손을 잡고 있었다.

몹시 추웠으므로 사내아이는 흘러나오는 코를 빨아먹으려는지 연신 혀를 날름거리고 있었다는 이야기를 해야 함을 유감스럽게 생각한다.

그 아이는 베르길리우스의 말마따나 "흐트러진 발걸음"으로 한 손을 어머니에게 단단히 붙잡힌 채 끌려가고 있었는데, 한 걸음 한 걸음 옮길 때마다 심하게 야단을 맞곤 했다. 그도 그럴 것이 아이는 똑바로 걷는 것보다는 들고 있는 과자에 더 신경을 집중하고 있었다. 무엇 때문인지 과자를 먹지는 못하고 들여다보기만 했는데 그것만으로도 아이는 만족스러워하고 있었다. 아무리 봐도 그 과자는 차라리 어머니가 들고 가는 편이 더 나았을 것이다. 포동포동한 철없는 사내아이를 탄탈로스(물을 마시려고 하면 물이 없어지고, 과일을 따려 하면 가지가 통겨 올라가는, 탄탈로스가 지옥에서 받은 형벌. 그리스 신화)로 만든다는 것은 가혹한 짓이었다.

그동안 세 여인은 ('마님'이라는 단어는 그 시절 귀족 부인에게만 사용되었다) 한꺼번에 떠들어대고 있었다.

"서둘러요, 마예트 부인! 자칫하면 늦겠어요. 그걸 죄인 공시대로 끌고 갈 거라고 샤틀레에서 그랬잖아요." 그중에 가장 젊고 통통한 여자가 시골에서 온 여자에게 말했다.

"그게 무슨 소리예요, 우다르드 뮈니에 부인? 적어도 2시간은 그 죄인공시대에 세워둘 거라고 했잖아요. 시간은 충분해요. 그런데 죄인을 공시대에 묶어놓은 걸 정말로 본 적이 있어요, 마예트 부인?" 다른 파리 여자가 말을 이었다.

"그럼요, 랭스에서였죠." 시골 여자가 말했다.

"에이, 그래 봤자 랭스의 죄인 공시대가 뭐 별거겠어요? 고작해야 농부들이나 공개하는 작은 우리쯤 되려나!"

"고작해야 농부들이나라니요? 마르셰 오 드라에서, 그리고 랭스에서! 무시무시한 죄인들도 많이 봤어요! 제 아비와 어미를 죽인 죄인들 말이에요. 농부들만이 아니라니까요. 우리를 뭘로 알고 그런 말씀을 하세요, 제르베즈!" 마예트가 말했다.

시골에서 올라온 것이 분명한 이 여인은 자기네 고장의 죄인 공시대의 명예를 위해 당장이라도 화를 낼 것만 같았다. 그러나 다행스럽게도 이내 신중해진 우다르드 뮈니에가 얼른 화제를 돌렸다.

"그나저나 마예트 부인, 저 플랑드르 사절단에 대해서 어떻게 생각하세요? 랭스에서도 그런 화려한 행렬을 볼 수 있나요?"

"아마도 플랑드르 사절단 같은 볼거리는 파리에서나 볼 수 있을걸요?" 마예트가 대답했다.

"사절단 가운데서 옷장수라던 그 키 큰 사람도 봤나요?" 우다르드가 물었다.

"네, 꼭 사투르누스(로마신화의 농경신) 같았어요." 마예트가 대답했다.

"그 얼굴이 납작한 뚱뚱보는 어떻고요. 게다가 그 난쟁이는 눈도 작은 데다 눈 주위로 엉겅퀴같이 듬성듬성 털이 나 있는 게 참 가관이더라니까요!" 제르베즈가 말했다.

"그 사람들이 타고 온 말들은 꽤 훌륭하던데요. 자기 나라 식으로 말에다 옷을 입혀놓았더라고요." 우다르드가 말했다.

시골티 나는 마예트가 이번에야말로 상대방의 코를 납작하게 만들겠다고 마음먹고 다른 이의 말을 가로막고 나섰다. "어머나! 18년 전인 61년 일인데요, 랭스에서 국왕의 대관식이 있었어요. 그때 귀족들과 국왕을 수행하는 사람들의 말들이야말로 진짜로 훌륭했죠! 안장과 말 잔등에 걸친 천들은 아주 비싼 비단이었어요. 흑담비의 모피를 달고 능직으로 짠 나사라든가, 금빛의 얇은 나사, 흰 담비 모피의 목장식을 단 벨벳이라든가 말이죠. 그뿐인가요, 금은세공이나 금은으로 된 커다란 방울들을 달아놓았죠! 그게 한두 푼 나가겠어요? 게다가 말에 탄 귀여운 시동들까지!"

"아무리 그렇다 해도, 플랑드르인들의 말이 훌륭했다는 점엔 변함이 없어요. 그들이 어제 시청에서 파리 행정장관으로부터 진수성찬을 대접받았대요. 당과며 향료를 넣은 포도주며 사탕절임까지 온갖 진귀한 음식이 다 있었다는군요!" 마예트의 말을 무시라도 하듯 우다르드가 쌀쌀맞게 말했다.

"무슨 말씀을? 플랑드르인들이 만찬을 먹은 건 추기경님 댁, 그러니까 프티 부르봉에서였어요!" 제르베즈가 목소리를 높였다.

"아니에요. 시청이에요."

"아니라니까요, 프티 부르봉이 맞아요!"

"글쎄 시청이 틀림없다니까요! 스쿠라블 박사가 라틴어로 연설을 했고, 사절단들이 매우 흡족해했대요. 면허 있는 서적상인 우리 남편이 알려줬다고요!" 우다르드가 쐐기를 박았다.

"아무리 그래도 프티 부르봉 궁이 틀림없어요! 추기경님의 집사가 어떤 음식을 대접했는지 난 알고 있어요. 하양, 연분홍, 진홍색 향료 포도주 더블 쿼트로 12병, 리옹산(産) 금빛 편도과자 24상자, 한 자루에 2리브르나 하는 횃불 24자루, 본에서 생산된 하양과 연분홍색 포도주 2백 리터들이 6통, 그것도 최고급으로요. 틀릴 리가 없어요. 이 얘긴 우리 남편한테 들었거든요. 그 사람은 파를루아 오 부르주아의 50인조 민병대의 조장이에요. 게다가 우리 그인 오늘 아침에 선왕 때 메소포타미아에서 파리로 온 트레비존드 황제와 에티오피아의 사신들을 플랑드르 사신들과 비교해보고 있었어요. 트레비존드 일행들이 귀고리를 달고 있었다는 것도 알고 있다고요." 제르베즈도 지지 않고 강한 말투로 대꾸했다.

"아무튼 그들이 시청에서 만찬회를 한 게 사실이에요. 고기와 사탕절임에, 그렇게 훌륭한 상차림은 처음 보았대요!" 우다르드는 상대방이 그렇게까지 나오는데도 전혀 당황하지 않고 대꾸했다.

"나 참, 시청 관리인 르 세크가 프티 부르봉 저택에서 접대를 했다니까 그러시네. 당신이 잘못 알고 있는 거예요!"

"시청이었다니까요!"

"프티 부르봉이 맞아요! 그 저택 현관문에 쓰여 있는 '희망'이라는 글씨를 마술경으로 확인했대요!"

"아이고, 고집도 대단하시네. 시청이래도요! 시청! 위송 르 부아르가 플루트 연주까지 했어요!"

"아니라니까요!"

"맞아요!"

"아니라고요, 글쎄!"

사람 좋은 뚱뚱보 우다르드가 다시 반박하려 할 때, 마예트가 소리쳐 말리지 않았더라면 두 사람은 모자라도 낚아채며 싸움이 붙었을지 모른다. "잠깐! 저기 다리 부근에 몰려든 사람들 좀 보세요! 한가운데 뭐가 있나봐요. 다들 그걸 쳐다보고 있어요!"

"어머나, 정말이네. 탬버린 소리 같은데요? 에스메랄다가 염소와 함께 춤추고 있나 봐요. 어서 가봅시다. 마예트, 아이 손 잘 잡고 빨랑 와요. 모처럼 파리 구경을 오셨으니 볼 건 다 봐야죠. 어제는 플랑드르인들을 봤으니 오늘은 집시처녀를 보여드리리다."

"집시처녀라고요?" 마예트는 깜짝 놀라 걸음을 멈추더니 아이의 팔을 힘껏 부여잡고는 방향을 바꾸며 말했다. "오, 하느님! 저 계집은 내 아들을 훔쳐갈 거예요! 이리 와, 외스타슈!"

그녀는 곧장 그레브 광장 쪽으로 내달리기 시작하여 다리에서 멀리 떨어진 곳까지 갔다. 그러다 어머니에게 끌려가던 아이가 무릎이 꺾이며 넘어져 버렸다. 그러자 그녀도 숨을 헐떡이며 멈추어 섰다. 우다르드와 제르베즈가 뒤따라왔다.

"집시처녀가 아이를 훔쳐간다고요? 무슨 말도 안 되는 소리를!"

제르베즈의 말에 마예트가 골똘히 무언가 생각하는 듯 고개를 끄덕였다.

그러자 우다르드가 한마디 했다. "이상하네요. 자루를 쓰고 참회하는 '자루수녀'도 집시처녀 얘기만 나오면 그런 소릴 하더라고요."

"자루수녀가 뭐예요?" 마예트가 물었다.

"귀될 수녀 말이에요." 우다르드가 말했다.

"귀될 수녀는 또 누구죠?" 마예트가 다시 물었다.

"귀될 수녀가 누군지도 모르시다니, 랭스에서 온 게 틀림없군요. 쥐구멍에 사는 은둔자 말이에요." 우다르드가 대답했다.

"그럼, 우리가 지금 이 과자를 갖다주려는 그 가엾은 할머니 말인가요?" 마예트가 물었다.

우다르드가 고개를 끄덕이며 대답했다.

"맞아요! 조금만 가면 그레브 광장인데 거기서 광장 쪽으로 난 채광창으로 들여다볼 수 있어요. 그분도 당신처럼 광장에서 저렇게 탬버린 치고 점을 보는 집시처녀를 달가워하지 않아요. 그 사람이 왜 하찮은 집시처녀를 무서워하는지 모르겠어요. 그리고 당신도 왜 그렇게 뒤도 안 돌아보고 도망을 치는 거죠, 마예트?"

"아, 나는요, 파케트 라 샹트플뢰리가 당한 것 같은 그런 일은 당하고 싶지 않아요!" 마예트는 아들의 둥근 머리통을 두 팔로 끌어안으며 말했다.

"무슨 얘긴지 우리에게도 좀 들려주면 안 될까요, 마예트?" 제르베즈는 마예트의 팔을 잡으며 말했다.

"알았어요, 근데 그 이야기를 모르시다니 부인들은 역시 파리 사람이네요! 얘기해드릴게요." 그러면서 마예트는 이야기를 시작했다. "아, 그 얘기하는 데 뭐 굳이 걸음을 멈출 필요까지는 없으니 그냥 걸으면서 이야기할게요. 그러니까 지금으로부터 18년 전이지요. 내가 18살일 때 파케트 라 샹트플뢰리도 나와 동갑인 아름다운 처녀였어요. 하지만 그 여자는 나처럼 남편과 아들을 둔 36살의 뚱뚱하고 활기찬 어머니가 되지 못했는데, 그건 순전히 그 여자 탓이에요! 그 여자는 이미 14살 때부터 싹이 노랬지요. 아무튼 그녀는 기베르토라는 랭스의 선상 음유시인의 딸이었어요. 그분이 바로 샤를 7세의 대관식 때, 왕께서 동정녀와 함께 배를 타고 실르리에서 뮈종까지 베슬 강을 내려가실 때 그 앞에서 노래를 부른 사람이에요. 그때 잔다르크도 왕 곁을 지키고 있었다죠. 그 아버지가 돌아가셨을 때 파케트는 아직 나이가 어렸어요. 그녀의 어머니는 파리의 파랭 가를랭 거리에서 유기그릇과 주물 장사를 하다 작년에 세상을 떠난 마티외 프라동 씨의 여동생이죠. 그러니까 집안은 참 괜찮았는데, 그녀의 어머니가 너무 세상을 몰라서였는지, 파케트에게는 장식품이나 장난감을 만드는 재주 외엔 아무것도 가르치지 않았어요. 그런데 그 기술도 생계에는 큰 도움이 되지 못해서 늘 가난했지요. 파케트와 어머니는 랭스 강변 폴 펜 거리에서 살았어요. 그런데 내 생각에 파케트가 타락한 건 그곳에 살았기 때문인 것 같아요. 루이 11세가 즉위하던 무렵에 파케트는 정말 발랄하고 아름다운 아가씨였어요. 그래서 사람들은 다들 그녀를 라 샹트플뢰리(노래하는 꽃이라는 뜻)라고 불렀어요. 그녀는 특히 아름다운 치아를 가지고 있었는데, 그걸 자랑이라도 하듯 언제나 활짝 웃었죠. 그런데 웃기를 좋아하는 아가씨는 눈물을 향해 걸어가기 마련이라는 말도 있다시피, 정말이지 샹트플뢰리가 바로 그렇더군요. 모녀는 겨우겨우 입에 풀칠을 하며 살았는데, 아버지가 돌아가시자 완전히 몰락한 거예요. 두 사람이 아무리 열심히 리본과 장난감을 만들어도 일주일에 6드니에 이상은 벌지 못했어요. 가장이었던 기베르토 씨가 대관식에서 노래 한 곡만 불러도 파리 주화 12솔을 받던 것에 비하면 하늘과 땅 차이였죠. 그 61년 겨울이었어요. 두 여자가 사는 집은 땔감도 없었으니 얼마나 추웠겠어요. 그녀의 볼은 추위로 몹시 예쁜 색깔이 되었어요. 그러자 뭇 사내들이 그녀를 보고 '데이지!'라고 불러댔어요. 그렇게 호들갑스러운 대우를 받던 그녀는 결국 몸을 망쳤어요. 외스타슈! 과자를 먹으려고 그러지? 너 혼날 줄 알아라! 어느 주일날 성당에 나왔을 때 그녀 목에 금 십자가가 매달린 것을 보고 우리는 그녀가 결국 타락

3 옥수수 효모로 만든 과자 이야기 241

했다는 걸 알아차렸어요. 겨우 14살이었는데 말이에요! 첫 남자는 랭스에서 3킬로미터쯤 떨어진 곳에 종루를 가지고 있는 젊은 코르몽트뢰유 자작의 아들이었어요. 두 번째는 왕의 기수인 앙리 드 트리앙쿠르. 그 다음엔 그보다 못한 의장관 시아르 드 볼리옹. 뒤로 갈수록 더 떨어져서 왕의 시종 게리 오베르종, 황태자 전하의 이발사 마셰 드 프레퓌, 왕실 요리사 테브냉 르 무안. 점점 더 늙고 지체도 낮은 사내로 수준이 떨어지더니만 나중엔 교현금 악사 기욤 라신, 그다음엔 초롱 장수인 티에리 드 메르에게까지 몸을 맡기게 된 거예요! 그렇게 해서 가엾은 샹트플뢰리는 모든 사내들에게 몸을 파는 여자가 돼버린 거지요. 한번 발을 잘못 내딛고 나니 끝도 없이 추락해간 거예요. 같은 해인 61년 대관식 때 창녀단속 담당관과 잠자리를 한 것도 바로 그 여자였어요! 바로 같은 해에 말예요."

마예트는 한숨을 쉬며 눈에 괸 눈물을 닦아냈다.

"그런 얘기가 뭐가 그리 특별하다고 그래요? 집시도 어린애 얘기도 그림자도 비치지 않는구먼!" 제르베즈가 말했다.

"잠깐 기다리세요, 아이 얘기가 곧 나올 테니까요." 그러면서 마예트가 말을 계속했다. "66년, 그러니까 이달의 성 바울로 제삿날이면 딱 16년 전이네요. 그때 파케트가 여자아이를 하나 낳았어요. 가엾은 여자! 무척 기뻐했는데. 오래전부터 아이를 갖고 싶어했거든요. 그녀의 착한 어머니는 이미 죽은 뒤여서 파케트는 이 세상 누구에게도 사랑을 받거나 줄 수도 없는 처지였지요. 그녀가 타락하면서부터 5년이 흐르는 동안 샹트플뢰리는 정말 불행했어요. 넓디넓은 세상에 혼자 남겨진 데다 사람들에게 손가락질 받고 야유를 당하고 경찰들에게 두들겨 맞는 것도 부지기수였을뿐더러, 거지꼴을 한 아이들한테까지 놀림을 당하며 살았지요. 어느덧 20살이 되었는데, 그 나이면 몸을 파는 여자들 사이에서는 할머니 취급을 당하지요. 그러다 보니 아무리 몸을 팔려고 해도 옛날처럼 장난감 나부랭이를 팔아 버는 정도밖에는 안 되었어요. 나이가 들수록 그 정도는 더 심해져 다시 가혹한 시절이 돌아온 거예요. 겨울이 되어도 땔감도 없이 추위를 견뎌야 하고 굶기를 밥 먹듯 하는 지경이 된 거예요. 그런데도 그녀는 더 이상 일을 할 수가 없었어요. 몸을 팔아 쉽게 돈을 벌다 보니 점점 게을러졌고 게으름 때문에 더욱더 타락하게 되고 삶이 더욱 고통스러워지는 거예요. 생레미의 사제님도 그런 말씀을 하시더군요. 그런 일을 하던 여자들은 늙으면 다른 사람들보다 더 추위를 타고 굶주림에 더 고통을 받게 마련이라고요."

"그건 맞아요. 근데 접시는 언제 나와요?" 제르베즈가 답답한지 다시 물었다.

"성미도 급하시지, 좀 기다려보자고요. 처음에 다 얘기해버리면 끝이 재미없잖아요? 계속하세요, 마예트 부인. 그 가련한 여자 샹트플뢰리 얘기요!" 제르베즈보다 참을성이 있는 우다르드가 말했다.

마예트는 이야기를 이어갔다.

"그 여자는 정말 슬프고 비참한 생활을 계속했어요. 날마다 울어서 두 볼이 홀쭉하게 패었지요. 그런 어리석음과 비참함 속에 살면서도 무엇이 되었든 자기가 사랑할 수 있는 것이 있으면 고통이 덜할 거라고 믿었어요. 그건 오직 아기여야 한다고 생각했어요. 순수한 아이만이 자신의 고통을 위로해 줄 거라고 믿었지요. 그녀가 그것을 깨달은 건 어떤 도둑놈을 사랑하게 된 뒤였어요. 그 도둑놈만이 그녀를 상대해주었기 때문이에요. 왜냐고요? 다른 사람들은 그녀를 더 이상 상대하려 들지 않았죠. 그런데 그녀는 그 도둑놈조차도 자신을 우습게 여긴다는 걸 곧 깨달았어요. 그런 여자들에게는 마음의 외로움을 채우기 위해 아이가 있어야 해요. 안 그러면 여자들은 스스로가 너무 비참해서 견딜 수가 없을 거예요. 그래서 그녀는 남자가 아닌 아이를 갖게 해달라고 신에게 기도했어요. 신도 그녀를 불쌍히 여기셨는지 마침내 그녀에게 아이가 생겼어요. 그때 그녀의 기쁨을 말로 어떻게 설명할 수 있을까요? 기쁨의 눈물을 한없이 흘리며 정신없이 끌어안고 입 맞추며 모든 고통을 잊어버렸지요. 그녀는 아이에게 젖을 물리고 하나뿐인 이불을 뜯어 기저귀를 만들었어요. 더 이상 배고픔도 추위도 느끼지 않았어요. 그러자 그녀는 아름다움을 되찾기 시작했고 사내들이 그녀를 보러 찾아오게 되었죠. 불행인지 다행인지 그녀는 다시 몸을 팔아 번 돈으로 아이에게 필요한 배내옷이며 모자며 턱받이를 만들고 레이스 조끼와 작은 공단 두건도 만들었어요. 하지만 자기의 새 이불을 살 생각은 하지 않았죠. 야, 외스타슈! 과자 먹지 말랬지! 그렇게 어린 아녜스는, 아녜스는 아기 이름이에요, 세례명이죠. 샹트플뢰리는 오래전부터 성이 없었거든요. 어쨌든 어린 아녜스는 황태자나 공주님보다도 더 많은 리본과 자수 장식이 달린 옷들에 파묻혀 있었어요. 특히 아주 귀여운 신발 한 켤레가 있었는데, 루이 11세라도 아마 그런 신은 갖지 못했을 거예요. 그 신발은 어머니가 아기를 위해 한 땀씩 수를 놓고 성모 마리아의 옷이라도 만들듯 정성스럽게 온갖 장식을 했거든요. 그렇게 예쁜 장밋빛 신은 세상에 또 없을 거예요. 기껏해야 내 엄지손가락만 했어요. 아기의 작은 발이 들어가는 걸 믿으려면 그 발이 거기서 나오는 걸 봐야 했는데 그 앙증맞은 발이야말로 참으로 작고 예쁜 분홍빛이었어요! 신발보다 더 고운 분홍! 우다르드 부인, 당신도 아기를 갖게 되면 그런 작은 발과 손보다 더 사랑스러운 건 세상에 없다는 걸 알게 될 거예요."

"제발 그러고 싶네요! 그런 즐거움이 우리 앙드리 뮈니에 씨에게도 찾아오길 고대하고 있어요." 우다르드는 한숨을 쉬며 말했다.

"게다가 말이죠." 마예트는 이야기를 이어갔다. "파케트의 귀여운 아기는 그냥 발만 예쁜 게 아니었어요. 태어난 지 4개월쯤 됐을 때 봤는데, 얼마나 사랑스럽던지요! 초롱초롱한 눈은 입보다 크고, 가늘고 검은 머리털에, 세상에서 그보다 예쁘고 탐나는 아기도 없을 거예요. 그 아이의 머리털은 그때부터 벌써 곱슬거렸어요. 자라서 16살이 되었으면 멋진 갈색머리를 가진 소녀가 되었을 텐데! 그렇게 사랑스런 아기를 두었으니 그 어머니는 날이 갈수록 아기에게 더욱 빠져들었어요. 아기가 귀여워서 어쩔 줄 몰라 하며 쓰다듬고 입 맞추고 간질이고 목욕시키고 옷을 갈아입히고……. 정말이지 눈에 넣어도 아프지 않고, 정말이지 끔찍하게도 아꼈지요. 그녀는 그토록 사랑스런 아기를 주신 하느님께 한없이 감사했어요. 특히 그 고운 분홍빛 발은 끝없는 감탄과 기쁨의 원천이었답니다! 그녀의 입술이 그 앙증맞은 발에서 도통 떨어질 줄을 몰랐으니까요. 작은 신발을 신겼다 벗겼다 하면서 감탄사를 외치고, 즐거워 손뼉을 치며 들여다보고 침대 위에서 걷게 해보고 "가여워라, 가여워"라고도 했는데, 마치 아기예수의 발을 보는 듯이 무릎을 꿇고는 신발을 신겼다 벗겼다 하는데 평생, 죽을 때까지라도 그렇게 지낼 것 같았죠."

"정말 가슴 절절한 이야기네요. 그런데 집시 이야기는 언제쯤 나오는 거죠?" 제르베즈가 참다못해 나지막한 목소리로 물었다.

"이제부터요!" 마예트가 의미심장하게 대답했다. "어느 날, 랭스에 낯설고 이상한 사람들이 말을 타고 나타났어요. 거지와 방랑자들이 공작과 백작들에게 이끌려 우리 고장을 지나는 중이라고 했어요. 모두들 얼굴은 햇볕에 새카맣게 그을린 데다 심한 곱슬머리에 은 귀고리들을 했더라고요. 어떻게 된 게 여자들이 남자들보다 더 얼굴이 못쓰게 됐더군요. 여자들은 머리털을 말꼬리처럼 늘어뜨린 데다 모자도 쓰지 않아 얼굴이 더 새카맸어요. 게다가 생뚱맞게 짧은 외투 차림에 싸구려 실로 짠 볼품없는 홑이불을 어깨에 하나씩 둘러메고 있었지요. 그 여자들의 다리에 감기며 따라다니는 아이들의 몰골을 봤더라면 아마 원숭이도 놀라 십 리는 도망갔을 거예요. 알고 보니 그들은 전부 교황님께 파문당한 사람들이었답니다! 다들 이집트에서 폴란드를 거쳐 랭스로 들어오는 길이었죠. 사람들 말에 의하면, 교황님이 그 사람들의 참회를 들으시고는, 그로부터 7년 동안 편안한 잠자리에서 잠을 자지 말고 온 세상을 돌아다니며 참회하라고 이르셨다더군요. 그래서 스스로 '참회자들'이라고 불렀는데, 그 사람들한테서는 코를 찝고 싶을 정도로 지독한 냄새가 났어요. 그 사람들의 조상은 사라센인들인데 유피테르를 믿었고 대주교님과 주교님, 사제들만 보면 투르 은화로 10리브르씩을 희사해달라고 조르는 거예요. 교황님으로부터 받은 교서에 그런 권리에 대해 적혀 있었으니 가능했던 거죠. 그들은 알제 왕과 독일 황제의 이름으로 점을 치기 위해 랭스에 온 거였어요. 그것만으로도 그들이 시내에 들어오는 것을 막을 충분한 이유가 되었지요. 하지만 그런 것엔 아랑곳없이 그들은 제멋대로 브렌의 성문 근처 언덕 위에서 야숙을 하게 되었어요. 그 언덕 위에는 작은 방앗간이 있었고 그 곁에는 오래된 폐광이 있었는데 그런 소문이 마을 사람들에게 퍼지자 랭스 사람들이 앞다투어 찾아간 거예요. 그 사람들은 손금만 보고도 놀랄 만큼 점을 잘 보았거든요. 그들은 유다에게도 교황이 될 것이라고 예언할 정도의 능력이 있었어요. 하지만 그들이 애들을 유괴한다느니 지갑을 슬쩍 한다느니 인육을 먹는다는 괴소문도 돌았어요. 점잖은 분들은 어리숙한 이들에게 '그런 곳에 가지 말라'고 하면서도 남몰래 찾아갔더랬죠. 아무튼 그들에게 호기심과 관심이 온통 집중된 거예요. 사실은 그들을 보고 추기경님도 놀랄 정도였다니까요. 집시여자들이 어린아이들의 손금을 보고 이교도나 터키어로 쓰인 갖가지 신기한 풀이를 읽어주고 나면 아이엄마들은 몹시 자랑스러워했지요. 어떤 엄마는 자기 아이가 황제가 된다고 하고, 다른 엄마는 제 아이가 교황이 될 거라고 하고, 그리고 또 어떤 엄마는 아들이 대장이 될 거라고 자랑했으니까 말이에요. 그러자 가련한 샹트플뢰리도 호기심이 일었어요. 내 딸 아녜스는 장차 어떤 사람이 될까, 혹시 훗날 아르메니아의 왕비가 될지 아니면 다른 무엇이 될지 너무나 궁금했던 거예요. 그녀는 결국 아기를 데리고 집시들에게 갔어요. 집시여자들도 그 사랑스런 아기에게 흠뻑 빠져들었어요. 아기에게 입을 맞추고 앙증맞은 손발을 만지고 물고 빨고 하며 귀여워 어쩔 줄 몰라 했지요. 그러고는 그 아기의 손금을 보고 감탄을 연발했어요. 그러니 아이엄마가 얼마나 기쁘고 행복했겠어요! 집시여자들도 특히 귀여운 아기의 작은 발과 작은 신발에 감탄했지요. 아직 1살도 되지 않은 아기는 통통하게 살이 올라 천사처럼 천진난만한 미소를 지으며 옹알이를 하는 등 온갖 재롱이 끊이지 않았어요. 그런데 아기는 집시여자들을 보고는 자지러질 듯이 울음을 터뜨렸어요. 엄마는 그런 아기를 달래기 위해 꼭 끌어안고 돌아왔어요. 집시여자들이 아기에 대해 예언한 것을 기뻐하면서 말이에요. 아기는 장차 매우 아름다운 여인으로 자라 정숙하고 덕이 많은 여왕이 될 거라고 했대요. 그녀는 미래의 여왕마마를 품에 안고 폴 펜 거리의 오두막으로 의기양양하게 돌아왔지요. 이튿날 그녀는 아기가 아직 자고 있을 때 침대 위에 뉘어놓고는 문을 살짝 열어놓은 채 세세스리 거리의 친구 집으로 달려갔어요. 그리고 자기 딸 아녜스가 영국 왕과 에티오피아의 대공으로부터 초대받을 날이 올 것이라는 이야기를 비롯해 집시여자들에게서 들은 즐겁고도 놀라운 이야기들을 들려주었지요. 그리고 다시 서둘러 집으로 돌아왔을 때까지도 아기는 잠에서 깨지 않았는지 우는 소리가 들리지 않았어요. 그런데 문이 자기가 나갈 때 열어놓았던 것보다 더 활짝 열려 있는 것을 발견했어요! 세상에…… 엄마는 황급히 방 안으로 뛰어들어갔죠. 가엾은 아기 엄마……. 침대를 살폈지만 아기는 이미 그곳에 없었답니다. 텅 빈 침대, 모습도 그림자도 찾을 수 없는 아기, 그 자리엔 아기의 작고 예쁜 분홍 신발 한 짝만 뒹굴고 있었어요. 그녀는 미친 듯이 밖으로 뛰쳐나와 거의 구르다시피 계단을 뛰어내려서는 아기를 찾아 거리를 헤매다녔어요. "누가 내 아이를 데려갔어요! 누가 아기를 훔쳐갔어!" 그렇게 울부짖으며 머리를 벽에 찧기도 하고 소리쳐 부르기도 했지만 소용없었어요. 거리엔 아무도 없었고 집은 텅 빈 절간 같아졌으니 아무도 그녀에게 도움을 주지 못했어요. 그녀는 날마다 온종일 시내 곳곳을 이 잡듯이 뒤지고 다녔답니다. 필사적으로, 미친 사람처럼 아이를 찾아 헤매다녔지요. 새끼를 잃은 야수처럼 남의 집 문간이나 창문 아래에서 냄새를 맡으며 아기의 흔적을 찾았답니다. 숨을 헐떡이고 머리는 산발을 한 채로 두 눈에는 안타까운 불꽃이 일었는데 눈물도 말라버린 것 같았어요. 거리에서 마주치는 사람들마다 붙잡고 애원했지요. "우리 아기 못 보셨나요? 우리 아기 좀 찾아주세요. 아주 예쁘고 예쁜 우리 아기 좀 찾아주세요, 제발. 아기만 돌려준다면 그 사람의 종이라도 되겠어요. 강아지도 돌봐드릴게요. 원한다면 내 심장이라도 꺼내드리겠어요." 그녀는 생레미의 신부를 만나서도 말했어요. "신부님, 제 손으로 밭이라도 갈겠습니다. 제발 아기만은 돌려주세요." 정말이지 가슴을 쥐어뜯는 것 같았답니다, 우다르드. 피도 눈물도 없고 인정사정없기로 유명한 퐁스 라카브르 검사마저도 그녀의 이야기를 듣고는 눈물을 흘렸대요. 세상에, 불쌍도 하지. 온종일 거리를 헤매 다니다가도 날이 어두워지면 그녀도 하는 수 없이 집으로 돌아가야 했지요. 어느 날 그녀가 없는 사이에, 웬 집시여자 둘이 무슨 꾸러미 하나를 안고 남몰래 그 집에 들어갔다가 문을 닫고 나가는 것을 이웃집 여자가 보게 되었어요. 그런데 두 집시여인이 떠난 뒤로 그녀의 집 안에서 아이 울음소리 같은 것이 들렸던 거예요. 해가 저물어 집에 돌아온 그녀는 마침 그 소리를 듣고는 뛸 듯이 기뻐하며 안으로 뛰어들어갔어요……. 하지만 어떻게 그런 일이 다 있을까요. 아주 섬뜩한 이야긴데요, 우다르드! 하느님의 선물이었던 그 귀엽고도 사랑스러운 아기 아녜스 대신, 차마 눈 뜨고 볼 수 없을 정도로 추악하고 절름발이에 애꾸눈의 괴물 같은 아기가 방바닥을 기어다니며 울고 있었던 거예요. 그녀는 순간적으로 너무 놀라고 무서워서 두 눈을 감아버렸어요. '세상에! 마녀들이 내 딸을 끔찍한 짐승의 새끼로 바꿔놓았어!' 그렇게 말하며 울부짖는 그녀에게 이웃들이 찾아와 그 괴물 같은 아기를 끄집어내었어요. 그냥 두었다간 그녀가 정말로 미쳐버릴 것만 같았으니까요. 그 아이는 악마의 유혹에 넘어간 집시여자가 낳은 기형아였어요. 아이는 4살쯤 되어 보였는데 사람의 말이라고는 할 수 없는 괴상한 소리를 웅얼거렸어요. 샹트플뢰리는 아기가 남긴 작은 신발 한 짝을 품에 안고 오랫동안 꼼짝도 않고 있었어요. 그것은 이제 그녀가 세상에서 가장 사랑하는 아기의 유일한 물건이었거든요. 얼마나 오랫동안 가만히 있었는지 사람들은 그녀가 죽은 줄 알 정도였다니까요. 숨도 쉬지 않고 말도 않고 움직이지도 않았죠. 그러더니 얼마 뒤, 온몸을 부들부들 떨면서 그녀는 미친 듯이 그 신발에 입을 맞추며 심장이 터져버리기라도 할 것처럼 격렬하게 흐느끼기 시작했지요. 그 모습이 어찌나 애처롭고 안타깝던지 지켜보던 우리까지 함께 울었답니다. 그녀가 "귀여운 내 아기! 어디 갔니, 내 사랑스런 아가야" 하고 울부짖는 모습을 보았다면 누구라도 함께 울었을 거예요. 지금도 그때 일을 생각하면 코끝이 찡해져요. 아이들이란 부모에겐 바로 목숨과 마찬가지잖아요? 나의 외스타슈! 넌 어쩌면 그렇게 착하니? 다들 그런답니다. 이 아이는 정말로 장래가 촉망된다고 말이에요! 어제는 말이죠. 애가 이러는 거예요. "난 헌병이 될 거예요." 외스타슈야, 너를 잃게 된다면 이 어미는 어떻게 되겠니? 생각만 해도 끔찍하구나! 아이를 잃고 절망에 빠졌던 샹트플뢰리가 갑자기 일어나더니 랭스 시내를 향해 뛰쳐나갔어요. 그러고는 이렇게 외치기 시작했죠. "집시들의 야영지로 갑시다! 경관님들, 그 마녀들을 다 태워 죽여야 해요." 하지만 집시들은 이미 그곳을 떠난 뒤였어요. 더구나 캄캄한 밤중이어서 그 뒤를 좇을 수도 없었지요. 그 이튿날이었어요. 랭스에서 8킬로미터쯤 떨어진 괴 마을과 티유아 마을 사이 히스 벌판에서 불을 피운 흔적과 아기 아녜스가 달고 있던 리본하고 핏자국, 염소똥 따위를 사람들이 발견했어요. 그 전날 밤은 토요일이었거든요. 그 히스 벌판에서 밤잔치를 연 집시들이 이슬람교도들이 그렇듯이 바알세불과 함께 그 어린애를 잡아먹었을 거라고 다들 생각했지요. 샹트플뢰리가 그 얘기를 들었을 때는 너무나 기가 막혀선지 도리어 울지도 못하고 무슨 말을 하려는지 입술을 달싹거렸지만 말이 되어 나오진 않았답니다. 이튿날, 그녀의 머리칼은 하얗게 세어버렸고 그 뒤 그녀는 사람들 시야에서 영영 사라져버렸지요."

"아, 정말 끔찍한 이야기로군요. 그런 얘길 들으면 부르고뉴 사람이라도 눈물을 흘리겠네요." 우다르드가 말했다.

"당신이 그토록 집시들을 무서워하는 게 이해가 가네요." 제르베즈가 덧붙였다.

"그리고 아까 외스타슈와 함께 달아난 것도 잘한 일이에요. 저 집시들도 폴란드에서 온 사람들이거든요." 우다르드는 말을 이었다.

"아니에요. 그 사람들은 스페인과 카탈루냐에서 왔다고들 하던데요?" 제르베즈가 말했다.

"카탈루냐라고요? 그럴지도 모르겠네요. 폴란드, 카탈루냐, 볼로뉴까지

이 지명들은 언제 들어도 헷갈린다니까요. 아무튼 확실한 건 분명히 집시들이라는 거죠." 우다르드가 대답했다.

"게다가 그 사람들은 이가 어찌나 긴지 정말로 아이들을 잡아먹고도 남을 거예요. 저 깜찍한 에스메랄다도 그 예쁜 입으로 조금쯤은 먹을지도 모르죠. 옆에 따라다니는 하얀 염소가 그토록 희한한 재주를 부리는 걸 보면 틀림없이 무슨 술수를 쓰는 거라고요!" 제르베즈는 덧붙였다.

마예트는 말없이 걷고 있었다. 가슴 아픈 이야기의 울림은 마음 깊숙한 곳까지 파고들어 오랫동안 여운을 남기게 마련이고, 그녀는 그러한 몽상 속에 빠져 있었다. 옆에서 걷고 있던 제르베즈는 그런 그녀의 마음 따위는 아랑곳 없이 말을 걸었다. "그런데 샹트플뢰리는 그 뒤로 어떻게 됐나요?" 마예트는 대답하지 않았다. 제르베즈는 그녀의 팔을 잡고 나 좀 보라는 듯이 이름을 부르며 다시 한 번 물었다. 그러자 문득 마예트는 꿈에서 깨어나는 듯했다.

"그 뒤로 샹트플뢰리는 어떻게 됐느냐고요?" 그녀는 질문의 뜻을 되새기려는 듯 제르베즈의 질문을 되풀이했다. 그리고 안타까운 듯 말했다. "아! 그 뒤론 어떻게 됐는지 몰라요."

그녀는 잠깐 사이를 두었다가 다시 덧붙였다.

"어떤 사람은 해질 무렵에 포르트 플레샹보를 통해 랭스를 빠져나가는 걸 봤다고도 하고, 또 어떤 사람은 새벽에 포르트 바제의 낡은 성문으로 나갔다고도 하더군요. 어느 비렁뱅이가 장터의 돌 십자가에 그녀의 금 십자가 목걸이가 걸려 있는 걸 발견했지요. 그 목걸이야말로 61년에 그녀가 몸을 버리게 된 원인이었는데, 그녀의 첫 상대였던 코르몽트뢰유 자작에게 선물 받은 것이었지요. 그녀는 그 뒤로 몹시 비참한 지경에 처했을 때도 그 목걸이만큼은 절대 포기하지 않았어요. 마치 목숨이라도 되는 양 소중하게 간직했죠. 그런 목걸이가 아무렇게나 버려졌다고 하니 사람들은 모두 그녀가 목숨을 버렸다고 생각했답니다. 하지만 카바레 레 방트 마을 사람들 중에 그녀가 자갈길을 신발도 신지 않은 채 파리 쪽으로 가는 것을 봤다는 이들이 있었어요. 그렇다면 포르트 드 베슬을 통해 나갔다는 말이 되니 앞뒤가 맞지 않죠. 그래서 나는 이렇게 생각해요. 그녀는 분명히 포르트 드 베슬로 나갔고, 그리고 영영 이 세상과 작별을 고했다고 말이에요."

"무슨 뜻인가요? 왜 그렇게 생각하는 거죠?" 제르베즈가 물었다.

"베슬은 강이거든요." 마예트는 슬픈 미소를 지으며 대답했다.

"가엾은 샹트플뢰리! 강물에 몸을 던졌군요!" 우다르드가 진저리를 치며 말했다.

"맞아요, 강물에 몸을 던졌을 거예요! 그녀의 아버지 기베르토 씨가 배를 타고 노래 부트니 강물을 따라 뺑구 나리 아래를 시나나닐 때, 넌 훗날 사기 딸이 같은 곳을, 그것도 배를 타거나 노래를 부르지도 않고 지나가게 될 줄 누가 알았겠어요?" 마예트는 말했다.

"그럼 그 작은 신발은 어떻게 됐어요?" 제르베즈가 물었다.

"엄마와 함께 사라져버렸지요." 마예트가 대답했다.

"신발 신세도 안타깝네요!" 우다르드가 말했다.

뚱뚱하고 인정 많은 우다르드는 마예트와 함께 한숨을 쉴 뿐 더 이상 이것저것 물어볼 마음도 없는 것 같았다. 그러나 호기심 많은 제르베즈는 아직도 궁금한 것이 많은 모양이었다.

"그럼 그 아기괴물은 어떻게 됐어요?" 제르베즈가 마예트에게 물었다.

"괴물이라뇨?" 마예트가 되물었다.

"샹트플뢰리의 집에 그녀의 아기 대신 가져다놓은 집시들의 어린 괴물 말이에요! 사람들이 강물에 던져버렸겠죠?"

"아니오, 그렇지 않았어요."

"어머나! 그럼 태워 죽이기라도 했나요? 그렇게 하는 게 나았을 것 같네요. 마녀의 아이잖아요."

"아녜요, 둘 다 아니에요, 제르베즈. 대주교님이 그 집시아기를 측은히 여기셔서 악마를 내쫓고 축복하신 다음 파리로 보내셨답니다. 그리고 노트르담의 탁자 위에 버려진 아이로 내놓게 하셨지요."

"주교님도 참, 너무하시는군요! 학문이 어설퍼서 그런지 제대로 하는 일이 없으시네요." 제르베즈가 투덜거렸다. "놀랄 노자네요. 그렇잖나요, 우다르드? 생각해봐요. 악마를 버려진 아이와 같은 취급을 하시다니! 그 어린 괴물은 틀림없이 악마일 텐데 말이죠. 그럼 그 아이는 파리에서 어떻게 됐어요? 설마 그런 걸 데려가려는 인정 넘치는 사람이 있기야 했겠어요?"

"그건 나도 몰라요." 랭스의 여인 마예트가 말했다. 그리고 말을 이었다. "마침 그 무렵에 우리 남편이 시에서 8킬로미터 정도 떨어진 베뤼의 공증인

자리를 얻는 바람에 그쪽으로 이사를 했어요. 그 뒤로 그 이야기는 잊어버렸어요. 게다가 베뢰 앞에는 세르네의 두 언덕이 있어서 랭스 대성당의 종루가 보이지 않았거든요."

그런 이야기를 나누는 동안, 어느덧 세 여인은 그레브 광장에 도착했다. 이야기에 정신이 팔려 있었기 때문에 그녀들은 투르 롤랑 탑의 성무일과서 앞을 그냥 지나쳐버렸다. 그리고 많은 사람들이 모여 있는 죄인 공시대 쪽으로 걸음을 옮겼다. 죄인 공시대 주변 인파는 계속해서 늘어만 갔다. 그 시각 모든 사람의 시선을 집중시키고 있는 눈앞 광경에 정신을 빼앗겨 세 여인 모두 '쥐구멍'에 대해서라든지 그곳에 잠시 들러보려던 생각을 까맣게 잊고 있었다. 그때 마예트에게 이끌려가던 6살배기 뚱보 외스타슈가 불쑥 말을 걸어 그 일을 상기시켰다. "엄마, 이젠 이 과자 먹어도 돼요?"

외스타슈는 마치 어떤 동물적 감각으로 어머니들이 찾아가려던 '쥐구멍'을 지나쳐버렸음을 알고 있기라도 한 것처럼 말했다. 그러나 외스타슈가 좀더 똘똘한 아이이고, 그렇게 먹보가 아니었다면, 좀더 참았다가 대학가의 마담라 발랑스 거리의 앙드리 뮈니에 씨의 집에 돌아간 다음에, 즉 '쥐구멍'과 과자 사이에 센 강의 두 지류와 시테 섬의 다리 5개가 놓인 뒤에야 조심스럽게 '이제 먹어도 되느냐'고 물었을 것이다. 그러니, 그레브 광장의 죄인 공시대를 채 떠나기도 전에 외스타슈가 그런 질문을 던진 것은 너무 경솔했다.

아들의 물음에 그때서야 마예트는 깜박 잊고 있었던 '쥐구멍'을 생각해냈다.

"아, 참! 그 은둔자를 잊고 있었네요. 그 '쥐구멍'이 도대체 어딘가요? 이 과자를 갖다주려고 했었는데." 당황한 마예트가 큰 소리로 말했다.

"아, 그랬었죠. 바로 근처예요. 참 좋은 적선이네요." 우다르드가 말했다.

그것은 외스타슈가 바라던 일이 아니었다.

"안 돼! 이건 내 과자야!" 외스타슈는 아이들이 불만을 나타낼 때 흔히 하는 몸짓으로 거세게 어깨를 흔들며 저항했다.

세 여인은 오던 길을 다시 되짚어갔다. 마침내 투르 롤랑 부근에 이르자 우다르드가 두 여인에게 말했다.

"저기, 한꺼번에 방을 들여다보면 안 돼요. 참회 중인 수녀가 놀랄 테니까요. 그러니까 내가 먼저 들여다볼 동안 두 분은 성무일과서를 읽는 척하세요. 은자님이 나를 좀 아시니까, 적당한 때에 신호를 할 테니 그때 오세요.

3 옥수수 효모로 만든 과자 이야기 251

아시겠지요?"

　그녀는 혼자서 채광창으로 다가갔다. 창 안을 들여다보았을 때, 그녀의 얼굴에 깊은 동정의 빛이 어리더니 명랑하고 솔직한 얼굴색이 느닷없이 하얗게 질렸다. 이내 눈에서는 눈물이 흐르고 입술은 울먹임 때문에 떨렸다. 잠시 뒤 그녀는 손가락을 입술에 대고는 마예트에게 이리 와보라는 신호를 했다. 마예트는 두근거리는 가슴으로 마치 임종을 앞둔 사람의 침상에 다가가듯 조심조심 창가로 다가갔다.

　마예트가 우다르드와 함께 '쥐구멍' 채광창 앞에서 안을 들여다보았을 때, 눈앞에 펼쳐진 광경은 말로 표현하기 어려운 처참하고 서글픈 것이었다.

　그 좁은 방은 가로로 길쭉한 모양에 천장은 첨두형이었으며, 내부는 커다란 주교관의 오목한 끝부분처럼 보였다. 방 한쪽 구석 차가운 돌바닥에 여자 하나가 웅크리고 앉아 있었다. 그녀는 무릎에 턱을 괴고 있었는데, 두 팔로 무릎을 꼭 껴안아 가슴에 붙이고 있었다. 넓게 주름 잡힌 갈색 자루를 몸에 뒤집어쓰고, 희끗희끗한 긴 머리털이 얼굴을 뒤덮은 채 발끝까지 늘어져 있었다. 어두컴컴한 독방의 배경 속에 희미하게 보이는 형체는 언뜻 보기에 하나의 시커먼 삼각형처럼 보였는데, 창으로 들이치는 햇살에 명암이 뚜렷하게 나타나 있었다. 그 모습은 꿈속이나 고야의 기괴한 작품에서나 볼 수 있는 불길한 그림처럼 보였다. 몸을 움직이지도 않고 무덤 위에 웅크리고 앉은 창백하고 험상궂은 유령 같았다. 그것은 여자도 남자도 아니고, 살아 있는 것도 아니며, 뭐가 뚜렷한 형체가 있지도 않았다. 그림자와 빛이 서로 섞이듯이 현실과 상상이 서로 엉켜 만들어내는 환상 같았다. 땅바닥까지 늘어진 머리카락 아래로 바짝 야위고 엄격한 옆모습이 보일 듯 말 듯했으며, 딱딱하고 차가운 돌바닥 위로 오그라든 맨발 끝이 옷자락 아래로 희미하게 보였다. 상복 같은 거죽 아래로 희미하게 보이는 인간의 형체는 보는 이를 섬뜩하게 만들었다.

　돌바닥에 박힌 듯 살아 있는 이 은둔자는 움직임도 생각도 숨결도 없는 듯했다. 한겨울 추위 속에서 그렇게 짧은 자루 한 장을 뒤집어쓴 채 온기도 없고 햇볕도 들지 않으며, 차디찬 겨울바람만이 들이치는 화강암 돌바닥 어두컴컴한 그늘 속에 있는 그녀는 오히려 어떤 고통이나 감각도 느끼지 못하는 것만 같았다. 마치 토굴과 더불어 돌이 되고, 계절과 더불어 얼어버린 것처럼 보였다. 굳어버린 그녀의 손은 마주 잡은 채였고, 시선 또한 한곳에 박혀 있어 언뜻 보면 유령 같기도 하고 다시 보면 조각상 같기도 했다.

그래도 이따금씩 그녀의 새파란 입술이 살짝 벌어져 숨을 몰아쉬기도 했고 실룩실룩 떨리기도 했다. 하지만 그 역시 바람에 흩날리는 잎사귀들처럼 생기가 없고 기계적인 움직임에 불과했다.

그사이 그녀의 흐릿한 눈에서는 뭐라고 표현할 길 없는 눈빛이 뿜어져나오고 있었다. 말로 어떻게 설명하기 힘든 심각하고 비통한, 지나치게 차분한 시선이었다. 이 시선은 끊임없이 방 한쪽 구석을 향하고 있었는데 바깥에서는 그곳을 바라볼 수 없었다. 그 눈길은 슬픔에 잠긴 이 영혼의 모든 침울한 생각을 무엇인지 알 수 없는 어떤 신비로운 물체에 비끄러매는 것 같았다.

사람들은 그곳에 사는 그녀를 '은둔자' 또는 그 차림새 때문에 '자루수녀'라고 부르기도 했다.

이제 제르베즈까지 포함하여 세 여인 모두 채광창 안을 들여다보고 있었다. 그녀들의 머리가 그 희미한 빛마저 가리는 지경이 되었으나, 토굴 안의 가련한 여인은 창밖의 손님들에게 그나마의 햇볕을 빼앗겼다는 사실도 알아차리지 못하고 있었다. "방해하지 않는 게 좋겠어요. 기도에 완전히 몰입해서 우리가 온 것도 모르는 모양이에요. 조용히 합시다." 우다르드가 속삭이듯 말했다.

그사이 마예트는 불안한 시선으로 야위고 시들어빠진 은둔자의 얼굴을 찬찬히 들여다보고 있었다. 그러다가 마침내 두 눈 가득 눈물을 글썽이며 중얼거렸다. "아, 정말이지 기막힌 일이네요!"

그러더니 이내 쇠창살 사이로 애써 머리를 들이밀고는 가련한 은둔자가 한없이 응시하고 있는 방 한쪽 구석에까지 눈길을 보내는 데 성공했다.

얼마 뒤 마예트가 다시 채광창 밖으로 머리를 꺼냈을 때, 그녀의 눈에서는 눈물이 흐르고 있었다.

"당신들은 저 여자를 어떻게 부르나요?" 마예트가 여전히 눈물을 흘리며 우다르드에게 물었다.

우다르드가 대답했다.

"귀될 수녀라고 불러요."

"그런데 내 생각엔 저 사람은 분명 파케트 라 샹트플뢰리 같아요!"

그러고는 깜짝 놀라는 우다르드를 향해 자기 입술에 손가락 하나를 갖다 대고 누르면서 창 안으로 머리를 넣고 살펴보라고 신호했다.

우다르드는 어리둥절한 표정으로 머리를 창 안으로 넣었다. 그녀가 가리킨 방 한쪽 구석, 은둔자가 무아의 경지에 빠진 채 조용히 응시하고 있는 곳에는 분홍 공단에 온갖 금실과 은실로 정성들여 수놓은 작은 신발 한 짝이 있었다.

우다르드의 뒤를 이어 제르베즈도 그것을 확인했다. 그리고 세 여인은 무너지는 듯한 가슴으로 굴속 같은 작은 방에 들어앉은 어미의 모습을 바라보며 비통한 울음을 터뜨리고 말았다.

그러나 부인들이 자신을 들여다보는 것도, 울음을 터뜨리는 것도 은둔자의 주의를 끌지는 못했다. 불쌍한 그 어미는 여전히 두 손을 맞잡은 채, 앉은 자세 그대로 입술을 꼭 다물고 한곳만을 응시하고 있었다. 그렇게도 뚫어져라 바라보고 있는 작은 신발을 본, 그녀의 일생에 대하여 알고 있는 사람으로서는 그 모습이 더욱더 안타깝고 가슴 아프게 느껴졌다. 채광창 밖의 세 여인은 아무도 먼저 입을 열지 못하고 있었다. 입 밖으로 작은 소리를 낼 기운조차 없었던 것이다. 주인을 잃은 채 해져가는 작은 분홍신 한 짝 외에는 모든 것이 망각 속으로 사라져버린 듯, 어느 한 사람도 입을 열지 못할 정도로 무거운 침묵만이 모두의 가슴을 짓누르고 있었다. 그 고통은 그녀들에게 부활절이나 성탄절의 주 제단 앞에 섰을 때와 같은 감명을 주었다. 모두 침묵에 빠진 채 깊은 생각에 잠겼고 당장에라도 무릎을 꿇고 싶은 심정이었다. 마치 '테네브레'의 날(암흑일, '테네브레'란 성주간에 촛불을 끄고 기도하는 어두운 조과(朝課))에 성당에 들어갔을 때와 같이.

마침내 셋 가운데 가장 호기심이 많은 반면 동정심은 가장 적은 제르베즈가 은둔자에게 말을 걸어보려고 시도했다.

"수녀님, 귀될 수녀님!"

그녀는 세 차례나 큰 소리로 불러보았지만 은둔자는 움직이지 않았다. 대답도 없고 눈길도 주지 않았으며, 마치 숨도 쉬지 않는 것 같았고, 살아 있는 기색마저 없었다.

이번에는 우다르드가 다정하게 위로하는 목소리로 은둔자를 불렀다. "수녀님! 귀될 수녀님!"

역시 조용했고 미동도 하지 않았다.

"정말 괴이하군요. 바로 옆에 폭탄이 떨어져도 꿈적도 않겠어요!" 제르베즈가 말했다.

"귀가 먹었는지도 모르죠." 우다르드는 한숨을 쉬었다.

"눈도 안 보일지 몰라요!" 제르베즈가 덧붙였다.

"어쩌면 이미 죽었을지도 모르겠네요." 마예트가 말했다.

혼수상태나 다름없는 육신에 비록 영혼이 머물러 있다 해도 이미 그것은 외부의 어떤 감각도 미칠 수 없는 깊은 곳에 박혀버린 것이 틀림없다.

"그러면 과자를 창틀 위에 놓고 간다는 말이라도 해야겠는데 어떻게 깨우죠? 안 그러면 누가 가져가버릴 것 같은데?" 우다르드가 말했다.

그때까지 외스타슈는 몸집이 큰 개가 작은 수레를 끌고 지나는 광경에 정신이 팔려 있었다. 그러다가 세 여자가 작은 창 안을 들여다보며 이야기하는 것을 뒤늦게 알아차리고는 호기심이 발동했는지 가장자리 돌 위에 올라서서 까치발을 하고는 창 안을 들여다보려고 소리쳤다. "엄마, 나도 좀 보게 해줘!"

밝고 건강하고 생기 넘치는 어린아이의 명랑한 목소리는 곧장 은둔자의 귀를 울렸다. 그 소리에 지금까지 돌조각처럼 앉아 있던 은둔자가 갑자기 몸을 움직여 고개를 돌리더니 바짝 야윈 손을 들어 늘어진 머리털을 젖히면서 깜짝 놀라고 절망적인 눈빛으로 아이의 얼굴을 쳐다보았다. 그것은 그야말로 빈갯불과도 같은 강렬함이었다.

"오, 하느님!" 그녀는 다시 두 무릎 사이에 머리를 파묻으면서 외쳤다. "제발 남의 아이일지라도 제게 보이지 않게 해주시옵소서." 그녀의 쉰 듯한 목소리는 가슴을 뚫고 나오는 것 같았다.

"아줌마, 안녕하세요?" 아이는 천진한 인사를 건넸다.

그러나 그것은 은둔자에게는 엄청난 충격이었다. 이 충격으로 은둔자의 정신이 돌아온 것 같았다. 이내 머리부터 발끝까지 온몸을 떨었다. 추위에 이 부딪는 소리를 내며 은둔자는 고개를 들어 두 팔꿈치로 허리를 감싸고 발이 시린지 손으로 움켜쥐면서 말했다.

"아아, 너무 추위!"

"아유, 불쌍해라! 세상에, 불이라도 좀 가져다드릴까요?" 우다르드가 가여워 죽겠다는 듯이 말했다.

그녀는 거절의 표시로 고개를 가로저었다.

"여기 이 향료포도주를 좀 드시면 몸이 녹을 텐데요." 우다르드는 그녀에게 작은 병 하나를 내밀며 말했다.

그녀는 다시 고개를 저으며 우다르드를 조용히 바라보다가 말했다. "물 조금만."

"안 돼요, 이 한겨울에 물은 마실 게 못 돼요. 향료포도주를 조금 드시고 당신 주려고 가져온 이 옥수수 효모과자를 좀 드세요." 우다르드가 다시 권했다.

은둔자는 마예트가 내미는 과자를 밀어내며 말했다. "흑빵 조금만."

"저기, 이 외투를 입으세요. 당신이 걸친 것보다는 따뜻할 거예요." 이번에는 제르베즈가 자신의 양털외투를 벗어 건네며 말했다.

은둔자는 향료포도주, 과자와 마찬가지로 이번에도 거절했다. "자루 하나면 됩니다."

"어제가 축제일이었던 건 알고 계세요?" 우다르드가 친절한 목소리로 말했다.

"알지요. 그 덕분에 제 물병에 물이 떨어진 지 이틀이나 지났어요."

은둔자는 대답하고는 한참 뒤에 덧붙였다. "축제일에 저는 잊혀진답니다. 그도 그럴 수밖에요. 세상일과는 완전히 담을 쌓고 사는데 누가 무엇 때문에 저를 생각해주겠어요. 불이 꺼지면 재도 차가워지는 법이지요."

갑자기 너무 많은 말을 해선지 은둔자는 피로한 듯 머리를 무릎 위에 떨어뜨렸다. 불 얘기를 들은 인정 많은 우다르드는 그녀가 추위를 호소하는 것으로 생각하고 말했다. "그러면 불을 좀 가져다드릴게요!"

"불이라고요?" 은둔자는 문득 야릇한 어조로 되물었다. "정 그러시다면 15년 전부터 땅속에 잠들어 있는 저 가엾은 어린아이에게도 불을 좀 가져다주시겠어요?"

그렇게 말하는 은둔자는 온몸은 물론 목소리까지 떨고 있었다. 그녀는 눈빛을 반짝이며 무릎으로 지탱해 몸을 일으키더니 놀란 눈으로 자기를 바라보고 있는 어린아이 쪽으로 여윈 손가락을 뻗으며 외쳤다. "어서 이 아이를 데려가세요. 집시들이 곧 여길 지나갈 테니까."

그러면서 그녀가 돌바닥으로 엎어지자, 이마가 바닥에 부딪치는 듯한 소리가 났다. 창밖에서 지켜보던 세 여자는 은둔자의 머리가 깨져 그 자리에서 죽은 줄로만 여겼다. 그러나 얼마 뒤 그녀는 천천히 몸을 움직이기 시작했다. 무릎과 팔꿈치로 바닥을 기어 작은 신발 한 짝이 놓인 한쪽 구석으로 다가갔다. 그녀의 모습이 더 이상 보이지 않게 되자 세 여인은 얼굴을 돌려버렸다. 보이지 않은 구석 쪽에서 애처로운 울음소리와 머리를 부딪치는 듯한 소리, 그리고 쉴 새 없는 키스소리가 한숨과 비명에 섞여 들려왔다. 그 소리는 너무도 강렬하여 듣는 이마저 고통을 느끼게 하기에 충분했다. 마지막으로 더욱 크고 무서운 굉음이 단말마처럼 들려온 뒤로 작은 방에서는 더 이상 아무 소리도 들려오지 않았다.

"혹시, 자살해버린 건 아닐까요?" 제르베즈가 소리치며 창살 사이로 머리를 들이밀면서 은둔자를 불렀다. "수녀님, 귀될 수녀님!"

"귀될 수녀님!" 우다르드도 함께 불렀다.

"어머나, 세상에! 쓰러진 채로 꼼짝도 않고 있어요! 정말 죽은 걸까요? 귀될 수녀님!" 제르베즈가 당황스러워하며 말했다. 그때까지 숨이 막혀 아무 말도 못하고 있던 마예트는 있는 힘을 다해 말했다. "잠깐 기다려보세요." 그녀는 채광창 쪽으로 몸을 바짝 붙이며 소리쳤다. "파케트! 파케트 라 샹트플뢰리!"

불이 잘 붙지 않던 도화선이 갑자기 점화되어 뜻밖의 폭발음에 놀란 아이라도, 귀될 수녀의 독방에 느닷없이 던져진 그 이름이 가져온 결과에 마예트가 놀란 것만큼 놀라지는 않았을 것이다.

은둔자는 온몸을 떨면서 맨발로 벌떡 일어섰다. 그러고는 불길이 활활 타오르는 듯이 눈을 빛내며 창가로 다가왔다. 마예트와 우다르드와 제르베즈와 어린아이는 단숨에 강기슭의 난간까지 물러났다.

작은 방의 은둔자는 고통과 슬픔이 뒤섞인 얼굴을 쇠창살 사이에 대고 그녀들 쪽을 바라보고 있었다. 그리고 이렇게 외쳤다. "아하! 지금 나를 부른 건 집시계집이구나!" 그녀는 깔깔대며 무시무시하고 괴상한 웃음을 터뜨렸다.

마침 죄인 공시대에서 벌어지고 있는 광경이 그녀의 광기 어린 시선을 끌었다. 그녀의 이마는 무섭게 일그러지고 뼈와 가죽만 남은 앙상한 두 팔을 창살 밖으로 뻗으며 당장에라도 숨이 끊어질 듯 헐떡이는 목소리로 부르짖었다. "역시 너였어. 이 집시계집! 이 요망한 것! 죽어버려라! 천벌을 받아!"

4 물 한 방울 눈물 한 방울

은둔자의 외침소리로 말미암아 그전까지는 같은 시간 다른 공간에서 일어나고 있던 두 가지 다른 장면이 하나로 합쳐지게 되었다. 하나는 여러분이 지금까지 읽은 '쥐구멍'에서 일어난 일이고, 다른 하나는 앞으로 여러분이 읽게 될 죄인 공시대의 계단 위에서 벌어지게 될 일이다. 첫 번째 장면의 목격자는 앞의 세 여인뿐이지만, 두 번째 장면의 목격자는 그레브 광장 위, 죄인 공시대와 교수대 주변에 모여든 모든 군중이다.

사람들은 아침 9시부터 그레브 광장으로 몰려들었다. 그 전부터 죄인 공시대의 네 모퉁이에 경관 넷이 진을 치고 있었기 때문에 사람들은 이곳에서 교수형은 아닐지라도 태형이나 귀를 자르는 형 등의 어떤 형벌이 틀림없이 있으리라고 기대했던 것이다. 삽시간에 사람들이 불어나 주위를 에워싸인 경관들은 손에 든 곤봉과 말 궁둥이로 군중을 경계선 밖으로 밀어내며 주변을 정리해야만 했다.

그 시절 사람들은 형 집행이 공개적으로 이루어지기까지 기다리는 데 익숙해져 있었으므로 그리 애태우거나 지루해하는 기색 없이 죄인 공시대를 바라보고 서 있었다. 죄인 공시대는 속이 비고 높이가 3미터 정도 되는 정육면체의 석조로 된 매우 단순하게 만들어진 건축물이었다. 사람들은 그것을 '사다리'라는 별명으로 불렀는데, 다듬지 않은 돌로 만든 가파른 계단을 올라가면 평평한 장소가 나오게 되어 있었다. 그 위에는 단단한 떡갈나무로 만든 수레바퀴 하나가 수평으로 놓여 있었다. 죄인을 무릎 꿇게 한 뒤, 팔을 뒤로 돌려서 그 바퀴에 묶는 것이다. 그러면 죄인 공시대 안쪽에 감춰진 도르래장치로 작동하는 축이 수평으로 자리 잡은 바퀴를 회전시키고, 묶여 있는 죄인은 그 바퀴와 더불어 빙글빙글 돌면서 자신의 얼굴을 사방으로 보이게 되어 있다. 이른바 '조리돌리기 형'이란 그런 것이었다.

지금 살펴본 바와 같이 그레브 광장의 죄인 공시대는 중앙시장의 그것과는 달리 보는 이로 하여금 흥미를 유발시키는 것은 아무것도 없었다. 건축학적인 묘미가 전혀 없을 뿐더러 기념비적인 면모도 없다. 지붕이 이고 있는 철십자가도, 팔각형 탑 꼭대기도 없었으며, 지붕 가장자리를 받치고 있는 날씬한 원기둥들의 아칸서스 잎과 꽃 장식 기둥머리도 없다. 수많은 괴물의 형상들로 이루어진 환상적인 처마도 없으며, 돌 속 깊숙이 오목새김된 섬세한 조각물도 없었다.

사면을 이루고 있는 평퍼짐한 석벽과 기둥 사이의 사암판 두 장, 그 옆에 아무 장식도 없이 덩그러니 서 있는 초라한 돌 교수대만으로 만족해야 했다.

고딕건축물 애호가들이 보기에는 틀림없이 보잘것없는 광경이었으리라. 하긴 중세의 사람 좋은 구경꾼들은 대부분 건축물의 미학적 측면에 무관심하기 마련이었으니, 죄인 공시대가 아름답거나 말거나 그런 것은 신경도 쓰지 않았다.

마침내 죄인들이 수레 뒤에 묶인 채 공시대 앞에 다다랐다. 그가 죄인 공시대 위로 끌어올려져 수평으로 돌아가는 바퀴에 쇠사슬과 가죽끈으로 묶인 모습이 광장 어느 곳에서나 보이게 된 바로 그 순간, 웃음과 갈채 섞인 야유가 광장에 우레와 같이 퍼졌다. 그 죄수가 카지모도라는 것을 사람들이 알아본 것이다.

정말로 카지모두였다. 카지모도기 광징의 죄인 공시대에 나타난 것은 이상한 일처럼 보였다. 바로 전날 미치광이축제의 교황으로 뽑혀 이집트 공작과 튀니지 임금과 갈리아 황제를 거느리고 위풍도 당당하게 들어섰던 바로 그곳에서 오늘은 조리돌리기 형을 당하게 되었으니 말이다. 다만 한 가지는 확실하다. 이 군중 속 어느 한 사람도, 심지어는 카지모도 자신조차도 하루 아침에 교황에서 죄인으로 급전직하한 운명의 아이러니를 뚜렷하게 느끼지 못하고 있다는 점이었다. 이 상황을 설명해줄 만한 철학자 그랭구아르는 불행히도 군중 속에 있지 않았다.

마침내 국왕 폐하의 직속 나팔수 미셸 누아레가 사람들을 조용히 시킨 뒤, 파리시장의 명령에 따라 판결문을 큰 소리로 읽어 내려갔다. 읽기를 마친 뒤 그는 군복을 입은 사람들과 함께 수레 뒤로 물러났다.

카지모도는 태연한 자세로 눈썹 하나 까딱하지 않고 서 있었다. '세차고 견고한 결박'이라는 표현 그대로 그의 몸은 가죽끈과 쇠사슬이 살 속까지 파고들 정도로 단단히 묶여 어떠한 저항도 할 수 없는 상태였다. 이는 감옥이나 죄수에게는 영원히 사라지지 않는 전통으로, 문명인이고 친절하며 인도적인 인종으로 알려진 프랑스 국민들은 여전히 수갑을 소중하게 보존하고 있다(여기서는 징역이나 단두대에 관해서는 언급하지 않기로 한다).

카지모노는 밀거나 끌고 당겨가며 자신을 형틀 위에 올려놓고 단단히 묶는 대로 얌전히 있었다. 그의 얼굴에는 야만인이나 바보가 깜짝 놀랐을 때와 같은 표정밖에는 나타나 있지 않았다. 그가 귀머거리라는 것은 알고 있었지만 이제는 눈도 보이지 않는 것 같았다.

빙빙 돌아가는 바퀴 위에 무릎을 꿇게 해도 그대로 따랐다. 셔츠와 저고리를 허리띠 있는 곳까지 벗기는 손길에도 저항하지 않았으며, 다시 가죽끈과 쇠사슬로 꽁꽁 동여매는 것도 하는 대로 두고 보았다. 다만 이따금씩 거친 숨을 토해낼 뿐이었다. 마치 푸줏간의 수레 끝에 매달려 머리를 늘어뜨리고 있는 송아지 같은 모습이었다.

"저 멍청한 녀석 좀 봐! 상자 속에 갇힌 풍뎅이처럼 아무것도 모르는 멍텅구리야!" 장 프롤로가 친구 로뱅 푸스팽에게 말했다. (두 사람은 당연히 카지모도의 뒤를 따라왔다.)

카지모도의 윗도리가 벗겨져 낙타 같은 가슴과 혹이 튀어나온 곱사등, 그리고 울퉁불퉁하고 털이 텁수룩한 어깨가 나타나자 군중 속에서 요란한 웃음소리가 터져나왔다. 모두들 즐거워하는 사이 작은 키에 퍽 단단해 보이는 체구의 제복을 입은 한 사나이가 형틀 위 죄인 옆으로 다가갔다. 그의 이름이 사람들 주위로 웅성거리며 퍼져나갔다. 그는 샤틀레 재판소 소속 고문관 피에라 토르트뤼였다.

그는 먼저 죄인 공시대의 한쪽 구석에 검은 모래시계 하나를 내려놓았다. 붉은 모래가 용기 위쪽에 가득 들어 있었는데 시간이 흐름에 따라 아래로 떨어지게 되어 있었다. 다음으로 그는 두 가지 색으로 염색된 외투를 벗었는데 오른손엔 날씬한 가죽 채찍이 들려 있었다. 채찍 끝에는 금속제의 갈퀴가 달린, 하얗게 반짝거리는 데다 길게 짜여져 울퉁불퉁한 가죽끈이 몇 가닥 뻗어 있었다. 그는 왼손으로 오른팔 옷소매를 아무렇게나 걷어 올렸다.

그때 장 프롤로의 곱슬머리 금발이 군중 위로 솟아 오르며 사람들을 향해 외쳤다(그는 로뱅 푸스팽의 목말을 타고 있었다). "모두들 가까이 와서 보십시오! 신사숙녀 여러분! 나의 형님이신 부주교님의 종지기 카지모도 선생이 이제 곧 실컷 두들겨 맞을 겁니다! 그 등은 둥근 지붕 꼴이요, 다리는 비틀린 기둥의 괴상한 동양 건축물이올시다!"

그러자 사람들이 와 하고 폭소를 터뜨렸다. 특히 아이들과 아가씨들은 배꼽을 잡고 웃었다.

이윽고 고문관이 발을 한 번 구르자 수레가 천천히 돌기 시작했다. 묶여 있는 카지모도의 몸뚱이가 흔들렸다. 보기에도 흉측한 카지모도의 얼굴에 갑자기 당황스런 표정이 일어나자 지켜보던 사람들은 또다시 웃음을 터뜨렸다.

바퀴가 돌아가면서 카지모도의 불룩 솟은 등이 고문관 피에라의 앞으로 다가오자 그는 재빨리 손을 들어 내리쳤다. 가느다란 가죽 채찍은 몇 마리 뱀처럼 공중에서 날카로운 소리를 내며 가련한 죄인의 어깨 위를 사정없이 후려쳤다.

카지모도는 마치 잠에서 벌떡 일어나듯 펄쩍 뛰어올랐다. 그는 수레에 묶인 채로 몸을 뒤틀었다. 놀라움과 고통으로 말미암아 그의 얼굴은 심한 경련을 일으켰다. 그러나 그는 한숨 한 번 쉬지 않고 옆구리를 벌에 쏘인 소처럼 뒤를 돌아다보는가 하면 오른쪽과 왼쪽을 번갈아 한 번씩 쳐다보거나 고개를 저을 뿐이었다.

채찍질은 두 번, 세 번, 네 번…… 이어졌고, 바퀴가 쉬지 않고 돌아가는 내내 채찍질도 멈추지 않고 쏟아져 내렸다. 그의 몸에는 어느새 깊은 상처가 생기고 붉은 피가 배어나기 시작했다. 첫 줄기는 꼽추의 거무스름한 어깨 위로 가느다란 실오라기처럼 흘러내렸다. 그 핏줄기 위로 채찍이 다시 춤을 추자 사람들 머리 위까지 핏방울이 흩날리는 것이었다.

카지모도는 적어도 겉으로 보기에는 처음에 끌려올 때와 같은 무감각한 표정으로 돌아가 있었다. 그는 처음에는 눈에 띄지 않게 묶인 밧줄을 끊으려 했다. 눈이 번쩍이고 근육이 굳어지며 팔다리가 움츠러들고 가죽끈과 쇠사슬이 팽팽히 당겨지는 것이 구경꾼들 눈에도 보였다. 안간힘을 써서 벗어나려 했으나 그뿐, 오래된 재판소의 처형도구는 삐걱거리기는 했으나 튼튼했다. 카지모도는 힘이 빠져 이내 단념해야 했다. 놀란 듯한 표정은 사라지고 비통함과 절망의 빛이 역력했다. 하나밖에 없는 눈을 감고 고개를 떨군 채 죽은 듯이 있었다.

그 뒤로 그는 더 이상 움직이지 않았다. 그 어떤 것도 그를 움직이게 하지 못했다. 독충의 다리보다 날카롭게 바람을 가르던 가죽 채찍의 소리도, 참혹하게 흐르는 핏줄기도, 그럴수록 더욱 격렬하게 인정사정없이 끓어오르는 고문관의 분노도, 그 어떤 것도.

형 집행이 시작될 때부터 계단 옆에서 검정 옷을 입고 검은 말 위에 앉아 있던 샤틀레 재판소 소속 경관은 마침내 흑단으로 만든 지팡이를 모래시계 쪽으로 쓱 내밀었다. 고문관은 매질을 멈추었다. 바퀴도 멈추었다. 카지모도는 천천히 눈을 떴다.

조리돌리기 형이 끝난 것이다. 고문관의 조수 2명이 수형자의 피투성이 어깨를 씻어주고 무슨 기름 같은 것을 바르자 갈라진 상처가 곧 오므라들었다. 그러고는 신부들의 옷 비슷한 원주민들의 노란색 담요 같은 것을 어깨에 걸쳐주었다. 한편 피에라 토르트뤼는 선혈로 새빨갛게 물든 가죽 채찍을 돌바닥 위에 휘저어 핏물을 떨어내고 있었다.

카지모도의 형벌은 아직 끝난 게 아니었다. 그는 이제부터 1시간 동안 사람들 앞에 전시되어야만 했다. 플로리앙 바르브디엔 배석판사가 로베르 데 스투트빌의 판결에 정당하게 덧붙여놓은 형까지 감당해야 하는 것이다. 옛날 장 아모스 코메니우스의 생리학적 심리학적 말장난, 즉 "귀머거리는 부조리"라고 했던 말을 새삼 빛나게 해줄 만한 광경이 연출되는 셈이었다.

그래서 모래시계를 다시 뒤집어놓고 남은 형을 집행할 수 있도록 꼽추를 널빤지 위에 묶어놓은 채 그대로 두었다.

사회에서 하층민은, 특히 중세 때는 집안에서의 어린애 같은 존재였다. 어린아이처럼 아는 것이 없고 도덕적으로나 지능적으로 미숙한 시기에 있는 한, 우리는 아이들에 대해서와 마찬가지로 민중에 대해서도 이렇게 말할 수 있다.

이 시기에는 측은함을 모른다.

알다시피 카지모도는 갖가지 그럴듯한 이유로 세상 사람들에게 미움을 받고 있었다. 그날 그 자리에 모였던 사람들 중에도 노트르담의 꼽추에 대해 그가 잘했다거나 불만을 터뜨릴 이유가 있다고 믿는 사람은 하나도 없을 정도였다. 그래서 카지모도가 죄인 공시대에 나타났을 때 모인 사람들은 다들 기뻐했으며, 가혹한 형벌을 받은 뒤의 측은한 모습조차도 동정심을 불러일으키기는커녕 오히려 그들의 증오심에 기름을 부어 사람들의 심술이 더욱 활활 타오르게 만들었다.

그래서 오늘날에도 훌륭한 학자들이 습관적으로 말하듯 일단 '사회적 제재'라는 것이 충족되면 다음엔 구경꾼 한 사람 한 사람의 벌이 더해지는 것이다. 여기서도 재판소의 대형홀에서와 마찬가지로 여자들의 엄청난 공격이 시작되었다. 그녀들은 다들 여러 가지 이유에서 카지모도를 증오하고 있었다. 그의 심술궂음 때문에, 또는 그가 추악하게 생겼다는 이유로 미워했던 것이다. 특히 그의 흉측한 생김새를 공격하는 목소리가 맹렬했다.

"세상에나, 가짜 그리스도 같은 면상 좀 봐!" 한 여자가 소리쳤다.
"빗자루를 타고 하늘을 날아다니는 악마야!" 다른 여자도 소리쳤다.
"꼴좋구나! 풀이 잔뜩 죽은 상판대기로군! 어제는 미치광이 교황이라며 으스대더니!" 세 번째 여자가 뇌까렸다.
"고것 참 고소하다! 죄인 공시대에서 찡그린 꼴이라니! 교수대에서는 언제 그 꼴을 보여주려누?" 한 노파가 말했다.
"대체 언제쯤에나 그 커다란 종을 뒤집어쓰고 지옥에 떨어질 거냐? 요 망할 놈의 종지기야."
"저런 돼먹지 못한 놈이 삼종기도의 종을 울리다니. 말도 안 돼!"
"세상에, 저런 귀머거리에 애꾸눈, 곱추, 괴물, 도깨비!"
"임신한 여자의 애를 떨어뜨리려면 저 몰골만한 약도 없다니까!"
이런 외침 뒤로 장 뒤 물랭과 로뱅 푸스팽이 목청껏 옛날에 유행하던 노래를 불러젖혔다.

악한에게는 교수형을!
추남에게는 화형을!

그 밖에도 수천 가지 욕설이 비 오듯 쏟아지고 야유와 저주와 웃음소리가 터져나왔다. 여기저기서 돌멩이가 날아들기도 했다.
카지모도는 귀는 들리지 않지만 눈은 밝았다. 그래서 사람들의 분노 섞인 말소리는 들리지 않아도 그들의 표정에 뚜렷하게 나타나 있는 것을 그대로 읽을 수 있었다. 또한 자기에게 날아오는 돌멩이와 킬킬대는 웃음소리의 이유도 알고 있었다.

그는 처음엔 잘 참고 견디었다. 그러나 고문관의 채찍에도 꿋꿋하게 견디던 참을성도 벌레들이 콕콕 찌르듯 하는 군중의 공격에 차츰 사라지지 않을 수 없었다. 피카도르(말을 타고 창으로 소를 찔러 성나게 하는 투우사)의 공격에는 꿈쩍 않던 아스투리아스(스페인 북부의 투우용 황소의 산지)의 황소도 개 떼와 리본 달린 짧은 투창의 공격에는 성을 내기 마련이다.

처음에 그는 위협하는 눈으로 사람들을 천천히 째려보았으나 그렇게 단단히 묶인 상태에서는 그가 아무리 사납게 쳐다본다 해도 상처를 파고드는 파리 같은 형편없는 인간들을 쫓기에는 역부족이었다. 그는 이번엔 힘겹게 몸부림을 쳐보았다. 그의 격렬한 몸부림은 널빤지 위 죄인 공시대의 닳은 바퀴를 조금 더 삐걱거리게 했을 뿐 아무런 소용이 없었다. 그럴수록 사람들의 야유와 조롱은 더욱 심해졌다.

이 가엾은 사나이는 야수의 사슬 목걸이를 끊어버릴 수 없다는 것을 깨닫고 다시 조용해졌다. 다만 때때로 세찬 분노의 한숨이 그의 가슴을 요동치게 할 뿐이었다. 부끄러움으로 얼굴이 시뻘게지지도 않았다. 수치가 무엇인지 알기에는 그는 사회로부터 너무 멀리 떨어져 있었고, 자연과는 지나치게 가까웠다. 또한 그 정도로 추악하게 생기고 보면 과연 치욕이란 걸 느끼나 할까 의심스럽기도 했다. 노여움과 증오와 절망으로 말미암아 카지모도의 흉한 얼굴에는 먹구름이 뒤덮였으며, 외눈박이 거인의 눈에선 수천 개의 번갯불이 번쩍번쩍 터지고 있었다.

그러나 이 먹구름은, 한 신부를 태운 나귀가 사람들 사이를 뚫고 다가오는 것을 보았을 때 잠시 걷히는 것 같았다. 멀리서 오는 나귀와 신부를 보았을 때, 가여운 이 죄인의 얼굴은 온화해졌다. 노여움으로 굳어졌던 얼굴에는 말로 표현하기 어려운 부드러움과 너그러움, 그리고 뭐라 표현할 길 없는 애정이 듬뿍 담긴 미소가 떠올랐다. 신부가 점점 다가옴에 따라 그의 미소는 더욱 분명하고 뚜렷하고 환해졌다. 그것은 마치 다가오는 구세주를 맞이하는 것 같았다. 그러나 얼굴을 알아볼 수 있을 정도로 카지모도 가까이 다가온 신부는 갑자기 눈을 내리깔더니 되돌아서서 올 때보다 더 빠른 속도로 가버렸다. 마치 창피스러운 하소연을 피하려는 듯이, 그리고 그런 몰골의 사나이가 자신을 알아보거나 인사하는 것을 원치 않는 듯한 태도였다.

그는 바로 부주교 클로드 프롤로 신부였다.

그가 가버리자 카지모도의 얼굴은 그전보다 더 짙은 먹구름으로 뒤덮였다. 얼굴에는 아직 미소가 남아 있었으나 그것은 매우 진한 고통과 실망, 그리고 깊은 슬픔이 담긴 것이었다.

그래도 시간은 흘러 적어도 1시간 반은 지났다. 그동안에도 카지모도는 멈출 줄 모르는 욕설과 학대와 조롱에 시달렸으며, 돌에 맞아 죽을 뻔하기도 했다.

갑자기 그는 쇠사슬에 묶인 몸을 이전보다 더 격렬하게 뒤흔들며 몸부림쳤다. 어찌나 격렬했던지 그가 앉은 형틀이 무너질 듯 심하게 덜컹거렸다. 그리고 그때까지 굳게 다물고 있던 입을 열어 사람의 소리라기보다는 사나운 개가 짖는 것 같은 소리로 외쳤다. "물 좀 줘!" 그 소리는 군중의 아우성을 뒤덮을 정도로 컸다.

비명에 가까운 이 외침은 그러나 구경꾼들에게는 동정심은커녕 시시각각 커져만 가는 즐거움에 기름을 붓는 꼴이었다. 여기서 한 가지 말해둘 것이 있다. 파리 사람들은 한데 모여 무리를 짓게 되면 좀 전에 여러분에게 소개한 바와 같이 잔인하며, 어리석어진다. 그 부랑자들은 민중 속에서도 가장 혜택 받지 못한 계층이다. 따라서 이 가엾은 죄인 주위에는 목이 탄다고 호소해도 비웃음 소리 말고는 어떤 동정의 소리도 들려오지 않았다. 하긴 이때 카지모도의 모습은 측은하다기보다는 기괴하고 묘했던 것도 사실이다. 새빨개진 얼굴에선 땀이 뚝뚝 떨어지고 있었고, 온통 피투성이였으며, 분노와 고통으로 입에선 거품이 일고 있었던 데다 혀도 반이나 빠져나와 있었다. 이런 그의 모습은 기괴하기만 할 뿐, 가엾기보다는 불쾌한 것이 사실이었다. 이런 상황에서 만약 구경꾼들 중에 남자든 여자든 자비로움과 친절함을 갖춘 누군가가 나서서 그에게 물 한 대접을 갖다주려 했다면 어떻게 되었을까? 아무튼 죄인 공시대의 저주스런 계단 주위에는 강한 수치와 불명예의 편견이 힘을 발휘하고 있었으므로 제아무리 친절한 사마리아인이라도 틀림없이 쫓겨나고 말았을 것이다.

잠시 뒤 카지모도는 절망적인 눈으로 주위를 둘러보며 있는 힘을 다해 소리쳤다. "물을 달라고!"

그러자 모두들 웃음을 터뜨렸다.

"그럼 이거라도 마셔라! 이 귀머거리야! 네게 진 빚을 갚아주마!" 로뱅 푸스팽이 흙탕물에 젖은 갯솜을 그의 얼굴을 향해 던지며 외쳤다.

한 여인이 그의 머리로 돌을 던졌다. "한밤중에 쓸데없이 종을 쳐서 남의 단잠을 깨운 대가다. 이거나 받아라."

"야, 이 자식아! 너 또다시 노트르담 탑 위에서 우리한테 저주를 퍼부을 테냐?" 어떤 불구자가 목발로 그를 때리려고 길길이 뛰면서 고함쳤다.

"옜다, 이 그릇으로 물 실컷 떠먹어라!" 한 사나이가 그의 가슴을 향해 깨진 쪽박을 집어던지며 계속 외쳤다. "네놈이 내 마누라 앞을 지나가는 바람에 기형아를 낳았다고!"

"우리 집 고양이도 발이 6개 달린 새끼를 낳았어!" 한 노파가 그에게 기왓장을 던지며 쇳소리를 질렀다.

"물 좀 줘!" 카지모도는 숨을 헐떡이며 다시 비명을 질렀다.

바로 그때였다. 순간 모여 선 사람들이 홍해가 갈라지듯 좌우로 비켜서는 것을 보았다. 그리고 그 사이로 독특한 옷차림의 한 여자가 나타났다. 금색 뿔이 달린 흰 염소 한 마리가 따라오고 있었고, 그녀의 손에는 탬버린이 들려 있었다.

카지모도의 눈이 번쩍하고 빛났다. 그녀는 간밤에 자신이 납치하려 했던 바로 그 집시처녀였다. 그런 난폭한 짓을 했기 때문에 자신이 이런 벌을 받는다는 생각이 어렴풋이 들었다. 그러나 그것은 사실이 아니었다. 그가 벌을 받는 것은 그가 귀머거리이기 때문이었고, 운 나쁘게도 귀머거리 판사에게 재판을 받은 때문이었다. 그러나 다른 구경꾼들처럼 뭔가를 던지며 그녀가 자신에게 복수하려 한다고 믿어 의심치 않았다.

집시여자는 빠른 걸음으로 계단을 올라왔다. 그는 노여움과 원통함으로 숨이 막힐 것 같았다. 할 수만 있다면 죄인 공시대를 당장에라도 뒤집어엎고 싶었다. 만약 그것이 가능했다면 그의 눈에서 번갯불이 나와 집시처녀가 죄인 공시대 위까지 미처 올라오기도 전에 산산조각 나버렸을 것이다.

그녀는 입을 다문 채 카지모도에게 다가왔다. 그럴수록 그는 도망치고 싶어 몸부림을 쳤다. 그녀는 곧장 그에게로 다가가 말없이 허리띠에 매달린 물통을 풀어 그의 입술에 대주었다.

그 순간, 분노로 그토록 활활 타고 있던 그의 눈 속에 굵은 눈물방울이 맺혔다. 눈물은 한참 전부터 절망으로 얼룩져 있던 그의 흉측한 얼굴을 타고 흘러내렸다. 이 불행한 사나이가 난생처음으로 흘린 눈물이었을 것이다.

감정이 북받쳐 눈물을 흘리느라 그는 물을 마시는 것도 잊어버렸다. 그녀는 안타깝고 초조했는지 입술을 삐죽거리고 생긋 웃으며 카지모도의 들쭉날쭉 난 이빨이 드러나 보이는 입에 물병 주둥이를 바짝 대주었다.

그는 찔끔찔끔 물을 마셨다. 목이 타서 말라붙을 지경이었던 것이다.

물을 다 마시고 나자 카지모도는 자신의 검붉은 입술을 쭉 내밀었다. 아마도 생명의 은인과도 같은 그녀의 손에 고맙다는 키스를 하고 싶었을 것이다. 하지만 그녀가 카지모도에게 마음을 연 것은 아니었는지 아니면 지난밤 그가 자신에게 했던 난폭함이 떠올랐는지 그녀는 어린아이가 짐승에게 물릴까 겁을 내듯 놀라며 재빨리 손을 감춰버리고 말았다.

겁에 질리고 놀라는 모습을 보며 가엾은 귀머거리는 말로 표현할 수 없는 슬픔과 원망이 가득한 눈빛으로 여자를 망연히 바라보았다.

밝고 귀엽고 순결하고 발랄한 동시에 연약하며 아름다운 아가씨가 더없이 비참하고 추악하고 심술궂은 사나이를 도우려는 마음에서 달려오는 장면은, 그것이 어디가 되었건 가슴 뭉클한 모습이 아닐 수 없다. 죄인 공시대 위에서의 이 광경은 그야말로 숭고했다.

죄인 공시대를 에워싼 사람들조차 감동하여 자신들도 모르는 사이에 박수를 치기 시작했다. 군중은 "훌륭하다, 훌륭해!"라고 외쳤다.

그러나 그때, 자루 수녀는 '쥐구멍'의 채광창을 통해 죄인 공시대 위에 있던 집시처녀를 발견하고는 치를 떨며 저주의 말을 퍼붓고 있었다. "죽어버려라! 저주스런 집시 계집! 요 망할 것!"

5 과자 이야기의 끝

에스메랄다는 어느새 얼굴이 새파랗게 질려서는 비틀거리며 죄인 공시대를 내려왔다. 쥐구멍에서 저주의 말을 퍼붓고 있는 은둔자의 목소리가 여전히 집시여자의 뒤를 쫓고 있었다. "당장 내려와! 내려와! 아기를 훔쳐간 도둑년아! 얼마 안 가서 너를 그 자리에 올려놓고 말 테다!"

"자루 수녀가 또 시작이로군!" 사람들이 중얼거렸다. 그저 중얼거렸을 뿐 아무 일도 일어나지 않았다. 사람들은 은둔자를 두려워했고 성스럽게 여기기까지 했으므로 밤낮으로 기도하는 사람과는 웬만해서는 일을 시끄럽게 만들지 않으려 했다.

어느덧 카지모도를 다시 끌고 갈 시간이 되었다. 그는 풀려났고 사람들도 뿔뿔이 흩어졌다.

두 여자와 함께 되돌아오던 마예트는 그랑 다리 옆에서 우뚝 걸음을 멈추었다. "그런데, 외스타슈! 아까 그 과자는 어떻게 했니?"

마예트의 물음에 아이가 대답했다. "엄마가 그 굴속 사람하고 얘기할 때 느닷없이 엄청나게 큰 개가 나타나서 과자를 뜯어 먹었어요. 그래서 하는 수 없이 내가 먹어버렸어요."

"뭐가 어쩌고 어째? 그럼 그걸 네가 다 먹었단 말이야?" 마예트가 놀라 되물었다.

"내가 아니라 개가 먼저 깨물어 먹었다니까요. 못 먹게 말렸는데도 듣지 않았어요. 그래서 나도 그냥 먹어버린 거라고요!" 아이는 어처구니없는 변명을 늘어놓았다.

"정말 엉뚱한 녀석이로구나!" 마예트는 아이의 대답에 기막혀하면서도 싱글벙글 웃으며 귀엽다는 듯 머리를 마구 헝클어트렸다. "여봐요, 우다르드. 이렇게 조그만 녀석이 벌써부터 샤를랑주에 있는 우리 과수원의 버찌를 혼자 몽땅 먹어치웠지 뭐예요! 이 아이 할아버지가 그러시더군요. 장차 대장군이 될 테니 두고 보라고요. 외스타슈, 또 이런 일을 하면 안 된다. 알겠지? 어서 가자꾸나, 우리 대장!"

제7편

1 염소에게 비밀을 털어놓는 위험

그 일이 있은 뒤 몇 주일이 지나갔다.
어느덧 3월 초순이었다. 우회적 표현의 고전적 선조인 뒤바르타스(16세기의 프랑스 시인)가 아직 태양을 '촛불의 대공'이라고 명명하기도 전이었지만, 그래도 역시 태양은 즐겁고 찬란하게 빛나고 있었다. 광장이나 산책로, 파리 어느 곳에서도 일요일이나 축제의 날 같은 부드럽고 온화한 봄날을 맞고 있었다. 그렇게 밝고 따스하고 공기가 맑은 날이면 노트르담의 정면 현관에 매료되는 특정한 때가 있었는데 그것은 서쪽으로 기운 태양이 대성당을 거의 정면으로 비추는 순간이다. 그럴 때면 차츰 수평이 되는 햇살은 광장의 돌바닥에서 천천히 물러나 수직으로 된 정면을 따라 올라가면서 그림자 위에 그 정면의 숱한 환조(丸彫)가 드러나 보이게 한다. 그리고 한가운데의 그 커다란 장미창은 대장간 화덕의 반사광이 붉게 비친 요괴인간의 눈처럼 타오른다.
이야기는 바로 그러한 시각에 일어났다.
저녁 햇살을 받아 붉게 빛나는 노트르담 대성당의 정면 광장과 파르비 거리 모퉁이에 자리한 고딕식 대저택 현관 위에 만들어진 석조 발코니에서 아름다운 아가씨들이 예쁜 자태를 뽐내며 천진하게 웃으며 떠들고 있었다. 그녀들은 진주를 단 뾰족한 모자와 발꿈치까지 닿는 베일의 길이로 미루어 보나, 그 무렵 세련된 유행에 따라 그녀들의 아름다운 가슴 윗부분을 드러내는 스타일에, 어깨가 덮이는 반소매에 수를 놓은 블라우스의 화사함이라든지, 겉옷보다도 속옷에 더 공을 들인 점, 특히나 그녀들의 한가로움과 게으름을 드러내는 희고 가느다란 손으로 보아 다들 부유한 귀족 가문의 상속녀들임을 알 수 있었다. 실제로 그녀들은 플뢰르 드 리스 드 공들로리에 아가씨와 친구들인 디안 드 크리스퇴유, 아믈로트 드 몽미셸, 콜롱브 드 가유퐁텐, 그리고 샹슈브리에의 딸들이었다. 이처럼 귀한 집 아가씨들이 때마침 공들로리에 미망인댁에 모여 있는 이유는, 마르그리트 황태자비를 맞이하러 플랑드르의 피카르디로 갈 때, 황태자비를 위한 시녀를 뽑기 위해 보좌 전하 부부가 4월에 파리를 방문할 예정이었기 때문이다. 그래서 파리 사방 120킬로미터 안에 있는 시골 귀족들이 어떻게 하면 그 명예스런 일에 자신의 딸이 선택될 것인지 고민하던 중, 벌써부터 딸들을 파리에 데리고 오거나 보내놓은 경우가 꽤 많았던 것이다. 그리하여 여기 모여 있는 아가씨들은 그 부모의 부탁으로 알로이즈 드 공들로리에 부인의 보호를 받고 있었다. 공들로리에 부인은 왕실 노궁대 전(前) 대장의 미망인으로 현재는 노트르담 파르비 광장의 자택에서 외동딸과 함께 은거하고 있었다.

이 아가씨들이 모여 있던 발코니는 짙은 황갈색 덩굴무늬로 장식된 갈색의 플랑드르산 가죽으로 벽을 둘러친 호화로운 침실로 통해 있었다. 천장에 평행으로 나 있는 들보들은 금색으로 칠한 기괴한 조각들로 가득해서 보는 사람의 눈을 즐겁게 해주었다. 조각이 붙은 선반에는 여기저기 칠보가 박혀 있어 오색찬란한 빛을 띠었다. 호화로운 식기장의 상단에는 도기로 만든 멧돼지 머리가 장식되어 있고, 식기 선반이 두 단으로 이루어진 것으로 보아 이 집 안주인은 부하를 거느린 기사의 아내이거나 미망인임을 알 수 있었다. 공들로리에 부인은 위에서 아래까지 문장이나 방패 장식이 붙어 있는 높다란 벽난로 옆에 놓인, 붉은 비로드로 된 화려한 안락의자에 앉아 있었다. 그녀의 쉰다섯이라는 나이는 얼굴에서도 화려한 의상에서도 잘 드러났다.

그녀 옆에는 매우 거만해 보이는 한 남자가 서 있었다. 약간의 허영심과 허세에도 여자라면 누구나 인정할 만한 준수한 생김새였다. 성실한 사람이나 관상쟁이가 그를 본다면 어깨를 으쓱 들었다 내리겠지만 말이다. 젊고 잘생긴 이 기사는 눈부시게 화려한 왕실 친위대 대위의 차림을 하고 있었는데, 이것은 앞의 이야기에서 구경꾼들로부터 이미 칭찬을 받은 바 있는 유피테르의 복장과 매우 비슷하므로 여기서 다시 묘사하지는 않겠다.

어쨌든 아가씨들 몇 명은 방 안에, 다른 몇몇은 발코니에 있었고, 또 더러는 가장자리를 금색으로 두른 비로드 방석 위에, 또는 온갖 꽃과 도형을 새긴 떡갈나무 의자 등등에 나뉘어 있었다. 그녀들은 저마다 자기 무릎 위에 커다란 태피스트리 자락의 일부를 올려놓고 수를 놓고 있었는데 한쪽 자락은 마룻바닥으로 늘어져 있었다.

그녀들은 방 안에 젊은 남자 하나가 있어서인지, 비밀 이야기를 하듯 서로 소곤거리며 이따금 숨죽인 웃음소리를 내었다. 젊은 남자가 그 자리에 함께 있다는 것만으로도 여자들의 자존심을 자극하기에 충분했지만 정작 청년은 그런 것에는 그다지 신경 쓰지 않는 것 같았다. 예쁜 아가씨들이 서로 그의 주의를 끌어보려고 하는데도 그는 태연하게 노루가죽 장갑으로 허리띠에 달린 장식 핀 닦기에 몰두하고 있을 뿐이었다.

늙은 알로이즈 드 공들로리에 부인이 나지막한 소리로 이따금 그에게 말을 걸면 그는 예의를 갖추어 최선을 다해 대답하곤 했다. 알로이즈 부인의 미소와 의미 있는 몸짓, 그와 낮은 소리로 말하면서 가끔씩 딸인 플뢰르 드 리스에게로 눈을 향하는 것으로 보아 그 둘은 이미 약혼한 사이이며, 머지않은 장래에 결혼식을 올리게 될 사이임을 쉽게 알 수 있었다. 그런데 젊은 장교의 조금은 어색하면서도 거북스러워하는 태도를 보면 적어도 그로서는 여자에 대한 애정이 없다는 것도 금세 눈치 챌 수 있었다. 그의 얼굴에는 매우 거북하고 지루한 기색이 역력했다. 요즘의 젊은 장교에게 이러한 상황을 들려준다면 틀림없이 한마디로 이렇게 표현할 것이다. "그거 정말 고역이다."

그러나 마음씨 착한 미망인은 자기 딸의 일이기 때문인지 장교의 열정이 식어버렸다는 사실을 전혀 알아차리지 못한 채 다만, 플뢰르 드 리스의 바느질 솜씨가 어떤지를 미래의 사윗감에게 알려주려 애쓰고 있을 따름이었다.

"여보게, 저길 솜 보게!" 부인은 그의 소매를 잡아당기며 귓가에 대고 속삭였다. "저길 좀 봐! 몸을 숙이고 있지?"

"아, 예." 젊은이는 예의를 갖춰 대답하고는 이내 입을 다물어버렸다.

얼마 지나지 않아 부인은 또다시 몸을 기울이며 그에게 말했다.

"자네 약혼녀보다 귀엽고 사랑스러운 아가씨를 본 적이 있나? 저렇게 희고 고운 손 하며 눈부신 금발머리 말일세! 저 희고 긴 목을 좀 봐. 꼭 백조 같지? 자네는 정말 행운아라니까. 우리 플뢰르 드 리스라면 누구라도 반할 미인이야. 자네도 저 아이에게 푹 빠져 있잖은가?"

"그럼요." 그는 속으로는 딴 생각을 하고 있었지만 대답은 그렇게 했다.

"저 애한테 가서 말 좀 시켜보고 그러게. 왜 그렇게 수줍음을 타고 그러나, 자네?" 알로이즈 부인은 그의 어깨를 밀어내면서 말했다.

수줍음은 그의 장점도 단점도 아니었으나, 그는 참을성 있게 노부인의 말에 따르려고 약혼녀에게 다가갔다.

"지금 만들고 있는 태피스트리는 무슨 무늬인가요?" 그는 이렇게 물었다.

"아이, 벌써 세 번이나 얘기해드렸는데, 바다의 신 넵투누스의 동굴이에요." 플뢰르 드 리스는 새침해진 표정으로 대답했다.

그녀는 이미 그의 태도가 전과 달리 시큰둥하고 어떤 변화가 있음을 어머니보다 먼저 알아채고 있었던 것이다. 그는 무슨 이야기건 했으니 됐다고 생각하고 다시 말했다.

"그런데 그건 누굴 위해 만드는 건데요?"

"생탕투안 데 샹 수도원에 바칠 거예요." 플뢰르 드 리스는 고개도 들지 않은 채 대답만 했다.

그는 태피스트리의 한쪽 끝을 손으로 만지며 물었다.

"그럼 여기 그림 속에 볼이 터져라 나팔을 불고 있는 이 뚱뚱한 병사는 누군가요?"

"트리톤(그리스 신화의 반인 반어의 물의 신)이에요."

플뢰르 드 리스의 무뚝뚝하면서도 짤막한 대답 속에는 여전히 불만이 담겨 있었다. 그는 그녀의 귀에 대고 싱거운 말이든 사탕발림이든, 뭐가 되었든 아무 말이라도 속삭여주어야만 한다는 것을 깨달았다. 그래서 일단 몸을 그녀 쪽으로 굽히기는 했으나 다정한 말이 떠오르지 않아 겨우 이렇게 말했다. "그런데 왜 당신 어머니는 늘 샤를 7세 시대의 우리 할머니들처럼 저런 문장이 그려진 옷을 입고 계시는 거죠? 어머니께 좀 전해드리세요. 그런 옷은 이제 어울리지 않는다고요. 그 드레스 위에 수놓은 월계수는 마치 걸어다니는 벽난로 같답니다! 솔직히 말해서 시대에 뒤떨어졌어요."

플뢰르 드 리스는 원망스런 눈초리로 그를 쳐다보았다. "저한테 하실 말씀이란 게 고작 그게 다예요?" 그녀는 나지막한 목소리로 물었다.

그들과 좀 떨어진 곳에서 지켜보던 알로이즈 부인은 두 사람이 가까이서 소곤거리는 것을 보고 즐거워서 손에 들고 있던 기도서의 걸쇠를 만지작거리며 말했다. "참으로 감동적인 사랑의 장면이야!"

한편, 젊은 장교는 더욱 어색해져버린 분위기를 바꿔보려고 태피스트리 이야기를 다시 꺼냈다. "이거야말로 정말 훌륭한 솜씨로군요!"

그가 이렇게 외치자, 살결이 흰 금발의 아름다운 소녀이며 푸른 능직 옷을 입은 콜롱브 드 가유퐁텐이 머뭇거리면서 그 미남자가 대답해주길 기대하고 플뢰르 드 리스에게 말을 걸었다. "공들로리에 양, 혹시 라 로슈 기용 저택의 벽에 걸린 태피스트리를 본 적이 있어요?"

그러자 디안 드 크리스퇴유가 웃으며 물었다. "랭제르 뒤 루브르 정원 안에 있는 저택 말인가요?" 디안 드 크리스퇴유는 치열이 고와서 무슨 말을 하든 마지막엔 활짝 웃기를 잊지 않았다.

"그 저택 안에는 파리 옛 성벽의 웅장하고 밝은 탑이 있지 않나요?" 이번에는 아믈로트 드 몽미셸이 덧붙였다. 그녀는 산뜻한 갈색 곱슬머리의 미인이었으나 무슨 까닭인지 남이 웃을 때마다 한숨을 쉬는 버릇이 있었다.

"콜롱브 양이 말하고 싶은 건 샤를 6세 시대의 바크빌 씨 저택 아니에요? 그 집에는 정말 굉장한 휘장이 있죠."

"샤를 6세! 샤를 6세라!" 젊은 장교는 콧수염을 만지작거리며 중얼거렸다. "정말 대단하군요! 옛날 일들을 아직까지도 기억하시다니!"

공들로리에 부인이 이어받았다. "그건 정말 기막히게 아름다운 태피스트리였지! 솜씨가 아마 최고로 꼽힐 거야."

그때, 날씬한 7살 소녀 베랑제르 드 샹슈브리에가 발코니에서 광장을 내다보다가 소리를 질렀다. "어머나! 저길 좀 보세요! 길바닥 위에서 어떤 여자가 사람들에 둘러싸여 탬버린을 흔들며 춤을 추고 있어요."

실제로 탬버린 소리가 은은히 들려오고 있었다.

"떠돌이 집시계집일 거야." 플뢰르 드 리스는 광장 쪽을 힐끗 돌아보며 태연스레 말했다.

"우리도 가볼까? 가보자!" 그녀의 친구들이 일제히 들뜬 얼굴로 소리치며 발코니로 달려가자 플뢰르 드 리스는 약혼자의 냉랭함에 여전히 마음이 불편했음에도 그 뒤를 따라 천천히 걸어갔다. 그녀의 약혼자는 그렇지 않아도 거북하기만 하던 대화가 끝난 것을 다행으로 여기며 임무를 마친 군인 같은 홀가분한 심정으로 방 안쪽으로 돌아왔다. 그러나 아름다운 플뢰르 드 리스를 상대하는 것이 그의 마음을 들뜨게 했던 것은 사실이다. 적어도 예전에는 그렇게 생각했었다. 그런데 점점 시간이 흐를수록 그는 싫증이 나기 시작했다. 곧 결혼식을 앞두고 있다는 부담감은 더욱 그를 냉랭하게 만들고 있었다. 더욱이 그는 바람기가 심한 편이었으며, 이런 말을 하기는 좀 그렇지만, 취미도 고상한 편은 못되었다. 분명 그는 명문가 출신이었으나 군대생활을 하는 동안 군인의 거친 습성이 몸에 배었던 것이다. 그래서 그는 술집의 술맛도 알게 되었고, 여자들에 관한 음담패설이나 군인들에게 쉽게 넘어가는 여자들과 즐기는 재미에 푹 빠지기도 했다. 가정교육과 예절을 제대로 배우기는 했지만 너무 일찍부터 온 나라를 돌아다니고 상명하복의 규율에 얽매여 살다보니 귀족적이고 고상한 습성은 어느새 사라져버린 것이다. 그런 까닭에 약혼자인 플뢰르 드 리스를 가끔 만나면서도 어쩐지 거북스럽고 썩 마음에 들지가 않았다. 무엇보다 그동안 여러 장소에서 여자들을 두루 만나면서 연애감정을 탕진한 나머지 정작 약혼녀인 그녀에게는 별다른 애정을 느끼지 못하고 있었다. 게다가 그토록 단정하고 정숙하고 예의 바른 규방의 요조숙녀들에게, 무심코 거칠고 상스러운 말을 뱉는 실수를 저지르게 될까봐 스스로 두려웠던 것이다. 만약 그렇게 했다간 어떤 결과가 나올지는 불을 보듯 뻔했다.

그리고 그의 경우에는 이런 마음에 더하여 더욱 고상한 체하고 화려한 옷이나 재치 있는 언행으로 남에게 돋보이려는 속셈, 붙임성 있게 대하려는 의도가 많이 섞여 있었다. 이런 사정은 여러분도 상상할 수 있으려니와 나는 다만 사실을 기술하는 데에서 그치려 한다.

한편, 그는 무엇을 생각하고 있었는지 아니면 아무 생각도 하고 있지 않았는지 모르지만 조금 전부터 말없이 벽난로에 기대어 서 있었다. 그때 플뢰르 드 리스가 갑자기 뒤돌아보며 말을 걸었다. 이 가엾은 아가씨가 그를 원망하고 퉁명스레 대한 것은 사실은 진심이 아니었던 것이다.

"있잖아요, 두어 달쯤 전에 밤중에 순찰을 돌다가 십여 명의 도둑들한테서 집시여자 하나를 구했다고 하지 않았어요?"

"응, 맞아. 그런 일이 있었지." 청년장교가 말했다.

"저기 성당 앞에서 춤추는 저 여자가 혹시 그 집시 아닐까요? 이리 와서 좀 보세요, 페뷔스."

그는 그녀가 자신의 이름을 불러주면서 옆으로 오라고 하는 권유에는 화해를 바라는 의도가 깔려 있다고 생각했다. 페뷔스 드 샤토페르 중대장(이렇게 그의 이름을 분명하게 밝히는 이유는 이 장의 처음부터 등장한 이 젊은 중대장은 다름 아닌 그 페뷔스이기 때문이다)은 천천히 걸어서 발코니로 다가갔다. "저길 좀 봐요. 저기 사람들이 둥글게 에워싼 가운데 집시여자가 춤추고 있죠? 저 여자가 말씀하셨던 그 집시 맞아요?" 플뢰르 드 리스는 페뷔스의 팔에 자기 손을 다정하게 얹으며 말했다.

그녀가 가리키는 방향을 바라보다가 페뷔스가 말했다.

"맞아. 저 염소를 보니까 그 여자라는 걸 알겠군요."

"정말 귀여운 염소인데요?" 아믈로트가 감탄하여 손뼉을 치며 말했다.

"저 금색 뿔은 진짜일까요?" 베랑제르가 물었다.

그때 알로이즈 부인이 안락의자에 앉은 채 입을 열었다. "저건 작년에 지바르 문을 통해서 들어온 집시여자들 중 하나일걸?"

"어머니, 그 문은 이젠 앙페르 문(지옥의 문이라는 뜻)이라고 해요." 플뢰르 드 리스가 조용히 말해주었다.

공들로리에 양은 자기 어머니의 구식 말투를 중대장이 얼마나 거슬려 하는지 잘 알고 있었다. 아니나 다를까, 그는 히죽거리며 입속으로 혼자 중얼거렸다. "지바르 문이라고? 지바르 문? 샤를 6세가 지나가셨다는 그 문 말이로군!"

"아주머니, 그런데 저기 높은 곳에 시커먼 옷을 입고 있는 사람은 도대체 뭐죠?" 베랑제르가 여기저기 두리번거리다가 노트르담의 탑 꼭대기에서 무언가를 발견하고는 갑자기 알로이즈 부인에게 외쳤다.

그 소리에 다들 눈을 들이 그곳을 쳐다보았다. 정말로 한 남자가 그레브 광장 쪽을 향해 있는 북쪽 탑 꼭대기의 난간에 팔꿈치를 기대고 있었다. 그는 신부였다. 옷차림이나 두 팔로 받치고 있는 얼굴까지 또렷하게 보였다. 게다가 그는 조각상처럼 꿈쩍도 하지 않은 채 조용히 광장 한곳에 시선을 고정시키고 있었다.

그는 마치 참새 둥지를 발견한 솔개처럼 꼼짝도 않고 있었다.

"저분은 조자의 부주교님인데." 플뢰르 드 리스가 말했다.

"멀리서도 그걸 알아보다니 눈이 정말 좋은가 봐요!" 가유퐁텐이 말했다.

"그런데 지금 저 춤추는 집시여자를 보고 계시는 것 맞죠?" 디안 드 크리스퇴유가 말을 이었다.

"저런 집시여자들을 조심하자고요. 부주교님은 집시들을 싫어하시거든." 플뢰르 드 리스가 말했다.

"저 신부님이 저런 눈길로 집시여자를 쳐다보고 있다니 정말 안타깝네요.

1 염소에게 비밀을 털어놓는 위험 279

저 여자 정말이지 황홀하게 춤을 잘 추거든요." 아믈로트 드 몽미셸이 덧붙였다.
 "페뷔스, 저 여자를 안다고 했죠? 이리로 좀 올라오라고 해보세요, 재미있겠는데!" 갑자기 플뢰르 드 리스가 그에게 말했다.
 "우와, 신난다! 어서요!" 아가씨들이 일제히 손뼉을 치며 외쳤다.
 "바보 같은 짓이에요. 저 여자는 날 잊어버렸을 텐데. 저 여자 이름도 몰라요. 하지만 아가씨들이 원하신다면 어디 한번 불러볼까요?" 페뷔스는 처음에는 당황하는 듯하더니 곧 마음을 바꾸어 발코니 난간 밖으로 몸을 내밀고 소리치기 시작했다. "이봐, 아가씨!"
 그때 집시처녀는 탬버린을 치지 않고 있었으므로 그가 부르는 소리를 들을 수 있었다. 그녀는 소리 나는 쪽을 돌아보다가 그 반짝이는 시선이 페뷔스에게 가 닿은 순간 그 자리에 그대로 얼어붙은 듯이 꼼짝도 하지 않았다.
 "아가씨!" 중대장은 손가락으로 신호를 하며 계속 여자를 불렀다.
 집시처녀는 꼼짝 않고 그를 바라보다가는 마치 불꽃에 볼을 데이기라도 한 것처럼 얼굴이 새빨개지더니 탬버린을 옆구리에 끼고는 어리둥절해 있는 구경꾼들을 헤치고 페뷔스가 서 있는 집 쪽으로 다가왔다. 마치 뱀의 꼬임에 빠진 한 마리 새처럼 비틀거리며 불안한 눈길로 걸어오는 것이었다.
 얼마 뒤, 문의 커튼이 올라가고 집시여자가 문지방 위에 모습을 드러냈는데 얼굴은 몹시 붉게 상기되어 있고, 커다란 눈은 내리깔고 숨을 몰아쉬며 한 걸음도 더 움직이지 못한 채 서 있었다.
 그때 베랑제르가 손뼉을 치며 기뻐했다.
 그러나 집시여자는 문지방 위에 그대로 서 있었다. 그녀가 나타나자 젊은 아가씨들 사이에는 기묘한 일이 벌어졌다. 그때까지 중대장의 관심을 끌려는 막연한 욕망이 그녀들을 활기차게 만들었으며, 중대장의 멋진 제복 역시 아가씨들의 모든 교태의 표적이 되었던 것이 사실이다. 그래서 그가 그곳에 온 뒤로 아가씨들은 스스로 의식하지는 않았다 해도 알게 모르게 말과 행동 속에 그런 의식이 있었다. 하지만 어느 것 하나도 뒤지지 않을 만큼의 미모를 지니고 있었기에 다들 속으로는 자기가 이겼다고 믿고 있었다. 그런데 집시여자가 등장하면서부터 그러한 균형이 깨져버렸다. 집시처녀는 매우 보기 드문 미인이었던 것이다. 그런 그녀가 그 방 앞에 나타나는 순간, 집시처녀는 그녀만이 가진 특유의 어떤 빛을 쏟아내고 있는 것 같았다. 그 작은 방, 벽걸이와 목공 세공품들의 어둠침침한 배경 아래서 그녀는 광장에 있을 때와는 비교도 안 될 정도로 아름다웠고, 눈이 부시도록 빛났던 것이다. 그녀는 환한 햇빛 아래서 어둠 속으로 가져다놓은 등불과도 같았다. 귀족아가씨들은 자기도 모르게 망연해졌다. 그녀들은 집시처녀의 미모 때문에 상처 받은 느낌이었다. 그래서 그녀들의 전선(戰線)은, 이런 표현을 해도 된다면, 서로 아무런 말도 주고받지는 않았지만 갑자기 변해버렸다. 이런 경우에 여자들은 서로 뜻이 잘 맞는다. 여자들의 본능은 남자들의 지성이 미치지 못할 정도로 빠르고 예민하다. 이제 그녀들 모두에게 공공의 적이 나타난 것이다. 그것을 느끼고 그녀들은 한데 뭉치기 시작했다. 한 잔의 물을 붉게 만들기 위해서는 포도주 한 방울이면 충분한 것처럼 어여쁜 여자들의 모임을 악감정으로 물들이기 위해서는, 특히 남자가 하나밖에 없는 상황에선 자기들보다 더 예쁜 여자가 등장하면 된다.

　그러므로 이 집시여자에 대한 귀족아가씨들의 응대는 놀라우리만큼 차갑고 쌀쌀맞았다. 그녀들은 집시여자를 훑어보고 서로 마주보며 눈빛을 교환했다. 이미 그것으로 결말이 났다. 그녀들은 이심전심, 한마음이 된 것이다. 그러는 동안 집시여자는 누군가 자신에게 말을 걸어주기를 기다렸다. 그녀는 몹시 긴장한 상태라 내리깐 시선을 들지도 못하고 있나.

　그때 중대장이 먼저 입을 열었다. "이야, 정말 미인인데요! 어때요, 아가씨들!" 그는 뻔뻔스럽고 노골적인 투로 물었다.

　그가 분위기를 제대로 파악했더라면 칭찬이라도 적당한 목소리로 했을 텐데 안타깝게도 그의 첫 마디는 집시여자를 탐색하고 있던 귀족아가씨들의 질투심을 결코 가라앉힐 수 없는 것이었다.

　플뢰르 드 리스는 상냥함을 가장하면서도 노골적인 업신여김이 담긴 태도로 그에게 말했다. "나쁘진 않군요."

　그러자 다른 아가씨들도 수군거렸다.

　이윽고, 알로이즈 부인 역시 자기 딸 편을 들어 질투하지 않을 수 없었지만 그래도 점잖게 집시처녀에게 말을 걸었다. "아가씨, 이리로 좀 와 봐요!"

　"이쪽으로 와요, 아가씨!" 알로이즈 부인의 뒤쪽에 서 있던 베랑제르는 집시처녀의 허리 정도까지밖에 되지 않는 작은 키였으나 우스꽝스럽고도 의 첫한 태도로 되풀이했다.

집시처녀는 귀부인 쪽으로 다가갔다.

"이봐, 예쁜 아가씨!" 페뷔스도 그녀 쪽으로 몇 걸음 다가서며 말했다. "나를 기억해준다면 대단히 기쁘겠는데……."

그녀는 다정한 미소에 상냥한 눈길로 그를 바라보며 말을 가로막았다.

"아, 그럼요. 분명히 기억하고 있어요."

"기억력이 좋으시군." 그녀의 대답에 플뢰르 드 리스가 참견했다.

"그런데 말이야, 그날 밤엔 왜 그렇게 갑자기 달아나버린 거지? 내가 무서웠나?" 페뷔스가 물었다.

"아뇨, 그렇지 않아요." 집시처녀가 대답했다.

그런데 "아, 그럼요"에 이어 "아뇨, 그렇지 않아요"라는 그녀의 대답에서 플뢰르 드 리스는 뭔지 뚜렷하게 알 수는 없으나 어쩐지 속이 뒤틀리는 것을 느꼈다.

"그런데 예쁜 아가씨, 그때 당신 대신 흉측하게 생긴 애꾸눈에 곱사등이 놈을 하나 두고 갔더랬는데." 중대장은 말을 이어가기 시작했다. 거리의 여자를 대하자 비로소 말문이 트인 듯 이야기가 술술 잘도 나왔다. "그건 틀림없이 부주교의 종지기가 맞을 거야. 그 녀석은 어느 부주교의 사생아로 날 때부터 괴물이었다고 하더군. 이름도 괴상하던데. 카트르탕이라던가, 파크 플뢰리라고 하던가, 마르디그라라던가 뭐 그런 류의 이름이던데. 하여튼 종을 울리는 무슨 대축일의 이름이었는데 그놈이 당신을 교회의 고용인으로 점찍어두었는지 어디론가 데려가려 했었지. 대체 그놈은 당신을 어쩌려고 그랬던 거지? 그 귀머거리 놈이 말이야. 어디 말 좀 해보라고!"

"그건 저도 몰라요." 그녀가 대답했다.

"감히 어떻게 그런 짓을 하려고 했지? 종지기 주제에 자작이라도 된 양 처녀를 겁탈하려 들다니! 천민 주제에 귀족의 사냥감을 밀렵하는 것과 같은 짓이야! 그건 있을 수 없는 일이지. 어쨌거나 녀석은 톡톡히 대가를 치렀어. 피에라 토르트뤼 나리는 거칠기로 유명한 분이거든. 그 종지기 녀석, 그 양반 손에 아주 죽도록 맞았지! 어때, 속이 후련하지 않나?"

"불쌍한 사람!" 중대장의 말을 듣던 집시처녀는 죄인 공시대에서의 참혹했던 광경을 떠올리고는 안타까운 듯 중얼거렸다.

중대장은 너털웃음을 웃었다. "무슨 헛소리야! 돼지 궁둥이에 깃털이 났다는 소리만큼이나 말도 안 되는 동정심은 버려! 나도 교황처럼 배불뚝이가 되고 싶으니까. 만약……."

그는 문득 말을 멈췄다. "아, 미안합니다 아가씨들! 큰 실수를 할 뻔했군요."

"어머나 세상에!" 가유퐁텐이 말했다.

"저런 여자랑 대면하고 있어서 말투가 그런 거야." 플뢰르 드 리스가 속삭이듯 덧붙였다. 그러는 동안에도 그녀는 점점 더 울화통이 치밀고 있었다. 페뷔스가 집시여자에게 정신을 빼앗긴 것은 말할 것도 없고, 발꿈치로 중심을 잡고 뱅그르르 돌면서 군대식의 투박하고 거친 말투로 "정말 예쁜 아가씨야!"라고 말하는 것을 보았을 때 그녀의 가슴은 부글부글 끓기 시작했던 것이다.

"모습이 참 촌스럽군요." 디안 드 크리스퇴유가 아름다운 치아를 활짝 드러내는 미소를 지으며 말했다.

바로 그 한마디가 다른 아가씨들에게는 한줄기 빛처럼 느껴졌다. 말하자면, 그녀들에게 집시처녀를 공격할 수 있는 빌미를 제공해준 것이다. 집시처녀의 미모에 대해서는 헐뜯을 데가 없었으므로 입고 있는 옷에 대해 트집을 잡는 것으로 공격을 개시했다.

"어쩜, 정말이네. 어깨장식두 목장식도 없이 기리를 쏘나디니!" 몽미셸이 말했다.

"치마는 또 왜 그렇게 짧은 거지? 내가 다 소름이 끼치네!" 가유퐁텐이 덧붙였다.

"여봐요, 아가씨. 그런 황금띠 같은 걸 두르고 다니다간 경찰한테 잡혀갈지도 몰라." 플뢰르 드 리스도 신랄하게 말했다.

"이봐, 이것 좀 봐!" 크리스퇴유는 얼굴 가득 심술궂은 미소를 띤 채 말을 이었다. "그 팔뚝에 소매라도 좀 달고 다녔으면 햇볕에 그렇게까지 타지는 않았을 텐데?"

이렇게 아름다운 귀족아가씨들이 거리의 무희를 둘러싸고 비아냥 섞인 눈빛과 야유와 독설을 퍼붓는 광경은 페뷔스이기에 멍하니 바라만 보고 있었지 만약 좀더 현명한 사람이 이 장면에서 귀족아가씨들의 속셈을 알아차렸다면 가만히 보고만 있지는 않았을 것이다. 귀족아가씨들은 매우 상냥하면서도 가혹하게 집시처녀를 헐뜯었다. 그녀들은 심술궂은 말장난으로 싸구려 금속장신구가 달린 초라한 옷차림을 이리저리 헐뜯고 있었던 것이다. 끝없는 놀림과 빈정거림과 모욕적인 비웃음이 집시여자를 향해 퍼부어지고 거만한 호의와 멸시가 집중되었다. 마치 로마의 젊은 귀부인들이 아름다운 노예의 젖가슴에 금 핀을 꽂으며 즐기는 것을 보는 것 같았다. 또 기품 있는 사냥개들이 콧구멍을 벌름거리고 눈을 번득이며 숲 속의 가엾은 사슴 주위를 맴돌면서도 주인의 눈치를 보느라 함부로 덤비지 못하는 것 같았다.

다시 말해 세상에 부러울 것 없는 귀족 집안의 곱게 자란 아가씨들이 한낱 거리의 무희 따위에게 정색을 할 이유가 있겠는가? 그녀들은 눈앞의 집시여자 존재 따위에 전혀 개의치 않았다. 이 아가씨들은 그녀가 있거나 없거나 아랑곳하지 않고 그녀를 두고 겉으론 매우 친절하면서도 다정한 미소를 띤 얼굴과 상냥한 목소리로, 마치 불결하고 천한, 대단히 흉한 무엇이라도 찾아낸 것처럼 이야기하고 있었던 것이다.

집시여자가 그녀들에게서 바늘로 콕콕 찔러대는 듯한 가혹한 대우를 받고 있음을 느끼지 못한 것은 결코 아니다. 귀족아가씨들이 한마디씩 할 때마다 그녀는 수치심에서 오는 홍조와 분노의 번득임으로 눈과 볼이 타오르고, 문득문득 경멸의 말이 입술 주위에서 머뭇거리는 듯했다. 여러분도 알다시피 그녀는 참기 힘든 모멸감으로 입술을 삐죽거리면서도 끝까지 입을 열지는 않았다. 우뚝 선 채로 그녀는 모든 것을 체념한 듯 슬프고 부드러운 눈길로 페뷔스를 지그시 바라보기만 했다. 그 눈길에는 희미한 행복감과 친밀감이 깃들어 있었다. 다만 그녀는 쫓겨날까 두려워 그냥 꾹 참고 있는 것 같았다.

한편 페뷔스도 처음에는 아가씨들과 마찬가지로 집시여자를 적당히 무시하는 마음도 없지 않은 채로 그저 돌아가는 상황을 지켜보고 웃을 뿐이었으나, 차츰 시간이 지날수록 그녀를 동정하는 마음이 조금씩 일어나기 시작하여 어느새 그녀 편을 들고 있었다.

"그런 말에 신경 쓸 것 없어, 아가씨!" 그는 금으로 된 박차를 쩔렁거리며 되풀이했다. "그래. 아가씨 옷차림이 좀 색다르고 촌스러운 면이 없진 않지만, 그게 뭐 어때? 당신처럼 아리따운 아가씨가 아무려면 어때?"

"어머나, 세상에!" 금발의 가유퐁텐이 못마땅한 미소를 지으며 백조처럼 기다란 목을 더욱 길게 빼며 외쳤다.

"왕실 친위대 장교 정도 되는 분이 집시의 아름다운 눈길에 껌벅 넘어가 버린 모양이죠?"

"그러면 안 되나요?" 페뷔스가 말했다.

아무 데로나 떨어지라며 돌멩이를 내던지듯 내뱉는 그의 대답에 콜롱브와 디안과 아믈로트와 플뢰르 드 리스는 갑자기 봇물 터지듯 와락 웃음을 터뜨렸는데 어찌나 웃었던지 그녀들의 눈에는 눈물까지 맺혔다.

집시처녀는 콜롱브 드 가유퐁텐의 말에 눈길을 바닥으로 떨어뜨리고 있다가 가까스로 기쁘고 자랑에 넘치는 듯한 눈빛으로 페뷔스를 물끄러미 쳐다보았다. 그 순간, 그녀는 정말로 아름다웠다.

그 광경을 지켜보고 있던 노부인은 몹시 언짢은 듯 보였는데, 그도 그럴 것이 그 상황 자체가 잘 이해되지 않았던 것이다.

"에구머니!" 그녀가 느닷없이 기절할 듯한 외마디 비명을 질렀다. "내 발밑에서 뭐가 꿈틀거리는데? 아니, 이 더러운 짐승이!"

그것은 주인을 찾아온 작고 하얀 염소였다. 주인을 향해 달려가다가 노부인의 발 위에 늘어진 옷자락에 뿔이 걸려버린 것이다.

어쨌든 그것은 그 순간 분위기가 바뀌는 계기가 되어주었다. 집시여자는 말없이 뿔에 엉킨 옷자락을 헤치고 염소를 풀어주었다.

"어머나, 저 염소 좀 봐, 다리기 금색이야!" 베랑제르는 무엇이 그리 좋은지 팔짝팔짝 뛰면서 외쳤다.

집시여자는 무릎을 꿇고 앉은 채 염소의 머리를 다정하게 자기 볼에 갖다 대었다. 그것은 잠시 동안이라도 염소와 떨어져 있었던 것을 사과하는 것처럼 보였다.

그러는 동안 디안은 콜롱브의 귀에 대고 속삭였다.

"저것 좀 봐! 내가 왜 그 생각을 못 했지? 저 여자는 염소를 데리고 다니는 집시여자야! 마술사라니까요. 저 염소는 희한한 재주를 부린대요."

"그래요? 그럼 저 염소에게 재주를 부려보라고 해야겠네요? 재미있겠는데!" 콜롱브가 대답했다.

곧이어 디안과 콜롱브가 집시여자에게 큰 소리로 요구했다.

"이봐, 아가씨! 그 염소가 잘하는 재주가 있다던데 보여줄 수 있겠지?"

"네? 무슨 말씀인지 모르겠는데요." 집시처녀가 대답했다.

"마술이나 재주넘기나 요술 같은 것 말이야."

"잘 모르겠는데요." 그녀는 대답하고는 염소를 쓰다듬으면서 중얼거렸다. "잘리, 잘리!"

그때 플뢰르 드 리스는 염소의 목에 매달린 무엇인가를 발견했다. 그것은 가죽에 수를 놓아 만든 작은 주머니였다. "거기 목에 달린 건 뭐지?" 그녀가 집시에게 물었다.

집시여자는 왕방울처럼 커다란 눈으로 그녀를 바라보면서 정색을 하고 대답했다. "이건 저의 비밀이에요."

'비밀? 그게 뭘까? 그러니까 더욱 궁금해지는군!' 플뢰르 드 리스는 생각했다.

그사이 노부인은 마뜩치 않은 듯 자리에서 일어나며 말했다. "이봐, 아가씨! 둘 다 보여줄 게 아무것도 없다면 여긴 뭣하러 온 거야?"

집시여자는 말없이 문 쪽으로 걸음을 옮겼다. 그러나 문으로 다가갈수록 발걸음은 더욱 느리고 무거워졌다. 어떤 힘이 그녀를 끌어당기기라도 하는 듯이 그 자리에서 머뭇거렸다. 다음 순간 그녀는 눈물에 젖은 눈을 페뷔스를 향해 돌리면서 걸음을 멈추었다.

"아, 안 돼! 그렇게 그냥 가버리면 안 되지! 이리 와서 춤이라도 춰달라고. 그런데 사랑스런 아가씨, 이름이 뭐지?"

"에스메랄다예요." 그녀는 그에게서 눈을 떼지 못한 채 대답했다.

그 이름을 듣자 귀족아가씨들은 또다시 미친 듯이 웃음을 터뜨렸다.

"아이 참, 여자 이름치고는 너무 이상하잖아!" 디안이 말했다.

"그것 봐요. 마술사 맞죠?" 아믈로트가 말했다.

"이봐, 집시!" 갑자기 알로이즈 부인이 엄숙하게 한마디 했다. "네 부모가 그 이름을 설마 세례용 성수접시 속에서 찾아낸 것은 아니겠지?"

그렇게 아무도 주의를 기울이지 않는 사이에 베랑제르는 과자 하나를 들고 염소를 구석진 곳으로 데려갔다. 둘은 금세 친해졌다. 그녀는 호기심이 나서 염소 목에 달린 주머니를 열어 그 속에 담긴 것들을 마룻바닥에 늘어놓았는데 그것은 알파벳을 하나씩 새긴 나뭇조각들이었다. 글자 조각들이 펼쳐지자 염소는 금빛 나는 발을 옮겨 그것들을 끌어당기거나 밀면서 어떤 특정한 낱말을 만들어냈다. 염소는 그런 일에 전혀 어려움을 느끼지 않는 듯했다. 글자가 완성되자 베랑제르는 소스라치게 놀라 크게 외쳤다.

"플뢰르 드 리스 대모님, 이 염소가 하는 짓 좀 보세요!" 플뢰르 드 리스는 달려가서 보고는 매우 놀라 몸을 떨 수밖에 없었다. 바닥에 가지런히 놓여 있는 나뭇조각들이 만들어낸 글자는 바로, '페뷔스'였던 것이다!

"이걸 정말로 염소가 썼단 말이야?" 그녀는 갈라진 목소리로 물었다.

"네, 그렇다니까요." 베랑제르가 대답했다.

베랑제르는 글씨를 쓸 줄 몰랐기 때문에 그것 이외에 다른 가능성은 생각할 수도 없었다.

"이것이 그 비밀이라는 거였구나!" 플뢰르 드 리스는 생각했다.

그러는 사이, 어린 베랑제르의 외침을 듣고 모두들 그곳으로 모여들었다. 어머니와 아가씨들과 집시처녀, 그리고 젊은 장교까지도.

집시여자는 다가와 염소가 해놓은 짓을 보더니 무척 당황하여 얼굴이 붉으락푸르락해지며 어쩔 줄 몰라 했다. 중대장 앞에서 죄인처럼 벌벌 떨었으나 정작 그는 매우 흡족해하면서도 놀랍다는 듯한 미소를 지으며 그녀를 바라보았다.

"페뷔스라고?" 아가씨들은 경악의 표정을 지으며 속삭였다. "저건 중대장님 이름이잖아요. 대단한 기억력이야!"

플뢰르 드 리스는 얼어붙은 채 꼼짝 않고 서 있는 집시처녀에게 말했다. 그러더니 갑자기 울음을 터뜨리고는 희고 고운 두 손으로 얼굴을 가리며 괴로운 듯 중얼거렸다.

"아⋯⋯ 이 여잔 마녀가 틀림없어요!" 그런 그녀의 가슴속 밑바닥에서는 더욱 고통스러운 다른 목소리가 들려왔다. '이 여자는 나의 연적이야!'

다음 순간, 플뢰르 드 리스는 정신을 잃고 그 자리에 쓰러지고 말았다.

"애야, 정신 차려!" 알로이즈 부인은 겁에 질려 소리쳤다. "당장 꺼지지 못해! 이 요망한 집시계집 같으니."

에스메랄다는 그 공교로운 글자들을 재빨리 주워 모으고는 염소 잘리에게 신호를 보내 한쪽 문밖으로 뛰어나갔다. 그와 동시에 플뢰르 드 리스도 다른 문으로 실려나갔다.

어느새 혼자 남게 된 페뷔스 중대장은 어느 쪽 문으로 갈까 잠시 망설이다가 이윽고 집시여자의 뒤를 따라 나갔다.

2 신부와 철학자는 아주 다른 타인

 귀족아가씨들이 발견한, 북쪽 탑 위에서 광장 쪽으로 몸을 내밀고 집시여자의 춤추는 광경을 뚫어져라 지켜본 것은 클로드 프롤로 부주교가 맞았다.
 부주교가 그 탑 안에 자신만의 비밀의 방을 가지고 있다는 것을 여러분은 기억하고 있을 것이다(말이 난 김에 하는 말인데, 오늘날 종루들이 솟아 있는 옥상에서 동쪽으로 나 있는, 사람 키 만한 높이의 네모진 조그만 채광창을 통해 내다보았던 바깥 풍경이 예전의 그것과 같은지는 알 수 없다. 이 지붕에는 탑이 몇 개 세워져 있고 안쪽은 작은 방처럼 되어 있는데, 현재는 아무런 장식 없이 텅 빈 채로 황량하게 버려져 있다. 드문드문 석회가 벗겨져 있으나 지금까지도 대성당 정면 현관을 본 뜬 몇 개의 형편없는 황금색 조각 장식이 여기저기 남아 있다. 추측컨대 오늘날 그 방의 주인은 거미나 박쥐들로 바뀌었으며 그로 인해 파리들은 이중의 생존 위협에 시달리고 있을 것이다).
 부주교는 날마다 해가 지기 1시간 전이면 종루 계단을 올라가 그 방에 틀어박혔으며 때로는 며칠 밤을 지내기도 했다. 그날도 작고 초라한 그 방의 낮은 문 앞에 이르러 허리에 찬 지갑 속에 넣고 다니는 복잡한 열쇠 하나를 자물쇠에 꽂다가 탬버린과 캐스터네츠 소리를 들은 것이다. 그 소리는 노트르담 광장에서 들려오고 있었다. 앞서도 말한 것처럼 그 비좁은 방에 창이라고는 고작 성당 지붕을 향해 난 채광창 하나뿐이었다. 클로드 프롤로는 얼른 열쇠를 다시 뽑아 들고 재빨리 탑 꼭대기 밖으로 나갔다. 그리고 생각에 잠긴 우울한 얼굴로 종루 꼭대기에 서 있었는데 그 모습을 아가씨들이 발견했던 것이다.
 그는 그 탑 꼭대기에 꼼짝 않고 서서 어떤 깊은 생각에 잠긴 듯 매우 엄숙하게 한곳을 뚫어져라 응시하고 있었다. 발아래로는 파리 시가지가 펼쳐져 있었는데, 다양한 건물의 첨탑들이 수없이 솟아 있고 민숭민숭한 언덕들은 둥그런 지평선을 그리고, 강을 가로지른 다리 아래로는 강물이 뱀처럼 굽이

치고 거리마다 행인들의 물결이 출렁였으며, 연기구름과 그물눈처럼 빽빽한 지붕들은 마치 산맥처럼 노트르담을 에워싸고 있었다. 그러나 그 도시의 광경 가운데서 부주교는 길 위의 한 지점, 즉 성당 앞뜰 광장만을 바라볼 뿐이었으며, 그곳에 모인 수많은 군중 가운데 오직 집시처녀만이 눈에 들어왔다.

그의 눈길에 어떤 의미가 담겨 있으며 그 눈빛에서 솟아나는 불꽃은 또한 어디서 오는 것인지 설명하기란 쉬운 일이 아니다. 시선은 고정되어 있었지만 그 눈은 엄청난 혼란과 동요로 흔들리고 있었다. 나무가 바람에 흔들리듯 이따금 무의식적인 떨림이 있을 뿐, 온몸은 미동도 하지 않았다. 그러나 기대고 선 난간보다 더욱 굳어버린 팔꿈치를 보나, 얼굴에 드러난 굳은 미소를 보나 클로드 프롤로 부주교 안에 살아 있는 것이라고는 오직 눈뿐인 듯했다.

집시처녀는 여전히 춤추고 있었다. 그녀는 프로방스 지방의 사라반드 춤을 추면서 손가락 끝으로 탬버린을 돌리거나 허공으로 던져 올리기도 했다. 깃털처럼 날렵하고 경쾌하고 즐겁게 춤을 추는 그녀는 자기 머리 위로 똑바로 떨어져 내리는 어떤 시선의 무게도 느끼지 못하는 것 같았다.

춤추는 그녀 주위로 수많은 사람들이 개미떼처럼 모여 있었다. 이따금씩 빨강과 노랑의 군인용 외투를 입은 남자가 사람들이 더 가까이 다가오지 못하게 경계선을 만든 다음 춤추는 그녀에게서 대여섯 걸음 떨어진 자리에 놓인 의자에 앉아 무릎에 올려진 염소의 머리를 안고 있었다. 그는 아마 집시처녀의 동료인 듯했다. 클로드 프롤로가 있는 곳에서는 그가 누구인지 제대로 분간할 수 없었다.

그 사나이가 집시처녀의 주위에 있다는 것을 알아차린 뒤로 부주교의 관심은 그 두 사람 사이로 집중되었으며, 이윽고 그의 얼굴이 어두워졌다. 그는 갑자기 온몸을 부들부들 떨면서 일어서더니 중얼거렸다. "저 사나이는 대체 누구지? 이제까지는 여자 혼자였는데!"

그러더니 부랴부랴 나선형 계단을 통해 천장 아래로 내려갔다. 빠끔히 열려 있는 종탑 문 앞을 지나던 그는 카지모도가 커다란 미늘창 모양의 슬레이트 차양 틈새로 광장을 내다보는 것을 우연히 보았다. 카지모도 역시 무엇인가를 넋 놓고 바라보느라 양아버지가 지나가는 기척도 알아차리지 못하고 있었다. 그 순간 짐승 같은 그의 눈은 무언가에 홀린 듯 온화하고 애정이 넘치고 있었다. "참, 이상한 일도 다 있지. 녀석이 저런 모습으로 바라보고 있

2 신부와 철학자는 아주 다른 타입 289

는 것이 집시처녀일까?" 클로드 부주교는 중얼거리며 계속 밑으로 내려갔다. 잠시 뒤 부주교는 잔뜩 걱정스런 표정으로 종루 문을 열고 광장으로 나왔다.

"그 춤추던 여자는 어디로 갔소?" 그는 탬버린 소리를 듣고 모여든 군중 사이를 헤치고 들어가며 물었다.

"모르겠는데요." 옆에 있던 사람이 대답했다. "조금 전에 저기 저 집에서 소리쳐 불러서 그리로 갔습니다. 스페인 춤이라도 추러 갔겠지요."

조금 전까지만 해도 덩굴무늬가 보이지 않을 정도로 현란하게 춤을 추던 양탄자 위에는 이제 집시처녀의 자취는 없고, 대신 울긋불긋한 군인용 기다란 외투를 입은 사나이뿐이었다. 그녀가 없는 사이 혼자서 몇 푼이라도 벌어볼 요량인지, 허리에 팔꿈치를 바짝 붙이고 머리를 뒤로 젖힌 채, 얼굴은 새빨갛고 목은 잔뜩 긴장된 자세로 이로 의자 하나를 물고는 동그라미를 그리며 조심조심 걷고 있었다. 그 의자 위에는 이웃 여자에게서 빌린 고양이 한 마리가 놓여 있었는데 놀란 고양이는 날카로운 울음소리를 내고 있었다.

곡예사가 굵은 땀방울을 흘리며 의자와 고양이를 피라미드 모양으로 쌓은 채 입에 물고 지나가려 할 때 부주교는 놀라 외쳤다. "아니, 여보게! 자넨 피에르 그랭구아르 아닌가? 여기서 뭘 하는 거지?"

전혀 예상치 않은 순간에 부주교의 준엄한 목소리를 들은 이 가련한 사나이가 받은 충격이 어찌나 컸던지 그 순간 그는 균형을 잃고 피라미드로 쌓은 의자와 고양이를 구경꾼들 머리 위로 무너뜨리고 말았다. 그와 동시에 사람들의 야유와 비웃음이 그 남자의 머리 위로 쏟아져 내렸다.

클로드 프롤로가 따라오라는 손짓을 하고 어수선한 틈을 타서 성당 안으로 급히 뛰어들지 않았더라면 피에르 그랭구아르는 고양이를 빌려준 이웃은 물론이고, 얼굴에 타박상이나 찰과상을 입은 구경꾼들에게 돈을 물어주어야 했을 것이다.

대성당 안은 이미 어두컴컴했고 아무도 없었다. 본당 주위도 어둠이 내려앉아 있었으며 하나 둘 등불이 켜지기 시작했는데, 반대로 둥근 천장은 어두워져갔다. 오직 정면의 커다란 장미창만이 저무는 햇빛을 받아 어둠 속에서 반짝여 눈부신 빛을 본당 반대쪽으로 반사하고 있었다.

몇 걸음 걸어들어간 뒤, 부주교는 기둥 하나에 몸을 기대더니 그랭구아르를 뚫어져라 쳐다보았다. 그랭구아르는 어릿광대 복장을 한 것을 엄격하고 점잖은 사람에게 들킨 것이 부끄러웠으나 부주교의 눈빛은 그런 것을 비웃는 것 같지 않았다. 그것은 차분하고 진지하게 사람을 꿰뚫어보는 눈빛이었다. 먼저 부주교가 입을 열었다.

"이리 오게, 피에르 군. 내게 설명할 것이 많을 것 같은데. 먼저, 지난 두어 달 동안 어디서 무얼 하고 지냈는지 설명해보게. 그리고 그 코드베크의 사과처럼 울긋불긋 요란한 옷을 입고 네거리에서 그런 꼴을 하고 있는 이유가 뭔가?"

"부주교님." 그랭구아르는 가련한 목소리로 입을 열었다. "정말 우스꽝스러운 차림이지요. 이런 저는 그야말로 호리병을 뒤집어쓴 고양이보다 더 부끄러운 모습을 보여드리고 말았습니다. 이렇게 군인용 외투를 입고 피타고라스학파 철학자의 위팔뼈를 야경꾼 손에 얻어맞도록 내버려둔다는 것은 정말 큰 실수라고 생각합니다. 하지만 신부님, 잘못은 제가 전에 입었던 누더기에 있습니다. 겨울을 나야 할 그 놈이 누더기가 되는 바람에 넝마주이의 바구니로 가버렸으니 어쩌겠습니까? 디오게네스(기원전 4세기 그리스 철학자. 가난하지만 부끄러움이 없는 자족생활 실천)가 바랐던 것처럼 문명은 인간이 완전히 벗고 다닐 수 있을 정도까지는 이르지 못한걸요. 게다가 바람도 어찌나 매섭던지 1월에는 인류가 새로운 한 걸음을 내디디려 해봤자 성공하기 어렵지요. 그런 때에 이 군인용 긴 외투가 나타났기에 얼른 입고 전에 입던 검정색 누더기는 내버렸습니다. 그것은 저처럼 비밀스런 연구를 하는 연금술사에게는 어울리지 않게 꼭 맞질 않았던 겁니다. 그래서 이렇게 성 게네스투스(로마의 익살꾼. 디오클레티아누스 황제의 기독교도 박해에 저항하여 순교했다)처럼 익살꾼 차림으로 나선 겁니다. 하나의 위장복이지요. 아폴론도 아드메토스(그리스 신화 속의 인물. 아폴론은 그의 가축을 쳤다) 집에서 돼지치기를 한 적이 있지 않습니까?"

"아주 괜찮은 직업을 찾았구먼!" 부주교는 말했다.

"하지만 신부님, 고양이를 떠받들고 다니는 것보다는 철학을 하고 시를 짓고, 난로 속에 불을 지피거나 하늘에서 불꽃을 받는 게 더 낫다는 것쯤은 저도 잘 압니다. 그래서 뜻밖에도 신부님께서 저를 부르셨을 때 마치 꼬치구이 회전기 앞에 끌려온 당나귀처럼 얼떨떨했어요. 그런데 어떻게 합니까? 하루하루 먹고살아야 했고 제아무리 아름다운 12음절 시구라도 배고픔 앞에서는 브리 치즈 한 덩어리만큼의 가치도 없는걸요. 신부님도 아시다시피, 저는 플랑드르의 마르그리트 공주를 위해 유명한 축혼가를 만들었는데, 소포클레스의 비극 한 편을 4에퀴에 팔 수 있었던 것만큼은 훌륭하지 않다는 핑계로 시에서는 원고료도 쳐주질 않았습니다. 저는 굶어 죽을 지경인데 말입니다. 그나마 다행히 제 턱이 좀더 강하다는 것을 알고 턱을 향해 이야기했지요. '튼튼한 턱으로 곡예를 해서 너 자신을 먹여 살려라.' 저와 친구가 된 부랑자들이 제게 여러 가지 곡예를 가르쳐준 덕분에 지금은 제 이가 낮 동안 땀 흘려 번 빵을 저녁에는 그 이에게 내주는 것입니다. 그래서 간신히 연명하고 있답니다. 하지만 제 지적 능력을 이렇게 하찮은 일에 사용하는 것은 서글픈 일이지요. 사나이가 탬버린이나 두드리고 의자를 물면서 일생을 살도록 세상에 태어난 게 아니란 것도 잘 압니다. 하지만 신부님, 살기 위해서는 무엇이든 해야 하지 않겠습니까?"

클로드 신부는 묵묵히 듣고 있었다. 그러다 갑자기 움푹 팬 눈을 들어 가슴을 꿰뚫을 듯이 날카롭게 쳐다보았는데, 그것은 그랭구아르의 폐부 깊은 곳까지 파고드는 듯한 느낌을 주었다.

"그랬군, 피에르 군. 그것도 좋은 일이야. 그런데 그 집시여자와는 어떻게 같이 있게 되었지?" 그에게서 눈을 떼지 않은 채 신부가 물었다.

"사실은 그 여자가 제 아내이고 제가 남편이기 때문입니다."

말이 떨어지기가 무섭게 신부의 눈에서는 무시무시한 불길이 타올랐다.

"뭐라고? 그런 파렴치한 짓을 하다니! 그 처녀에게 손을 대다니 하느님이 너를 그토록 심하게 버리시다니!" 부주교는 격분하여 그랭구아르의 팔을 잡으면서 소리쳤다.

"아닙니다요, 신부님. 하느님께 맹세할 수 있습니다." 그랭구아르는 온몸을 부들부들 떨면서 대답했다. "그럼요, 저는 결코 그녀의 손가락 하나 건드린 적이 없습니다."

"그럼 남편이라느니 아내라느니 하는 건 무슨 소리야?" 신부가 재차 물었다.

그랭구아르는 허겁지겁 자기가 그동안 '기적의 소굴'에서 겪은 일들이며 항아리를 깨고 혼례식을 치른 것 등, 여러분은 이미 알고 있는 사연의 자초지종을 되도록 간단하게 신부에게 설명했다. 게다가 그 결혼은 아무 진전도 결실도 없으며, 매일 밤 집시여자는 첫날밤을 보내기를 회피하고 있다는 것까지 이야기했다. "정말 씁쓸한 이야기가 아닐 수 없다니까요. 아무래도 제 불행은 숫처녀와 결혼한 데서 비롯된 것 같아요." 그랭구아르가 이야기를 마치며 덧붙였다.

"그건 또 무슨 소리지?" 그의 이야기를 듣는 동안 신부의 얼굴에서 차츰 노여움이 사라지고 있었다.

"설명하자면 아주 복잡해요. 어떤 미신인데요, 저희 동료 가운데 이집트 공작이라는 늙은 거지가 그러더군요. 제 아내는 업둥이, 즉 누가 버린 아이를 주워온 거래요. 그녀는 목에 부적을 달고 있는데 그것이 언젠가 부모를 만나게 해줄 거라더군요. 그런데 그녀가 정절을 잃으면 부적의 효능도 사라지니까 우리 부부는 둘 다 계속 순결한 상태로 있어야만 한다는 겁니다." 그랭구아르가 한숨을 쉬며 대답했다.

"그럼 피에르 군, 자네는 그 여자가 다른 어떤 남자와도 가까이한 적이 없다고 생각하는 게로군?" 클로드 신부는 차츰 얼굴이 환해지며 물었다.

"클로드 신부님, 여자가 그런 미신에 빠져 있는데 남자가 뭘 어떻게 할 수 있겠습니까? 그녀의 머리에는 그 부적에 대한 생각밖엔 없어요. 집시들은 다들 다루기 쉽다고 하던데 그런 환경 속에서 마치 수녀처럼 고집스럽게 자기 몸을 지키는 건 보기 드문 일이지요. 특히 그녀는 자신을 지키기 위한 세 가지를 가지고 있어요. 첫째는 그녀를 자기 보호 아래 두고 있는 이집트 공작이에요. 그자는 어쩌면 그녀를 이느 고귀한 신부님에게 팔아넘길 속셈인지도 몰라요. 둘째는 그녀가 속한 패거리 전체가 기이하게도 그녀를 성모 마리아 대하듯 아끼고 보호하고 있더군요. 셋째는 경찰에서도 금지한 작은 비수를 몸에 지니고 다닌다는 거예요. 누가 손이라도 대려고 하면 순식간에 비수를 꺼내드는데 날쌔기가 여장부 같아요!"

부주교는 그랭구아르에게 이것저것 끈질기게 질문을 퍼부었다.

그랭구아르의 생각에 에스메랄다는 매우 귀엽고 사랑스런 아가씨였다. 입술을 삐죽거리는 특유의 버릇이 있지만 예쁘고 매력적인 데다 남에게 해를 끼치지 않으며, 순진하고 열정적이고, 남자와 여자의 차이도 잘 모르고 춤과 놀이 같은 활동적인 것을 즐기며 행복해하는 여자였다. 그녀는 마치 꿀벌처럼 발에는 날개라도 달고 있는지 수많은 사람들 속에서 살아가는 여자였다. 그녀의 이런 성향은 어린 시절부터 몸에 밴 방랑생활에서 비롯되었다. 그랭구아르는 그녀가 어려서부터 스페인과 카탈루냐와 시칠리아까지 돌아다녔다는 것을 알게 되었다. 또 그녀는 자기가 속한 집시 무리를 따라 아카이아에 있는 알제 왕국까지도 갔었는데 아카이아는 한쪽으로는 소(小)알바니아와 그리스에 닿아 있고 다른 한쪽은 콘스탄티노플로 가는 길목인 시칠리아 바다에 잇닿아 있었다. 그랭구아르의 말에 따르면 집시들은 백색 무어족의 수장 직책을 가진 알제 왕국의 신하들이라고 한다. 분명한 사실은 에스메랄다가 아주 어렸을 때 헝가리를 거쳐 프랑스로 흘러들어왔다는 것이다. 여러 나라들을 두루 돌아다니며 그녀는 변화무쌍한 사투리나 이국적인 노래와 문화들을 받아들였는데 그것들이 그녀의 언어를 절반은 파리식, 나머지 절반은 아프리카식인 그녀의 옷차림만큼이나 이상야릇하게 뒤죽박죽으로 만들어놓은 것이다. 게다가 그녀가 활보하고 다니는 거리의 사람들은 그녀의 쾌활함과 상냥함, 발랄한 춤과 노래 때문에 그녀를 사랑하고 있었다. 파리 시내에서 자신을 미워하는 사람은 단 두 사람이라고 그녀는 생각했는데, 그들에 대해 이야기할 때마다 그녀는 심한 공포심을 표현했다. 그중 하나는 투르 롤랑의 자루 수녀로, 수녀는 집시여자에게 까닭 모를 깊은 원한을 가지고 있었으며 그녀가 그 채광창 앞을 지날 때면 몹시 험한 저주의 말을 퍼붓곤 했다. 또 한 사람은 신부였다. 신부 역시 그녀를 볼 때마다 매서운 눈초리로 고함을 질러댔으므로 그녀는 두려움을 느끼고 있었다. 신부를 두려워한다는 말을 듣자 클로드 부주교는 몹시 당황하는 것 같았다. 그러나 그랭구아르는 알아채지 못하고 있었는데, 그가 집시여자를 만났던 그날 저녁 사건 현장에 부주교가 있었다는 사실을 잊어버리는 데는 두 달이라는 시간이면 충분했던 것이다. 그 밖에 그녀가 두려워하는 것은 없었고 점을 치는 일도 없었으므로 다른 집시여자들이 마녀라는 비난을 자주 듣는 것과도 무관했다. 그리고 그랭구아르는 그녀에게 남편 노릇은 못할망정 오빠 노릇은 충실히 하고 있었다. 어쨌든 이 젊은 철학자는 플라토닉한 결혼생활을 잘 참아내고 있었던 것이다. 그로써 밥과 잠자리는 늘 해결되었다. 매일 아침 그는 집시여자와 함께 집을 나와 네거리에서 잔돈푼을 거두어들이는 일을 하고 밤이면 함께 돌아오곤 했다. 그녀는 자기 방으로 돌아오면 빗장을 단단히 지르고 편안한 잠에 빠져드는 것이었다. 그렇게 따져보면 아무런 근심 없는 평온한 삶이라고도 할 수 있었다. 또한 솔직히 말하면 그로서도 그녀에게 홀딱 반할 정도는 아니었다. 그는 그녀를 염소와 비슷한 정도로 사랑하고 있었다. 염소는 온순하고 영리하며 재치 있는 짐승이었다. 중세 때는 그런 영리한 동물이 흔했는데 그런 재주를 가르친 사람들은 이따금 화형을 당하곤 했다. 그러나 금빛 발을 가진 그녀의 염소가 보이는 재주 정도는 아무 죄에도 해당되지 않는, 그저 장난에 불과했다. 그랭구아르가 그런 것을 자세히 설명하자 신부는 큰 관심을 보였다. 염소에게 어떤 재주나 요술을 시키려면 보통 이런저런 방식으로 탬버린을 내밀기만 하면 되었다. 염소는 집시여자에게서 그런 훈련을 받았고 글자 조각을 움직여 '페뷔스'라는 이름을 쓰게 하는 데도 두 달이면 충분했다.

"페뷔스라고? 왜 페뷔스라고 쓰도록 가르쳤지?" 신부는 말했다.

"글쎄요. 저도 모르겠는데요." 그랭구아르는 어깨를 으쓱해 보이며 대답했다. "그 단어가 무슨 신비한 힘을 가지고 있는 게 아닐까요? 그녀는 혼자 있을 때면 곧잘 그 단어를 중얼거렸거든요."

"자네가 생각하기에 그게 사람 이름이 아니라 그냥 하나의 낱말에 불과한 것 같은가?" 클로드는 그를 뚫어져라 쳐다보며 물었다.

"이름이라고요? 그게 대체 누굽니까?" 시인이 물었다.

"그건 나도 모르지." 신부가 대답했다.

"제 생각에는 이 집시들은 배화교도이기도 해서 태양을 숭배하거든요. 그래서 페뷔스라고 하지 않을까 싶은데요."

"나는 그렇지 않을 것 같은데."

"아무튼 그게 뭐 중요하다고 그러세요. 뭐라고 중얼거리든 그 여자 마음 아닙니까. 다만 확실한 건 잘리도 벌써 저를 그녀만큼이나 사랑하고 있다는 사실입니다."

"잘리는 또 뭐지?"

"염소의 이름이죠."

부주교는 턱을 괴고 잠시 생각에 잠기더니 느닷없이 그랭구아르를 향해 돌아졌다.

"자넨 정말로 그걸 건드리지 않았다고 맹세한단 말이지?"

"누구요? 염소 말인가요?" 그랭구아르가 되물었다.

"아니, 그 여자 말이네."

"아, 제 아내요? 예, 맹세하고말고요!"

"그러니까 자네는 그 여자와 단둘이 있는 시간이 있단 거지?"

"매일 밤, 1시간씩은요."

클로드 신부는 눈살을 잔뜩 찌푸렸다.

"허, 참! 아무리 그렇기로서니 남녀가 단둘이 있으면서 주기도문을 외울 것 같지는 않은데?"

"진실을 말씀드리죠. 비록 제가 주기도문과 '아베마리아'와 '전능하신 하느님 아버지를 믿나이다'라고 맹세한다 해도 그녀는 암탉이 성당과는 아무 상관 없듯이 제게 관심을 두지 않아요."

"그렇다면 자네 어머니의 배(胎)를 걸고서라도 맹세하게. 자네가 그녀의 털끝 하나도 건드리지 않았다고 말일세." 부주교는 몹시 흥분한 목소리로 되풀이했다.

"제 아버지의 머리를 걸고 맹세하고말고요. 아버지의 머리와 어머니의 배는 아주 깊은 관계가 있으니까요. 그런데 신부님, 저도 질문 하나 해도 될까요?"

"뭔가. 말해보게."

"그녀와 제 관계가 대관절 신부님과는 무슨 상관이 있는 겁니까?"

그의 물음에 창백하기만 하던 신부의 얼굴이 숫처녀의 얼굴처럼 빨갛게 물들었다. 그러고도 한동안 대답이 없다가 이윽고 몹시 당황하여 대답했다.

"여보게, 피에르 그랭구아르. 내가 알기에 자네는 아직 타락하진 않은 것 같군. 자네가 잘되기를 깊은 관심을 갖고 지켜보고 있다네. 그런데 자네가 만약 그 악마의 집시계집에게 손을 댔다간 자넨 하루아침에 마왕의 신하가 되는 걸세! 영혼을 타락시키는 것은 언제나 육체라네. 내 말을 어기고 그 여자에게 더 가까이 접근했다간 자넨 큰 화를 당할 거야."

"그렇지 않아도 한 번 접근을 시도했었어요." 그랭구아르는 뒤통수를 긁적이며 말했다. "첫날밤이었는데, 보기 좋게 퇴짜를 맞고 말았지요."

"자네 정말 그렇게 파렴치한이었나, 피에르 군?" 신부의 얼굴에 다시 그림자가 드리워졌다.

"그리고 또 한 번은 말이죠." 그랭구아르는 빙그레 웃으며 계속 말했다. "잠들기 전에 열쇠구멍으로 몰래 들여다봤어요. 그녀는 속옷을 입고 있었는데도 이루 다 표현할 수 없이 아름답고 매혹적이던데요?"

"이런, 요망한. 당장 꺼져!" 신부는 몹시 화가 나는지 매서운 눈으로 쳐다보며 외치더니 그의 어깨를 확 밀치고 대성당에서 가장 어두운 홍예문 아래로 성큼성큼 내려가버렸다.

3 성당의 종

　　죄인에 대한 공개 형벌이 있던 날 이후로 노트르담 대성당 부근 사람들은 종을 치는 카지모도의 열정이 예전에 비해 눈에 띄게 식어버린 것을 알아차릴 수 있었다. 그전까지만 해도 걸핏하면 종이 울렸던 것은 물론이고 아침 일과 시작을 알리는 긴 새벽종부터 하루 일과가 끝날 때까지 기나긴 아침연주를 계속할 때도 있는가 하면, 대미사일 때는 종루에서 종소리가 멀리 울려 퍼지고, 또는 결혼식이나 영세식이 있는 날에는 작은 방울을 흔들어 풍부한 음계로 퍼져나가며 공중에서 온갖 종류의 환상적인 소리들이 뒤섞여 수를 놓듯 어우러지곤 했었다. 그럴 때마다 낡은 성당은 우렁차게 진동하며 끊임없는 종들의 환희에 휩싸이곤 했다. 거기에는 울림이나 광상곡의 정령이 있어서 구리쇠의 입들로 쉴 새 없이 노래하는 것 같다고 사람들은 느꼈다. 그런데 그 정령은 이제 사라져버렸고, 대성당은 침울한 듯 침묵에 빠져 있었다. 겨우 축제나 장례식 때만, 그것도 그 의식에 필요한 단순하고 여운 없는 종소리만이 단조롭게 들려올 뿐이었다. 지금까지 대성당에는 두 가지의 울림이 있었다. 하나는 성당 내부의 파이프오르간 소리이고 다른 하나는 바로 종소리였다. 하지만 이제는 파이프오르간 소리만 남아 있다. 종탑에는 이제 음악가가 살지 않는 것 같았다. 물론 카지모도가 여전히 그곳에 있는데도 말이다. 그렇다면 그에게 과연 어떤 변화가 일어난 것일까? 그가 받은 공개적 형벌이 그토록 수치심과 절망감을 안겨주었던 것일까. 고문관의 끔찍스런 매질이 그의 마음속에서 섬뜩하게 메아리치고, 짐승만도 못한 취급을 받은 데 대한 슬픔이 앙금처럼 남아 종들에 대한 열정마저 식어버리게 만든 것일까? 그도 아니라면 큰 종 마리와 14개의 형제 종들을 완전히 저버릴 만큼 더욱 아름답고 사랑스러운 그 무언가가 노트르담 종지기의 가슴속에 자리 잡게 된 것일까?

　　1482년 그해의 성모 영보 축일은 3월 25일 화요일에 거행하기로 되어 있었다. 공기가 맑고 산뜻하던 그날, 카지모도는 문득 종들에 대한 애정이 그의 가슴속에 되살아나는 느낌을 받았다. 성당지기는 곧장 아래쪽 성당의 문들을 활짝 열어놓고 북쪽 탑으로 올랐다. 그 무렵 이 성당의 문들은 단단한 나무로 된 커다란 널빤지를 가죽으로 덮고, 그 가장자리에 금빛 쇠못을 박았으며, '매우 정교하게 제작된' 조각품들로 테두리가 장식되어 있었다.

종들이 매달린 높은 칸에 이르자 카지모도는 마치 마음속에, 그 종과 자신 사이에 알 수 없는 무언가가 끼어든 것을 슬퍼하는 듯 고개를 끄덕이면서 6개의 종을 한참 동안 바라보았다. 그러나 이윽고 종을 치기 시작하여, 그의 손에서 종들이 가지에서 가지로 뛰어다니는 새처럼 퍼덕거리는 옥타브가 음계 위를 오르내려 춤추는 것을 보았다. 왜냐하면 그에게는 그 소리가 들리지 않았기 때문이다. 그 악마와 같은 음악, 즉 스트레타와 바이브레이션과 아르페지오를 만들어내는 악마가 이 가엾은 귀머거리의 마음을 사로잡는 순간, 그는 또다시 행복해져서 모든 것을 잊어버렸으며 그의 얼굴은 기쁨으로 활짝 피어나게 되었다.

카지모도는 어린아이처럼 이리저리 왔다 갔다 하며 손뼉을 치고, 마치 훌륭한 음악가들을 격려하는 오케스트라의 지휘자처럼 이 줄에서 저 줄로 뛰어다니며 소리와 몸짓으로 그 여섯 가수를 고무시켰다.

"지, 지, 이시 가브리엘! 네가 가진 모든 재주를 광장을 향해 쏟아내거라! 오늘은 축제일이야. 티보, 꾸물거리지 말고. 늘어지는구나! 자자, 어서! 넌 녹이라도 슨 모양이구나, 게으른 놈 같으니! 그렇지, 얼씨구 잘한다. 어서, 빨리 움직여! 사람들에게 너희 혓바닥이 보여선 안 돼! 모조리 나 같은 귀머거리로 만들어버려! 그렇지, 티보, 아주 좋아! 기욤, 너는 제일 맏이이고 파스키에는 작고 어린 막내인데 파스키에가 제일 잘하는구나! 나만 듣고 있는 게 아니야. 모두 다 듣고 있다고. 잘한다. 그렇지, 가브리엘 더 힘차게! 거기 높은 곳에 들어앉은 두 놈은 무얼 하는 게야? '참새들'아! 한창 노래를 불러야 하는 순간에 하품을 하듯 그렇게 혓바닥이 보여선 안 되지! 어서 부지런히 일하거라! 오늘은 성모 영보 축일이야. 날씨만큼이나 멋들어진 종소리를 울려야 한단 말이야! 불쌍한 기욤! 넌 어느새 숨이 차느냐? 덩치만 컸지 쓸모도 없는 녀석 같으니!"

그는 쉴 새 없이 종들을 격려하느라 정신이 없었으며 6개의 종은 내가 질까보냐며 번득이는 궁둥이들을 흔들어대는 모양이 마치 마부의 질타에 이리 저리 날뛰는 천방지축 스페인 나귀들 같았다.

그때 갑자기 그의 시선을 잡아끄는 것이 있었다. 종탑의 수직으로 된 벽을 어느 높이까지 덮고 있는 슬레이트 사이에 그의 시선이 가 닿았을 때, 독특한 차림새의 한 여자가 광상에 서 있는 것이 보였다. 그녀는 걸음을 멈추고 바닥에 양탄자를 깔았다. 그 위로 새끼 염소 하나가 올라가자 사람들이 주위를 둘러싸며 하나 둘씩 모여들었다. 그 광경을 본 순간, 그는 아무 생각도 나지 않는 듯, 모처럼 되살아난 음악에의 정열도 용해된 나뭇진이 바람에 굳어지듯 그대로 얼어붙어버렸다. 그는 그 길로 종치기를 팽개치고 종들에게 등을 돌린 채 슬레이트 차양 뒤에 웅크리고 앉아 이미 언젠가 부주교를 놀라게 했던 바로 그 꿈꾸는 듯 부드럽고 따스한 눈길로 그녀를 바라보았다. 그렇게 영문도 모른 채 또다시 버림받은 신세가 된 종들이 거의 동시에 울림을 멈추자 오랜만에 기쁜 마음으로 종소리를 듣고 있던 사람들은 크게 실망했다. 샹주 다리 위에서 날씨만큼이나 낭랑한 종소리를 흐뭇하게 듣고 있던 사람들은 한동안 뼈다귀를 보여주다가 갑작스레 던진 돌멩이에 뒤통수를 맞은 개처럼 어리둥절한 기분으로 자리를 떴다.

4 숙명 'ΑΝΆΓΚΗ

때는 바야흐로 3월의 어느 화창한 아침이었다. 아마도 29일의 성 외스타슈 제일이었던 것 같은데, 그날 아침에 젊은 학생 장 프롤로는 옷을 입다가 지갑이 들어 있는 바지 주머니에서 동전이 짤랑이는 소리가 나지 않는 것을 알아차렸다. "쳇, 말라붙은 지갑이라니!" 그는 바지 주머니에서 그것을 꺼내며 중얼거렸다. "제기랄! 정말 한 푼도 없구나! 노름과 맥주 항아리와 비너스가 네 창자를 잔혹하게 갉아먹었구나! 이렇게 볼썽사납게 구겨지고 쭈그러들다니! 꼭 복수의 여신의 젖가슴 같구나! 키케로 씨(기원전 1세기 무렵, 로마의 웅변가이자 저술가) 와 세네카 씨(1세기 무렵, 로마의 철학자), 당신들의 책이 방바닥에 뒹구는 것이 보여 내 그대들에게 묻노니, 내가 주사위 노름을 하여 땡전 한 푼도 없이 다 날리면 왕관 무늬가 있는 금화 1에퀴는 파리 주화로 25수 8드니에로서 욍쟁 화폐로는 35의 값어치가 있고, 초승달 무늬가 있는 금화 1에퀴는 투르 주화로 26수 6드니에에 해당하고 욍쟁 화폐로는 36의 값어치가 있다는 것을 조폐국장이나 샹주 다리의 유대인보다 더 잘 알고 있다 한들 무슨 소용입니까! 오, 집정관 키케로 나리! 이런 재난 아래서는 라틴어로 '……와 마찬가지로'라든지 '그러나 사실은' 같은 우회적 표현으로는 도저히 헤어날 수가 없습니다요!"

그는 서글픈 얼굴로 옷을 입었다. 그리고 구두끈을 매다가 어떤 생각이 문득 머릿속을 스쳐갔다. 처음에는 그것을 떨쳐버렸지만 그 생각이 자꾸 머릿속을 맴돌며 떠나지 않는 것이었다. 결국 그는 조끼를 뒤집어 입고 말았는데, 그것은 그의 마음에서 갈등이 일어나고 있다는 증거였다. 결국 그는 모자를 냅다 집어던지며 소리쳤다. "에잇, 젠장. 될 대로 돼라! 형님한테 가 보는 수밖에. 설교는 좀 듣겠지만 적어도 1에퀴쯤은 얻어낼 수 있겠지."

그는 서둘러 외투를 걸치고 모자를 주워들고는 자포자기하는 심정으로 밖으로 나갔다.

시테 섬을 향해 라 아르프 거리를 내려갔다. 라 위셰트 거리를 지날 때 끊임없이 돌고 있는 불고기 꼬치구이 냄새가 그의 코를 인정사정없이 자극했다. 그는 언젠가 성 프란체스코 수도회의 수사 칼라타지론으로 하여금 "정말이지 이 불고깃집들은 사람을 미치게 만드는구나!"라고 감동적인 탄성을 지르게 만들었던 대형 불고깃집을 애정의 눈길로 쳐다보았다. 고기 굽는 냄새가 아무리 그를 유혹해도 장에게 그것을 사 먹일 돈이라고는 난 한 푼도 없었다. 그는 시테 섬 입구를 지키고 있는 커다란 이중 클로버형 탑으로 된 프티 샤틀레 재판소의 문으로 한숨을 내쉬며 들어섰다.

그곳을 지날 때면 그는 으레 페리네 르클레르(15세기의 파리 시민. 백년전쟁 때 영국 편인 부르고뉴당을 파리로 끌어들이는 역할을 했다)의 밉살맞은 조각상에 돌멩이를 던지곤 했지만 이때만큼은 그럴 여유도 없었다. 페리네 르클레르는 샤를 6세의 파리를 영국군에게 넘겨준 자였는데, 그로 말미암아 그의 조각상은 사람들이 던진 돌에 맞아 으스러져 성한 데라곤 없었고, 진흙 따위로 더럽혀졌을 뿐 아니라, 마치 영원한 죄인 공시형이라도 받는 듯 라 아르프와 뷔시 거리 모퉁이에서 3세기 동안이나 그 죗값을 톡톡히 치르고 있었다.

그는 프티 다리를 건너 뇌브 생트주느비에브 거리를 통과하여 곧장 노트르담 앞에 이르렀다. 성당 앞에서 다시 머뭇거리며 르그리 씨의 조각상 주위를 어슬렁거리면서 갈등하기 시작했다. 한참 동안이나 안절부절못하고 주위를 서성이며 그는 중얼거렸다. "설교를 들을 건 확실한데 돈은 어째 확실치가 않단 말야!"

아무튼 그는 마침 수도원에서 나오는 성당지기 한 사람을 붙잡고 물었다. "조자 부주교님은 어디 계십니까?"

"아마 탑의 작은 방에 계실 겁니다." 성당지기는 대답하고는 이렇게 덧붙였다. "그런데요, 어지간하면 그리로 찾아가지 않는 게 좋을 겁니다. 교황이나 왕의 심부름으로 오셨다면 또 모르지만."

그의 대답에 장은 손뼉을 치며 좋아라 했다.

"옳거니! 그 유명한 마법의 방을 엿볼 수 있는 절호의 기회로군!"

마침내 그는 마음을 단단히 먹고 어두컴컴한 문 아래로 들어가 종탑 위쪽으로 향하는 생질의 나선형 계단을 오르기 시작했다. "오늘만큼은 어떻게 생긴 곳인지 꼭 봐야겠어! 틀림없이 신기한 것들로 가득할 거야. 형님이 철저하게 감추고 있는 그 무엇이 가득하겠지? 사람들 말로는, 형님은 지옥의 아궁이에 불을 지피고 불꽃 속에서 화금석을 굽는다고 하던데, 젠장! 화금석이고 나발이고 아무리 커다란 화금석이면 뭘 해. 그 화덕 위에 부활절 베이컨 오믈렛이나 있었으면 좋겠다!"

작고 둥근 기둥들이 늘어선 회랑에 이르러 그는 잠시 숨을 고르고는 끝도 없이 이어져 있는 계단을 향해 수천 수백 가지 악마의 이름을 넣어가며 욕설을 퍼부어댔다. 그러고는 오늘날에는 일반인들의 출입이 금지되어 있는 북쪽 탑으로 다시 오르기 시작했다. 종들이 매달려 있는 칸을 지나 한쪽 옆으로 움푹 들어간 곳에 만들어진 자그마한 계단참이 한참 만에 나타났다. 그 둥근 천장 아래는 뾰족아치의 낮은 문이 있는데 맞은편 계단의 둥근 칸막이 벽 구멍을 통해 그 문의 커다란 자물쇠와 튼튼한 철골이 보였다. 오늘날에도 호기심이 강해 그 문을 보려는 사람은 검은 벽에 흰 글씨로 다음과 같이 새겨져 있는 것을 확인할 수 있을 것이다. "나는 코랄리를 뜨겁게 사랑한다. 1823년, 으제니 쓰다." 여기에 "쓰다"라는 글자까지 분명히 새겨져 있다.

"아하, 여기가 틀림없군!"

열쇠는 자물통에 꽂혀 있었지만 문이 꽉 닫혀 있지는 않았다. 그는 살며시 문을 밀고 그 틈으로 머리를 조금 들이밀었다.

여러분은 아마 회화의 셰익스피어라고 일컬어지는 렘브란트의 놀랄 만한 작품을 알 것이다. 그의 수많은 판화 작품 가운데서도 파우스트 박사를 그린 것으로 짐작되는 동판화가 있는데 그것은 보는 이로 하여금 놀라고 감탄하지 않을 수 없게 한다. 배경은 어두컴컴한 독방이며 그 한가운데는 죽은 사람의 해골과 천구의, 증류기, 컴퍼스 그리고 상형문자가 적힌 양피지 등등 괴상하기 짝이 없는 물건들로 가득한 책상이 있다. 파우스트는 커다란 망토를 걸친 채 머리에는 눈썹까지 덮는 털모자를 쓰고 그 앞에 앉아 있다. 그의 모습은 허리 정도까지만 그려져 있는데, 대형 안락의자에서 반쯤 일어난 자세로 두 주먹을 불끈 쥐고 책상을 짚은 채 광기와 공포심이 잔뜩 어린 눈빛으로 마술적인 글자들로 이루어진 커다란 빛의 동심원을 뚫어져라 쳐다보고 있다. 그 빛의 동심원은 어두운 방 안에서 태양광선의 스펙트럼처럼 안쪽 벽 위를 밝히고 있다. 그 신비로운 빛의 덩어리는 아른아른 흔들리며 이 희푸르스름한 방 안을 광채로 가득 채우고 있다. 이 광경은 두려움이 느껴지는 한편 참으로 아름답기도 하다.

장이 살짝 열린 문틈으로 머리를 디밀었을 때, 그의 눈앞에는 파우스트 박사의 독방과 매우 흡사한 장면이 펼쳐져 있었다. 그 방 역시 햇빛이 제대로 들지 않아 어두컴컴했다. 그리고 그곳에도 커다란 안락의자와 책상이 있고 컴퍼스와 증류기는 물론 천장에 동물의 것인 듯한 해골이 주렁주렁 매달려 있었다. 또한 바닥에는 천구의가 쓰러져 있었다. 또 주둥이가 큰 병과 말 머리가 한데 뒤섞여 나뒹굴었고, 그 병 속에는 금박이 흔들리고 있었다. 갖가지 도형이나 글자가 난잡하게 적혀 있는 송아지 가죽 위에는 해골바가지가 있었다. 두꺼운 복사본 책은 양피지의 모서리가 상하는 것은 아랑곳없이 펼쳐진 채로 포개져 있었다. 그러한 잡다한 책과 도구들 위에는 먼지가 수북이 쌓여 있고 거미줄이 어지럽게 얽혀 있었으나, 빛나는 동심원이나 불타오르는 환영을 들여다보며 황홀경에 빠진 파우스트 박사는 없었다.

그렇다고 진짜로 그 방에 아무도 없는 것은 아니었다. 그곳에는 한 사나이가 안락의자에 앉아 책상을 향해 몸을 숙이고 있었다. 등을 돌리고 있었으므로 장은 그의 어깨와 뒤통수밖에는 볼 수 없었지만 훌렁 벗겨진 대머리를 알아보기란 어렵지 않았다. 그것은 마치 그가 성직자로서의 소명을 받은 부주교임을 나타내기 위해 자연이 외적인 상징으로서 그의 머리를 영원히 밀어버린 것 같았다.

장은 그의 형을 금세 알아보았다. 그러나 문은 아주 살짝, 소리도 없이 열렸기 때문에 클로드 신부는 누군가가 방에 들어와 있다는 사실을 전혀 눈치채지 못했다. 호기심 많은 학생답게 장은 그것을 다행으로 여기며 한동안 유유히 방 안을 둘러보았다. 그러자 처음에는 눈에 들어오지 않았던 큼지막한 화덕이 안락의자 왼쪽 채광창 아래에 있는 것이 눈에 띄었다. 창으로 들어오는 빛은 둥근 거미줄을 꿰뚫고 있었는데 거미줄은 뾰족아치의 채광창 안에서 우아한 장미창 무늬를 그려내고 있었다. 그 한가운데선 훌륭한 건축가인 거미가 레이스 수레바퀴의 바퀴통처럼 매달려 꼼짝 않고 있었다. 화덕 위에는 여러 종류의 그릇과 도자기 병, 유리 증류기, 목탄 플라스크 등이 어지럽게 널려 있었다. 장은 그중에 냄비라고는 하나도 없는 것을 보고 한숨을 푹 쉬며 '부엌살림이라곤 하나도 없구나' 생각했다.

뿐만 아니라, 화덕에는 온기도 없었는데 불을 피우지 않은 지가 한참 된 모양이었다. 여러 가지 연금술 도구 가운데 유독 장의 눈에 띈 것은 유리가

면이었다. 그것은 부주교가 무언가 위험한 물질을 다루거나 할 때 눈과 얼굴을 보호하기 위해 사용하는 것인 듯했는데, 방 한구석에 먼지를 쓴 채 나뒹굴고 있었다. 그 옆에도 역시 먼지를 잔뜩 뒤집어쓴 풀무 하나가 팽개쳐져 있었는데 겉면에는 '불어라, 소망하라'라는 글귀가 구리로 박혀 있었다.

그 밖에 다른 글귀들도 연금술사들의 유행을 따른 듯 벽면을 따라 빙 둘러가며 수없이 아로새겨져 있었다. 어떤 문구는 잉크로, 또 어떤 것은 쇠붙이로 새겨넣은 것이었다. 글귀들은 고딕문자나 히브리어, 그리스어, 라틴어 등 각종 언어들이 동원되었으며 아무렇게 휘갈겨 쓰느라고 서로 겹치거나, 예전의 것을 지우고 그 위에 덧쓰거나 한 것이 마치 덤불의 가지들, 또는 치열한 전쟁터에서 어지럽게 부딪치는 창끝처럼 서로 뒤엉켜 있었다. 그것은 실제로 온갖 철학과 몽상과 인간 지혜의 어지러운 동원장이었다. 그중에는 철창(鐵槍)들 가운데 우뚝 서 있는 깃발처럼 가장 번쩍거리는 것이 있었다. 그것은 중세에 흔히 볼 수 있었던, 라틴어나 그리스어로 된 짤막한 금언이었다. 예를 들면 "어디서 오는가? 거기서?" "인간은 인간에게 있어 괴물이다" "별, 진영, 이름, 신의 뜻" "위대한 책, 막대한 악" "적극적으로 알아라" "바람은 자기가 불고 싶은 곳으로 분다" 등등이었다. 언뜻 보기에 특별한 뜻도 없는 것 같은 단어도 있었는데, 이를테면 "검투사들의 식사처럼 강요된 식이요법" 같은 구절은 수도원의 법규에 대한 신랄한 암시를 담고 있는 듯했으며, 때로는 다음과 같은 규칙적인 육각시(六脚詩)로 표현된, 하나의 단순한 성직 규율의 잠언에 불과한 것도 있었다. "천상의 주는 도미눔(主)이라 부르고, 지상의 주는 도무눔(弟子)이라 부르라." 또 곳곳에 난해한 히브리어가 쓰여 있었는데 그것을 읽지 못하는 장으로서는 무슨 뜻인지 도통 짐작할 수도 없었다. 또한 군데군데 별이나 사람, 또는 동물의 형체나 서로 엇갈린 세모꼴 등의 그림들도 그려져 있어서 그 작은 방의 벽은 천생 새끼 원숭이가 잉크를 찍은 펜으로 아무렇게나 휘갈겨놓은 낙서판 같았다.

또한 그 작은 방 안 전체가 전혀 돌보지 않고 그냥 내팽개쳐둔 모양새였는데, 각종 도구들을 정돈하거나 닦지 않고 버려둔 것만 보아도 방 주인이 오래전부터 다른 어떤 일에 정신을 파느라 자기 일을 팽개친 것처럼 보였다.

장이 주인 몰래 그 방을 둘러보는 동안, 방의 주인은 이상야릇한 그림으로 장식된 거대한 복사본 위에 몸을 숙이고 앉아 끊임없이 명상 속으로 파고드는 어떤 생각 때문에 괴로워하는 듯이 보였다. 장은 이 몽상가가 이따금 헛소리처럼 중얼거리는 것을 듣고서 이제 곧 소리내어 외치리라 판단했다.

"맞아, 마누(인도 신화에 나오는 인류의 조상신)가 그렇게 말했고 자라투스트라 또한 그렇게 가르쳤듯이, 태양은 불에서 태어나고 달은 태양에서 태어났다. 불이야말로 만물의 위대한 영혼이다. 불의 기본 분자들은 끊임없이 온 세상에 퍼지고 무한한 흐름을 이뤄 흘러내린다. 그 흐름이 하늘에서 서로 교차하는 지점에서 빛을 낳고, 지상에서 교차하는 지점에선 금을 낳는다. 빛과 금은 동일한 것이다. 불에서 고형의 상태로 옮겨간 것, 같은 물질인데도 보이는 것과 만질 수 있는 것의 차이, 유체와 고체의 차이, 수증기와 얼음의 차이일 뿐, 더 이상 아무것도 아니다. 이것은 결코 공상이 아니다. 자연계의 일반법칙이다. 그러나 이 일반법칙의 비밀을 과학 속에서 끌어내려면 어떻게 해야 할까? 아니, 지금 내 손에 넘쳐흐르고 있는 이 빛, 이것이 바로 황금이다! 어떤 법칙에 의해 팽창된 이 동일한 원자, 문제는 그것을 어떤 다른 법칙에 따라 응결시키느냐는 것뿐이다! 어떻게 할 것인가? 어떤 이들은 한 줄기 햇살을 파묻을 생각을 했다. 아베로에스! 그렇다. 그건 아베로에스다. 아베로에스는 코란의 성전 왼쪽 첫 기둥 아래 햇살 한 줄기를 묻었지만, 이 작업이 성공했는지 여부를 확인하기 위해서는 8천 년 뒤에나 그 구덩이를 열어 확인할 수밖에 없다."

"이런 제기랄! 그깟 1에퀴의 푼돈을 얻으려고 이렇게 죽치고 기다려야 하나!" 장은 낮게 중얼거렸다.

"……시리우스의 별빛으로 실험해보는 것이 더 낫겠다고 판단한 이들도 있었다." 부주교도 여전히 자기만의 생각에 빠져서는 홀로 중얼거렸다. "그러나 거기에 와서 섞여드는 다른 별빛들이 동시에 존재하는 까닭에, 그 순수한 별빛을 얻기란 쉬운 일이 아니다. 플라멜은 지상의 불로 실험을 해보는 것이 더 간단한 일이라고 믿고 있다. 플라멜! 얼마나 숙명적으로 예정된 이름인가! '불(플라마)!' 그렇다, 불이다. 그것으로 모든 것이 해결된다. 다이아몬드는 숯 속에 있고 황금은 불 속에 있는 것이다. 그런데 그걸 어떻게 끄집어낼 것인가? 마지스트리는 실험하는 도중에 매우 다정하고 신비로운 매력을 지닌 여성의 이름을 부르는 것도 좋다고 했다. 또 그런 이름이 존재한다고 매우 강한 믿음을 갖고 말하고 있다. 마누가 그 점에 관해 무슨 말을 하는지 읽어보자. '여성이 존경받는 나라에서는 신들에게 기쁨이 있고, 여성이 경멸당하는 땅에서는 하느님에게 빌어봤자 소용없다. 여자의 입은 언제나 맑게 흐르는 물과 같고 또 햇빛과 같다. 여자의 이름은 기분 좋고 감미로우며 환상적이어야 한다. 긴 모음으로 끝나고 축도의 말과 비슷하다.'······그렇다! 이 현자의 말이 옳다! 사실 마리아도 괜찮고, 소피아도, 그리고 에스메랄······ 이건 안 돼! 천벌을 받아 마땅하구나! 만날 그 생각만 하다니!"

그는 책을 거칠게 덮어버렸다.

머리에서 떠나지 않는 어떤 생각을 떨쳐내려는 듯 그는 한 손을 이마로 가져갔다. 그러고는 책상 위에 있던 못과 작은 망치 하나를 집어들었는데 망치 손잡이에는 희한하게도 신비철학의 글자들이 새겨져 있었다.

"얼마 전부터 나는 모든 실험에 실패하고 있어!" 그는 매우 고통스러운 듯 쓴웃음을 지으며 중얼거렸다. "고정관념이 나를 괴롭히고, 두뇌조차 클로버 모양의 불꽃처럼 시들게 하고 있어. 심지도 기름도 없건만 타오르는 등불을 가졌다는 카시오도루스(5세기 무렵 로마의 정치가, 저술가)의 비결도 발견하지 못했는데······. 그건 알고 보면 틀림없이 별것도 아닐 텐데!" 그는 한숨을 섞어 다시 중얼거리기 시작했다.

"젠장, 나 이것 참!" 장은 중얼거렸다.

"······한 사나이를 무르게 만들고 미치게 하는 데는 단 한 가지 하찮은 생각만으로도 충분하다. 오! 클로드 페르넬은 나를 얼마나 비웃을 것이며, 자기 남편 니콜라스 플라멜 같은 이는 여자 때문에 일을 중단한 적이라고는 단 한 번도 없었다. 나는? 그렇다! 나는 손안에 제키엘레의 마술 망치를 쥐고 있지 않은가! 이 무시무시한 유대교의 랍비가 자기 독방 한구석에서 이 망치로 이 못을 한 번씩 두드릴 때마다 적들 가운데 그가 유죄를 선고한 자는, 설령 그가 4천 킬로나 멀리 떨어져 있다 하더라도, 땅속으로 50센티미터씩 들어가 그 속에 파묻혀버리지 않았던가! 프랑스 국왕 자신도 어느 날 저녁에 생각지도 않게 이 마술사의 문에 부딪치는 바람에, 파리의 포도 속으로 무릎까지 빠져들었었지! 그 일이 있은 지 300년도 채 못 되었다. 그런데 '나는 이렇게 망치와 못을 가지고 있는데, 내 손안에 있는 이 연장들은 날붙이 장수의 손에 든 나무 망치만큼의 힘도 없단 말인가! 문제는 이 못을 두드릴 때, 제키엘레가 한 주술의 말을 알아내기만 하면 되는데!"

'무슨 헛소리를 지껄이는 거야!' 장은 생각했다.

"그래, 어디 한번 해보자!" 부주교는 갑자기 힘차게 말을 이었다. "제대로만 된다면…… 못대가리에서 푸른 불꽃이 튀겠지. 에망 에탕(지금 여기라는 뜻 마법 사가 잔치할 때의 주문)! 에망 에탕! 이게 아니었나. 시제아니(정령의 이름), 시제아니! 이 못이 페뷔스라는 이름의 사나이에게 무덤으로 가는 문을 열어주기를!…… 이런, 또! 노상 같은 생각만 하다니!"

그는 몹시 화가 치미는지 냅다 망치를 집어던졌다. 그러고는 안락의자에 털썩 몸을 던져버렸으므로 커다란 의자 등받이에 가려 더 이상 그의 모습이 보이지 않게 되었다. 장은 한동안 책상 위에 엎드려 부들부들 떨고 있는 부주교의 주먹밖에는 볼 수 없었다. 그러다 클로드 신부는 벌떡 일어나 말없이 컴퍼스를 집어들더니 벽에다 이런 그리스어를 새겼다.

ʼΑΝΑΓΚΗ(숙명)

"결국 형이 미쳐버렸구나." 장은 속으로 중얼거렸다. "라틴어로 'Fatum(운명)'이라고 쓰면 훨씬 쉽고 편할 텐데. 온 세상 사람들이 누구나 그리스어를 배워야 한다는 법은 없잖아?"

부주교는 다시 안락의자로 가서 앉았다. 머리가 무겁고 뜨거운 환자처럼 두 손으로 머리를 받치고 있었다.

학생 신분인 장은 상당히 놀란 가슴으로 형의 모습을 지켜보았다. 세상에서 즐거운 자연법칙 외에는 지키지 않으며 늘 제멋대로, 하고 싶은 대로 실컷 하며 살던 그에겐 감격의 샘이 깡그리 말라붙어 있었던 것이다. 그래서 그는 매일 아침 마음에 새로운 웅덩이를 넓게 파고 있었던 것이다. 그런 장으로서는 인간 정열의 바다가 모든 출구를 빼앗기게 되면, 그것이 둑을 막고 바닥을 터뜨리기까지 얼마나 맹렬하게 요동치고 끓어오르는지, 그것이 얼마나 부풀어오르고, 얼마나 넘쳐흐르고, 얼마나 사람의 가슴을 후벼파는지, 그리고 그것이 얼마나 격렬한 내부의 흐느낌과 은밀한 경련으로 폭발하는지 알 수가 없었다. 클로드 프롤로의 준엄하고 냉정한 겉모습, 몹시 가팔라 도저히 다가갈 수 없는 그 싸늘한 덕성의 표면은 늘 장을 속여왔다. 세상이 즐겁기만 한 철딱서니 없는 이 학생은 에트나 산의 표면을 뒤덮고 있는 만년설 아래에는 격렬하고 깊숙한, 끓어오르는 용암이 있다는 생각을 지금껏 단 한 번도 해본 적이 없었던 것이다.

과연 장이 어느 순간, 갑자기 이런 생각들을 알아차리게 되었는지는 알 수 없지만, 그가 아무리 철부지에 경박하다 해도 자기가 보아서는 안 될 것을 보았으며, 형님이 남에게 가장 보이고 싶어하지 않는 부분을, 그의 영혼의 비밀을 뜻밖에 보고 말았다는 것, 그리고 클로드가 그것을 눈치 채게 해서는 안 된다는 사실을 그 순간 직감했다. 그는 부주교가 아까처럼 죽은 듯이 움직이지 않는 것을 보고 매우 조심스레 목을 빼며 지금 막 도착한 것처럼 문 뒤에서 일부러 가벼운 발소리를 냈다.

"들어와요!" 부주교는 큰 소리로 대답했다. "기다리고 있었소. 그래서 일부러 열쇠를 꽂아두었지. 어서 와요, 자크 씨."

장은 성큼성큼 걸어 들어갔다. 뜻밖에 나타난 장을 본 부주교는 몹시 당황했는지 의자에서 진저리를 치며 몸을 벌떡 일으켰다.

"어, 뭐야! 장, 너였어?"

"제 이름에도 같은 J가 들어가지 않습니까?" 장은 붉어진 얼굴로 뻔뻔스러우면서도 쾌활하게 대답했다.

어느새 클로드 신부의 얼굴은 여느 때와 다름없는 준엄한 표정으로 돌아가 있었다.

"여기까지 무슨 일로 왔지?"

"형님, 저기 부탁이 좀 있어서요······." 장은 되도록 다소곳하고 가엾고 겸손한 표정을 지으려 애쓰며 순진한 태도로 멋쩍은 듯 두 손으로 모자를 만지작거리기까지 하며 말을 이었다.

"뭔데?"

"형님의 가르침이 꼭 필요해서요." 장은 감히 더 이상 큰 소리로 말하지는 못했다. "그리고 돈도 조금······ 이게 꼭 필요해서요." 그의 말에서 마지막 한마디는 제대로 입 밖으로 나오지도 못하고 우물우물 사라져버렸다.

"참, 나, 장! 내가 정말 널 어떻게 해야 할지 모르겠구나." 부주교가 냉랭한 어조로 말했다.

"예, 맞아요!" 장은 한숨을 쉬었다.

클로드 신부는 앉아 있던 안락의자를 4분의 1바퀴쯤 회전시켜 장을 물끄러미 쳐다보며 말했다. "그래, 그래도 널 보니 반갑구나."

그것은 무지막지한 설교의 시작을 알리는 무서운 종소리였다. 장은 꼼짝없이 당할 각오를 단단히 했다.

"장, 너에 대한 좋지 않은 이야기들이 매일 내 귀에 들어오고 있다. 네가 알베르 드 라몽샹 자작의 아들을 때렸다고 하던데 대체 어떻게 된 일이냐? ……"

"아, 뭐 그리 대단한 일도 아니에요. 그 녀석은 말을 타고 진흙탕 위를 달리면서 다른 학생들에게 흙탕물을 튕기는 장난질을 하며 즐거워하는 못된 놈이거든요!" 장이 대답했다.

"또, 마예 파르젤이란 사람의 옷을 뺏었다는 말도 있던데 그건 또 뭐냐? 게다가 그걸 또 찢었다고 하던데."

"나 참! 몽테귀의 시시한 짧은 망토였어요! 그냥 그것뿐이에요."

"고발장에는 '옷'이라고만 되어 있고 '짧은 망토'라는 말은 없었어. 넌 라틴어도 모르냐?"

그 질문에 장은 아무 대답도 하지 않았다.

"한심하다!" 신부는 고개를 저으며 말을 계속했다. "오늘날 학문과 문학이 바로 그런 상태라니까. 라틴어를 알아듣는 사람을 찾기란 하늘에 별 따기고, 시리아어 따위는 아무도 몰라. 그리스어는 다들 끔찍이도 싫어하니까 훌륭한 학자들조차도 그리스어 단어 한두 개 모른다고 그리스어도 모르는 무식꾼이란 취급을 받지는 않거든. 다들 그냥 '이건 그리스어라서, 사람들이 잘 쓰지 않으니까'라고 얼버무리면 그만이지."

장은 단호한 표정으로 눈을 들었다. "형님, 저쪽 벽에 쓰인 그리스어 단어를 프랑스어로 풀이해내면 형님이 좋아하실 것 같은데!"

"어떤 단어를 말이냐?"

"ΑΝΑΓΚΗ(아난케)"

그 순간, 마치 화산이 연기를 내뿜어 내부에 감춰진 진동을 외부에 알리듯이 평소의 누렇게 떠 있던 부주교의 볼에 발그레한 빛이 살짝 스쳤는데 장은 그것을 알아채지 못했다.

"으 으응, 장. 그게 무슨 뜻인데?" 부주교는 가까스로 중얼거렸다.

"숙명이라는 뜻이죠."

그의 대답에 클로드 신부의 얼굴은 다시 창백해졌으나 장은 전혀 개의치 않고 말을 이었다.

"그리고 그 아래 새겨진 '아나그네이아'라는 단어는 '불결'이라는 뜻이지요? 제가 그리스어를 좀 한다는 걸 이제 아시겠어요?"

부주교는 말없이 가만히 있었다. 장이 그리스어를 읽는 것을 보며 그는 잠시 생각에 잠겼다. 그 순간 어린 응석받이 특유의 머리가 잘도 돌아가던 장은 지금이야말로 아쉬운 소리를 할 절호의 기회라고 판단했다. 그래서 그가 낼 수 있는 가장 부드럽고 다정한 목소리로 말했다.

"저기요, 형님. 뉘 집의 어떤 놈인지도 모르는 말썽꾸러기 녀석들과 다투어 약간 두들겨 패주었다고 해서 그렇게 무서운 얼굴로 흘겨보실 만큼 저를 미워하시는 건 아니시죠? 클로드 형님, 저도 라틴어를 제법 한다는 걸 아시지 않습니까?"

하지만 마음에도 없는 애교 섞인 응석도 여느 때와 달리 엄격하기 짝이 없는 형님에게는 먹혀들지 않았다. 케르베로스(그리스 신화에서 지옥을 지키는 개)는 꿀 묻은 과자를 덥석 물지 않았다. 부주교의 이마에 잡힌 주름은 하나도 펴지지 않은 채였다.

"그래서 뭘 어쩌라는 말이냐?" 그는 아주 무뚝뚝한 투로 물었다.

"그러니까요! 사실은, 다름이 아니라 돈이 좀 필요해서요, 형님." 장은 내친김에 단숨에 말해버렸다.

마침내 장의 뻔뻔스런 고백을 들은 부주교의 얼굴은 금세 학교 선생님 같은 교훈적인 표정으로 바뀌었다.

"장, 너도 알다시피 티르샤프의 우리 영지에서 나오는 수입이라고 해봐야 21채의 집에서 거두는 집세를 모두 합쳐도 파리 주화 39리브르 11수 6드니에밖에 안 된단다. 물론 파클레 형제 때에 비하면 좀 늘었다고는 하지만 결코 많은 게 아니야."

"저는 돈이 필요합니다." 장이 더욱 용기를 내어 말했다.

"너도 알겠지만, 우리 영지에 있는 21채의 집을 주교의 영지로 돌리라는 판결이 났단 말이다. 그러니 주교님께 파리 주화로 6리브르의 가치가 있는 금도금 은화 2마르크를 내지 않으면 그 권리는 되찾을 수가 없어. 그런데 그 2마르크조차도 아직 마련을 못 했단 말이야. 알겠니?"

"제가 아는 건 지금 당장 제게 돈이 필요하다는 겁니다." 장은 세 번째로 같은 말을 되풀이했다.

"어디에 쓸 돈인데 그러는 거냐?"

이 물음에 장의 눈에 희망의 빛이 반짝였다. 그는 또다시 고양이처럼 애교스런 표정을 지으며 말했다.

"형님, 제가 무슨 다른 의도가 있어서 드리는 말씀이 아니에요. 형님이 주시는 돈으로 술집에 가서 흥청망청 쓰거나, 비단으로 장식한 말에 하인을 거느리고 파리 시내를 활보하려고 그러는 게 아닙니다. 좋은 일을 하려는 거예요."

"무슨 좋은 일인데?" 클로드는 약간 놀란 듯 되물었다.

"친구들 중에 어느 불쌍한 성모 승천회 과부의 아이들에게 배내옷을 사 주고 싶어하는 녀석이 있어요. 자선이지요. 그러자니 적어도 3플로린이 필요한데 저도 좀 보태고 싶어서요."

"그 친구의 이름이 뭐냐?"

"불한당 피에르하고, 얼간이 바티스트라고 해요."

"그래? 그런 이름을 가진 녀석들이 좋은 일을 한다니, 마치 주님의 제단에 폭탄을 던지는 것과 같구나!"

장은 택한 두 친구의 이름이 잘못 되었음을 알았지만 그것을 깨달았을 때는 이미 너무 늦었다.

"그리고 뭐? 3플로린이나 하는 배내옷은 뭐고, 성모 승천회 과부의 어린애를 위해 뭘 해? 성모 승천회 과부들이 언제 애를 낳았느냐?" 부주교는 철두철미하게 캐물었다.

장은 다시 궁지를 벗어날 방법을 찾아보았다. "에잇, 그냥 말할게요. 사실은 오늘 저녁에 발다무르의 집으로 이자보 라 티에리를 만나러 갈 군자금이 필요해요."

"이런 불결한 놈 같으니라고!" 신부는 소리를 꽥 질렀다.

"아나그네이아!" 장이 그리스어로 불결이라고 되뇌었다.

장이 의도적으로 그 독방의 벽에 쓰인 낙서 가운데서 빌려 쓴 그 단어는 신부에게 뜻밖의 효과를 일으켰다. 그 순간, 신부는 입술을 질끈 깨물었으며 그의 분노는 붉어진 낯빛 아래로 사라져버렸다.

"그만 가 봐! 나는 누굴 기다리는 중이니까." 부주교는 고개를 돌리며 장에게 말했다.

장은 마지막 힘을 내어 한 번 더 애를 써보았다.

"클로드 형님, 그러지 마시고 잔돈이라도 좋으니 밥 사먹을 돈이라도 좀 주세요."

"그라티아누스(12세기의 교회법학자)의 〈교령집〉 공부는 어떻게 돼가고 있지?" 클로드 신부가 물었다.

"책을 잃어버렸어요."

"라틴 고전 공부는 어디까지 했지?"

"호라티우스(기원전 1세기의 로마 시인)의 책 사본을 누가 훔쳐갔어요."

"아리스토텔레스 공부는?"

"아, 형님! 어느 시대를 막론하고 아리스토텔레스 형이상학의 풀숲이 이단자의 소굴이 되어버렸다고 말한 교부가 대체 누구였죠? 아리스토텔레스라니 그 따위가 무슨 소용입니까? 그런 형이상학 때문에 제 신앙을 깨고 싶지는 않아요."

"애야, 예전에 국왕이 파리에 입성하실 때 필리프 드 코민이라는 귀족이 있었는데 그는 '일하지 않는 자는 먹지도 말라'는 격언이 수놓인 말안장을 얹고 다녔단다. 너도 이 말을 잘 새겨보았으면 한다."

장은 손가락으로 귀를 막은 채 한동안 바닥을 응시하며 화가 잔뜩 치민 얼굴로 서 있었다. 그러더니 느닷없이 할미새처럼 클로드 쪽으로 몸을 틀었다.

"그러니까 형님은, 배가 고픈 제가 빵 한 덩이를 사는 데 필요한 돈 한 푼도 못 주시겠다는 겁니까?"

"일하지 않는 자는 먹지도 말라고 했어!"

부주교는 완강했다. 장은 흐느끼는 여자처럼 두 손으로 얼굴을 가리고 절망적으로 외쳤다. "오토토토토토이!"

"아니, 너 그게 무슨 소리냐?" 엉뚱한 소리에 클로드는 놀라 물었다.

"왜요?" 장은 되물었다. 어느 틈엔가 잔뜩 눈물을 쏟아 빨갛게 충혈된 것처럼 보이려고 눈을 문질렀다. 그리고 클로드 쪽으로 고개를 쳐들었다. "그리스어예요. 왜요? 지금 이 순간 저의 고통을 가장 잘 표현해주는 아이스킬로스의 시구라고요!"

그러면서 익살맞은 표정을 지으며 폭소를 터뜨리자 부주교도 덩달아 웃고 말았다. 사실 그것은 클로드의 실수였다. 왜 그는 장이 응석을 부리도록 그냥 내버려두었을까?

"오, 사랑하는 클로드 형님!" 장은 신부의 미소를 보고 용기백배하여 말을 이었다. "제 구두에 난 이 구멍 좀 보세요. 구두 밑창이 혀를 내밀고 있는 것 같은, 비극배우가 토한 것 같은 이런 비참한 구두가 세상에 또 있을까요?"

부주교는 어느새 평소의 근엄한 태도로 돌아와 있었다. "새 신발을 보내주지. 하지만 돈은 한 푼도 없다."

"제발, 형님. 파리 주화 한 푼이라도 좋으니 그거라도 주세요." 장은 애걸하듯 물고 늘어졌다. "앞으로 그라티아누스도 잘 외고, 하느님도 잘 믿고, 학문과 덕행에서 참다운 피타고라스 학자가 될게요. 그러니 제발 한 푼만 주세요. 형님은 지옥의 구렁텅이보다, 수도사의 콧구멍보다 더 시커멓고 더 고약한 냄새가 풍기는 굶주림이 제 앞에 입을 쩍 벌리고 있기를 바라세요?"

클로드 신부는 주름살이 잡힌 머리를 흔들며 중얼거렸다. "일하지 않는 자는……."

신부의 말이 채 끝나기도 전에 장이 외쳤다.

"나, 이거 참! 알았어요. 그만두세요! 술집에도 가고 싸움판에 끼어들어 술잔이라도 집어던지고 여자들도 만나야지. 젠장!"

그는 들고 있던 모자를 벽을 향해 집어던지고는 캐스터네츠를 치듯 손가락을 부딪쳐 딱딱 울려댔다.

부주교는 어두운 표정으로 그를 바라보았다.

"장! 너 정말 제정신이 아니로구나!"

"그러니까 형님 말씀은 에피쿠로스(기원전 3세기 무렵의 그리스 쾌락주의 철학자)의 말따나 제게는 그 무언가가, 어떤 것이 빠져 있다는 뜻이지요?"

"장, 너는 이제부터라도 그걸 고치려고 진심으로 노력해야 된다."

"이런, 이런…… 이 방에 있는 것들은 죄다 가시가 돋쳤나 보죠? 생각하시는 것이나 저 병들이나 모두 똑같아요!" 장은 형과 화덕의 증류기를 번갈아 쳐다보면서 외쳤다.

"장, 너는 아주 위험천만한 비탈에 서 있단다. 앞으로 어떻게 될지 알기나 하니?"

"술집으로 떨어지겠죠." 장이 대답했다.

"술집은 죄인 공시대로 통한다."

"그야말로 초롱 같은 거죠. 디오게네스라면 이 초롱으로 적당한 사람을 찾아냈을 거예요."
"죄인 공시대는 교수대로 이어진다."
"교수대는 저울이에요. 한쪽 끝에는 사람을, 반대쪽 끝에는 지구를 달고 있어요. 그런 사람이 되면 어때요?"
"교수대 다음은 지옥이다."
"그건 활활 타오르는 불꽃이지요!"
"장, 장. 그러다간 끝이 좋지 못할 거야!"
"처음은 좋았을 테니 걱정 마세요."
바로 그때 계단 쪽에서 희미한 발소리가 들려왔다.
"쉿!" 부주교는 손가락 하나를 자기 입술에 갖다 대며 속삭였다. "장, 잘 들어라. 자크 씨가 오실 거야. 지금부터 네가 듣고 보는 것을 절대 입 밖에 내서는 안 된다. 빨리 저 아궁이 속으로 몸을 숨겨라. 숨도 크게 쉬어선 안 돼!"
장은 화덕 아궁이 속으로 웅크리고 들어갔다. 그리고 그에게 찾아온 절호의 기회를 놓치지 않고 말했다.
"그럼, 형님. 찍 소리도 내지 않을 테니 1플로린만 주세요."
"아무 말 말라니까! 줄 테니."
"꼭 주셔야 해요."
"알았어. 옜다, 가져라!" 부주교는 홧김에 지갑을 던져주며 말했다. 장은 얌전히 화덕 속으로 들어갔다. 그와 동시에 문이 열렸다.

5 검정 옷을 입은 두 사나이

 방 안으로 들어선 인물은 검은 옷을 걸친 침울한 얼굴의 사내였다. 우리의 장이(여러분도 이미 짐작하듯이, 그는 하나도 놓치지 않고 모든 것을 보고 들을 수 있도록 화덕 안에서 만반의 준비를 한 채 웅크리고 있었다) 언뜻 보고 그 인물에 대해 받은 인상은, 그의 차림이나 얼굴 생김새가 매우 음산하다는 것이었다. 그럼에도 그 얼굴에는 한편으로 어떤 다정한 빛이 감돌고 있었는데, 그것은 고양이 같은, 또는 판사 같은 유순함을 가장한 듯한 느낌을 강하게 주었다. 그의 외모를 살펴보면, 머리는 백발에 얼굴은 주름투성이였으며, 나이는 미루어 짐작컨대 60살 정도로 보이고, 자주 깜박거리는 두 눈 위의 눈썹은 희고, 입술은 축 처지고 손은 부은 것처럼 퉁퉁했다. 장은 아마도 의사이거나 법관인 듯한 그 사나이의 코와 입 사이가 십 리는 될 정도로 멀리 떨어진 것만 보아도 두뇌가 날카로운 사람은 아닌 것 같다고 판단하며, 자신이 이처럼 불편한 자세로 저런 별 볼일 없는 사람과 한 방에서 시간을 보내야 한다는 사실에 기가 막혀서 화덕 안쪽으로 더욱 파고들었다.
 한편, 부주교는 검은 옷의 사나이가 방으로 들어섰는데도 그를 맞이하기 위해 앉은 자리에서 일어나지 않았다. 그에게 문 옆 의자를 가리키며 그냥 앉으라는 표시만 보낼 뿐이었다. 그는 전부터 하던 명상을 계속하는 듯 잠시 침묵을 지킨 뒤에 인심 쓰듯 큰 소리로 말했다. "자크 씨, 안녕하시오!"
 "안녕하십니까, 선생님!" 검은 옷의 사나이가 답했다.
 한 사람은 '자크 씨'라고 부르고 다른 사람은 정중하게 '선생님'이라고 말하는 이 서로 다른 말투에는 각하와 군, '주(도미네)'와 '제자(도무네)'만큼이나 큰 차이가 있었다. 그것은 분명 박사와 제자의 화법이었다.
 "어떻게, 잘되던가요?" 부주교는 다시 침묵에 잠겼다가 천천히 말을 이었다. 자크 씨는 그의 침묵을 깨는 것을 매우 송구스러워하고 있었다.
 "아, 선생님. 저는 쉬지 않고 열심히 풀무질을 했습니다만, 재만 나오고 황금이라곤 구경도 못 했습니다." 상대방은 엷지만 서글픈 미소를 지으며 말했다.

클로드 신부는 답답하다는 듯 말했다. "제 얘기는 그게 아닙니다. 자크 샤르몰뤼 씨, 당신의 마법사 건 말이오. 이름이 마르크 스넨이라고 했던가요? 회계감사원의 식료품 보관담당이라던 그가 자기 마술을 자백했나요? 당신의 심문이 성공했느냐는 말이오."

"조금도 진척되지 않았습니다." 자크 씨는 여전히 슬픈 것 같으면서도 웃음을 빠뜨리지 않고 대답했다. "그자는 마치 돌덩이 같아요. 무엇이든 자백하지 않으면 가축시장의 끓는 물에 삶아버릴 생각입니다. 지금도 사정없이 족치고 있습니다. 벌써 온몸의 뼈마디가 다 어긋나버렸지요. 옛 희극작가인 플라우투스가,

'매와 단근질, 십자가, 올가미, 포박, 사슬, 감옥, 족쇄, 목에 거는 칼'

이라고 말한 것처럼 갖은 수단을 다 동원해도 먹히지를 않습니다. 아주 지독한 놈이에요. 괜히 헛수고만 하고 있나 싶어 슬슬 지쳐가고 있어요."

"그 집 안에서도 새로 나온 게 아무것도 없소?"

"있었습니다…… 이건데요." 자크 씨는 옷자락을 뒤적여 지갑 속에서 뭔가를 꺼내며 말했다. "이 양피지를 발견했어요. 봐도 알 수 없는 글귀가 적혀 있더군요. 형사소송 변호사인 필리프 루리에 씨는 히브리어를 브뤼셀의 캉테르스탕 거리의 유대인 사건 때 조금 배웠다면서 읽더군요."

그러면서 자크 씨는 양피지를 펼쳐 보였다.

"어디 좀 봅시다." 부주교는 양피지를 받아 그 위로 시선을 던지며 말했다. "틀림없는 마술이오! '에맹 에탕!' 이건 한밤중 향연에 모일 때 흡혈귀들이 지르는 소리요, 자크! '페르 이프솜, 에 쿰 이프소, 에 인 이프소!' 이것은 '그분에 의하여, 그리고 그분과 더불어, 그리고 그분 안에서'라는 뜻으로 악마를 지옥에 다시 가둘 때 쓰는 명령이라오. '학스, 팍스, 막스!' 이것은 의학에서 쓰는 말이오. 미친개에게 물린 상처를 고칠 때 쓰는 주문이오. 자크 씨! 당신은 종교재판소의 검사이니 이 양피지야말로 몹시 혐오스러운 물건이겠구려."

"그자를 좀더 철저히 심문해야겠습니다. 그리고 이것도 좀 보시겠습니까? 마르크 스넨 집에서 발견한 겁니다." 자크 씨는 다시 주머니 속에서 뒤적뒤

적 무언가 꺼내며 말했다.

그것은 클로드 신부의 화덕 위에 있는 것들과 같은 종류의 병이었다. "아, 이건 연금술에서 쓰는 도가니로군요." 클로드 신부가 알아보고 말했다.

그는 겸연쩍은 듯 어색한 미소를 띠며 말했다. "솔직히 말씀드리면 이걸 화덕에 올려봤는데 제 것으로 했을 때보다 좋은 결과가 나오지는 않았습니다."

그의 말에 부주교는 그 도가니를 받아 살펴보기 시작했다. "이 도가니에 뭘 새겨놓은 거지? '오크! 오크!' 이건 벼룩을 쫓는 주문인데 마르크 스넨이란 자는 아무것도 모르는 초짜구려. 분명히 말하건대 이런 것들로는 결코 황금을 만들 수 없을 거요! 여름철 침대맡에나 놔두든지, 그것 말고는 아무 짝에도 쓸모가 없소!"

"제가 잘못했는지도 모르지만 선생님, 여기 올라오기 전에 아래쪽 정면 현관을 조사했습니다. 시립병원 쪽으로 난 벽에 새겨져 있는 그림은 틀림없이 자연학 책 제1항에서 말하고 있는 것과 같나요? 또 성모 마리아 상 발밑에 있는 7인의 나체상 가운데 발뒤꿈치에 날개가 달린 것은 메르크리우스가 확실한가요? 선생님은 그렇게 확신하시나요?"

"그렇소. 거기에 글을 쓴 것이 이탈리아의 의사 아고스티노 니포(15세기 이탈리아 철학자)인데, 그는 수염 난 악마를 한 마리 데리고 있었소. 그 악마가 그에게 온갖 것을 가르쳐주었지. 함께 내려가서 원전에 대해 설명해주겠소."

"대단히 감사합니다, 선생님." 자크 씨는 머리가 땅에 닿도록 절을 하며 말했다. "참, 깜박 잊을 뻔했군요. 그 마법을 좀 쓴다는 소녀는 언제쯤 잡아들일까요?"

"마법사 소녀라니?"

"선생님께서 잘 아시는 그 집시계집애 말입니다. 종교재판소에서 금지했는데도 날마다 성당 앞 광장에서 춤을 추지 않습니까? 악마의 뿔이 달린 염소도 같이 다니는데 글도 읽고 피카트릭스처럼 수학도 해요. 그것만으로도 집시여자들을 모조리 교수형에 처할 만한 이유가 되지요! 절차는 다 끝났어요. 그런데 그 무희는 미인은 미인이더군요! 그 검은 눈동자는 꼭 이집트 석류석 2개를 나란히 놓은 것 같다니까요. 그럼 언제 시작하는 게 좋을까요?"

부주교의 얼굴빛은 몹시 창백해졌다.

"그 얘긴 나중에 합시다." 그는 들릴 듯 말 듯 나지막한 소리로 더듬거리며 말을 이었다. 그러더니 이번엔 힘주어 말했다. "그보다 먼저 마르크 스넨 일에나 집중하시오."

"그럼요, 안심하십시오." 자크 샤르몰뤼는 미소를 지으며 말했다. "돌아가는 대로 놈을 가죽 침대에 옭아매버리겠습니다. 하지만 놈은 인두겁을 쓴 악마라서 저보다 손이 거친 피에라 토르트뤼마저도 진땀을 빼곤 한답니다. 저 착한 플라우투스가 말했다시피,

'발가벗겨져 꽁꽁 묶이고 거꾸로 매달린 그대는 1백 파운드의 무게로다!'

라니까요. 그래서 이번엔 감아올리는 틀로 고문을 해볼 생각입니다. 그게 최선의 방법이에요. 그 방법을 쓰면 놈도 두 손 두 발 다 들 겁니다."

클로드 신부는 어두운 얼굴로 완전히 방심한 상태인 듯하더니 이내 샤르몰뤼를 돌아보았다.

"피에라 씨, ……아니, 자크 씨, 당신은 마르크 스넨의 일에나 바짝 신경을 쓰시오!"

"예, 알겠습니다 클로드 신부님. 그 불쌍한 녀석은 맘모르(6세기 프랑크족의 장수. 사로잡힌 적의 왕을 풀어주었으나 이듬해에 그 왕에게 잡혀 죽었다)처럼 고통을 받겠지요. 마술사의 한밤의 향연에 가다니오! 회계감사원의 식당 담당이라면 '흡혈귀 아니면 마녀'라고 하는 샤를마뉴의 조문 정도는 알고 있었어야죠. 그리고 그 계집애 말인데요. 그 에스메랄다라는 소녀에 대해서는 선생님의 지시를 기다리겠습니다. 참, 그렇지! 정면 헌관을 시날 때 성당으로 들어오면서 보이는 돋을새김된 그림에서 정원사가 무슨 의미인지 설명을 좀 해주시면 안 될까요? '씨 뿌리는 사람'인가요? 아니…… 선생님, 무슨 생각을 그렇게 골똘히 하고 계십니까?"

클로드 신부는 이미 자기 생각에 빠져서 더 이상 상대방의 이야기를 듣고 있지 않았다. 샤르몰뤼는 신부가 바라보고 있는 곳을 보았다. 클로드는 채광창에 만들어진 커다란 거미집을 뚫어져라 쳐다보고 있었다. 그때 파리 한 마리가 3월의 햇빛을 찾다가 거미줄에 걸려들었다. 줄이 흔들리자 이내 커다란 거미 한 마리가 나타나 단숨에 파리를 덮치더니 더듬이로 머리를 후벼 파기 시작했다. "에그, 가엾어라." 종교재판소 국왕 검사는 이렇게 말하며 파리를 구해주려고 손을 뻗었다. 부주교는 갑자기 꿈에서 깨어난 듯 화들짝 놀라며 그의 팔을 덥석 잡고 외쳤다.

"자크 씨! 그냥 운명에 맡기시오."

자크 샤르몰뤼는 깜짝 놀라 신부를 돌아보았다. 그의 팔은 쇠로 만든 집게에 잡힌 것 같았다. 신부의 시선은 고정된 채 조용하면서도 사나울 정도로 불길이 타오르고 있었고, 그런 시선으로 파리와 거미의 그 끔찍스런 광경을 응시하고 있었다.

"아아, 그래 맞아!" 신부는 배 속에서 쥐어짜낸 듯한 목소리로 계속 중얼거렸다. "저것이 만물의 상징이야. 그것은 날아다닌다. 즐거워 보인다. 갓 태어났다. 봄날의 햇살을 찾고 자유를 갈구한다. 오! 그렇다. 그러나 그것은 치명적인 장미창에 부딪치고, 거미가 튀어나온다. 무서운 거미가! 춤추는 가엾은 파리! 미리 운명 지어진 가엾은 파리! 자크 씨, 그냥 두시오! 그건 운명이오. 아, 슬프다! 클로드여 너는 거미다. 클로드여! 너는 또 파리와 같나니. 너는 학문을 찾고 광명을 바라 태양을 찾아 날아갔다. 너는 대기나 영원한 진리의 대낮에 도달하기만을 염원해왔다. 그러나 꿈꿔왔던 것과는 다른 세계, 빛의 세계, 지식과 학문의 세계를 향해 열려 있는 진흙탕 속으로 날아들었던 것이다. 아, 앞을 보지 못하는 파리여! 어리석은 학자여! 너는 광명과 너 사이에 둘러쳐진 이 미묘한 그물은 미처 보지 못한 것이다. 그리고 너 가련한 어리석은 자여, 너는 그곳에 날아들어 몸을 망치고 말았다. 이제 머리가 깨지고 날개도 뽑혀, 숙명이라는 강철 더듬이 사이에서 몸부림치고 있는 것이니. 자크 씨! 자크 씨! 그냥 거미가 하는 대로 놓아두게."

"예, 손대지 않겠습니다." 자크 씨는 무슨 영문인지도 모른 채 신부를 바라보며 말했다. "하지만 선생님, 제 팔은 좀 놓아주시면 안 될까요. 선생님 손은 꼭 쇠집게 같습니다!"

그러나 부주교의 귀에는 아무 소리도 들리지 않는지 여전히 창문에서 눈을 떼지 않고 있었다. "오, 이런 어리석은 놈! 네 보잘것없는 날개로 이 무시무시한 그물을 끊기만 하면 광명에 도달할 거라고 믿고 있구나. 하지만, 슬프다! 그 너머엔 유리창이란 저 투명한 방해물이, 청동보다도 더 단단한 수정의 벽이 있어 모든 철학을 진리로부터 단절시키고 있는데 네가 그것을 어찌 넘겠느냐? 오, 학문의 허망함이여! 얼마나 많은 현인들이 먼 곳에서 날아와 이곳에서 퍼덕이다 제 머리를 부서뜨리고 있는가! 얼마나 많은 학설들이 저 영원한 유리창에서 윙윙거리며 서로 부딪치고 있는가!"

그는 입을 다물었다. 마지막 상념이 뜻하지 않게 그를 학문으로 되돌아오게 함으로써 마음이 가라앉은 것 같았다. 자크 샤르몰뤼는 그를 완전히 현실 세계로 되돌아오게 하기 위해 이런 질문을 던졌다. "그런데 선생님, 언제쯤 이면 황금 만드는 것을 도와주러 오실 겁니까? 혼자서는 도무지 쉽지가 않아서요!"

부주교는 쓸쓸한 웃음을 지으며 고개를 끄덕거렸다. "자크 씨, 미카엘 프셀루스(11세기 동로마제국의 정치가, 저술가)의 《마신의 세력 및 그 작용에 관한 대화》를 읽으시오. 우리가 하는 일 모두가 다 옳은 것은 아니니까."

"선생님, 목소리가 너무 큽니다. 그건 저도 알고 있습니다. 그러나 종교재판소의 검사로서 투르 주화 30에퀴의 연봉을 받는 제 처지에서는 연금술이라도 하는 수밖에 없습니다. 제발 목소리를 좀 낮추어주십시오."

그때 화덕 안에서 무언가가 부서지는 듯한 소리가 들려와 샤르몰뤼는 불안한지 귀를 쫑긋했다.

"저게 무슨 소립니까?" 그가 물었다.

그것은 물론 화덕 안에 숨은 장이었다. 한참 동안 숨어 있다 보니 몹시 불편하고 따분하던 차에 거기서 뒹구는 오래된 빵 껍질과 곰팡이 슨 삼각치즈 조각을 발견하고는 심심풀이 겸 점심식사 대용으로 우물거리기 시작한 것이다. 너무나도 배가 고팠으므로 허겁지겁 먹느라 자기도 모르게 큰 소리를 내고 말았다. 그러고는 한입한입 소리 내어 먹다 보니 그 바스락 소리가 샤르몰뤼의 경계심을 바짝 곤두서게 한 것이다.

"아마 내 고양이일 거요. 저 안에서 쥐라도 잡아먹는 모양이지." 부주교는 얼른 말했다.

그 대답에 샤르몰뤼는 마음을 놓았다.

"그렇군요." 그는 존경의 미소를 보이며 말했다. "위대한 철학자들은 다들 집에 짐승을 길렀지요. 아시겠지만 세르비우스(기원전 6세기 의 로마왕)는 '어디든 수호신이 존재하지 않는 곳은 없다'고 했잖아요."

그사이, 부주교는 장이 또 무슨 엉뚱한 짓을 저지를까 걱정이 된 나머지 그 훌륭한 제자에게 정면 현관에 있는 조각상을 연구하러 가자며 함께 방을 나갔다. 마침내 장은 안도의 숨을 내쉬며 무릎에 턱 자국이 생기지나 않았을까 진심으로 걱정되어 무릎을 어루만졌다.

6 들판에서 내뱉은 일곱 가지 저주의 말이 가져오는 효과

"하느님, 감사합니다. 주를 찬양하나이다!" 장은 마침내 화덕에서 기어 나오며 이렇게 소리쳤다. "부엉이 두 마리가 이제야 떠났구먼! 오크! 오크! 학스! 팍스! 막스! 벼룩이라고! 멍청이들! 악마! 그런 얘긴 이제 진절머리가 난다. 머리가 종루처럼 쩡쩡 울린다고. 게다가 시장에서도 팔지 않는 곰팡이 난 치즈라니! 제기랄! 이제 슬슬 내려가볼까. 형님의 돈지갑을 건졌으니 그걸 모조리 술과 바꿔볼까!"

그는 기분이 좋아 어쩔 줄 몰라 하며 무슨 보물이나 되는 듯이 지갑을 열고 들여다보았다. 그러고는 옷매무새를 가다듬고 신발의 먼지를 털고, 온통 재가 묻어 지저분해진 옷소매를 털어내고는 휘파람을 불며 방 안을 뛰어다니면서 값이 나갈 만한 무언가가 없을까 두리번거리기 시작했다. 그리고 이자보 라 티에리에게 보석 대신 주기에 걸맞은 유리세공품 부적을 화덕 위에서 집어들었다. 마지막으로 형님이 퍽 선심이나 쓰듯이 열어둔 문을 밀고 나가며 짓궂게도 그 방문을 아예 활짝 열어젖혀놓고는 어린 새끼새처럼 팔랑거리며 나선형 계단을 내려갔다.

나선형 계단을 내려가던 중 어둠 속에서 무언가 장의 팔꿈치에 닿는 것이 느껴졌다. 그것은 뭐라고 투덜거리며 옆으로 비켜섰는데 아마도 카지모도인 것 같다고 생각했다. 그것이 어찌나 우습던지 그는 나머지 계단을 내려오는 동안 배를 잡고 웃을 수밖에 없었다. 광장으로 나온 뒤에도 여전히 그는 발을 구르며 웃음을 멈추지 못했다.

그는 땅바닥에서 발을 구르며 즐겁게 말했다. "오, 파리의 길거리는 즐겁고도 귀하구나! 야고보의 사다리(구약성서에 따르면 야고보는 꿈에서 천사가 하늘과 땅 사이를 오르내리는 사다리를 보았다고 한다)를 오르는 천사들마저도 헐떡거릴 것 같은 기분 나쁜 계단이야. 내가 대체 무슨 생각으로 저 하늘을 찌를 듯한 돌의 나사송곳 속으로 기어들어갔었지? 겨우 곰팡이 슨 치즈 조각 나부랭이나 먹고 채광창으로 파리의 종루를 본 게 전부라니!"

한심하다, 한심해!"

다시 몇 걸음 걷다가 그는 두 부엉이, 즉 클로드 신부와 자크 샤르몰뤼를 보았는데 그들은 정면 현관문 앞에서 조각상을 살피고 있었다. 그는 살금살금 다가갔다. 부주교가 매우 낮은 소리로 샤르몰뤼에게 말하는 것이 들렸다. "여기 가장자리에 금을 칠한 감청색 돌에 욥의 상을 새기게 한 것은 기욤 드 파리스요. 욥은 화금석의 상징인데, 즉 완전한 것이 되려면 여러 가지 시련을 거치며 단련되어야 한다는 뜻이오. 레이몽 륄(13세기 스페인의 신비철학자)이 '영혼은 그 특수한 형태를 유지한 채로 보존되어 있다'고 말한 것처럼 말이오."

"그러거나 말거나 그게 나하고 무슨 상관이람. 지갑을 가진 건 바로 나거든." 장이 말했다.

바로 그 순간, 장의 바로 뒤에서 섬뜩한 욕지거리가 들려왔다. "예라 이 빌어먹을 놈아! 제기랄! 젠장! 염병할, 얼간이! 망할 놈! 빌어먹을! 벼락 맞을 놈아! 똥이나 처먹어라!"

"저건 분명 내 친구 페뷔스 중대장인데!" 장이 큰 소리로 말하며 뒤를 돌아보았다.

그 페뷔스라는 이름은, 마침 검사에게 김이 피어오르는 욕조에 꼬리를 감춘 용과 왕의 머리를 설명하던 부주교의 귀에도 들려왔다. 클로드 신부가 무의식적으로 진저리를 치며 말을 멈추자 샤르몰뤼는 어리둥절해했다. 신부가 그 이름이 들려온 쪽을 돌아다보니 동생인 장이 공들로리에의 집 문 앞에 있는 키 큰 장교에게 뭐라고 말하며 다가가고 있었다.

그는 페뷔스 드 샤토페르 중대장이었다. 약혼녀의 집 모퉁이에 등을 기대고 서서 이교도처럼 신을 모독하는 욕설을 내뱉고 있었던 것이다.

"이봐, 페뷔스! 너무 지독하게 지껄이는 거 아냐?" 장이 그의 손을 잡으며 말했다.

"벼락이나 맞아라!" 중대장이 대답했다.

"너야말로 벼락이나 맞으시지! 그런데 그렇게 멋진 말들은 어딜 눌러야 쏟아져 나오는 거야?" 장이 물었다.

"미안하네, 친구. 한번 터지기 시작하면 여간해선 끝나지를 않는단 말야. 미친 말처럼 전속력으로 욕을 하던 중이었거든. 저 요조숙녀인 체하는 여자들 집에서 나오는 길인데 난 이 집을 나올 때마다 언제나 이렇게 외치고 싶서 몸이 근질근질하단 말이야. 침이라도 뱉지 않으면 숨이 콱 막혀버릴 것 같다고."

"어때? 술이나 한잔하러 갈까?"

장이 제안하자 중대장의 흥분이 좀 가라앉았다.

"좋지, 하지만 돈이 없는걸."

"돈은 나한테 있어!"

"거짓말 마! 어디 봐?"

장은 여봐란듯이 중대장의 눈앞에 돈지갑을 내보였다. 그러는 동안 부주교는 어리둥절한 샤르몰뤼를 놔둔 채 두 사람에게 다가가 몇 걸음 떨어진 곳에서 지켜보고 있었다. 두 사람은 지갑 안을 살피느라 신부가 다가온 것도 모르고 있었다.

지갑을 살피던 페뷔스가 외쳤다. "장, 네 주머니에 지갑이 들어 있다고? 이봐, 장. 물독 속에 달님이 들어있는 것과 같은 이야기겠지. 있는 줄 알았는데 실제로 열어보니 그림자뿐인, 뭐 그런 거 아니겠어? 내기라도 할까? 어때? 들어 있어봤자 돌멩이 정도일 테지."

장이 시침 뚝 떼고 말했다. "그럼 내 지갑 속의 조약돌을 보시지!"

그는 조국을 구하는 로마인처럼 지갑 속 내용물을 바로 옆 널따란 돌 위에 쏟아놓았다.

그걸 보며 페뷔스가 중얼거렸다. "이야, 이건 정말인데! 방패무늬 금화동전, 큰 은화, 작고 흰 은화, 고리 모양 투르 주화, 파리 주화 드니에, 진짜 독수리 모양 리아르 동전! 와, 이거 눈이 부신걸!"

장은 의연하고 유들유들한 자세로 버티고 서 있었다. 몇 개의 리아르 동전이 바닥으로 굴러떨어졌다. 중대장이 그것을 주우려 하자 장이 그를 만류했다.

"궁상떨지 마, 페뷔스 드 샤토페르 중대장!"

페뷔스는 돈을 세어보더니 엄숙한 표정으로 장을 돌아보며 물었다. "어이, 장, 이건 파리 주화 23수나 되는데! 어젯밤 쿠프 괼 거리에서 대체 어느 놈의 주머니를 턴 거야?"

장은 금발의 곱슬머리를 뒤로 넘기며 비웃듯 눈을 가늘게 뜨고 말했다. "형님인 부주교가 계시잖아. 좀 바보 같기는 하지만!"

"쳇, 거참 편리하군! 훌륭하신 분이야!"

"가자. 술 마시러." 장이 말했다.

"어디로 갈까? 폼 데브(이브의 사과)로 갈까?" 페뷔스가 묻자, 장이 키득거리며 대꾸했다.

"아니, 비에유 시앙스로 가자. '손잡이를 당기는 노파(비에유 키 시 윈 앙스)'라는 간판이 걸려 있는데 이런 글자놀이가 재미있단 말야."

"글자놀이 따위 재미없어. 술은 폼 데브가 더 나아. 문 옆 양지쪽에 포도나무가 한 그루 있는데 거기서 술을 마시면 맛이 정말 기가 막히다니까!"

"그럼 '이브와 그녀의 사과'로 갈까. 근데 중대장, 아까 쿠프 괼(일을 자르다 라는 뜻) 거리라고 하던데, 그건 좋은 표현이 아니야. 요즘엔 그런 야만스런 표현을 쓰지 않거든. 요즘엔 다들 쿠프 고르주(목을 자르다 라는 뜻) 거리라고 하지." 장이 페뷔스의 팔을 잡으며 말했다.

두 친구는 폼 데브를 향해 걸음을 옮겼다. 그전에 쏟아진 잔돈은 모두 주워 모았고 부주교는 그들 뒤를 소리 없이 따라가고 있었다.

부주교는 어둡고 무서운 표정으로 뒤를 따르고 있었다. 그가 그랭구아르를 만난 뒤로 페뷔스라는 이름은 그의 모든 생각을 지배하고 있었다. 저 청년이 바로 페뷔스일까? 부주교는 그가 실제로 그 페뷔스인지 아닌지 몰랐지만 아무튼 그의 이름이 페뷔스라는 건 분명했다. 그 마술적인 이름만으로도 태평스런 두 친구의 뒤를 밟으며 불안하고 주의 깊게 그들의 이야기를 엿듣고 행동을 감시할 이유가 얼마든지 있었다. 더구나 그들 말을 몰래 엿듣는 것은 너무나 쉬웠다. 둘 다 지나가는 사람들마저 비밀 이야기까지 다 알아들을 정도로 몹시 큰 소리로 떠들고 있었기 때문이다. 결투와 여자, 술 이야기, 그 밖의 온통 터무니없고 어리석은 이야기들을 쉴 새 없이 지껄여대고 있었다.

어느 길모퉁이를 막 돌아설 즈음, 멀지 않은 곳에서 경쾌한 탬버린 소리가 들려왔다. 그 순간, 클로드 신부는 페뷔스 장교가 장에게 말하는 소리를 들었다.

"이런 젠장! 빨리 가자고!"

"아니, 왜 그래 페뷔스?"

"저 집시계집애가 날 볼까봐 그러지!"

"집시계집애라고?"

"새끼 염소를 데리고 다니는 계집애 말이야."

"에스메랄다 말이군?"

"그래, 맞아. 에스메랄다. 그 이름을 자꾸만 잊어버린다니까. 아무튼 어서 여길 지나가야 해. 길 한복판에서 날 알아보고 말이라도 걸어오는 날엔 아주 골치 아플 테니까."

"페뷔스, 너 그 여잘 알아?"

그때, 부주교는 페뷔스가 히죽히죽 웃음 띤 얼굴로 장의 귀에 대고 뭐라고 속삭이는 것도 훔쳐볼 수 있었다. 이윽고 페뷔스는 큰 소리로 웃으며 의기양양하게 고개를 끄덕이고 어깨를 으쓱거렸다.

"오호, 그게 정말이야?" 장이 물었다.

"정말이고말고!" 페뷔스가 대답했다.

"오늘 밤에?"

"물론 오늘 밤에."

"정말로 그 여자가 온다고?"

"당연하지, 그런데 왜 그러지? 어떻게 이런 일을 의심할 수가 있어?"

"페뷔스, 넌 정말 복 받은 헌병이야!"

부주교는 이들의 대화를 모두 엿들으며 온몸을 덜덜 떨기 시작했다. 이가 딱딱 부딪치고 몸이 떨리는 것이 눈에 확연하게 보일 정도였다. 몸을 제대로 가누기 어렵다고 판단한 부주교는 술에 취한 사람처럼 비척대는 걸음을 멈추고 길가의 커다란 돌에 몸을 기대고 섰다. 얼마 뒤, 그는 두 사람 모습이 시야에서 완전히 사라지기 전에 다시 걸음을 옮겨 뒤를 밟기 시작했다.

부주교가 다시 두 사람 가까이까지 따라잡았을 때는 그들의 화제가 이미 바뀌어 있었고, 그들은 이내 목청껏 철 지난 유행가를 부르고 있었다.

프티 카로 거리의 아이들은
송아지처럼 제 목을 매단다네.

7 수도사 귀신

　유명한 술집 폼 데브는 대학구 롱델 거리와 바토니에 거리의 모퉁이에 있었다. 그 술집은 건물 1층에 있었는데, 매우 널따란 데다 천장은 낮았다. 둥근 천장 아래 한가운데에 서 있는 노란 칠을 한 굵은 나무기둥 주위로 곳곳에 테이블이 놓여 있었고 벽에는 번쩍이는 주석으로 된 술병들이 보란 듯이 걸려 있었다. 그곳은 언제나 곤드레만드레가 된 술꾼들과 여자들로 시끄럽고 번잡했으며, 거리를 향해 커다란 유리창문이 나 있었다. 출입문 위에는 사과 한 개와 여자가 그려져 있는데 그 출입문 꼭대기에는 비를 맞아 녹이 잔뜩 슨 양철판 하나가 쇠꼬챙이에 끼인 채 바람이 불 때마다 이리저리 흔들려 시끄러운 소리를 내고 있었다. 그것은 바람개비 모양으로 만들어진 간판이었다. 출입문 앞에는 포도나무 한 그루가 서 있었다.
　어둠이 내리자 사거리는 몹시 캄캄했다. 어둠 속에 촛불이 밝혀진 술집의 창문들은 멀리 떨어진 대장간 화덕처럼 빛나고 있었다. 술잔이 부닥치는 소리 하며 안주를 쩝쩝대고 먹는 소리, 습관처럼 오가는 욕지거리와 걸핏하면 언성이 높아 싸움으로 치닫는 소리들이 깨진 유리창 사이로 넘쳐흐르고 있었다. 때때로 우렁찬 웃음소리가 터져나오고 많은 사람들이 왁자지껄 떠들고 북적대는 실내의 훈기가 만들어낸 희뿌연 안개가 유리창에 서려 그 안이 어렴풋하게 들여다보였다. 지나는 사람들은 술집에서 아무리 시끄러운 소리가 터져나와도 아랑곳하지 않고 자기 갈 길을 가고 있었다. 더러 넝마 같은 옷을 걸친 어린 녀석들이 까치발을 하고 술집 유리창 턱밑까지 몸을 끌어올리고는 예전부터 주정뱅이들에게 곧잘 퍼부어지던 야유를 퍼붓곤 했다. "어이, 뱅이, 뱅이, 주정뱅이야! 뱅이야, 뱅이야, 주정뱅이야!"
　그러나 소란스러운 술집 앞을 지나가는 사람인 척 오락가락하며 끊임없이 술집 안을 들여다보는, 마치 망을 보는 파수꾼처럼 그 자리를 떠나지 않는 한 사나이가 있었다. 그는 코까지 푹 뒤집어쓰는 큼지막한 망토를 걸치고 있었는데 그것은 술집 폼 데브 근처의 헌옷 가게에서 부랴부랴 사 입은 것이었다. 물론 망토는 아직은 쌀쌀한 3월의 저녁 추위를 막기 위해서겠지만, 자신의 본디 옷차림을 감추기 위해서도 필요한 것이었다. 그는 종종걸음을 멈추고 부옇게 흐려진 유리창 안을 힐끔거리며 이야기를 엿듣기도 하고 이따금 발을 구르기도 했다.

한참 만에 술집 문이 열렸다. 오랫동안 문 앞에서 서성이던 사내가 고대하던 순간인 것 같았다. 이윽고 술에 취한 두 남자가 밖으로 걸어나왔다. 안쪽에서 새어나오는 불빛이 두 사람 얼굴을 쾌활한 붉은빛으로 물들이고 있었다. 망토를 걸친 사나이는 술집 맞은편 거리의 어느 집 현관 아래 몸을 숨기고 서서 그들을 지켜보았다.

"이런 제기랄!" 둘 중 하나가 지껄였다. "금방 7시가 되겠는걸! 내가 밀회를 약속한 시간 말이야."

"이것 보라고!" 다른 하나가 혀가 잔뜩 꼬부라진 소리로 말했다. "이봐, 난 말이야, 모베즈 파롤(악담이라는 뜻) 거리에 사는 사람이 아니라 이 말씀이야! 난 장 팽 몰레 거리에 살거든? 곰 등짝에 올라타 본 사람은 세상에 두려울 게 아무것도 없다는 건 다 아는 사실이지만, 네 코는 생자크 드 로피탈처럼 맛난 음식으로만 향해 있단 말이야!"

"이봐, 장! 너 많이 취했구나!" 상대방이 말하면서 비틀거렸다.

"실컷 떠들어대시지! 페뷔스, 플라톤의 옆모습이 사냥개를 닮았다는 건 이미 증명된 사실이라 이거야!"

여러분은 이들이 장과 중대장인 줄을 이미 알았을 것이다. 물론 어둠 속에서 그들을 지켜보고 있는 사람 역시 누구인지 알 것이다. 왜냐하면 갈지자걸음으로 비틀거리는 장과 중대장의 뒤를 천천히 아주 조심스럽게 따라가고 있었기 때문이다. 중대장은 음주 경험이 많고 익숙해선지 겉으로 보기에 전혀 흐트러짐이 없어 보였다. 그들의 뒤를 따라 걸으며 망토의 사나이는 온 신경을 집중하여 다음과 같은 흥미로운 이야기를 하나도 남김없이 주워들었다.

"이봐, 좀 똑바로 걸을 수 없어? 학생 나리! 난 그만 가봐야 한단 말이야. 7시가 다 됐으니. 아까 얘기했잖아, 장. 난 여자를 만나러 가야 한다니까!"

"그래, 알았으니 날 내버려두고 가라니까! 내 눈에는 별도 폭죽 터지는 것도 다 보인다고. 넌 뭐가 그리 좋아서 뱃가죽이 터지도록 웃는 거냐?"

"장, 헛소리 좀 집어치워! 근데 장. 돈 좀 남은 것 없냐?"

"야, 진짜 맛좋은 고기집이었어!"

"장, 장! 너도 알다시피 생미셸 다리에서 여자를 만나기로 했으니 다리 근처 팔루르델의 집으로라도 데려가는 수밖에 도리가 없겠지? 그러면 방값을 내야 하는데 그 허연 수염이 난 창녀 할망구가 외상으로 해줄 리는 없고, 장, 부탁이야! 너 아까 가지고 있던 돈을 모두 털어서 마셔버린 건 아니겠지? 설마 한 푼도 안 남겼어?"

"다른 시간들을 잘 소비했다는 기분은 식탁의 정당하고 맛좋은 양념이야 (몽테뉴의 말)!"

"이런 빌어먹을! 헛소리 좀 작작 하고! 정신 나간 장, 남은 돈 없어? 어서 내놓지 않으면 네 주머니를 뒤져서 가져가겠어. 네가 아무리 욥 같은 문둥이에, 카이사르 같은 옴쟁이라도 상관없어!"

"여보게, 친구. 갈리아슈 거리는 한쪽은 베르리 거리, 다른 쪽은 틱스랑드리 거리로 이어졌지?"

"그래, 맞아! 여보게 착한 친구 장, 갈리아슈 거리는 그렇지. 그러니까 정신 차리고 파리 주화로 1수만 줘. 7시 약속이라니까 그러네."

"모두 입을 다물고 조용히 론도를 들어라. 그래, 후렴구를 잘 들어봐.

쥐들이 고양이를 잡아먹는 날에는
임금은 아라스의 영주가 되리.
넓고 따스한 바다가
생장 축제에서 얼어버리면,
사람들은 보리라,
아라스의 사람들이 마을로 나오고,
얼음 위로 나오리라."

"예끼 이 지옥에나 떨어질 놈아. 네 어미 창자로 목이나 매달아라!" 페뷔스가 이렇게 외치고는 술에 잔뜩 취한 장을 거칠게 떠미는 바람에 그는 벽에 힘없이 몸을 부딪치고는 그대로 필리프 오귀스트의 길바닥 위로 널브러져버렸다. 페뷔스에게 그나마 같은 술꾼으로서의 우정과 연민이 남아 있었던지,

신이 파리 경계의 구석구석에 미리 준비해둔, 부자들이 '쓰레기 더미'라고 부르는 가난한 사람의 베개 위로 장을 굴려 보냈다. 중대장이 비스듬히 잘려 있는 양배추 밑동 위에 장의 머리를 올려놓자마자 그는 코를 골며 곯아떨어졌다. 그렇다고 중대장에게 장에 대한 원망이 아주 사라진 것은 아니었다. "악마의 수레가 지나는 길에 너를 싣고 가도 난 몰라. 장." 페뷔스는 잠든 장을 향해 한마디 쏘아주고는 뒤돌아 걷기 시작했다.

망토를 두른 사나이는 계속해서 페뷔스의 뒤를 밟았다. 길바닥에 누워 잠든 장 앞에서 잠시 동안 망설였으나 깊은 한숨을 내쉬고는 계속 중대장의 뒤를 밟기로 마음먹었던 것이다.

우리도 별빛이 아름다운 길거리에서 단잠에 빠진 장을 두고 여러분만 괜찮다면 그들의 뒤를 따라 가보자.

생탕드레 데 자르크 거리로 나왔을 때, 페뷔스는 문득 누군가가 자신의 뒤를 미행하고 있음을 느꼈다. 슬쩍 뒤돌아보자 사람의 그림자가 뒤쪽 벽에 바짝 달라붙는 것이 보였다. 그가 걸음을 멈추자 그림자도 멈추었으며 다시 걸음을 옮기자 그림자도 움직이기 시작한 것이다. 그러나 그는 크게 개의치 않았다. '흥, 멍청한 놈 같으니. 난 땡전 한 푼 없다고' 이렇게 속으로 중얼거렸을 뿐이다.

오퇭 학교의 정면에서 그는 걸음을 멈추었다. 비록 하는 둥 마는 둥 건성이었지만 그가 조금이나마 공부를 했던 곳이 바로 이 학교였는데, 아직도 짓궂은 학생시절의 버릇이 남아 있었던지라 현관문 오른쪽 피에르 베르트랑 추기경의 조각상에 새겨놓은 호라티우스의 풍자시에서 프리아포스(신학자, 법률가. 1326년, 오툉 학교의 주교가 됨)(그리스 신화의 변식과 다산의 신)가 '왕년에 나는 무화과나무의 줄기였다'라고 그토록 고통스럽게 불평하고 있는 그런 종류의 모욕을 겪게 하지 않고 그 앞을 지나치는 경우란 거의 없었다. 그가 지금까지 수도 없이 되풀이하던 행사였으므로 거기에 새겨져 있는 '오툉 주교'라는 글씨가 거의 다 지워져 있을 정도였다. 그는 평소에 하던 대로 조각상 앞에서 걸음을 멈추었다. 주위에는 개미 한 마리도 보이지 않았다. 그가 고개를 들고 태연하게 바지 끈을 묶으려 할 때 그에게 천천히 다가오는 그림자가 있었다. 그림자는 매우 천천히 움직이고 있었으므로 모자와 망토를 걸치고 있는 것을 자세히 살필 수 있었다. 그의 가까이에 이르자 그림자는 걸음을 멈추고 베르트랑 추기경의 조각상보다도 더 꼼짝 않고 우뚝 서 있었다. 그리고 어둠 속에서 빛나는 고양이의 눈처럼 야릇한 빛이 가득한 눈으로 페뷔스를 뚫어져라 쏘아보았다.

중대장은 매우 용맹스런 사나이였으므로 날카로운 칼을 든 도둑을 만났다 해도 크게 두려워하지 않았을 것이다. 하지만 어둠 속에서 마치 화석이나 조각상처럼 천천히 다가오는 그림자는 왠지 뒷덜미를 섬뜩하게 만들었다. 그 무렵 세상에는 한밤중에 거리를 돌아다닌다는 수도사 귀신 이야기가 나돌고 있었는데, 그 순간 그의 머릿속에 그 이야기가 생각났던 것이다. 그는 잠깐 동안 상대를 살핀 뒤 되도록 웃음을 지으려 애쓰며 입을 열었다.

"여보시오, 당신은 도둑인 모양인데, 혹시 내 호주머니를 노리고 있다면 미안하게도 호두 껍데기에 대드는 왜가리나 마찬가지요. 나는 몰락한 집안의 자식이니 말이오. 차라리 이 학교 교회당에 나무 십자가의 조각을 담은 진짜 은그릇이 있으니 그리로 가보는 게 나을 거요."

순간, 그림자의 망토 속에서 독수리 발톱처럼 생긴 손가락이 뻗어나오더니 페뷔스의 팔을 힘 있게 잡아당겼다. 그와 동시에 그림자가 말했다. "페뷔스 드 샤토페르 중대장!"

"아니, 당신 누군데 내 이름을 알고 있소?" 페뷔스가 말했다.

"당신 이름만 아는 게 아니오. 오늘 저녁에 누군가를 만나기로 되어 있지 않소?" 망토의 사나이는 무덤에서 들려오는 듯한 기분 나쁜 목소리로 말했다.

"그렇소." 페뷔스는 어리둥절하여 대답했다.

"7시에 말이지?"

"15분쯤 남았소."

"팔루르델의 집에서?"

"그렇소."

"생미셸 다리 부근의 여인숙이고."

"주기도문의 구절을 빌리자면 천사장 성 미카엘의 다리요."

"불경스런 놈이군! 여자를 만나기로 했지?" 유령이 물었다.

"솔직히 말하겠소."

"이름이 뭐지……?"

"에스메랄다." 페뷔스는 가슴을 펴고 당당하게 대답했다. 그는 점차 평온을 되찾고 있었다.

그 이름을 들은 그림자는 잡고 있던 페뷔스의 팔을 거칠게 흔들었다.
"페뷔스 드 샤토페르 중대장! 거짓말하지 마시오!"
그때, 분노로 붉게 물든 페뷔스의 얼굴을 보고 깜짝 놀라 움찔하자 그는 뒤로 물러서면서 그림자에게 꽉 잡혀 있던 팔을 힘껏 뿌리치고 재빨리 허리춤의 칼자루에 손을 갖다 대었다. 화가 머리끝까지 치민 페뷔스 앞에서 망토를 걸친 사나이 역시 꿈쩍도 않은 채 음산한 표정으로 서 있었다. 누가 이들의 모습을 보았다면 간담이 서늘해졌을 것이다. 그것은 돈 주앙과 조각상의 싸움 (여자관계가 복잡했던 주앙은 그가 살해한 세비야의 총독 석상에게 불들려 지옥에 떨어진다) 과도 같은 것이었다.
"신들이여, 굽어 살피소서! 이 샤토페르에게 그따위 말을 하다니! 어디 다시 한 번 지껄여보거라!" 중대장이 외쳤다.
"너는 거짓말을 하고 있어!" 그림자가 차갑고 태연하게 말했다.
중대장은 이를 갈았다. 수도사 귀신도, 유령도, 망령이나 미신에 관한 소문도 까마득히 잊은 채 그 순간 그에게는 한 무례한 사나이와 모욕밖에는 눈에 뵈는 것이 없었다.
"오냐, 좋다!" 그는 분노로 숨이 막히는지 더듬거리며 말했다. 이어서 칼을 빼들었으나 공포를 느낄 때와 마찬가지로 분노 때문에 몸을 떨며 띄엄띄엄 소리쳤다. "이쪽이다! 자, 덤벼라! 칼을 빼! 길바닥에 네 피를 뿌려주마!"
그러나 상대는 눈 하나 깜짝하지 않았다. 그의 적은 경계를 늦추지 않고 당장이라도 공격할 태세를 갖추고는, "페뷔스 중대장"이라고 말했는데, 그 어조는 매우 고통스럽게 떨리고 있었다. "당신은 밀회 약속을 잊었소?"
페뷔스 같은 부류의 감정 변화는 우유가 든 수프처럼 찬물 한 방울이면 들끓던 분노도 금세 식어버리고 만다. 그의 말 한마디에 중대장의 손에서 번쩍이던 칼끝이 고개를 숙였다.
"여보시오, 중대장! 내일이고 모레고, 한 달이든 10년 뒤가 됐든 간에, 나를 다시 만날 때엔 목을 깨끗이 씻고 오도록. 어쨌든 지금은 밀회 장소로 가시오." 그림자가 말했다.
"그렇군. 사실, 칼이든 여자든 둘 다 몹시 만나고 싶은 매력적인 것이긴 한데, 둘 다 손에 들어왔건만 어째서 하나를 위해 다른 하나를 희생시켜야 하는지 모르겠군."
페뷔스는 빼 든 칼을 칼집에 도로 집어넣었다.

"어서 약속장소로 가시오." 낯선 사나이는 다시 말했다.

"이것 보시오." 페뷔스는 살짝 당황하며 말을 이었다. "배려에 감사드리오. 윗저고리를 베거나 단춧구멍을 따는 건 당장 내일이라도 우리는 할 수 있소이다. 15분 남짓이나마 즐거운 시간을 보내게 해주다니 고맙소이다. 본디는 내 당신을 흠씬 두들겨 패서 시궁창에 처박은 뒤에 여자를 만나러 가도 늦지 않을 것 같기는 하지만 뭐 어쩌겠소? 이런 경우에는 여자들을 좀 기다리게 하는 것도 재미있거든. 아무튼 당신도 꽤 괜찮은 사람인 모양이니 승부는 내일로 미루고 나는 바빠서 이만 가봐야겠소. 당신도 알다시피 7시에 만나기로 했으니까." 그러고는 머리를 긁적이며 덧붙였다. "아차, 깜박 잊었네! 그 여인숙에 낼 방 값이 없는데…… 그 늙은 할망구가 외상을 줄 리가 없는데. 날 믿지 않는단 말야."

"돈? 여기 있소."

페뷔스는 낯선 사나이의 차가운 손끝이 동전 하나를 자기 손바닥에 쥐어주는 것을 느꼈다. 순간 그는 사나이의 손을 고마운 마음에 꽉 쥐면서 소리쳤다.

"아이고, 고맙소! 당신, 참 좋은 사람이구려!"

"단, 조건이 하나 있소. 내가 틀렸고 당신이 옳다는 것을 내게 증명해주시오. 그 여자가 신짜 그 이름의 여자인지 아닌지 내가 확인할 수 있도록 한 구석에 나를 숨겨주시오." 사나이가 말했다.

"좋을 대로 하시오! 난 상관없으니까. 나는 생트마르트에서 방을 잡을 테니 당신은 그 옆의 적당한 장소에서 편한 대로 하시오."

"좋소. 갑시다." 그림자가 말했다.

"그럽시다. 당신이 설마 그 마귀 마마의 화신인지 아닌지는 내 모르겠소만 오늘 저녁만은 사이좋게 지냅시다. 내일이면 당신에게 진 빚을 모조리 갚아줄 테니!"

그들은 잰걸음으로 걷기 시작했다. 얼마 뒤 강물 흐르는 소리가 들려왔다. 집이 빽빽이 서 있던 생미셸 다리에 닿은 것이다. "먼저 당신을 안내하겠소. 그런 다음, 나는 여자를 찾으러 갈 거요. 그 여잔 프티샤틀레 근처에서 나를 기다리고 있을 테니까." 페뷔스가 말했다.

함께 온 사나이는 아무 말도 하지 않았다. 둘이 나란히 걷기 시작한 뒤로 그는 아무 말도 하지 않았다. 페뷔스는 어느 낮은 문 앞에서 걸음을 멈추더니 거칠게 문을 두드렸다. 문틈으로 불빛이 새어나오고 있었다.

"누구요?" 안에서 이가 빠져 새는 목소리가 외쳤다.

"빌어먹을! 제기랄! 에잇, 벼락이나 맞아라!" 중대장이 이렇게 대답했다.

문이 열리더니 낡은 호롱불을 든 늙은 여인이 몸을 떨며 나타났다. 노파는 허리가 완전히 굽은 데다 다 떨어진 누더기를 걸쳤고, 머리에는 수건이라기보다는 걸레에 가까운 넝마 조각을 두르고 있었다. 사시나무 떨 듯 머리가 흔들리며 조그만 눈은 움푹 파이고 얼굴은 물론 손이나 목까지 완전히 쭈글쭈글 주름투성이였다. 입술은 잇몸 아래로 움푹 꺼지고 입 둘레에는 흰 수염이 솔처럼 나 있어서 마치 성난 고양이 같은 몰골이었다.

허물어져가는 오두막의 안도 노파만큼이나 형편이 없었다. 사방 벽은 석회로 발라놓았고 천장의 대들보는 세월의 때가 새카맣게 앉았으며, 벽난로도 다 깨졌고 구석마다 거미줄투성이에 방 한가운데는 절름발이 테이블과 의자들이 놓였으며 잿더미 속에는 지저분한 어린아이 하나가 앉아 있었다. 안쪽에는 층계라기보다는 차라리 사다리라고 해야 마땅한 것 하나가 천장의 뚜껑 문을 향해 놓여 있었다.

그 안으로 들어가면서 페뷔스의 동행인은 망토를 눈꺼풀 위까지 잡아 올렸다. 그사이, 중대장은 사라센 사람처럼 무슨 주문을 읊조리면서 그 경탄할 만한 레니에가 말한 것처럼 황급히, '1에퀴 속에 태양을 빛나게 하는' 일을 했던 것이다.

그는, "생트마르트의 방을 줘!"라고 말하며 노파에게 돈을 건넸다.

노파는 그를 귀족처럼 대접하며 그 돈을 서랍에 넣었다. 물론 그 돈은 조금 전 검정 망토의 사나이가 페뷔스에게 준 것이었다. 노파가 등을 돌린 사이, 잿더미 속에서 놀던, 머리는 부스스하고 넝마를 입은 어린아이가 재빨리 서랍으로 다가가 그 금화를 움켜쥐더니 땔감에서 잡아 뜯은 가랑잎 하나를 넣어놓았다.

노파는 그들을 나리라고 부르며 자기를 따라오라고 신호하고 앞장서서 사다리를 올랐다. 위층에 이르자 노파는 호롱불을 선반 위에 내려놓았다. 페뷔스는 단골답게 그 집의 구조를 훤히 알고 있었으므로 어두운 방으로 통하는 문을 열며 동행인에게 말했다. "이리로 들어가시오." 망토의 사나이는 아무

말 없이 그가 가리키는 곳으로 들어갔다. 이어서 문이 닫혔다. 그는 페뷔스가 문의 빗장을 잠그고 조금 뒤 노파와 함께 다시 아래로 내려가는 소리를 안쪽에서 듣고 있었다. 불빛은 완전히 사라지고 없었다.

8 강 쪽으로 난 창문의 가치

클로드 프롤로(왜냐하면 여러분은 페뷔스보다 똑똑한 분들이므로 이 사건에 나온 수도사 귀신이 다름 아닌 부주교임을 알고 있으리라고 짐작하므로)는 어둡고 더러운 방 안에서 잠시 동안 이리저리 더듬어보았다. 그 방은 건축가가 지붕과 옹벽의 접촉점에 만들어놓은 골방이었다. 페뷔스는 그것을 개집이라고 불렀는데 수직으로 잘린 방은 세모꼴이었으며 창문도 채광창도 없이 지붕의 기울기가 심해 똑바로 서 있기조차 어려웠다. 그래서 클로드 부주교는 발밑에서 풀썩거리는 먼지와 벽토 부스러기 속에 그냥 웅크리고 앉아 있을 수밖에 없었다. 머리가 타는 듯이 뜨거워지고 있었다. 그는 주위를 더듬어 깨진 유리 조각 하나를 찾아냈다. 뜨거운 이마에 그것을 갖다 대자 열이 식는 것 같아 조금쯤 마음이 가라앉았다.

이때 부주교의 어두운 마음속에는 어떤 생각들이 떠오르고 있었을까? 그것은 그 자신과 신만이 알 수 있을 것이다.

에스메랄다, 페뷔스, 자크 샤르몰뤼, 그가 끔찍이 아끼지만 지금은 진흙 속에 팽개쳐두고 온 동생, 부주교라는 성직, 혹은 팔루르델의 집에까지 끌고 간 사회적인 명성, 이런 모든 영상과 사건은 어떤 숙명적인 순서에 따라 그의 머릿속에 조직되어 있었을까? 나는 그것을 설명할 도리가 없다. 그러나 이런 생각들이 그의 머릿속에서 끔찍스럽고 무서운 집단을 이루고 있었던 것만은 분명하다.

그렇게 15분 정도를 기다렸다. 그동안 그는 마치 1백 살은 먹은 것처럼 느껴졌다. 그때 갑자기 나무계단이 삐걱거리는 소리가 들리며 인기척이 느껴졌다. 곧이어 마룻바닥의 뚜껑 문이 열리고 한줄기 빛이 들어왔다. 그가 웅크리고 앉은 다락방의 벌레 먹은 문에 큼지막한 틈새가 있어서 그곳에다 얼굴을 바짝 댔다. 그렇게 하여 그는 옆방에서 일어나는 일을 샅샅이 엿볼 수 있었다. 먼저 고양이 얼굴을 한 노파가 등불을 들고 문으로 들어왔다. 다음으로 페뷔스가 콧수염을 말아 올리며 들어오고 마지막으로 제3의 인물이, 아름답고 어여쁜 에스메랄다가 들어왔다. 그녀의 모습은 부주교의 눈에 마치 땅에서 솟은 눈부신 환상처럼 보였다. 클로드는 부들부들 떨었다. 눈에는 구름이 끼고 맥박이 어찌나 심하게 요동치는지 모든 것이 주위에서 요란한 소리를 내며 소용돌이치는 것만 같았다. 아무것도 보이지 않고 아무것도 들리지 않았다.

다시 정신을 차렸을 때는 페뷔스와 에스메랄다가 둘이서 등불 옆 궤짝 위에 앉아 있었는데 부주교의 눈에는 젊은 두 사람의 얼굴과 다락방 안쪽의 초라한 침대가 불빛 속에 두드러져 보였다.

초라한 침대 옆에는 작은 창이 있었는데 빠끔히 뚫린 창에는 마치 비에 젖은 거미줄처럼 구멍이 뚫려 있어 그 사이로 하늘 한쪽과 저 멀리 부드러운 구름 이불 위에서 잠들어 있는 달이 보였다.

처녀는 붉게 상기된 얼굴로 어쩔 줄 몰라 하고 있었다. 기다란 속눈썹이 발그레한 볼에 그늘을 만들어주었다. 그녀는 감히 장교를 똑바로 쳐다보지도 못했으나 장교는 환하게 빛나고 있었다. 그녀는 어색한 듯 귀엽고도 반복적인 몸짓으로 긴 의자 위에 손가락 끝으로 알 수 없는 어떤 무늬를 그리면서 자기 손가락을 쳐다보고 있었다. 그녀의 발은 보이지 않았는데 새끼 염소가 그 위에 웅크리고 앉아 있었기 때문이다.

중대장의 차림새는 매우 멋졌다. 목과 손목에 리본 술이 달려 있었는데 그것은 그 시절 유행의 첨단을 걷는 매우 세련된 복장이었다.

클로드 신부는 관자놀이에서 피가 끓어올라 두 사람이 주고받는 말을 제대로 알아들을 수가 없었다.

(연인들이 나누는 대화란 너무나 뻔하다. 그것은 '나는 당신을 사랑해요'의 반복일 뿐이다. 더구나 그것은 어떤 장식음이 곁들여져 있지 않으면 아무 상관없는 사람들이 들으면 그저 따분하기만 한, 맥 빠진 음악적인 말에 지나지 않는다. 그러나 클로드는 결코 냉담한 제3자처럼 듣고 있지 않았다.)

"아! 제발 저를 상스러운 여자라고 생각하지 말아주세요, 페뷔스! 제가 저지른 실수는 정말 죄송하게 생각해요." 처녀는 고개도 들지 못한 채 말했다.

"그대를 경멸하다니 그럴 리가 있소. 그런데 왜 그런 말을? 그대를 상스럽다고 생각하다니! 정말 사랑스럽군요." 장교는 그야말로 익숙하고도 세련된 말투로 칭찬의 말들을 쏟아냈다.

"제가 당신 뒤를 쫓아다녔잖아요."

"그런 이야기라면 아가씨, 우리는 서로를 오해하고 있는 거요. 아가씨 말대로 남자 뒤를 따라다닌 그대를 경멸하는 것이 아니라 미워하고 있소."

그녀는 깜짝 놀라 눈을 동그랗게 뜨고는 그를 쳐다보았다. "저를 왜 미워하세요? 제가 뭘 잘못했나요?"

"그대는 나를 이렇게 애타게 만들었잖소."

"그건! 그렇지 않으면…… 제가 한 맹세를 저버리게 되기 때문이었어요. 그렇게 되면 부모님을 영영 만나지 못하게 될 테고…… 부적도 효력을 잃게 돼요. 하지만…… 이젠 상관없어요! 이젠 아버지도 어머니도 필요없어졌어요."

그렇게 말하며 그녀는 기쁨과 애정의 눈물로 글썽이는 크고 검은 눈을 들어 페뷔스를 가만히 바라보았다.

"대체 뭐가 뭔지 못 알아듣겠구려!"

그가 이렇게 말하자, 에스메랄다는 잠시 그대로 있었다. 이윽고 크고 검은 두 눈에서 눈물이 흐르고 붉은 입술 사이로 깊은 한숨이 새어나왔다. "장교님, 전 당신을 사랑해요."

그녀의 주위로 순결한 향기와 정절의 매력이 감돌고 있어서인지 페뷔스는 그녀와 함께 있어도 마음이 아주 편한 상태는 아니었다. 그런데 그 말을 듣는 순간, 온몸에서 용기가 솟구쳤다. "나를 사랑한다고!" 그는 한껏 들떠서는 대담하게 그녀의 허리를 감싸 안았다. 그는 이 순간만을 기다리고 있었던 것이다.

부주교는 그 광경을 보고 품에 감추었던 비수의 끝을 손가락으로 만지작거렸다.

"페뷔스……" 집시처녀는 자기 허리를 감고 있는 중대장의 손을 부드럽게 풀어내면서 말을 이었다. "당신은 좋은 분이세요. 아름답고 다정하시고 저를 살려주셨어요. 보잘것없이 버려진 집시계집에 불과한 제 목숨을 구해주셨지요. 저는 아주 오래전부터 제 목숨을 구해주는 장교님이 나타나는 꿈을 꾸어왔어요. 당신을 알게 되기 훨씬 전부터 꿈꾸어온 사람이 바로 당신이었어요. 페뷔스, 나의 꿈속에서처럼 당신은 멋진 제복을 입고 긴 칼을 찬 늠름한 모습이었어요. 페뷔스, 아름다운 이름이에요. 당신 이름도 사랑해요. 당신의 긴 칼도요. 그러니 페뷔스, 그 칼을 뽑아서 한번 보여주시겠어요?"

"어린애처럼!" 중대장은 미소를 지으며 칼집에서 조심스레 칼을 꺼내 들었다.

집시처녀는 칼자루와 칼날을 몹시 귀한 것을 바라보듯 존경스런 태도로 살펴보더니 호기심 어린 눈으로 칼날 밑에 새겨진 이름자를 유심히 보고, 입을 맞추며 칼에게 말했다. "너는 용사의 칼이로다. 나는 중대장님을 사랑한단다!"

그녀가 고개를 숙인 틈을 이용해 페뷔스가 그녀의 아름다운 목덜미에 입을 맞추었다. 그러자 그녀는 볼을 버찌처럼 붉게 물들이고는 얼른 고개를 들었다. 부주교는 어둠 속에서 다만 이를 갈 뿐이었다.

"페뷔스, 당신과 이야기하게 해주세요. 그리고 조금 걸어보시겠어요? 멋진 걸음걸이를 보고 싶어요. 당신 발끝에서 박차가 울리는 소리를 듣고 싶어요. 아, 당신은 정말로 멋지고 늠름하시군요!"

중대장은 그녀의 환심을 사기 위해 벌떡 일어나서는 잠깐 투덜거리기는 했지만 이내 기분 좋은 듯 미소를 띠었다. "아가씨, 어려도 한참 어리군! 그건 그렇고 행사 때 내가 군복 입은 것을 본 적이 있소?"

"아니요. 없어요."

"정말 멋진 옷이시!"

페뷔스는 다시 그녀 곁으로 와서 아까보다는 바짝 붙어 앉았다.

"내 말 좀 들어봐, 내 사랑……."

집시처녀는 너무 즐거워서 어쩔 줄 모르는 귀여운 어린아이처럼 작고 고운 손으로 그의 입술을 살며시 두드렸다. "어머나, 싫어요, 싫어. 당신 말은 듣지 않겠어요. 절 사랑하세요? 그렇다면 사랑한다고 말해주세요."

"그럼, 사랑하고말고, 내 평생의 천사!" 그러면서 중대장은 아예 무릎을 꿇으면서 외쳤다. "내 몸도 피도 내 마음도 모두 당신 거야! 모두가 당신을 위해 존재하는 거야! 당신을 사랑해! 지금까지 당신 말고는 사랑해본 적도 없어."

그 말은 지금까지 이런 경우에 수도 없이 되풀이해왔기 때문에 한마디도 틀리지 않고 단숨에 술술 나왔다. 이렇게 열정이 가득 담긴 말을 들은 집시처녀는 천국에라도 온 것처럼 행복 가득한 눈빛으로 허공을 우러러보았다.

8 강 쪽으로 난 창문의 가치 339

"아! 지금 당장 죽는다 해도 아무런 여한이 없어요!" 그녀가 이렇게 중얼거렸다.

페뷔스는 또다시 '지금 이 순간'이야말로 그녀에게서 또 한 번의 키스를 훔쳐낼 절호의 기회라 생각했다. 그러나 그 키스는 옆방에 숨은 가련한 부주교의 가슴에는 비수를 꽂는 것과 같은 커다란 고통을 안겨주었다.

"죽는다고!" 여색을 밝히는 중대장이 외쳤다. "그게 무슨 소리야, 내 천사! 지금이야말로 살아 있는 보람을 느끼는 진정한 순간인걸. 그렇지 않다면 유피테르는 짓궂은 악동이 돼버리고 말걸. 이렇게 달콤한 순간이 시작되는 때에 죽음이라니 농담도 심하군. 그건 절대 안 돼! 내 말 들어봐, 사랑하는 시밀라르……, 아냐 에스메랄다, 아, 이거 미안. 왠지 당신 이름은 꼭 사라센식 이름 같아서 입에 붙질 않아. 꼭 가시덤불에 걸리는 것처럼 중간에 가로막힌단 말이야."

"어머나! 저는 제 이름이 독특하고 예쁘다고 생각했었는데, 당신 마음에 안 드신다니 저를 그냥 '고통'이라고 부르셔도 괜찮아요!"

"아, 별것도 아닌 것을 가지고 그렇게 울지 말아요. 그깟 이름이야 익숙해지면 나아질 거야. 저기 사랑하는 시밀라르, 나는 당신을 너무나 사랑해. 정말이지 내 가슴이 터져버릴 지경이야. 이토록 당신을 사랑하는 게 나 스스로도 이상할 정도야. 그 여자가 그걸 알면 화가 나서……."

그녀는 질투가 나는지 그의 말을 가로막았다. "그게 어떤 여자죠? 누군데요?"

"에이 아무것도 아니야. 그보다 당신은 나를 사랑하지?"

"그럼요!"

"그럼 됐어! 내가 당신을 얼마나 사랑하는지 당신도 알게 될 거야. 만약 내가 당신을 세상에서 가장 행복한 사람으로 만들지 못한다면 대악마 넵투누스 신이 날 찔러 죽여도 좋아! 우리 어디 좋은 곳에 아담한 집을 구합시다. 그리고 부하들을 당신 방 창문 아래 세워놓겠어. 그들은 모두 말을 타고 다니고, 미뇽 중대장의 부하들 따위는 우습게 여기지. 창병들도 있고 대궁병도, 그리고 장포병도 있어. 뤼리 창고 앞에서 펼쳐지는 파리 시민의 행렬에도 당신을 데려갈 거요. 대단한 장관이야! 8만에 이르는 무장한 병사, 3만 개의 흰 갑옷, 동의(胴衣) 또는 쇠사슬 갑옷, 다양한 직장 단체의 깃발이

67개나 되고, 고등재판소, 회계 감사원, 조세국, 조폐국 등등의 깃발도 있어. 말하자면 어마어마한 대규모 행렬이지! 또 왕궁에 있는 사자들도 보여주겠어. 여자들은 그런 구경거리를 좋아하니까."

여자는 황홀하고 즐거운 생각에 빠져서는 목소리만 꿈결처럼 듣고 있었을 뿐, 그가 하는 말의 의미 따위는 전혀 듣고 있지 않았다.

"당신을 행복하게 해주겠어!" 이렇게 말하면서 중대장은 슬그머니 여자의 허리띠를 풀었다.

"어머, 뭘 하시는 거예요?" 그녀는 깜짝 놀라 강한 어조로 말했다. 페뷔스의 돌발행동에 놀란 그녀가 몽상에서 깨어나는 순간이었다.

"무슨, 아무것도 아니오. 난 다만 우리가 함께 있을 때만큼이라도 요란하고 거추장스러운 옷차림은 벗어던져야 한다고 말하려는 것뿐이오."

"우리가 함께 있을 때라고 하셨나요? 나의 페뷔스!"

그녀는 다정스레 말하고 다시 생각에 잠겨 조용해졌다.

중대장은 그녀의 다소곳한 태도에 힘을 얻어 이번에는 허리를 살짝 안아보았는데 그녀는 더 이상 저항하지 않았다. 이어서 그는 가련한 처녀의 윗저고리 끈을 살며시 풀기 시작했는데, 그녀의 목장식은 이제 완전히 벗겨져 있었으므로 어둠 속에서 숨을 헐떡이며 지켜보던 신부는 침을 삼키며, 지평선의 안개 속에서 달덩이가 솟아오르듯 그녀의 벌거벗은, 포동포동하고 아름다운 밤색 어깨가 엷은 옷감 너머로 서서히 드러나는 것을 지켜보고 있었다.

그녀는 이제 페뷔스가 하는 대로 가만히 있었다. 더욱 대담해진 중대장의 눈빛이 욕정으로 번들거리는 것을 그녀는 알아차리지 못하는 것 같았다.

갑자기 그녀가 돌아보며 무한한 사랑을 담아 그를 불렀다.

"페뷔스! 당신의 종교적 신념은 뭐예요? 그걸로 저한테 많은 것을 가르쳐주세요."

"내 종교적 신념이라고?" 중대장은 싱겁다는 듯 큰 소리로 껄껄 웃으며 말했다. "내 종교적 신념으로 당신을 가르쳐달라고? 농담하지 마! 내 종교적 신념으로 뭘 하려고 그래?"

"우리가 결혼하기 위해서예요." 그녀가 대답했다.

중대장의 얼굴은 놀라움과 경멸과 태연스러움과 네가 무슨 상관이냐는 듯 전혀 개의치 않으면서도 불타는 정염이 뒤섞인 복잡한 표정이었다.

"이봐, 무슨 소리야. 결혼이라고?"

페뷔스의 말에 집시처녀는 금세 얼굴이 파리해지며 서글픈 듯 고개를 툭 떨어뜨렸다.

"여봐요, 아름다운 아가씨." 페뷔스는 다시 정다운 목소리로 말을 이었다. "결혼, 그런 미친 짓거리가 그렇게 중요한가? 신부 앞에서 라틴어를 지껄이지 않으면 사랑할 자격도 없다는 건가?"

매우 부드럽고 간사한 목소리로 말하면서 그는 여자 곁으로 바싹 다가앉아 그녀의 매끈하고 매혹적인 허리를 다시 감싸 안았다. 그의 눈은 더욱 불타올랐는데, 페뷔스도 《일리아스》에 등장하는 그때, 즉 유피테르가 너무나 우스운 짓을 하는 바람에 선량한 호메로스가 구름에게 도움을 요청하러 가야만 했던 그 긴박한 때를 맞고 있었다.

그사이 클로드 신부는 모든 광경을 하나도 빠짐없이 보고 있었다. 그는 다 썩은 술통의 널빤지로 만들어진 문틈 사이로 맹금류 같은 눈을 이글거리며 노려보았다. 약간 거무스름한 피부에 어깨가 넓은 신부는 지금까지 수도원의 엄숙한 공기 속에서 정결하게 살아온 터라 애욕과 밤의 쾌락과 육욕에 불타는 광경을 목격하자 몸이 떨리고 피가 끓어오르고 있었다. 젊고 아름다운 아가씨가 타오르는 불꽃같은 청년에게 맨살이 드러난 몸을 맡기고 있는 것을 보자 그의 혈관 속에는 뜨거운 납 물이 흐르는 것만 같았다. 그의 마음속에서 이상한 동요가 일기 시작했다. 그의 눈은 음탕한 질투심으로 불타 그녀의 옷핀이 모두 풀려버린 그 아래를 뚫어져라 바라보고 있었다. 그 순간 벌레 먹은 문살에 몸을 바싹 붙이고 있던 이 불쌍한 사나이의 얼굴을 보았다면 산양을 허겁지겁 잡아먹는 승냥이를 우리 속에서 노려보는 호랑이의 얼굴을 연상할 수 있었을 것이다. 그의 눈동자는 문틈에서 촛불처럼 반짝반짝 빛나고 있었다.

갑자기 페뷔스는 날렵한 동작으로 집시처녀의 목장식을 잡아 뜯었다. 창백한 얼굴로 생각에 잠겨 있던 가엾은 처녀는 꿈에서 깨어나듯 소스라치게 놀라며 기필로 정복하고야 말겠다며 달려드는 장교로부터 얼른 떨어져 나왔다. 그리고 발가벗겨진 자신의 목과 어깨를 내려다보고는 부끄러움과 당황스러움으로 붉어진 얼굴을 숙이며 고운 두 팔로 가슴을 감싸 안았다. 타오르는 불길 같은 그녀의 뺨이 없었더라면 말없이 서 있는 그녀의 모습은 마치 수치심의 조각상처럼 보였을 것이다. 그녀는 두 눈을 내리깔고 있었다.
　그때, 중대장은 그녀의 목에 걸려 있는, 고스란히 드러나 있는 부적을 보았다. "그건 뭐지?" 핑계를 찾은 듯 그는 방금 자신의 손아귀에서 벗어난 아름다운 아가씨에게 다시 다가갔다. "손대지 말아요!" 그녀는 세차게 말했다. "이건 제 수호신이에요. 제가 순결을 지키고 있으면 언젠가 아버지나 어머니를 만나게 해줄 부적이라고요. 저를 그만 놓아주세요, 네? 중대장님! 아아, 어머니! 어머니! 어디 계세요, 어머니! 저를 도와주세요! 제발 부탁이에요, 페뷔스! 제 목장식을 돌려주세요!"
　페뷔스는 뒤로 한 걸음 물러나며 차가운 어조로 말했다.
　"그렇군, 아가씨! 나를 사랑하지 않는군. 잘 알겠어!"
　"당신을 사랑하지 않다니요?" 가련하게도 불행한 아가씨는 이렇게 외치며 중대장에게 매달리다시피 하여 자기 옆에 앉혔다. "당신을 사랑하지 않는다니 그게 무슨 말씀이에요? 나의 페뷔스! 어떻게 그런 말씀을……. 너무해요. 제 가슴이 찢어질 것 같아요. 그래요, 다 가지세요, 저를 마음대로 하세요. 저는 모두 당신 것이에요. 부적 따위가 무슨 소용이겠어요? 당신이 제겐 곧 어머니예요. 당신을 그만큼 사랑하니까요! 페뷔스! 나의 사랑! 저를 보세요, 저를 버리지 마세요. 제 발로 걸어와서 당신을 찾는 저를 버리지 말아주세요. 제 마음도 몸도 영혼도 모두 당신 것이에요. 그래요, 좋아요, 결혼 같은 건 바라지 않을게요. 당신이 싫다는 것은 하고 싶지 않아요. 저는 그저 떠돌아다니는 비참한 여자예요. 하지만 당신은 당당한 귀족이신데! 정말로 말도 안 되는 일이죠, 떠돌이 춤추는 여자가 장교님과 부부가 되다니! 제가 잠시 돌았었나봐요. 저는 그냥 당신의 애인이 되겠어요. 당신이 싫다고, 이제 그만 떠나라고 하기 전까지는 당신 여자로 당신에게 즐거움을 드리며 그냥 곁에 있을게요! 저는 태생이 그런걸요. 더럽혀지고 업신여김당하고 정조를 빼앗기고……. 그럼 뭐 어때요? 당신에게 사랑을 받을 수만 있다면 저는 개의치 않아요! 여자들 가운데서 가장 자랑스럽고 행복한 여자가 될 거예요. 하지만 제가 늙거나 추해지면, 당신을 사랑하기에는 어울리지 않게 되더라도 당신의 시중을 들도록 허락해주세요. 다른 여자들은 당신의 견장에 수를 놓겠지만 저는 하녀니까 박차를 닦고 군복을 손질하고 승마용 장화의 먼지를 털어드릴게요. 그 정도는 가엾게 봐주시겠지요? 페뷔스, 다만 그때까지는 저를 사랑해주세요. 집시여자들에게 필요한 것은 오직 그것뿐이에요. 공기와 사랑뿐이랍니다."

이렇게 말하면서 그녀는 페뷔스의 목에 두 팔을 감고서 애원하듯 아름다운 미소와 함께 눈물로 가득 찬 눈으로 그를 찬찬히 바라보았다. 그녀의 날렵한 어깨선은 장교복의 저고리와 딱딱한 장식들에 짓눌리고 있었다. 반벌거숭이가 된 그녀의 상체를 무릎 위에서 비비 틀고 있었다. 중대장은 취한 듯 불타는 입술을 아름다운 아가씨의 어깨에 바짝 붙였다. 아가씨는 고개를 뒤로 젖힌 채 멍하니 허공을 바라보며 그 입맞춤 아래서 몸을 가늘게 떨고 있었다.

별안간 페뷔스의 머리 위로 그녀는 또 하나의 머리를 보았다. 그것은 창백하고 비장한 얼굴이었다. 그는 부들부들 떨고 있었고 저주받은 자의 눈빛이었다. 얼굴 바로 옆에는 비수를 든 손 하나가 있었다. 그것은 바로 부주교의 얼굴과 손이었다. 그는 문을 부수고 뛰쳐나왔던 것이다. 페뷔스는 그를 발견하지 못하고 있었다. 처녀는 난데없이 무시무시한 사람이 나타나자 눈으로 보고 있으면서도 얼어붙은 것처럼 꼼짝 못하고, 소리도 지르지 못했다. 마치 흰꼬리독수리가 눈을 부릅뜨고 비둘기집 안을 잔뜩 노리고 있을 때 머리를 들고 있는 한 마리 비둘기와도 같았다.

그녀는 비명조차 지를 수 없었다. 칼이 페뷔스의 머리 위에서 아래로 내려갔다가 김을 뿜으며 다시 올라가는 것이 보였다. "으악!" 중대장은 이렇게 소리지르며 바닥으로 털썩 쓰러졌다.

그녀도 정신을 잃었다.

그녀가 눈을 감았을 때, 아니, 모든 감각이 사라졌을 때 그녀는 자기 입술 위에 불처럼 뜨거운 것이 닿는 것을 느꼈다. 그것은 사형집행인의 빨갛게 달군 쇠보다도 더 뜨겁게 불타오르는 입맞춤이었다.

겨우 정신을 차렸을 때, 그녀는 야경군인들에게 둘러싸여 있었다. 피투성이가 된 페뷔스는 어디론가 옮겨졌고, 신부도 이미 자취를 감춘 뒤였다. 방 안, 강 쪽으로 난 창문이 열려 있었다. 장교의 것으로 짐작되는 망토 하나가 발견되었다. 주위에서 사람들이 이렇게 떠드는 소리가 그녀의 귀에 들려왔다. "중대장을 찌른 건 마녀가 분명해!"

제8편

1 가랑잎으로 둔갑한 금화

그랭구아르와 '기적의 소굴' 사람들은 모두 근심에 빠져 있었다. 한 달이 다 되도록 에스메랄다의 소식을 알 수 없었기 때문인데, 이집트 공작과 거지 친구들은 슬픔에 잠겼으며, 그랭구아르도 그녀와 염소의 행방을 알 수 없어 전전긍긍하고 있었다. 어느 날 밤 말도 없이 자취를 감춘 집시처녀는 그 뒤로 아무런 소식도 없었다. 갈 만한 곳은 다 뒤져보았으나 헛수고였다. 깊은 실의에 빠진 그랭구아르에게 짓궂은 자들이 그날 저녁 에스메랄다가 어떤 장교와 함께 가는 것을 생미셸 다리 부근에서 보았다고 말해주었지만 그는 별로 귀담아듣지 않았다. 왜냐하면 보헤미안식 남편인 그랭구아르는 남의 말을 곧이곧대로 듣지 않는 철학자일 뿐 아니라, 자신의 아내가 얼마나 순결한 여자인지 누구보다 잘 알고 있었기 때문이었다. 그는 에스메랄다가 부적과 집시라는 두 가지를 원동력 삼아 얼마나 굳게 정절을 지켜왔는지 잘 알고 있었다. 또 제2의 힘에 대항하는 그 지조의 저항력을 수학적으로 계산해두고 있었으므로 그런 점에서 걱정할 필요는 없었다.

그렇기 때문에 그는 그녀의 행방을 알지 못해 더욱 괴로웠으며 점점 깊은 슬픔에 빠져들었다. 지금 그의 몸은 더 이상 빠질 데가 없을 만큼 바짝 야위었으나 더 빠질 살이 남아 있었다면 아마도 그 슬픔 때문에 더욱 야위었을 것이다. 그는 매사에 의욕과 열정을 잃어버렸으며 문학적 취미에 대한 열정까지도 식어버렸다. 돈이 마련되기만 하면 인쇄하려고 벼르고 있던 그의 《수사학상의 정규형태와 변칙형태에 대하여》라는 대규모 저술마저도 깡그리 잊고 있었다(왜냐하면 위그 드 생빅토르(12세기 플랑드르의 철학자, 신학자)의 《디다스칼론》이 유명한 뱅들랭 드 스피르(유명한 인쇄가)의 활자로 인쇄된 것을 본 뒤로 그는 인쇄를 입버릇처럼 노래하고 다녔던 것이다).

어느 날, 그가 서글픈 심정으로 형사재판소 앞을 지나다가 파리 재판소 문 앞에 사람들이 모여 웅성거리는 것을 보았다.

"무슨 일이 있습니까?" 그곳을 막 나서는 한 청년을 붙잡고 그가 물었다.
"나도 잘 모르겠는데 어떤 헌병장교를 살해한 여자를 재판한다나 봐요. 사건에 아마도 마법이 관련되어 있는 모양인데 주교와 종교재판소 판사가 그 소송에 관여하고 있어서 제 형님인 조자의 부주교도 여기에 나와 있거든요. 난 형님을 만나 볼 일이 있는데 사람들 때문에 도저히 가까이 갈 수가 없네요. 급하게 돈이 필요한데." 청년이 이렇게 대답했다.
"거 참 안됐구려. 나라도 돈을 빌려드리고 싶지만 바지에 구멍이 뚫린 것은 금화 탓이 아니라서요." 그랭구아르가 말했다.

그는 청년에게 자신도 그의 형님이라는 부주교와 잘 아는 사이라고는 차마 말하지 못했다. 지난번 성당에서 옥신각신하다 헤어진 뒤로 다시는 찾아가지 않았기 때문에 알은체를 하기가 좀 겸연쩍은 생각이 들었던 것이다.

청년은 곧 자기 갈 길을 갔고, 그랭구아르는 사람들에 섞여 대강당으로 통하는 계단을 오르기 시작했다. 기분이 울적할 때는 형사소송을 구경하는 것도 좋을 것 같다는 생각이 들어서였다. 어리석고 엉뚱한 재판관들이 하는 짓은 보는 이들을 즐겁게 해주었다. 사람들은 줄을 서서 입을 꾹 다문 채 서로 팔꿈치로 밀면서 걸어 들어갔다. 낡고 커다란 건물 내부의 배수구나 창자처럼 구불구불한 어둡고 긴 재판소 안 복도를 한참 걸어서 강당으로 통하는 낮은 문 앞에 도착했을 때, 그는 남들보다 큰 키 덕분에 그들의 머리 위로 실내를 둘러볼 수 있었다.

강당은 널찍하고 어두컴컴했다. 그래서 더욱 넓게 보이는지도 몰랐다. 이미 해가 지기 시작한 시각이었다. 뾰족아치 모양의 기다란 창문으로 푸르스름한 한 줄기 빛이 흘러들 뿐이었는데 그 빛마저도 조각된 대들보에 커다란 격자가 되어 있는 둥근 천장까지는 이르지 못하고 사라져버렸다. 천장에 있는 수많은 조각상들이 그늘 속에서 어수선하게 꿈틀거리는 것 같았다. 여기저기 널려 있는 책상 위에는 이미 여러 개의 촛불이 밝혀져 서류 더미 속에 파묻힌 서기들의 머리를 비추고 있었다. 강당 앞쪽은 방청객들이 자리를 차지했으며 좌우 양쪽 테이블에는 법복을 입은 사람들이 있고, 앞쪽 높은 자리에는 많은 재판관들이 앉아 있었다. 뒷줄 재판관석에는 빛이 닿지 않아 어둠 속에 묻혀 있어서 그들의 얼굴은 음산해 보이기까지 했다. 사방 벽면은 나리꽃 무늬로 장식되어 있고 재판관들의 머리 위쪽으로는 커다란 십자가가 하나 걸려 있는 것이 희미하게 보였다. 그 밖에도 곳곳에 늘어서 있는 창문과 미늘창이 촛불 속에 번득이고 있었다.

"저어, 말씀 좀 여쭙겠습니다. 저기 고위 성직자들처럼 나란히 앉은 양반들은 뭐하는 분들이십니까?" 그랭구아르가 옆 사람에게 물었다.

"아, 오른쪽은 고등법원 판사들이고, 왼쪽은 배심원들이에요. 검은 법복 하고 붉은 법복을 입고 있는 사람들 말이에요."

"그래요? 저기 그 사람들 위쪽으로 땀을 흘리고 앉아 있는 얼굴이 붉고 뚱뚱한 저 사람은 뭐 하는 사람입니까?"

"저 사람은 재판장이오."

"그 뒤에 있는 저 양반들은요?" 그랭구아르는 그런 식으로 계속 질문했는데, 앞서도 말했듯이 그는 법관을 좋아하지 않았다. 그것은 자신의 연극이 실패한 뒤로 파리 재판소에 대하여 품게 된 원한 때문인 듯했다.

"저건 왕실 참사원의 상임고문관들이오."

"그럼 저 앞에 있는 멧돼지처럼 생긴 사람은요?"

"고등재판소 서기요."

"저기 오른쪽, 악어 같은 얼굴은요?"

"국왕 특별변호사인 필리프 루리에 선생이라오."

"그럼 왼쪽에 앉은 뚱뚱보 검정고양이는요?"

"종교재판소 국왕 검사 자크 샤르몰뤼 선생인데, 종교재판소의 관리들과 함께 온 겁니다."

"아, 그래요! 그런데 저렇게 높으신 양반들이 죄다 여기 모여서 뭘 하는 겁니까?"

"재판을 하는 거요."

"누굴요? 피고가 보이지 않는데요."

"그게 사실은 여자라고 합디다. 저 앞에 있어요. 우리 쪽으로는 등지고 있는 데다 사람들한테 가려서 안 보이는 걸 거요. 저것 봐요. 저기 미늘창이 나란히 있는 곳에 그 여자가 있어요!"

"그 여자는 어떤 사람인가요? 혹시 이름을 아세요?" 그랭구아르는 혹시나 싶어서 물었다.

"글쎄요, 잘 모릅니다. 나도 방금 왔어요. 종교재판소 판사가 나온 걸 보면 마법과 관련된 사건이 아닌가 미루어 짐작할 뿐, 지켜봐야죠."

"옳거니! 이제 저 근엄하게 법복을 차려입으신 양반들이 힘없는 인간을 잡아먹는 기막힌 광경을 구경할 수 있단 말씀이군요! 이보다 더 좋은 볼거리가 어디 있겠어요." 우리의 철학자가 이죽거렸다.

"저것 봐요, 자크 샤르몰뤼 선생은 인상이 왠지 온화해 보이지 않습니까?" 옆자리의 사내가 지적했다.

"흥! 천만에요. 저렇게 코가 뾰족하고 입술이 얇은 사람이 온화하다는 말 따위 나는 믿지 않습니다."

그때 그들 주위에 있던 사람이 이제 그만 조용히 하라고 주의를 주는 바람에 둘은 입을 다물었다. 중요한 진술이 시작되었던 것이다.

"여러 높으신 나리님들." 재판정 한복판에 웬 노파가 서서 이렇게 이야기하고 있었는데 얼굴이 누더기 옷에 가려져 있어서 마치 한 더미의 누더기가 말을 하는 것 같았다. "여러 높으신 나리님들께 있는 사실 그대로를 말씀드리겠습니다. 제가 팔루르델인 것과 마찬가지로 이 일 역시 거짓 없는 사실 그대로입니다. 저는 40년 전부터 생미셸 다리 근처에 살면서 세금도 꼬박꼬박 내고 있습니다. 저희 집은 강 상류 쪽 염색업자 타생 카야르의 맞은편입지요. 지금은 보다시피 이렇게 한심하게 늙어 꼬부라진 할망구가 되었지만, 예전에는 한창 꽃다운 미모를 자랑하던 시절이 있었습니다. 어르신들! 사람들이 2, 3일 전부터 제게 이렇게 말하더군요. '팔루르델, 밤중에는 물레 좀 작작 돌려요. 악마라는 놈은 할멈의 물레에 대고 뿔로 빗질하기를 좋아하단 말이오. 수도사 귀신이 작년에는 탕플 쪽에 있었지만 지금은 시테 섬 안에서 얼쩡거리는 게 분명해. 팔루르델, 악마가 할멈 집 대문을 두드릴지도 모르니 조심하구려.' 그러던 어느 밤이었어요. 그날도 제가 물레질을 하고 있는데 정말로 누가 문을 두드리더군요. 제가 누구냐고 묻자 밖에서 마구 욕지거리를 늘어놓는 겁니다. 문을 열고 보니 남자 둘이서 서 있었어요. 한 사람은 검정 망토에 번쩍이는 눈동자만 보였고, 다른 한 사람은 늠름한 장교님이었지요. 그들은 이렇게 말했어요. '생마르트의 방으로 안내하시오.' 그건 위층에 있는 방을 달라는 뜻이랍니다. 그 방은 우리 집에서 가장 깨끗한 방이지요. 그러면서 방값으로 에퀴 금화 한 닢을 주었어요. 저는 그걸 받아서 서랍 속에 잘 넣어두었습니다. 그 돈으로 이튿날 글로리에트 도살장에서 국거리로 쓸 내

장을 살 생각이었거든요. 저는 그분들을 모시고 위층으로 올라갔어요. 그런데 위에서 방을 보여주고 있는 사이 그 망토를 입은 사람이 어디론가 사라지고 없었어요. 전 조금 놀랐지만 갔나보다 생각하고 장교님과 함께 다시 아래층으로 내려왔어요. 장교님은 곧 밖으로 나갔다가 얼마 뒤 예쁘장한 처녀 하나를 데리고 돌아오더군요. 모자만 제대로 갖춰 썼더라면 처녀는 태양처럼 빛나는 인형 같았을 겁니다. 그 여자는 염소 한 마리도 데리고 왔어요. 커다란 염소였는데 그게 색깔이 하양이었는지 깜장이었는지는 생각나지가 않아요. 그때 제가 이런 생각을 했어요. 여자를 데려오는 건 괜찮지만 웬 새끼염소를 다 끌고 들어오는 거지? 사실 전 그런 짐승을 싫어하거든요. 수염이 나 있고 뿔도 있는 데다 꼭 사람처럼 생겨가지고선, 그것들을 보면 토요일 밤에 열린다는 마녀들의 한밤 잔치가 생각나서 기분이 섬뜩하다니까요. 어쨌거나 저는 뭐라고 하지는 않았습니다. 돈을 받았으니까요. 그렇죠, 어르신들? 저는 여자와 장교를 위층으로 보낸 뒤 다시 물레질을 시작했지요. 우리 집은 2층 집이에요. 다리 위에 있는 다른 집들과 마찬가지로요. 우리 집도 뒤쪽은 강이어서 1층 창문과 2층의 창문은 강 쪽으로 나 있답니다. 아무튼 저는 계속 물레질을 하고 있었어요. 그런데 제가 왜 염소를 보고 자꾸만 수도사 귀신이 생각났는지는 모르겠어요. 게다가 그 예쁜 처녀도 어딘가 독특한 차림새를 하고 있었어요. 얼마 있다가 갑자기 큰 소리가 나더니 뭔가 바닥에 떨어지는 우당탕 소리하고, 창문이 열리는 소리가 들렸어요. 그 창 아래 있는 제 방 창문으로 가보니 뭔지 모르지만 시커먼 물체가 2층 창에서 물 속으로 떨어지는 게 보였어요. 그건 틀림없이 신부 옷을 입은 유령이었어요. 달이 밝아서 모두 보았답니다. 그것은 시테 쪽으로 헤엄쳐 가더군요. 저는 무서워서 덜덜 떨면서 야경대원을 불렀어요. 12명쯤 되려나, 하여간 대원들이 들어왔는데, 처음엔 영문을 모르니까 그들은 저를 치고 두드려대며 위협했어요. 그래서 제가 이런저런 설명을 하고선 모두 위층으로 올라갔는데, 이를 어쩌면 좋습니까요? 방 한쪽은 피바다였고 장교님은 목을 칼에 찔려서는 엎어져 있는 데다 여자는 죽은 척하고 있더라고요. 염소도 놀랐는지 그 옆에서 바들바들 떨고 있었지요. '맙소사, 바닥 청소를 하려면 족히 보름은 걸리겠는걸. 깎아내야 할 것 같은데 이를 어째?' 제가 이런 말을 했어요. 야경대원들이 죽은 장교님을 옮겨 나갔어요. 불쌍도 하시지, 쯧쯧. 그리고 참, 처녀는 가슴도 다 드러나 있었는데. 아, 참, 잠깐만 기다려주세요. 어르신들, 무엇보다도 어이가 없는 일은 이튿날 일어났어요. 제가 국거리를 사러가려고 서랍을 열어보니, 아 글쎄 내 금화를 훔쳐간 거예요! 서랍엔 달랑 가랑잎 하나가 뒹굴고 있더라니까요!"

노파는 이야기를 끝내고 입을 다물었다. 청중 속에서 공포가 서린 웅성거림이 일어났다. "그 유령하며 염소까지 아무래도 마귀의 짓이 아닐까요?" 그랭구아르 옆에 있던 사내가 말했다. "게다가 그 가랑잎도 말이오." 다른 사내도 한마디 했다. "그건 확실히 의심할 여지가 없네요! 장교들을 없애기 위해 마녀가 수도사 귀신과 한패가 된 거라고요." 세 번째 남자도 맞장구를 쳤다. 그랭구아르도 이런 이야기를 들으니 끔찍스러우면서도 있을 수 있는 일이라는 생각이 들었다.

"팔루르델 할멈, 재판정에 더 할 이야기는 없소?" 재판장이 잔뜩 위엄 있는 투로 말하자 노파가 이렇게 덧붙였다.

"예, 특별한 것은 없어요, 재판장님. 하지만 저의 집에 대해서 찌그러지고 썩은 내가 코를 찌르는 다 쓰러져가는 오두막이라는 표현은 너무하십니다요. 높으신 분들이 보시기에는 어떨지 모르지만 제게는 세상에 둘도 없이 아늑한 보금자리입니다. 또한 다리 위의 집들은 다 그렇게 생겼어요. 워낙 많은 서민들이 모여 살고 있으니까요. 그리고 푸줏간 주인들은 돈이 꽤 많은 부자지만 한동네에 삽니다. 어여쁜 아낙들과 혼인해서 잘살고 있지요."

그때 그랭구아르의 눈에 악어처럼 보였던 법관이 일어섰다. "조용히, 조용히들 하시오! 여러분, 피고인 옆에 칼이 있었다는 점을 잊어선 안 됩니다. 팔루르델 할멈, 당신은 악마가 준 금화가 둔갑해버렸다는 그 가랑잎을 가져왔소?"

"예, 그럼요. 이게 바로 그겁니다."

서기가 노파에게서 가랑잎을 받아 악어에게 전달하자 악어는 심각한 얼굴로 고개를 끄덕이더니 재판장에게 넘겨주었다. 재판장은 다시 그것을 종교재판소 국왕 검사에게 건넴으로써 그 가랑잎은 사람들의 손을 타고 법정을 한 바퀴 돌았다. "이건 자작나무 이파리인데? 마법의 새로운 증거가 되겠는걸." 자크 샤르몰뤼가 말했다.

그때 판사 하나가 이렇게 물었다.

"증인, 당신은 장교와 검정 옷을 입은 남자가 함께 위층으로 올라갔다고 했어요. 처음에는 검은 옷을 입은 사람이 갑자기 사라졌다고 했고, 나중에는 신부 옷을 입은 사람이 센 강을 헤엄쳐 갔다고 했소. 그럼 당신에게 돈을 준 사람은 누구요?"

노파는 잠시 생각하다가 대답했다. "그건 장교님이었습니다요." 사람들 사이에서 수런거리는 소리가 났다. '아니? 그렇다면, 이거 얘기가 좀 달라지는데.' 그랭구아르는 생각했다.

그때 국왕 특별변호사 필리프 루리에가 끼어들었다. "판사 여러분께서도 기억하시겠지만 그 장교가 병상에서 진술한 바에 따르면, 비록 기억이 희미하기는 하나 검은 옷을 입은 사나이가 장교에게 다가와서 저 피고 여인을 소개해달라고 하면서 어서 그 여자를 만나러 가라고 재촉했고, 장교가 돈이 없다고 하자 그가 직접 금화를 주면서 비용으로 쓰라고 했다고 합니다. 그 돈으로 장교는 증인 팔루르델에게 방값을 치른 것이지요. 그러므로 그 금화는 틀림없이 지옥의 화폐라고 단언하는 바입니다."

이런 결정적인 의견은 그랭구아르를 비롯한 수많은 방청객들의 의혹을 풀어주는 것처럼 보였다.

"여러분 앞에 놓인 서류를 보시고 페뷔스 드 샤토페르의 진술을 참고하시면 되겠습니다." 구왕 변호사는 자리에 있으면서 그렇게 넛물었다.

그 이름을 듣더니 피고인은 자리에서 벌떡 일어났다. 그녀의 머리가 뭐가 치솟듯이 불쑥 올라왔다. 그랭구아르는 그녀가 바로 에스메랄다임을 알아보고는 기절초풍하도록 놀랐다.

그녀는 얼굴도 창백했고 예전에는 귀엽게 땋아 금화장식을 덧달았던 머리는 푸석푸석하고 완전히 흐트러져 있었으며, 입술은 새파랗게 질렸고, 겁에 질린 두 눈은 움푹 꺼져 그냥 보고 있기에도 무서웠다. 세상에, 어떻게 이럴 수가!

"페뷔스!" 집시처녀는 완전히 제정신이 아닌 듯 중얼거렸다. "어디 계세요? 아, 판사님들! 저를 죽이기 전에 제발 자비를 베풀어주세요. 그분이 아직 살아 계신지, 그것만이라도 알려주세요, 제발 부탁입니다!"

"입 닥쳐! 그런 것은 여기서 할 얘기가 아니야." 재판장이 살벌하게 말했다.

"제발 저를 가엾게 여기시어 그분이 살아 계신지 아닌지만이라도 좀 알려주세요!" 여자는 바짝 야위어 앙상해진 손을 맞잡으며 기도하듯 말을 이었는데 가냘픈 몸을 움직일 때마다 묶여 있는 쇠사슬이 쩔그렁거리는 소리가 이어졌다.

"좋다! 그는 죽어가고 있다. 어때, 이제 만족하는가?" 국왕 변호사가 차갑게 말했다.

그러자 여자는 가련하게도 말도 나오지 않았고, 눈물도 흘리지 않고 밀랍처럼 얼굴이 하얘져서는 그 자리에 풀썩 주저앉아버렸다.

재판장은 아래쪽에 서 있던 남자를 향해 몸을 숙였다. 그는 금색 모자를 쓰고 검은 법복을 입고 있었는데 목에는 쇠사슬을 걸고, 손에는 채찍을 들고 있었다.

"안내인, 두 번째 피고를 데려오시오."

재판정 안에 있던 사람들의 눈이 일제히 작은 문으로 향했다. 곧이어 문이 열리더니 뿔과 금빛 발을 가진 귀여운 염소 한 마리가 들어왔다. 염소를 보자 그랭구아르의 가슴은 걷잡을 수 없이 두근거리기 시작했다. 예쁜 염소는 잠시 문 앞에 서서 목을 쭉 뺐는데, 그 모양은 마치 바위 끝에 서서 넓은 수평선을 내려다보는 것 같았다. 염소는 어느새 집시처녀를 발견하고는 잡을 새도 없이 책상과 서기의 머리를 뛰어넘어 자기 주인의 무릎 위로 한달음에 뛰어갔다. 그러고는 주인의 발밑에서 귀엽게 뒹굴며 말을 걸어주기를, 머리를 쓰다듬어주기를 기대했다. 그러나 그녀는 꼼짝 않고 있을 뿐, 가련하게도 잘리에게 눈길을 주기는커녕 아예 거들떠보지도 않았다.

"아, 맞아. ……저게 그 흉물스런 짐승이라고요! 저 여자와 염소 둘 다 똑똑히 기억합니다요. 틀림없어요!" 노파 팔루르델이 말했다.

이때 자크 샤르몰뤼가 끼어들었다. "괜찮으시다면 이번엔 염소를 심문할까 합니다."

염소가 바로 두 번째 피고인인 셈이었다. 그 시절 마법재판에서는 동물에 대해서 제기된 소송만큼 손쉬운 것은 없었다. 그중에서도 특히 1466년의 '재판보고서'에는 '코르베유에서 그들의 죄과에 대하여 사형이 집행되었던' 질레 술라르와 그의 수퇘지의 소송비용에 관한 매우 흥미로운 세부 보고가 있다. 거기에는 돼지를 파묻기 위한 구덩이 비용, 모르상 항구에서 사들인 5백 다발의 장작, 3백 파인트의 포도주와 빵, 사형집행인과 의좋게 나누어 먹은 사형수의 마지막 식대 등에서부터 하루에 파리 주화 8드니에로 쳐서 11일 분의 돼지 관리비와 먹이로 쓴 액수에 이르기까지 낱낱이 기록되어 있었다. 때로는 짐승을 재판하는 것보다 더한 경우도 있었다. 샤를마뉴와 루이 르 데보네르의 법령집에는 뻔뻔스럽게도 공중에 나타난, 불에 휩싸인 유령에게 내린 무거운 형벌에 대한 기록마저 있을 정도였다.

한편, 종교재판소 검사는 여전히 소리치고 있었다. "이 염소에게 달라붙어 모든 악귀의 추방을 방해하는 악마귀가 영원히 그 마법을 멈추지 않는다면, 또는 이 법정을 어지럽힐 의도를 갖고 있는 한, 우리는 이 마귀를 교수대나 화형장으로 끌고 가야만 한다는 것을 여기서 말씀드리는 바입니다."

그랭구아르는 식은땀을 흘리고 있었다. 샤르몰뤼는 책상 위에서 집시처녀의 탬버린을 들고 염소에게 어떤 몸짓을 보이며 물었다.

"지금이 몇 시지?"

염소는 영특해 보이는 눈빛으로 그것을 물끄러미 바라보더니 금빛 발을 들어 바닥을 일곱 번 찍었다. 정확히 7시였다. 공포에 휩싸인 청중들의 동요가 재판정 안을 가득 메웠다.

그랭구아르는 더 이상은 도저히 가만히 있을 수 없었다.

"염소가 뭘 안다고 그럽니까? 자기가 지금 뭘 하는지도 모른다고요!" 그는 큰 소리로 고함을 쳤다.

"거기 구석에 있는 사람, 조용히 하지 못하겠소!" 안내인이 호통 치듯 말했다.

자크 샤르몰뤼는 다시 탬버린을 두드리며 염소에게 날짜를 묻거나 몇 월인지도 묻고, 다른 여러 가지 재주를 시켜보았다. 그런 공연이 만약 네거리 광장에서 이루어졌다면 잘리의 영리한 재주에 사람들은 탄성을 지르고 엄청난 박수를 보냈을 것이다. 하지만 같은 구경꾼이라도 법정의 방청객으로 앉아 있는 이들에게 그것은 공포심만 안겨줄 뿐이었다. 그러니 그들이 보기에 염소는 더 이상 의심할 바 없는 악마였던 것이다.

게다가 더욱 불리하게도 국왕 검사가 잘리의 목에 걸린 문자 카드 주머니를 풀어 바닥에 늘어놓았을 때였다. 어지럽게 널린 문자 카드를 보자 염소는 발끝으로 '페뷔스'라는 치명적인 이름을 만들어내는 것이었다. 장교가 마법의 제물이 되었다는 결정적 증거가 뚜렷하게 나타난 것이다. 수많은 사람들의 눈에 그토록 아리땁고 매혹적이던 집시처녀는 이제 무시무시한 흡혈귀로 둔갑해 있었다.

그녀는 완전히 죽은 사람 같았다. 잘리가 귀염성 있게 움직이고 있어도, 검사석에서 갖가지 무서운 말들을 늘어놓아도, 귀가 멍멍해질 정도로 소란스럽게 방청객들이 웅성거려도 더 이상 그녀에게는 들리지 않았다.

그녀가 정신을 차리게 하기 위해 집행계가 그녀를 잡고 사정없이 흔들어 깨우거나 재판장이 준엄하게 목소리를 높여야만 했다.

"이봐, 젊은 처녀! 너는 마법의 주문을 끊임없이 읊조리고 다니는 집시족이다. 너는 지난 3월 29일 밤, 이 소송에 연루되어 있는, 악마에 씌인 염소와 공모하여 어두운 밤을 틈타 미인계로 농간을 부려 왕실 친위 헌병대 중대장 페뷔스 샤토페르를 단도로 찔러 살해하려 했다. 이래도 계속 모른다고 부인할 텐가?"

"어머나, 끔찍해! 아, 나의 페뷔스! 이건 지옥이에요!" 여자는 두 손으로 얼굴을 가리며 소리쳤다.

"계속 부인할 테냐?" 재판장이 차갑게 물었다.

"정말 모릅니다!" 그녀는 섬뜩한 어조로 말하면서 자리에서 일어났다. 눈에는 불이 번득이고 있었다.

재판장은 퉁명스레 계속했다.

"그럼 너를 고발한 수많은 사실들에 대해 어떻게 해명할 셈이냐?"

그녀는 띄엄띄엄 말을 이었다.

"아까도 말씀드렸지만 저는 아무것도 모릅니다. 그분을 찌른 건 신부였어요. 저는 모르는 사람이지만, 제 뒤를 쫓는 무시무시한 신부라고요!"

"맞아, 바로 그거야. 수도사 귀신!" 재판관이 말했다.

"제발 재판장님, 제발 저를 굽어 살펴주세요. 저는 그냥 하찮은 떠돌이 계집일 뿐입니다……."

"집시계집이지!" 판사가 말했다.

그러자 자크 샤르몰뤼가 어조를 한참 누그러뜨려 말했다.

"피고인이 강경하게 부인하므로 엄중한 고문을 요구합니다."

"받아들이겠소!" 재판장이 말했다.

가련하게도 그녀는 온몸을 바들바들 떨고 있었다. 그러면서도 창을 든 관리들의 명령에 순순히 따라 일어나서 샤르몰뤼와 종교재판소 신부들의 뒤를 따라 두 줄로 늘어선 미늘창 사이로 난 중간 문을 향해 크게 흐트러짐 없이 또박또박 걸어나갔다. 그 문은 갑자기 벌컥 열렸다가 다시 닫혀버렸으므로 슬픈 그랭구아르에게는 그 문이 그녀를 집어삼켜버린 끔찍한 아가리처럼만 여겨져 슬프기 이를 데 없었다.

그녀의 모습이 보이지 않게 되자 한 마리 짐승이 구슬피 우는 소리가 울려 퍼졌다. 그것은 또다시 주인을 잃은 귀여운 잘리였다.

재판은 휴정에 들어갔다. 재판관 하나가 여러분 모두 피곤하겠지만 고문이 끝날 때까지 기다리려면 무척 지루할 것이라고 말했다. 그러자 재판장은, 법관이란 자기 의무를 다하기 위해 스스로 희생할 줄도 알아야 한다고 일침을 놓았다.

"아휴, 정말 재수 없고 악질적인 계집이야. 아직 저녁도 못 먹었는데 저런 계집을 굳이 심문하게 하는 건 또 뭐람!" 어느 늙은 판사가 투덜거렸다.

2 가랑잎으로 둔갑한 금화(이어서)

　에스메랄다는 삼엄한 간수들의 경계 속에 대낮에도 등불을 밝혀놓아야 할 정도로 어두컴컴한 복도와 계단을 몇 번씩 오르내린 뒤, 재판소 경관들에게 떠밀리다시피 음침한 방으로 들여보내졌다. 동굴 같은 그 방은 창문 하나 없이 크고 튼튼한 철문 하나가 낮게 나 있는 것 말고는 아무것도 없었다. 현대식 건물들이 옛 파리 시내를 뒤덮으며 새로운 파리를 형성해가고 있는 시점에서 여전히 그 커다란 탑들 가운데 하나의 맨 아래를 차지하고 있었다. 그러나 내부는 꽤 밝았다. 창은 없었지만 두꺼운 벽 속에 붙어 있는 가마에서 불이 활활 타고 있었다. 가마에서 나오는 빛이 그 방 안을 붉게 비추어 한쪽 구석에 켜놓은 초라한 촛불 한 자루는 있으나 마나 한 것이었다. 올렸다 내렸다 하게 되어 있는 쇠살문은 가마의 문 노릇을 했는데 때마침 올라가 있었으므로 검은 벽 위에 타는 듯한 환기창으로 들여다보아도 창살의 한쪽 끝밖에는 보이지 않았다. 그 모양은 마치 끝이 뾰족하고 드문드문 빠져 있는 검은 이가 주르르 박혀 있는 것 같았다. 그래서 이 가마는 불을 내뿜는 전설 속 용의 아가리처럼 보였다. 가마에서 나오는 불빛의 도움을 받아 처녀 죄수는 방 안에 여기저기 널려 있는 갖가지 무시무시한 도구들을 모조리 살펴볼 수 있었다. 방 안에는 가죽 침대가 놓여 있었는데 그 위에는 궁륭의 종석에 새겨놓은 들창코 괴물이 물고 있는 구리 고리에 비끄러맨, 버클 달린 가죽끈 하나가 늘어뜨려져 있었다. 또 집게며 노루발이며 넓적넓적한 쟁기들이 가마 안에서 시뻘건 불길에 벌겋게 달구어져 있었다. 핏빛 같은 가마의 불빛은 방 안의 끔찍스런 도구들을 더욱 생생하게 비추고 있었다.
　그 지옥 같은 방은 그냥 '심문실'로만 불리고 있었다.
　침대 위에는 고문관 피에라 토르트뤼가 흐트러진 자세로 아무렇게나 걸터앉아 있었다. 얼굴이 네모난 난쟁이 같은 부하 둘이서 가죽으로 만든 앞치마를 입고 사람을 매달 때 쓰는 삼밧줄을 어깨에 메고는 뜨거운 불 속에 달구어놓은 쇠붙이를 뒤적이고 있었다.
 가엾은 처녀는 기운을 차리려고 안간힘을 써보았지만 아무 소용이 없었다. 그 방에 들어서는 순간 그녀는 덜컥 겁이 났고 아무것도 생각할 수 없었다.
 방 한쪽에는 재판소 법관들이 줄줄이 섰고, 다른 한쪽으로는 종교재판소의 성직자들이 나란히 서 있었다. 서기 1명과 문구 상자, 책상 하나는 한쪽 구석에 놓여 있었다. 자크 샤르몰뤼는 상냥한 미소를 머금으며 집시처녀에게 다가갔다.
 "이봐, 너 끝까지 모른다고 할래?"
 "예." 그녀는 꺼져 들어가는 듯한 목소리로 대답했다.
 "그렇다면 우리도 네가 가엾기도 하고 바라는 바도 아니지만, 더욱 가혹하게 심문할 수밖에 없어. 자, 이 침대에 앉도록 해. 피에라 고문관, 이 여자에게 자리를 만들어주고 거기 문을 닫도록."
 피에라는 투덜거리며 일어섰다.
 "문을 닫으면 불이 꺼져버릴 텐데요." 그가 중얼거렸다.
 "아, 그렇지. 그럼 열어놔." 샤르몰뤼가 다시 말했다.
 에스메랄다는 그대로 서 있었다. 이 가죽침대에서 수많은 불쌍한 사람들이 몸을 뒤틀며 괴로워했을 것을 생각하니 그녀는 공포로 인해 등골이 오싹했다. 겁에 질린 채 그녀는 멍하니 서 있었다. 이윽고 샤르몰뤼의 신호에 따라 두 부하가 그녀를 붙잡아 침대 위에 앉혔다. 그들이 그녀를 거칠게 다루지는 않았지만 그들의 손길이 그녀의 몸에 닿거나 가죽 침대에 그녀의 몸이 닿을 때는 온몸의 피가 심장 쪽으로 역류하는 것만 같았다. 그녀는 잔뜩 겁에 질린 눈으로 방 안을 둘러보았다. 끔찍한 고문 도구들이 갖가지 연장들과 뒤섞여 마치 벌레와 새들을 노리는 박쥐와 다족류와 거미들처럼 사방팔방에서 그녀의 몸 위로 기어올라 살을 뜯고 비틀려고 자신을 향해 몰려오는 것 같았다.
 "의사는 어디 있지?" 샤르몰뤼가 물었다.
 "여기 있습니다." 지금까지 그녀의 눈에 띄지 않았던 검정 옷을 입은 사나이가 대답했다.
 집시처녀는 바들바들 떨었다.
 "아가씨!" 종교재판소 검사가 상냥한 목소리로 말했다. "세 번째로 묻겠는데 네가 기소당한 사실에 대해 아직도 모른다고 할 건가?"

그녀는 이제 고개를 가로젓기만 할 뿐 목소리도 나오지 않았다.

"아직도 고집을 부리는 거야? 그렇다면 어쩔 수 없군. 나는 내 할 일을 하는 수밖에 없어."

"국왕 검사님, 무엇부터 시작할까요?" 갑자기 피에라가 샤르몰뤼에게 물었다.

샤르몰뤼는 마치 운(韻)을 찾는 시인처럼 멍하니 못마땅한 표정으로 한참을 망설이다가 이윽고 말했다.

"먼저 족쇄부터 하지."

이 불행한 처녀는 신에게서, 그리고 인간에게서도 완전히 버림받았다고 단념했는지 움직일 힘도 없는 물체처럼 고개를 가슴에 푹 떨구고 말았다.

고문관과 의사가 동시에 그녀에게 다가갔다. 그와 동시에 두 부하가 무서운 도구들을 뒤적이기 시작했다.

무시무시한 쇠붙이들이 부딪치는 소리만으로도 그녀는 죽은 개구리에게 전기충격을 가했을 때처럼 몸을 바르르 떨었다. "오, 나의 페뷔스!" 그녀는 속삭였지만 그 소리는 아무에게도 들리지 않는 아주 작은 소리였다. 그러더니 또다시 미동도 않고, 대리석처럼 입을 다물어버렸다. 재판관이 아닌 다른 사람이 이러한 광경을 보았다면 누구나 애가 타는 듯한 느낌을 받았을 것이다. 이 가련한 영혼은 마치 지옥의 붉은 문 아래에서 사탄에게 심문을 받고 있는 것 같았다. 무시무시하게 이를 드러낸 톱니며 바퀴며 목마 같은 고문 도구들이 당장에라도 달려들려고 하는 가냘픈 육신, 가혹한 망나니와 집게의 손이 이제 곧 다루려는 인간, 그것은 바로 그 부드럽고 희고 연약한 집시 처녀였던 것이다. 인간의 손으로 이루어지는 재판이라는 것이 고문이라는 무서운 맷돌을 이용해 가루로 만들려 하는 것은 겨우 가련한 좁쌀 한 알갱이인 것이다!

그사이, 피에라 토르트뤼의 부하들은 거칠고 투박한 손으로 그녀의 아름다운 다리를 발가벗겨놓았다. 파리 시내 네거리에서 아름다움과 매력으로 뭇사람들의 시선을 한 몸에 받았던 바로 그 다리를 말이다.

"참으로 안타까운 일이야!" 고문관은 그녀의 곱고 아리따운 다리 곡선을 바라보며 중얼거렸다. 만약 부주교가 이 자리에 있었더라면 틀림없이 그 거미와 파리의 상징을 떠올렸을 것이다.

이내 가련한 처녀는 어슴푸레한 눈앞에서 족쇄가 점점 가까이 다가오는 것을 보았다. 이윽고 그녀의 발이 철판 사이에 끼어 그 무시무시한 도구 아래로 사라져버렸다. 공포가 극에 달하자 그녀는 오히려 있는 힘껏 소리쳤다. "이걸 좀 풀어주세요!" 그녀는 머리카락이 잔뜩 헝클어진 채 벌떡 일어서며 다시 외쳤다. "제발 용서해주세요!"

그녀는 침대에서 내려와 국왕 검사의 발아래 몸을 던지려 했으나 단단한 떡갈나무와 강철의 무거운 도구에 끼여 있어서, 날개에 납물을 흠뻑 뒤집어쓴 벌보다 축 처져 족쇄 위에 쓰러지고 말았다.

샤르몰뤼의 신호가 떨어지자 고문관은 여자를 다시 침대 위에 앉히고 둥근 천장에서부터 늘어뜨려져 있는 가죽끈으로 허리를 묶었다.

"이번이 마지막이야. 사실대로 자백하겠느냐?" 샤르몰뤼는 늘 그렇듯 침착하고 부드러운 표정으로 물었다.

"저는 죄가 없습니다."

"그렇다면 네가 저질렀다는 그 죄상을 어떻게 설명할 셈이냐?"

"저는 정말 아무것도 모릅니다."

"끝까지 혐의를 부인할 테냐?"

"예, 전혀 모르는 일입니다!"

"좋아, 시작해." 샤르몰뤼가 피에라에게 말했다.

피에라가 기중기의 손잡이를 돌리자 족쇄는 점점 조여들기 시작했고, 가엾은 아가씨는 인간의 언어로는 도저히 옮길 수 없는 끔찍한 고함을 질러대기 시작했다.

"그만해!" 샤르몰뤼가 피에라에게 말했다. 그리고 집시처녀를 향해 물었다. "자백하겠느냐?"

"하겠어요. 모든 것을 다 말씀드리겠습니다! 말씀드릴게요! 제발 용서해주세요!" 비참한 처녀는 고통스럽게 외쳤다.

그녀는 심문을 대수롭지 않게 여긴 탓에 자신의 힘을 계산하지 않았던 것이다. 지금까지의 삶이 그토록 즐겁고 감미롭고 유쾌했던 처녀는 결국 난생 처음으로 당하는 고통에 꼼짝없이 굴복해버린 것이다.

"나도 사람이니까 하는 말이지만, 모든 것을 인정한 뒤엔 죽음을 면치 못해." 국왕 검사가 말했다.

"차라리 죽는 편이 낫겠어요." 당장에라도 숨이 넘어갈 것처럼 가슴에 묶인 가죽띠에 매달린 채 그녀는 가죽 침대 위로, 몸을 꺾은 채 널브러졌다.

"이봐, 아가씨! 정신 차리라고." 피에라가 그녀를 일으켜 세우며 말했다. "너는 부르고뉴 전하의 목에 걸린 황금 양털 모피 같구나!"

자크 샤르몰뤼가 소리쳤다.

"서기, 필기 준비! 이봐 집시처녀, 너는 원한을 품은 수많은 유령이나 마녀, 흡혈귀와 더불어 지옥의 만찬이나 향연, 요술에 참석한 것을 시인하는가? 빨리 대답해!"

"예!" 그녀는 힘없이 대답했는데 목소리가 너무 작아서 그녀가 내쉬는 숨소리에 묻혀 사라졌다.

"너는 바알세불이 마법사들을 밤의 잔치에 부르기 위해 구름 속에 등장시킨다는 흰염소자리를, 마법사의 눈에만 보인다는 그 흰염소자리를 보았다는 것을 자백하느냐?"

"예."

"너는 성전 기사단원들의 저 밉살맞은 우상인 보포메의 머리에 예배했음을 자백하는가?"

"예."

"너와 함께 기소된 저 염소로 둔갑해 있는 악마와 교류하였음을 인정하느냐?"

"예."

"그럼 마지막으로 너는 흔히 수도사 귀신이라고 불리는 유령의 도움으로 지난 3월 29일 밤에, 페뷔스 드 샤토페르라는 자를 칼로 찔러 살해하려 하였음을 자백하는가?"

그녀는 크고 동그란 눈을 들어 검사를 물끄러미 바라보았다. 몸을 떨거나 움직이지도 않고 단지 기계적으로 "예"라고 대답했다. 그녀는 이미 완전히 지쳐버린 것이었다.

"서기, 기록했으렷다?" 샤르몰뤼가 말했다. 그리고 고문관들을 향해 지시했다. "죄수를 풀어 법정으로 데려가도록!"

그녀의 발에서 족쇄가 풀리자 종교재판소 검사는 고통으로 마비되어 있는 그녀의 발을 살펴보며 말했다. "자, 가자! 대단치는 않겠어. 너는 아주 딱 좋을 때 자백을 했다. 아직은 춤도 출 수 있겠어. 그렇지, 처녀?"

그는 종교재판소의 사제들을 돌아보며 말했다. "이것으로 조사가 마침내 끝이 났소! 여러분, 안도하시오! 이 아가씨는 우리가 자신을 최대한 너그럽게 다루었다고 증언할 것이오."

3 가랑잎으로 둔갑한 금화(끝)

그녀가 창백한 얼굴로 다리를 질질 끌며 법정으로 돌아오자 방청석에서 기다리던 사람들은 반가움으로 일제히 술렁거렸다. 그녀가 다시 등장한 것은 방청객에게는 극장에서 막간극이 끝나고 다시 막이 올라 흥미진진한 연극의 마지막 장이 시작되려고 하는 순간과 같은 느낌을 주었고, 판사들에게는 이제 곧 저녁밥을 먹을 수 있다는 기대를 품게 하는 것이었다. 귀여운 새끼 염소도 그녀를 보고 기쁨의 소리를 질렀다. 염소는 주인에게 달려가고 싶어했지만 의자에 묶인 신세라 그럴 수 없었다.

이제 밤도 꽤 깊었다. 그러나 실내를 비추는 촛불의 숫자는 더 이상 늘지 않아서 전체적으로 희미하고 어두컴컴하고 벽도 잘 보이지 않았다. 모든 것이 어둠에 싸여 마치 안개 속에 있는 것 같았다. 재판관들의 굳은 얼굴들이 희미한 불빛 속에서 겨우 보일 정도였다. 재판관석에서 마주보이는 기다란 법정의 구석 쪽으로 깊은 어둠 속에 희미한 점처럼 보이는 집시처녀가 있었다.

그녀는 피고석으로 끌려갔다. 샤르몰뤼는 한껏 위엄을 부리며 자기 자리에 가서 앉더니, 이내 다시 일어나 자기가 세운 공을 얼굴 표정에 드러내지 않으려 애쓰며 말했다. "피고는 처음부터 끝까지 모든 것을 자백했습니다."

"거기, 집시처녀!" 재판장이 그녀를 불렀다. "너는 네가 부린 마법과 매춘행위, 그리고 페뷔스 드 샤토페르 살해 기도에 관한 사실을 모두 인정하는가?"

재판장의 물음에 그녀는 가슴이 메어지는 듯한 고통을 느꼈다. 어둠 속에서 그녀의 흐느끼는 소리가 들려왔다.

"여러분이 원하시는 대로 하세요. 제발 저를 빨리 죽여주세요." 그녀가 들릴까 말까 한 목소리로 대답했다.

"종교재판소 검사님! 본 법정은 검사님의 공소를 듣기로 하겠습니다." 재판장이 말했다.

샤르몰뤼는 두꺼운 서류 다발을 제출한 뒤, 잔뜩 과장된 몸짓을 섞어가며 라틴어로 된 연설문을 웅변조로 읽기 시작했다. 그곳에 적힌 소송기록에는 모든 공소사실의 증거가 그가 좋아하는 희극시인 플라우투스 취향의 인용문을 곁들여 키케로식의 완곡한 표현법으로 작성되어 있었다. 여러분에게 그 명문장을 직접 보여드리지 못하는 것이 매우 안타까울 뿐이다. 몸짓과 화법이 화려한 우리의 변사는 그것을 멋들어지게 낭독하고 있었다. 아직 첫머리도 끝나지 않았건만 어느새 그의 이마에서는 땀이 비 오듯 흐르고 눈동자가 튀어나올 정도로 열정을 다하고 있었다.

그러다 갑자기, 긴 문장을 한창 읽어 내려가다가는 우뚝 멈추었는데 평소 몹시 온화하고, 어떻게 보면 멍청해 보이기까지 하던 그의 눈에서 불꽃이 튀는 것 같았다.

그는 "여러분!" 하고 외쳤다. (이번에는 프랑스어로 말했다. 왜냐하면 그것은 서류에 기록되어 있는 것이 아니었기 때문이다.) "이 사건에는 틀림없이 악마가 끼어 있습니다. 보십시오! 저 악마가 우리의 공판에 참석하여 사탄의 연극을 하고 있지 않습니까? 저것 보십시오!"

그러면서 샤르몰뤼는 새끼 염소를 가리켰다. 염소는 샤르몰뤼의 몸짓을 보고는 그 행동을 따라해야 한다고 생각했는지, 궁둥이를 땅에 대고 앉아서 잎빨과 수염 달린 머리통을 움직여 종교재판소 국왕검사의 훌륭한 무언극을 열심히 재현하고 있었다. 그것 또한 여러분도 알다시피 염소의 기특한 재주 가운데 하나였던 것이다. 그런데 이 마지막 '증거'는 빼도 박도 못할 매우 중대한 결과를 낳고 말았다. 경관들은 염소의 발을 묶어버렸고 국왕검사는 공소문을 계속 읽었다.

그것은 몹시 장황했으나 결론은 훌륭했다. 샤르몰뤼의 쉰 소리와 헐떡이는 숨소리는 몸짓으로, 라틴어로 이렇게 덧붙였다.

"이러한 이유로 재판관 여러분! 이제 범죄가 명백하고 범행의지가 분명했던 까닭에, 그 정체를 드러낸 이 마녀에 대하여 순결한 이 시테 섬 안에서, 높고 낮은 모든 재판의 사법권을 소유하고 있는 파리 노트르담 성당의 이름으로, 이 자리에 계신 여러분 모두의 뜻에 따라 나는 다음을 요구하는 바입니다. 첫째, 적당한 액수의 배상금을 지불할 것. 둘째, 노트르담 대성당 정문 앞에서 공개적으로 죄를 인정하고 용서를 빌 것. 셋째, 이 마녀와 그 염소를 속칭 그레브 광장이라고 일컫는 광장이나 왕실 정원 돌출부 근처인 센 강의 작은 섬 출구에서 처형하는 선고를 내릴 것을 요청합니다!"

그는 모자를 고쳐 쓰며 자리에 앉았다.

"저런 망할 놈이!" 그랭구아르는 실의에 빠져 땅이 꺼져라 한숨을 내쉬었다. "저걸 라틴어라고, 도저히 못 들어주겠군!"

그때 검은 법복을 입은 사나이 하나가 피고 옆에서 일어섰다. 그녀의 변호사였다. 재판관들은 아직까지 저녁을 먹지 못하고 있었으므로 투덜투덜 불평하기 시작했다.

"변호인, 간단히 합시다!" 재판장이 말했다.

"재판장님, 피고인이 죄를 자백한 이상, 저는 여러분께 드릴 말씀이 하나도 없습니다. 그러나 여기 살리카법전(프랑크왕국(5~9세기 말)을 구성했던 프랑크족의 주족(主族)인 살리족의 법전)의 조문에 따르면 이렇습니다. '마녀가 사람을 잡아먹고 그로 말미암아 유죄로 결정된 경우, 금화 2백 솔, 즉 8천 드니에에 해당하는 벌금을 내야 한다'고 되어 있습니다. 그러므로 피고인을 벌금형에 처해주시기를 재판관 여러분들께 바라는 바입니다."

"그 법률은 폐지된 것일 텐데요." 국왕 특별변호사가 말했다.

"그렇지 않습니다." 변호사가 반박했다.

"그럼 투표로 결정합시다! 죄상은 명백하고, 또 시각도 너무 늦었으니까." 배심판사 하나가 말했다.

사람들은 즉석에서 투표를 하게 되었다. 동의하는 사람은 모자를 벗어 표시하기로 했다. 그들은 서두르고 있었다. 재판장이 그들에게 낮은 소리로 질문을 던지자 어둠 속에서 한 사람씩 모자를 벗는 것이 보였다. 가엾게도 피고인 처녀는 그들을 가만히 바라보고 있기는 했지만, 흐려진 그녀의 눈에는 더 이상 아무것도 보이지 않았다.

곧이어 서기가 기록을 시작했고, 이어 재판관에게 기다란 양피지를 제출했다.

가련한 처녀는 사람들이 웅성거리며 움직이는 발소리와 창이 서로 부딪치는 소리, 또 얼음처럼 차가운 목소리로 다음과 같이 말하는 것을 들었다.

"집시처녀 들으시오. 국왕폐하께서 정하시는 날짜의 정오에 그대는 속옷 차림에 맨발로 목에 밧줄을 매고 수레에 태워져 노트르담 대문 앞으로 끌려나갈 것이다. 그곳에서 무게 2파운드의 촛불을 들고 공개적으로 사과한 뒤 다시 그레브 광장으로 끌려가 교수형에 처해질 것이다. 저 염소도 같은 처벌을 받을 것이며 또한 그대가 자백한 대로 페뷔스 드 샤토페르 살인 기도와 마술과 마법과 음란죄에 대하여 금화 3리옹을 종교재판소에 지불할 것을 명한다. 하느님이 너의 영혼을 받아들여주시기를!"

"아아, 이건 꿈이야!" 그녀는 멍한 눈길로 중얼거렸다. 그리고 거친 손길이 자신을 어디론가 끌고 가는 것을 느꼈다.

4 모든 희망을 버려라*

중세 때는 건축물이 완공되었다고 하면 지상에 있는 부분과 거의 같은 규모의 구조가 지하에도 있었다. 예를 들면 노트르담처럼 주춧돌 위에 세워진 것을 제외하면, 궁전이나 성채 그리고 성당에는 모두 반드시 이중의 지하 부분이 있었다. 대성당으로 말하자면 밤낮으로 파이프오르간과 종소리가 울리고 불빛으로 넘쳐흐르는 지상의 홀 아래, 낮고 어둡고 신비롭고 빛이 없고 소리도 없는, 말하자면 또 하나의 지하 대성당이 있었다. 궁궐이나 성에는 감옥이 있었고, 때로는 무덤이 있었으며 또는 그 두 가지가 다 있었다. 이러한 당당한 건축물의 구조나 건축양식에 대해서는 다른 곳에서 설명했는데, 이것들은 단순히 기초공사가 있었다는 얘기가 아니라 말하자면 뿌리를 가지고 있는 것이나 다름없으며, 그 뿌리는 땅속에 넓게 퍼져 마치 지상의 건축물과 마찬가지로 방도, 복도도, 계단도 되었다. 이와 같이 성당과 궁궐, 성채는 모두 그 몸의 반을 땅속에 묻고 있었던 것이다. 한 건축물의 지하실은 또 하나의 건축물이었으며, 그곳에서 사람들은 위로 올라가는 대신에 아래로 내려가는 것이었다. 마치 호숫가의 숲과 산이 거울처럼 호수에 거꾸로 비쳐 보이듯이 지상의 건축물 층계 밑 지하에도 똑같은 층계를 만들어놓았던 것이다.

생탕투안 성이나 파리재판소 그리고 루브르 궁전에 있는 지하 건물에는 감옥이 있었다. 이 감옥의 계단은 땅속으로 깊이 들어갈수록 더욱더 좁아지고 캄캄했다. 그것은 그야말로 온갖 공포의 색깔이 갈수록 짙어지는 색채의 띠 같은 지대였다. 단테가 지옥을 묘사할 때에도 이보다 더 좋은 것은 발견할 수 없었던 것이다. 이러한 깔때기 모양의 지하 감옥은 보통 맨 끝이 물통 같은 구조로 되어 있어 단테는 그곳에 사탄을 넣어두었고, 그 무렵의 사회는 사형

* Lasciate ogni speranza. 단테의 《신곡》〈지옥편〉에 나오는 말.

수를 가둬놓았다. 어느 기구한 인생이 일단 그곳으로 들어가는 날에는 햇빛도, 공기도, 생명도, '모든 희망'과도 영원히 이별이었다. 그가 거기서 나오는 것은 오직 교수대나 화형장으로 가기 위해서였다. 때로 그는 거기서 썩는 수도 있었다. 인간의 재판은 그것을 '망각'이라고 일컬었다. 사형수는 인간들과 자신 사이에서 돌과 간수들이 한 덩이가 되어 감옥 전체가 머리 위를 짓누르는 것을 느낀다. 그 육중한 성은 하나의 거대하고 복잡한 자물쇠가 되어 살아 있는 인간들의 세계 바깥으로 그를 몰아내놓고 잠가버리는 것이다.

교수형을 선고받은 에스메랄다가 갇힌 곳은, 혹시라도 도망치면 안 된다는 이유로 꼭꼭 갇혀 있었던 곳은 바로 머리 위에 거대한 재판소가 솟아 있는, 그 커다란 물통의 밑바닥, 즉 루이 왕의 명령에 따라 투르넬 재판소 감옥 안에 만들어진 지하 감옥이었다. 애처로운 벌레와도 같은 이 처녀의 힘으로는 이 감옥의 석벽에 있는 제아무리 작은 돌멩이조차도 움직일 수 없었다!

누가 뭐라 해도 하느님의 섭리와 인간 사회가 똑같이 공평하지 못했다. 그토록 연약한 여자를 몰아붙이기 위해 과연 그토록 가혹한 불행과 고문이 필요했을까?

그녀는 그곳 어둠 속에 오직 홀로 묻히고 갇혀 사람들에게서 격리되어 있었다. 이 처녀가 밝은 햇살 아래서 생글생글 웃으며 춤을 추는 것을 본 뒤에 이런 상태에 놓인 것을 본다면 운명의 잔인함에 진저리를 치지 않을 사람이 있을까? 이곳 감방은 밤처럼 차디차고 죽음처럼 냉랭하며, 머리카락을 흩날리는 바람 한 점 없고 사람의 목소리도 들리지 않으며, 햇빛 한 자락도 들어오지 않았다. 몸은 둘로 접혀 쇠사슬로 눌려 있었고, 지하 감옥의 벽에서 새어나오는 물이 흥건히 고인 웅덩이 위에 짚을 조금 깔고 웅크리고 앉아 꼼짝도 하지 못하고 숨도 거의 쉬지 않은 채 물병 하나와 빵 한 조각 옆에서 그녀는 어느덧 고통조차 느끼지 못하고 있었다. 페뷔스며 태양, 한낮, 파리 시내, 갈채를 받던 춤, 장교와의 사랑의 속삭임, 그리고 신부, 노파, 단도, 낭자한 피, 고문, 교수대, 이러한 것들이 아직도 그녀의 마음속을 떠다녔다. 어느 때는 노래를 부르는 것 같은 황금빛 환영이 되고, 또 어느 때는 기괴한 악몽이 되어 나타났다. 그것은 이미 어둠 속으로 사라져가는 섬뜩하고 막막한 한바탕의 갈등, 또는 땅 위 몹시 높은 곳에서 연주되고 있지만 불행한 처녀가 떨어져 있는 이 깊숙한 곳에서는 이미 들을 수 없는 머나먼 음악에 불과했다.
 이곳에 갇힌 뒤로 그녀는 깨어 있는 것도 아니고, 그렇다고 잠을 자는 것도 아니었다. 이 불행 속에서, 이 지하 감옥에서, 그녀는 낮과 밤을 구별하지 못하는 것과 마찬가지로 깨어 있음과 잠을, 꿈과 생시를 구별하지 못했다. 이 모든 것이 그녀의 생각 속에서 어렴풋하게 뒤섞이고 부서지고 나부껴 이리저리 흩어져 있었다. 그녀는 감각도, 지각도, 생각도 없었다. 몽상에 잠기는 게 고작이었다. 살아 있는 인간으로서 이토록 깊은 허무 속에 빠져본 사람은 일찍이 없었을 것이다.
 이렇게 감각도 없어지고 몸은 싸늘해져 화석처럼 제대로 움직이지도 못하게 된 처녀의 귀에 저 위쪽 어딘가에서 출입문이 들어 올려져 열리는 소리가 두세 번 간신히 들려왔다. 그러나 빛은 요만큼도 들어오지 않았다. 그 문으로 손 하나가 들어오더니 검은 빵 하나를 휙 던졌다. 이것이 인간과 그녀 사이에 남겨진 단 하나의 줄, 즉 간수가 이따금 찾아온다는 증거였다.
 다만, 그녀의 귀에 아직도 기계적으로 들려오는 소리가 하나 있었는데 그것은 머리 위의 습기가 둥근 천장의 이끼 낀 돌에 스며 있다가 규칙적인 간격으로 똑똑 떨어지는 물방울 소리였다. 그녀는 물방울이 자기 옆 작은 물웅덩이에 떨어지는 소리를 멍하니 듣고 있었다.
 물웅덩이에 떨어지는 물방울, 이것이 이 감옥 안에서 아직도 움직이고 있는 유일한 움직임이요, 시간을 알리는 유일한 시계요, 지상에 울리는 모든 소리 가운데 귀에까지 와 닿는 단 하나의 소리였다.
 이따금 아무것도 분간할 수 없는 이 흙탕물과 어둠 속에서 뭔지 모르지만 섬뜩하도록 차가운 것이 발이나 팔 위를 이리저리 기어다니는 것을 느끼고 몸을 떨곤 했는데, 그것도 이 물방울 때문이었다.
 이곳에 내던져진 뒤로 시간이 얼마나 흘렀을까? 그녀는 도저히 가늠할 수 없었다. 다만 어디선가 누군가에 대해 사형판결이 내려졌다는 것과 그런 뒤에 사람들에게 끌려갔다는 것, 그리고 어둠과 고요 속에서 언 채로 깨어났다는 것만을 희미하게 떠올릴 수 있었다. 그녀는 두 손을 짚고 기어보았는데 바닥에 끌리는 쇠사슬 소리와 함께 발목이 짓눌렸다. 그녀는 사방이 온통 벽으로 둘러싸여 있고 아래로는 물이 흥건한 돌바닥과 짚더미가 한 묶음 있다는 것을 알았다. 그러나 등불도 환기창도 없었다. 그녀는 마른풀 위에서 자세를 바꿔 보기도 하고, 감옥 안 돌계단 맨 아래칸에도 앉아보았다.
 한동안 그녀는 물방울이 떨어지는 소리를 재어 시각을 헤아려보기도 했으나, 그리 오래지 않아 병든 머리의 서글픈 노동은 차츰 머리에서 사라져 그녀는 또다시 혼미한 상태에 빠져들었다.
 그러던 어느 날, 또는 어느 밤에 (왜냐하면 밤과 낮이 이 무덤 속에서는 다 똑같은 색깔이었기 때문에) 머리 위에서 간수가 빵과 물병을 가져다줄 때 늘 울리던 소리와는 조금 다른 강한 소리가 들려왔다. 그녀는 고개를 들었다. 한 줄기 불그스름한 빛이 감옥의 둥근 천장에 만들어진 뚜껑 문 같은 것의 틈새로 흘러들어왔다. 그와 동시에 무거운 쇠붙이 장식이 울리는 소리가 나더니 그 녹슨 돌쩌귀 위를 문이 삐걱거리며 돌았다. 그리고 초롱 하나와 손 하나, 두 사나이의 하반신이 보였다. 문이 몹시 낮았으므로 머리는 보이지 않았다. 빛이 눈을 심하게 자극했으므로 그녀는 눈을 감아버렸다.
 그녀가 눈을 다시 떴을 때는 문이 닫혀 있었고, 커다란 호롱불은 계단 위에 놓여 있었다. 한 남자가 그녀 앞에 홀로 서 있었다. 그는 성직자가 입는 검정 옷을 입고 있었는데 옷자락이 발끝까지 덮고 있고 같은 색 두건으로 얼굴을 가리고 있었다. 얼굴은 물론 손도 볼 수 없었으며 누군지도 알 수 없었다. 길고 검은 수의가 서 있는 것 같았고, 그 옷 속에서 무언가가 움직이는 듯했다. 한동안 그녀는 그 유령 같은 인산을 뚫어서라 쳐다보았다. 그사이 그녀도 그 남자도 입을 열지 않았다. 마치 두 조각상이 서로 마주보고 있는 것 같았다. 이 무덤 속에서 살아 있는 것이라곤 단 2개의 물체뿐인 듯싶었다. 감옥 안의 눅눅한 공기 때문에 탁탁거리는 초롱의 심지와 천장에서 단조롭게 똑똑 떨어지는 물방울 소리. 규칙적인 물방울 소리는 심지의 타닥거리는 소리를 지워버릴 정도였다. 그리고 물방울은 물웅덩이의 기름 뜬 물 위에 동그란 파문을 그리며 불빛을 흔들리게 했다. 오직 그 두 가지만이 살아 있는 것 같았다.
 마침내 처녀가 먼저 입을 열었다.
 "당신은 누구세요?"
 "성직자요."
 그 단어와 목소리, 말투를 듣고 그녀는 몸을 달달 떨었다.
 그는 목소리를 한층 낮추어 그녀에게 말했다.

"준비는 되었소?"

"무슨 준비 말씀인가요?"

"죽을 준비 말이오."

"얼마 남지 않은 건가요?"

"내일이오."

그녀는 반가운 듯 고개를 들었으나 다시 고개를 깊이 떨어뜨렸다. "아직 멀었군요! 어째서 오늘이 아닌가요?" 그녀가 중얼거렸다.

"그러고 보니 당신은 몹시 괴로운가 보군?" 신부가 잠시 침묵하다가 물었다.

"여긴 너무 추워요." 그녀가 대답했다.

그녀는 두 손으로 자기의 두 발을 꼭 잡았는데 그것은 한기로 꽁꽁 언 불행한 사람이 흔히 하는 몸짓이다. 우리는 투르 롤랑의 은둔자가 그러한 몸짓을 하는 것을 본 적이 있다. 그녀는 이를 딱딱 부딪치며 떨었다.

남자는 두건 아래로 눈을 돌려 감옥 안을 샅샅이 둘러보았다.

"빛도 없고! 불기운도 없고! 게다가 온통 물바다로군! 정말 끔찍한 곳이야!"

"맞습니다. 모든 사람들에게 대낮이란 것이 있어요. 그런데 왜 저한텐 밤밖엔 주어져 있지 않은 걸까요?" 그녀는 불행에 빠진 탓에 매사에 쉽게 놀라고 있었는데 이번에도 놀란 모습으로 대답했다.

신부가 한참을 침묵하다가 다시 입을 열었다. "그대는 자신이 왜 여기에 와 있는지 알고 있소?"

"알 것 같기도 하고……." 그녀는 기억을 더듬듯 깡마른 손가락으로 눈썹을 쓸어 올리며 말했다. "하지만 이젠 뭐가 뭔지 하나도 모르겠어요."

갑자기 여자는 어린애처럼 울음을 터뜨렸다.

"저는 여기서 나가고 싶어요. 춥고 무서워 견딜 수가 없어요. 엄청나게 많은 벌레들이 제 몸을 기어다녀요."

"알겠소. 내 뒤를 따라오시오."

이렇게 말한 신부는 그녀의 팔을 잡았다. 여자의 몸은 불쌍하게도 뼛속까지 얼어 있었지만 신부의 손은 그녀에게 왠지 몹시 차가운 것에 닿은 느낌을 주었다.

"어머나! 당신 손은 죽은 사람처럼 꽁꽁 얼었군요. 대관절 당신은 누구세요?"

신부는 두건을 벗고 그녀를 똑바로 바라보았다. 그것은 오래전부터 자신의 뒤를 따라다니던 그 음흉한 얼굴이었다. 팔르루델의 집에서 사랑하는 페뷔스의 머리 위에 나타났던 그 악마의 얼굴이었고, 단검 옆에서 빛나던 것을 마지막으로 본 뒤로 처음 보는 바로 그 눈이었다.

이 성직자는 나타날 때마다 집시처녀를 늘 치명적인 위험에 처하게 했고, 결국은 사형에 이르도록 불행에서 불행으로 몰아넣더니 마침내 이런 고통의 벼랑 끝에까지 몰아넣은 것이다. 그녀는 그 모습을 보고 완전히 무감각했던 상태에서 깨어났다. 기억 위에 두껍게 덮여 있던 베일 같은 것이 벗겨지는 것 같았다. 팔르루델의 집에서부터 재판소에서 유죄선고를 받기까지, 그 우울한 사건의 세세한 것들 하나하나가 모조리, 그리고 한꺼번에 와락 떠올랐다. 그것은 지금까지 그랬던 것처럼 막연하고 복잡하게 엉켜 있는 것이 아니라 또렷하고 생생하며 분명히 살아서 움직이는 무서운 것으로 되살아난 것이다. 마치 그것은 백지 위에 보이지 않는 잉크로 쓴 글자가 불에 가까이 다가갈수록 종이 위에 또렷하게 부각되는 것과도 같았다. 그녀는 마음속 모든 상처들로부터 한꺼번에 피가 스며나오는 듯한 느낌을 받았다.

"어머나, 그 신부님이로군요!" 그녀는 두 손으로 얼굴을 가리고 바늘바늘 떨면서 외마디 소리를 질렀다.

그러고는 온몸의 기운이 다 빠져나갔는지 그 자리에 털썩 주저앉고 말았다. 고개를 푹 숙인 채 시선은 못이라도 박은 듯 바닥을 응시하고 입은 꼭 다문 채 여전히 몸을 떨고 있었다.

신부는 그녀를 바라보고 있었다. 마치 밀밭에 앉은 가엾은 종달새 주위를 하늘 높이서 오래도록 맴돌며 소리 없이 차츰 원을 좁혀 날다가 번개처럼 먹이를 덮쳐 그 발톱으로 퍼덕이는 새를 낚아채는 솔개 같은 눈초리로 그녀를 응시하고 있었던 것이다.

그녀는 나지막이 중얼거렸다.

"부디 저도 죽여주세요. 제발 죽여주세요!" 그녀는 푸주한의 칼날이 떨어지기만을 기다리는 순한 양처럼 잔뜩 겁에 질린 채 머리를 어깨 사이에 묻었다.

"내가 그토록 무섭소?" 그가 물었다.

그녀는 대답이 없었다.

"내가 무서운 것이오?" 그가 다시 물었다.

그녀의 입술은 웃음을 짓는 것처럼 실룩거렸다.

"그래요. 사형을 집행하는 사람은 사형수를 비웃는 법이지요. 벌써 몇 달째, 이 사람은 나를 쫓아다니며 위협하고 끔찍한 일만 겪게 하고 있어요! 이 사람만 아니었으면, 아, 하느님, 저는 행복했었어요! 나를 이 지경에 빠뜨린 건 이 사람이에요! 하느님, 이 사람이 죽였어요. ……살해한 것은 바로 이 사람이라고요! 나의 사랑하는 페뷔스를요!"

그녀는 이렇게 소리치고 흐느끼다가 다시 신부를 쳐다보며 말했다.

"악마 같으니! 당신은 누구죠? 내가 뭘 어쨌다고 나한테 이런 짓을 하는 거예요? 왜 이렇게 나를 미워하느냐고요? 왜 당신은 나를 이런 지경에 빠뜨린 거죠?"

"널 사랑해!" 사내가 외쳤다.

그녀의 눈물이 멈추었다. 뜻밖의 대답에 그녀는 백치 같은 멍한 눈길로 그를 바라보았다. 신부는 이제 무릎을 꿇고 불같이 타오르는 눈빛으로 그녀를 뚫어져라 바라보고 있었다.

"알아듣겠어? 너를 사랑하고 있다고!" 그는 또다시 절규했다.

"그건 도대체 어떤 사랑이죠?" 처녀는 가엾게도 덜덜 떨면서 말했다.

그가 다시 말했다.

"저주받은 사나이의 사랑이지."

둘은 감정의 무게에 압도되어 사내는 얼이 빠진 듯, 여자는 멍한 채로 둘 다 아무 말도 못한 채 그대로 있었다.

"내 말을 들어보시오." 마침내 사내가 입을 열었다. 그는 이제 평정심을 되찾고 있었다. "모든 걸 다 말해주겠소. 하느님께서도 더 이상 우리를 볼 수 없을 그런 칠흑 같은 밤이었지. 나는 내 양심에 물었소. 차마 나 자신에게도 하지 못했던 이야기를 들려줄 테니 들어보오. 그대를 보기 전까지 나는, 나는 참 행복했소……."

"나도 마찬가지예요." 그녀는 힘없이 한숨지었다.

"아무 말 말고 그냥 들어보시오. 그래, 난 행복했소. 적어도 나 스스로는 그렇게 믿고 있었지. 난 순수하고 평화로웠고, 내 마음은 투명한 빛으로 가득 차 있었소. 이 세상에 나보다 더 고개를 당당하게 쳐든, 더 빛나는 머리는 없었어. 신부들은 성결에 관해 나에게 물었고 박사들은 학설에 관해 내게 물었지. 맞아, 학문은 모두 나를 위해 존재하는 것 같았어. 그것은 누이였고 나는 그 누이만으로 충분했는데 그렇다고 나이를 먹어가면서 다른 관념들이 떠오르지 않은 것은 아니야. 내 육신은 여자가 지나가는 모습을 보고 흥분한 적이 한두 번이 아니라오. 욕정은 피 끓는 사춘기에 영원히 억눌러버린 줄로만 알았지. 그러나 사내의 성정과 피의 힘이 내 몸을 비참하게도 싸늘한 돌 제단에 잡아매놓고 있는 철석같은 맹세의 사슬을 발작적으로 들어올렸던 적이 한두 번이 아니었소. 그러나 단식과 기도, 연구 그리고 수도원의 고행은 육체의 노예가 된 영혼을 다시 두드려 깨워주었다오. 그 뒤로 나는 여자들을 피했소. 그리고 책을 펼치기만 하면 머릿속에 있던 잡념은 학문의 빛 앞에 깨끗이 사라져버리더군. 시간이 얼마쯤 흐르고 나면 지상을 뒤덮고 있던 괴로움이 저 멀리로 도망쳐 사라지는 것을 느끼곤 했소. 다시 조용한 경지를 되찾아 영원한 진리의 편안한 빛 앞에서 그것에 현혹되어 마음은 아주 밝게 깨어 있었지. 악마가 제아무리 나를 괴롭히려 해도, 성당 안에서나 거리에서, 또는 들판에서 내 눈앞을 어른어른 오가고 또 꿈속에 희미하게 떠오르는 여인의 막막한 그림자를 내게로 보내준다 해도, 나는 그것을 손쉽게 무찔렀지. 이, 그런데 내게 승리가 남아 있시 못한 것은 전석으로 수님의 잘못이야. 주님은 인간과 악마의 힘을 동등하게 만들어놓지 않으셨으니까. 내 얘길 들어보오. 어느 날의 일이었소……"

이렇게 말하고 신부는 잠시 멈추었는데 그녀의 귀에 그의 가슴에서 새어나오는 매우 고통스런 탄식이 들려왔다.

그는 다시 말을 이었다.

"……어느 날이었지. 나는 내 방 창가에서 책을 읽고 있었는데, 그게 어떤 책이었더라? 아, 머릿속이 엉망진창으로 엉켜 있군. 아무튼 나는 책을 읽고 있었소. 광장 쪽으로 난 창문 밖에서 탬버린과 음악소리가 들려왔지. 깊은 사색에 잠겨 있던 나는 그렇게 방해받은 것에 화가 나서 광장을 내려다보았소. 그랬더니 사람들이 무언가를 넋이 빠져가지고는 열심히 바라보고 있더군. 그런데 그것은 사람의 눈을 위해 만들어진 광경이 아니었소. 따사로운 햇살이 내리쬐는 한낮의 광장 한복판에서 한 여자가 춤을 추고 있었던 거요. 어쩌나 아름답던지 주님이 인간이 되셨을 때 만약 그녀가 세상에 있었다면 주님은 성모 마리아가 아닌 그녀를 더 좋아했을 거라고 생각했을 정도였지. 그녀를 주님 당신의 어머니로 택하여 그녀에게서 태어나기를 바랐을 거라고 생각할 지경이었으니까! 그녀의 눈은 까맣고 반짝였으며 검은 머리 몇 가닥은 햇살을 받아 황금빛으로 반짝반짝 빛나고 있더군. 그녀의 발은 빠르게 돌아가는 수레의 살대처럼 재게 움직여 제대로 보이지도 않을 정도였지. 땋아 내린 검은 머리채에선 금속장식이 햇빛에 반사되어 반짝였는데 그것은 마치 별의 관을 쓴 것 같았소. 옷에는 여기저기 반짝이들이 달려서 푸른빛을 발하고 있었고, 한여름 밤하늘의 별빛처럼 수천을 헤아리는 섬광이 사방으로 퍼지고 있더군. 보드라운 다갈색 팔뚝은 두 장의 스카프처럼 허리둘레를 감았다 풀었다를 반복하고 있었고, 몸의 곡선은 놀라우리만치 아름다웠지. 아, 빛나는 것 같기도 한 그녀의 얼굴은 태양빛 아래서도 더욱 빛이 나는 듯 윤곽이 매우 뚜렷했소. 아! 그대, 그녀가 바로 그대였소! 나는 그 순간, 무엇에 취한 사람처럼 넋을 잃고 말았다오. 그렇게 맥없이 당신을 바라보다가 깜짝 놀라서 진저리를 쳤소. 그 순간, 어떤 운명이 나를 사로잡는 것을 느꼈지."

신부는 가슴이 벅차도록 감격스러워 숨이 막히는지 다시 말을 끊었다. 그리고 얼마 뒤에 계속했다.

"나는 어느새 거의 정신을 빼앗긴 사람처럼 되었고, 어떻게든 무언가에 매달리려 무진 애를 썼소. 어떤 악마가 나를 빠뜨리기 위해 만든 함정이라고 생각했으니까. 나의 눈에 띈 그 사람은 천국이 아니면 지옥에서 왔을 것으로 여겨질 정도로 아름답더군. 이 지상에서 하찮고 얼마 되지 않는 흙으로 만들어진 여자의 영혼의 빛이 희미하게 내부를 비추는 단순한 여인이 아니었소. 그것은 천사였소! 그러나 암흑의 천사, 불꽃의 천사였지 광명의 천사는 아니었소. 한창 그런 생각을 하고 있을 때, 당신 옆에서 염소 한 마리가, 마술사의 한밤 잔치에 나오는 짐승 한 마리가 웃으면서 나를 바라보고 있는 것을 보았지. 한낮의 태양은 그 염소의 뿔을 새빨갛게 빛내고 있었소. 그때 나는 악마의 함정을 보는 것 같았고, 그대가 지옥에서 왔음을, 지옥에서 온 것은 오로지 내 영혼을 멸망시키기 위한 것임을 믿어 의심치 않았소. 나는 다만 그렇게 믿어버렸소."

여기서 신부는 여자의 얼굴을 똑바로 쳐다보았고, 그렇게 얼마 지난 뒤 다시 차갑게 덧붙였다.

"나는 지금도 그렇게 믿고 있소. 그러는 사이 내 마음을 유혹하는 그 힘은 점점 커지기 시작했지. 당신 춤이 내 머릿속에서 맴돌더군. 신비스러운 주문(呪文)이 마음속에서 생겨나고 있음을 느낄 수 있었지. 영혼 속에서 깨어 있어야 할 것들이 모조리 깊은 잠에 빠져버린 거요. 그리고 마치 눈구덩이에서 얼어 죽는 사람처럼 닥쳐오는 졸음에 그냥 몸을 맡기고 있는 편이 훨씬 기분이 좋더군. 그런데 당신은 갑자기 노래를 부르기 시작했어. 이렇게 되니 정말 비참한 노릇이기는 하지만, 도저히 어떻게 할 수가 없었지. 그대의 노래는 춤보다 더 매력적이었으니까. 나는 달아나려 했지만 불가능했소. 나는 땅바닥에 붙박여 있었지. 마치 땅에 뿌리가 내린 것처럼 줄곧 그렇게 서 있었으니까. 내 무릎까지 땅속에 박혀버린 것 같았소. 끝까지 그곳에 있을 수밖에 없었소. 발은 얼음처럼 차가웠지만 머리만큼은 불덩이처럼 끓고 있었지. 이윽고 그대가 나를 측은하게 여겼는지 노래를 마치고는 어디론가 사라져버리더군. 눈부신 환영의 반짝임과 황홀한 음악의 울림은 내 눈과 귀 속에 긴 여운을 남기며 점차 옅어지고 스러져갔소. 그제야 나는 창가 한구석에 힘없이 쓰러지고 말았소. 저녁기도를 알리는 종소리를 듣고 간신히 정신을 차렸지. 그러나 나는 다시 일어나 도망치기 시작했소. 하지만 내 마음속에선 무언가가 허물어져 다시는 일어서지도 못하는 그런 것이 있었고, 피할 수 없는 어떤 것이 엄습해오는 것을 느꼈다오." 그는 다시 쉬었다가 계속했다.

"맞소. 바로 그날부터였소. 내 안에는 웬 낯선 사나이 하나가 자리 잡았던 거요. 나는 온갖 수단과 방법을 다 써보았소. 수도원에 틀어박혀 제단에 머리를 조아리기도 하고 땀을 뻘뻘 흘리며 일에 몰두하기도 하고, 미친 듯이 독서에 전념하기도 했지. 그렇지만 모두 소용없었소. 정열이 가득 들어찬 머리로 절망적으로 학문을 대할 때, 학문은 얼마나 공허하던지. 그 뒤 책과 나 사이에서 내가 늘 보았던 것이 무엇인지 알겠소? 바로 그대, 그대였소. 그대의 그림자였지. 어느 날 내 앞을 지나갔던 환하게 빛나던 당신의 환영 말이오. 그러나 그 모습은 더 이상 똑같은 빛깔이 아니었소. 그것은 태양을 똑바로 쳐다본 경솔한 남자의 눈에서 오래도록 떠나지 않는 그 검정 동그라미처럼, 어둡고 슬프고, 불길한 것이었지.

그대의 노랫소리가 언제나 내 머릿속에서 울리고, 그대의 다리가 내 성무일과서 위에서 춤을 추더군. 또 밤이면 밤마다 꿈속에서 그대 모습이 내 육체 위를 스멀스멀 기어다니는 것을 느꼈소. 그러면서도 좀처럼 떨쳐버릴 수가 없었지. 그래서 나는 또 한 번 그대를 만나 그대의 육체에 손을 대서 그대가 무엇인지를 알고, 내 마음에 새겨진 그대의 이상적인 조각상과 정말 닮았는지를 확인하는 동시에, 현실의 모습으로 그대가 식접 내 꿈을 깨트려주기를 바랐소. 어쨌든 나는 그대에게서 받은 첫인상의 충격에 견딜 수가 없어서 새로운 실망스런 인상이 그대에 대한 첫인상을 지워주기를 바라게 됐던 것이오. 나는 그대를 찾았소. 그대를 다시 보았지. 그런데 그것이 더 불행을 초래했소. 그대를 다시 보았을 때 나는 천 번도 더 다시 보고 싶었고, 언제나 보고 싶어졌소. 그러니 이 지옥의 비탈에서 어떻게 멈출 수가 있었겠소? 나는 나 자신을 더 이상 마음대로 할 수가 없더군. 악마가 내 날개에 묶어놓은 밧줄의 반대쪽 끝을 자기 발에 비끄러매어놓은 거요. 나는 망연자실하여 그대처럼 정처 없이 돌아다니게 되었소. 나는 이 집 저 집 현관 아래서 그대를 기다렸지. 길거리 모퉁이에 서서 그대가 오기를 마냥 기다렸고, 탑 위에서 그대를 멍하니 지켜보고 있을 때도 있었소. 매일 밤 더욱더 매혹되어 빠져들고 절망하여 이젠 회복의 희망조차 없는 나 자신이 되고 있음을 느꼈으니까!

나는 그대가 어떤 여자인지 알고 있소. 이집트, 보헤미아, 스페인, 이탈리아 등을 떠돌아다니는 집시처녀라는 것을 말이오. 그러니 어떻게 마법에 걸리지 않을 수 있었겠소? 들어보시오, 그래서 나는 그대를 재판소에 고소하면 나에게 걸린 마술에서 풀려날 수 있으리라 생각했소. 브루노 다스티(11세기 무렵의 이탈리아 신학자)는 마녀에게 홀린 적이 있는데, 그는 그 여인을 화형에 처하고 나서야 그 마력에서 벗어날 수 있었소. 그래서 나도 그런 식으로 구원의 길을 찾으려고 생각했지. 그래서 우선은 그대가 노트르담 광장에 오지 못하도록 금지시키려 했소. 만약 그대가 그곳에 더 이상 나타나지 않으면 잊어버릴 수 있을 거라고 생각했으니까. 그런데 그대는 그런 것은 전혀 개의치 않더군. 그대는 그곳에 또다시 나타났고 나는 그대를 납치하려 시도했소. 어느 날 밤에 그걸 감행했지. 우리 편은 둘이었고 이미 그대를 잡았는데 그때 그 장교가 뜻밖에도 덤벼든 거요. 그리고 그대를 구해주더군. 그리하여 그대와 나, 그리고 그 장교의 불행이 시작된 것이오. 결국 나는 어떻게 해야 할지, 어떻게 되어가는 것인지 도무지 알 수가 없게 됐소. 그래서 그대를 종교재판소에 고소하기에 이른 거요. 나도 브루노 다스티처럼 구원받을 수 있다고 생각했거든. 또 고소를 하면 그대를 내 마음대로 할 수 있을 거라고 생각했소. 감옥 안에서 그대 손을 잡고 그대를 껴안을 수도 있을 거라고 믿었지. 그대가 내게서 도망칠 수 없으리라고 생각했다오. 그대가 오래전부터 나를 사로잡았으니 이제는 내가 그대를 사로잡을 차례라고 생각했지. 사람이 악을 행할 때는 모든 악을 행하지 않으면 안 되는 것이오. 흉악한 일을 하다가 중간에 멈추는 건 바보 같은 짓이지. 죄악의 극단엔 기쁨의 열광이 있소. 신부와 마녀는 지하 감옥의 짚더미 위에서 환락의 극치에 서로 취해들 수 있을 테니! 그래서 내가 당신을 고발한 거요. 그대는 나를 만날 때마다 나에게 겁을 먹더군. 내가 그대에 대해 꾸미고 있던 음모, 내가 그대 머리 위로 몰아닥치게 하던 폭풍우, 그것은 내게서 위협과 번갯불로 발산되고 있었던 것이오. 하지만 나는 여전히 망설이고 있었소. 내 무시무시한 계획이 나로 하여금 뒷걸음치게 만들었지. 어쩌면 나는 이 계획을 포기했을지도 모르오. 어쩌면 나의 끔찍한 계획은 열매를 맺지 못한 채 머릿속에서 쪼그라들었을지도 모르지. 이 소송을 계속하느냐 중단하느냐는 것은 여전히 나에게 달려 있다고 믿었소. 그러나 모든 사악한 생각이란 냉혹한 법이어서 하나의 현실이 되기를 바라는 법이거든. 아, 정말 슬픈 일이오. 나는 내가 선능하다고 믿고 있었소. 그러나 숙명은 나보다 훨씬 더 강력했지. 그대를 사로잡아, 내가 은밀하게 꾸며놓은 흉계의 끔찍한 톱니바퀴에 그대를 밀어넣은 것은 바로 숙명이란 놈이오. 제발 내 말을 다 들어주시오. 곧 끝나오. 햇빛이 화창한 어느 날이었소. 어떤 사내가 그대 이름을 읊조리고 키득거리며 내 앞을 지나는 것을 보았는데 그자의 눈엔 음험한 빛이 가득했소. 빌어먹을! 난 그 녀석의 뒤를 밟았지. 그 다음은 그대도 알다시피……."

그는 입을 다물었다.

그때 그녀의 머릿속에는 단 한마디밖에는 떠오르지 않았다.

"아, 페뷔스!"

"그 이름을 입에 올리지 마!" 신부는 거칠게 여자의 팔을 잡아채면서 말했다. "그 이름을 입에 올리지 말라고! 그대와 나를 이런 비참한 지경에 빠뜨린 건 바로 그 이름이오! 아니, 우리는 모두 알 수 없는 숙명의 장난으로

4 모든 희망을 버려라 379

말미암아 파멸한 거요! 그대는 고통스러워하고 있어. 그렇지 않소? 그대는 춥고, 어둠이 눈앞을 가리고 눅눅한 지하 감옥에 둘러싸여 있지만 그래도 아직도 마음속 밑바닥엔 어떤 빛을 가지고 있겠지. 비록 그것이 그대의 사랑을 가지고 놀았던 그 허랑방탕한 사내에 대한 철없는 사랑에 지나지 않는다 할지라도 말이오! 하시만 나는 내 안에 감옥을 품고 있소. 내 마음은 겨울이고 얼음장이고 절망 그 자체라오. 내 영혼 속에 있는 것이라곤 어둠뿐이오. 내가 얼마나 고통 받고 있는지 그대가 짐작이나 할까? 나는 그대의 공판에도 참석했소. 종교재판소의 방청석에 앉아 있었지. 맞소, 그 성직자들의 두건 가운데 저주받은 한 사나이의 몸부림이 있었소. 당신이 끌려왔을 때 나는 바로 그 자리에 있었고, 당신이 심문을 당하던 그 순간에도 거기에 있었지. 그 늑대들의 소굴에 말이오! 그것은 나의 범죄였소. 내가 만든 교수대가 그대 이마 위로 흔들흔들 다가오는 것을 하나도 빠짐없이 죄다 보고 있었소. 증인이 나설 때마다, 증거가 제시될 때마다, 변론이 있을 때마다 나는 그 자리에 있으면서 당신이 고통스러운 길을 걸어가는 것까지 하나하나 지켜볼 수 있었지. 아, 나는 그대가 고문 당할 줄은 정말이지 전혀 예상하지 못했소. 내 말을 들으시오. 나는 그대를 따라 고문실까지 갔소. 옷이 벗겨지고 고문관의 투박하고 징그러운 손이 그대 몸에 닿는 것도 목격했지. 나는 그대의 발도 보았소. 한 나라를 희생해서라도, 하다못해 단 한 번만이라도 입맞춤을 해보고 죽었으면 소원이 없을 것 같았던 그 발, 그 아래서 환희에 취해 내 머리가 으깨어져도 괜찮을 것 같았던 그 발을 말이오. 살아 있는 인간의 발을 피투성이로 만들어버리는 끔찍한 족쇄에 끼워지는 광경을 보았어. 아, 이 얼마나 참혹한 일인가! 난 그만 그 광경을 차마 두고 볼 수 없어 옷 속에 감춰 가지고 있던 단검으로 내 가슴을 찔렀소. 당신이 고통으로 비명을 지를 때마다 나는 그걸로 내 살을 후벼 파고 있었지. 두 번째로 비명을 질렀을 때는 그 단검이 내 심장에까지 닿아 있었소! 자, 이걸 보오, 아직도 피가 맺혀 있을 거요."

그는 자신이 입고 있던 신부옷의 자락을 헤쳤다. 실제로 그의 가슴은 호랑이 발톱에 긁힌 것처럼 잔뜩 찢어져 있었고 옆구리에도 제법 큰 상처가 여전히 아물지 않은 채였다.

두려움에 새파랗게 질린 그녀는 움찔하며 뒷걸음쳤다.

신부가 그녀에게 말했다. "아, 그대여! 제발 나를 불쌍히 여겨주오! 그대는 자신이 가장 불행하다 생각하겠지만 그대는 불행이 어떤 것인지 모를 게요. 한 여인을 사랑한다는 것, 더구나 성직자의 신분으로! 사랑은커녕 혐오를 받으면서 말이오! 그런데도 영혼이 몸부림치도록 미칠 듯이 여인을 사랑한다는 것! 그녀의 가냘픈 미소를 얻기 위해서라면 피도 창자도, 그리고 명성과 영혼의 구원, 불멸도 영원도, 더구나 이 세상의 생명이나 저세상의 생명마저도 내던져도 괜찮다고 느끼는 것이오. 그녀 발에 더 큰 족쇄를 채우기 위해, 왜 내가 왕이나 천재나 황제, 천사장, 아니면 신으로 태어나지 못했는지 그것이 그저 안타까울 뿐이오. 밤낮 없이 그녀의 꿈을 꾸고 그리워하고 끌어안지만, 그 여인은 군인에게 반해버려 사랑에 빠진 모습으로만 나에게 남아 있소! 그런 그녀에게 줄 것이라고는 때 묻어 보잘것없는 단 한 벌의 성직자 옷밖에 없건만 그 여인은 그 옷을 두려워할 뿐만 아니라 혐오스러워하지. 사랑하는 여인이 터무니없는 허세로 가득 찬 한 사나이에게 사랑과 아름다움이라는 보물을 아낌없이 주는 것을 지켜보는 동안 질투와 분노에 휩싸이는 것이오! 보기만 해도 내 가슴이 불타올라 미쳐버릴 것 같은 그 육체와, 감미롭고 보드라운 젖가슴과, 그 어깨를, 다른 사내의 키스 아래 두근거리며 빨갛게 달아오른 그 살갗을 떠올리면서 쓸쓸한 독방의 차가운 바닥 위에서 수없이 많은 밤을 시새우며 그 파랗던 혈관과 밤색 피부를 꿈에서까지 보고, 그리고 사뭇 사람들이 그녀의 온몸을 보고 즐기는 것을 보고는 세상이 다 뒤집어지는 것 같았을 때, 그 모든 것들이 고통이고 불행이오! 그녀를 가죽 침대에 눕히는 것만은 겨우 성공을 거뒀지만 그 일로 말미암아 내 마음은 지옥의 불로 달궈진 형틀에서 고통을 받았소! 널빤지 사이에 끼여 톱질을 당하고, 4마리의 말에게 묶여 팔다리를 찢기는 형벌을 받는 편이 차라리 더 행복했을 거요. 당신은 아오? 밤이면 밤마다 동맥은 끓어오르고, 심장은 후벼 파내지며, 머리는 으깨지고, 제 손을 물어뜯는 이가 사람에게 겪게 하는 고통이 무엇인지를. 마치 달궈진 석쇠 위에서 고기를 굽듯, 사람을 사랑과 질투와 절망의 생각 위에서 쉴 새 없이 이리저리 뒤집는 악착스러운 고문이 무엇인지 말이오! 그대여, 제발 부탁이니 나의 고통을 잠깐만이라도 멈추어주오! 이 타오르는 불길 위에 재를 좀 뿌려주오! 바라건대 부디 내 이마 위에 흘러내리는 이 굵은 땀방울을 씻어주시오. 그대여, 한 손으로는 나를 고문할망정 다른 손으로는 나를 위로해주오. 제발 가엾게 여겨주오. 나를 불쌍히 여겨주시오!"

신부는 바닥에 흥건히 고인 물구덩이에도 아랑곳하지 않고 몸부림을 치며 돌계단 모서리에 머리를 찧고 고통스러워했다. 그녀는 그의 말을 들으며 가만히 바라볼 뿐이었다.

그가 제풀에 지치고 숨이 차서 입을 다물자 그녀는 나지막한 소리로 되풀이했다.

"오, 나의 페뷔스!"

신부는 무릎을 꿇은 채로 기어서 그녀에게 다가갔다.

"이렇게 빌겠소. 그대에게 인정이 있다면 나를 뿌리치지 마오! 아, 나는 당신을 사랑하고 있소. 나도 불쌍한 사나이란 말이오. 그대가 그 이름을 입에 올릴 때마다 내 마음의 모든 줄기가 그대 이로 물어뜯기는 것만 같소. 제발 부탁이오. 그대가 지옥에서 왔다면 나는 그대와 함께 얼마든지 그곳으로 가겠어. 나도 이미 지옥에 빠져 마땅할 일을 저질렀으니까. 그대가 있는 곳이라면 지옥도 나에겐 천국이나 다름없소. 그대 모습은 주님보다 나를 더 즐겁게 하지. 아, 말해보오, 내가 그토록 싫소? 그대가 나의 이런 사랑을 뿌리친다면 나는 산이 움직이는 것 같은 생각이 들 거요. 그대만 원한다면 우리는 행복하게 살 수 있소. 둘이서, 우리 둘이서 함께 도망가는 거요. 내가 그대를 풀려나게 해주리다. 우리 함께 태양이 빛나고 나무가 우거져 있는, 그 어떤 곳보다도 하늘이 맑게 갠 땅을 찾아갈 수 있을 것이오. 서로 사랑하고 두 마음을 서로의 마음속에 쏟아붓고, 사랑의 잔으로 가시지 않는 목마름을 적시지 않겠소!"

그녀가 섬뜩할 정도로 느닷없이 폭소를 터뜨리면서 그의 말을 가로막았다.

"어머나! 신부님, 손톱에 피가 맺혀 있네요!"

신부는 한동안 화석처럼 꼼짝 않고 조용히 자기 손을 바라보았다.

"그래, 좋소!" 얼마 뒤 그는 신기할 정도로 부드러운 목소리로 말을 이었다. "나를 모욕해도 좋소. 비웃어도 좋고 나를 짓뭉개버릴 만큼 나무라도 상관없소. 그러니 함께 갑시다. 빨리, 서둘러야 하오. 당장 내일이오. 그레브 광장의 그 무시무시한 교수대를 그대가 알기나 하오? 교수대는 언제든 준비돼 있어. 설마 그 끔찍한 형벌을 받을 생각은 아니겠지? 당신이 그 수레를 타고 가는 모습을 보는 것은 너무나 끔찍한 일이오. 내가 당신을 얼마나 사랑하는지 지금처럼 뜨겁고 절실하게 느껴본 적은 없었소. 제발 날 따라와요. 당신이 나를 사랑하는 건 내가 당신을 살려낸 다음에라도 할 수 있으니까. 아니면 영원히 나를 미워해도 상관없소. 그러니 제발, 나를 따라오시오. 내일이오. 교수대는 당장 내일이라니까! 나와 함께 어서 달아납시다. 나를 좀 너그럽게 봐주시오!"

신부는 그녀의 팔을 잡았다. 그는 이미 제정신이 아닌 상태로 서두르기 시작했고, 그녀를 끌고 가려고 했다.

그녀는 눈썹 하나 까딱하지 않고 신부의 얼굴을 똑바로 쳐다보았다.

"나의 페뷔스는 어찌 되었나요?"

"아아! 당신은 정말 매정한 사람이구려!" 그는 그녀의 팔을 놓으며 힘없이 중얼거렸다.

"페뷔스는 어떻게 됐느냐고 묻잖아요?" 그녀는 차갑게 되풀이했다.

"죽었소!" 그가 외쳤다.

"죽었다고요?" 여전히 그녀는 얼음처럼 차갑게 굳은 표정으로 미동도 하지 않은 채 물었다. "그런데 어떻게 나더러 살아 있으라고 하는 거죠?"

신부는 이미 그녀의 말에 귀를 기울이고 있지 않았다.

"그래, 맞아!" 신부는 자기 자신에게 하듯 혼잣말로 숭얼거렸다. "그는 틀림없이 죽었을 거요. 칼이 아주 깊이 들어갔으니까. 칼끝이 심장에 닿은 게 분명하오. 그래, 내 영혼이 단검 끝부분에까지 담겨 있었으니까!"

그녀는 갑자기 성난 암호랑이처럼 신부에게 덤벼들었다. 그리고 엄청난 힘으로 그를 계단 위까지 밀어붙였다.

"당장 사라져버려! 이 살인자! 나를 죽여! 우리 두 사람의 피로 네 이마를 영원히 물들여주겠어! 나더러 네 것이 되라니. 신부에게 몸을 맡기라고? 천만에! 절대로 그런 일은 없어! 세상 그 무엇도 당신과 나를 결합시키지 못 해! 설령 지옥에 빠지는 한이 있어도 그건 싫어! 못 해! 저리 가. 더러워. 절대로 안 돼!"

신부는 계단에서 비틀거리다 발끝에 감긴 옷자락을 말없이 정리한 뒤, 호롱불을 들고 밖으로 향하는 계단을 천천히 오르기 시작했다. 그리고 문을 열고 밖으로 나가버렸다.

다음 순간, 갑자기 신부의 얼굴이 그녀 앞에 나타났다. 그 표정은 몹시 험악했다. 그는 노여움과 절망으로 숨을 헐떡거리며 그녀에게 외쳤다. "내 말 못 알아듣겠어? 그놈은 죽었어! 죽었다고!"

그녀는 바닥에 푹 고꾸라졌다. 어둠에 잠긴 지하 감옥에선 물구덩이로 떨어져 내리는 물방울 소리만이 정적을 울렸다.

5 어머니

어머니가 자기 아기의 작은 신발을 볼 때 마음속에서 솟아나는 갖가지 생각만큼 흐뭇한 것은 이 세상에 다시없으리라. 특히 그 신발이 축제일이나 일요일, 또는 세례 받을 때에 신는 것이었을 때, 신발 안쪽까지 예쁘게 수놓은 신발이거나 그 신발을 신어도 아기가 아직은 한 발짝도 걷지 못하는 시기일 때의 그런 신발을 보는 어머니는 한결 흐뭇할 것이 분명하다. 이런 신발은 매우 정답고 귀여우며, 또 아이가 그것을 신어도 걷지를 못하므로, 어머니로서는 그 신발을 보면 마치 아기를 보는 것 같은 기분이 드는 것이다. 어머니는 그 신발에 모성애의 미소를 던지고, 입을 맞추고, 또 그 신발을 향해 말을 걸기도 한다. 그리고 아기의 발이 과연 이렇게 작을까 하는 의심도 갖게 된다. 아기가 비록 그곳에 없어도 그 신발만 눈앞에 놓여 있으면 그것으로 어느새 귀엽고 연약한 아기가 이 자리에 있는 것 같은 생각이 드는 것이다. 어머니는 신발을 보면서 자기 아기를 보고 있는 것 같은 심정이 된다. 아니, 실제로 보고 있는 것이다. 아기의 모습 전체를. 발랄하고 즐거운 아기를, 그 가냘픈 손가락을, 그 동그란 머리통을, 그 순결하고 앙증맞은 입술을, 흰자와 파랗고 밝은 그 눈동자를. 때가 겨울이라면, 아기는 양탄자 위를 기어다니고, 기를 쓰고 걸상 위로 기어오르고, 어머니는 아기가 행여 불 옆에 다가갈까 걱정한다. 그때가 여름이면, 아기는 마당이며 정원에서 기어다니고, 바닥에 깔린 돌 틈에서 풀을 뽑아내고, 순진한 눈으로 무서워할 줄도 모르고 커다란 개나 말들을 신기하게 바라보고, 조개껍데기며 꽃들을 가지고 놀고, 꽃밭을 모래투성이로 망가뜨려놓거나 꽃밭 사잇길에 진흙을 뿌려놓아 정원사로 하여금 투덜거리게 한다. 아기 주위의 모든 것은, 아기의 곱슬곱슬한 흩어진 머리털 사이로 부는 바람결과 스며드는 햇살에 이르기까지, 그렇게 모든 것이 웃고 빛나고, 즐겁게 뛰논다. 어머니는 아기의 신을 보면 그 모든 것들이 떠오르고, 마치 양초가 불에 녹듯 어머니의 마음을 스르르 녹여준다.

그러나 아기를 잃어버리기라도 했을 때는, 수놓아진 그 귀여운 신발 주위로 밀려들었던 이루 다 헤아릴 수 없는 기쁨의 모습과 매력적이고 애정 어린 영상은 그것과 똑같은 분량의 무시무시한 것으로 변해버린다. 수놓인 아름다운 신발은 이제 어머니의 마음을 영원히 짓누르는 하나의 고문 도구가 되어버리는 것이다. 어머니의 미음이란 늘 똑같은 것이어서 가장 깊고, 가장 민감하게 떨리는 마음의 실오라기이다. 그러나 그 뒤에는 천사가 그 실을 쓰다듬는 것이 아니라 악마가 그것을 쥐어뜯는 것이다.

어느 아침의 일이었다. 가로팔로(16세기 이탈리아의 화가)가 즐겨 그리던 '그리스도의 십자가 강하도' 그림의 배경에 걸맞을 그런 짙푸른 하늘에 5월의 태양이 떠올랐다. 그레브 광장에서 수레가 삐걱거리는 소리와 말 울음소리, 그리고 쇠붙이 연장이 덜그럭거리며 부딪치는 소리들이 투르 롤랑 속에 갇혀 있는 여인의 귀에 들려왔다. 그녀는 몹시 귀에 거슬리는 소리에 잠이 깬 것은 아니지만 소음을 줄이려고 머리카락으로 귀를 덮었다. 그리고 15년 전부터 그녀가 뜨겁게 사랑하던 생명 없는 물건을 다시 또 하염없이 바라보기 시작했다. 이미 말한 바와 같이 이 조그만 신발은 그녀에게는 우주였다. 그녀의 생각은 그 속에 갇혀 있었다. 죽지 않고선 거기서 헤어나지 못할 것이다. 이 귀여운 분홍색 새틴장난감을 앞에 놓고, 그녀가 하늘을 향해 던진 폐부를 찌르듯 고통스런 저주며 서글픈 한탄, 기도, 그리고 흐느낌은 오직 투르 롤랑의 어두컴컴한 지하실만이 알고 있을 것이었다. 일찍이 이보다 더 많은 절망이 이보다 더 곱고 예쁜 것 위로 흩어진 일은 없었다.

그날 아침은 그녀의 비통한 목소리가 여느 때보다 한층 격렬하게 울리는 듯했고, 듣는 이의 가슴까지 아리게 하는 단조롭고 새된 울음소리가 바깥까지 들려왔다.

"아아, 딸아! 내 딸! 내 가엾고도 사랑스런 아기야! 이젠 너를 만날 수 없겠지. 이젠 모든 것이 끝일까? 내게는 바로 엊그제 일 같은데! 아아, 신이시여, 신이시여! 그토록 빨리 제게서 그 아이를 데려가실 거였으면 아이를 주시지 않는 게 차라리 나았을 겁니다. 신이여! 당신께서는 자식이란 어머니의 배와 이어져 있다는 것과, 자식을 잃은 어미는 더 이상 신을 믿지 않는다는 사실을 모르시나요? 아, 내가 미쳤지, 왜 하필이면 그날 외출을 했을까! 신이여, 어떻게 그 애를 그렇게 빼앗아가실 수 있어요? 그 아이가 저와 함께 있는 것을 보신 적이 없으신가요? 그때 저는 무척 행복했고 제 몸의 따뜻한 온기로 아기를 포근하게 안아주었습니다. 그 아이는 제 젖을 빨면서 제게 웃음을 주었고 저는 그 아이의 발을 가슴에 꼭 끌어안고 입을 맞추었습니다. 아아, 신이여! 당신이 만약 그것을 보셨다면 저의 기쁨을 가련하다고 생각했을 텐데요. 또 제 마음에 남은 단 하나의 사랑을 제게서 빼앗아 가시지도 않았을 것입니다. 저는 신에게 버림받기 전에 한 번쯤 다시 생각해 보실 만큼의 가치도 없는 불행한 인간일까요? 아, 아아, 보세요, 여기 그 신발이 있지요? 하지만 그 발은, 그 아이의 발은 지금 어디 있나요? 다른 한 짝은 어디 있습니까? 아기는 지금 어디 있나요? 내 딸아, 내 아가! 사람들이 너를 어떻게 했느냐? 신이여, 아이를 제게 돌려주세요. 하느님, 저는 당신께 지난 15년 동안이나 기도를 드리느라 무릎이 이렇게 온통 벗겨졌는데 그래도 충분치 않은가요? 그 애를 돌려주세요. 하루만이라도, 1시간만이라도, 아니 단 1분만이라도 우리 아기를 볼 수 있게 해주세요! 그런 뒤에는 저를 영원히 악마의 손에 넘기셔도 좋습니다. 당신의 옷자락이 드리워진 곳이 어딘지 안다면 두 손으로 거기에 매달릴 텐데. 제발, 사랑스런 제 아이를 돌려주세요! 그 아이의 작고 귀여운 신발을 보고 당신은 가엾다고 생각하지 않으시나요? 한 가련하고 기구한 어머니에게 이런 가혹한 형벌을 15년 동안이나 주시다니 당신께서는 어찌 그러실 수 있습니까? 아아, 성모 마리아님! 하늘에 계시는 마리아님! 제 아기, 저에겐 그 예수님이라고도 할 수 있는 아기를 빼앗겼어요. 누가 그 아이를 훔쳐갔을까요? 히스가 우거진 황야에서 그 애를 잡아먹고, 그 아이의 피를 마셨으며 그 뼈까지 씹어 먹은 자가 있나이다! 선한 마리아님, 부디 저를 가엾게 여기시고 자비를 베푸소서! 제 딸을 돌려주세요! 저는 딸 없이는 살 수가 없습니다. 그 아이가 낙원에 있다한들 그것이 제게 무슨 소용이겠어요. 저는 당신의 천사 따위 바라지 않습니다. 오로지 제 아이만을 원합니다. 저는 암사자입니다. 그래서 제 새끼만을 원합니다. 아! 저는 땅바닥에서 몸을 뒤틀고, 돌에 이마를 부딪고 있나이다. 만약 딸을 영원히 저에게 돌려주지 않으신다면 주여, 당신을 저주하겠나이다! 당신을 원망하겠나이다! 당신도 보다시피, 제 팔은 이렇게 물어뜯은 상처투성이입니다. 신이여, 당신은 제가 불쌍하지도 않으십니까? 아, 제 딸을 제게 돌려주기만 하신다면, 제 딸이 저를 태양처럼 따스하게 해준다면, 저는 소금과 검은 빵만으로도 만족하겠나이다! 아, 하느님, 저는 죄 많고 비천한 계집에 불과하지만, 제 딸은 제게 깊은 신앙심을 갖게 했습니다. 저는 딸을 사랑하는 까닭에 독실한 믿음을 가졌습니다. 그리고 저는 마치 하늘에 열린 구멍을 통해 보듯이 제 딸의 미소를 통해서 당신을 보았습니다. 아! 단 한 번만이라노, 꼭 난 한 번만이라도 그 예쁜 장밋빛 조그만 발에 이 작은 신발을 신겨줄 수 있게 허락해주세요. 그렇게만 된다면 마리아님, 저는 당신을 축복하며 죽어도 좋아요! 어느덧 15년입니다! 그 아이는 이제 다 컸겠지요. 가엾은 내 아이! 다시는 제 아이를 볼 수 없을까요? 그것이 사실일까요? 천국에서조차도! 왜냐하면 저는 천국에 가지 못할 테니까요. 아, 얼마나 끔찍하고 비참한 일인지요. 여기 이렇게 그 아이의 신발이 엄연히 있건만 오직 이것뿐이라니!"

이 불행한 어머니는 흐느끼며 그토록 오래전부터 자신의 위안과 절망의 바탕이었던 신발 위로 몸을 던졌다. 그러고는 아기를 잃은 날처럼 오장육부가 찢기는 듯 처절하게 울었다. 하루하루가, 시시각각이 그녀에게는 늘 아이를 잃어버린 바로 그날이었다. 그 슬픔은 결코 옅어지지 않았다. 상복이 닳아 문드러지고 빛이 바래도 마음은 언제나 검고 어둡게 흐려 있었다.

그때, 몇몇 어린이들의 발랄하고 즐거운 목소리가 독방 앞을 지나갔다. 아이들 모습이 보이고 그 소리가 귀에 들려오면 이 가련한 어머니는 언제나 방의 가장 어두운 그 무덤 같은 구석으로 달려가는 것이었다. 아이들 소리를 듣지 않으려고 돌에 머리를 박으려는 것이 아닐까 여겨질 정도였다. 그러나 오늘은 여느 때와 달리 펄쩍 뛰어 일어나 탐나는 듯 귀를 기울였다. 어린아이 하나가 다가와서 말했다. "오늘은 집시처녀가 교수형을 당하는 날이야."

흔히 목격하는 일이지만 거미줄이 흔들리는 것을 느낀 거미가 제물에게 달려드는 것처럼 그녀는 별안간 펄쩍 뛰어서 그레브 광장을 향해 난 채광창으로 달려갔다. 과연 늘 그곳에 세워져 있던 교수대 옆에 사다리 하나가 놓여 있고 인부가 비에 녹이 슨 쇠사슬을 손질하느라 바쁜 손길을 놀리고 있었다. 그 주위에는 구경꾼들 몇몇이 서성이고 있었다.

재잘거리며 웃고 떠드는 아이들 무리는 이미 사라진 뒤였다. 자루 수녀는 지나가는 사람을 붙들고 무엇이든 물어보려고 두리번거리며 행인을 찾았다. 그때 그녀는 자기 방 바로 옆에서 공용 성무일과서를 읽는 체하는 한 신부를 보았다. 그러나 그는 쇠그물로 둘러쳐놓은 책보다는 교수대 쪽에 더 정신을 쏟고 있었는데, 우울하고 어두운 눈초리로 교수대를 바라보곤 했다. 그녀는 그가 성자라고 일컬어지는 조자 부주교임을 알아보았다.

"신부님, 오늘 교수형에 처해지는 게 누군가요?" 그녀가 물었다.

신부는 그녀를 힐끗 보았으나 아무런 대답이 없었다. 그녀는 똑같은 질문을 다시 한 번 해보았다. 그러자 그가 대답했다. "나는 모르오."

"조금 전에 지나가는 아이들이 집시처녀라고 하던데요?"

"그럴지도 모르지."

그러자 파케트 라 샹트플뢰리는 잔인할 정도로 크게 웃음을 터뜨렸다.

"자루 수녀님, 당신은 집시여자를 몹시 싫어하는가 보군?" 부주교가 말했다.

"싫어하고말고요. 그들은 흡혈귀예요, 어린애 도둑이랍니다. 저것들이 제 아이를 훔쳐갔어요. 세상에 단 하나뿐인 제 사랑스런 아기를 훔쳐다 잡아먹었어요! 제 아기요. 제 가슴은 이제 텅 비었어요. 그들은 제 심장까지 먹어버린 거나 마찬가지예요!"

그녀는 보기에도 섬뜩한 모습이었으나 신부는 싸늘한 눈으로 말없이 지켜보고 있었다.

"그자들 가운데 제가 더욱 미워하고 저주하는 계집이 있어요. 아주 젊고 발랄한 계집애인데, 그년 어미가 세 딸을 먹지 않았다면 아마 제 딸과 비슷한 또래일 겁니다. 그 끔찍한 계집애가 이 방 앞을 지날 때면 억울함 때문에 온몸의 피가 거꾸로 솟아오른다니까요!"

"그랬소? 자루 수녀여, 그럼 이제 기뻐해도 되겠군. 당신이 보는 앞에서 오늘 그 여자가 죽게 될 테니까!" 신부가 묘지의 석상처럼 차갑게 말했다.

여자는 고개를 툭 떨어뜨렸고, 사내는 천천히 자리를 떴다.

자루 수녀는 갑자기 자기 팔을 꼬며 뛸 듯이 기뻐했다.

"내가 전부터 그년한테 말했던 대로야. 넌 언젠가 반드시 교수대에 서게 될 거라고 말이야! 감사합니다, 부주교님!" 그녀가 소리쳤다.

그러고는 그녀는 풀어헤친 머리와 이글이글 타오르는 눈빛으로 어깨를 벽에 부딪치면서 마치 오랫동안 굶주린 우리 안의 늑대가 밥때가 다가온 것을 느꼈을 때와 똑같은 표정으로 채광창 창살 앞을 뚜벅뚜벅 큰 걸음으로 왔다 갔다 하기 시작했다.

6 저마다 다른 세 남자의 마음

어쨌거나 페뷔스는 죽지 않았다. 이런 부류의 인간은 어지간해서는 목숨이 끊어지지 않는다. 국왕 특별변호사 필리프 루리에가 그 가엾은 에스메랄다에게, "그는 죽어가고 있다"고 한 것은 잘못 알았거나 아니면 농담이었던 것이다. 부주교가 열렬히 사랑하는 여인을 향해 "그놈은 죽었다"라고 되풀이해서 말한 것 역시 아무것도 모르고 한 소리였다. 그러나 그는 그렇게 믿고 있었고 실제로 그런 줄 알았다. 뿐만 아니라 그 점에 대해 손톱만큼의 의심도 하지 않았으며 실제로 그러길 바랐던 것이다. 그로선 죽을 만큼 사랑하는 여인에게 경쟁자에 대한 낭보를 전하는 것은 매우 고통스러운 일이었을지도 모른다. 그런 처지에 놓이면 누구나 그렇게 했을 것이다.

그렇다고 페뷔스의 상태가 위중하지 않았던 것은 아니다. 그러나 부주교가 바랐던 만큼 심각한 것은 아니었다. 야경순찰병들이 처음 그를 어수룩한 의사에게 데려갔을 때, 의사는 일주일도 가지 못할 거라고 진단했으며 그에게도 라틴어로 그렇게 말했었다. 그러나 그는 한창 젊은 사나이였던 만큼 위기를 극복해낸 것이다. 흔한 일이지만 자연의 힘은 예측과 진단을 뒤엎고 의사의 코앞에서 환자를 살려놓고 기뻐하곤 한다. 그가 아직 병원 침대에 누워 있을 때, 필리프 루리에와 종교재판소 조사관들이 찾아왔다. 그는 첫 심문을 받은 것이다. 이런 일로 난처해진 그는, 어느 날 아침 상태가 좋아지자 치료비 대신 금으로 된 박차를 빼놓고 병실을 빠져나와 도망쳤다. 그의 이런 행동은 사건 심리에는 전혀 지장을 주지 않았다. 그 시절 재판에서 범인에 대한 소송이 올바르게 이루어지는가 하는 것은 거의 문제가 되지 않았다. 피고가 그냥 교수형에 처해지는 것으로 충분했기 때문이다. 그리고 판사들은 에스메랄다의 범죄행위에 대해 많은 증거를 가지고 있었다. 그들은 페뷔스가 죽었다고 철석같이 믿었고 그것으로 모든 일이 해결되었던 것이다.

한편 페뷔스는 그리 먼 곳으로 도망친 것도 아니었다. 파리에서 대여섯 파발 떨어진, 일 드 프랑스의 쾨 앙 브리에 주둔하고 있는 소속 부대로 돌아간 것이다.

 말하자면 그는 이 소송에 직접 출두하고 싶은 생각이 전혀 없었다. 그는 자신이 공판정에 나가면 몹시 우스운 꼴을 당하리라는 것을 잘 알고 있었다. 그리고 솔직하게 말해서, 이 사건에 대해 어떻게 생각해야 할지 도무지 알 수가 없었다. 단순한 군인에 불과한 이들이 대개 그렇듯 그 역시 신앙도 없을 뿐더러 미신을 꽤 따르는 편이었으므로, 에스메랄다와의 기묘한 만남의 경위라든지, 그녀가 자신에게 사랑을 고백하던 때의 불가사의한 태도와 더불어 그녀가 집시라는 점, 그리고 수도사 귀신까지도 모두 무언가 불안하고 의문투성이었다. 그는 이 이야기 속에는 사랑보다도 마법이 얽혀 있으며, 그녀가 실제로 마녀일 수도 있다고 생각했다. 즉 한 편의 희극에서 자기는 억세게 운수 나쁜 역할, 공격의 대상이 되거나 웃음거리가 되는 역할을 하고 있는 것 같아서 몹시 불쾌한 기분이 들었다. 그래서 그는 매우 창피했다. 그의 이런 느낌은 라퐁텐이 다음과 같은 시구로 훌륭하게 표현했던 그런 종류의 수치심이었다.

 암탉에게 붙들린 여우처럼 창피하도다.

 더구나 그는 이 사건이 더 이상 확대되지 않기를, 세간에 자기 이름이 알려지지 않기를, 적어도 투르넬 재판소 밖으로는 새어나가지 않기만을 간절히 바랐다. 그런 점에서는 뜻대로 되었다. 그 시절에는 '법정 신문' 같은 것이 없었으며, 일주일 동안 파리의 수많은 재판소 어딘가에서 위조화폐범인이 끓는 물에 삶겨 죽는 형을 언도받았다든지, 마녀가 교수형을 받았다든지, 이교도가 화형을 받는 일이 끊임없이 벌어졌기 때문이다. 사람들은 시내의 모든 네거리에서 벌어지던, 소매를 걷어붙인 채 갈퀴나 사다리 그리고 죄인 공시대를 사용하여 재판을 하던 그 옛날 봉건시대부터 있었던 법의 여신 테미스를 자주 보아오던 터여선지 그러한 일들을 특별하게 여기지도 않았다. 상류사회 사람들은 죄수가 지나가는 것을 보아도 그의 이름 따윈 관심도 없었으며 일반인들에게도 어디서나 보는 흔한 구경거리일 뿐이었다. 처형은 마치 제과점이나 도살장에서 하는 것처럼 거리에서 예사로 벌어지는 일상의 사건에 지나지 않았다. 사형집행인도 짐승을 처리하는 보통의 푸주한보다 약간 격이 높은 푸주한에 불과했다.

그래서 페뷔스는 마녀 에스메랄다, 아니 그가 부르던 이름 시밀라르였을지도 모르는 그 집시계집 또는 수도사 귀신(그에겐 어느 쪽이든 크게 상관없었나)의 단도에 찔린 일이라든지, 공판 결과에 대해서도 얼마 안 가서 크게 마음 졸이지 않게 되었다. 그러나 그의 마음이 그런 것들에서 벗어나 비워지자마자, 그곳에 플뢰르 드 리스의 모습이 도로 자리를 차지했다. 페뷔스 중대장의 마음은 그 무렵의 물리학이나 마찬가지로 진공상태를 두려워했던 것이다.

게다가 쾨 앙 브리에서의 근무란 몹시 따분하고 재미가 없었다. 그도 그럴 것이 그곳은 말발굽 기술자라든지 소를 치느라 손이 잔뜩 튼 여자들이나 사는 마을이었기 때문이다. 그 지역은 대로 양쪽으로 2킬로미터에 걸쳐서 오막살이와 초가집들이 길게 늘어서 있는, 말하자면 파리의 '꼬랑지'에 해당했다.

플뢰르 드 리스는 에스메랄다 다음으로 그가 정열을 쏟았던 여자였다. 그녀는 예쁘장한 데다 더욱이 매혹적인 지참금까지 갖고 있었다. 그래서 어느 날 아침, 상처에서 완전히 회복된 그는 사건이 있은 지 벌써 두 달이나 지났으니 집시계집 사건은 이제 다 잊혔으리라 생각하고 가벼운 마음으로 사랑을 품은 기사답게 의기양양하게 공들로리에 저택으로 갔다.

그는 노트르담 정면 현관 앞 광장에 모여 있는 상당히 많은 군중에 대해서는 그다지 신경 쓰지 않았다. 그는 지금이 5월이니까 무슨 종교행렬이나 아니면 성신강림 축일이나 무슨 축제가 있는 모양이라고 여겼던 것이다. 그는 말을 묶어두고, 즐거운 마음으로 아리따운 약혼녀의 집으로 올라갔다.

집에는 마침 그녀와 어머니 단둘뿐이었다.

플뢰르 드 리스는 지난번 일이 있었던 뒤로 줄곧 마녀와 그 염소, 저주스러웠던 알파벳, 그리고 페뷔스가 오랫동안 나타나지 않고 소식도 없는 것 따위에 마음을 졸이고 있던 참이었다. 그래서 사랑하는 사람이 군복을 입고 견장과 띠를 빛내며 매우 정열적인 표정으로 나타나자 몹시 기뻐하며 얼굴을 붉혔다. 이 귀족아가씨는 여느 때보다 더 사랑스러워 보였다. 눈부신 금발을 눈이 번쩍 뜨일 정도로 곱게 땋아 늘어뜨렸으며 백인여자들에게 매우 잘 어울리는 하늘색 옷을 입은 데다 콜롱브에게서 배운 듯 한껏 멋을 부리고 있었다. 또한 사랑의 고뇌로 가득한 물기 어린 눈은 그녀를 더욱 아름다워 보이게 했다.

페뷔스는 그동안 보아온 것이라고 해봐야 고작 쾨 앙 브리의 수다스런 시골처녀들밖에 없었던 탓인지 플뢰르 드 리스를 보는 순간 매혹되고 말았다. 그래서 그는 그녀의 비위를 맞춰주고 또 더없이 친절하게 대했으므로 그동안의 어색했던 분위기는 말끔히 해소되었다. 공들로리에 부인은 여전히 자애로운 표정으로 큰 안락의자에 앉아 있었는데 그를 꾸짖을 기력도 없었다. 플뢰르 드 리스의 원망들도 모두 부드러운 사랑의 속삭임으로 변해버렸다.

플뢰르 드 리스는 창가에 앉아 여전히 그 넵투누스의 동굴을 수놓고 있었다. 중대장은 그녀가 앉은 의자 등받이에 기대고 서 있었고, 그녀는 그에게 나지막한 목소리로 투정부리고 있었다.

"두 달 동안이나 연락도 없이 어떻게 되신 거예요? 너무하잖아요!"

"야, 당신은 정말이지 대주교라도 반할 만큼 아름답구려!" 페뷔스는 그녀의 질문에 난처해하며 이렇게 얼버무렸다.

그녀는 자기도 모르게 웃음이 났다.

"좋아요, 됐어요. 제가 예쁘다느니 그런 말은 이제 그만두세요. 제 물음에 대답이나 해주세요! 자, 어서요."

"이, 그기? 나는 말야, 주둔지로 호출명령을 받아서 갔던 서요."

"어머, 그래요? 그게 어딘데요? 그런데 왜 작별인사도 없이 갔어요?"

"쾨 앙 브리에 가 있었소."

페뷔스는 첫 번째 질문 때문에 두 번째 질문의 화살을 피할 수 있게 된 것이 몹시 기뻤다.

"그리 먼 곳도 아닌데 어떻게 절 보러 한 번도 안 오실 수가 있죠?"

이 질문에 그는 몹시 난처해하며 대답했다.

"아, 그건 말이지, ……근무를 해야 해서, ……그리고 사실은 내가 좀 아팠다오."

"네에? 아팠다고요!" 그녀가 깜짝 놀라 눈을 동그랗게 뜨고 되물었다.

"응, 좀 다쳤었지."

"다치셨었다고요!"

그녀는 가엾게도 놀라 제정신이 아니었다.

"아니, 뭐 그렇게 놀랄 것 없어요. 이젠 괜찮으니까." 페뷔스는 별일 아니라는 듯 말했다. "별일 아니오. 싸우다가 칼에 조금 찔렸을 뿐 걱정할 것 없소."

"저한테 걱정하지 말라고 하셨어요?" 플뢰르 드 리스는 눈물이 가득 고인 눈을 치켜뜨며 말했다. "그렇게 말씀하시다니, 마음에도 없는 애길 하시는군요. 칼에 찔리다니 그게 무슨 소리죠? 모두 다 얘기해주세요!"

"아, 사실은 마에 페디와 싸웠소. 그 사람 알지요? 생제르맹 앙 레의 소대장 말야. 그래서 둘 다 몇 센티쯤 베었는데 이젠 다 나았답니다. 그게 다요."

거짓말쟁이 중대장은 결투 이야기를 하면 여자의 눈에 언제나 남자가 멋있어 보인다는 것을 잘 알고 있었다. 실제 플뢰르 드 리스는 두려움과 기쁨과 감탄의 눈을 동그랗게 뜨고 그를 말끄러미 바라보았다. 그렇다고 마음이 완전히 놓이는 것은 아니었다.

"당신이 빨리 완쾌되기만 한다면 페뷔스! 그걸로 충분해요. 그 마에 페디가 누군지는 모르지만 나쁜 사람이네요. 그런데 왜 싸운 거죠?" 그녀가 물었다.

페뷔스는 상상력이 그다지 풍부한 편이 못되었으므로 어떻게 무용담을 마무리해야 할지 몰라 쩔쩔 매기 시작했다.

"아니, 뭐 그냥 뭐랄까, ……별거 아니야. 말 때문에 그랬다오. 싫은 소리 했거든. 그건 그렇고 저기 성당 앞 광장에선 무슨 일이 있나, 왜 저렇게 시끄럽지?" 그는 얼른 화제를 바꾸기 위해 이렇게 말했다.

그리고 광장이 내다보이는 창문 쪽으로 다가갔다. "어? 아니 무슨 일로 사람들이 저렇게 엄청나게 많이 모였지? 저것 좀 봐!"

"왜요? 무슨 일인지 저도 몰라요. 오늘 아침에 마녀 하나가 교수형에 처해진다는 것 같던데, 성당 앞에서 공개사과를 하나 보네요."

중대장은 에스메랄다의 사건이 이미 끝난 것으로 알고 있었으므로 플뢰르 드 리스의 대답에 그다지 놀라지도 않았다. 그는 무심코 그녀에게 한 가지씩 물었다.

"마녀라니? 이름이 뭐랍니까?"

"모르겠어요."

"무슨 짓을 저질렀나요?"

그녀는 이번에는 어깨를 한 번 으쓱해 보이며 말했다.

"몰라요. 아무것도."

그러자 그녀의 어머니가 나섰다. "아이고, 세상에! 죄다 태워 죽이는데도 요즘은 마법사가 어찌나 많은지 그 이름 같은 건 알 수도 없어. 그건 하늘에 떠다니는 숱한 구름의 이름을 일일이 알려고 애쓰는 것과 같지 뭔가. 어쨌든 우리와는 상관없는 일이니 뭘 걱정인가. 감사하게도 하느님은 빠짐없이 장부에 다 기록해두셨을 거야!" 그러고는 자리에서 일어나 창가로 갔다. "아니, 자네 말이 맞네, 페뷔스! 웬일로 사람들이 이렇게 많이 모였을까? 지붕 위에까지 사람들로 가득 찼네! 저걸 보니 옛날 생각이 나는군. 샤를 7세가 입성하셨을 때에도 저렇게 사람들이 구름처럼 몰려나왔었지. 언제였는지 이젠 기억도 나지 않지만 말이야. 이런 말 하면 자넨 대체 언제적 이야기를 하느냐고 하겠지? 그런데도 난 늘 바로 엊그제 일같이 느껴진단 말야. 아, 그 시절 사람들은 요즘 사람들보다 훨씬 멋있었지. 생탕투안 성문의 돌출 회랑 위에까지 사람들이 바글거렸거든. 국왕폐하는 왕비전하를 당신의 말에 태우고 계셨고, 그 두 분 뒤로는 부인들을 말에 태운 각 영주들이 따르고 있었더랬지. 사람들이 와아 하고 크게 웃었던 일이 생각나는데, 왜냐하면 키가 아주 작은 아마뇽 드 가를랑드 옆에 키가 엄청 큰 기사 마트플롱 님이 계셨거든. 그분은 올려다보아야 할 정도로 거인 기사였는데 영국군을 수도 없이 죽인 영웅이었다니까. 정말이지 멋지셨어. 프랑스의 모든 귀족들이 죄다 빨갛게 빛나는 깃발을 세우고 행진했지. 가문의 깃발을 든 귀족들이 있는가 하면 군기를 든 귀족들도 있었고, 나는 잘 모르지만, 칼랑 님은 삼각 깃발이었고, 장 드 샤토모랑은 긴 깃발을, 쿠시 님도 군기를 들었는데 그분은 부르봉 공작을 빼면 다른 어떤 사람보다도 화려하게 차리고 있었지. …… 아, 이런 것들이 모두 옛날이야기가 되어버렸다니! 오늘날엔 다 사라져버렸는데 그런 생각을 하면 너무나 슬퍼!"

두 사람에게 이 귀부인의 이야기 따위는 귀에 들어오지도 않았다. 페뷔스는 약혼녀가 앉은 의자 뒤로 와서 팔꿈치를 괴었다. 그곳은 참으로 기막힌 장소였다. 플뢰르 드 리스의 깃 장식 사이로 그녀의 가슴이 들여다보이는 좋은 위치였다. 그 장식은 적당하게 벌어져 있어 속을 들여다볼 수 있었고, 그 밖의 여러 가지 일도 생각나게 했다. 페뷔스는 공단처럼 반지르르하게 윤기가 흐르는 살결을 바라보며 황홀해져서는 속으로 이렇게 생각하고 있었다. '이렇게 피부가 곱고 흰 여인이 있는데 어떻게 다른 여자를 사랑할 수가 있단 말이야?' 플뢰르 드 리스는 때때로 황홀한 듯 다정한 눈길로 그를 올려다보았고, 두 사람의 머리칼은 봄 햇살을 받으며 서로 섞여들고 있었다.

"페뷔스, 우리 이제 3개월 뒤면 결혼하게 되는군요. 저 말고는 어떤 여자도 사랑한 적 없죠?" 플뢰르 드 리스가 갑자기 목소리를 낮추어 그에게 말했다.

"그럼, 물론이죠. 아름다운 천사아가씨!" 페뷔스는 이렇게 대답했는데, 그의 정열에 넘치는 눈은 진지한 음성과 함께 제대로 어우러져 그녀에게 확신을 주기에 충분했다. 그 자신도 아마 그 순간만큼은 자기 말을 진실이라고 믿었을 것이다.

그러는 동안 노부인은 약혼자들이 다정하게 이야기하는 것을 보고 매우 기쁘게 여기고는 집안일을 하기 위해 방을 나갔다. 그것을 알아챈 페뷔스는 방에 아무도 없는 것을 다행으로 여기며 연애에는 몹시 능수능란한 만큼 대담해져서는 이상한 생각을 품기 시작했다. 플뢰르 드 리스는 나를 사랑하고 있다. 그녀는 나의 약혼녀다. 그녀는 지금 나와 단둘이 남겨져 있다. 그녀는 예전처럼 기막히게 신선한 느낌은 없지만 오늘은 완전히 격렬하게 그때의 감정이 되살아났다. 요컨대 밀도 아직 푸를 때라면 조금쯤 따먹어도 크게 죄가 되지 않는다는 그런 생각들이 짧은 순간 그의 머릿속을 스쳐갔는지 아닌지는 나로서는 잘 모르겠지만, 아무튼 자신을 바라보는 페뷔스의 심상치 않은 눈빛에 플뢰르 드 리스가 갑자기 겁을 먹은 것은 분명했다. 그녀는 당황하여 주위를 둘러보았으나 이미 어머니의 모습은 보이지 않았다.

"아유! 날씨가 왜 이렇게 덥죠?" 그녀는 얼굴이 붉어져서는 불안한 듯 허둥거렸다.

"그러게나 말입니다. 이제 곧 한낮이 되니 햇볕이 뜨거울 수밖에. 커튼을 내리도록 할까요?"

"아니에요, 괜찮아요. 그냥 두세요. 바람을 좀 쐬고 싶군요." 가엾은 그녀가 대답했다.

그러고는 사냥개 떼의 씩씩대는 거친 숨을 느낀 암사슴처럼 얼른 일어나 창가로 달려가더니 문을 활짝 열고는 발코니로 나갔다.

페뷔스는 버럭 화가 치밀었지만 하는 수 없이 그녀를 뒤따랐다.

알다시피 이 발코니는 노트르담 광장 쪽으로 향해 있었는데 광장에서는 이때 섬뜩하고 기묘한 광경이 벌어지고 있었다. 그것을 보자 마음 약한 플뢰르 드 리스는 갑자기 평소의 침착한 태도를 잃고 진저리를 쳤다.

수많은 사람들이 거리로 쏟아져 나와 광장은 엄청난 인파로 흘러넘치고 있었다. 성당 앞뜰을 둘러싸고 있는 팔꿈치 높이의 낮은 담벼락은 220명의 야경대와 사수 등이 손에 기다란 포를 들고 두터운 담을 만들어 몇 겹으로 둘러서지 않았더라면 밀려드는 군중을 제압하지 못했을 것이다. 다행히 창과 총 덕분에 성당 앞뜰은 깨끗하게 비워진 상태였다. 성당 출입구에는 주교의 문장이 붙은 미늘창을 든 병사들이 지키고 서 있었다. 성당의 커다란 창문은 닫혀 있었으나 광장으로 향한 수많은 창문은 그와는 대조적으로 합각머리가 있는 데까지 활짝 열려 있어 마치 포탄창고에 쌓인 산더미 같은 탄환처럼 수천을 헤아리는 사람들의 머리가 보였다.

군중은 언뜻 보면 잿빛을 띠고 있었는데 그것은 지저분한 오물투성이의 느낌을 주었다. 그들이 기대하는 광경은 분명 사람들이 지닌 가장 비열한 것을 끄집어내고 불러내는 것이었다. 이와 같이 모자나 지저분한 머리가 와글거리는 혼란 속에서 일어나는 소동만큼이나 불쾌한 것도 없다. 이 군중 속에는 고함보다 웃음소리가, 남자보다 여자가 더 많았다.

군중이 내는 떠들썩한 소리들 가운데서 이따금 귀에 거슬리는 쩌렁쩌렁 소리가 두드러지게 울려왔다.

"어이! 이것 봐, 마이에 말리푸르! 그 여자가 여기서 교수형 당한다는 게 사실이야?"

"이런 얼간이 같으니. 무슨 소릴 하는 거야! 여기서는 속옷 바람으로 공개사죄만 하는 거라고! 하느님이 저 여자 얼굴에 라틴어로 기침을 하실 거라니까! 그건 언제나 정오에 시작하거든! 교수대를 보고 싶다면 그레브 광장으로 가라고!"

"나중에 가지."

"이봐, 라 부캉드리, 그 여자가 고해신부님을 거절했다던데 그게 사실이야?"

"그런 모양이야, 라 베셰뉴."

"아유, 이교도라니까!"

"여봐요, 그건 관습이라고요. 재판관은 형의 집행을 위해서 평민들은 파리시장에게 넘기고 성직자들은 교구의 종교재판소로 넘기게 되어 있어요."

6 저마다 다른 세 남자의 마음 397

"아, 그래요? 고맙습니다."

"어머나, 세상에! 정말 안됐네요. 불쌍한 사람이로군요!" 발코니에서 그 광경을 지켜보던 플뢰르 드 리스가 말했다.

이런 생각을 하며 서민들을 둘러보고 있는 그녀 눈에는 슬픈 기색이 가득했다. 그러나 떠들어대는 군중보다 그녀에게 더 정신이 팔린 중대장은 그녀의 뒤쪽에서 애정 어린 손길로 허리띠를 만지작거리고 있었다. 그녀는 애원하듯 미소 지으며 뒤돌아보고 말했다.

"제발 부탁이니 그러지 마세요, 페뷔스! 그러다 어머니가 갑자기 돌아오시기라도 하면 어쩌려고 그래요?"

바로 그때 노트르담 대성당의 큰 시계가 천천히 정오를 알리는 종을 울리기 시작했다. 만족스러운 기쁨의 함성이 사람들 속에서 터져나왔다. 열두 번째 마지막 진동이 채 사라지기도 전에 사람들은 바람을 만난 파도처럼 출렁거렸고 요란한 웅성거림과 동시에 우레 같은 고함소리가 일어났다.

"저기 온다!"

플뢰르 드 리스는 보지 않으려고 두 손으로 눈을 가려버렸다.

"사랑스런 아가씨, 이제 그만 들어갈까요?" 페뷔스가 그녀에게 말했다.

"아니에요." 그녀는 이렇게 대답했다. 너무나 무서워서 두 눈을 감았던 그녀는 참기 힘든 호기심 때문에 다시 눈을 떴다.

광장에는 죄수를 호송하는 수레 한 대가 튼튼한 노르망디산 말에 끌려오고 있었다. 수레는 흰 십자가문장이 든 보라색 제복을 입은 기병대 병사들에게 둘러싸여 생피에르 오 뵈프 거리를 지나 방금 광장으로 접어든 것이다. 파수를 보는 관리는 곤봉을 마구 휘둘러 군중을 헤치며 길을 만들고 있었다. 수레 주위에는 재판소 관리들과 경관들이 말을 타고 따르고 있었는데 그들의 검은 옷과 말을 타는 태도가 썩 익숙하지 않은 것으로 보아 금세 알 수 있었다. 자크 샤르몰뤼가 선두에서 당당하게 오고 있었다.

죽음을 향해 달려온 이 수레에는 한 여자가 두 팔을 뒤로 묶인 채 동승한 성직자도 없이 홀로 앉아 있었다. 그녀는 속옷 차림이었으며 긴 검은 머리(그 무렵에는 교수대 아래서 비로소 머리카락을 자르게 되어 있었다)는 흐트러진 채로 절반쯤 드러난 가슴과 어깨 위로 늘어뜨려져 있었다.

까마귀의 깃털보다 더 윤기가 흐르고 물결치는 머리칼 밑에는 회색의 거칠고 굵은 밧줄이 칭칭 감겨 있었다. 그것은 그녀의 쇄골 주위의 피부를 벗기고 꽃 위의 지렁이처럼 가련한 처녀의 매력적인 목둘레를 감고 있었다. 밧줄 아래로 초록 유리구슬 장식이 붙어 있는 작은 부적이 빛나고 있었다. 이것은 아마도 죽으러 가는 사람에 대한 마지막 배려로서 이제 더 이상 잔인한 말도 하지 않고 그대로 달고 있도록 놔둔 것이리라. 수레 안에 있는 여인의 맨발은 창문에 자리 잡고 있는 구경꾼들 눈에도 보였는데, 그녀는 여자의 마지막 본능에서인지 자꾸만 감추려 하고 있었다. 발밑에는 작은 염소 한 마리가 묶여 있었다. 처녀는 몸에서 미끄러져 내리는 속옷을 이로 꽉 물고 있었다. 비록 이런 비참한 처지에서도 발가벗은 몸을 수많은 사람들 눈앞에 내놓고 있음을 괴로워하는 것 같았다. 아, 수치심이란 이렇게 떨고 겁을 내기 위해 만들어진 것은 아닐 텐데.

"어머나!" 플뢰르 드 리스가 중대장에게 강한 어조로 말했다. "어머나, 저것 좀 보세요! 염소를 데리고 다니던 그 밉살맞은 집시계집애예요!"

그렇게 말하면서 그녀는 페뷔스를 돌아보았다. 중대장은 말없이 수레 쪽을 바라보기 시작했는데 순간 그의 얼굴이 새파랗게 질렸다.

"염소를 데리고 다니던 집시계집이라고요?" 그가 더듬거리며 말했다.

"아유, 벌써 잊어버리셨어요?"

페뷔스는 그녀의 말을 가로막으며 말했다.

"대체 무슨 말을 하는지 모르겠군."

그는 방으로 돌아가려고 걸음을 옮겼다. 그러나 플뢰르 드 리스는 집시처녀로 말미암아 심한 질투심을 느꼈던 일이 떠오르면서 예전 감정이 되살아나기 시작했다. 그녀는 마음 깊숙한 데까지 꿰뚫어보는 듯한 의심의 눈초리로 그를 바라보았다. 그 순간, 이 마녀의 소송사건에 어떤 중대장이 연관되어 있다는 소문을 들은 기억이 어렴풋이 떠올랐다.

"무슨 일이세요? 당신, 저 계집애 때문에 마음이 상한 모양이군요."

페뷔스는 대수롭지 않은 듯 히죽히죽 웃으며 대충 얼버무리려고 애를 쓰며 말했다.

"내가? 아니야, 무슨 소릴 하는 거야! 농담도 정도껏 하시오!"

"그래요? 그렇다면 여기 그냥 계세요. 우리 끝까지 함께 구경해요!" 그녀는 명령하듯 말했다.

중대장은 하는 수 없이 그 자리에 머물러 있어야 했다. 그나마 죄인인 처녀가 죄수 호송수레의 바닥만 뚫어져라 응시하고 있었기에 마음을 약간 놓을 수 있었다. 그녀는 틀림없는 에스메랄다였다. 치욕과 불행의 밑바닥에 있으면서도 그녀는 여전히 아름다웠다. 크고 검은 눈은 야윈 볼 때문인지 더욱 크게 보였다. 창백한 옆얼굴은 너무나 맑아서 숭고해 보이기까지 했다. 마치 마사초(15세기 이탈리아의 화가. 그의 성모상은 야위어서 풍만한 느낌이 없다)의 성모상이 연약한 느낌이 들면서도 여전히 라파엘로의 성모상과 비슷한 것처럼 예전 모습을 지니고 있었다. 다만 더욱 가녀리고 야위어 있었다.

게다가 그녀의 손과 발은 덜덜 떨고 있었고 수치스런 심정 말고는 모든 것을 되어가는 대로 아무렇게나 내버려두었는데, 그만큼 그녀는 망연자실한 절망에 깊이 빠져 있었다. 그녀의 몸은 죽었거나 깨진 물건처럼 수레가 흔들리는 대로 이리저리 튀어오르고 있었다. 그녀의 눈은 멍하고 흐릿했다. 눈동자에는 아직도 눈물이 괴어 있었으나 흘러내리지는 않는 것이 마치 얼어붙은 것 같았다.

그 사이, 이 음산하기 짝이 없는 기마행렬은 기쁨의 함성과 호기심으로 가득 찬 사람들 사이를 지났다. 그러나 그토록 아름다운 그녀가 이렇게 슬픔을 견디고 있는 모습을 보고 사람들은, 가장 냉혹한 사람들까지도 가엾게 여겼다.

수레는 마침내 성당 안뜰로 들어갔다.

중앙 현관 앞에서 수레가 멈춰 섰다. 호위병은 전투대형을 갖추고 양쪽으로 줄지어 섰다. 군중의 왁자지껄한 소리도 이젠 멎었다. 장엄함과 불안감으로 말미암은 정적 속에 두 대문은 마치 저절로 열린 것처럼 삐거덕 돌며 피리가 울리는 듯한 소리를 내고 있었다. 그러자 성당의 깊숙한 내부까지 들여다보였는데, 그곳에는 장례식 때 쓰는 검은 휘장이 드리워져 있었다. 그리고 안쪽 주제단에서 반짝반짝 빛나고 있는 촛불 몇 개 덕분에 희미하게나마 훨씬 안쪽까지 들여다볼 수 있었다. 안쪽 후미진 그늘 속에 천장에서 주춧돌까지 늘어뜨려져 있는 검은 천을 배경으로 은으로 된 커다란 십자가가 걸려 있는 것이 보였다. 본당에는 사람 그림자 하나 보이지 않았다. 그러나 그때 조금 떨어진 성직자 자리에서 몇 사람의 머리가 이리저리 움직이는 것이 한쪽 구석에 있는 성가대 자리에서 보였다. 정문이 활짝 열렸을 때, 장엄하고 단조로운 노랫소리가 울려퍼지기 시작했다. 그것은 가끔 생각난 듯 사형수의 머리 위에 슬픈 찬송가 몇 곡을 토막토막 던져주고 있었다.

"……나를 거슬러 둘러선 수많은 무리 앞에서도 나는 두려워하지 않으리라. 일어나소서, 주님. 저를 구하소서, 저의 하느님." (시편 3:7-8)

"……하느님, 저를 구하소서. 목까지 물이 들어찼습니다." (시편 69:2)

"……물속 깊은 곳으로 빠져 물살이 저를 짓칩니다." (시편 69:3)

이와 동시에 성가대와는 다른 목소리가 주제단 계단 위에서 다음과 같은 애조 띤 봉헌곡을 노래하고 있었다.

"내가 진실로 너희에게 말한다. 내 말을 듣고 나를 보내신 분을 믿는 이는 영생을 얻고 심판을 받지 않는다. 그는 이미 죽음에서 생명으로 건너갔다." (요한복음 5:24)

어둠 속에 묻혀 있어서 잘 보이지는 않았지만, 몇몇 노인들이 멀리서 이 아름다운 처녀, 젊음과 생명이 넘쳐흐르고 봄날 부드러운 대기의 애무를 받으며 햇볕을 듬뿍 받는 처녀에게 들려주는 이 노래는 바로 장송미사였다.

사람들은 모두 숨을 죽이고 귀를 기울이고 있었다.

가엾은 처녀는 공포에 질려 있었다. 그녀는 시력도 의식도 모두 사라지는 것 같았다. 입술도 핏기를 잃었고, 마치 기도를 올리는 것처럼 가냘프게 떨리고 있었다. 사형집행인이 수레에서 내리려는 처녀를 부축하러 다가갔을 때, 그녀가 '페뷔스'라는 말을 나지막이 되풀이하고 있는 것을 들었다.

처녀의 팔을 묶고 있던 밧줄이 풀리고, 역시 함께 풀려난 염소도 수레에서 내려졌다. 염소는 몸이 자유로워지자 신이 난 듯 울었다. 그녀는 맨발로 대현관 계단 밑까지 단단한 돌길 위를 걸어갔다. 목을 묶은 밧줄이 뒤에서 질질 끌리고 있었다. 마치 뱀 한 마리가 그 뒤를 따라가는 것처럼 보였다.

그때 찬송 소리가 멎었다. 커다란 금 십자가와 촛불을 든 줄 하나가 어둠 속에서 움직이기 시작했다. 여러 가지 색깔의 옷을 입고 대성당을 지키던 파수병들의 창이 부딪치는 소리가 들려왔다. 얼마 뒤, 제의를 입은 신부와 법의를 입은 조수들이 긴 행렬을 이루어 찬송가를 부르면서 엄숙하게 사형수를 향해 다가가는 것이 보였다. 그러나 그녀의 시선은 십자가를 든 사람 바로 뒤, 행렬의 선두에 선 사람에 붙박여 움직일 줄을 몰랐다.

"아, 또 그 사람이야! 그 신부가 맞아!" 그녀는 낮은 목소리로 중얼거리면서 진저리를 쳤다.

그것은 틀림없는 부주교였다. 왼쪽에는 성가대 대장의 조수를, 오른쪽에는 지휘봉을 든 성가대원을 거느리고 있었다. 그는 머리를 뒤로 젖히고 눈을 부릅뜬 채 앞쪽을 주시하고, 힘찬 목소리로 찬송가를 부르며 걸어나오고 있었다.

"저승의 배 속에서 제가 부르짖었더니 당신께서 저의 소리를 들어주셨습니다.

당신께서 바다 속 깊은 곳에 저를 던지시니 큰 물이 저를 에워싸고 당신의 그 모든 파도와 물결이 제 위를 지나갔습니다."(요나서 2:3-4)

그가 검은 십자가가 달린 은색 헐렁한 제복을 입고 대낮에 뾰족아치 높다란 정문 아래 나타났을 때, 그 얼굴빛이 어찌나 창백했던지 성가대석 묘석 위에 무릎을 꿇고 있는 대리석 주교 석상 하나가 벌떡 일어나 무덤 입구로 여인을 마중하러 나온 것이 아닌가 하는 착각이 들 정도였다.

그녀도 그 못지않게 창백했고, 마치 조각상처럼 꼼짝도 하지 않았다. 불을 붙인 묵직한 노란 양초 한 자루가 자기 손에 쥐어진 것도 거의 깨닫지 못하고 있었다. 또한 죄 갚음을 하는 의식으로서 죽음에 이른다는 취지를 읽어내려가는 서기의 쇠를 자르는 듯한 목소리도 귀에 들어오지 않았다. 그녀는 누가 옆에서 "아멘"이라고 대답하라고 했을 때도 그저 "아멘"이라고 따라했을 뿐이다. 부주교가 경비를 서던 호위자들에게 물러서라는 신호를 하고 혼자서 그녀 쪽으로 걸어나오는 것을 보았을 때, 비로소 그녀는 얼마간 정신이 돌아와 기운을 차렸을 정도였다.

바로 그 순간, 그녀는 머릿속 피가 갑자기 끓어오르는 것을 느꼈으며, 이미 마비되고 식어버린 마음속에 그나마 남아 있던 분노가 다시 타오르기 시작했다.

부주교는 천천히 그녀에게 다가갔다. 이런 극단적인 상황에서조차도 그가 자신의 벌거숭이 몸을 음란과 질투와 정욕으로 번득이는 눈길로 훑어보는 것을 그녀는 느꼈다. 그는 그녀에게 다가가서 높은 목소리로 말했다. "처녀여, 그대는 그대의 죄와 허물에 대해 하느님께 용서를 빌었는가?" 그는 그녀의 귓가에 대고 다시 덧붙였다(구경꾼들은 그가 그녀의 마지막 참회를 받는 줄 알고 있었다). "넌 나의 도움을 받고 싶지 않으냐? 나는 지금이라도 너를 살려낼 수 있어!"

그녀는 그를 잔뜩 흘겨보다가 소리쳤다. "썩 꺼져, 이 악마! 그렇지 않으면 널 만천하에 고발해버리겠어!"

그러나 그는 비열한 미소를 지었다. "아무도 네 말에 귀 기울이지 않아. 그건 또 하나의 죄를 추가할 뿐이지. 빨리 대답해! 나의 도움을 바라지 않느냐?"

"내 사랑하는 페뷔스 님을 어떻게 했지?"

"놈은 죽었어."

그 순간, 부주교는 참담한 기분이 들어 문득 고개를 들었다가 광장 반대편의 공들로리에 저택 발코니에 바로 그 중대장과 플뢰르 드 리스가 나란히 서 있는 것을 보았다. 당황한 그는 자기도 모르게 비틀거리며 손으로 눈을 가렸다가 다시 바라보고는 입속으로 저주의 말을 중얼거렸다. 그의 얼굴 가득히 심한 경련이 일어났다.

"그래! 너는 죽는 것이다!" 그는 낮게 중얼거렸다. "아무도 너를 갖지 못하게 하겠어!"

그렇게 말하고 신부는 집시처녀에게 손을 올리고 침통한 목소리로 외쳤다. "이제, 가라! 방황하는 영혼이여. 하느님께서 그대에게 자비와 은총을 베푸시기를!"

그것은 이 음울한 의식을 마칠 때면 언제나 사용하는 무서운 관용어였으며 성직자가 사형집행인에게 집행을 알리는 신호이기도 했다.

군중은 무릎을 꿇었다.

"주여, 불쌍히 여기소서!" 현관문의 뾰족아치 아래 남아 있던 신부들이 읊조렸다.

"주여, 불쌍히 여기소서!" 군중도 중얼거리듯 되풀이했는데 그것은 성난 파도가 출렁이는 바다의 울부짖음처럼 사람들 머리 위로 흐르고 있었다.

"아멘!" 부주교가 말했다.

그는 사형수에게 등을 돌리고 고개를 깊이 숙인 채 두 손을 깍지 끼고 사제들의 행렬 속으로 돌아갔다. 이윽고 그의 모습은 십자가와 촛불과 여러 제복들과 함께 대성당의 어둠침침한 둥근 천장 아래로 사라져갔다. 또한 그의 우렁찬 목소리도 다음과 같은 절망적인 시구를 노래하면서, 점차 희미해져 가는 성가대 합창 속으로 사그라졌다.

"당신의 그 모든 파도와 물결이 제 위를 지나갔습니다!"(요나서 2:4)

그와 동시에 대성당 파수병들의 끊어졌다 이어졌다를 반복하며 덜커덕거리던 창 소리도 본당 기둥 사이로 차츰 사라져갔는데, 이는 마치 죄수의 마지막을 알리는 큰 시계의 망치 소리 같았다.

그 사이, 노트르담 성당의 현관문은 아직 열린 채 그대로였고 대성당은 사람의 그림자도 촛불도 없이, 아무런 소리도 나지 않는 죽음 같은 정적에 휩싸였다.

꼼짝없이 붙들린 에스메랄다는 그 자리에 우두커니 선 채 가만히 처분만 기다리고 있었다. 채찍을 든 관리가 샤르몰뤼의 주의를 환기시켜야만 했을 정도로, 샤르몰뤼는 이런 광경이 전개되는 내내 중앙 현관의 오목새김을 연구하고 있었다. 어떤 사람들은 그것이 아브라함의 희생을 상징한다고도 하고, 다른 어떤 사람은 천사를 태양에, 장작을 불에, 아브라함을 장인(匠人)에 비유하여 화금석을 만드는 실험을 표현하는 것이라고도 했다.

그가 언제까지나 그렇게 조용히 바라보고만 있는 것을 그만두게 하기 위해 몹시 애를 쓴 결과, 마침내 그가 돌아서서 신호를 하자 사형집행인의 하인인 노란 옷을 입은 두 사나이가 다가가 집시처녀의 손을 다시 밧줄로 묶었다.

가엾은 처녀는 죽음에의 길로 가는 죄수 호송수레에 다시 실려 마지막 장소로 떠나야 했다. 그리로 가는 동안, 아마도 생명에 대한 안타까운 정에 사로잡혔는지 충혈되고 눈물도 말라버린 눈으로 하늘과 태양과 창공에 사다리꼴이나 세모꼴로 여기저기 떠돌고 있는 은빛 조각구름들을 예사롭지 않게 바라보았다. 그러고는 눈을 돌려 지상과 군중, 그리고 집들을 둘러보았다. ……그러다 노란 옷차림의 남자가 그녀의 몸에 포승줄을 묶었을 때 그녀는 느닷없이 기쁨에 넘친 비명을 질렀다. 저쪽 광장 한쪽의 저택 발코니에 서 있는 그의 모습을 발견한 것이었다. 그를 발견한 것이다. 자기가 사랑하는 남자이자 자기의 주인인 페뷔스의 모습이, 자기 생명의 또 다른 출현이라고도 할 수 있는 그 사나이가 눈에 들어온 것이다.

재판관은 거짓말을 했던 것이다! 부주교도 거짓말을 했다! 틀림없이 페뷔스였다. 이제 의심할 여지가 없다. 그는 저기에 있다. 눈부신 군복을 입고 머리에는 깃털 장식을 꽂고 허리에는 칼을 차고 늠름한 모습으로 저기에 있는 것이다!

"페뷔스, 내 사랑하는 페뷔스!" 그녀는 목청껏 그를 불렀다.

그러면서 그녀는 사랑과 기쁨으로 떨리는 손을 그에게 뻗으려 했으나 두 손은 단단히 묶여 있었다. 그때 그녀의 눈에 들어온 것은, 중대장은 잔뜩 눈살을 찌푸리고 있고, 그에게 몸을 기대고 있는 예쁘장한 아가씨가 경멸이 담긴 입술과 분노의 시선으로 그를 쳐다보는 광경이었다. 잠시 뒤 페뷔스가 무어라고 말을 건넸지만, 물론 그 소리는 집시처녀에게까지는 들리지 않았다. 두 사람은 곧장 발코니 안쪽으로 사라졌고 이내 창문도 굳게 닫혀버렸다.

"페뷔스! 당신도 저에게 잘못이 있다고 생각하시나요?" 그녀는 미친 듯이 소리쳤다.

문득 끔찍한 생각이 그녀의 머리에 떠올랐다. 페뷔스 드 샤토페르를 살해한 죄목으로 사형선고를 받았다는 것이 생각났던 것이다.

지금까지 그녀는 모든 것을 조용히 참아왔다. 그러나 이 마지막 타격은 너무나 가혹한 것이었다. 그녀는 돌길 위에 털썩 쓰러져버렸다.

"어서 저 여자를 수레에 태워라. 빨리 끝내라!" 샤르몰뤼가 귀찮은 듯 말했다.

한편, 현관의 뾰족아치 맨 꼭대기에, 역대 왕의 조각상이 있는 회랑에 수상한 구경꾼이 하나 있다는 것을 눈치 챈 사람은 아무도 없었다. 그는 그때까지 대연하게 목을 빼고 매우 기괴한 표정으로 광상에서 일어나는 크고 작은 일을 하나도 빠뜨리지 않고 지켜보고 있었다. 그 사나이가 반은 빨갛고 반은 자주색인 독특한 옷차림을 하고 있지 않았다면 사람들은 그를 6백 년 전부터 대성당의 긴 물받이를 줄곧 입으로 받치고 있는 석조괴물 조각의 하나로 착각했을 것이 틀림없다. 이 구경꾼은 노트르담의 현관 앞에서 정오부터 일어나고 있던 일을 낱낱이 보고 있었다. 그리고 아무도 예상하지 못한 일이지만, 처음부터 그 사나이는 매듭이 진 굵은 밧줄을 회랑 기둥에 꽉 붙들어 매고 있었고, 그 밧줄 끝을 아래에 있는 현관 앞 계단에까지 늘어뜨리고 있었다. 그 일이 끝나자 그는 또 조용히 바라보기 시작했다. 그리고 가끔 지빠귀가 그의 앞을 날아갈 때면 휘파람도 불었다.

그러고 있다가 사형집행인이 샤르몰뤼의 명령을 집행하려는 순간, 그는 갑자기 회랑의 난간을 뛰어넘어 발과 무릎과 손으로 밧줄을 잡았다. 그러고는 사람들이 보는 앞에서 마치 유리창문을 따라 미끄러져 내려가는 한 방울의 빗물처럼 정면으로 미끄러져 내려와 지붕에서 떨어지는 고양이처럼 날쌔게 2명의 사형집행인 쪽으로 달려갔다. 그리고 커다란 주먹으로 그들을 때려눕히고는 마치 어린아이가 인형을 끌어안듯 한 손으로 집시처녀를 낚아올렸다. 그는 그녀의 몸을 어깨 위에 얹음과 동시에 몸을 날려 대성당 안으로 뛰어올라가더니 무섭도록 커나란 목소리로 소리쳤다. "여기는 성역이다!"

너무나 재빠르게, 눈 깜짝할 사이에 일어난 일이었으므로 만약에 밤에 일어난 일이었다면 번개가 한 번 번쩍하는 사이에 모든 일이 이루어졌다고도 할 수 있었을 것이다.

"성역이다! 성역이다!" 군중도 되풀이하여 소리치기 시작했다. 점차 수만 명의 사람들이 박수갈채를 보냈으므로 카지모도의 애꾸눈은 기쁨과 자랑스러움으로 빛나고 있었다.

그 충격에 여자도 정신을 되찾았다. 그리고 눈을 들어 카지모도를 보았으나 자기를 구해준 사람의 모습에 놀랐는지 질끈 눈을 감아버렸다.

샤르몰뤼는 어안이 벙벙하여 그저 멍하니 바라보기만 할 뿐이었다. 사형집행인도 경비병도 모두 어찌할 바를 모르고 서 있었다. 사실 노트르담의 울타리 안에서는 여자 죄수를 체포하는 것이 금지되어 있었다. 대성당 안은 안전지대였다. 인간을 심판하는 모든 법은 대성당의 문턱을 넘는 순간 깡그리 소멸되어버리는 것이다.

카지모도는 대현관 아래에 멈추어 섰다. 그의 커다란 발은 마치 로마의 묵직한 돌기둥처럼 이 성당의 포석을 단단히 버티고 있는 것처럼 보였다. 또 머리카락이 텁수룩한 큰 머리는 마치 갈기만 있고 목은 없는 사자처럼 어깨에 푹 파묻혀 있었다. 그는 팔딱거리는 처녀를 하얀 휘장처럼 팔에 늘어뜨리고 있었으나 행여나 부서지거나 시들까봐 몹시 두려워하는 것처럼 조심스럽게 다루었다. 마치 그것이 너무나 섬세하고 미묘하고 소중한 것이어서 자신의 손이 아닌 다른 어떤 손을 위해 만들어진 것이라고 느끼는 것 같았다. 때때로 그는 감히 그녀에게 손을 대지 못하는 듯한, 숨결마저도 접촉해선 안 되는 듯한 표정을 짓곤 했다. 그러더니 느닷없이 그녀를 그 울퉁불퉁한 자기 가슴에 꼭 껴안았다. 자기의 재산처럼, 귀한 보물처럼, 마치 이 여인의 어머니가 그렇게 했을 것처럼. 그녀를 내려다보는 그의 눈길은 애정과 고통과 연민으로 가득 차 있었다. 문득 그는 그 번득이는 눈을 치켜떴다. 그러자 여자들은 울었다가 웃었다가 했고, 군중은 열광하여 발을 동동 굴렀다. 왜냐하면 그 순간 카지모도는 몹시 아름다웠기 때문이다. 고아이자 업둥이이며 쓸모없는 인간에 불과했던 그는 자신이 존엄하고 굳세다는 것을 그때 처음 느꼈던 것이다. 그는 자기를 바라봐주지도 않는 군중을 지금은 정면으로 바라보고 있었다. 당당하게 군중 속으로 뛰어들어 인간들 일에 간섭하고, 인간들의 재판에서 그 제물을 빼앗은 것이다. 공연히 헛다리만 짚게 된 모든 잔인한 인간들, 경관, 법관, 망나니들을, 국왕의 모든 힘을, 최하층의 미천한 자신이 하느님의 가호 아래 방금 분쇄해놓은 것을 똑바로 바라보고 있었다.

그리고 그토록 추악하고 못생긴 인간이 가장 불행한 인간을 지켜냈다는 것, 사형선고를 받은 한 처녀가 카지모도에게 구출되었다는 사실은 몹시 감동적이었다. 이 두 사람은 바로 자연과 사회의 두 극단에 서 있는 불행한 존재였다. 그런 두 사람이 몸을 맞대고 서로를 돕고 있었던 것이다.

그러는 사이, 뜨거운 갈채를 받아 승리감에 도취해 있던 카지모도는 갑자기 처녀를 안고 대성당 안으로 사라져버렸다. 군중은 그가 너무 일찍 사라져버린 것을 아쉬워하면서 어두컴컴한 성당 홀 안에서 혹시 그를 찾을 수 있을까 그를 눈으로 쫓고 있었다. 카지모도가 갑자기 프랑스 역대 왕들의 조각상이 있는 회랑의 한쪽 끝에 다시 나타나는 것이 보였다. 그리고 미친듯이 그 회랑을 빠져나가더니 팔을 높이 뻗어 획득한 것을 쳐들고는 외쳤다. "성역이다!" 군중은 또다시 환호와 갈채를 보냈다. 바람처럼 회랑을 빠져나가 그는 다시 성당 안쪽으로 들어갔다. 얼마 뒤 그는 맨 꼭대기의 평평한 옥상에 다시 나타났다. 여전히 집시여자를 두 팔에 안고 미친 듯이 뛰면서, "성역이다!"를 거듭 외치고 있었다. 군중 또한 여전히 갈채를 보내고 있었다. 그는 마지막으로 종탑의 꼭대기에 모습을 드러냈다. 거기서 그는 자기가 살려낸 여인을 만천하에 자랑하려는 것 같았으며 사람들이 좀처럼 들을 수 없었고, 자기 자신도 지금껏 한 번도 들어본 적 없는 우렁찬 목소리로 구름까지 울리도록 세 번이나 미친 듯이 되풀이했다. "성역이다! 성역이다! 성역이다!"

"와! 잘했다!" 군중도 덩달아 부르짖었다. 이 거대한 환호성은 강 건너편까지 울려 퍼져서 그레브 광장의 사람들과 교수대를 조히 바라보며 사형이 이루어질 때만을 기다리던 투르 롤랑의 자루 수녀를 놀라게 했다.

제9편

1 신열

불행한 클로드 프롤로가 집시처녀를 빠뜨리고 자기 자신마저 빠뜨린 운명의 올가미를 양아들인 카지모도가 느닷없이 끊어버리고 있을 때, 부주교의 모습은 이미 노트르담 안에 없었다. 그는 곧장 성구실로 돌아가 어리둥절해하는 성당지기에게 성직자의 흰 옷과 가운, 영대를 벗어 던지고는 수도원의 비밀 문을 통해 도망쳤다. 그는 테랭의 뱃사공에게 센 강 왼편 기슭으로 가달라고 이야기하고는 대학가의 기복이 심한 거리로 들어가 정처 없이 걷기 시작했다. 그곳에서 그는 마녀가 목 매달리는 것을 구경할 시간은 아직 충분하다며 생미셸 다리로 신나게 몰려가는 남녀 무리들과 마주치곤 했는데, 그의 얼굴은 창백하고 넋이 나간 듯, 마치 한낮에 아이들에게 쫓기는 올빼미보다 더 당황하고 사나웠다. 그는 자기가 어디에 있는지, 무엇을 생각하는지, 또는 꿈인지 생시인지도 알지 못했다. 어디라고 할 것 없이 거리에서 거리로 정처 없이 돌아다니거나 갑자기 뛰기도 하면서 그저 막연히 자기 뒤쪽에 그레브 광장이 있다는 것을 의식하며 그 섬뜩하도록 무서운 그레브에 떠밀려 잠시도 쉬지 않고 닥치는 대로 앞으로 밀려나가고 있을 뿐이었다.

그렇게 그는 생트주느비에브 산을 따라 가다가 마침내 생빅토르 문을 지나 도시를 빠져나갔다. 그는 계속 뒤를 돌아다보고 대학가의 몇몇 탑을 둘러싼 벽과 교외에 흩어져 있는 집들이 보이지 않게 될 때까지 내내 도망쳤다. 마침내 그 지긋지긋한 파리 시가지가 지층의 습곡에 가려졌다. 그곳은 인적이 드문 밭 한가운데였고, 4백 킬로미터는 떨어진 곳에 왔다는 생각이 들자 그는 도망치던 발걸음을 멈추고 간신히 안도의 숨을 쉴 수 있었다.

그때 그의 머릿속으로 온갖 무서운 생각이 들이닥치기 시작했다. 그는 자기의 마음속을 똑똑히 들여다보고는 진저리를 쳤다. 그는 자기 자신은 물론 자기 손으로 절망의 구렁텅이로 몰아넣은 그 가녀린 집시처녀를 생각했다. 그는 숙명이 두 사람의 운명을 서로 부딪치게 하고 무자비하게 부서뜨려버린 그 교차점에 이르기까지 그들이 걸어온 두 갈래의 꼬불꼬불한 길을 험상궂은 눈길로 돌아보았다. 영원한 맹세의 어리석음을, 순결과 학문과 종교와 미덕의 공허함을, 그리고 하느님의 무의미함에 대하여 많은 생각을 했다. 그는 나쁜 생각들 속으로 빠져들어갔고, 그 생각 속으로 깊이 빠져들수록 자신의 내면에서 악마가 웃음을 터뜨리고 있음을 느꼈다.

그렇게 자기 영혼을 헤집고들어가면서, 자연이 영혼에게 얼마나 넓은 자리를 준비해놓았는지를 목격하고는 더욱 고통스럽게 비웃어주었다. 그는 마음 밑바닥에서 모든 증오와 악의를 끄집어냈다. 환자를 진찰하는 의사처럼 냉철한 눈으로 그 증오와 악의는 부패한 사랑에서 비롯된다는 것을, 인간의 모든 미덕의 원천인 이 사랑이 신부의 가슴속에서는 끔찍하게 변모한다는 것을, 그리고 자기 같은 성향을 가진 인간은 성직자이면서 동시에 악마가 될 수도 있다는 것을 깨달았다. 그러고는 소름 끼치는 웃음을 터뜨렸다. 그러다 갑자기 자신의 숙명적인 정욕, 결국 한 여자에게는 교수대를, 한 남자에게는 지옥을 가져다주어 그 여자는 사형수가 되고 자기는 저주받은 사나이가 되는 결과를 남긴 이 썩어빠지고 독기에 넘치며, 증오로 가득한, 집념으로 불타는, 사랑의 가장 끔찍한 면을 생각하자 다시 창백해졌다.

또한 페뷔스는 여전히 살아 있음을 떠올리자 다시 웃음이 터져나오기 시작했다. 역시 그 장교는 살아 있었던 것이다. 여전히 쾌활하고 즐겁게, 이전보다 멋진 군복을 입고 새 애인과 함께 옛 연인이 교수형당하는 것을 구경하러 왔던 것이다. 죽기를 바랐던 살아 있는 사람들 가운데서 유일하게 미워할 수 없는 집시처녀만이 오히려 죽음의 과녁에 세워진 단 한 사람이라는 생각에 이르자 전보다 더한 자조의 웃음이 터져나왔다.

그러자 그의 생각은 밉살맞은 장교로부터 광장에 몰려들었던 군중으로 옮아가면서 엄청난 질투심에 사로잡혔다. 광장에 몰려든 모든 사람들이 자신이 사랑하는 여인의 거의 벌거벗은 모습을 보고 있었다는 사실이 떠올랐다. 그가 어둠 속에서 홀로 그녀의 모습을 힐끗 보았다면 자기에게 최고의 행복을 주었을 터이나, 언뜻 보기에 육욕의 밤을 보내기 위한 차림새로 대낮에 광장을 가득 메운 군중 앞에 그녀가 내팽개쳐졌다는 생각을 하니 몸이 뒤틀리는 것이었다. 영원히 모욕당하고, 오물을 뒤집어쓰고, 벗김을 당하고, 빛이 바래버린 사랑의 모든 비밀을 생각하자 분노의 눈물이 터져나왔다. 그 수많은 추잡한 눈들이 그 풀어헤쳐진 속옷 자락을 보고 얼마나 큰 즐거움을 느꼈을까. 그리고 그 순결한 백합꽃과도 같은 아름다운 아가씨가, 자신은 떨려서 감히 입술도 제대로 가까이할 수 없었던 그 정숙하고 달콤한 술잔이 어중이떠중이의 밥그릇처럼 내돌려지고 말았다. 파리의 가장 추악한 천민들이, 도둑놈들이, 거지와 하인배들이 거기에 함께 몰려들어 파렴치하고 불순하고 타락한 쾌락을 마셨을 것을 생각하니 더더욱 분노의 눈물이 솟구치는 것이었다.

만약 그녀가 집시여인이 아니었더라면, 자신 또한 신부가 아니었다면, 그리고 페뷔스라는 존재가 처음부터 없었고 그녀가 자신을 사랑했더라면 그가 이 세상에서 발견할 수 있었을지도 모르는 행복이란 어떤 것일까를 상상해 보려 애썼다. 또한 고요하고 사랑으로 가득한 삶이 자신에게도 가능하지 않았을까. 바로 이 순간에도 이 세상 여기저기에, 오렌지나무 아래서, 도시 어딘가에서, 저물어가는 석양 앞에서, 별이 총총 뜬 밤하늘 아래서, 끝없는 이야기에 잠겨 있는 행복한 남녀들이 있으리라. 그리고 만약 하느님께서 바라셨더라면, 자신도 그녀와 함께 축복 받은 부부 가운데 한 쌍을 이룰 수도 있었으리라는 상상을 하니 그의 가슴은 사랑과 절망으로 뒤섞였다.

아아! 이것이다! 바로 이것이었다! 끊임없이 되돌아와서 그를 괴롭히고, 그의 뇌수를 짓씹고, 그의 오장육부를 갈가리 찢는 것은 이 집념이었다! 그는 뉘우치거나 후회 따위는 하지 않았다. 자기가 이미 저지른 짓은 무엇이든 다시 할 용의마저 있었다. 그녀가 중대장의 손에 들어가 있는 것을 보느니 차라리 사형집행인들의 손에 넘어가는 것을 보는 게 낫다는 생각이 들었다. 그러나 그는 몹시 고통스러웠다. 그 괴로움이 얼마나 컸던지 자신의 머리카락을 쥐어뜯어서는 그것이 그새 하얗게 세어버린 것은 아닌지 들여다볼 정도였다.

아침에 보았던 그 끔찍한 쇠사슬이 그토록 가녀리고 아리따운 그녀의 목덜미를 지금쯤 쇠고리 매듭으로 옮죄고 있는 것은 아닐까 하는 생각이 들 때도 있었다. 그런 생각을 하면 온몸의 땀구멍에서 땀이 배어나는 것이었다.

또 때로는 악마처럼 자기 자신을 비웃으면서도, 자기가 처음 보았을 때의 에스메랄다, 즉 발랄하고 활달하며 즐겁게, 아름다운 옷을 입고 춤을 추는, 마치 날개라도 달린 듯 경쾌하고 조화로운 에스메랄다와 마지막으로 보았던, 속옷 바람에 밧줄에 목이 감기고 맨발로 교수대에 올라 사다리를 오르고 있는 마지막 순간의 에스메랄다를 동시에 상상해보기도 했다. 그는 이중으로 겹쳐진 두 그림을 한꺼번에 머릿속에 떠올리다가 너무도 끔찍하여 비명을 질렀다.

이처럼 절망적인 감정의 폭풍우가 그의 영혼 속에서 미쳐 발광하고, 모든 것을 망가뜨리고 씹고 짓누르고 뽑아내는 동안, 그는 주변의 자연을 바라보았다. 그의 발밑에서 닭 몇 마리가 덤불 속을 헤집고 다니며 부리로 먹이를 쪼아대고 있었다. 아롱다롱한 풍뎅이들은 햇볕 속을 날아다니고 그의 머리 위로는 회색 구름들이 양떼처럼 뭉게뭉게 푸른 하늘을 지나고, 지평선에는 언덕의 곡선 위로 생빅토르 수도원 첨탑이 그 슬레이트 뾰족탑을 우뚝 세우고, 코포 언덕의 방앗간 주인은 휘파람을 불면서 풍차 날개가 부지런히 돌아가는 것을 바라보고 있었다. 그의 주위에서 갖가지 형태로 나타난 그 모든 부지런하고 조화로우며 고요한 삶들이 그의 마음을 아프게 했으므로 그는 다시 달아나기 시작했다.

날이 저물 때까지 그렇게 계속 밭 사이를 내달렸다. 자연과 인생 그리고 자기 자신과 인간, 신 등 모든 것으로부터 온종일 도망쳐다닌 것이다. 때로는 대지에 몸을 던지고, 갓 싹이 튼 밀을 손톱으로 쥐어뜯었다. 또 어떤 마을의 인적 없는 거리에서 발걸음을 멈추기도 했다. 머릿속 생각들을 견딜 수가 없어서 두 손으로 머리를 움켜쥐고 어깨에서 뽑아내 길바닥에 내동댕이 쳐버리려고도 했다.

해가 뉘엿뉘엿 저물기 시작할 무렵, 자기 모습을 다시 한 번 돌아보니 마치 정신이상을 일으킨 사람 같았다. 집시처녀를 구해야겠다는 희망과 의지를 잃은 순간부터 마음속에는 폭풍우가 휘몰아치고 있었다. 이 폭풍우는 마음속으로부터 정상적인 생각을 남김없이 날려버렸다. 이성은 흠씬 두들겨 맞아 부서진 지 오래였다. 마음속에는 이제 두 가지 모습만이 또렷하게 있을 뿐이었다. 에스메랄다와 교수대. 그 밖의 것은 모조리 어둠에 휩싸여 있었다. 두 모습은 서로 얽혀 하나의 섬뜩한 모습이 되었다. 아직 남아 있는 주장과 생각을 모아 두 가지 모습을 보면 볼수록 그 무서운 모습은 도저히 상상도 못할 정도의 무서운 속도로 커지고 있었다. 한편에서는 그 우아함과 매력, 아름다움, 빛을, 다른 한편에서는 그 공포의 정도를 높이면서. 그러다 결국 에스메랄다는 별처럼, 그리고 교수대는 육체가 떨어져 내린 거대한 팔처럼 보이는 것이었다.

이렇게 몹시 고통스러워하는 동안에도 그가 죽고 싶다는 생각을 단 한 번도 하지 않았다는 것은 주목할 만한 일이다. 이 가엾은 사나이는 그런 인간이었다. 그는 삶에 집착하고 있었다. 어쩌면 그는 뒤에서 지옥을 똑똑히 보고 있었는지도 모른다.

그러는 사이 해가 저물었다. 그의 안에서 아직도 살아 있던 부분은 대성당으로 돌아갈 생각을 어렴풋하게 하고 있었다. 그는 파리에서 멀리 떨어져 있다고 생각했지만 자신의 위치를 분석해보니 여전히 대학가 주위를 맴돌고 있었을 뿐임을 깨달았다. 생쉴피스의 첨탑과 생제르맹 데 프레의 높은 탑이 오른쪽 평평한 땅에 솟아 있었다. 그는 그쪽을 향해 갔다. 생제르맹의 총구가 있는 참호 부근에서 수도원 경비병의 "누구냣?" 하는 소리를 듣자 그는 길을 바꾸어 수도원 풍차와 읍내 한센병원 사이로 통하는 작은 길로 들어섰다. 잠시 후 프레 오 클레르크 목장의 가장자리로 나왔다. 이 목장은 밤낮을 가리지 않고 일어나는 소동으로 유명했다. 생제르맹의 가엾은 수도사에게 그것은 히드라(그리스 신화에 나오는 머리가 아홉 달린 물뱀) 같았다. 그것은 신학생들에게 언제나 새로운 토론거리를 만들어주었기 때문이다. 부주교는 거기서 혹시 누굴 만날까봐 몹시 두려웠다. 모든 사람의 얼굴이 무서웠다. 그는 조금 전에도 대학과 생제르맹의 마을을 피해왔었다. 시내에는 되도록 늦은 시간에 돌아가고 싶었다. 그래서 프레 오 클레르크 목장을 따라 나와서 디외 뇌프와 목장 사이의 인적 없는 오솔길을 걸어서 마침내 강가에 이르렀다. 거기서 클로드 신부는 마주친 뱃사공에게 약간의 돈을 건네고 센 강을 거슬러 올라가 시테 섬 끝 한 귀퉁이에서 내렸다. 이 반도는 여러분이 알다시피 그랭구아르가 몽상에 잠겨 있던 모습을 보았던 바로 그 버려진 땅으로 파쇠르 오 바슈 섬과 나란히 왕실 정원의 맞은편까지 뻗어 있었다.

배의 단조로운 흔들림과 물소리는 우울한 클로드의 기분을 어느 정도 가라앉게 했다. 뱃사공이 떠난 뒤 그는 강가에 서서 멍하니 강물을 바라보았다. 사물이 모두 흔들려 보였고 그 흔들림은 점점 격렬해져 마치 주마등 풍경처럼 보였다. 극심한 고통에서 오는 피로가 정신에 그런 효과를 빚어내는 것은 당연한 일일 터였다.

해는 이제 높다랗게 서 있는 네슬 탑 뒤로 넘어가 있었다. 노을이 지고 있었다. 하늘은 희었고 강물도 희었다. 그 두 가지 흰빛 사이로, 그가 바라보고 있는 센 강 왼쪽 강변이 거무스름하게 누워 있었다. 그것은 멀리 갈수록 가늘어지다가 검정 첨탑처럼 지평의 안개 속으로 사라져갔다. 기슭 위로는 집들이 빽빽이 들어차 있었고, 그 검은 실루엣은 어둠 속에서 밝은 하늘과 물을 배경으로 또렷하게 떠올라 있었다. 길 양편 집들의 창문은 마치 타오르는 불을 넣은 구멍처럼 밝게 반짝이기 시작했다. 하늘과 강물의 하얀 두 면과는 별개로, 솟아 있는 검고 커다란 네모진 뾰족탑 같은 강변은, 이 부근에서 매우 폭이 넓어져 있어 클로드 부주교에게 낯선 느낌을 주었다. 마치 스트라스부르 대성당의 종루 아래 땅바닥에 드러누워 희미한 석양이 점차 사라져가는 첨탑을 올려다보는 느낌이었다. 다만 이곳에서는 서 있는 것이 클로드이며, 누워 있는 것이 네모진 뾰족탑이었다. 그러나 강물에 하늘이 비쳐 그의 발밑에 깊은 연못처럼 가로놓여 있었으므로 이 거대한 곶 같은 왼쪽 기슭은 어떤 대성당의 첨탑이 그대로 허공에 대담하게 솟아올라 있는 것처럼 보였다. 왼쪽 기슭이나 대성당이나 인상이 똑같았다. 그러나 왼쪽 기슭이 주는 느낌은 낯설고, 그러면서 한층 깊은 것이었다. 스트라스부르의 종루가 주는 느낌 그대로였지만 이곳 센 강 왼쪽 기슭의 종루는 높이가 80미터나 되는 데다 무엇인가 전대미문의, 거대하고 광대무변한 것, 사람의 눈으로는 지금껏 본 적 없는 그런 건물이었다. 하나의 바벨탑이었던 것이다. 집집마다의 굴뚝, 성벽의 요철, 깎아지른 듯한 지붕의 합각머리, 오귀스탱 수도원의 첨탑, 네슬 탑, 거대한 네모 뾰족탑의 옆모습을 들쭉날쭉하게 만드는 그 모든 돌출물들은 언뜻 보면 이상야릇하면서도, 복잡하고 환상적인 조각물의 투조 구실을 함으로써 더욱더 환상적으로 보이게 했다. 환각상태에 빠진 클로드는 자신의 살아 있는 눈으로 지옥의 종루를 보는 것 같은 착각을 일으켰다. 그는 이 무시무시한 탑 위에서 아래까지 전체에 줄지어 있는 수천의 불빛이 모두 거대한 가마의 불구멍처럼 보였던 것이다. 거기서 들려오는 갖가지 목소리나 소란스러움은 모두 절규와 사경을 헤매며 헐떡이는 소리 같았다. 그는 두려움에 휩싸여 아무런 소리도 듣지 않으려고 귀를 막고, 아무것도 보지 않으려고 등을 돌린 채 그 무시무시한 광경으로부터 재빨리 벗어났다.

그러나 환영은 여전히 그의 안에 있었다.

그가 거리로 돌아오자 가게의 불빛에 비쳐 밀려드는 통행인들의 모습이 보였는데, 마치 그의 주위를 영원히 돌아다니는 망령들처럼 느껴졌다. 귓속에서는 이상한 소리가 울리고 있었다. 엉뚱한 상상이 정신을 혼란스럽게 하고 있었다. 그의 눈에는 집들도, 돌길도 그리고 짐수레도 남자도 여자도 보이지 않았다. 다만 뚜렷하지 않은 수없이 많은 물체의 모습들이 서로 녹아들면서 뒤죽박죽되어 있었다. 바리예리 거리 모퉁이에 식료품 가게 하나가 있었는데 그 가게 처마에는 예전 습관대로 양철 고리가 많이 달려 있고 나무로 만든 양초가 고리처럼 매달려 있었다. 그것이 바람에 흔들려 캐스터네츠처럼 딸각거리면서 서로 부딪쳤다. 그에게는 그것들이 몽포콩 묘지의 해골 다발이 어둠 속에서 서로 부딪치는 소리처럼 느껴졌다.

"아아! 밤바람이 해골들을 서로 부딪치게 하고 있구나. 그리고 해골들을 묶은 쇠사슬 소리가 뼈의 울림과 뒤섞여 있어! 그녀도 어쩌면 저기에 있겠지. 저 해골들 사이 어딘가에!" 그는 중얼거렸다.

그는 거의 미칠 것 같은 상태가 되어 자신이 어디를 어떻게 걷고 있는지도 알지 못했다. 대여섯 걸음 내딛은 뒤 그는 자신이 생미셸 다리 위에 서 있음을 발견했다. 어느 건물 1층에서 불빛이 하나 보였다. 가까이 다가가보니 금이 간 유리창 너머로 더러운 방 하나가 눈에 들어왔다. 그 방 풍경은 그에게 희미하나마 어떤 기억을 떠올려주기에 충분했다. 작은 등불이 어슴푸레하게 밝혀진 방 안에서 금발머리에 혈기 왕성한 젊은이가 즐거워 보이는 표정으로, 두꺼운 화장을 요란하게 한 여자를 끌어안고 입을 크게 벌리고 껄껄 웃고 있었다. 등불 옆에서는 노파 하나가 떨리는 목소리로 노래하면서 물레질을 하고 있었다. 젊은이의 웃음소리가 그칠 때마다 노파의 노랫소리가 띄엄띄엄 부주교의 귀에까지 들려왔다. 뜻은 모르겠지만 무언가 섬뜩한 노래였다.

  짖어라, 그레브 광장아. 으르렁거려라, 그레브 광장아!
  자아라, 내 물레야.
  감옥 안뜰에서 바람을 가르고 있는
  망나니에게 밧줄을 자아주어라.
  짖어라, 그레브 광장아. 으르렁거려라, 그레브 광장아!

삼밧줄은 아름답구나!
이시에서 방부르까지 삼씨를 뿌려라,
밀씨는 뿌리면 안 된단다.
아름다운 삼밧줄이면,
도둑놈도 훔치지 않는다네.

으르렁거려라, 그레브 광장아. 짖어라, 그레브 광장아!
눈곱이 낀 것 같은 교수대에
창녀가 목매다는 것을 보려고
창문이 눈이 된다네. 창문이 열린다네.
으르렁거려라, 그레브 광장아. 짖어라, 그레브 광장아!

노래가 끝났을 때 금발의 젊은이는 웃으며 품에 안은 여자를 여기저기 애무하고 있었다. 노파는 팔르루델이었고 여자는 거리의 창녀, 젊은이는 바로 신부의 동생 장이었다.

그는 그 광경을 물끄러미 바라보고 있었다. 뿐만 아니라 그의 머릿속에 떠오르는 또 하나의 풍경도 함께 보고 있었다.

장이 방 안쪽으로 가더니 창문을 열고 강가 쪽으로 눈을 돌리는 것을 보았으며, 그가 다시 창을 닫으며 지껄이는 소리도 들었다. "이런, 젠장! 벌써 밤이잖아? 시민들이 촛불을 켜고 하느님은 별에 불을 켜는 시간이란 말이야."

그러더니 장은 여자에게 돌아와 테이블 위에 놓여 있던 술병 하나를 깨뜨리고는 소리쳤다.

"빌어먹을! 술이 벌써 다 떨어졌잖아! 이젠 한 푼도 없는데 말이야! 이 자보! 유피테르가 네 허연 젖가슴 2개를 검정 술병 2개로 바꿔놓아 밤낮으로 빨아 마실 수 있게 하지 않는 한 나는 유피테르에게 고맙다는 생각은 요만큼도 없어!"

이런 농담에 작부가 웃음을 터뜨렸고, 장은 갑자기 밖으로 나갔다.

클로드 신부는 그곳에서 동생과 정면으로 마주치지 않으려고 엉겁결에 땅바닥에 엎드렸다. 다행히 거리는 캄캄했고 장은 술에 취한 상태였다. 그런데도 그는 누군가 흙바닥에 엎드려 있는 것을 알아차리고 중얼거렸다.

"얼씨구, 이봐! 이 친구도 오늘 하루 어지간히 재미를 보았구먼!"

그러면서 클로드 신부를 발로 툭툭 건드렸으나 신부는 숨을 죽이고 있었다.

"완전히 맛이 갔구나. 뻗었어, 젠장! 완전히 술통에서 건진 거머리새끼로구나! 이것 봐라. 게다가 대머리 영감이네? 복 받은 영감탱이로군!"

클로드 부주교는 멀어져가는 장이 이렇게 중얼거리는 소리를 들었다.

"이유야 어찌 됐거나 말이지, 우리 부주교 형님은 품행도 방정하신 데다 돈도 있으니 매우 행복한 사람 아니냐 이거야!"

장이 사라지자, 부주교는 벌떡 일어나 노트르담을 향해 달려갔다. 대성당의 거대한 탑들이 어둠 속에 수많은 집들 위로 솟아 있는 것이 보였다.

숨을 헐떡이며 노트르담 성당의 광장에 도착한 그는 순간, 자신도 모르게 그 불길한 건물을 제대로 올려다볼 수가 없었다. "아아! 그런 일이 오늘 아침 이곳에서 정말로 일어났단 말이지, 그것은 과연 사실일까?" 그는 나지막이 중얼거렸다.

그러나 다시 한 번 용기를 내어 성당을 바라보았다. 정면은 어두웠다. 뒤편 하늘에는 별들이 반짝이고 있었다. 초승달이 막 지평선에서 솟아올라 마침 오른쪽 탑 꼭대기에 걸려 있었다. 그것은 가장자리가 클로버 잎 모양으로 된 검은 난간에 마치 한 마리 빛나는 새가 앉아 있는 것 같았다.

수도원 문은 굳게 닫혀 있었다. 그러나 부주교는 자기 방이 있는 종탑 열쇠를 늘 지니고 있었으므로 그 열쇠로 성당 안으로 들어갔다.

성당 안은 동굴 같은 어둠과 고요로 가득했다. 넓은 현수막처럼 사방에 커다란 그림자가 드리워져 있는 것은 새벽미사 때 걸어놓은 휘장이 아직도 걸려 있기 때문이었다. 은으로 된 커다란 십자가가 어둠 속에서 묘지의 밤을 비추는 은하처럼 반짝거리는 별을 아로새기며 빛나고 있었다. 성가대석의 긴 창들은 검은 휘장 위에 뾰족아치의 위쪽 끝을 보여주고 있었는데 달빛이 스며들고 있는 그 창유리는 밤의 희미한 빛깔, 즉 자주색이나 흰색 또는 푸른빛이라고도 할 수 없는, 마치 죽은 사람의 얼굴에 떠오르는 그런 빛을 띠고 있었다. 이 창백한 뾰족아치의 상단을 보며 부주교는 저주받은 주교들의 주교관을 보는 것 같다는 생각이 들었다. 그는 눈을 감아버렸다. 그리고 다시 눈을 떴을 때, 창백한 얼굴들이 자신을 에워싸고 노려보고 있는 것만 같았다.

그는 성당을 지나 도망치듯 달렸다. 그러자 성당 역시 흔들리고 움직이고 생기를 띠기 시작하더니 육중한 기둥 하나가 거대한 다리가 되어 큼지막한 발바닥으로 바닥을 딛고 서 있는 것 같기도 하고, 대성당은 거대한 코끼리가 되어 기둥은 다리가 되고 두 탑은 코가 되고 거대한 검은 장막은 가운이 되어 숨을 내뿜으며 걷고 있는 것 같았다.

그의 상태는 이미 신열이 올라 정신착란이 극에 달한 상태였다. 이제 이 불행한 사나이에게 외부세계란 그저 눈에 보이고 손에 만져지는 어떤 묵시일 따름이었다.

잠깐이었지만 그는 안도했다. 옆면 복도 아래로 내려가자 그는 육중한 원기둥들 뒤에서 한줄기 붉은빛을 보았다. 마치 별을 본 것처럼 그는 달려갔다. 그것은 밤낮으로 그곳을 밝히고 있는 노트르담의 참례자용 성무일과서를 비추는 작은 램프 빛이었다. 뭔가 위로가 되거나 힘이 되는 말을 찾을 수 있기를 기대하며 성서를 향해 달려갔다. 책은 〈욥기〉 부분이 펼쳐져 있었다. 조용히 그것을 읽어 내려갔다. "한마디 말이 내게 남몰래 다다르고 그 속삭임이 내 귓가에 들렸네. 어떤 입김이 내 얼굴을 스치자 내 몸의 털이 곤두섰다네."(〈욥기〉 4:12, 15)

이런 음산한 글귀를 읽자 그는 마치 소경이 자기가 주운 막대기에 찔렸을 때와 같은 아픔을 느꼈다. 다리에서 힘이 쭉 빠지는 것을 느끼고는 낮에 죽은 여인을 생각하며 그 자리에 힘없이 쓰러졌다. 그리고 머릿속에서 기괴한 연기 몇 줄기가 감돌다 사라지는 것을 느끼며 자신의 머리가 지옥의 굴뚝이 된 것 같은 착각에 사로잡혔다.

이런 상태에서 아무 생각 없이, 악령의 손아귀에서 짓눌려 저항도 하지 못한 채 오랜 시간이 지난 것 같았다. 이윽고 얼마간 기운이 회복되자 그는 탑으로 올라가 충직한 카지모도 옆에서 쉬고 싶다는 생각이 들었다. 그는 자리에서 일어서자 왠지 무서웠으므로 길을 밝히기 위해 성무일과서와 램프를 손에 들었다. 그것은 신을 모독하는 행위였지만 더 이상 그런 사소한 일에 신경 쓸 겨를이 없었다.

그는 아주 천천히 종탑 계단을 오르기 시작했다. 이렇게 늦은 시간에 종루를 향해 총안에서 총안으로 오르는 것을 어쩌면 성당 앞뜰을 지나는 심야의 통행인들에게 들킬 수도 있다는 괜한 두려움마저 드는 것이었다.

갑자기 얼굴 위로 뭔가 서늘한 느낌을 받은 그는 어느새 가장 높은 회랑의 문 아래에 다다른 것을 알아차렸다. 공기는 차갑고 하늘에는 구름이 떠 있었다. 흰 파도 같은 구름은 그 구석구석을 부수면서 몇 겹이나 겹쳐 굽이치고 겨울에 강의 얼음이 녹을 때와 같은 모습을 하고 있었다. 초승달은 구름 사이로 떠올라 마치 공기 덩어리들 사이에 좌초된 하늘의 배 같았다.

그는 눈길을 떨어뜨리고 두 종탑을 연결하는 난간의 작은 기둥들 사이에 서서 안개와 연기의 장막을 통해 여름밤 바다의 고요한 파도처럼 서로 밀고 당기는 파리의 말없는 뾰족지붕들을 멀리 바라다보았다.

달은 하늘과 땅을 희미한 잿빛으로 물들이고 있었다.

그때 큰 시계가 금이 간 듯한 소리로 종을 쳤다. 밤 12시를 알리는 것이었다. 그러자 부주교는 낮 12시에 일어났던 일이 생각났다. 그로부터 12시간이 흐른 것이다.

"그래! 에스메랄다는 지금쯤 싸늘하게 식었겠지!" 그는 낮은 목소리로 홀로 중얼거렸다.

그때 갑자기 바람이 휙 불면서 램프가 꺼졌다. 그와 동시에 반대편 종탑 모퉁이에 하나의 그림자가 나타나는 것이 보였다. 그것은 여인이었다. 그는 무의식적으로 몸을 떨었다. 그림자 곁에는 작은 염소도 있었는데 마지막을 울리는 시계 소리에 울음소리가 섞여 들려왔다.

그는 안간힘을 다해 그림자를 바라보았다. 그녀였다.

얼굴색은 창백하고 침울했으며 머리카락은 아침과 마찬가지로 어깨에 늘어뜨려져 있었으나 목에는 밧줄이 걸려 있지 않았고, 손도 묶여 있지 않았다. 이제 그녀는 자유의 몸이었다. 그녀는 죽은 것이라고 클로드는 생각했다.

몸에는 흰 옷을 입고 흰 베일로 머리를 감싸고 있었다.

그녀는 하늘을 올려다보면서 그를 향해 다가왔다. 신비로운 염소가 그 뒤를 따랐다. 그 순간 그의 몸은 돌이 된 것같이 너무나 무거워서 도망칠 수도 없었다. 그녀가 한 걸음씩 다가올 때마다 그는 겨우 한 걸음씩 뒷걸음질 쳤다. 단지 그것밖엔 할 수가 없었다. 그렇게 그는 둥근 천장 밑 계단 아래까지 밀려갔다. 그는 그녀도 그곳으로 들어올지 모른다는 생각이 들자 온몸의 피가 얼어붙는 것만 같았다. 만약 그녀가 그렇게 했더라면 그는 그 순간 공포 때문에 숨이 멎어버렸을지도 모른다.

그녀는 실제로 계단 문 앞까지 와 잠깐 서서 어두운 내부를 가만히 응시했으나 신부를 보지 못했는지 그냥 지나쳐버렸다. 그녀는 살아 있을 때보다 훨씬 크게 보였다. 흰 옷자락을 투과해 달이 보였고 그녀의 숨소리도 들려왔다.

그녀가 지나간 뒤 그는 다시 계단을 내려가기 시작했다. 자신이 유령에게서 본 것처럼 느린 걸음으로, 자신도 유령이 되었다고 생각하면서. 험상궂은 얼굴로 머리털을 곤두세우고 손에는 여전히 꺼진 램프를 든 채, 나선형 계단을 내려가는 그의 귓가에 웃으면서 이렇게 되풀이하는 소리가 똑똑히 들려왔다.

"……한마디 말이 내게 남몰래 다다르고 그 속삭임이 내 귓가에 들렸네. 어떤 입김이 내 얼굴을 스치자 내 몸의 털이 곤두섰다네."

2 곱사등이 애꾸눈이 절름발이

중세 때는 어느 도시에나, 또 프랑스에서는 루이 12세 때까지 곳곳에 성역이 있었다. 이런 성역은 도시에 범람하고 있던 형법이라든가 야만적인 재판권의 홍수 속에서 인간이 행하는 재판의 수면 위에 한 단계 높게 솟아올라 있는 섬과 같았다. 죄인은 이곳에 들어오기만 하면 모두 살아날 수 있었던 것이다. 또한 교외에는 교수대가 설치된 곳이 있었는데, 그와 동시에 이 교수대의 수와 동일한 숫자의 성역도 마련되어 있었다. 그것은 형벌의 남용과 나란히 '처벌 모면'의 남용이기도 했는데, 이 두 가지의 악폐는 서로 협력하여 결점을 보완하고 있었던 것이다. 국왕의 궁전, 귀족의 성 그리고 성당 등이 이 비호권을 가지고 있었다. 인구를 증가시켜야 하는 시기에는 하나의 도시 전체를 일시적으로 성역으로 지정하기도 했다. 루이 11세는 1467년에 파리를 성역으로 지정했다.

일단 성역에 발을 들여놓기만 하면 죄인은 법률의 손아귀에서 벗어날 수 있었지만 거기서 나오지 않도록 조심해야 했다. 한 발짝이라도 그 밖으로 나갔다가는 그는 다시 형벌의 파도에 휩싸여버리게 되는 것이다. 성역 주위는 교수대와 능지처참 형틀 등으로 엄중히 둘러싸여 있었다. 마치 상어가 배 주위를 맴도는 것처럼 끊임없이 먹이를 기다리고 있었던 것이다. 그런 까닭에 유죄 선고를 받은 죄수들이 수도원에서, 궁전 계단에서, 수도원 경작지에서, 성당 문 아래에서 백발이 될 때까지 일생을 보내는 모습을 이따금 볼 수 있었다. 이런 까닭에 성역 역시 하나의 감옥이었다. 때로 최고재판소의 엄숙한 판결이 특권을 침해하고 피고를 사형집행인에게 넘기는 경우도 있었으나 그런 일은 거의 일어나지 않았다. 최고재판소는 주교들을 두려워했기 때문이다. 법복과 성직자의 옷이 서로 마찰을 일으키거나 하면 법관의 긴 옷은 사제복에 비해 몹시 불리했다. 그러나 때로는 파리의 사형집행인 프티 장의 살인 사건과 장 발르레의 살해자 에므리 루소 사건에서 보듯이, 사법권이 교회

위에 서서 교회의 판결문을 무시해버리는 경우도 있었다. 그러나 최고재판소의 체포영장 없이는 무력으로 성역에 불법 침입하는 자는 화를 입었다. 프랑스 원수 로베르 드 클레르몽(성 루이 왕의 여섯째 아들)과 샹파뉴 원수 장 드 샬롱이 사형에 처해진 사건은 누구나 다 알 것이다. 그 사건은 페랭 마르크라는 환전꾼의 조수가 저지른 별 볼일 없는 소행으로 밝혀졌지만, 두 원수는 생메리의 문을 부쉈고 그것은 중죄였다.

이러한 성역 주위는 이와 같이 대단한 경의가 바쳐지고 있었으므로, 전설에서 말하는 것을 들어보면, 심지어 짐승에 이르기까지도 경의를 품었다고 한다. 에무앵(중세의 성직자, 역사가)의 이야기에 따르면 다고베르트(7세기 프랑크의 왕, 생드니 대성당을 세웠다)에게 쫓기는 사슴 한 마리가 생드니의 무덤 옆으로 달아났을 때 사냥개 떼가 걸음을 멈추고 짖기만 했다는 것이다.

성당들은 보통 구원을 요청하고 뛰어드는 사람을 수용하기 위한 작은 방이 있다. 1407년에 니콜라 플라멜은 생자크 드 라 부세리의 둥근 천장 위에 방을 하나 만들게 했는데, 그 비용으로 무려 파리 금화 4리브르 6솔 16드니에나 들었다고 한다.

노트르담 대성당에는 수도원에 잇닿은 측랑의 지붕 위 바람벽 밑에 그러한 작은 방을 만들어두었는데 현재의 종탑 문지기 아내가 정원을 꾸며놓은 곳이 바로 그 장소였다. 양상추는 종려나무에, 문지기의 아내는 세미라미스(아시리아의 전설적인 여왕, 바빌론의 도시와 공중정원을 세웠다)에 비유된다면 그 정원은 곧 바빌론의 공중정원에 비유할 수 있다.

카지모도가 종탑과 회랑 위를 미친 듯이 의기양양하게 달린 뒤에, 에스메랄다를 내려놓은 곳이 바로 거기였다. 카지모도가 그렇게 달음박질치는 동안, 그녀는 도무지 정신을 차릴 수 없었다. 다만 공중을 날아다니는 것 같은 느낌뿐이었다. 잠이 든 것인지 깨어 있는 것인지 알 수 없는 느낌이었다. 다만 공중으로 올라가고 몸이 붕붕 뜨고 날고 있는 느낌, 무엇인가가 자신을 지상으로부터 높이 들어올리고 있다는 느낌뿐이었다. 때때로 그녀는 카지모도의 폭소와 요란스런 목소리를 듣고 설핏 눈을 뜨기도 했는데, 그럴 때면 자신의 몸 아래로 붉고 푸른 모자이크처럼 슬레이트와 기와의 무수한 지붕들로 이어진 시가지가 보이고 눈앞으로는 카지모도의 무시무시하면서도 즐거운 듯한, 기괴한 표정이 보이는 것이었다. 그러면 그녀는 깜짝 놀라 다시 눈을 감았고 모든 것이 끝났다는 느낌만 들었다. 자신이 까무러쳐 있는 동안에 사형이 집행된 것이다. 그녀는 자신의 운명을 관장하던 괴이한 혼령이 다시 자신을 잡아가는 것이라고만 믿었다. 도저히 그 혼령을 바라보지도 못하고 그가 하는 대로 내맡기고 있었다.

그러나 이 종지기가 머리는 산발을 하고 숨을 헐떡이며 자기를 피난처의 작은 방에 내려놓고, 그 커다란 손으로 팔에 상처를 입힌 밧줄을 조심스레 풀어내는 것을 알았을 때, 그녀는 어두운 한밤중에 배가 좌초하여 승객들이 벌떡 일어났을 때 같은 그런 충격을 느꼈다. 정신이 돌아오면서 그녀의 기억도 하나 둘 되살아났다. 자신은 지금 노트르담에 있으며 사형집행인의 손에서 벗어나 있다는 것, 그리고 페뷔스가 아직 살아 있지만 더 이상 나를 사랑하지 않는다는 것도 기억났다. '살아나면 무슨 소용 있겠어. 페뷔스가 날 사랑하지 않는데.' 이런 생각을 하자 이 불쌍한 처녀는 견딜 수가 없었다. 그녀는 자기 앞에 서 있는 카지모도를 돌아보았지만 그 모습은 너무나 무서웠다. 에스메랄다가 물었다. "왜 나를 살려주었나요?"

그는 그녀의 말을 이해하려고 안간힘을 쓰고 있는지 불안한 태도로 그녀를 물끄러미 바라보았다. 그녀는 다시 한 번 물었다. 그러자 그는 매우 슬픈 눈으로 그녀를 한 번 보고는 이내 달아나버렸다.

그녀는 놀라서 한동안 멍하니 있었다.

조금 지나자 그는 작은 꾸러미를 하나 가지고 돌아왔다. 그것은 자비로운 여인네들이 그녀를 위해 성당 앞에 놓고 간 옷가지였다. 그제야 그녀는 문득 자신이 속옷 차림인 것을 알아차리고 얼굴을 붉혔다. 살아갈 힘이 돌아온 것이다.

카지모도는 부끄러워하는 그녀의 태도를 보고 무언가를 느낀 듯했다. 그는 그 커다란 손으로 얼른 제 눈을 가리고는 다시 자리를 떴는데 그 발걸음은 느릿느릿했다.

그녀는 급히 옷을 입었다. 그것은 하얀 베일이 달린 시립병원 수녀간호사 옷이었다.

간신히 옷을 다 갈아입었을 때, 카지모도가 돌아왔다. 그는 한쪽 손에는 광주리를, 다른 손에는 이불을 들고 있었다. 광주리 속에는 포도주와 빵을 비롯한 먹을거리가 들어 있었다. 그는 광주리를 바닥에 내려놓으며 먹으라고 말했다. 그리고 바닥에 이부자리를 펴주며 자라고 했다.

카지모도가 가져온 것은 그녀의 식사와 잠자리였던 것이다.

집시처녀는 그에게 감사의 말을 전하려고 그를 올려다보았으나 말은 한마디도 할 수가 없었다. 이 가엾은 사내는 정말로 무섭게 생겼던 것이다. 그녀는 무서워서 벌벌 떨면서 고개를 푹 숙였다.

그러자 카지모도가 그녀에게 말했다. "내가 무섭죠? 나는 정말 흉하게 생겼어요. 그러니 내 얼굴을 똑바로 보지 말고 그냥 듣기만 하세요. 낮에는 여기에만 있어야 해요. 밤에는 성당 안을 돌아다녀도 돼요. 하지만 밤이든 낮이든 성당 밖으로 나가면 절대 안 됩니다. 그럼 끝장이에요. 아가씨는 사형을 당할 테고 나도 죽게 될 거예요!"

그녀는 감동하여 그의 말에 대답하기 위해 고개를 들었으나 이미 그의 모습은 없었다. 혼자가 된 그녀는 괴물이라 해도 무방한 그런 사나이의 괴상한 말에 대해 곰곰 생각했다. 비록 쉰 목소리이긴 했으나 그처럼 부드럽게 들리는 목소리에 감격했다.

그녀는 찬찬히 방 안을 둘러보았다. 그것은 사방이 2미터도 안 되는 작은 공간으로, 평평한 돌지붕이 약간 기울어진 면 위로 작은 들창과 문이 하나씩 달려 있었다. 동물 모양의 배수구 여러 개가 들창 너머로 목을 길게 빼고 자기를 들여다보는 것만 같았다. 지붕 가장자리로 파리 시내 전체에서 나는 모든 연기를 올려 보내는 수없이 많은 굴뚝 꼭대기들이 내려다보였다. 버려진 아이이자 사형을 선고받은 신세이며, 나라도 가족도 집도 없는 한없이 불행한 그녀에게 그것은 서글픈 광경이었다.

자신은 이제 완전히 외톨이라는 생각이, 지금껏 단 한 번도 느껴본 적이 없을 만큼 격렬하게 그녀를 괴롭혔다. 바로 그때, 그녀는 깔끄러운 털과 수염이 달린 머리 하나가 자기 손안으로, 자기 무릎 위로 슬그머니 들어오는 것을 느꼈다. 그녀는 진저리를 치며 (지금으로선 모든 것에 놀라고 있었다) 바라보았다. 그것은 가엾은 염소, 날쌘 잘리였다. 카지모도가 샤르몰뤼 일당을 때려눕힐 때 그녀를 따라 도망쳐나와 벌써 1시간 전부터 그녀의 발밑에서 열심히 몸을 비비고 있었는데도 정작 그녀는 전혀 알아채지 못하고 있던 것이다. 집시처녀는 염소를 발견하고는 반가운 마음에 미친 듯이 입을 맞추었다. "아유, 잘리, 너였구나! 내가 너를 까맣게 잊고 있었지 뭐니! 너는 언제나 날 생각해주고 있는데 말이야! 너는 나를 배신하지 않는구나!" 그와 동시에 무언가 눈에 보이지 않는 손이 그녀의 마음속에서 줄곧 눈물을 억누르고 있던 무거운 돌을 치워주기라도 한 것처럼 눈물이 마구 쏟아지기 시작했다. 마음속 고통도 눈물과 함께 흘러나오는 것만 같았다.

  어둠이 내렸다. 그녀는 밤이 매우 아름답고 달이 하도 다정스러워 보여 대성당을 두르고 있는 높은 회랑을 한 바퀴 돌아보았다. 그렇게 하고 나니 어느 정도 마음이 가벼워졌다. 그곳 높은 곳에서 내려다보니 지상은 지극히 고요하게 여겨졌다.

3 귀머거리

 이튿날 아침, 잠에서 깨어났을 때 그녀는 자기가 깊은 잠을 잤다는 사실을 알았다. 그것은 그녀에게 몹시 낯선 일이었다. 그녀는 아주 오래전부터 제대로 잠을 잔 적이 없었던 것이다. 들창으로 부드러운 아침 햇살이 들어와 머리 위로 빛을 뿌리고 있었다. 태양과 함께 들창에서 어떤 물체를 발견했는데 그것은 불쌍한 카지모도의 얼굴이었다. 엉겁결에 그녀는 질끈 눈을 감았으나 이미 늦었다. 그녀의 장밋빛 눈꺼풀을 통해 애꾸눈이자 앞니가 빠진, 방금 땅속에서 나온 귀신같은 얼굴이 보이는 것만 같았다. 그녀는 여전히 눈을 감고 있었는데 거칠지만 매우 온화한 말소리를 들었다.
 "너무 두려워하지 마세요. 나는 당신 친구입니다. 아가씨가 자는 것을 보러 왔어요. 그래도 괜찮겠지요? 당신이 자고 있을 때 내가 여기 있으면 곤란한가요? 됐어요. 이젠 갈게요. 자, 벽 뒤로 숨었으니 이젠 눈을 떠도 돼요."
 이런 말속에는 말 이상으로 연민의 정을 자아내는 것이 있었다. 집시처녀는 감동하여 눈을 떴다. 그의 말대로 그는 이미 가고 없었다. 그녀가 채광창으로 가서 보니 가련한 카지모도는 슬프고도 체념한 표정으로 벽 한구석에 웅크리고 있었다. 그녀는 그에게서 느껴지는 불쾌감을 억제하려 애썼다. "이리 오세요." 그녀가 그에게 조용히 말했다. 카지모도는 그녀의 입술이 움직이는 것을 보고는 자기를 더 멀리 쫓아내려는 것으로 여기고는 일어나 불편한 다리로 절룩거리며 원망의 눈으로 그녀를 쳐다보지도 못한 채 고개를 푹 숙이고 천천히 그녀로부터 더 멀리 떨어졌다. "이리 오시라고요!" 그녀는 다시 한 번 외쳤으나 그는 계속 걸어갔다. 그러자 그녀는 방에서 뛰어나가 그의 팔을 잡았다. 그녀에게 팔이 잡힌 것을 알고 그는 온몸을 부르르 떨었다. 그는 애원하는 눈으로 그녀를 보다가 그녀가 곁으로 자신을 끌어당기는 것을 알아차렸다. 그 순간, 카지모도의 얼굴은 기쁨과 애정으로 반짝였다. 그녀는 그를 방으로 들어오게 하려 했지만 그는 문 앞에 멈춰선 채 도무지 들어오려 하지 않았다. "안 돼요, 안 돼! 부엉이는 종달새 둥지에 들어가는 게 아니랍니다." 그가 말했다.

그러자 그녀는 발치에서 잠든 염소 옆자리에 웅크리고 앉았다. 카지모도는 아리땁기 그지없는 그녀를, 그녀는 지독히도 추악한 모습을, 그렇게 두 사람은 한동안 말없이 꼼짝도 않고 서로를 바라보았다. 카지모도의 모습은 하나하나 뜯어볼수록 추하기 이를 데 없었다. 그녀의 시선은 다리가 안쪽으로 휜 무릎에서 곱사등으로, 곱사등에서 외눈으로 옮아가고 있었다. 세상에 이렇게 생긴 사람이 존재하리라고는 그녀로선 도저히 상상도 할 수 없었다. 그러나 그 모든 것 위에는 슬픔과 부드러움이 넘치고 있음을 알게 되었고 그녀는 그의 모습에 차츰 익숙해져갔다.

카지모도가 먼저 침묵을 깨고 입을 열었다. "나를 부르셨나요? 왜죠?"

"맞아요." 그녀는 고개를 끄덕여보였다.

그는 그녀의 고갯짓을 알아차렸다. "아! 저 사실은……, 나는 소리를 듣지 못합니다." 그는 망설이는 것 같았지만 결국 이렇게 말했다.

"어머나! 세상에, 안됐군요!" 집시처녀는 호의와 연민의 표정을 지으며 외쳤다.

그는 고통스러운 듯 미소 짓기 시작했다. "당신은 내가 귀까지 먹었으리라고는 생각지 못했겠지요? 그래요, 난 귀머거리랍니다. 그렇게 생겨먹었지요. 끔찍하죠, 그렇지 않은가요? 아가씨는 정말 아름다워요!"

그의 말투에는 자신의 처지에 대한 심각한 감정이 담겨 있어서 차마 그녀는 더 이상은 한마디도 할 수가 없었다. 말해봐야 그는 알아듣지도 못할 것이었다. 그는 말을 계속했다.

"지금처럼, 지금처럼 내가 추하다고 생각해본 적이 없었어요. 아가씨에 비하니 나 스스로도 가엾게 여겨지는군요. 나는 참으로 가련하고 불행한 괴물이랍니다. 아가씨가 볼 때는 내가 괴물처럼 보이겠지요! 그래요. 그런데 아가씨는 한 줄기 햇살이에요. 한 방울의 이슬이고 아름다운 새의 노랫소리 같아요! 나는 끔찍하고 사람도 짐승도 아니며 돌멩이보다도 더 단단하고 더 자주 짓밟히는, 도무지 정체가 불분명한 괴물이지요!"

그는 이렇게 말하고 웃기 시작했는데 그 웃음소리는 그녀에게 아픈 느낌을 충분히 전하고 있었다. 그는 말을 이었다.

"그래요, 나는 귀머거리입니다. 그래도 아가씨가 손짓이나 몸짓으로 말씀하시면 알아들을 수 있어요. 나에겐 주인이 계신데 그분도 그런 식으로 내게 이야기하거든요. 그리고 아가씨의 입과 눈을 보면 무슨 말을 하려는지 금방 알아차릴 수 있을 거예요!"

"그럼, 나를 왜 구해주었어요? 말해줘요!" 그녀는 미소 지으며 말했다.

그는 처녀가 말하는 동안 주의 깊게 그녀를 쳐다보았다.

"아, 알겠어요. 왜 아가씨를 구했느냐고요? 아마 잊어버렸겠지만, 어느 날 밤엔가 아가씨를 납치해가던 나쁜 녀석을 기억하는지요. 그다음 날, 아가씨는 그 끔찍한 죄인 공시대에서 그 녀석의 목숨을 살려주었지요. 물 한 모금의 자비를 베풀어준 덕분에 그날 그는 죽지 않았어요. 나는 내 목숨을 바쳐서라도 그 은혜를 꼭 갚겠다고 다짐했답니다. 아가씨는 그 녀석에 대해 모두 잊으셨겠지만 그 녀석은 아가씨를 결코 잊지 않았거든요."

집시처녀는 그의 말을 들으며 깊은 감동을 받았다. 카지모도의 눈 속에 뜨거운 눈물 한 방울이 어렸지만 흘러내리지는 않았다. 그는 자신의 명예를 걸고 눈물을 흘리지 않으려 애쓰는 것처럼 보였다.

"내 얘기를 조금만 더 들어주세요." 그는 더 이상 눈물이 흐를 염려가 없어지자 다시 말을 이었다. "보세요. 저기에 아주 높은 종탑들이 있지요. 만약에 저기서 떨어지기라도 한다면 바닥에 닿기도 전에 숨이 멎어버릴 거예요. 만약 내가 아가씨 눈앞에서 사라져주기를 바라신다면, 그때는 말 한마디도 필요 없어요. 그냥, 눈짓 한 번이면 됩니다."

그렇게 말하고 나서 그는 자리에서 벌떡 일어났다. 집시처녀는 자신도 불행한 처지이면서도 이 알 수 없는 사나이에 대해 마음속으로부터 동정심이 일어나는 것을 느꼈다. 그녀는 그에게 조금 더 있어달라는 손짓을 했다.

"아닙니다요, 여기에 너무 오래 있으면 안 돼요. 당신이 나를 바라보는 것은 내 마음이 편치 않거든요. 당신이 눈을 돌리지 않는 건 나를 불쌍하게 생각하기 때문이라는 걸 잘 알아요. 당신에겐 내가 보이지 않더라도 내가 당신을 마음 놓고 볼 수 있는 곳으로 가는 게 차라리 내 마음이 편할 것 같아요. 그게 좋겠어요."

그는 호주머니에서 금속으로 된 작은 호루라기를 꺼냈다. "이것을 받으세요. 내가 필요할 때, 내가 와주길 바랄 때, 나를 보고도 무섭지 않을 때 이

걸 불어주세요. 이 소리만큼은 들을 수 있답니다!"
 카지모도는 반짝이는 호루라기를 바닥에 내려놓고는 도망치다시피 사라졌다.

4 질그릇과 수정

시간은 하루하루 잘도 흘러갔다.
에스메랄다는 차츰 마음의 안정을 되찾아가고 있었다. 극도의 고통은 극도의 기쁨과 마찬가지여서 강렬한 만큼 그리 오래 지속되지 않는 법이다. 인간의 마음은 사랑이라는 극단적인 감정에 영원히 머물 수는 없다. 집시처녀도 잠깐 동안 매우 고통스런 경험을 겪었기 때문인지 큰 충격에서는 벗어났으며 작은 일에 깜짝깜짝 놀라는 정도로 호전되고 있었다.
이제 신변의 안전이 확보되었다는 판단이 들자 희망도 살아나고 있었다. 그녀는 세상 밖으로, 생활 밖으로 격리된 상태였으나 언젠가는 그곳으로 돌아가는 일이 아주 불가능하지는 않을 것이라고, 막연하나마 그렇게 느끼고 있었다. 그녀는 자신이 자기 무덤의 열쇠를 쥔 채 죽은 사람 같다고 생각했다.
오랫동안 자기에게서 떠나지 않던 무서운 그림자들이 하나 둘 사라져가는 것을 느꼈다. 생각조차 하기 싫은 피에라 토르트뤼도, 자크 샤르몰뤼도 머릿속에서 지워져가고 있었다. 그 부주교의 모습조차도.
하지만 페뷔스는 살아 있었다. 그것은 확실했다. 제 눈으로 그의 모습을 똑똑히 보았으니까. 그녀에게는 페뷔스가 살아 있다는 것이 중요했다. 연이어 치명적인 타격을 받아 마음속에 지니고 있던 것은 모두 허물어져버렸으나 그래도 아직 영혼 속에는 또 하나의 것이, 하나의 감정만이, 중대장에 대한 사랑만은 그대로 남아 있었던 것이다. 사랑이란 한 그루 나무 같은 것이어서 저절로 싹이 터 온몸에 깊이 뿌리를 내리고 황폐해진 마음 위에서도 푸르름을 더해가는 것이다.
그리고 설명하기는 어렵지만, 이 정열은 맹목적이면 맹목적일수록 더욱 강하게 뿌리를 내린다. 어리석을수록 더욱 강인한 것이다.
에스메랄다는 페뷔스를 생각할 때면 언제나 괴로웠다. 어쩌면 페뷔스는 자기가 배신당했다고 생각할지도 모른다. 그것은 견딜 수 없는 일이고, 그를 위해서라면 몇 번이라도 목숨을 버릴 것 같았던 여자의 칼에 찔렸다고 생각할 수도 있다. 그렇다면 그것은 참으로 고통스런 일이다. 아무튼 그녀는 그를 원망할 수 없었다. 왜냐하면 그녀는 '자신의 죄'를 인정하고 자백했기 때문이다. 연약한 그녀는 고문의 힘 앞에 무기력하게 굴복하지 않았던가! 그러니 모든 잘못은 그녀에게 있었다. 차라리 손톱과 발톱이 모두 뽑히더라도 그런 거짓 자백은 하지 말았어야 했다. 그녀는 단 한 번만이라도, 단 1분만이라도 페뷔스를 다시 만나고 싶었다. 만날 수만 있다면 그가 잘못 알고 있는 사실을 바로잡아주고 그의 마음을 되돌릴 수 있을 것이라고 믿어 의심치 않았다. 그녀의 진심 어린 한마디, 한 번의 눈짓이면 충분하리라고 믿었다. 그녀는 또한 공개 사죄를 하던 날 공교롭게도 그 자리에 그가 나타났던 일이며, 그와 함께 있었던 젊은 여자에 관해서는 되도록 잊으려 애썼다. 그 여자는 아마 그의 누이동생일 것이라고 자신에게 이야기했다. 이치에 맞지 않는 해석이긴 하지만 그녀는 그것으로 만족했다. 왜냐하면 그녀는 페뷔스가 여전히 자기를 사랑하며, 자신 이외에 다른 사람을 사랑하지 않는다고 믿고 싶었기 때문이다. 그가 그녀에게 그렇게 맹세하지 않았던가? 그녀에게 더 이상 무엇이 필요하겠는가. 소박하고 남의 말을 의심 없이 곧이듣는 그녀에게 또한 이번 사건은 겉으로 보기에 그보다는 그녀에게 훨씬 불리하지 않았던가! 그래서 그녀는 기다리고 있었다. 희망을 품고 있었던 것이다.

 대성당에 대해서도 덧붙여 두거니와, 그녀를 사방에서 둘러싸고 그녀의 목숨을 구하고 지키고 있는 이 거대한 성당은 그 자체가 최고의 진정제였다. 이 건축물의 장엄한 직선, 그녀를 둘러싼 종교적인 분위기, 즉 이 석조건물의 모든 구멍에서 뿜어져 나오는 경건하고 침착한 상념들이 모르는 사이에 그녀에게 영향을 미치고 있었다. 건물은 또한 축복과 장엄함의 울림을 지니고 있어서 그녀의 멍든 영혼도 치유되어갔다. 성직자가 부르는 단조로운 노래, 참회자가 성직자에게 대답하는 목소리의 울림, 스테인드글라스의 조화로운 떨림, 수백 개의 나팔처럼 울려퍼지는 파이프오르간, 왕벌들의 벌집처럼 윙윙거리는 3개의 종탑, 군중으로부터 종루까지 쉴 새 없이 오르락내리락하는 거대한 음계가 춤을 추는 관현악은 그녀의 기억과 상상력, 고뇌를 가라앉혀주었다. 특히 종소리는 그녀의 마음에 큰 위로가 되어주었다. 그것은 마치 거대한 기계들이 그녀 위에서 커다란 파도처럼 펼치는 강력한 자기(磁

氣)와도 같았다.
 그러므로 매일 아침 해가 떠오를 때마다 그녀는 한결 더 진정되고 더 잘 숨 쉬고, 점점 더 생기가 돌기 시작했다. 마음속 상처가 아물어감에 따라 그녀가 지녔던 본디의 아름다움과 다정함이 꽃처럼 반짝이기 시작했다. 그러나 그것은 예전의 그것에 비하면 훨씬 더 차분하고 고요한 아름다움이었다. 과거의 성격도 되찾았다. 명랑쾌활하고 입술을 삐죽거리는 특징도, 염소에 대한 사랑도, 노래를 흥얼거리기 좋아하는 취미는 물론 수줍어하는 태도도 모두 되살아났다. 그녀는 근처의 다락방에 사는 누군가가 채광창으로 자신을 들여다보는 것은 아닐까 걱정스러워 아침이면 제 방 한구석에서 옷을 입는 것까지도 신경 쓰게 되었다.
 페뷔스를 그리워하다가도 그녀는 문득문득 카지모도 생각도 했다. 그것은 살아 있는 사람들과 그녀 사이에 남아 있는 유일한 끈이자 유일한 관계이며, 단 하나의 교섭이었다. 불행한 처녀! 그녀는 어쩌면 카지모도보다도 더 멀리 세상 밖으로 격리되어 있었던 것이다! 그녀는 우연한 기회에 알게 된 이 친구를 어떻게 받아들여야 할지 아직 모르고 있었다. 때때로 그와 마주쳤을 때 눈을 감아버리는 것은 감사하는 마음이 없어서가 아닐까 하고 스스로 뉘우치곤 했으나 도무지 그 가엾은 종지기에게는 더 이상 익숙해질 수가 없을 것 같았다. 그는 너무나 추악한 모습이었기 때문이다.
 그녀는 카지모도에게서 받은 호루라기를 그냥 바닥에 팽개쳐두고 있었다. 그날 이후 카지모도는 며칠 동안 그녀에게 먹을 것을 주기 위해 이따금 모습을 드러내곤 했다. 그가 음식바구니와 물병을 가져다줄 때면, 그녀는 그에게서 고개를 돌리지 않으려고 무진 애를 써보았지만 그는 그런 태도를 조금이라도 보이면 어느새 알아차리고는 쓸쓸하게 돌아가는 것이었다.
 한번은 그녀가 염소 잘리의 머리를 쓰다듬고 있을 때 그가 갑자기 찾아온 적이 있었다. 그는 염소와 그녀의 모습을 물끄러미 바라보며 잠깐 무슨 생각에 잠긴 듯 서 있더니 그 무겁고 흉측한 머리를 가로저으며 말했다. "나의 불행은 인간을 닮았다는 데 있었군요. 차라리 내가 저 염소처럼 짐승이었더라면 얼마나 좋았을까요!"
 이 말에 그녀는 깜짝 놀라 그를 올려다보았다.
 그는 그녀의 눈빛을 보고 이렇게 대답했다. "왜 그렇게 보는지 잘 알아요." 그러고는 얼른 그곳을 떠나버렸다.

한번은 그가 방문 앞에 나타났다. (그는 안으로는 절대로 들어오지 않았다.) 마침 에스메랄다는 그때 스페인의 옛 민요를 부르고 있었는데 그녀는 그 노래 가사의 뜻은 모르지만 아주 어릴 적 집시여자들이 자장가 삼아 불러 주던 것이어서 기억하고 있었다. 노래에 빠져 한창 흥얼거리던 그녀는 느닷없이 나타난 카지모도의 얼굴을 보고는 자신도 모르게 깜짝 놀라 노래를 멈추고 말았다. 역시 당황한 종지기는 갑자기 문가에 무릎을 꿇어앉으며 그 투박하고 흉한 두 손을 모아 쥐었다. "오! 제발, 부탁이에요. 그 노래를 멈추지 말아줘요. 나를 쫓아내지 말아요." 그는 고통스러운 듯 애원했다. 그녀는 그를 슬프게 하고 싶지 않았으므로 덜덜 떨면서도 노래를 계속했다. 노래를 할수록 그녀는 마음속에서 두려움이 사라져가는 것을 느꼈고, 어느새 그녀는 자신이 부르는 우울하고 단조로운 노랫가락에 몸을 맡기게 되었다. 그녀의 노래를 듣는 그 역시 마치 기도하듯 여전히 무릎을 꿇고 두 손을 맞잡은 채 숨도 쉬지 않는 것처럼 온몸의 신경을 집중하여 집시처녀의 타는 듯한 눈동자를 가만히 응시하고 있었다. 그는 그녀의 눈 속에서 그 노래를 듣고 있는 것 같았다.

또 어느 땐가는 망설이듯 잔뜩 겁먹은 모습으로 그녀에게 다가와 힘들여 이렇게 말했다. "저기, 내 말 좀 들어봐요. 삼산 할 말이 있어요." 그녀는 손짓으로 듣겠다는 시늉을 했다. 그러나 그는 한숨을 내쉬고는 입술을 옴쭉거리며 무슨 말을 하려다가 도로 입을 다물고는 그녀를 바라보며 안 되겠다는 듯 고개를 저었다. 그러고는 어리둥절해진 집시처녀를 뒤로한 채 투박한 손을 이마에 짚으며 그냥 돌아가버렸다.

벽에 새겨진 기괴한 인물들 가운데 그가 특히 좋아하는 인물이 있었는데 그는 가끔 그것과 더불어 우정 어린 어떤 교감을 나누는 것처럼 보일 때가 있었다. 언젠가 그녀는 그가 벽의 인물을 향해 이렇게 말하는 것을 들었다. "아! 나도 너처럼 돌로 되어 있었더라면 얼마나 좋았을까!"

마침내 어느 날 아침, 에스메랄다는 지붕 끝까지 걸어나가 생장 르 롱 성당의 뾰족한 지붕 너머로 광장을 내려다보았다. 카지모도는 그녀의 뒤쪽에 있었다. 그녀가 자기 얼굴을 보고 불쾌하지 않도록 일부러 뒤쪽에 있었던 것이다. 그때 갑자기 집시처녀가 진저리를 쳤다. 눈물과 기쁨의 빛이 그녀의 눈 속에서 한꺼번에 반짝거렸다. 그녀는 지붕 가장자리에 무릎을 꿇고 앉아 고통스러운 듯 광장 쪽으로 팔을 뻗으며 소리쳤다. "페뷔스! 어서 와요! 여기예요! 제발, 이리로 와주세요!" 그 목소리 하며 얼굴, 몸짓뿐 아니라 몸 전체가 멀리 수평선 위에서 햇빛 속을 지나는 행복한 사람들이 타고 가는 유람선에 조난의 신호를 보내는, 난파당하여 홀로 남은 사람 같은 비통한 표정을 담고 있었다.

카지모도가 광장을 굽어보니, 타오르는 그리움에 사무친 집시처녀가 애타게 부르는 상대가 보였다. 그것은 젊은 장교였다. 갑옷과 투구로 무장하고 중대장의 제복을 입은 미남 기사가 광장 저쪽에서 말을 달리면서 발코니에서 미소를 짓는 아름다운 아가씨에게 깃털장식을 흔들어 인사하고 있었다. 그런데 그를 애타게 부르는 가련한 처녀의 목소리는 그에게 닿지 못했다. 그는 너무도 멀리 있었던 것이다.

그러나 이 가엾은 귀머거리 사내는 그 소리를 들을 수 있었다. 긴 한숨이 그의 가슴에서 물결쳤고, 그는 고개를 돌려버렸다. 그의 심장은 삼켜버린 수많은 눈물로 부풀어올라 있었다. 그는 잔뜩 움켜쥔 두 주먹을 부르르 떨어 머리카락을 쥐어뜯었다. 주먹을 내렸을 때 두 손에는 붉은 머리털이 한 움큼 쥐어 있었다.

집시처녀는 그런 그에게는 요만큼도 신경 쓰지 않았다. 그는 이를 갈며 중얼거렸다. "제기랄! 저렇게 생겨먹어야 된단 말이지! 겉보기에 미남이기만 하면, 그러면 다야?"

그러는 동안에도 에스메랄다는 여전히 무릎을 꿇은 채 몹시 흥분하여 소리치고 있었다.

"어쩜 좋아! 그분이 말에서 내리셨어! 저 집으로 들어가시려고 하네! 페뷔스! 내 소리가 안 들리나봐! 페뷔스! 저 여잔 내가 여기서 이렇게 소리치고 있는데 내 님과 이야기를 나누다니 참 고약한 여자로군! 페뷔스, 여기예요! 페뷔스!"

카지모도는 그녀를 조용히 바라보았다. 무언극으로 보이는 그녀의 행동을 그는 모두 이해했던 것이다. 가련한 종지기의 눈에는 눈물이 가득 차 있었으나 한 방울도 흘러내리지는 않았다. 갑자기 그는 그녀의 옷깃을 부드럽게 잡아당겼다. 그녀가 돌아보았다. 그는 침착한 표정을 되찾았고, 그녀에게 이렇게 말했다.
"저 사람을 데려올까요?"
그녀는 기쁨의 환호성을 질렀다. "정말이에요? 빨리 가요! 뛰어요! 어서 가서 저 중대장을 데려와요! 고마워요. 응?"
그녀는 그의 무릎에 매달렸다. 그는 몹시 괴로웠지만 고개를 끄떡일 수밖에 없었다.
"당장 가서 데려올게요." 그는 힘없는 소리로 대답했다. 그는 이내 돌아서서 흐느끼면서 한달음에 계단을 뛰어 내려가기 시작했다.
그가 광장에 도착했을 때 공들로리에 저택 앞에는 문 앞에 묶어놓은 훌륭한 말 한 마리가 있을 뿐, 아무것도 보이지 않았다. 중대장은 집 안으로 들어간 뒤였다.
그는 성당 지붕 쪽을 올려다보았다. 에스메랄다는 여전히 그 자리에 똑같은 자세로 서 있었다. 그는 그녀를 향해 고개를 흔들어 참담한 신호를 보인 뒤, 그곳에서 중대장이 나오기를 기다리기로 마음먹고 공들로리에 저택 현관 앞에 기대어 섰다.
그날, 공들로리에 저택에서는 결혼식 전에 베푸는 잔치가 있었다. 그 집 안으로 수많은 사람들이 들어갔으나 나오는 사람은 한 사람도 없었다. 가끔 그는 성당 지붕 쪽을 올려다보있는데 그녀 역시 꼼짝도 않고 있었다. 마부가 나와서 묶여 있는 말들을 풀어 마구간으로 끌고 갔다.
그날 하루는 그렇게 저물었다. 카지모도는 현관 앞에 기대선 채로, 에스메랄다는 성당 지붕에 선 채로, 그리고 페뷔스는 아마도 플뢰르 드 리스의 발치에 기대앉은 채로.
이윽고 밤이 되었다. 달도 없는 칠흑 같은 밤이었다. 카지모도는 에스메랄다가 그 자리에 있음을 계속해서 확인했지만 그것도 소용이 없었다. 얼마 뒤 그 모습은 어둠 속에서 희미한 그림자가 되었다가 마침내 그것마저 보이지 않게 되었다. 결국 모든 것이 사라져 어둠에 싸여버렸다.
카지모도가 살펴보니 공들로리에 저택의 정면 창문은 위층에서 아래층까지 모두 불이 켜져 있었다. 또 광장에 잇닿은 다른 집들의 창문에도 하나 둘 불이 켜지기 시작했다. 그는 그러한 불빛들이 다시 하나 둘 꺼져가는 것까지 지켜보았다. 밤이 이슥해지도록 그곳에 서 있었던 것이다. 그러나 중대장은 나오지 않았다. 길을 지나는 사람들도 모두 집으로 돌아가고 다른 집들 유리창에도 불이 꺼져 완전히 어두워진 뒤에도 카지모도는 오직 홀로 그 집 앞에 서 있었다. 그 시절 노트르담 광장에는 가로등이 없었다.

그러나 공들로리에 저택 창문에는 한밤중이 지나도 계속해서 불이 대낮처럼 밝혀져 있었다. 카지모도는 꼼짝도 하지 않고 주의 깊게 가지각색의 스테인드글라스 너머로 여러 사람들의 그림자가 경쾌하게 춤추는 모습을 보고 있었다. 만약 그가 소리를 들을 수 있었다면 파리 시내의 소음이 잦아들수록 공들로리에 저택에서 새어나오는 웃음소리와 음악 소리가 점점 더 또렷해지는 것을 분명 알아차렸을 것이다.

새벽 1시쯤 초대 손님들이 하나 둘 돌아가기 시작했다. 카지모도는 어둠 속에 몸을 숨기고 등불을 밝힌 현관을 지나 거리로 나가는 손님들을 일일이 확인했지만 페뷔스는 보이지 않았다.

그는 슬픈 생각으로 가슴이 먹먹했다. 이따금 몹시 지친 듯한 얼굴로 멍하니 허공을 올려다보았다. 검고 무겁고 찢어진 듯한 모양의 커다란 구름들이 별이 뜬 하늘에 해먹처럼 걸려 있었다. 그것은 마치 거미줄이 하늘의 둥근 천장에 매달려 있는 것 같았다.

그러다가 카지모도는 우연히 발코니의 창문이 살며시 열리는 것을 보았다. 그리고 유리를 끼운 사치스런 문이 열리고 두 사람의 모습이 나타나더니 문이 소리도 없이 닫혔다. 그중 남자는 미남 대장이며 여자는 아침에 이곳 발코니에서 그를 반기던 여자임을 확인했다. 광장은 칠흑처럼 어두웠고 문이 닫혔을 때 그 뒤로 내려진 진홍빛 이중커튼은 방의 불빛을 충분히 차단하고 있었다.

귀머거리의 귀에는 그들의 말소리가 전혀 들리지 않았는데, 그것은 아마도 젊은 남녀가 정답게 사랑을 속삭이는 것이었으리라. 아가씨는 장교가 팔로 자신의 허리를 감싸는 것을 허락한 듯했으나 키스는 부드럽게 거절하고 있었다.

카지모도는 그들 바로 아래에서 그 광경을 지켜보고 있었는데 그것은 사람들에게 보이기 위해 꾸민 행동이 아니어선지 더욱 운치가 있었다. 그는 이 행복을, 이 아름다움을 고통스런 마음으로 보고 있었다. 요컨대 이 가련한 사나이에게도 서정적인 면이 있었으니 그의 등이 아무리 고약하게 휘어 있다 해도 그것은 분명히 떨리고 있었던 것이다. 그는 하느님이 자기에게 맡긴 비참한 소임을 생각했다. 여자도 사랑도 육체적 향락도 모두 눈 아래로 지나갈 뿐 자신은 그저 남들의 행복을 언제까지나 지켜보는 수밖에 없는 신세라는 생각에 몹시 심란했다. 그러나 그 광경을 보고 가장 가슴 아프고 원통하고 분노를 자아낸 것은, 바로 집시처녀가 이 모습을 본다면 얼마나 괴로울지를 생각할 때였다. 그러나 그날 밤은 매우 어두웠고 에스메랄다가 여전히 지붕 위 그 자리에 있다 하더라도(그는 그것을 의심하지 않았다) 발코니 바로 아래 있는 자신만이 발코니의 연인을 알아볼 수 있을 정도로 그녀가 있는 곳과는 멀리 떨어져 있다는 것이 그나마 위로가 되었다.

그러는 동안에도 연인의 속삭임은 점점 뜨거워졌다. 아가씨는 중대장에게 더 이상 자신에게 아무것도 요구하지 말아달라고 줄곧 애원하는 모양이었다. 모든 것이 불분명한 어둠에 휩싸여 있음에도 카지모도는 두 손을 맞잡은 아가씨의 고운 손과, 눈물을 머금고 미소를 지은 채 하늘의 별을 우러러보는 눈길, 그리고 그런 그녀를 뜨거운 눈길로 주시하는 중대장의 모습은 충분히 알아볼 수 있었다.

그것은 다행히도 아가씨가 더 이상 젊은 장교의 의지를 거부하지 않았기 때문이었는데 그때 갑자기 발코니 문이 열리고 노부인이 나타났다. 아가씨는 몹시 낭황한 것 같았고, 장교는 실망한 기색이 보이는 듯했으며, 이내 세 사람 모두 방 안으로 사라졌다.

그로부터 얼마 뒤, 말 한 마리가 대문간에서 땅을 차기 시작하고 망토를 입은 멋진 장교가 밤의 어둠 속으로 카지모도 앞을 빠르게 지나갔다.

종지기는 그가 길모퉁이를 돌아갈 때까지 그대로 있다가 이윽고 날쌘 원숭이처럼 그 뒤를 쫓아 냅다 뛰기 시작했다. "여보시오, 중대장님!" 그가 어둠 속에서 외쳤다.

중대장은 멈춰섰다.

"뭐냐, 이 밤중에. 괘씸한 놈!" 페뷔스는 갑작스런 외침에 놀라며 자신을 향해 달려오는, 허리와 배를 요동쳐가며 뛰어오는 낯선 그림자를 보고 소리쳤다.

그렇게 말하는 사이 카지모도는 그를 따라잡아 앞에 와 서서는 말고삐를 잡으며 말했다. "중대장님! 죄송하지만 저와 함께 가주십시오! 중대장님을 기다리는 사람이 있습니다."

"뭐라고? 아니, 넌 언젠가 본 적이 있는데, 머리털이 늘 푸석푸석한 그 괴물딱지로구나! 고삐를 놔라. 무슨 짓이냐, 이 밤중에!"

"중대장님, 그 사람이 누군지 알고 싶지 않으신지요?" 카지모도가 말했다.

"고삐 놓고 당장 꺼지지 못해? 내 말머리에 매달려서 부슨 수작이냐? 혹시 말을 교수대로 착각한 것 아니냐?" 페뷔스는 초조한 듯 소리쳤다.

카지모도는 말고삐를 놓기는커녕 말머리를 돌리려 했다. 그로서는 페뷔스가 거부하는 것을 이해할 수 없었으므로 다급하게 말했다.

"함께 가십시다. 당신을 기다리는 여자가 있어요. 중대장님을 사랑하는 사람입니다!" 그는 있는 힘을 다해 이렇게 말했다.

"별 미친놈 다 보겠군! 나한테 반한 여자들한테 내가 일일이 찾아다니라는 말이냐? 말로만 그러는지 내가 어떻게 알아? 어떤 계집인지 몰라도 널 보냈다면 너하고는 어떻게 되는 거냐? 누군지 모르지만 그 여자한테 가서 전해라. 난 곧 결혼할 몸이니까 그만 꺼져달라고 말이야!" 중대장은 거칠게 말했다.

"글쎄 제 말 좀 들어보세요. 같이 가보시면 안다니까요. 중대장님도 잘 아시는 집시처녀란 말이에요!" 카지모도는 이렇게 말하면 페뷔스의 망설임을 멈출 수 있을 줄 알고 소리쳤다.

그 말은 실제로 페뷔스에게 적잖은 충격을 주었다. 그러나 그것은 귀머거리 카지모도가 기대했던 대로 그의 마음을 움직이지는 못했다. 여러분도 알다시피 이 장교는 카지모도가 샤르몰뤼의 손에서 죄수처녀를 구하기 직전에 플뢰르 드 리스의 집으로 들어갔고, 그 뒤로 그 저택을 방문할 때마다 집시처녀 이야기를 입 밖에 내지 않으려고 매우 조심하고 있었다. 그 여자에 대한 기억은 아무래도 그에게는 고통스러운 것이었으며, 플뢰르 드 리스로서도 그 여자가 살아 있다는 말은 일부러 하지 않았던 것이다. 그러니 페뷔스로서는 안타깝지만 그 '시밀라르'는 죽었으며, 그것도 이미 한두 달 전 일이라고 단단히 믿고 있었다. 또한 조금 전부터 중대장은 이 칠흑 같은 어둠 속에서 이 세상의 것이라고는 믿기 어려운 흉측한 사나이를 만난 것이며, 마치 무덤에서 나온 듯한 이상한 심부름꾼의 난데없는 소리에 대해 생각하고 있었다. 자정이 넘은 시각이었고, 그에게 다가와 말을 걸던 수도사 귀신과 만났던 날처럼 거리는 어둠과 적막에 휩싸여 지나는 사람도 없었고, 말마저도 카지모도를 보며 숨을 헐떡이고 있었던 것이다.

"집시계집이라고 했나?" 그렇게 되묻는 그의 등줄기로 서늘한 바람이 지나갔다. "그래? 그럼 넌 저승에서 온 게로구나?"

이렇게 외치며 그는 허리춤의 단검에 손을 올렸다.

"자, 자, 이쪽입니다! 어서요." 카지모도는 말을 끌고 가려하면서 이렇게 말했다.

그러자 페뷔스는 장화 신은 발로 카지모도의 가슴을 힘껏 걷어찼다.

카지모도는 순간 눈에서 불똥이 튀는 것 같았다. 그는 거의 반사적으로 중대장에게 덤벼들려다가 움찔하며 말했다. "아, 당신을 사랑해주는 누군가가 있으니 당신은 참 행복한 사람이구려."

카지모도는 '누군가'라는 단어에 힘을 주어 말했다. 그리고 잡고 있던 말고삐를 놓으며 말했다.

"자, 어서 어디로든 가버리시오!"

페뷔스는 욕지거리를 퍼부으며 말에게 박차를 가했다. 가련한 귀머거리 카지모도는 그가 밤안개 속으로 사라지는 것을 바라보며 중얼거렸다.

"아, 그녀의 사랑을 거절하다니!"

카지모도는 노트르담으로 돌아와 램프를 켜 들고 송탑으로 올라갔다. 예상했던 대로 집시여자는 똑같은 자리에 그대로 있었다.

멀리서 그의 모습을 발견한 그녀가 달려왔다.

"왜 혼자 왔어요?" 그녀는 슬픈 듯 두 손을 맞잡으며 소리쳤다.

"아무리 해도 찾을 수가 없었어요." 카지모도는 차갑게 말했다.

"날이 샐 때까지 기다렸으면 만날 수 있었을 텐데!" 그녀는 화가 난 듯 말했다.

성난 그녀의 몸짓을 본 그는 그녀가 자신을 나무라고 있음을 알았다.

"다음엔 꼭 그렇게 할게요." 그는 고개를 푹 숙인 채 말했다.

"저리 가요!" 그녀가 내뱉자 그는 즉시 자리를 떴다.

집시여자는 그가 한 행동이 불만스러웠다. 그는 그녀를 슬프게 하느니 차라리 자기가 구박을 받는 것이 낫다고 생각했다. 슬픔이나 고통 따위는 모두 자기가 떠안고 싶었다.

4 질그릇과 수정

그날 이후 집시처녀는 그의 모습을 볼 수가 없었다. 그는 더 이상 그녀의 방으로 찾아오지 않았다. 기껏해야 종탑 꼭대기에서 슬픈 듯 자신을 물끄러미 바라보는 종지기의 모습을 어쩌다 한 번씩 볼 수 있을 뿐이었다. 그나마도 그녀의 눈에 띄기라도 하면 얼른 모습을 감추어버리곤 했다.

그러나 가엾은 카지모도가 더 이상 자신에게 오지 않는 것을 그녀는 별로 괴로워하지 않았음을 여기서 말해두어야겠다. 오히려 그녀는 마음속으로 고맙게 여기고 있었으며 카지모도 역시 그것을 잘 알고 있었다.

그가 눈에 띄지 않을 뿐, 그녀 주위에 언제나 수호천사처럼 존재하고 있다는 것은 그녀도 충분히 느끼고 있었다. 자고 먹고 생활하는 데 필요한 모든 것이 그녀가 잠든 사이에 늘 새로운 것으로 마련되어 있었다. 어느 날 아침에는 눈을 떴을 때 창문 위에 작은 새장 하나가 놓여 있었다. 카지모도 앞에서 몇 번인가 그녀의 방에서 내다보이는 어떤 조각상을 무서워하는 모습을 보인 적이 있었는데 어느 날부터인가 그것이 더는 보이지 않기도 했다. 누군가가 그것을 부숴버린 것이었다. 그 조각상까지 손이 닿으려면 목숨을 걸어야 했는데 말이다.

때로는 저녁에 종탑 차양 밑에서 마치 그녀에게 자장가를 불러주듯이 기묘하고 서글픈 노랫소리가 들려오곤 했다. 그것은 귀머거리라도 부를 수 있는 운(韻)도 없는 노래였다.

겉모습만 보지 마세요,
아가씨, 속마음을 보세요.
잘생긴 젊은이의 마음은 대개 더러운 법이지.
사랑은 가을 하늘처럼 자주 변한다오.

아가씨, 전나무는 아름답지 않지만,
포플러처럼 아름답지는 않지만,
겨울에도 잎을 간직한다오.

아! 말해봤자 무슨 소용이람?
잘생기지 않은 것은 차라리 죽어 마땅한 것을.

아름다움을 뽐내는 것은 아름다운 것만을 좋아하고,
4월은 정월에 등을 돌리는 것을.

옥처럼 아름답기만 하다면,
아름다움은 능히 이루지 못할 것이 없으며,
아름다움은 쪼개어져선 존재하지 않는 유일한 것.

까마귀는 낮에만 하늘을 날고,
올빼미는 밤에만 하늘을 날지만,
백조는 밤이나 낮이나 날아다닌답니다.

어느 날 아침, 에스메랄다가 눈을 떠보니 창문 위에 꽃이 가득 꽂힌 꽃병 2개가 나란히 놓여 있었다. 하나는 아름답고 반짝이는 수정 꽃병이었으나 금이 가 있어서 채운 물이 새어버려 꽃이 시들어 있었다. 다른 하나의 꽃병은 투박하고 어디서나 볼 수 있는 흔한 질그릇이었는데 물이 잘 채워져 있고 꽃들도 싱싱했다.

일부러 그렇게 한 것인지는 알 수 없었지만, 그녀는 시든 꽃들을 온종일 가슴에 안고 있었다.

그날은 종탑에서 나던 노랫소리가 내내 들려오지 않았다.

그녀는 그런 것에 그다지 개의치 않고 며칠 동안 잘리의 머리를 쓰다듬거나 공들로리에 저택의 문 쪽을 뚫어져라 쳐다보거나 페뷔스에 대해 나지막한 목소리로 뭐라고 중얼거리기도 하고, 빵 부스러기들을 새들에게 던져주기도 하면서 하루하루를 보냈다.

어느덧 그녀는 카지모도를 아예 볼 수도 들을 수도 없게 되었다. 가엾은 종지기는 이곳 대성당에서 아예 자취를 감춰버린 것 같았다. 그러나 어느 날 밤, 잠을 이루지 못하고 멋진 중대장을 그리워하고 있을 때, 방문 근처에서 가느다란 숨소리가 들려왔다. 그녀가 깜짝 놀라 내다보니 달빛에 어슴푸레하게 수상한 덩어리 하나가 방문 앞에 가로누워 있는 것이 보였다. 카지모도가 돌 위에 잠들어 있었던 것이다.

5 포르트 루주의 열쇠

그사이, 부주교는 집시처녀가 어떻게 기적적으로 구출되었는지 세간의 소문을 듣고 알게 되었다. 그 사실을 알았을 때의 느낌은 그 자신도 뭐라 표현할 수 없었다. 그는 에스메랄다가 분명히 죽었다고 생각하고는 마음을 정리했다. 그리고 완전히 마음을 놓고 있었다. 그는 인간으로서 느낄 수 있는 고통의 바다, 그 밑바닥까지 맛보았다. 인간의 마음이란(클로드 신부는 이 문제에 대해 깊이 생각하고 있었는데), 어느 정도 이상 절망은 담지 못하는 법이다. 물을 가득 빨아들인 해면(스펀지)은 그 위로 바닷물이 쏟아져도 더 이상 빨아들이지 못하는 법이다.

그런데 에스메랄다가 죽음으로써 마음이라는 해면은 물을 잔뜩 빨아들여 버렸다. 그로써 클로드 신부로서는 이 세상에서의 모든 일이 다 끝나버린 것이었다. 하지만 에스메랄다가 살아 있다. 페뷔스도 마찬가지다. 그 사실을 안 순간부터 그에겐 다시 고통이 시작되었다. 동요와 혼란. 다시 인생이 시작된 것이다. 이제 클로드 신부는 모든 것에 지쳐버렸다.

그 소식을 들은 클로드 신부는 수도원 독방에 틀어박힌 채 참사회 회의에도 모습을 드러내지 않았다. 세상 그 누가 찾아와도, 심지어 주교가 와도 문을 열어주지 않았다. 이렇게 몇 주일을 방 안에 틀어박힌 채 꼼짝도 하지 않았다. 사람들은 그가 병이 났다고 생각했다. 맞는 말이다. 그는 병이 나 있었던 것이다.

그렇게 틀어박혀서 그는 무엇을 하고 있었을까? 이 불행한 남자는 대체 무슨 생각을 하며 몸부림치고 있었던 것일까? 무시무시한 정열과 마지막 결전을 벌이고 있었을까? 아니면 그녀에게는 죽음을, 자신에게는 영원한 벌을 내릴 마지막 계획을 짜고 있었는지도 모른다.

한 번은 장이, 사랑하는 동생, 어리광쟁이 장이 찾아온 적이 있었다. 그는 방 앞에 와서 문을 두드리고 욕설을 퍼부어대기도 하고 애원하기도 하면서 자기 이름을 말하고 문을 열라고 소리쳤으나 클로드는 끝내 방문을 열지 않았다.

그는 온종일 유리 창문에 붙어 서서 며칠을 보냈다. 수도원 안에 있는 그 창으로 에스메랄다를 지켜보고 있었다. 그녀는 자주 염소와 함께였는데 때로는 카지모도가 있을 때도 있었다. 그는 세상에 둘도 없이 흉물스런 카지모도가 세심한 것에까지 마음을 쓰고, 그녀가 바라는 대로 해주면서 순수하게 보살피는 광경을 보았다. 기억력이 매우 좋았던 그는 갑자기 어떤 장면이 떠올랐다. 어느 날 저녁엔가 춤추는 집시처녀를 바라보던 카지모도의 의미심장한 눈빛이 생각났던 것이다. 기억력이란 질투심을 유발하여 마음을 괴롭히는 씨앗이 되기도 한다. 신부는 문득 카지모도가 무슨 이유로 그녀를 구했을까를 생각해보았다. 그는 집시처녀와 귀머거리 사이의 자잘한 무언극들을 볼 수 있었는데, 귀머거리의 행동은 그녀에 대한 정열을 가진 신부가 멀리서 보고 해석할 때, 그녀에게 깊은 애정이 담겼음을 충분히 알아챌 수 있을 정도였다. 그는 변덕스러운 여자의 마음을 믿지 않았다. 그러자 그의 마음속에서 질투심이 서서히 고개 드는 것을 느꼈다. 그것은 스스로도 분노와 수치심으로 얼굴이 벌겋게 달아오를 정도의 질투심이었다. '그래, 그 중대장이라면 또 모르지만, 저런 놈이 감히 나의 경쟁상대가 되겠어!' 이런 생각이 들자 그의 마음은 이내 평정을 잃었다.

밤이 되자 그는 무시무시한 생각에 휩싸였다. 집시처녀가 살아 있다는 것을 안 뒤로 낮이면 내내 괴롭히던 유령과 무덤에 관한 생각이 사라져버리고, 어느새 육체적 욕구가 되살아나 고통스러웠다. 검은 머리를 늘어뜨린 집시처녀가 바로 자기 옆에 와 있다는 상상만 해도 잠자리에 누운 그의 온몸이 뒤틀리는 것이었다.

그의 광적인 상상력은 밤마다 에스메랄다의 온갖 자태를 눈앞에 그려내며 날이 새도록 피를 끓게 했다. 그 아름다운 목덜미가 페뷔스의 붉은 피로 물든 채 칼에 찔린 중대장의 몸 위로 눈을 감고 쓰러져 있던 그녀의 모습이 눈앞에 아른거렸다. 부주교가 그녀의 창백한 입술에 뜨겁게 키스했을 때 가녀린 그녀는 반쯤 정신을 잃으면서도 그의 타는 듯한 열정을 느끼고 있었다. 그의 눈앞에는 또 거칠게 발가벗겨진 그녀의 작은 발과 미끈한 다리에 고문관들이 족쇄를 채우던 모습도 떠올랐다. 토르트뤼의 섬뜩한 고문 도구 밖으로 한쪽만 튀어나와 있던 그 상아 같은 무릎도 떠올랐다. 마지막 날 보았던 속옷 한 장만 걸친 채 목에 밧줄을 매고 있던 모습도, 또 어깨와 발을 온통 드러낸 모습, 그리고 거의 발가벗은 모습까지. 이러한 관능적인 영상들을 생각하면 그의 두 주먹은 벌벌 떨리고, 서늘한 기운이 등줄기를 타고 내렸다.

그런 광적인 환상의 밤들 중에서도 특히 심했던 어느 날, 그런 환영들이 그의 혈관 속에 흐르는 동정과 성직자의 피를 잔인하리만큼 들끓게 했다. 그는 베개를 이로 악물고 침대에서 뛰어내려 속옷 위에 짧은 옷을 아무렇게나 걸치고는 등불을 들고 반벌거숭이인 채로, 눈을 불꽃처럼 이글이글 불태우며 미친 듯이 방을 뛰쳐나갔다.

그는 수도원에서 대성당으로 통하는 포르트 루주의 열쇠가 어디 있는지 알고 있었다. 그리고 종탑 계단 열쇠는 여러분도 알다시피 늘 지니고 있었다.

6 포르트 루주의 열쇠(이어서)

그날 밤, 에스메랄다는 모든 것을 잊고 희망과 즐거운 생각으로 가슴 설레며 작은 방에서 잠들어 있었다. 언제나처럼 페뷔스의 꿈을 꾸면서 잠이 든 지 얼마 되지 않았을 때였다. 그녀는 얼핏 부스럭거리는 소리를 들은 것 같았다. 그녀는 새처럼 잠귀가 밝고 겁이 많은 편이어서 작은 소리에도 곧잘 깨곤 했다. 그녀가 눈을 떠보니 주위는 캄캄했다. 그러나 채광창에서 어떤 그림자 하나가 자신을 들여다보고 있는 것은 알 수 있었다. 등불이 그 유령을 비추고 있었던 것이다. 그 얼굴은 에스메랄다에게 들킨 것을 눈치 채고 얼른 등불을 꺼버렸다. 순간이었지만 그녀는 얼굴의 주인공을 알아보았다. 그녀는 질겁하여 눈을 질끈 감았다.

"흑! 그 신부야! 어쩜 좋아!" 꺼져가는 소리로 그녀는 중얼거렸다.

지나간 모든 불행이 번개처럼 머릿속을 스쳐갔다. 그녀는 얼어붙은 듯 침내 위로 쓰러섰나.

얼마 뒤, 그녀는 무언가가 온몸에 와 닿는 것을 느꼈다. 그러고는 완전히 잠에서 깨어 분노로 몸을 덜덜 떨며 침상에 앉았다.

부주교가 몰래 들어와 두 팔로 그녀를 껴안은 것이다.

그녀는 소리를 지르려 했으나 도무지 소리가 되어 나오지 않았다.

"나가! 이 괴물! 꺼져 이 살인자야!" 그녀는 공포와 분노에 휩싸인 채 떨리는 목소리로 간신히 내뱉었다.

"부탁이야! 제발 가만히 있어! 이렇게 빌게!" 부주교는 그녀의 어깨에 입술을 갖다 대며 중얼거렸다.

그녀는 두 손으로 그의 대머리에 남아 있는 머리털을 움켜잡고 마치 물어뜯으려는 듯 필사적으로 그의 입술을 물리치려 애썼다.

"제발, 날 좀 살려줘!" 가엾게도 부주교는 이 말만 되풀이했다. "내가 널 얼마나 사랑하는지 알아줘! 내 사랑은 타는 불 같아. 녹은 납 같고, 수천을 헤아리는 비수가 내 가슴을 찌르고 있어!"

그는 인간의 힘이라는 생각이 들지 않을 정도의 엄청난 힘으로 그녀의 두 팔을 움켜잡았다. 그녀는 죽을힘을 다해 악을 썼다. "이것 놔! 놓지 않으면 네 얼굴에 침을 뱉어버리겠어!"

그는 그녀를 집은 손을 놓으며 말했다. "나를 비겁한 놈이라고 욕해도 좋고, 때려도 좋고 지옥에 떨어지라고 악담을 해도 좋고 뭐든지 하고 싶은 대로 해! 하지만 제발 나를 사랑해달라고!"

이 말에 그녀는 화난 어린아이처럼 그를 마구 때렸다. 아름다운 손에 힘을 주어 그의 얼굴을 세게 후려쳤다. "당장 꺼져! 이 악마!"

"사랑해줘! 내 마음을 알아줘! 날 불쌍히 여겨달란 말이야!" 부주교는 처량하게 외치며 그녀의 몸을 덮쳤고, 그녀에게 맞으면서 그것에 애무로 답하고 있었다.

어느 순간, 그녀는 사내의 힘을 도저히 당해낼 수 없음을 깨달았다. 그러자 그는 이를 갈면서 말했다. "이제 끝을 보아야겠군!"

그녀는 그에게 짓눌린 채 숨을 헐떡이다가 기운을 모두 잃고서 완전히 그의 힘에, 그의 손아귀에 떨어지고 말았다. 그 와중에도 그녀는 음탕한 손이 자신의 몸을 더듬는 것을 느끼고 마지막 힘을 다해 악을 쓰기 시작했다. "사람 살려! 누가 좀 도와줘요! 살인자다! 살인자!"

그러나 아무 일도 일어나지 않았다. 염소 잘리만이 놀라 잠에서 깨어 불안하게 울고 있었다.

"입 닥쳐!" 부주교가 헐떡거리며 말했다.

버둥거리던 그녀의 손에 무언가 작고 차가운 쇠붙이가 잡혔다. 카지모도가 놓고 간 호루라기였다. 그녀는 순간적으로 그것이 구원이 되어줄 것이라 믿고 필사적으로 그것을 입술로 가져가 있는 힘을 다해 불었다. 밝고 날카로운 소리가, 귀를 찢는 듯한 소리가 어둠을 뚫고 퍼져나갔다.

"뭘 하는 거야?" 신부가 말했다.

거의 그와 동시에 그는 자신의 몸이 어떤 힘센 팔에 의해 안아 올려지는 것을 느꼈다. 방 안이 어두워서 누군지 분간할 수는 없었으나 분노로 이를 빠드득 갈고 있는 소리가 또렷이 들렸으며, 어둠 속에서도 새어드는 빛이 있었으므로 희미하나마 머리 위에서 넓적한 칼날이 번쩍이는 것이 보였다.

신부는 카지모도를 본 것 같았다. 그리고 카지모도 이외의 다른 사람일 수도 없다고 생각했다. 그러고 보니 방으로 들어올 때 문 앞쪽에 가로막듯이 무슨 꾸러미 같은 것이 발에 걸리던 것이 생각났다. 그러나 새로 들어온 사람이 아무 말도 하지 않으니 그는 어떻게 해야 할지 알 수가 없었다. 그는 칼을 쥐고 있는 팔에 달려들면서 외쳤다. "카지모도!" 그는 이런 절박한 순간에 카지모도가 귀머거리라는 사실을 까마득히 잊고 있었던 것이다.

눈 깜짝할 사이에 부주교는 바닥으로 내동댕이쳐졌고 곧장 납처럼 무거운 무릎이 그의 가슴을 내리누르는 것을 느꼈다. 그 울퉁불퉁한 무릎의 느낌만으로도 신부는 그가 카지모도라는 것을 알아차렸다. 그러나 어찌한단 말인가? 자신이 누구인지를 어떻게 알릴 것인가? 어둠은 귀머거리를 장님으로까지 만들어버린 것이다.

이제 모든 것이 끝이었다. 처녀는 성난 호랑이처럼 그의 목숨을 동정하지 않았다. 칼날이 아슬아슬하게 그의 머리로 다가온 순간이었다. 그러나 갑자기 칼날은 망설이는 것 같았다. "여자에게 피가 튀면 안 돼!" 어둠 속의 목소리가 둔한 음성으로 말했다.

역시 그것은 카지모도의 목소리였다.

부주교는 그 투박한 손이 자신의 다리를 잡아당겨 방 밖으로 끌고 나가는 것을 느꼈다. 밖에서 죽이려는 게 틀림없었다. 하지만 다행스럽게도 조금 전부터 달이 나와 있었다.

그들이 방문을 넘어서자 희누른 달빛이 신부의 얼굴 위로 떨어졌다. 카지모도는 그것을 보고는 몸을 부들부들 떨다가 신부를 놓고 뒷걸음질쳤다.

집시여자는 문지방까지 나와 있다가 두 사람의 처지가 갑자기 뒤바뀐 것을 보고는 깜짝 놀랐다. 이젠 부주교가 상대방을 위협하고 있었고, 그 앞에서 고개를 숙이고 애원하는 것은 카지모도였던 것이다.

부주교는 분노와 비난의 몸짓으로 귀머거리를 몹시 나무라더니 물러가 있으라고 거칠게 손짓했다.

카지모도는 고개를 푹 숙이고 있다가 여자의 방문 앞에 와서 무릎을 꿇었다. "나리, 어쩔 수가 없습니다. 마음대로 하십시오. 하지만 저를 먼저 죽여주세요." 그것은 몹시 무거운, 모든 것을 포기한 듯한 목소리였다.

이렇게 말하고 그는 부주교에게 칼을 내밀었다. 부주교는 미친 사람처럼 그것을 잡으려고 덤볐으나 그보다 더 빨리 여자가 카지모도의 칼을 빼앗아 미친 듯이 웃으며 부주교를 향해 소리쳤다. "자, 어디 덤벼보시지!"

그녀는 칼을 높이 쳐들었다. 부주교는 어떻게 해야 할지 몰랐다. 그녀는 정말로 달려들어 찌를지도 몰랐다. "가까이 오지도 못하는구나. 이 비겁한 놈!" 그렇게 비웃어준 뒤 그녀는 자신의 다음 말이 클로드 부주교의 마음을 빨갛게 달군 쇠젓가락으로 쑤시는 것 같을 거라고 생각하면서 산인한 말투로 외쳤다. "난 페뷔스 님이 살아 있다는 걸 알고 있어!"

그러자 부주교는 카지모도를 발로 걷어차 바닥에 쓰러뜨린 뒤 분노로 몸을 떨면서 제단의 둥근 천장 아래로 사라져버렸다.

신부가 사라지자, 카지모도는 조금 전 집시처녀를 구한 그 호루라기를 바닥에서 주워 그녀에게 건네며 말했다. "녹이 슬었네요." 그러고는 말없이 어둠 속으로 사라졌다.

갑작스럽게 일어난 상황에서 필사적으로 저항하다 겨우 한숨을 돌리게 되자 그녀는 완전히 녹초가 되어 쓰러져서 흐느끼기 시작했다. 그녀의 앞날에 또다시 어두운 먹구름이 드리우기 시작한 것이다.

한편 부주교는 어둠 속에서 더듬더듬 자기 방으로 돌아갔다.

이제는 그야말로 끝장이었다. 클로드 신부는 카지모도를 질투하고 있었던 것이다!

그는 깊은 생각에 잠긴 표정으로 그 불길한 말을 되풀이하기 시작했다. "아무에게도 그녀를 주지 않겠어!"

제10편

1 그랭구아르, 베르나르댕 거리에서 좋은 생각들이 잇달아 떠오르다

 피에르 그랭구아르는 이번 사건이 어떻게 결론이 났는지, 그리고 그 연극의 주인공들이 체포되거나 교수형을 당하거나 그 밖에도 불행을 당한 것을 알게 된 뒤로는 더 이상 그 일에 관심을 갖지 않기로 했다. 그는 여러 가지로 생각한 끝에 파리에서 그래도 믿을 만한 동료는 거지들밖에 없다는 결론을 내리고는 그들과 계속 함께 지내고 있었는데, 그 거지들은 여전히 집시처녀를 걱정하고 있었다. 그들로서는 매우 당연한 일임을 그는 잘 알고 있었다. 그녀와 마찬가지로, 샤르몰뤼와 토르트뤼의 손에 넘어가는 것 말고는 다른 길이 없으며, 자기처럼 페가수스(그리스 신화에 나오는 날개 달린 말. 시적 영감을 나타낸다)의 두 날개를 타고 상상의 세계를 날아다닐 줄도 모르는 사람들로서는 너무나 당연한 일이라고 생각했다. 그는 그들에게서 항아리를 깨고 혼인한 자기 아내가 노트르담에 피신해 있다는 이야기를 듣고는 매우 다행으로 여겼다. 그러나 그곳에 찾아가 그녀를 만나보고 싶은 생각은 전혀 없었다. 가끔 그 귀여운 새끼 염소가 생각나곤 했지만 단지 그것뿐이었다. 그는 낮에는 먹고살기 위해 곡예를 하고 밤이면 파리의 주교를 해치울 소송을 위한 서류 작성에 늦게까지 매달렸다. 그것은 그가 주교의 물방앗간에서 물벼락을 맞은 일로 한이 맺혔기 때문이다. 또한 그는 누아용과 투르네의 주교 보드리 르 루주의 아름다운 작품인《돌을 자르는 방법에 대하여》에 주석을 다는 일에도 몰두해 있었는데, 그 책이 건축술에 관한 대단한 흥미를 불러일으켰기 때문이다. 건축술에 관한 흥미는 연금술에 대한 관심을 넘어설 정도였는데, 연금술과 석공술은 밀접한 관련이 있으므로, 따지자면 그의 새로운 취미는 연금술에서 비롯된 필연적인 귀결이었다. 그랭구아르의 관심과 호기심은 관념에 대한 애착에서 그 관념의 형식에 대한 애착으로 옮아간 것이다.

 어느 날 그는 생제르맹 록세루아 근처에 있는 포르 레베크라고 불리는 저택의 모퉁이에 서 있었다. 그 저택은 포르 르 루아라고 하는 또 다른 저택과 마주보고 있었다. 포르 레베크에는 14세기의 훌륭한 교회당이 있었는데, 교회당 뒷면은 거리를 향해 있었다. 그랭구아르는 감탄 어린 시선으로 교회당의 외부 조각품들을 세심하게 바라보았다. 그 순간 그는 예술가가 이 세상에 있는 것 가운데서 예술만을 보고, 예술 속에서 세계를 보는, 아주 이기적이고 배타적이면서 숭고한 기쁨에 잠겨 있었다. 그때 갑자기 어깨 위에 묵직한 손이 놓이는 것을 느끼고 문득 돌아보니 그것은 옛 친구이자 스승인 부주교였다.

그는 깜짝 놀라 한동안 멍하니 있었다. 그가 부주교를 만난 것은 무척 오랜만이었는데 클로드 신부는 언제나 점잖고 정열적인 사람이어서 그를 만날 때면 회의주의 철학자로서 마음의 평정을 잃어버리곤 했다.

부주교는 잠시 아무 말도 하지 않고 있었으므로 그사이 그랭구아르는 그를 세심하게 살필 수가 있었다. 클로드 신부는 어딘가 몹시 변해 있었다. 겨울 아침처럼 파리한 얼굴빛이며 움푹 팬 눈과 거의 백발이 되어버린 머리카락이 그랬다. 이윽고 클로드 신부가 침묵을 깨고 입을 열었다. 그는 차분하고도 냉랭한 어조로 말했다. "잘 지냈나, 피에르 군?"

"건강 말씀인가요? 글쎄요. 좋을 것도 나쁠 것도 없지요. 그냥 전반적으로는 좋은 편이에요. 저는 본디 지나친 일은 하지 않거든요. 선생님도 잘 아시다시피 건강의 비결이라면 히포크라테스(고대 그리스의 의사)가 말한 것처럼, '곧 먹는 것도, 마시는 것도, 잠도, 사랑도 모든 것을 적당히 하라'고 하지 않았습니까."

"그럼, 자네는 아무 걱정이 없다는 말이로군? 피에르 군." 클로드 신부는 그랭구아르를 빤히 보면서 물었다.

"그렇고말고요. 걱정할 게 뭐 있겠습니까."

"그건 그렇고 지금 여기서 뭘 하는 겐가?"

"선생님께서 보시다시피 저 돌들을 어떻게 잘랐는지, 돋을새김은 어떤 모양으로 홈을 이루고 있는지를 관찰하던 중이었습니다."

그러자 신부는 웃었는데, 그것은 한쪽 입꼬리만 일그러뜨리는 쓸쓸한 미소였다. "그런 게 재미있나?"

"그럼요, 천국이 따로 없지요!" 그랭구아르는 외쳤다. 그러고는 생생한 현상들을 증명하는 사람처럼 환한 얼굴로 조각품들을 쳐다보며 말했다. "그러니까 저걸 한번 보세요. 교묘하고 우아하고 끈기 있게 시공된 저 돌을새김의 환상적인 선들을요. 이보다 더 부드럽고 더 잘 어루만져진 잎사귀들을 혹시 다른 기둥머리 주위에서 본 적이 있으세요? 여기 장 마유뱅의 환조 작품 3점이 있는데 그 천재의 최고 걸작은 아니지만, 얼굴의 순진함도 그렇고, 얼굴선의 부드러움, 태도와 주름 장식의 유연함은 물론 모든 결점들 속에 섞여 있는 설명하기 어려운 매력까지도 이 작은 조각품들을 대단히 쾌활하고 섬세하게 만들어주고 있어요. 이렇게 조각품을 관찰하는 게 재미있다고 생각하지 않으세요?"

"물론 그렇게 생각하고말고!"

"그리고 만약 교회당 내부를 보신다면, 곳곳에 양배추의 심지처럼 조각품이 빽빽하게 들어차 있는 것을 아시게 될 거예요! 이 교회당 뒷면은 아주 종교적일 뿐 아니라 독특한 방식으로 조각되어 있어요. 전 그 어디서도 이처럼 멋진 것을 본 적이 없답니다!"

부주교는 그의 말을 자르며 물었다. "그럼 자네는 행복한 모양이로군?"

그랭구아르는 힘주어 대답했다.

"그럼요! 행복하고말고요. 저도 처음엔 여자를 사랑했고 그다음엔 동물을 사랑했어요. 하지만 지금은 돌의 매력에 푹 빠지고 말았어요. 돌도 동물이나 여자만큼 흥미신신해요. 그러면서도 중요한 점은, 결코 배신하지 않는다는 것이죠!"

부주교는 제 이마에 손을 얹었는데 그것은 그의 버릇이었다.

"맞는 말이야!"

"아 참! 제 말씀 좀 들어보세요! 사람은 누구나 자기만의 즐길거리를 갖고 있는 법이잖아요!" 그랭구아르는 이렇게 말하며 부주교의 팔을 잡았고 부주교는 그랭구아르가 하는 대로 내맡기고 있었다. 그는 포르 레베크의 계단에 있는 소탑 아래로 신부를 잡아끌었다. "보세요, 여기 계단이 있죠! 파리에서 가장 단순하고 희귀한 양식으로 된 거예요. 이걸 볼 때마다 저는 가슴이 설렌답니다. 모든 계단은 아래 모서리가 비스듬히 깎여 있어요. 그 너비가 30센티 정도 되는 디딤판 하나하나에 이 계단의 아름다움과 단순함이 담겨 있는데, 디딤판이 서로 얽히고 끼워지고 박히고 이어지고, 얕게 조각되어 매우 튼튼하면서도 유연한 방식으로 짜맞추어져 있거든요!"

1 그랭구아르, 베르나르댕 거리에서 좋은 생각늘이 잇달아 떠오르다

"그렇군. 그런데 자네는 바라는 것이 아무 것도 없나?"

"뭐요?"

"아무것도 후회하지 않느냐고?"

"미련도 욕심도 없어요. 저는 올바른 삶을 살아왔으니까요."

"인간은 올바르게 산다 해도 다양한 일들로 인해 어지럽혀지기 마련이지." 클로드 신부가 말했다.

"저는 회의주의 철학자로서 매사 균형을 이룬 상태를 유지한답니다." 그랭구아르가 대답했다.

"그럼 자넨 뭘로 생활하나? 먹고는 살아야 할 것 아닌가?"

"지금도 여기저기서 일이 들어오면 서사시와 비극을 쓰고는 있습니다만, 그래도 가장 짭짤한 수입을 올려주는 건 선생님도 아시다시피 곡예를 하는 거지요. 의자로 피라미드를 쌓아놓고 이로 그걸 들어올리는 일 말이에요."

"그런 일은 철학자에겐 어울리지 않아."

"그것도 저에겐 욕심을 버리는 균형과 한가지랍니다. 사람은 어떤 생각을 가지고 있을 땐 모든 것 속에서 그것을 찾아내거든요." 그랭구아르가 말했다.

"그렇지." 부주교는 대답했다.

그는 잠시 아무 말도 없다가 다시 입을 열었다. "그래도 역시 사는 게 팍팍하지?"

"그렇죠. 가난하긴 하지만 불행하지는 않아요." 그때 멀리서 말들이 달리는 소리가 들려왔다. 클로드 신부와 그랭구아르가 소리 나는 곳을 쳐다보니 거리 저쪽 끝에서 왕실친위대의 중대가 창을 높이 쳐들고, 장교를 선두로 줄을 지어 지나가는 것이 보였다. 현란한 기마행렬은 요란스럽게 땅을 울리며 지나갔다.

"선생님, 혹시 저 장교를 잘 아십니까? 왜 그렇게 유심히 쳐다보세요?" 그랭구아르가 부주교에게 물었다.

"어디선가 본 적이 있는 사람 같아서 말이야."

"그게 누군데요?"

"이름이 페뷔스 드 샤토페르라고 했던 것 같은데."

"페뷔스라고요? 독특한 이름이네요! 푸아 백작에게도 페뷔스라는 사람이 있었습니다만. 아, 그리고 제가 아는 어떤 여자는 신께 맹세를 할 때면 꼭 페뷔스라는 이름을 걸곤 했었죠."

"자네 잠깐 따라오게. 할 얘기가 있네."

기마행렬이 지나간 뒤로 줄곧 냉정하던 부주교의 얼굴에 약간의 감정적인 변화가 스치고 지나갔다. 말을 마친 뒤 신부는 조용히 걷기 시작했다. 권위 넘치는 클로드 부주교와 한 번이라도 가까이서 대화를 나누어본 사람이라면 누구든 자신도 모르는 사이에 그를 따르게 되곤 했는데, 그랭구아르도 마찬가지여서 그는 말없이 신부 뒤를 따르고 있었다. 그들은 어느새 꽤 한적한 베르나르댕 거리까지 와 있었다. 클로드 신부는 그곳에서 걸음을 멈추었다.

"하실 말씀이라는 게 뭔가요, 선생님?" 그랭구아르가 물었다.

"자넨 방금 보았던 그 기병대의 제복이 자네나 내 옷보다 몇 배는 더 멋지다고 생각하지 않나?" 부주교는 깊이 생각에 잠긴 듯한 얼굴로 말을 이었다.

그랭구아르는 머리를 설레설레 흔들었다.

"아니요! 저는 요란스런 쇠붙이와 강철비늘로 뒤덮인 딱딱한 제복보다는 제가 입은 이 노랑 빨강의 긴 옷이 더 마음에 들어요. 걸을 때마다 페라이유의 항구가 지진으로 들썩이는 듯한 소리를 내다니 우스운 이야기죠."

"그랭구아르 군, 그렇다면 자네는 군복을 입은 멋진 청년들을 부러워해본 적도 없단 말인가?"

"부럽다니 뭐가 말씀이에요? 그 힘 말입니까? 규율이요? 아니면 훈련 말인가요? 비록 누더기를 입더라도 철학과 자유가 훨씬 낫죠. 저는 용 꼬리가 되느니 차라리 닭 머리가 되겠어요!"

"그것 참 이상하군. 그래도 멋진 제복이란 남자들에게는 환상 같은 것인데 말이야." 신부는 꿈을 꾸듯 말했다.

그랭구아르는 부주교가 몽롱하게 생각에 잠긴 것을 보고는 슬며시 옆으로 빠져서는 옆집 말 매는 곳을 구경하러 갔다가 얼마 뒤 손뼉을 치며 돌아왔다. "선생님, 군인들 제복 같은 것에 그렇게 몰두하지 마시고 저와 함께 저 집 대문을 한번 보러 가시죠. 정말로 오브리 나리 집 현관은 세상에서 가장 호화로운 것 같아요. 다른 데선 흔히 볼 수 없는 훌륭한 것이지요!"

"피에르 그랭구아르 군, 자네의 그 사랑스런 집시 무희는 어떻게 됐나?"

"아, 에스메랄다 말씀이세요? 에이, 화제를 그렇게 갑자기 바꾸시니 어리둥절하잖아요."

1 그랭구아르, 베르나르댕 거리에서 좋은 생각들이 잇달아 떠오르다

"그 여자, 자네 아내 아니었나?"

"맞아요, 항아리를 깨고 얻은 신부였지요. 그런데 선생님은 아직도 그 처녀를 기억하고 계셨어요?" 그랭구아르는 약간 조롱 섞인 눈빛으로 부주교를 보면서 말했다.

"그럼 자네는 그 여자를 잊었단 말인가?"

"거의 잊었어요. 전 그렇게 한가하지 않거든요. ……그래도 그 새끼 염소는 정말 귀여웠는데!"

"그 집시처녀가 자네 목숨을 구해줬다고 하지 않았어?"

"예, 맞아요."

"그런데 그 여잔 어떻게 됐지? 자넨 그 여잘 어떻게 했느냐고!"

"별로 말하고 싶지 않는데요. 아마도 교수형을 당한 것 같아요."

"그래?"

"확실한 건 저도 몰라요. 그들이 그녀를 교수형시키려고 하는 걸 보고 전 그 자리에서 도망쳐버렸으니까요."

"자네가 아는 건 정말로 그것뿐인가?"

"아니요, 들리는 소문으로는 에스메랄다가 노트르담으로 도망쳤고, 거기서 안전하게 지내고 있다고 하더군요. 정말 그렇다면 그건 다행스런 일이죠. 그 염소도 함께 도망쳤는지는 모르지만 제가 아는 건 그뿐입니다."

"그렇군, 내가 그 이상의 사실을 알려주지!" 갑자기 클로드 신부가 외쳤다. 그전까지만 해도 나지막하고 흐릿하던 목소리가 또렷해졌다. "그 집시 여자는 정말로 노트르담에 숨어 있다네. 하지만 사흘 뒤면 다시 재판소에서 그녀를 잡으러 나올 걸세. 다시 잡아다가 그레브 광장에서 교수형시킬 거야. 최고재판소에서 체포영장을 발부했거든."

"거참, 그거 큰일이네요!" 그랭구아르가 걱정스레 말을 이었다.

이렇게 말하고 부주교는 잠깐 사이에 다른 사람처럼 냉정해졌다.

"대체 어떤 못된 녀석이 쓸데없이 그런 일에 참견을 해서 체포청원서를 냈을까요? 불쌍한 여자 하나를 못 잡아먹어서 안달이라도 난 어떤 미치광이일까요? 노트르담 담장 안 제비둥지 옆에 가엾은 여자 하나가 몸을 숨기는 게 뭐가 그리 큰일이래요?"

"세상에는 별의별 악마가 다 있으니까." 부주교가 대답했다.

"허 참, 정말 안타깝게 됐네요." 그랭구아르는 한숨을 쉬었다.

부주교는 잠시 말없이 있다가 물었다.

"그러니까 그 여자가 자네 목숨을 구해주었단 말이지?"

"네. 그 유쾌한 소굴에서였죠. 그때 저는 거지소굴에서 하마터면 목이 달아날 뻔했거든요. 정말 그렇게 되었더라면 그들도 지금쯤 아마 땅을 치며 후회하고 있겠지만."

"자네는 그 여자를 위해 무언가 해줄 생각이 없는가?"

"할 수만 있다면 하고 싶지만 방법이 뭐가 있겠어요, 클로드 선생님. 어영부영하다가 그런 골치 아픈 사건에 휘말리기라도 하면 곤란해질 텐데요."

"그게 무슨 대수인가?"

"그게 무슨 대수냐고요? 선생님도 참 너무하시는군요. 저, 벌써 큰 작품을 두 편이나 시작했거든요."

부주교는 자기의 이마를 탁탁 쳤다. 겉으로는 평온한 척 가장하고 있어도 이따금 격한 동작을 하는 것으로 보아 내심 몹시 혼란스러워하고 있음을 알 수 있었다.

"어떻게 그 여자를 구해낸다지?"

그랭구아르가 말했다. "선생님, 저라면 이렇게 대답하겠어요. 일 파델트 라고요. 터키어로 '허느님은 우리의 희망이니라'라는 뜻이랍니다."

"어떻게 구출하느냐가 문제야!" 클로드 부주교는 꿈꾸듯 되풀이했다.

이번에는 그랭구아르가 자기 이마를 탁 쳤다.

"선생님, 좀 들어보세요. 좋은 생각이 하나 떠올랐어요! 임금님께 특별사면을 청원해보면 어떨까요?"

"루이 11세에게 말이야? 특별사면을 요청한다고?"

"예, 안 될 것도 없잖아요."

"차라리 산 호랑이의 뼈를 발라내는 것이 낫겠다!"

그랭구아르는 다시 새로운 해결책이 없을까 곰곰 궁리하기 시작했다.

"아, 그럼 이건 어떨까요? 산파에게 부탁해서 그녀가 임신했다고 말하게 하는 거예요."

이 말을 들은 부주교의 퀭한 두 눈이 돌연 반짝거렸다.

"임신이라고? 뭐야, 설마 네가 그런 짓을 한 거냐?"

1 그랭구아르, 베르나르댕 거리에서 좋은 생각들이 잇달아 떠오르다

그랭구아르는 부주교의 태도에 놀라 잔뜩 겁을 집어먹고는 부랴부랴 수습했다. "아니에요! 제가 그랬다는 게 아니에요. 우리의 결혼은 그야말로 '각방결혼'이었다니까요! 저는 언제나 방 밖에 있었어요. 어찌됐든 집행유예만 얻어내면 되는 거잖아요?"

"파렴치한 같으니라고. 낙제!"

"무조건 화만 내실 일이 아니에요. 집행유예를 받는 게 누가 해를 입는 것도 아니잖아요. 게다가 그렇게 하면 가난한 산파에게도 파리 주화 40드니에가 돌아가니까 누이 좋고 매부 좋은 일이라고요." 그랭구아르가 투덜거리며 설명했다.

부주교는 그의 말에 귀 기울이지 않았다.

"아무튼 그 여자는 노트르담에서 나가야만 한다고!" 부주교는 이렇게 중얼거렸다. "체포영장의 집행기한은 3일이야! 하지만 카지모도에겐 영장이 나오지 않을 거야! 여자들에겐 참 독특한 취향이 있단 말이야!" 그러고는 소리 높여 계속했다. "피에르 군, 내가 곰곰이 생각해봤는데, 그 여자를 구할 방법은 딱 하나뿐이야!"

"그게 뭔데요? 저한텐 이제 다른 방법이 없는데요."

"이봐, 피에르. 자네는 그 여자가 생명의 은인이라는 사실을 잊지 말게. 솔직히 말하지. 노트르담은 밤낮으로 파수를 보는 사람이 있어서 성당에 들어가는 모습을 보인 사람만이 다시 나올 수 있지. 자네는 성당에 들어갈 수 있어. 제발 와주게. 내가 자네를 그 여자에게 데려가주겠네. 자네와 그 여자가 서로 옷을 바꿔 입는 거야. 자네가 그 여자의 치마를 입는 거지."

"거기까진 괜찮군요. 그럼 그 다음엔 어떻게 되는 거죠?" 철학자 그랭구아르가 생각에 잠기며 물었다.

"다음에, 자네가 여자 옷을 입은 채로 노트르담에 남고 여자는 자네 옷을 입고 밖으로 나오는 거지. 그럼 자네는 여자 대신 교수형을 받겠지만 그 여자는 살아나는 거야."

그랭구아르는 매우 심각한 얼굴로 귀를 긁으며 말했다.

"허! 저로서는 생각해낼 수 없는 일이네요."

클로드 부주교로부터 생각지도 못한 제안을 받은 시인의 얼굴은 갑자기 먹구름으로 뒤덮이기 시작했다. 언제나 화창하고 아름다운 이탈리아 풍경에 거센 바람이 불어와 태양 위로 무거운 구름을 걸어놓은 것처럼.

"어떤가! 그랭구아르. 이 방법이 기발하지 않은가!"

"그렇군요, 선생님. 하지만 그렇게 되면 제가 교수형을 당하는 건 거의 확실하네요."

"그건 내가 알 바 아니야!"

"네에? 뭐라고요?" 그랭구아르가 물었다.

"그 여자는 자네 목숨을 구한 사람이란 사실을 잊지 말게. 그 빚을 갚을 기회란 말이야."

"제가 갚아야 할 빚은 그것 말고도 널려 있어요!"

"피에르 군, 반드시 그렇게 해야만 해!"

부주교는 명령조로 말했다.

"제발, 제 말씀 좀 들어보세요, 선생님! 선생님은 왜 그 생각을 고집하시는지 모르겠는데 그건 잘못된 겁니다. 왜 제가 남을 대신해 죽어야 하는지 모르겠네요." 시인은 완전히 당황하여 말했다.

"자넨 무엇 때문에 그렇게 목숨에 집착하는 거지?"

"이유는 얼마든지 있지요!"

"무슨 이유지? 어디 말해보게."

"이유가 뭐냐고 하셨나요? 좋아요, 공기도 그렇고 하늘노 아침도 석양도 달빛도 이 세상에 있으니까요. 또 거지 친구들과 창녀들과 함께 맛좋은 음식을 먹는 일도, 파리의 아름다운 건축양식들을 연구하고 싶은 꿈도 있고요. 그리고 방대한 3권의 저술도 준비 중이에요. 그중 하나는 주교와 그의 물방앗간을 해치우는 내용이고요. 그 밖에도 얼마든지 있다고요! 아낙사고라스 (기원전 5세기 무렵의 그리스 이오니아파 철학자)도 자기는 태양을 찬양하기 위해 이 세상에 살고 있다고 하지 않았습니까? 그리고 저는 아침부터 밤까지 온종일 저라는 천재와 더불어 지내는 행복을 누리고 있어요. 그보다 즐거운 일은 없죠."

"자네 머리는 딸랑거리는 시끄러운 방울을 잔뜩 만들고 있지만 고작 그건가!" 부주교는 불만스럽게 중얼거렸다. "이보게! 자네가 그토록 즐기고 있는 그 목숨을 대체 누가 구해주었더라? 지금까지 살아서 공기를 마시고 하늘을 바라보며, 종달새처럼 어리석고 덜떨어진 자네가 그렇게 즐기고 있는 건 누구 덕분이지? 그 여자가 없었다면 자네는 지금 어디 있을 거라고 생각

1 그랭구아르, 베르나르댕 거리에서 좋은 생각들이 잇달아 떠오르다

하나? 자네는 그 여자가 죽기를 바란단 말인가? 정작 자네는 그 여자 덕분에 이렇게 살아 있으면서 말이야! 그 아름답고 다정하고 사랑스러운 여자가, 하느님보다도 더 거룩하고 이 세상 광명을 위해 없어서는 안 될 그 여자가 말이야. 그에 비하면 자네는 아무것도 아닌 어설픈 지식을 휘두르는 반미치광이에다가 풀이나 나무와 다름없는 주제에 스스로 걷고 있는 줄 착각하는 존재가 아닌가. 대낮의 등불만큼이나 쓸모없는 목숨을 연명하려는 이유가 대체 뭔가? 여보게, 조금이라도 동정심을 가져보게, 그랭구아르! 이번엔 자네가 사나이답게 나설 차례야! 먼저 대차게 행동하여 자넬 구한 것은 그 여자였다고!"

부주교는 격렬하게 말했다. 그랭구아르는 처음에는 대수롭지 않게 듣고 있다가 차츰 감동을 받아 마침내 울상을 지으며 부주교를 바라보았는데 그것은 배앓이를 하는 어린아이처럼 보였다.

"선생님의 말씀 뼈에 사무칩니다." 그는 눈물을 닦으며 말했다. "그럼 저도 잘 생각해보겠습니다. 하지만 선생님 생각도 좀 그래요. 왜냐하면……." 그는 잠시 말을 끊었다가 다시 입을 열었다. "모르는 일이죠. 들통이 나더라도 저를 교수형에 처하지 않을 수도 있잖아요? 약혼을 했다고 해서 반드시 결혼을 하라는 법도 없어요. 제가 치마를 입고 여자 모자를 쓴 채 괴상망측한 꼴을 하고 방 안에 있는 것을 보면 그들은 아마 폭소를 터뜨릴 겁니다. 아무튼 좋아요. 교수형을 당하다니 그야말로 개죽음이네요. 아니죠, 그건 잘 생각해보면 개죽음과는 좀 다르다고 해야겠네요. 그건 평생을 혼돈 속에 살았던 현자에게 어울리는 죽음이요, 진정한 회의주의자의 정신처럼 결정이라는 것이 없는 죽음이며, 피론(기원전 3세기의 그리스 철학자)의 회의주의와 망설임이 또렷하게 드러나는 죽음이요, 하늘과 땅 사이에 몸을 두고 사람을 공중에 매달아놓는 그런 죽음이겠지요. 그야말로 철학자에게 어울리는 죽음입니다. 어쩌면 저는 태어날 때부터 그런 운명을 타고났을지도 몰라요. 그동안 살아온 것과 똑같이 죽는 건 훌륭하고 뜻깊은 일이죠!"

신부는 그의 말을 가로막았다. "어때? 그럼 결정했나?"

"그런데 죽음이란 진짜 뭘까요?" 그랭구아르는 흥분하여 말을 계속했다. "죽음이란 한순간의 불쾌감이거나 아니면 하나의 통행세가 아닐까요? 하찮은 것에서 완전한 무(無)의 상태로 가는 것일까요. 어떤 사람이 메갈로폴리스 사람인 케르키다스(기원전 3세기의 그리스 견유파(犬儒派) 철학자)에게 '당신은 기꺼이 죽을 수 있소?' 물으니 이렇게 대답했대요. '왜 그러지 못하겠소. 내가 죽으면 철학자들 중에서는 특히 피타고라스, 역사가들 중에서는 헤카타이오스(기원전 4세기의 그리스 역사가), 시인들 중에서는 호메로스, 음악가들 중에서는 올림포스와 같은 위대한 인물들을 만나보게 될 텐데 말이오'라고요."

부주교는 그에게 손을 내밀었다. "그럼 결정한 거지? 내일 내게 오게."

이 행동이 그랭구아르를 문득 현실로 되돌려놓았다.

"아니요, 무슨 말씀을 하시는 거예요? 절대로 싫습니다!" 그는 막 잠에서 깨어난 사람처럼 말했다. "다른 사람 대신 교수형을 당하다니! 그건 바보 같은 짓이에요. 싫다고요!"

"그럼, 잘 있게!" 부주교는 이렇게 말하고 나서 입속으로 다시 중얼거렸다. "내일 보자고!"

신부가 돌아가는 뒷모습을 보며 그랭구아르는 저런 사람을 또 보다니, 절대로 그렇게는 안 될 거라고 생각했다. 그리고 신부의 뒤를 쫓아가 말했다. "잠깐만요, 선생님! 옛정을 생각해서라도 이런 일로 싸우지는 마십시다. 그 아가씨, 아니 제 아내를 선생님께서 그렇게 걱정해주시니 어쨌든 감사합니다. 그 여자를 노트르담에서 무사히 빼내기 위해 계략을 꾸미신 것까지도 이해하지만 선생님의 방법이 사실 저로서는 지극히 못마땅합니다. 제게 기막힌 다른 방법이 떠오르면 얼마나 좋을까요! 아! 지금 세상에 다시없을 대단한 묘책이 떠올랐는데, 제가 교수대의 올가미에 걸릴 위험도 없고 그 여자도 곤경에서 무사히 살려낼 방법이 있다면 어떻습니까? 그렇다면 그야말로 누이 좋고 매부 좋은 일 아니겠어요? 선생님은 제가 꼭 교수대에 올라야만 속이 시원하신 것은 아니죠?"

부주교는 답답한 듯 입고 있던 옷단추를 잡아 뜯었다.

"말은 청산유수로군! 그래, 자네의 묘안이란 게 뭔가?"

"좋아요!" 그는 뭔가 깊이 생각하는 표시로 집게손가락을 코에 대고 말을 이었다. "그러니까 이런 겁니다. 저와 함께 생활하는 거지들은 아주 대단한 놈들이에요. 게다가 집시들은 그 여자를 끔찍이 아끼죠. 그러니까 제가 한마디만 하면 주저 없이 여자를 구하러 나설 거예요. 그보다 쉬운 일은 없어요. 그들이 여자를 구하러 들어와 소란을 피울 때 그 틈을 타서 여자를 슬쩍 빼

1 그랭구아르, 베르나르댕 거리에서 좋은 생각들이 잇달아 떠오르다

돌리는 겁니다! 당장 내일 저녁 쇠뿔을 단김에 뽑아내버립시다. 그런 소동이야말로 그자들이 바라던 놀이이기도 하니까요."

"그래? 그럼 어떻게 하겠다는 건지 그거나 말해봐!" 신부는 그를 잡아 흔들며 말했다.

그랭구아르는 당당하게 버티고 서서 배를 잔뜩 내밀고는 그를 돌아보았다. "좀 가만 계세요. 저도 궁리 중이잖아요!" 그는 잠시 생각하다가 무슨 좋은 생각이 났는지 손뼉을 치면서 외쳤다. "좋아, 바로 그거야! 기막힌 성공을 거둘 게 틀림없어!"

"그래, 그게 뭐냐니까?" 클로드 신부는 화를 내며 되물었다.

그랭구아르의 눈은 전에 없이 반짝이고 있었다.

"자, 이리 가까이 오세요. 이런 모의는 비밀리에 이루어져야 하니 귀엣말로 할게요. 이건 정말 대담하고 적의 허를 찌르는 계략입니다. 모두가 위기에서 벗어날 수 있는 방법이에요. 어떻습니까! 제가 그리 멍청하지만은 않다는 걸 인정해주셔야 합니다."

그는 갑자기 말을 멈추었다가 다시 이었다. "아, 참, 거기 염소도 그 여자와 함께 있던가요?"

"그런데, 왜? 그게 뭐 어쨌다는 거지?"

"그럼 그 염소도 같이 죽는 거잖아요? 아닌가요?"

"그게 나랑 무슨 상관이야?"

"그렇군요, 그 녀석도 교수형 당할지 몰라요. 지난달에도 암퇘지 한 마리가 목매달려 죽었는데 망나니들이 그걸 구워 먹었거든요. 그 귀여운 염소 잘리를 목매달다니! 가엾은 것!"

"이런 젠장!" 클로드 신부가 외쳤다. "너야말로 망나니다! 대체 네 놈이 생각해낸 방법이란 게 뭔지 그것부터 말하란 말이야! 왜 자꾸 엉뚱한 소리만 지껄이냐고? 네 생각을 집게로 끄집어내야만 되겠어?"

"아유 진정하세요, 선생님! 들어보세요."

그랭구아르는 부주교의 귀에 입을 대고는 지나다니는 사람이 하나도 없건만 골목골목까지 샅샅이 살피더니 아주 낮은 목소리로 속삭였다. 이야기를 마치자 클로드 신부는 그랭구아르의 손을 잡고 냉랭하게 말했다.

"알았네, 그럼 내일 보세."

"내일 뵙겠습니다." 그랭구아르도 그렇게 답하고는 부주교가 자리를 뜨자 반대쪽으로 걸어가며 혼자 중얼거렸다. "이건 엄청난 거사가 될 거야. 대단해, 피에르 그랭구아르! 사람이 작다고 해서 큰 사업을 못 하라는 법이 세상에 어딨어? 아무렴! 비톤(그리스 신화에 나오는 인물. 어머니를 태운 수레를 끌고 헤라 신전으로 갔다)도 커다란 수소를 어깨에 짊어지지 않았던가! 할미새와 꾀꼬리와 딱새는 대양을 건넜다."

2 거지가 되려무나

클로드 부주교가 수도원에 돌아갔을 때, 그의 방 앞에는 동생인 장 뒤 물랭이 와서 기다리고 있었다. 장은 형을 기다리는 동안 심심풀이로 숯으로 코만 크게 과장시킨 형의 옆얼굴을 벽에 그리고 있었다.

부주교는 머릿속에 딴생각이 가득하여 동생을 제대로 쳐다보지도 않았다. 날건달 같은 동생의 유쾌한 얼굴에는 늘 생기가 넘치고 있어서 부주교의 어두운 얼굴도 동생을 보면 금세 밝아지곤 했는데 이번에는 그런 동생의 얼굴도 썩고 악취를 풍기는 데다 날이 갈수록 뿌옇게 흐려지기만 하는 그의 영혼에 낀 안개를 걷어내기에는 역부족이었다.

"형님, 저 왔어요. 형님 뵈러 왔는데." 장은 아무래도 형의 태도가 이상하다고 생각하며 머뭇머뭇 말했다.

부주교는 여전히 그를 쳐다보지도 않고 대답했다.

"그래서?"

"형님." 이 위선자는 이렇게 말을 이었다. "형님은 언제나 저를 위해 걱정하시고 도와주시고 여러 가지로 좋은 말씀도 해주시기 때문에 늘 형님에게로 돌아오게 됩니다."

"그런데?"

"아! 형님이 늘 제게 말씀하셨죠. '장! 학자들의 학설, 학생의 규율이 날이 갈수록 해이해지고 있다. 장, 얌전하게 굴어라, 그리고 열심히 공부해라, 그리고 정식 절차를 거쳤거나 선생님의 허락을 받은 때 외에는 학교 밖에서 외박 같은 것은 하지 마라. 피카르디 출신 사람을 때려선 안 된다. 학교의 짚더미 위에서 무식한 당나귀처럼 늙어서야 되겠느냐. 장, 선생님이 벌을 주시거든 달게 받아라. 저녁마다 성당에 가서 영광스러운 성모 마리아께 성가를 부르고 기도드리고 맹세하여라.' 이 모든 말씀들은 참으로 훌륭한 충고였어요!"

"또?"

"형님, 형님은 저를 죄 많고 나쁜 짓만 하는 사악한 인간이며, 노름꾼에 지독하고 구제불능의 골칫덩어리라고 생각하지요? 사랑하는 형님, 저는 형님의 진심 어린 충고를 짚이나 먼지처럼 짓밟고 살아왔어요. 그 덕분에 저는 톡톡히 벌을 받았답니다. 하느님은 정말로 공정하시단 것을 깨달았어요. 돈이 있으면 실컷 먹고 놀고 신나게 흥청거렸지요. 아, 방탕함이란! 그 순간엔 그렇게 달콤하고 매력이 넘치지만 그 다음에 기다리는 것은 후회와 추악함뿐이라는 것을 깨달았어요. 그런 방탕의 결과로 이제 저는 하얀 것이라고는 하나도 없는 빈털터리 신세랍니다. 식탁덮개도, 셔츠도, 손 씻는 수건까지도 쓸 만한 것들은 죄다 팔아버렸어요. 이제 다시는 노름 같은 건 하지 않겠어요. 아름답던 촛불은 꺼지고 연기가 올라오는 기름등잔만 남아 제 콧속에 그을음을 남길 뿐이에요. 계집들도 완전히 저를 무시하고, 후회와 빚쟁이들에게 시달리고 있어요. 겨우 물로 허기를 달래고 있답니다."

"그리고?" 부주교가 말했다.

"아! 세상에서 가장 사랑하는 우리 형님! 저는 앞으로 아주 착실하게 살기로 결심했어요. 지난날에 대한 후회와 뉘우치는 마음을 안고 형님께 찾아왔어요. 저는 회개하고 있습니다. 진심으로 과거를 뉘우치고 있어요. 주먹으로 제 가슴을 치면서 말이에요. 형님은 제가 장차 도르시 대학을 졸업하고 조교가 되기를 바라셨는데 그 말씀이 천 번 만 번 옳다는 걸 이제야 깨달았어요. 제가 그 직업에 매우 잘 어울리고, 또 뛰어난 소질을 지녔다는 걸 알게 됐거든요. 그런데 공부를 하려고 보니 잉크도 펜도 다 떨어져서 새로 사야 할 것 같아서요. 그리고 종이도 없고 책도 필요하고요. 다만 몇 푼이라도 돈이 좀 필요합니다. 그래서 이렇게 회개하는 마음으로 형님을 찾아온 거예요."

"그게 다냐?"

"네, 돈이 조금 필요해요." 장이 대답했다.

"돈 없다!"

부주교가 이렇게 대답하자, 장은 매우 진지하면서도 어떤 결심이 선 듯한 어조로 말했다.

"그럼 형님, 이런 말씀드리기가 안타깝지만 다른 곳에서 매우 좋은 돈벌이가 있다며 함께 일해보자고 하는데 어떻게 할까요? 그래도 형님은 제게 돈을 주고 싶지 않다 이거죠? 안 되는 거죠? 그렇다면 전 그냥 거지패에 들어갈까 해요."

이런 터무니없는 소리를 지껄이며 장은 아이아스(그리스 신화에 나오는 용사. 신에게 도전했다가 파도에 묻힌다. 여기서는 원한의 상징임) 같은 천연덕스런 얼굴을 하고서 제 머리 위로 벼락이 떨어질 각오를 단단히 하고 있었다.

그러나 부주교는 쌀쌀맞게 내뱉었다.

"거지가 되려무나!"

장은 곧바로 형에게 공손히 인사를 한 뒤, 휘파람을 불며 수도원 계단을 내려갔다.

수도원 안뜰, 형의 방 창문 아래를 지날 때 창문이 열리는 소리에 고개를 들어보니 부주교가 준엄한 얼굴을 내미는 것이 보였다. "당장 꺼져, 너에게 주는 마지막 돈이다!"

클로드 신부는 이렇게 외치며 지갑을 아래로 던졌는데 그것은 장의 이마를 정통으로 맞춰 커다란 혹까지 만들어주었다. 그러나 장은 마치 던져진 맛좋은 뼈다귀에 얻어맞고 쫓겨나는 개처럼 화가 나면서도 신이 나서 사라졌다.

3 기쁨이여 만세!

여러분은 '기적의 소굴'의 일부가 도시의 옛 성벽에 의해 닫혀 있었다는 이야기를 기억할 것이다. 그 성벽의 탑들은 대부분 이 시대부터 벌써 허물어지기 시작하고 있었다. 그런 탑들 중 하나는 거지들에 의해 환락의 장소로 바뀌어 있었다. 아래층 넓은 방에는 술집이 있었고, 위층에는 그 밖의 여러 가지 목적으로 만들어진 방들이 있었다. 이 탑은 거지왕국 가운데 가장 활기 띤 곳이었으며 가장 무시무시한 장소이기도 했다. 그것은 밤낮으로 윙윙거리는 하나의 끔찍한 벌집이었다. 밤에 거지왕국 전체가 잠들어 있을 때, 현관은 오물투성이가 되어버리고 불 켜진 창문 하나 남아 있지 않을 때, 그 수많은 집들로부터, 도둑들이며 창녀들이며 훔쳐온 아이들 또는 사생아들이 득실거리는 그 소굴로부터 큰 소리 하나 들려오지 않을 때, 사람들은 들려오는 소음으로 환기창이며 창문이며 갈라진 벽 틈에서 새어나오는 그 새빨간 불빛으로 언제나 환락의 탑을 알아볼 수 있었다.

탑의 지하창고는 술집이었다. 그곳은 나지막한 문 하나를 지나 고풍스러운 12음절 시구처럼 가파른 계단으로 내려가면 술집이 나왔다. 문 위에는 간판 대신 반짝이는 동전들과 죽은 병아리들을 아무렇게나 휘갈긴 그림 하나가 걸려 있고, 그 아래에는, '죽은 이들을 위해 조종(弔鐘)을 울리는 사나이들에게'라는 문구가 적혀 있다.

어느 밤의 일이다. 파리 시에 있는 모든 종루에서 소등을 알리는 종소리가 울려퍼질 무렵, 야경대원들이 그 무시무시한 '기적의 소굴'에 들어갈 수 있었다면, 이 거지들의 술집에서 평소보다 더 큰 소동이 벌어지고, 더 많은 술을 마시고, 더 요란스레 욕설을 해대는 것을 볼 수 있었을 것이다. 바깥 광장에서는 엄청나게 많은 사람들이 여기저기 모여 무슨 대단한 계획이라도 꾸미는지 낮은 소리로 쑥덕이고 있었다. 불량배들도 길거리 여기저기에 무리 지어서는 무디어진 칼날을 갈고 있었다.

그러는 사이 술집 안에서는 거지 패거리들이 그날 밤 그들의 머릿속을 가득 메우고 있는 상념들을 술과 노름으로 털어버리려는 속셈인지 평소보다 훨씬 와자지껄했으므로 술꾼들이 무엇에 관해 떠들고 있는지 말소리만으로는 알아듣기가 힘들었다. 다만 그들은 평소와 달리 유독 유쾌한 모습이었는데, 다리 사이로 길이나 도끼, 무시무시한 쌍날 장검, 밝은 화승총의 갈고리 등 온갖 무기들이 번쩍거리고 있었다.

그 방은 둥글고 매우 넓었으나 사람들이 테이블을 가득 메우고 있고 술을 마시는 패들도 워낙 많아서 술집 안에 있는 것은 남자, 여자, 의자, 맥주병, 술 마시는 사람, 잠 자는 사람, 노름하는 사람, 강건한 사람, 다리를 저는 사람 등등이 뒤죽박죽으로 엉키고 겹쳐 있어서 모두 한 무더기의 굴 껍데기처럼 보였다. 테이블 위에는 기름등잔이 켜져 있었으나 술집의 진짜 불빛, 즉 선술집이나 오페라극장의 샹들리에 노릇을 하는 것은 장작불이었다. 이 지하 동굴은 매우 습해서 한여름에도 벽난로에 늘 불을 지펴야 했다. 가장자리에 조각을 한 이 거대한 벽난로에는 묵직한 장작 받침쇠와 취사도구가 빼곡히 놓여 있었고 장작과 석탄의 큰 불꽃이 활활 타오르고 있었다. 벽난로의 커다란 불꽃은 밤에 흔히 마을길 같은 곳에서 대장간 창문에 비친 유령 같은 그림자를 맞은편 벽 위로 붉게 비추고 있었다. 커다란 개가 한 마리 벽난로 옆 잿더미에 앉아서 쇠꼬챙이에 고기를 꿰어 들고 이리저리 돌려가며 굽고 있었다.

이처럼 어수선하고 혼란하기는 해도 한 번만 둘러보면, 그곳에 모인 무리가 대략 세 무리로 나뉘어 있음을 알 수 있다. 그 세 무리는 여러분이 이미 알고 있는 세 사람을 중심으로 각각 모여 있었다. 먼저, 그중 한 사람은 동양풍의 가짜 금칠을 한 옷을 지저분하게 이상한 모양으로 입고 있었는데, 그는 이집트와 보헤미아의 공작 마티아스 앙가디 스피칼리였다. 이 건달은 테이블에 앉아 두 다리를 꼬고는 손가락을 허공에 쳐들고, 입은 쩍 벌린 채 자기 주위에 둘러선 사람들에게 큰 소리로 요술과 마술을 가르치고 있었다.

또 하나의 무리는 온몸을 완전무장한 용감한 튀니스 왕을 중심으로 모여 있었다. 클로팽 트루유푸는 부하들이 눈앞에서 바닥을 도려낸 큰 술통 속에 가득 담긴 무기들을 서로 다투며 빼앗는 모습을 매우 진지한 얼굴로 감독하고 있었다. 그 통에서는 도끼와 칼, 투구, 쇠사슬로 된 갑옷, 방패, 창, 화살

측, 회전화살 등이 보물상자에서 쏟아져 나오는 사과와 포도송이처럼 튕겨져 나왔다. 사람들은 서로 밀고 당기며 투구나 가느다란 검, 자루가 십자가로 되어 있는 단검 등을 집어들었다. 아이들도 무장을 하고 있었으며 앉은뱅이들도 갑옷이며 흉갑을 입고 술꾼들 사이를 풍뎅이처럼 기어다니고 있었다.

마지막으로 세 번째 무리는 가장 요란하고 쾌활한 무리로 숫자도 가장 많았다. 그들은 의자와 테이블을 가득 메우고 있었는데 그중 한 사람이 큰 소리로 떠들고 상스런 말로 저주의 말을 지껄이고 있었다. 그 소리는 갑옷에서 박차에 이르기까지 빈틈없이 완전무장한 한 사나이에게서 나오는 것이었다. 그는 갑옷으로 몸을 완전히 감싸고 있어서 보이는 것이라고는 벌건 들창코와 금발 곱슬머리, 붉은 입과 대담한 눈초리뿐이었다. 그의 허리띠에는 단검과 비수가 잔뜩 달려 있고 옆구리에도 커다란 칼을 차고 있었으며 왼손에는 녹슨 큰 활을 들고, 커다란 포도주병 하나를 앞에 놓고 있었다. 그 오른쪽에 옷깃을 풀어헤친 뚱뚱한 여자가 붙어 있었음은 말할 것도 없다. 그의 주위에 있는 무리들은 모두 키들거리며 욕지거리를 하거나 술을 마시고 있었다.

그 밖에도 그리 적지 않은 여러 무리들이 있었는데 심부름을 하는 남자들과 여자들을 비롯하여 도박꾼들은 구석에서 당구를 치거나 돌차기, 혹은 주사위놀이를 하기도 하고 어떤 패들은 카드노름에 열중하고 있었다. 그런가 하면 다른 쪽 구석에서는 티격태격 싸움을 벌이거나 키스를 하는 사람도 있었다. 벽난로의 불꽃은 새빨갛게 타오르고, 그 불빛은 흔들거리며 선술집 벽에 터무니없이 크고 기괴망측한 숱한 그림자를 만들어 너울거리게 하고 있었다.

이처럼 요란한 광경에서 빚어지는 소음이란, 쩌렁쩌렁 울려대는 종의 내부와도 같았다.

불고기의 기름 받는 냄비 속으로 빗방울처럼 기름방울이 떨어져 내려 그 소리가 방 안 구석구석에서 주고받는 수많은 대화 사이사이로 날카로운 소음을 내고 있었다.

이런 소동 가운데 술집 안쪽 벽난로 옆 벤치에 철학자 한 사람이 앉아서 잿더미에 발을 뻗고는 깜부기불을 바라보며 생각에 잠겨 있었다. 바로 피에르 그랭구아르였다.

"자, 서둘러라! 빨리 무기를 들어라! 앞으로 1시간 뒤에 출발이다!" 클로팽 트루유푸가 자신의 거지패들에게 소리쳤다.
한 아가씨가 이런 노래를 부르고 있었다.

    엄마, 아빠, 안녕히 주무세요!
    불은 마지막 남은 이들이 끌 거예요.

카드노름을 하던 두 사람이 싸우고 있었다. "잭이다!" 둘 중 얼굴이 벌겋게 달아오른 사내가 상대에게 주먹을 들이대며 외쳤다. "클로버로 널 엄중하게 감시할 거야! 네 놈은 킹이 나오면 클로버의 잭으로 바뀌칠 놈이니까."
"아이고!" 한 사나이가 이렇게 외쳤는데, 그 소리로 보아 노르망디 사람임을 알 수 있었다. "여긴 카이유빌 성자들처럼 완전 콩나물시루구나!
"애들아!" 이집트 공작이 가성으로 청중에게 말했다. "프랑스의 마녀들은 빗자루도 기름도, 말도 없이 주문 몇 마디만 갖고 그들의 한밤의 잔치에 간다. 이탈리아 마녀들은 으레 염소 한 마리를 데려가는데 염소는 문 앞에서 그들을 기다리지. 마녀들은 모두 굴뚝으로 나가는 것으로 되어 있으니 모두 그리 알도록!"
머리부터 발끝까지 완전히 무장한 한 젊은 사나이의 목소리가 왁자지껄 떠드는 가운데서도 단연 우렁차게 울려퍼졌다.
"만세! 만세!" 그는 소리쳤다. "오늘이 나의 첫 출전이다! 나는 거지다. 나는 거지란 말이야! 나한테 술 한 잔 따라줘! 나는 풍차의 장 프롤로다. 귀족이지. 내 생각에 만약 하느님이 친위대헌병이 되었더라면 아마 그도 약탈을 할 거다. 그렇지, 형제들! 우리는 지금 근사한 원정을 떠나려 한다. 우리는 용맹한 사람들이다. 대성당을 포위하고 문을 두들겨 부수고 아름다운 처녀를 구해내어 판사들과 성직자들의 손아귀에서 빼내자. 수도원을 파괴하고 주교관의 주교를 태워 죽이는 일들은 시장이 수프 한 숟가락 먹는 것보다 빨리 해치울 수 있어! 우리들은 정당하다. 그러니 노트르담을 약탈하자. 그걸로 만사가 끝장난다. 카지모도를 교수대로 보내자. 부인들께선 카지모도가 누군지 알고 계시던가? 성령강림절에 대종 위에서 숨을 헐떡이는 것을 본 적이 있는가? 말도 말라니까. 대단한 볼거리였지. 악마가 짐승의 아가리 위에, 즉 말을 탄 것 같은 꼴이었다니까. 여러분, 내 말을 들어보시오.

나는 밑바닥에서부터 진짜 거지다. 내 영혼의 밑바닥에서부터 진짜 거지라는 말이다. 나는 본디 부자였는데 재산을 모두 탕진해버렸다. 어머니는 내가 장교가 되길 바라셨고 아버지는 나를 부주교로 만들고 싶어하셨지. 숙모는 재판관, 할머니는 왕의 대법관, 큰어머니는 기다란 법복을 입은 예수회 출납관으로 만들고 싶어하셨어. 그러나 나는 거지가 되었다. 그 말을 아버지께 했더니 그분은 내 얼굴에 저주의 말을 퍼부었고 어머니는 하염없이 울면서 저 벽난로 받침쇠 위의 장작처럼 거품을 무시더군. 기쁨이여, 만세! 나는 진정한 파괴자다! 이봐, 주모! 여기 술 좀 더 줘! 돈은 아직 있고, 이젠 쉬렌 포도주는 싫어. 그걸 마시면 내 목구멍이 짜증을 내거든. 그런 걸 마시느니 차라리 간장으로 목구멍을 헹구겠다. 제기랄!"

어중이떠중이 그곳에 모인 사람들이 너털웃음을 터뜨리며 박수갈채를 보내고 있었는데 자기 주위가 더욱 시끌벅적해진 것을 느낀 장이 외쳤다. "오! 정말 아름다운 소음이다! 격분한 민중이 신들린 듯 흥분하고 있구나!" 그러면서 황홀경에 빠진 듯한 눈으로 만가를 읊조리는 수도자 같은 투로 노래를 부르기 시작했다. "무슨 성가를! 무슨 악기를! 무슨 노래를! 무슨 선율을 여기서 사람들은 끝없이 노래하고 있는가? 꿀처럼 달콤하게, 찬송가를 연주하는 악기 소리, 천사들의 감미로운 노랫가락, 몹시 거룩한 성가가 울려퍼지는구나!" 그가 문득 말을 멈추었다. "센상, 주모! 밥 좀 줘!"

이어 술집 안에는 전체적으로 이야기들이 중단되면서 어색한 침묵 비슷한 것이 잠시 감돌았다. 그사이 이번에는 손아래 집시들에게 무언가를 가르치는지 이집트 공작의 날카로운 목소리가 침묵을 가르며 솟아올랐다. "……족제비는 아뒨이라고 하고, 여우는 피에 블뢰(파란다리) 또는 쿠뢰르 데 부아(숲을 달리는 동물)라 하고, 늑대는 피에 그리(회색발) 또는 피에 도레(금색발)라 하고, 곰은 르 비외(늙은이) 또는 그랑 페르(할아범)라고 불린다. 땅의 요정의 모자를 쓰면 자기 모습이 보이지 않게 되고, 보이지 않는 것이 보이게 된다. 두꺼비란 놈은 세례를 받을 때는 모두 빨강이나 검정 비로드를 입고, 목과 발에 방울을 하나씩 달아야 한다. 대부는 머리를 움켜쥐고, 대모는 엉덩이를 붙잡는다. 벌거벗은 처녀들을 춤추게 하는 힘을 가진 것은 시드라가슴이라는 악마다."

"젠장! 나도 그 악마 시드라가슴이 되고 싶다!" 그때 장이 말을 가로막았다.

그러는 사이 거지들은 술집 한쪽 구석에서 수군거리며 무장을 서두르고 있었다.

"에스메랄다, 가엾기도 하지!" 집시 하나가 말했다. "그 아이는 우리 누이동생이야! 반드시 그곳에서 구해와야 해!"

"그럼 그 애가 줄곧 노트르담에 있었단 말이야?" 유대인처럼 생긴 거지가 말했다.

"그렇고말고, 제기랄!"

"그러면 친구들!" 유대인 거지가 외쳤다. "모두들 노트르담으로 가자! 페레올 성인과 페뤼시옹 성인의 성당에는 조각상이 2개나 있거든. 하나는 성 요한 바티스트 상이고, 다른 하나는 성 앙투안 상인데 모두 순금이야. 2개를 합친 금의 무게가 17마르크에 15에스테람이며 좌대에 도금한 은은 17마르크 5온스나 된다고! 난 금은세공사라 잘 알거든!"

그때 장에게 저녁밥이 나왔다. 그는 옆에 있는 여자의 풍만한 가슴에 기대며 소리를 질렀다.

"다들 성 고글뤼라고 부르는 성 불 드 뤼크에 걸고 맹세하건대 난 정말 복받은 놈이야! 거기 내 앞에서 숙맥 하나가 대공처럼 수염도 없는 반드르르한 얼굴로 나를 바라보고 있구나. 저기 내 왼쪽에 있는 숙맥 하나는 이가 하도 길어서 턱을 가리고 있고, 그리고 나는 퐁투아즈 포위 때의 지에 원수(16세기 프랑스의 장수)처럼 내 오른손으로 젖꼭지 하나를 누르고 있다. 염병할 것! 어이, 거기 벽창호! 네 몰골을 보니 공장수인가 본데 슬슬 내 옆에 와서 앉았구나! 난 귀족이야, 친구. 장사치는 귀족과 나란히 할 수 없는 거야. 꺼져버려! 어이! 얘들아! 싸우지 마! 바티스트 크로크 와종, 넌 그렇게나 코가 잘생겼는데, 어째서 저 우악스러운 놈의 투박한 주먹으로 그 코를 망가뜨리려 드는 게냐! 이 숙맥아! 아무나 그런 코를 가질 수 있는 게 아니야. 붉은 귀의 자클린 롱주 오레유! 넌 정말 대단하구나! 하지만 머리털이 없는 게 옥에 티다. 어이! 다들 잘 들어라! 나는 장 프롤로이고, 나의 형님은 부주교님이시다. 될 대로 되라지. 쳇! 내가 하는 말은 모두 사실이다. 난 내가 원해서 거지세계로 뛰어들었고 그럼으로써 형님이 약속해준 '천국에 있는 집 절반'을 기꺼이 포기했다. 난 티르샤프 거리에 영지도 있고, 보는 여자들마다 나한테 홀딱 빠져드는데, 그건 성 엘루아가 뛰어난 금은세공사였다는 게 사실인 것처럼 분명한 사실이란 말이야. 그뿐 아니라 파리 시의 5개 대표적

직업이 가죽제품 판매업자, 가죽 가공업자, 견장 제조업자, 지갑 제조업자, 가죽 박피업자인 것이 사실인 것처럼 내 말은 명명백백한 사실이란 말이지! 또, 성 로랑이 계란껍데기에 타 죽은 것이 사실인 것처럼 사실이란 말이야. 맹세할 수 있지, 여러분에게 내가 여기서,

거짓말을 하면 1년 동안
고추술 따윈 마시지 않겠다!

아이고, 예쁜아, 달이 밝구나! 창 너머로 한번 보아라. 바람 때문에 구름이 구겨지고 있구나! 내가 네 목장식을 찌그러뜨린 것처럼 말이다! 여자들아! 아이들의 코를 풀어주고 양초 심지를 끊어라. 제기랄! 내가 지금 무얼 먹고 있나. 젠장! 이봐 갈보! 너희 집 매춘부들 머리카락이 왜 내 오믈렛 속에 들어가 있는 거야? 난 대머리 오믈렛을 좋아한단 말야. 악마가 너의 코를 납작하게 만들어줬으면 좋겠다! 이 대단한 바알세불의 여인숙에서는 매춘부들이 포크로 머리를 빗는구나!"

이렇게 말하고 그는 접시를 바닥에 냅다 집어던져 깨뜨리고는 큰 소리로 노래하기 시작했다.

하느님에게 맹세코
나는 없네. 빌어먹을!
신앙도, 법도,
불도, 집도.
임금님도 없고 하느님도 없다!

그러는 사이, 클로팽 트루유푸는 무기 분배를 마쳤다. 그리고 그랭구아르 앞으로 다가갔으나 그는 장작 받침쇠 위에 발을 올려놓고 깊은 생각에 잠겨 있었다.

"이봐, 피에르! 뭘 그렇게 멍하니 생각하고 있는 거야?" 튀니스 왕이 말했다.

그랭구아르는 우울한 미소를 지으며 그를 쳐다보았다.

"아, 각하. 저는 불을 아주 좋아하거든요, 언 발을 녹여주거나 저녁식사를 만들 수 있다는 그런 이유에서가 아니라 불꽃을 날리기 때문이지요. 어느 때는 몇 시간씩 불꽃을 바라보며 앉아 있기도 해요. 난로의 어두운 안쪽 반짝거리는 별들 속에는 별의별 것들이 다 보인답니다. 저 별들 역시 하나의 우주랍니다."

"자식, 뭔 소리를 지껄이는지 모르겠다. 젠장! 지금이 몇 시인지나 알고 있느냐?" 튀니스 왕이 말했다.

"모르겠는데요." 그랭구아르가 대답했다.

그러자 클로팽은 이집트 공작에게 다가갔다.

"이보게, 마티아스! 아무래도 시기가 좋지 않은데. 루이 11세가 파리에 있다던데."

"그렇다면 놈의 손아귀에서 우리 누이동생을 구해내기엔 더욱더 절호의 기회야." 늙은 집시가 대답했다.

"마티아스, 말 한번 잘했어." 튀니스 왕이 말했다. "우리가 재빠르게 해치울 거니까 문제없어. 성당 놈들은 저항하지 않을 테니까. 그놈들은 토끼 같은 놈들이고 우리는 떼로 몰려갈 거니까. 법원에서 내일 아가씨를 찾으러 와봤자 헛수고만 하는 거지! 똥이나 처먹어라! 그 예쁜 아가씨의 목을 매달다니 말이나 되는 소리야?"

클로팽은 술집 밖으로 나갔다.

장은 여전히 목쉰 소리로 외치고 있었다. "좋아, 난 마신다. 먹고 취해버리겠다. 난 유피테르야! 야, 백정 피에르 라소뫼르, 나를 한 번만 더 그런 눈으로 봤다간 이걸로 네 코에 한 방 먹여주마!"

그랭구아르는 명상에서 깨어나 비로소 주위의 시끄럽고 요란스러운 광경을 둘러보며 입속으로 중얼거렸다. "'포도주와 소란스러운 주점은 음란한 것'이라고 했는데! 아, 그래서 나는 술은 딱 질색이라니까. '술은 현자들마저도 신앙심을 잃게 만든다'고 성 베네딕투스가 한 말은 생각할수록 명언이야."

이때 클로팽이 돌아와서는 천둥 같은 소리로 외쳤다. "벌써 한밤중이다!"

이 말을 듣자 그곳에 모여 있던 모든 거지들은 마치 휴식 중이던 부대에 집합나팔이 울려퍼지기라도 한 것처럼 남자도 여자도 어린아이도 하나로 뭉쳐 무서운 기세로 함성을 지르며 각자 무기와 고철들을 흔들어대며 술집 밖으로 나갔다.

달은 구름에 가려 있었다. '기적의 소굴'은 불빛 하나 보이지 않는 칠흑같이 캄캄한 어둠이었다. 그러나 그곳에 인적이 없기는커녕 한 떼의 남녀들이 소곤소곤 이야기를 나누고 있었다. 그들이 중얼거리는 소리가 들려왔고, 온갖 종류의 무기들이 어둠 속에서도 하얗게 빛을 발하고 있는 것도 보였다. 클로팽은 커다란 돌 위로 올라가 소리쳤다.

"줄을 서라, 거지동지들! 줄을 서라, 이집트 조! 줄을 지어 서라, 갈리아 조!"

어둠 속에서 행동이 개시되었다. 엄청나게 많은 무리들이 종대로 늘어섰다. 잠시 후 튀니스의 왕이 다시 소리를 질렀다. "이제 조용히 파리를 빠져나가야 한다. 암호는 '호주머니의 단검'이다. 노트르담에 도착할 때까지는 불을 켜서는 절대 안 된다! 출발!"

그로부터 십여 분이 흐른 뒤 기마야경대는 검은 그림자들의 긴 행렬이 소리도 없이 지나가는 것을 보고 질겁을 하여 도망쳐버렸다. 그 행렬은 집들이 빼곡히 들어선 시장통을 빠져나가 샹주 다리 쪽으로 내려갔다.

4 어설픈 친구

그날 밤 마침, 카지모도는 잠들지 않고 있었다. 그는 성당 안을 마지막으로 한 바퀴 돌아보고 오는 길이었다. 성당 문을 잠글 때, 부주교가 옆을 지나갔다. 카지모도가 쇠로 된 커다란 빗장을 단단히 지르고 자물통을 걸어 그 커다란 문이 장막처럼 굳게 닫히는 것을 본 부주교는 못마땅한 기색이었으나 카지모도는 알아차리지 못했다. 클로드 신부는 어느 때보다 더 깊은 생각에 잠겨 있는 것 같았다. 더구나 그 독방에서 한밤의 사건이 일어난 뒤 카지모도를 몹시 학대했다. 그러나 아무리 힘들게 해도, 때로는 때리기까지 해도 이 충직한 종지기의 복종과 인내와 헌신은 조금도 흔들리지 않았다. 부주교가 하는 일이라면 그것이 욕설이나 협박, 주먹질일지언정 아무런 비난이나 불평 한마디 없이 꾹 참고 잘 견디어냈다. 기껏해야 클로드 신부가 종탑 계단을 오를 때 불안한 눈으로 그 뒷모습을 지켜보는 정도였다. 부주교 자신도 집시처녀 앞에 다시 나타나기를 삼가고 있었다.

그런데 그날 밤, 카지모도는 지금까지 마냥 버려둔 채 놔두었던 가련한 종들을, 자클린이며, 마리를 힐끗 바라본 뒤 북쪽 탑 꼭대기까지 올라갔다. 거기서 튼튼한 사각등을 홈통 위에 올려놓고 파리의 밤 풍경을 바라보았다. 앞서 말했듯이 밤은 매우 캄캄했다. 그때 파리는 외등이 없던 시절이었으므로 그저 잔잔하게 흐르는 센 강 물결 위에 여기저기 끊긴, 희미한 검은 덩어리들이 되비칠 뿐이었다. 불빛이라고는 멀리 떨어진 한 채의 건물 창에 켜진 것 말고는 아무것도 없었다. 어두워서 어슴푸레하게 보이는 그 건물의 옆얼굴은 생탕투안 성문 쪽, 집들 지붕 위에 우뚝 솟아 있었다. 그곳에도 누군가가 (루이 11세, 다음 장 참조) 잠들지 않고 있었던 것이다.

안개낀 밤의 지평선 위를 휘돌아보고 있던 애꾸눈 종지기는 문득 말로 형언할 수 없는 막연한 불안감에 사로잡혔다. 며칠 전부터 그는 이렇게 불침번을 서고 있었는데 언제나 흉측한 얼굴을 한 사나이들이 성당 주위를 서성거리며 처녀의 은신처를 살피는 것이 눈에 띄었기 때문이다. 그는 불행한 처녀에 대해 어떤 음모가 꾸며지고 있음을 직감적으로 알아차렸다. 사람들이 자신에게 그러하듯 그녀에게도 증오심이 쏠려, 머지않아 무슨 일이 일어날 것만 같았다. 그래서 그는 종탑 위에 붙어 서서 망을 보았다. 라블레의 말마따나, '꿈속에서도 꿈을 꾸는' 종루 위에서 독방과 파리를 번갈아 둘러보고, 한 마리의 충성스런 개처럼, 마음속에 수만 가지 걱정을 품은 채 철통같은 경계를 하고 있었다.

자연은 하나의 보상으로 그에게 뛰어난 시력을 주었다. 그것은 카지모도에게는 모자라는 다른 기관의 거의 전부를 대신할 수 있을 정도였다. 그는 하나뿐인 눈으로 이 큰 도시를 살펴보다가 갑자기 눈이 번쩍 뜨였다. '저게 뭘까? 비에유 펠르트리 강둑 쪽에서 뭔가가 득실거리고 있지 않은가? 흰 강물 위에 검게 떠오른 난간 선이 다른 강기슭의 선처럼 곧은 것이 아니라 강물처럼 파도치고 있었는데 그것은 마치 행진해가는 군중의 머리처럼 보였다.

그로서는 이해할 수 없는 광경이었다. 그는 더욱 집중하여 바라보았다. 그 움직임은 시테 쪽으로 오는 듯했다. 하지만 불빛은 보이지 않았다. 그 움직임은 한동안 강둑 위에서 계속되다가 이윽고 섬 안으로 들어오는 듯 조금씩 흘러들다가는 마침내 완전히 멈추어서 보이지 않게 되었다. 강둑 난간 선은 다시 곧아지고 아무런 움직임도 보이지 않았다.

카지모도가 혼자 이 생각, 저 생각 온갖 추측을 하다 지쳐갈 즈음 노트르담 정면과 직각으로 시테 안에 뻗어 있는 성당 앞뜰 거리에서 그 움직임이 다시 나타나는 것이 보였다. 그리고 칠흑 같은 어둠 속에서 행렬의 선두가 거리로 들어서는가 싶더니 순식간에 군중이 밀어닥치는 게 보였다. 그것이 한 떼의 군중이라는 것 말고는 아무것도 알 수 없었다.

참으로 무시무시한 광경이었다. 그 괴상한 행렬은 짙은 어둠 속에 형체를 감추려고 매우 조심하고 있었을 뿐 아니라 소리조차 내지 않으려 더욱 신경쓰고 있는 것 같았다. 아마 발소리 정도는 났을 테지만 귀머거리 카지모도에게는 들려오지 않았다. 군중이 바로 그의 곁에서 움직이고 있음에도 그 형체만 어슴푸레하게 보일 뿐, 아무 소리도 듣지 못했다. 그에게는 죽은 자들의 무리가 연기에 휩싸여 있는 것처럼 보였다. 인간으로 가득한 안개가 자기를 향해 다가오는 듯했고, 또 다른 그림자 속에서 또 그림자가 움직이고 있는

4 어설픈 친구

것 같기도 했다.

 그러자 카지모도에게 조금 전 느꼈던 공포가 되살아났다. 집시처녀를 데려가려 한다는 생각이 들었다. 희미하기는 하지만 뭔가 급박한 사태가 벌어지려 하고 있음을 느꼈다. 이런 위기에 맞닥뜨리자 둔한 그의 머리로서는 좀처럼 생각해낼 수 없을 것 같은 이성이 재빨리 움직였고, 여러 가지 궁리를 했다. '저 집시처녀를 깨워야 할까? 도망치게 할 것인가? 그렇다면 어디로 가야 하지? 거리는 포위되었고 성당 바로 뒤는 강이다. 배도 없고 출구도 없다! 할 수 있는 일은 오직 한 가지. 구원의 손길이 올 때까지 노트르담 대성당 문 앞에서 싸우다 죽거나, 아니면 혹시라도 구하러 와주는 사람이 있다면 그때까지 저항하는 거다. 에스메랄다가 잠에서 깨지 않게 하자. 어차피 죽을 바에는 저 불행한 아가씨를 언제 깨우든 늦지는 않겠지.' 이렇게 결심하고 나자 카지모도는 오히려 차분해져서 어둠을 헤치고 쳐들어온 '적'들의 움직임을 침착하게 살피기 시작했다.

 그들은 시시각각 성당 앞뜰로 모여들고 있었는데 매우 조심스럽게 행동하여 거의 소리를 내지 않고 있었다. 그것은 광장 안 주택의 창문들이 여전히 닫혀 있는 것으로 미루어 짐작할 수 있었다. 그때 갑자기 한줄기 빛이 번쩍하더니 순식간에 일고여덟 개의 횃불이 한꺼번에 켜지고 불꽃이 흔들리면서 머리 위로 그것들이 움직이기 시작했다. 카지모도는 그제야 성당 앞뜰에, 누더기를 걸친 남녀들의 어마어마한 무리가 날이 번쩍이는 창이며 군용 칼과 미늘창, 쇠도끼 등으로 무장하고 물결치듯 몰려드는 것을 보았다. 여기저기 새카만 갈퀴들이 그 끔찍한 얼굴들에 비치고 있었다. 그 속에는, 몇 달 전 자기를 '미치광이 교황'이라며 갈채를 보내던 얼굴들도 보이는 것 같았다. 한 손에 횃불을 들고, 다른 한 손에 가죽끈이 달린 채찍을 쥔 사나이가 수레의 통행을 막기 위해 세워놓은 돌 위에 올라 뭐라고 연설을 하는 것 같았다. 그와 동시에 이 기묘한 군대는 성당 주위에 뺑 둘러 진을 치려는 속셈인지 전열을 가다듬기 시작했다. 카지모도는 등불을 손에 들고 더 가까이에서 자세히 살펴보고 방어할 수단을 강구하기 위해 종탑 사이의 편편한 지붕으로 내려갔다.

 클로팽 트루유푸는 노트르담의 높은 정면 현관 앞에 이르자 계획대로 부하들을 전투대형으로 배치했다. 어떠한 저항도 예상하지 않았지만 신중한 사령관으로서 만약의 경우, 야경대나 220인조의 야경대가 기습해오더라도 즉시 반격할 수 있는 대형으로 만들어놓고 싶었던 까닭이다. 그러므로 멀리 높은 데서 보면 에크노무스(시칠리아 섬의 해안, 기원전 256년에 로마군이 카르타고군을 무찌른 곳) 해전 때 로마군의 삼각 진이나 알렉산드로스의 돼지머리 진, 또는 구스타브 아돌프(17세기 스웨덴의 국왕)의 유명한 쐐기모양 진처럼 보였다. 이 삼각 진의 밑변은 파르뷔 거리를 차단하도록 되어 있었고 광장 안쪽을 등지고 있었다. 그리고 한 변은 시립병원을 향해 있으며, 다른 변은 생피에르 오 뵈프 거리로 향하고 있었다. 클로팽 트루유푸는 이집트 공작과 우리들의 친구인 장, 그 밖의 가장 대담한 '가짜 환자'들과 함께 선두에 서 있었다.

거지들이 이 순간 노트르담을 향해 시도하려 하고 있는 행동은 중세도시에서는 결코 드문 일이 아니었다. 그때는 오늘날과 같은 경찰이 없었다. 인구가 많은 도시, 특히 수도에서도 조정자 역할을 할 중심세력이 하나도 없었다. 봉건제는 마음 내키는 대로 대규모 자치체를 건설해놓았던 것이다. 하나의 도시는 수천을 헤아리는 영지들의 집합체였고, 그들은 그 영주를 갖가지 형태와 크기를 지닌 구획으로 분할해놓았다. 그로 인해 많은 경찰들은 서로 반목했으므로 경찰이 없는 거나 마찬가지인 셈이었다. 이를테면 파리에서는, 영주권을 요구하는 141명의 영주와는 따로, 위로는 105개의 도시를 가지고 있던 파리 주교로부터 아래로는 4개 도시를 지배하는 노트르담 데 샹 수도원장에 이르기까지, 재판권과 영주권을 가진 영주가 25명이나 있었다. 이 모든 봉건적 재판권자들은 명목상으로만 국왕의 군주권을 인정하고 있었을 뿐, 모두가 도로행정권을 갖고 제멋대로 휘둘렀다. 루이 11세는 대규모 봉건제도조직을 무너뜨리기 위해 끈기 있게 노력을 기울였고, 그 뒤를 이은 리슐리외와 루이 14세는 주권 강화를 도모했으며, 미라보는 마침내 이 사업을 완성하여 민중의 이익을 도모하기에 이른다. 루이 11세는 파리에 그물망처럼 둘러쳐져 있는 영주권을 타도하려고 도시 전체에 걸쳐 2, 3차례 강경하게 경찰령을 발포한 적이 있었다. 1465년에는 주민들에게 밤이 되면 반드시 창을 촛불로 밝히고, 개를 집 안에 묶어두라고 명했으며, 만일 위반할 때는 교수형에 처한다는 명령을 내렸다. 또 같은 해에 저녁에는 도로를 철책으로 차단하고, 밤에 거리에서는 단검이나 흉기류를 휴대하지 못한다는 명령을 내렸다. 그러나 얼마 못 가서 이 모든 법은 폐지되었다. 시민들은 창가의 촛불이 바람에 꺼져도 다시 켜지 않았고, 개들이 길거리에서 어슬렁거려도 내버려두었으며, 철책은 계엄령 때만 치게 되었고, 흉기휴대금지령도 '쿠프 괼 거리(입을 자르는 거리)'라는 이름을 '쿠프 고르주 거리(목을 자르는 거리)'로 바꾸어놓은 것 말고는 아무런 변화도 가져오지 못했다. 하지만 그럼에도 이것은 분명 하나의 발전이었다. 봉건제도 아래서의 재판에 관한 옛 골조는 여전히 있었고, 영주의 재판소와 장원들의 막대한 권력은 도시 내에서 서로 충돌하고 엉키고 뒤섞이고 엇갈리고 얽혀들어 있었다. 야경대와 순경, 야경대감시, 비밀야경대 등은 아무리 많아도 쓸모없는 헛것으로 그들이 보는 앞에서도 흉기를 손에 들고 강도질이며 약탈, 폭동이 거리낌 없이 저질러지고 있었다. 그러므로 이렇게 어지러운 가운데, 인구가 조밀한 지역에서 천민의 일부가 궁궐이나 관청, 저택을 습격하는 것은 결코 드문 사건이 아니었다. 그런 경우에 이웃 사람들은 약탈이 자기네들 집에까지 이르는 경우가 아니면, 굳이 사건에 끼어들지 않았다. 그들은 화승총 소리가 들려오면 귀를 막고, 겉창을 닫고, 출입문에 방어벽을 치고는, 야경대야 오든 말든 싸움이 해결되기만을 팔짱끼고 기다릴 뿐이었다. 그리고 이튿날이 되면 파리에서는 "간밤에 에티엔 바르베트의 집에 강도가 들었다"거나 "클레르몽 원수가 당했다" 등의 소문이 나돌았다. 그러므로 루브르나 팔레, 바스티유, 투르넬 같은 왕의 처소뿐 아니라, 프티 부르봉이나 상스 저택, 앙굴렘 저택 같은 영주들의 저택마다 벽에는 총안이 있고, 문 위에는 돌을 쏟아내기 위한 좁은 틈새가 있었다. 성당들은 신성한 곳이라는 이유로 도둑들의 손에서 벗어나 있었다. 개중에는 방어가 풀려 있는 곳도 있었으나 노트르담 대성당은 그렇지 않았다. 생제르맹 데 프레 수도원장의 저택은 마치 제후의 성처럼 총안을 뚫어놓았고, 그의 집에서는 종보다 대포를 만드는 데 더 많은 구리쇠를 소비하고 있었다. 1610년에도 여전히 그 수도원의 성채를 볼 수 있지만 오늘날에는 성당만이 겨우 남아 있을 뿐이다.

여담은 그만 하고 노트르담 대성당으로 돌아오자.

클로팽 트루유푸의 1차 배치가 끝나자—거지들은 훈련이 잘되어 있었다는 것과 클로팽의 명령이 조용하게 그리고 놀라울 만큼 정확하게 실행되었음을 말해두겠다—이 훌륭한 대장은 성당의 광장 벽에 올라가 노트르담을 들여다보고 햇불을 흔들면서 거칠고 쉰 목소리로 외쳤다. 바람에 흔들리고 쉴 새

없이 연기에 가려지곤 하는 그의 횃불 빛에 성당의 불그스름한 정면 현관은 눈앞에서 보였다 사라졌다 하고 있었다.

"파리 주교이자 최고재판소 판사인 루이 드 보몽에게, 튀니스의 왕이자 거지대왕이며 거지왕국의 국왕, 바보들의 주교인 나 클로팽 트루유푸가 말하노라. 우리의 누이동생은 마녀라는 억울한 누명을 쓰고 너의 성당으로 피신했다. 너는 그녀를 보호하고 은신처를 내줌이 마땅하다. 그러나 최고재판소는 그녀를 다시 잡아가려 하고, 더구나 너는 그것에 동의했다. 만약 하느님과 거지들이 없다면 그녀는 내일 그레브 광장 교수대의 이슬로 사라질 것이다. 그래서 우리가 주교인 네 앞에 왔다. 너의 대성당이 신성하다면 우리의 누이 역시 신성하다. 우리 누이가 신성하지 않다면 너의 성당 역시 신성하지 않다. 그러므로 네가 너의 성당을 구하고자 한다면 그녀를 우리에게 넘겨줄 것을 요구한다. 거절한다면, 우리는 그녀를 탈취하고 성당을 약탈할 것이다. 그 증거로 여기에 나의 깃발을 꽂는다. 신의 가호가 있기를, 파리 주교야!"

카지모도는 몹시 못마땅하고 거친 데다 위엄을 잔뜩 담아 쏟아낸 이 말을 불행히도 알아들을 수 없었다. 한 거지가 클로팽에게 군기를 건네자 그는 그것을 거드름을 피우며 두 돌 사이에 세웠다. 그것은 작살이었으며, 갈퀴에는 피가 흐르는 썩은 고기 한 토막이 매달려 있었다.

그 일을 마치자 튀니스의 왕은 돌아서서 자기 군대를 휘둘러보았는데, 그들은 용맹한 자들로서 눈초리가 날카로운 창끝처럼 빛나고 있었다. 잠시 사이를 두었다가 그가 소리쳤다. "진격하라! 투사들아, 맡은 바 임무를 다해라! 이제부터 시작이다!"

탄탄하고 굳세 보이는 팔다리를 가진 대장장이처럼 생긴 사나이들 30명 정도가 망치와 장도리, 쇠막대 등을 어깨에 메고 앞으로 나섰다. 그들은 성당 앞쪽으로 걸어나가 계단을 오르더니 쇠망치와 지렛대를 이용해 문을 부수기 시작했다. 그 뒤를 이어 한 떼의 거지들이 몰려들어 그들을 거들거나 지켜보고 있었다. 정면 현관의 11단짜리 계단은 사람으로 가득 메워져버렸다.

그러나 문은 매우 튼튼했다. "이런 우라질! 얼마나 튼튼한지 꿈쩍도 않는구나!" 한 사람이 투덜거렸다.

"문짝도 나이를 먹어서 연골까지 굳어버린 거야! 다른 사람이 말했다.

"모두들 힘내라!" 클로팽이 이 말을 여러 번 했다.

"성당지기가 잠을 깨기 전에 우리의 누이를 데리고 나오는 것은 물론 제단을 털어라! 어때, 자물쇠는 부서졌나?"

순간, 클로팽은 자기 뒤쪽에서 울리는 어마어마한 소리에 놀라 말을 중단해야 했다. 그는 뒤를 돌아보았다. 거대한 대들보 하나가 하늘에서 떨어져 성당 계단에 있던 거지 12명 정도가 깔렸다. 대들보가 대포 같은 소리를 내며 돌길 위로 다시 튀어오르면서 거지들의 다리를 부러뜨리고 있었으므로 무리는 일제히 비명을 지르며 사방으로 흩어졌다. 순식간에 성당 앞뜰 좁은 공간은 텅 비어버렸다. 정문 현관 깊숙한 아치 밑에 있어서 그다지 위험하지 않았던 자들까지 놀라 달아나버렸고 클로팽 자신도 성당에서 멀찍이 물러났다.

"큰일 날 뻔했군!" 장이 소리쳤다. "바로 내 옆으로 바람을 가르며 떨어져 내렸어! 젠장! 피에르 라소뫼르가 당했어!"

이 불한당들에게 대들보와 더불어 얼마나 큰 놀라움과 공포가 덮쳤는지는 아무리 해도 설명할 길이 없다. 그들은 잠시 아무 말도 하지 못하고 멍하니 하늘만 바라본 채 2만 명의 왕실 친위대의 습격보다 더 무서운 그 대들보 공격을 떠올리며 떨고 있었다.

"젠장! 이건 아무래도 마법인 것 같아!" 이집트 공작이 중얼거렸다.

"아무래도 저 큰 대들보를 던진 건 틀림없이 달님이야!" 앙드리 르 루주가 말했다.

"달님이 성모 마리아의 친구라는 말이 맞는 것 같아!" 프랑수아 샹트프뢴이 말했다.

"젠장! 네놈들은 어쩜 그렇게 똑같이 바보 같으냐." 클로팽이 소리쳤다. 그러나 어떻게 해서 그런 일이 벌어졌는지는 그 역시도 설명할 수 없었다.

대들보가 떨어져 내린 성당 정면 위쪽에는 아무것도 보이지 않았다. 횃불도 위쪽 높은 데까지 빛이 닿지는 않았기 때문이다. 육중한 대들보는 성당 앞뜰 한가운데 누워 있고, 그것에 맞아 돌계단 모서리에서 뱃가죽이 찢어진 사나이들의 고통스런 신음 소리가 들려왔다.

튀니스의 왕은 처음에 완전히 놀랐지만, 이윽고 충격이 사라지자 정신을 가다듬고는 그의 부하들이 알아들을 만한 설명을 해주었고 부하들도 웬만큼 알아들은 것 같았다.

"니들이 이렇게 나온단 말이지? 신부 놈들이 저항한다 이거야? 좋다, 그렇다면 약탈이다! 약탈!"

"약탈이다!" 군중은 다시 사기충천하여 미친 듯이 되풀이 소리쳤다. 그리고 성당 정면을 향해 활과 화승총을 발사했다.

마침내 그 소리에 근처 민가에서는 놀라 잠을 깨고 이곳저곳에서 창문 열리는 것이 보였다. 사람들은 나이트캡을 쓴 채 손에 촛불을 들고 창가로 모여들었다. "창문을 향해 발사!" 클로팽이 외치자 창들은 순식간에 닫혀버렸다. 그 불빛과 소란스런 장면을 놀란 눈으로 제대로 둘러볼 겨를도 없었던 남편들은 공포에 질려 식은땀을 흘리며 마누라들 곁으로 돌아가, 마녀들의 한밤의 잔치가 오늘 밤 노트르담 광장에서 열리고 있는 것인지, 아니면 64년 때처럼 부르고뉴 군사들이 쳐들어오는 모양이라며 고개를 갸웃거렸다. 그러면서 남편들은 강도를, 여인네들은 겁탈을 걱정하며 모두들 불안에 떨었다.

"약탈이다!" 부랑자들은 거듭 외치고 있었다. 그러나 그들은 감히 성당 가까이에는 다가서지도 못했다. 그들은 성당과 대들보를 번갈아 바라볼 뿐이었다. 성당 앞뜰 한가운데 누워 있는 대들보는 꿈쩍도 하지 않았으며 건물도 쥐 죽은 듯 고요했고 인기척이라곤 없었다. 그러나 무언가 거지들로 하여금 간담을 서늘하게 하는 것이 있었다.

"야, 이놈들아! 어서 시작하란 말이다! 문을 때려 부숴라!" 트루유푸가 외쳤다.

그러나 아무도 앞으로 나서려 하지 않았다.

"이런 염병할 것들! 대들보 따위가 뭐가 무섭다고 그렇게 겁을 내고 있나? 한심한 놈들!" 클로팽이 말했다.

그때 나이 든 건달 하나가 그에게 말했다.

"대장, 우리가 걱정하는 것은 들보 따위가 아니오. 문짝이오. 쇠로 만든 빗장이 어찌나 단단히 채워져 있는지 장도리나 지렛대 따위로는 꿈쩍도 안 한단 말이오."

"그럼 문을 부수려면 뭐가 필요하다는 거야?" 클로팽이 물었다.

"맞아! 파성추(破城鎚)만 있으면 좋을 텐데!"

그러자 튀니스의 왕은 용감하게 그 무시무시한 대들보로 뛰어가 그 위에

다리를 걸치고 말했다. "여기 하나 있네! 이건 신부들이 우리에게 던져준 것이다!" 그렇게 외치고는 성당을 향해 조롱하듯 꾸벅 절을 하고 말했다. "대단히 고맙소, 신부님들!"

그의 도전적인 태도는 엄청난 효과가 있었다. 마침내 대들보의 마력은 풀려버렸다. 거지들은 용기를 되찾았고 2백 개의 튼튼한 팔로 깃털처럼 가볍게 들어올려진 묵직한 대들보가 커다란 문짝에 맹렬하게 부딪혔다. 거지들의 횃불이 만드는 희미한 불빛 속에서 수많은 사람이 대들보를 한꺼번에 쳐들고 내달려 성당 문짝에 들이박는 장면은 마치 수천 개의 발이 달린 한 마리의 괴물이 고개를 숙인 채 돌로 된 육중한 거인을 공격하는 것 같았다.

대들보로 한 번씩 칠 때마다 반쯤 금속으로 되어 있는 문짝이 거대한 북처럼 울렸다. 문은 부서지지 않았으나 성당 전체가 흔들리고 진동했으며 건물 안쪽 깊은 곳으로부터 신음하는 듯한 소리가 들려왔다.

동시에 커다란 돌멩이들이 성당 정면 위쪽에서 공격군들의 머리 위로 소나기처럼 쏟아져 내렸다.

"제기랄! 이거야 원, 종탑들이 제 난간을 흔들어 떨어뜨리기라도 하는 건가?" 장이 외쳤다.

그러나 이미 싸움은 시작되었고 튀니스의 왕은 앞장서서 모범을 보이고 있었다. 저항하는 것은 틀림없이 주교일 것이라고 철석같이 믿고 거지 군사들은 돌멩이가 빗발치듯 떨어져 이쪽저쪽에서 머리가 깨져 쓰러지는 사람이 늘어가는 데도 더욱 격분하여 문짝 부수기에 박차를 가하고 있었다.

이 돌은 하나씩 하나씩 연속적으로 떨어지고 있었는데 중요한 것은 끊임없이 계속해서 떨어진다는 것이었다. 거지 패거리들은 줄곧 한 번에 2개, 즉 하나는 다리에 또 하나는 머리에 돌멩이를 맞는다고 여기고 있었다. 한 대라도 맞지 않은 사람이 없을 정도였고 이미 사상자들이 피투성이가 되어 층을 이루어 쌓여가기 시작했다. 공격자들은 이제 미칠 듯이 날뛰면서 끊임없이 번갈아 들이닥치고 있었다. 돌멩이들이 계속 비 오듯 쏟아지는 와중에도 대들보는 계속 종을 치는 쇠망치처럼 일정한 간격으로 문짝을 두드려댔고, 그때마다 문짝은 엄청난 소리를 내며 울리고 있었다.

부랑자들을 격노하게 만든 뜻밖의 사태들은 바로 카지모도의 짓이었음을 여러분은 이미 짐작했을 것이다.

불행히도 운명의 장난으로 이 용감한 귀머거리는 어떻게든 행동해야만 했던 것이다.

그가 종탑 사이의 평평한 지붕에 내려왔을 때, 그의 머릿속은 매우 혼란스러웠다. 그는 한동안 미치광이처럼 이리저리 왔다 갔다 했다. 그리고 성당을 공격하려고 모여드는 거지들의 무리를 위에서 내려다보며 악마에게 또는 하느님에게 집시처녀를 구해달라고 기도했다. 그는 남쪽 종루로 올라가 경종을 울릴까 하는 생각도 했지만 종이 울리기도 전에, 마리 내는 큰 소리가 단 한 번 울려퍼지기도 전에 대성당 문이 부서질지도 모르는 일이었다. 마침 그때는 공격자들이 갖가지 무기들을 들고 문을 향해 달려들던 순간이었다. 어떻게 하면 좋을까?

카지모도의 머릿속에 석공들이 그날 온종일 남쪽 탑의 벽과 내부와 지붕을 수리하던 것이 퍼뜩 떠올랐다. 그야말로 머리에 떠오른 한줄기 빛이었다. 벽은 돌로, 지붕은 양철로, 골조는 나무로 되어 있었다. 이 거대한 골조는 매우 복잡하여, 사람들은 그것을 '숲'이라고 불렀다.

카지모도는 망설이지 않고 그 탑으로 내달렸다. 아래쪽에 있는 방에는 역시 갖가지 건축 재료들이 잔뜩 쌓여 있었다. 그곳엔 잘게 잘라낸 돌들이 산더미처럼 쌓여 있었다. 뿐만 아니라 함석 두루마리며 오리목 다발, 잘게 쪼갠 널빤지 묶음, 톱으로 켜놓은 튼튼한 들보, 지길 더미들이 쌓여 있는 훌륭한 무기고였다.

사태는 급박하게 돌아갔다. 아래쪽에서는 연신 지렛대와 쇠망치가 움직였다. 위태롭다고 느낀 그는 여느 때보다 큰 괴력을 발휘하여 대들보 하나를 채광창으로 내보낸 뒤 종탑 밖에서 다시 그것을 붙잡아 지붕의 난간 귀퉁이로 굴려 와서는 심연을 겨누어 떨어뜨렸다. 이 거대한 목재는 50미터 높이에서 떨어지면서 벽을 깎고 조각상을 부수며 마치 혼자서 돌아가는 풍차의 날개처럼 허공을 뱅글뱅글 돌았다. 그 시커먼 대들보가 마침내 땅바닥에 닿자 어마어마한 굉음을 내고는 돌길 위로 다시 한 번 감겨져 올랐는데 그 모습이 먹이를 향해 튀어오르는 한 마리 뱀을 연상케 했다.

카지모도는 마치 아이들이 내뿜는 숨결에 재가 날아가듯 거지들이 떨어져 내리는 대들보에 맞아 뿔뿔이 흩어지는 것을 보았다. 카지모도는 그들이 놀란 것을 다행으로 여겼다. 그들이 하늘에서 떨어진 들보를 미신적인 눈으로 바라보고, 화살이나 총을 쏘아 정면 현관에 있던 성자 석상의 눈을 맞추어 파내거나 하는 사이 은밀하게 자갈과 돌멩이와 석재, 그리고 석공들의 연장 포대에 이르기까지, 앞서 들보를 날린 난간 가장자리에 쌓아올리고 있었다.

그리하여 거지들이 다시 문을 공격하기 시작했을 때 돌멩이가 빗발치듯 쏟아져 내려 마치 성당이 그들 머리 위로 무너져 내리는 것처럼 생각하게 되었다.

그때 만약 카지모도의 얼굴을 보았다면 누구든지 몹시 겁이 났을 게 분명하다. 난간 위에 탄환으로 쌓은 것과는 별도로 그는 지붕 위에도 돌멩이를 산더미처럼 쌓아두었다. 바깥 난간 가장자리에 쌓은 석재가 다 떨어지자 무더기에서 집었다. 수도 없이 엎드렸다 일어났다 하면서 그야말로 믿어지지 않을 정도의 활약을 펼쳤다. 카지모도의 커다란 머리가 난간 위에서 아래를 내려다보기만 하면 큼지막한 돌이 한 개, 또 한 개 떨어져 내렸다. 간혹 굉장한 돌이 아래로 떨어지는 것을 외눈으로 내려다보다가 그것이 멋지게 명중하여 상대를 죽이면 그는 승리감에 도취되어 "쌤통이다!" 중얼거렸다.

그러나 거지들도 쉽사리 꺾이지는 않았다. 그들이 끈질기게 공격하던 두꺼운 문짝은 장정들 1백 명의 힘이 가세된 떡갈나무로 된 파성추의 무게에 벌써 20차례 이상 크게 흔들리고 있었다. 대문의 널빤지는 삐걱거리고, 조각된 장식도 산산이 부서지고, 돌쩌귀는 칠 때마다 배목 위에서 펄쩍펄쩍 뛰어오르고, 널판은 모양이 뒤틀리고, 나무는 철근 사이에서 가루가 되어 조각조각 부서져나갔다. 카지모도에게 그나마 다행스러운 것은 문짝에는 나무보다 쇠로 된 부분이 더 많다는 사실이었다.

그러나 그는 대문이 흔들리는 것을 느끼고 있었다. 귀에 들리지는 않았지만 파성추의 타격이 한 번씩 가해질 때마다 성당 지하실과 그의 내장으로 그 소리가 메아리쳤다. 그는 거지패들이 의기양양하여 건물 정면을 향해 날뛰며 주먹질을 하고 삿대질하는 것을 탑 위에서 내려다보면서, 머리 위를 날아가는 부엉이의 날개가 집시처녀와 자신에게 없는 것을 한탄했다.

그가 아무리 소나기처럼 돌멩이를 열심히 퍼부어도 공격군들을 무찌르기에는 역부족이었다.

그렇게 조바심을 내고 있는 순간, 거지 패거리들을 겨냥하여 돌을 던지던 그 난간보다 좀더 아래쪽에 돌로 된 기다란 빗물받이 홈통 2개가 대문 바로 위를 지나고 있는 것을 보았다. 그 홈통의 안쪽 구멍 끝이 지붕의 돌바닥에 닿아 있었다. 문득 한 가지 묘안이 떠올랐다. 그는 종지기의 다락방으로 달려가 나뭇가지 한 다발을 가져다가 그 위에 많은 오리목과 함석 두루마리를 올려놓았다. 이것은 지금까지 쓰인 적 없는 새로운 탄약이었다. 이 장작 다발을 2개의 홈통 구멍 앞에 잘 배치한 다음, 등불로 불을 지폈다.

그러는 사이 돌멩이가 더 이상 떨어지지 않자 거지들은 위를 올려다보기를 그만두었다. 그들은 마치 멧돼지를 굴속으로 몰아대는 사냥개처럼 헐떡거리면서 대문 주변에 모여들었는데, 대문은 파성추로 완전히 우그러졌으나 아직 넘어지지 않고 서 있기는 했다. 그들은 몸을 떨면서 결정적인 타격을, 그 대문에 구멍을 뚫게 할 최후의 일격을 기대하고 있었다. 대문이 열리면 그 풍요로운 대성당 안으로, 3세기의 재물과 보화가 쌓인 그 방대한 창고 안으로 먼저 뛰어드는 공을 세우려고 서로 앞다투어 가까이 다가서고 있었다. 그들은 기뻐 날뛰고 욕망의 고함을 질러대며 서로에게 상기시켜주고 있었다. 그 아름다운 은 십자가들이며, 금빛 찬란한 법복들, 주홍빛 아름다운 묘비들, 호화로운 물건들, 눈이 부신 성가대석의 그 호화찬란함 그리고 휘황찬란한 성탄절, 햇빛에 반짝이는 부활절, 성유물 용기함과 촛대와 성체함과 성궤, 성유물함들이 금과 다이아몬드로 이루어진 껍질처럼 제단들을 울퉁불퉁하게 만들고 있는 그 모든 장엄한 것들을. 확실히 그런 대단한 순간에 촉새들과 약골들, 앞잡이들과 떨거지들은 집시처녀의 해방보다는 노트르담의 약탈에 몰두하고 있었을 것이다. 오히려 그들 대부분에게 에스메랄다의 구출은 하나의 핑계에 지나지 않는다는 것은 말할 나위도 없다.

그들이 있는 힘을 다해 결정적인 타격을 가하려고 숨을 죽이고 근육을 긴장시켜 마지막으로 한 번 더 밀어붙이기 위해 파성추 주위로 모여든 바로 그때, 갑자기 조금 전에 커다란 대들보에 맞아 죽어간 이들의 비명보다 더 무시무시한 비명이 그들 한가운데서 터져나왔다. 비명을 지르지 않는 사람, 즉 아직 목숨이 붙어 있는 사람들은 눈을 홉떴다. 두 줄기의 납물이 건물 꼭대기에서부터 사람들이 가장 밀집해 있는 곳으로 쏟아져 내리고 있는 것을 목격할 수 있었다. 구름처럼 모여 있던 사람들은 녹아 흐르는 금속 액체에 뒤덮여 잠기고 말았다. 부글부글 끓어 녹아 흐른 금속 액체가 닿은 지점에는 흰 눈밭에 뜨거운 물을 부었을 때처럼 군중 속에 2개의 시커먼 구멍이 뚫려 있었다. 그곳에는 온몸이 절반쯤 타서 고통에 몸부림치는 빈사상태의 사람들이 꿈틀거리고 있었다. 금속 액체 줄기에서 튀어나간 무서운 액체방울들은 밀고 들어오는 사람들 위로 산산이 흩어져 마치 불꽃에 달군 송곳처럼 그들의 머리뼈를 뚫었다. 그 무거운 불은 가련한 부랑자들에게 숱한 우박 덩어리를 퍼부어주고 있었던 것이다.

죽어가는 이들의 비명은 가슴을 찢을 듯이 비통했다. 대담한 사람이나 겁이 많은 사람이나 다들 대들보를 시체 더미 위에 팽개치고는 혼비백산하여 달아나버렸다. 성당 앞뜰은 또다시 텅 비었다.

사람들은 모두 성당 위쪽을 올려다보았다. 그들에게는 희한한 광경이 보였다. 중간부분의 장미창보다도 높은, 가장 높은 곳의 회랑 꼭대기에서 불길이 새빨갛게 타오르고 있었고 그 커다란 화염은 2개의 종루 사이로 소용돌이치는 불꽃을 날리고 있었다. 불길은 미친 듯이 타오르고 있었는데 그로 말미암아 바람이 일어나 때때로 나뭇조각이 연기에 휩싸여 날아오르는 것이었다. 그 화염 아래, 즉 잉걸불이 된 클로버 모양 조각이 있는 어두운 난간 아래서 괴물의 아가리처럼 생긴 2개의 홈통은 쉴 새 없이 뜨거운 비를 토해내고 있었다. 은색으로 빛나는 그 빗물의 흐름이 홈통 주둥이에서 떨어져 나와 어둠에 잠긴 건물 정면 아래를 향해 흘러 내려갔다. 액체가 된 두 줄기 납은 지면에 가까이 가면서 물뿌리개의 숱한 구멍에서 뿜어져 나오는 물줄기처럼, 고개 숙인 이삭처럼 퍼져 나갔다. 그 불꽃 위로 거대한 탑 2개가 솟아 있고 그 탑의 한쪽 면은 새카맣고 다른 한 면은 새빨갛게 보였는데 하늘까지 비치는 어마어마하게 큰 그림자로 인해 더욱 크게 보였다. 이 종탑들에 새겨진 수많은 악마와 용의 조각물들은 꺼림칙한 형상을 하고 있었다. 너울거리는 불꽃 때문에 마치 조각상이 살아서 움직이는 것처럼 보였다. 구렁이들은 웃고, 이무기들은 울부짖고, 불도마뱀들은 불 속에서 신음하고, 용들은 연기 속에서 재채기를 하는 것 같았다. 그리고 그 화염과 소동으로 인하여 막 잠에서 깨어난 괴물들 가운데 하나가 촛불 앞을 지나는 박쥐처럼 시뻘겋게 타고 있는 불길 앞을 지나가는 것이 보이곤 했다.

아마도 이 괴이한 등대는 멀리 비세트르 산의 나무꾼의 단잠까지도 깨웠으리라. 놀라 일어난 나무꾼은 히스가 우거진 황야 위로 노트르담 종탑들의 거대한 그림자가 흔들리는 것을 보고 겁먹었을 것이다.

갑작스레 겪은 너무나 엄청난 사태에 놀란 거지들은 공포에 질린 채 한동안 아무도 입을 열지 못하고 있었다. 이따금 들리는 것이라고 해봐야 수도원에 틀어박혀 있던 성직자들이 불타는 마구간의 말보다 더 불안하고 다급하게 급보를 알리는 고함소리와 갑자기 열렸다가 후다닥 닫혀버리는 창문 소리, 시립병원의 입원실 병동에서 일어나는 어수선한 소리, 불길 속을 지나는 바람 소리, 중상을 입고 죽어가는 사람들의 마지막 숨넘어가는 소리, 그리고 돌길 위로 끊임없이 쏟아져 내리는 납물이 내는 소리뿐이었다.

그사이, 거지들의 우두머리들은 공들로리에 저택의 현관 아래로 피신하여 대책회의를 열었다. 이집트 공작은 길가의 돌 위에 앉아 공중 65미터나 되는 곳에서 타오르는 불가사의한 화형대를 올려다보고 있었다. 클로팽 트루유푸는 몹시 화가 나서 길길이 뛰고 제 주먹을 물어뜯으며 말했다.

"어떻게 해서든 들어갈 방법이 없단 거야?"

"낡아빠진 도깨비 성당이야!" 늙은 집시 마티아스 앙가디 스피칼리가 투덜거렸다.

"이런 제기랄! 성당의 홈통은 녹은 납을 렉투르(성체가 있는 프랑스의 도시)의 돌출 회랑보다도 더 잘 쏟아내는구나!" 군대생활을 해본 적이 있는 반백의 가짜 상이용사가 말했다.

"불 앞을 왔다 갔다 하는 서 악마가 보이지?" 이집트 공작이 외쳤다.

"어? 저놈은 종지기 카지모도야!" 클로팽이 말했다.

그러자 늙은 집시 스피칼리는 고개를 가로저었다. "아니야, 저놈은 사브나크라는 악령이야. 대후작이지. 요새의 악마라고! 그건 무장한 병사의 모습을 하고 있는데 머리는 사자 같고 때로는 흉측한 말을 타고 있을 때도 있어. 맞아 그놈이야! 사람을 돌로 둔갑시켜서는 그것으로 탑을 쌓기도 하지. 그리고 50개의 군단을 지휘하는데 바로 그 망령이야! 맞아, 언젠가 본 적이 있어. 어느 때는 터키풍의 아름다운 금빛 옷을 입기도 하지."

"벨비뉴 드 레투왈은 어디 있지?" 클로팽이 물었다.

"죽었어요." 여자 거지 하나가 대답했다.

앙드리 르 루주는 얼간이 같은 웃음을 지으며 말했다. "노트르담이 시립병원에 일거리를 만들어주고 있는 거지!"

"그럼 아무래도 저 문을 부술 방법이 없단 말이냐?" 튀니스의 왕은 발을 동동 구르며 소리쳤다.

이집트 공작은 마치 비늘로 된 2개의 긴 받침기둥처럼 쉴 새 없이 검은 정면 현관에 줄을 긋고 있는 뜨거운 두 줄기 납물을 가리키며 서글프게 말했다. "예로부터 자주 보아온 일이지만 성당이란 저런 식으로 스스로를 방어했던 거야." 그러고는 한숨을 지으며 말을 이었다. "벌써 40년 전 일이지만, 콘스탄티노플에 있는 성 소피아 성당은 계속해서 세 번이나 자신의 머리인 둥근 지붕을 흔들어서 마온 신(이슬람의신)의 초승달을 땅바닥에 내동댕이쳤어. 기욤 드 파리스라는 사람이 이 대성당을 지었는데 그자가 마법사였다니까."

"그럼 한길의 거지들처럼 손가락이나 빨면서 물러가는 수밖에 없단 말이야? 우리의 누이가 내일이면 두건을 쓴 늑대들에게 목을 내주는 걸 뻔히 눈 뜨고 보자는 것인가!" 클로팽이 말했다.

"게다가 저 성구실에는 보물이 산더미처럼 쌓여 있을 텐데 그걸 어떻게 내버려둘 수 있냐고!" 이렇게 거지 하나가 덧붙였는데, 그의 이름을 알 수 없는 것이 안타깝다.

"제기랄! 분하다!" 트루유푸가 외쳤다.

"그러지 말고 한 번 더 해봅시다!" 그 거지가 다시 말했다.

그러나 마티아스 앙가디는 고개를 가로저었다.

"아무래도 정문으로는 못 들어갈 것 같아. 저 늙은 성당의 허점을 찾아내야만 해. 개구멍이나 뭐 그런 것, 아니면 숨겨진 뒷문이라든지, 아니면 무슨 이음새의 벌어진 틈 같은 거라도 말이야."

"그걸 누가 한다지?" 클로팽이 말했다. "나는 다시 한 번 가볼 생각이야. 그건 그렇고, 학생 장은 어디 간 거야? 그토록 단단하게 갑옷과 투구로 무장하고 있었는데."

"아마 죽었나 봐요." 누군가가 이렇게 대답했다. "그 녀석 웃음소리가 들리지 않는 걸 보니 말입니다."

튀니스의 왕은 눈살을 찌푸리며 말했다.

"그것 참 애석한 일이로군. 그렇게 튼튼한 갑옷을 입고 있었는데. 게다가 꽤 쓸 만한 녀석이었는데 말이야. 그런데 피에르 그랭구아르 선생은 어디 있지?"

"클로팽 두목, 그 인간은 우리가 샹주 다리에 오기도 전에 어디론가 내빼버렸어요!" 앙드리 르 루주가 말했다.

클로팽은 괘씸하다는 듯 발을 굴렀다. "이런 쥐새끼 같은 놈! 우리를 이런 일에 끌어들여놓고서 도망을 쳐? 우리가 이렇게 죽자고 고생을 하고 있는데 저는 혼자 살겠다고 달아나다니! 늘 구시렁거리며 뇌까리기만 하더니! 빌어먹을 비겁자 같으니라고!"

"클로팽 대장! 저길 보세요, 저쪽에 그 꼬마 학생이 있어요." 앙드리 르 루주가 성당 앞뜰 거리를 바라보다가 외쳤다.

"거 참 다행이구나! 그런데 저자가 뭘 끌고 오는 거지?" 클로팽이 말했다.

아니나 다를까 그것은 틀림없는 장이었다. 그런데 자기 몸의 수십 배나 되는 커다란 풀잎을 끌고 가는 개미처럼 헐떡거리며 관록 있는 기사가 입는 무거운 갑옷을 걸친 채 긴 사다리를 질질 끌며 열심히 뛰어오고 있었다.

"이젠 이겼어! 만세! 이건 생랑드리 항구의 인부들이 짐을 끌어올릴 때 쓰는 사다리야!" 장이 외쳤다.

클로팽이 그에게 다가갔다.

"아니, 얘야! 그 사다리로 뭘 어쩌려는 거냐?"

"내가 이걸 몰래 훔쳐왔어요." 장은 가쁜 숨을 몰아쉬며 말했다. "이게 어디 있는지 알고 있었거든요. 어떤 중위 집 창고 옆에 있었어요. 그 집에 내가 사귀는 계집애가 사는네 그 애는 나를 큐피드만큼이나 미남인 줄 안답니다. 이 사다리를 얻기 위해 그 여자앨 이용했죠. 하하, 그 어수룩한 계집애가 속옷 바람으로 나와서 문을 열어주더라니까요!"

"그래? 그런데 이걸로 뭘 하려고 그러는데?" 클로팽이 다시 물었다.

장은 무슨 꿍꿍이가 있는 듯한, 또 자신만만한 표정으로 그를 바라보고는 손가락을 캐스터네츠처럼 튕겨 딱 소리를 냈다. 그의 모습은 제법 그럴듯해 보이기까지 했다. 머리에는 투구를 쓰고 있었는데, 머리 꼭대기에 괴이한 장식이 달려 있는 15세기 특유의 것으로, 한때 그런 장식으로 적을 놀라게 했던 투구들 가운데 하나였다. 그 투구는 쇠로 된 주둥이 같은 것이 10개나 거꾸로 서 있어서 호메로스에 나오는 네스토르(그리스 신화에 나오는 인물. 트로이 전쟁에서 그리스군을 승리로 이끌었다)의 배와 그 무시무시한 '10개의 뿔을 갖춘'이라는 형용문구와 겨룰 수도 있을 정도였다.

"내가 이걸로 뭘 하려는 거냐는 말씀이죠? 튀니스 전하? 저쪽 정면 현관 위에 얼간이 같은 얼굴을 한 조각상 3개가 나란히 있는 것이 보이죠?"

"응. 그래서?"

"그건 프랑스 역대 왕들의 회랑이랍니다."

"그게 어쨌다는 거야?" 클로팽이 물었다.

"아, 좀 들어보세요! 저 회랑 끝에 문이 하나 있는데 그건 빗장이 아니면 잠그지 못해요. 하지만 이 사나리토 거기끼지 올라가기만 하면 대성당 안으로 쉽사리 들어갈 수 있다 이거예요!"

"그러냐? 그럼 나를 먼저 올려다오."

"아뇨, 그건 안 되죠, 두목님! 이건 내 사다리예요. 내가 먼저 올라간 다음에 차례대로 따라오세요."

"이런 우라질 놈! 모가지를 확 비틀어버릴까 보다!" 클로팽이 투덜거리며 말했다. "난 말이야, 어떤 놈도 나보다 앞서는 꼴은 못 본다고."

"그럼, 클로팽 두목님! 가서 사다리를 하나 구해오시죠!"

장은 그렇게 내뱉고는 사다리를 끌고 광장 한가운데를 달리며 소리쳤다. "다들 나를 따르라!"

곧이어 눈 깜짝할 사이에 사다리가 옆문이 있는 회랑 난간에 걸쳐졌다. 거지 떼는 다시금 분기충천하여 떠들썩하게 환호성을 내지르며 사다리에 오르기 위해 몰려들었다. 그러나 장은 자기 권리를 주장하며 사다리의 가로대에 제일 먼저 발을 올려놓았다. 사다리로 꼭대기까지 오르는 길은 꽤 멀었다. 프랑스 역대 왕의 회랑은 오늘날 그 높이가 돌바닥으로부터 약 20미터 정도에 이르는데 그 시절에는 정면 출입구에 11개의 계단이 있어서 그 높이가 더욱 높았다. 장은 무거운 갑옷 때문에 움직임이 자유롭지 못했는데 한 손에는 활을 쥐고, 다른 한 손으로는 사다리를 잡고 오르기 시작했다. 중간쯤 올랐을 때 그는 계단을 메우고 있는 거지왕국 병사들의 시신을 우울한 눈으로 내려다보았다. "아, 가련하도다! 말 그대로《일리아스》제5편을 방불케 하는 시체의 산이로구나!" 이렇게 중얼거리면서 연신 사다리를 올랐다. 거지들도 그의 뒤를 따라 오르고 있었다. 사다리의 가로장마다 거지들이 한 명씩 매달려 있었다. 갑옷을 입고 줄을 지어 어둠 속에서 사다리를 오르는 그 뒷모습은 마치 강철비늘이 달린 뱀이 성당 벽에 붙어서 기어오르는 것 같았다. 더욱이 장이 맨 앞에서 휘파람을 불어대고 있어서 더욱 그렇게 보였다.

마침내 장이 회랑 발코니에 도착했다. 거지들의 환호와 박수갈채를 뒤로 하고 그는 회랑 안으로 가뿐하게 건너뛰었다. 이렇게 성채를 정복한 기쁨에 넘쳐 소리를 지르던 장은 갑자기 돌처럼 굳어져 그 자리에 우뚝 서버렸다. 왕의 석상 뒤 어둠 속에서 카지모도가 눈을 번득이며 숨어 있는 것을 본 것이다.

두 번째 척후병이 회랑 안으로 발을 들여놓기도 전에 이 무시무시한 꼽추는 말없이 사다리의 머리께로 뛰어가 그 우악스런 손으로 양끝을 잡는 것 같더니 어느새 벽에서 떼어서는 위에서 아래까지 거지들이 다닥다닥 달라붙어 있는 기다란 사다리를 모든 사람들이 비통한 외마디 절규를 질러대는 가운데 잠깐 흔들었다. 그러더니 초인적인 힘을 써서 사람이 줄줄이 달라붙은 사다리를 광장을 향해 밀어버렸다. 세상없이 배짱이 두둑한 사람이라도 가슴이 두방망이질치는 그런 순간이었다. 뒤로 밀쳐진 사다리는 잠시 동안 똑바로 선 채 머뭇거리는 것처럼 보였는데, 어느새 비틀비틀 흔들리기 시작하더니 갑자기 반지름 25미터 정도의 커다란 호를 그리며 사람들을 주렁주렁 매단 채 쇠사슬이 끊긴 도개교보다도 더 빠르게 돌바닥으로 넘어졌다. 한순간 엄청난 아비규환의 소리가 일었으나 그것은 그리 오래 가지 않았고, 중상을 입은 몇몇 사람들이 가엾게도 시신 더미 속에서 엉금엉금 기어나와 도망쳤다.

처음 시작할 때의 승리의 함성도 어디론가 사라지고, 포위군들 사이에서는 고동과 분노의 아우성이 터져나왔다. 그러나 카지모도는 태연하게 난간에 팔꿈치를 괴고 서서 그 광경을 바라보고 있었다. 그 모습은 마치 바람에 머리를 나부끼며 창가에 서 있는 늙은 왕 같았다.

장 프롤로는 그야말로 진퇴양난의 위태로운 상황에 처해 있었다. 그는 25미터 이상 되는 깎아지른 벽으로 친구들과 격리된 채 회랑 안에 그 끔찍한 종지기와 단둘이 남겨졌다. 카지모도가 사다리를 집어 던지는 사이 그는 도망칠 구멍을 찾아 뒷문으로 달려갔다. 그러나 소용없었다. 그 문은 열려 있지 않았다. 카지모도가 회랑으로 들어올 때 이미 잠가놓았기 때문이다. 장은 왕의 석상 뒤에 몸을 숨기고 숨을 죽인 채 겁에 질려 괴물 같은 꼽추를 지켜보고 있었다. 그 광경은 마치 동물원지기의 아내에게 구애하는 사나이가 어느 밤, 여인을 만나러 왔다가 담을 잘못 뛰어넘어 무시무시한 불곰과 마주친, 딱 그 꼴이었다.

처음에는 카지모도도 장이 있는 것을 알지 못했으나 이윽고 뒤를 돌아보더니 갑자기 몸을 도사렸다. 장이 있는 것을 알아차린 것이다.

장은 당장 맹렬하게 공격당할 것을 각오했으나 뜻밖에 귀머거리는 꼼짝도 하지 않고, 장이 있는 쪽으로 돌아서서는 가만히 바라보기만 했다.

"야, 귀머거리! 왜 한심해 못 봐주겠다는 그런 눈으로 날 보는 거냐?"

그러면서 이 섦은 노름꾼은 몰래 강철 활을 쏠 채비를 했다.

"야, 카지모도! 이제부터는 별명을 바꿔주지. 널 분별없는 놈이라 불러주마!" 그가 소리쳤다.

동시에 화살이 활시위를 떠났다. 날개 달린 화살은 바람을 가르는 소리를 내며 날아가 카지모도의 왼쪽 팔뚝에 꽂혔다. 카지모도는 파라몽 왕(프랑크족의 전설적인 우두머리)이 입은 찰과상만큼도 놀라지 않았다. 그는 팔에 꽂힌 화살을 잡아 뽑더니 자기 무릎에 대고 뚝 부러뜨렸다. 그리고 두 동강 난 화살을 바닥에 던졌다기보다는 그냥 툭 떨어뜨렸다. 그러나 장은 다시 활을 쏠 겨를이 없었다. 카지모도가 화살을 꺾어버린 뒤 크게 소리 지르며 메뚜기처럼 펄쩍 뛰어 장을 덮쳐버렸기 때문이다. 그 순간 장의 갑옷은 벽에 부딪혀 납작하게 찌그러져버렸다.

그러자 횃불이 일렁거리는 어슴푸레한 빛 속에서 무시무시한 광경이 보였다. 카지모도는 왼손으로 장의 두 팔을 잡고 있었는데 장은 이미 살아 있다는 느낌이 없었으므로 버둥거리지도 않았다. 카지모도는 오른손으로, 아무런 말도 없이, 그리고 불쾌할 정도로 천천히, 장의 무장을 하나씩 해제하기 시작했다. 칼, 단도, 투구, 갑옷, 팔받이 등등을 하나씩 자기 발아래 던졌다. 마치 원숭이가 호두 껍데기를 벗기듯이 카지모도는 장의 쇠껍데기를 하나씩 바닥으로 내던졌다.

장은 이 무시무시한 손에 걸려 무기를 빼앗기고, 입고 있던 옷이 벗겨져 벌거숭이가 되자, 귀머거리에게 애원을 해볼 생각은 않고 그의 얼굴을 향해 뻔뻔스럽게 웃기 시작했다. 그리고 16살짜리 청년답게 태연하고도 순박한 태도로 유행가를 부르기 시작했다.

아름다운 옷을 입고 있었지,
캉브레의 거리는.
마라팽이 그 도시를 약탈하였다네.

그러나 그의 노래는 끝까지 이어지지 못했다. 카지모도가 회랑 난간 위에 서서 한 손으로 그의 발을 잡고는 투석기처럼 심연 위에서 빙빙 돌렸다. 그리고 순식간에 뼈로 만든 상자가 벽에 부딪쳐 박살나는 듯한 소리가 들리더니 무언가 떨어지기 시작했다. 그것은 떨어지다가 3분의 1쯤 되는 지점에 있는 건물의 한 돌출부에서 멈추었다. 허리는 부러져 두 동강이 나고 머리뼈가 터져버린 시체가 되어 한동안 그곳에 걸려 있었다.

  공포의 비명이 거지들 속에서 일어났다. "원수를 갚자!" 클로팽이 외쳤다. "해치우자!" 군중이 호응했다. "쳐들어가자! 돌격이다! 돌격!"

  무서운 고함 소리가 이어졌는데 온갖 나라말과 시골말, 사투리가 섞인 엄청난 아우성이었다. 가련한 학생의 죽음을 본 군중이 광분하여 날뛰어댔다. 성당 앞까지 와 있으면서도 고작 한 사내에 의해 이토록 오랫동안 저지를 당했다는 것에 군중은 수치심과 분노에 차서 몸을 떨었다. 격분한 거지들은 다시금 사다리를 몇 개 더 찾아왔고, 더 많은 횃불을 켜 들었다. 얼마 뒤, 그 무시무시한 개미 떼 같은 거지들이 사방에서 노트르담을 공격하기 시작하자 카지모도는 당황했다. 사다리가 없는 자들은 매듭이 있는 밧줄을 이용했고, 밧줄이 없는 자들은 조각물의 튀어나온 부분을 붙잡고 성당 벽을 기어올랐다. 또한 그들은 서로의 누더기에도 매달렸다. 카지모도의 험상궂은 얼굴만으로는 봇물처럼 밀어닥치는 대군에 저항할 수 있을 것 같지 않았다. 그들의 익에 받친 표정들은 분노로 붉게 번쩍거리고, 흙빛 이마에는 땀이 번들거렸으며, 눈은 광기로 빛나고 있었다. 찌푸린 얼굴들, 악귀처럼 추악한 형상들이 카지모도를 에워싸고 있었다. 마치 어떤 다른 성당이 노트르담을 공격하기 위해 여자 요괴와 파수견, 괴물, 악마 등등 세상에 다시없을 무시무시한 조각상들을 내보낸 것처럼 보였다. 그것은 살아 있는 괴물들이 건물 정면의 돌로 된 괴물들을 뒤덮고 있는 같았다.

  그사이 광장은 수많은 횃불로 밝혀졌다. 그때까지 어둠에 묻혀 있던 어지러운 광경이 갑자기 빛을 받으며 타올랐다. 성당 앞뜰은 밝게 빛나며 하늘까지 빛을 던지고 있었다. 높은 지붕 위에 지펴놓은 장작불은 여전히 타오르며 먼 곳까지 비추었다. 두 탑의 거대한 그림자는 저 멀리 파리의 지붕 위에까지 펴져나가 주위를 비추는 빛 속에 커다란 그림자를 새겨넣고 있었다. 파리 시내는 크게 술렁이기 시작했다. 멀리서 경종들이 호소하듯 울려퍼지고, 거지들은 노여움에 아우성치고, 숨을 헐떡이고 욕지거리를 퍼부으며 기어올랐다. 카지모도는 그토록 많은 적들을 어떻게 해야 할지 모른 채, 집시처녀를 걱정하며 몸을 떨었다. 미쳐 날뛰는 얼굴들이 자기가 있는 회랑으로 점점 다가오는 것을 보면서 하늘에 기적을 구하고, 절망한 나머지 팔을 비비 꼬며 몸부림쳤다.

5 루이 드 프랑스 전하가 기도를 올린 은신처

거지들이 어둠 속을 뚫고 떼를 지어 오는 것을 발견하기 전에 카지모도가 종탑 위에서 파리를 살폈을 때, 생탕투안 문 아래 높고 어둠침침한 어느 건물의 맨 위층에 있는 유리창 하나를 별처럼 반짝이게 하던 불빛이 있었음을 여러분은 잊지 않았으리라 생각한다. 그 건물이 바로 바스티유 성이다. 그리고 그 별이야말로 루이 11세의 촛불이었다.

국왕 루이 11세는 이틀 전부터 파리에 와 있었다. 그 이틀 뒤에 그는 몽틸레 투르 성채로 다시 떠날 예정이었다. 왕은 파리 시에는 자주 오지 않았고, 또 오더라도 오래 머무르지 않았다. 그 이유는, 파리에서는 적을 붙잡을 충분한 함정이나 교수대가 없었을 뿐만 아니라 자신 주변에 스코틀랜드의 보병 같은 친위대도 충분하지 않다고 느꼈기 때문이다.

그날 그는 바스티유 성에 잠을 자러 왔다. 그의 루브르 궁에 있는 커다란 짐승 조각상 12마리와 예언자상 13명이 조각되어 있는 커다란 난로가 달린 5트와즈(트와즈 =1.949미터)나 되는 네모진 넓은 방도, 또 세로 3미터 60센티, 가로 3미터 30센티나 되는 커다란 침대도 왕의 마음에는 별로 들지 않았다. 그는 그런 호화로운 것들 속에 있으면 현기증이 날 것만 같았다. 매우 평민적인 이 왕은 작은 방과 작은 침대가 있는 바스티유를 더 좋아했다. 그리고 바스티유 성은 루브르 궁보다 방비가 튼튼했다.

이 '작은 방', 왕이 유명한 국사범의 감옥 속에 자기 몫으로 잡아두고 있었던 이 작은 방은 그래도 상당히 넓었으며, 커다란 망루 속에 만들어진 작은 탑의 가장 높은 층을 차지하고 있었다. 이것은 작고 둥근 방으로서 광택 있는 밀짚 돗자리가 깔려 있고, 천장에는 금빛 주석의 나리꽃으로 장식된 들보들이 가로지르며, 들보와 들보 사이에는 단청을 곱게 해놓았다. 벽에는 흰 주석으로 만든 작은 장미꽃으로 군데군데 장식하고, 노랑과 엷은 남색을 섞어 만든, 밝고 아름다운 초록으로 칠해져 있었다.

그리고 하나밖에 없는 창문은 놋쇠 줄과 철봉으로 격자를 이어 붙인 기다란 뾰족아치를 이루고 있는 데다가, 국왕과 왕비의 문장이 든, 아름다운 스테인드글라스들 때문에 어두컴컴했는데, 그 유리는 1장에 22솔의 값어치가 나가는 것이었다.
줄입구도 하나밖에 없있는데, 근대적인 느낌이 들었다. 아치는 나지막한 반원으로 되어 있고, 안에는 벽지를 붙였으며, 바깥 현관은 아일랜드 목재로 장식되어 있었다. 이 나무 현관이라는 것은 정교하게 손으로 세공을 한 호화로운 건조물인데, 이것은 150년 전까지만 해도 수많은 오래된 저택에서 볼 수 있었다. "비록 이런 것들이 근처 일대의 풍경을 해치고, 보기에도 흉하고 주체스러웠지만, 우리의 늙은 어르신들은 그것을 걷어치우려 하지 않고 모두가 싫어하는데도 보존하고 있다." 소발은 이렇게 탄식했다.
이 방에는 보통 주택에 갖추어져 있는 가구라곤 아무것도 없었다. 소파도 걸개도, 간단한 의자도, 상자 모양의 평범한 걸상도, 다리와 다리를 잇는 가로장이 아래에 붙은 아름다운 걸상도 볼 수 없었다. 거기엔 팔걸이가 달린, 매우 훌륭한 접의자 하나밖에는 없었다. 그 나무는 붉은 바탕에 장미꽃들이 그려져 있고, 앉는 자리는 주홍빛 코르도바 가죽에 가장자리는 기다란 명주 술로 장식되고, 수많은 금술이 달려 있었다. 이 의자가 하나만 있는 것을 보면 이 방 안에선 단 한 사람만이 앉을 권리가 있다는 것을 알 수 있었다. 의자 바로 옆 창가에, 새들의 무늬가 그려진 덮개를 씌운 책상 하나가 있었다. 이 책상 위에는 양피지 몇 장과 깃털 펜 몇 개, 그리고 조각된 은잔 하나가 있었다. 좀더 저쪽으로 탕파(湯婆) 하나와, 진홍빛 비로드에 금장식을 한 기도대가 있었다. 끝으로 안쪽엔 노랑과 옅은 빨강의 다마스쿠스산 피륙으로 된 수수한 침대 하나가 있는데, 금은박도 장식 끈도 없고, 가장자리의 술 장식도 대단치 않았다. 이 침대야말로 루이 11세의 수면 또는 불면을 지켜준 것으로 유명하다. 200년 전만 하더라도 어느 장관의 집에서 구경할 수 있었는데, 《키루스 대왕》(스퀴데리 양의 소설)에 '아리시디' 및 '살아 있는 도덕'이라는 이름으로 등장하는 그 유명한 필루 노부인(17세기의 상류부인, 스퀴데리 양의 친구)이 이 침대를 본 것도 바로 그 장관 집에서였다.
이러한 것들이 "루이 드 프랑스 전하(샤를 5세의 아들, 루이 도를레앙)가 기도를 올린 은신처"라고 불리는 방이었다.

내가 여러분에게 안내하고 있는 이곳 은신처는 지금 매우 어두운 상태다. 소등 신호는 이미 1시간 전에 울렸고 주위는 캄캄했는데 방 안 책상에 놓인 촛불 하나만이 흔들리는 불빛 속에 여기저기 흩어져 있는 다섯 사람을 비추고 있었다.

첫 번째로 불빛에 비춰진 인물은 아주 잘 차려입은 귀족으로 반바지에 은줄무늬가 있는 붉은 저고리를 입고 검은 무늬가 들어간 금란의 긴소매 외투를 입고 있었다. 이 호화로운 의상은 촛불 빛을 받아 그 주름마다 불빛이 새겨져 있는 것만 같았다. 이 사나이는 화려한 색깔로 수놓은 문장을 가슴에 달고 있었다. 방패 모양 문장에서 산처럼 생긴 봉우리에는 사슴 모양이 새겨져 있었고 오른쪽에는 올리브 가지, 왼쪽에는 사슴뿔이 달려 있었다. 그리고 허리에는 훌륭한 단검을 차고 있었다. 도금한 손잡이는 자주색으로, 투구 꼭대기 모양의 무늬가 새겨져 있고, 손잡이 끝부분에는 백작의 관(冠)이 달려 있었다. 그는 험상궂은 얼굴로 오만하게 고개를 쳐들고 있었다. 언뜻 보아도 거만한 티가 났고 다시 보면 교활한 생김새였다.

그는 모자도 쓰지 않은 채 손에는 기다란 종이를 들고 팔걸이가 달린 의자 뒤에 서 있었다. 이 의자에는 매우 초라한 차림새를 한 사람이 몸을 보기 흉하게 둘로 접은 듯한 자세로 책상에 팔꿈치를 괴고 있었다. 호사스러운 코르도바 가죽 의자에, X자 모양으로 힌 두 무릎과, 검은 널실로 짠 옷을 초라하게 걸친 비쩍 마른 두 다리, 털보다는 가죽이 더 많이 보이는 모피가 붙은 비로드 외투로 감싼 몸통, 마지막으로 기름때가 절어 꾀죄죄한 모자는 납으로 만든 인형이 달린 고리 모양의 장식끈으로 가장자리를 두르고 있는 것을 상상해보라. 이것이 의자에 앉아 있는 사람의 모습이었다. 그는 머리를 가슴에 폭 파묻고 있었으므로 얼굴은 그림자에 가려 보이지 않았다. 다만 코끝은 촛불에 비치어 간신히 보였다. 그 코는 우뚝 솟아 있는 것이 분명하다. 주름잡힌 손이 몹시 야위어 있는 것으로 보아 노인임을 알 수 있었는데 그가 바로 루이 11세였다.

이런 인물들 뒤로 조금 떨어진 곳에서, 플랑드르식으로 재단된 옷을 입은 남자 둘이 작게 속삭이고 있었다. 그들은 어둠에 파묻힌 게 아니어서 그랭구아르의 희곡 상연을 본 사람이라면 플랑드르 수석사절 가운데 두 사람이라는 것을 알 수 있을 것이다. 한 사람은 강 시(市)에서 수완가로 알려진 종신

시의회 의원 기욤 랭이고, 다른 한 사람은 그때 대중의 인기를 모았던 옷장수 자크 코프놀이었다. 이 두 사람이 루이 11세의 정치에 은밀히 관여하고 있었다는 사실도 기억나리라 생각한다.

마지막으로 맨 안쪽 문 옆 어둠 속에 건장한 체구의 한 남자가 조각상처럼 말없이 서 있었다. 그는 손밑이 두툼하고 군복에 문장이 달린 외투를 입었으며 각진 얼굴에 두 눈이 부리부리하게 불거진 데다 입도 큼직했는데 이마는 양쪽으로 차양처럼 쳐진 머리칼에 가려 보이지 않았다. 언뜻 보기에 그의 생김새는 개를 닮은 것도 같고 호랑이를 닮은 것도 같은 그런 형상이었다.

국왕 말고 모자 쓴 사람은 없었다.

왕 뒤에 서 있던 영주는 기다란 장부 같은 것을 펼쳐 들고 내역 같은 것을 읽어주고 있었으며, 왕은 그것을 매우 주의 깊게 듣고 있었다. 플랑드르 사람 둘이서 뭐라고 수군거렸다.

"젠장! 나는 줄곧 서 있었더니 여간 피곤하지가 않아. 여긴 의자도 없나?" 코프놀이 투덜거렸다.

랭은 몸짓으로 없다고 답하며 살짝 미소를 지어 보였다.

"에잇, 제기랄!" 코프놀은 다시 투덜거렸는데, 이렇게 소리를 낮추어 말해야 하는 것이 더욱 불만스러운 모양이었다. "내 가게에서 하듯이 책상다리를 하고 바닥에 편히 앉고 싶어 미칠 것 같구먼!"

"아, 조금만 참으시오. 자크!"

"여봐요, 기욤! 여기선 언제까지나 이렇게 서 있어야 하는 거요?"

"아니면 무릎을 꿇으시든가!" 랭이 대답했다.

그때 갑자기 왕의 목소리가 높아졌으므로 두 사람은 입을 다물 수밖에 없었다.

"뭐라고? 하인들의 옷에 50솔, 왕실 소속 성직자들 외투가 12리브르라고? 아예 황금을 갖다 퍼붓지그래! 올리비에, 당신 머리가 어떻게 된 것 아니오?"

이렇게 말하면서 늙은 왕은 고개를 들었다. 목에서 생미셸 훈장이 달린 목걸이의 황금 구슬이 반짝하고 빛났다. 바짝 야위어 몹시 까다로워 보이는 옆얼굴을 촛불이 정면으로 비추고 있었다. 그는 상대방의 손에서 장부를 빼앗아 들었다.

"그대들이 나를 파산시키려고 작정한 거요?" 왕은 움푹 팬 눈으로 장부를 훑어보면서 소리쳤다. "이게 대체 다 뭐야? 이렇게 많은 하인들을 둬야 하는 이유가 뭐냔 말이오? 한 달에 한 사람 앞에 10리브르씩 지급해야 할 궁중 전속 신부가 2명, 또 성당 소속 신부 1명에게는 1백 솔을 지급하고! 사환 1명에게는 1년에 90리브르라고! 조리사 4명에게는 1인당 1년에 120리브르씩, 불고기 요리사 1명, 수프 조리사 1명, 소스 조리사 1명, 요리장 1명, 식료품 보관담당자 1명, 짐바리 마부 2명까지 모두 7명에게 매달 각 10리브르씩이고, 소년 조리사 둘에게 8리브르 하며, 마부와 그 조수 둘에게는 매달 24리브르? 짐꾼 1명, 제과사 1명에 제빵사 1명, 짐수레꾼 2명에게 1인당 1년에 60리브르! 대장장이 1명에게는 120리브르, 국고 수입 과장에게 1200리브르! 또 회계감사관에게 5백 리브르라니! 나를 망가뜨리려고 작정들을 했구나! 이게 대체 무슨 소리지? 정말 미친 짓이야! 하인들 봉급 때문에 나라가 망하게 생겼잖아! 루브르에 아무리 많은 돈을 숨겨두었다 하더라도 이렇게 물 쓰듯 하다가는 금세 동이 날 거란 말이오! 나중엔 밥을 먹기 위해 접시까지 내다 팔아야 할지도 모르겠다! 만약 내년에도 하느님과 성모 마리아께서 (이때 그는 모자를 벗었다) 내 목숨을 부지시켜주신다면 아마 나는 주석항아리에 달인 약을 마셔야 할걸!"

이렇게 말하고 그는 책상 위에서 반짝거리는 은잔을 유심히 바라보았다. 그는 기침을 하고는 다시 말을 이었다.

"올리비에, 국왕이든 황제든, 드넓은 영지를 지배하는 군주들은 사치를 해서는 아니 되오. 왜냐하면 거기서 시작된 불이 나라 전체로 옮아붙기 때문이오. 그러니 올리비에, 이 점을 늘 명심하시오. 왕실 경비가 해마다 늘어나고 있는데 그건 옳은 일이 아니오. 좀 제대로 해주길 바라오. 79년까지만 해도 3만 6000리브르를 넘지 않았었는데, 80년이 되자 그것이 4만 3619리브르까지 늘었소! 난 숫자까지 똑똑히 기억하고 있단 말이오. 81년에는 무려 6만 6680리브르였소. 그리고 올해엔 자그마치 8만 리브르에 육박하고 있잖소? 4년 만에 비용이 배로 늘다니! 너무한 것 아니오!"

그는 숨이 차는지 잠깐 말을 그쳤다가 다시 흥분하여 말을 이었다. "내가 살이 빠지고 야위어가는 동안 투실투실하게 살쪄가는 이들만 내 주위에 가득하구나! 그대들은 하나같이 내게서 돈을 빼낼 궁리만 하는, 내 온몸의 털

5 루이 드 프랑스 전하가 기도를 올린 은신처 503

구멍이란 털구멍에서 돈을 다 빨아먹는 거머리들이오!"

아무도 쉽사리 입을 열지 못하고 눈치만 살피고 있었다. 왕의 노여움은 그냥 흘려들으면 그만이었다. 그는 계속했다.

"이건 마치 영주들이 국가의 엄청난 부담이라고 징징대는 것을 내 돈으로 다시 지으려고 놈들이 라딘어로 쓴 청구서 같은 것이로군. 정말 큰 부담이로고. 짓눌려 숨도 쉬지 못할 것처럼 부담이 돼! 이보시오들, 여러분은 내가 '식사시중도 술시중도 받지 않고' 나라를 통치하는 것을 보고 내가 국왕답지 않다고 떠들어대고 있지! 좋아, 내가 국왕인지 아닌지 똑똑히 보여주겠소!"

이렇게 말하고 그는 자신의 권력을 생각하며 미소를 지었다. 그래서인지 늙은 왕의 노여움도 얼마간 누그러져서 플랑드르 사람들 쪽을 돌아보며 말을 건넸다.

"기욤, 안 그렇소? 빵 담당도, 술 창고 담당도, 시종장도 주방장도 모조리 하찮은 하인만큼도 쓸모가 없어. 코프놀, 이 점을 잘 기억해두시오. 그들은 아무짝에도 쓸모가 없는데, 그런데도 국왕 주위에 몰려 있는 걸 보면, 최근에 필리프 브리유가 갓 수리한 재판소에 있는 큰 시계의 문자판을 둘러싼 4명의 복음서 저자 같단 말이오. 그것들은 금칠을 해봤자 시각을 알리는 것도 아니고, 시곗바늘은 그것들이 없어도 잘도 돌아가니 말이오."

왕은 잠시 생각하더니, 늙수그레한 머리를 흔들며 말했다.

"천만에! 나는 결코 필리프 브리유가 아니야! 대영주들을 화려하게 꾸며주는 일 따위 절대 하지 않을 거야. 나도 에드워드 왕과 똑같은 생각이니까. '민중을 구하고 영주들을 죽여라'고 말이야! 올리비에, 그 다음을 계속해서 읽도록 하시오!"

왕의 지명을 받은 올리비에라는 인물은 손에 들고 있던 서류를 고쳐 들고는 큰 소리로 다시 읽기 시작했다.

"······파리 시청의 인감담당 아당 트농에 대해 지금까지의 인감이 오래되고 닳아서 더 이상 제대로 사용할 수 없는 이유로 새로 만들게 한 도장들의 재료비와 가공임금, 그리고 새로 새기는 비용으로 파리 주화 12리브르.

기욤 프레르에 대하여 파리 주화로 4리브르 4솔. 이는 올해 1월, 2월, 3월 석 달에 걸쳐 투르넬 재판소의 옥상에서 2개 동의 비둘기 집에서 비둘기를 사육하고 7섹스티에(1섹스티에=150~300리터)의 보리를 사료로 쓴 데 대한 대가로 지급한다.

1명의 성 프란체스코 수도회 수도사에게 어떤 범인을 자백시킨 공로를 인정하여 파리 주화 4솔을 지급한다."

왕은 잠자코 듣고 있다가 이따금 기침을 했다. 그때마다 은잔을 입술로 가져가 입을 축이고는 오만상을 찌푸렸다.

"올 들어 재판소의 명령에 따라 파리의 네거리에서 나팔소리로 56번 포고한 것에 대한 비용 결제 예정임.

파리와 그 밖의 장소들에 돈이 숨겨져 있다는 소문이 돌아 그 장소를 수색했으나 아무것도 발견하지 못했음. 그 비용으로 파리 주화 45리브르."

"1솔짜리 동전 하나 찾겠다고 1에퀴의 금화 한 닢을 땅에 묻어버리는 꼴이로군!" 왕이 혀를 차며 말했다.

"……투르넬 재판소에서, 쇠로 된 감방에 흰 유리 6장을 끼운 비용 13솔. 열병식 날 왕의 명에 따라 주위에 장미모자 무늬를 두른 영주의 갑옷문장 4개를 새로 만들어 지급한 비용 6리브르. 왕의 낡은 저고리 옷소매 2장을 새로 댄 비용 20솔. 왕의 장화에 기름을 바르기 위한 기름 1통 값으로 15드니에. 왕의 검정새끼돼지를 기르기 위해 새로 지은 우리에 30리브르. 생폴 궁전의 사자들을 가두기 위해 만든 칸막이와 널빤지와 들어올리는 문 제작에 든 비용 22리브르."

"짐승을 기르는 데도 돈이 그렇게나 많이 든단 말이오?" 루이 11세는 놀라며 말했다. "어쨌거나, 좋소! 그야말로 국왕의 위엄을 위한 것이니 말이오. 그중엔 커다란 적갈색 사자도 있는데 그것은 어찌나 점잖은지 내가 아주 아끼는 놈이거든. 기욤, 어떻소? 그걸 보았소? 모름지기 군주란 그 정도 동물은 가지고 있어야지! 국왕쯤 되면, 개 대신에 사자를 기르고, 고양이 대신 호랑이를 길러야 마땅하지! 위대한 인간만이 왕위에 오르는 거니까. 유피테르의 우상을 신봉하던 시절에는 군중이 성당에 소 100마리와 양 100마리를 바치면, 제왕은 사자 100마리와 독수리 100마리를 기증했지. 얼마나 야성적이고 근사한 일이오. 프랑스 왕들은 왕좌 주위에 늘 그런 맹수들의 울음소리가 끊이지 않게 했소. 하지만 나는 선조들보다는 비용을 훨씬 더 줄였고, 사자도 곰도 코끼리도 표범도 그들보다 그 수를 한참 줄였다는 걸 인정해주었으면 하오. 계속하시오, 올리비에. 플랑드르 분들에게도 이 사실을 알려주고 싶었소."

기욤 랭은 허리 숙여 공손히 절했으나, 반면에 코프놀은 시큰둥한 표정으로 왕이 말한 곰 같은 모습을 하고 있었다. 그러나 왕은 개의치 않고 은잔으로 입을 축였다가 그것을 다시 내뱉으며 말했다. "웩! 정말 고약한 탕약이로군!" 서류를 읽던 사람은 나시 계속했다.

"적당한 조치를 취할 때까지 6개월 전부터 도살장 골방에 감금하고 있는 부랑자의 식비로 6리브르 4솔."

"방금 뭐라고 했소?" 왕이 가로막고 물었다. "목을 매달 인간까지 먹여 살리고 있단 말이오? 뭐하는 짓이지? 앞으론 그런 놈에겐 한 푼도 쓰지 않겠어. 올리비에, 그 일은 데스투트빌 경과 의논하여 오늘 저녁에라도 당장 그 부랑자를 교수형에 처하도록! 계속 읽으시오."

올리비에는 그 '부랑자'가 있던 줄에 엄지손가락을 대고 있다가 다음을 읽어내려갔다.

"파리 재판소 소속 사형집행위원장 앙리에 쿠쟁에게 파리 주화 60솔, 이것은 파리시장의 명령에 따라 지정된 가격으로서 칼날이 넓은 장검 구입대금이며, 재판에서 죄과로 인해 사형선고를 받은 자의 형을 집행하기 위해 사용되는 칼집과 그 밖의 부속품을 포함한다. 또한 명백하게 알려진 대로, 루이 드 뤽상부르 공의 형 집행에 즈음하여 이가 빠졌던 칼을 수리하는 비용도 포함한다. ……"

왕은 다시 말을 가로막았다. "잠깐, 그런 비용은 기꺼이, 얼마든지 지불하도록 허가하겠소. 나하고는 관계없는 비용이지만 지금까지도 그런 돈을 아낀 적은 없으니까. 계속하도록."

"대감옥을 새로 짓기 위해……"

"아하! 그렇지!" 국왕은 두 손으로 의자 팔걸이를 누르며 말했다. "맞아. 내가 바스티유에 온 건 목적이 있어서요. 올리비에, 잠깐만 기다려주겠소? 짐이 몸소 그 감옥을 둘러보고 싶은데, 그러는 동안 그 사용내역을 읽어주시오. 플랑드르 양반들, 나와 함께 감옥 구경을 가실까요? 아주 드문 구경거리가 될 거요."

그렇게 말하고 왕은 자리에서 일어나 상대방의 팔에 몸을 기대서더니 문 앞에 벙어리처럼 서 있는 사람에게 안내하라는 신호를 했다. 그리고 플랑드르인들에게도 따라오라는 신호를 하고는 앞서 방을 나섰다.

 국왕 일행이 안쪽 문에 다다르자 무쇠로 중무장을 한 군사들과 촛대를 든 날쌘한 시동들이 합류했다. 일행은 한참 동안 어두컴컴한 큰 탑의 내부를 걸어갔는데, 거기에는 두꺼운 벽 속까지도 계단과 복도가 뚫려 있었다. 바스티유 수비대장은 맨 앞에 서서 걸어가면서, 병들고 허리가 굽은 늙은 왕 앞에서 쪽문을 열어주었다. 국왕은 걸으면서 콜록콜록 기침을 해대고 있었다.

 쪽문에 다다를 때마다 모두들 허리를 숙여야 했지만 나이가 많고 이미 허리가 꼬부라진 늙은 왕의 머리만은 예외였다. "허어! 나는 이미 죽을 때가 된 것 같구려. 그대들은 모두 낮은 문에선 허리를 굽히고 지나가는데." 왕은 이가 없었으므로 이가 아닌 잇몸 사이로 말했다. 왕에겐 이미 치아가 남아 있지 않았으므로.

 드디어, 자물쇠가 어찌나 많이 걸려 있는지 그것을 다 여는 데만 15분이 넘게 걸린 마지막 쪽문을 통과했다. 일행은 모두 뾰족아치의 높고 넓은 어느 방으로 들어갔다. 횃불 빛에 쇠와 나무로 지은 크고 육중한 입방체 건축물이 방 한가운데에 드러났다. 그 내부는 매우 깊숙해 보였다. 그것은 이른바 '왕의 첩'이라고 불리는 국사범들을 가두는 유명한 감옥 가운데 하나였다. 칸막이벽에는 두세 개의 조그만 창이 있었는데, 창유리가 보이지 않을 정도로 굵은 철봉으로 촘촘히 격자를 쳐놓았다. 문은 무덤의 돌 같은 커다란 평석(平石)이었다. 들어가는 목적 이외엔 결코 사용하지 않는 그런 문들 가운데 하나였다. 이곳에는 죽은 사람이 있어야 할 자리에 살아 있는 사람이 있었던 것이다.

 국왕은 그 조그만 건물 주위를 유심히 살피면서 천천히 걷기 시작했다. 한편 그 뒤를 따르는 올리비에는 여전히 큰 소리로 비용내역서를 읽고 있었다.

 "굵은 대들보와 뼈대와 들보의 커다란 나무 감옥 하나를 새로 만들었는데, 그 길이 2.7미터에 너비는 약 2.4미터, 위아래 두 널빤지 사이의 높이 2미터, 굵은 철근으로 보강했고, 생탕투안 성채의 탑 속에 있는 방 한 칸에 설치되었는데, 국왕 폐하의 명에 따라 이 감옥에는 종전의 낡은 감옥에 살았던 죄수 하나를 가둬놓고 있음. 위의 새 우리에는 96개의 들보와, 나뭇결을 거슬러 깎은 52개의 들보, 길이 5.4미터의 대들보 10개가 사용되었고, 바스티유 마당에서 위의 모든 목재를 자르고 가공하고 깎는 데 20일간 연인원

5 루이 드 프랑스 전하가 기도를 올린 은신처

19명의 목수가 종사했음."

"떡갈나무 기둥이 꽤 튼튼하군." 왕은 주먹으로 나무 골조를 두드리며 말했다.

올리비에가 다시 읽어내려가기 시작했다. "이 감옥에는 길이 3미터의 굵은 철근 220개와 그 밖에 중간 길이의 것, 그리고 위의 철근을 위해 쇠고리와 철망이 사용되었고, 위의 철근 전체의 무게는 3735파운드. 감옥을 고정시키는 데 경첩과 못과 더불어 8개의 굵은 이음쇠 철물이 쓰였는데, 그 전체 무게는 218파운드, 감옥을 설치해놓은 방 창문에 격자용 철물과 방문에 철봉이 사용되었는데 그 밖의 다른 것은 계산에 넣지 않음······."

"경솔한 인간 한 명을 가두는 데, 그렇게도 많은 쇠가 필요하다니!"

"······이 모든 것에 들어간 비용의 총계는 317리브르 5솔 7드니에입니다."

"이런 염병할!" 왕이 버럭 소리쳤다.

루이 11세는 이 욕설을 입버릇처럼 하곤 했는데 그것을 들었는지, 감옥 안에서 누군가 잠을 깬 듯 마른 바닥을 거칠게 긁는 쇠사슬 소리가 들려왔다. 그러더니 마치 무덤 속에서 나오는 것처럼 힘없는 목소리가 새어나왔다. "폐하, 폐하! 제발 자비를 베풀어주십시오!" 그러나 그 모습은 볼 수 없었다.

"317리브르 5솔 7드니에라고 했나?" 루이 11세가 되풀이했다.

감옥 안에서 울려나온 그 목소리는 올리비에를 비롯하여 듣는 이들을 오싹하게 만들었다. 다만 늙은 국왕만이 듣지 못한 것 같았다. 그의 명령에 따라 올리비에는 계속 읽어 내려갔으며 국왕은 냉정하게 감옥 점검하기를 멈추지 않았다.

"······그리고 그 밖에도 창의 격자, 감옥이 설치되어 있는 방의 바닥을 조성하기 위해 구멍을 뚫은 석재세공 기술자에게 임금을 지불함. 바닥은 감옥의 무게 때문에 감옥이 더 이상 버티지 못한다는 판단이 내려졌기 때문임. 그 임금은 파리 주화로 27리브르 14솔······."

조금 전에 들리던 감옥 안의 목소리가 다시 호소하기 시작했다.

"제발, 폐하! 맹세코 저는 아닙니다. 반역을 도모한 것은 앙제이옵니다! 이것만은 분명히 말씀드립니다!"

"석공도 고생 꽤나 했겠군! 계속 읽도록 하게, 올리비에!"

올리비에는 다시 장부를 들여다보았다.

"……창과 바닥재, 구멍 뚫린 의자, 그 밖의 것들에 대한 비용으로 소목장이에게 파리 주화 20리브르 2솔……."

감옥 속에서 들려오는 비통한 울부짖음은 계속되었다.

"아아! 폐하! 저는 정말 억울합니다! 제 말씀을 한 번만 들어주십시오! 기옌 공에게 그것을 써 보낸 건 맹세코 제가 아닙니다. 라 발뤼 추기경(루이 11세가 총애하던 신하. 뒷날 음모를 꾸며 옥에 갇힘)이옵니다. 이것만은 꼭 들어주십시오!"

"소목장이의 비용은 꽤 비싸군! 그게 다인가?" 왕이 물었다.

"더 있습니다, 폐하. ……유리 장수에게 앞에서 말한 감옥에 유리를 끼운 비용으로 파리 주화로 46솔 8드니에."

"제발, 폐하! 간절히 말씀드립니다! 저는 제 전 재산을 재판관에게 주고, 가보로 내려오던 식기류는 토르시 씨에게 주고, 저의 장서들을 피에르 도리올 나리(15세기 프랑스의 정치가)에게, 또 저의 장식용 융단들을 루시용 지사에게 바쳤습니다. 그것으로도 충분하지 않습니까? 저는 억울한 누명을 썼습니다. 올해로 벌써 14년이라는 세월을 쇠로 된 이 감옥에서 추위에 떨고 있습니다. 부디 자비를 베풀어주십시오, 폐하! 그러면 폐하께서도 천국에서 반드시 그 보상을 받으실 것입니다."

"올리비에, 총합계가 어떻게 되지?" 왕이 물었다.

"합계는, 파리 주화로 367리브르 8솔 3드니에입니다."

"어이쿠! 정말 어마어마한 돈을 들인 감옥이로다!" 그는 소리쳤다.

왕은 올리비에의 손에서 장부를 받아 들고 비용내역서와 감옥을 번갈아 쳐다보고 손가락으로 하나하나 따져가며 셈을 하기 시작했다. 그러는 사이에도 감옥 안에서는 흐느낌 소리가 흘러나왔다. 어둠 속에서 울리는 그 느낌이 어찌나 처량하던지 듣고 있던 사람들은 새파랗게 질린 얼굴로 서로를 쳐다보았다.

"14년입니다. 폐하! 벌써 14년이 흘렀습니다. 1469년 4월부터 지금까지. 성모의 이름으로 제발 제 말씀 좀 들어주십시오! 폐하께서는 그동안 따스한 햇볕을 누리셨습니다. 그런데 저는 비참하게도 다시는 따사로운 해를 볼 수가 없는 걸까요? 제발 불쌍히 여겨주십시오. 자비를 베풀어주십시오. 관용은 국왕의 미덕이요, 분노의 파도도 가라앉히는 법입니다. 군주가 모든 죄를 낱낱이 처벌하고 빠뜨린 것이 없어야 죽음을 맞이할 때 만족할 거라고 생각하십니까? 폐하, 저는 단 한 번도 폐하를 배반한 적이 없습니다. 반역자는 앙제 추기경입니다. 그런데도 제 발에는 무거운 쇠사슬과 엄청난 무게의 무쇠추가 달려 있습니다. 폐하! 제발 저를 불쌍히 여겨주소서!"

"올리비에!" 늙은 국왕은 고개를 절레절레 흔들며 말했다. "회반죽을 여기는 20솔로 계산해놓았군? 그건 한 통에 12솔밖에 안 하잖소! 계산서를 고치도록 하시오!"

그는 감옥 쪽으로 등을 돌린 채, 방에서 나갈 채비를 했다. 가련한 감옥 속 죄수는 횃불과 발소리가 멀어져가는 것을 느끼며 절망적으로 외쳤다.

"폐하, 폐하!" 그는 절망적으로 부르짖었다.

그러나 문은 닫혔고, 그것을 끝으로 아무도 보이지 않게 되었다. 다만 이런 노래를 불러주는 문지기의 쉰 목소리만이 들려올 뿐이었다.

장 발뤼 나리는,
끔찍이 여기던 주교직을
잃어버렸네.
베르됭 선생님도
자리를 잃어버렸지.
모두들 저승으로 떠날 거라네.

국왕은 말없이 은신처로 돌아가고 있었고, 뒤따르던 신하들은 죄수의 마지막 몸부림과도 같은 울부짖음에 잔뜩 움츠러든 채 걸음을 재촉하고 있었다. 갑자기 루이 11세가 바스티유 사령관을 돌아보며 말했다.

"아 참, 그 감옥 안에 누가 있었던 것 같은데?"

"네엣? 네. 있었습니다, 폐하!" 사령관은 얼떨결에 대답했지만 왕의 물음에 몹시 당황했다.

"그게 대체 누구지?"

"베르됭 주교입니다."

왕은 그것을 누구보다도 잘 알고 있었다. 그러나 이렇게 행동하는 것이 기묘한 버릇 가운데 하나였다.

"아, 그렇군!" 왕은 마치 처음 알았다는 듯 무심하게 말했다. "기욤 드 아랑쿠르였나? 그 라 발뤼 추기경 친구 말이지? 꽤 괜찮은 주교였는데 말야."

얼마 뒤, 은신처의 문이 열리고 이 장 첫머리에 등장했던 다섯 인물이 모두 안으로 들어선 뒤 다시 닫혔다. 그들은 모두 제자리로 돌아가 아까와 똑같은 자세로 선 채, 나직한 소리로 서로 이야기를 나누기 시작했다.

국왕이 자리를 비운 사이, 공문(公文) 몇 통이 책상 위에 놓여 있었다. 왕은 그것을 하나하나 뜯어 읽어본 뒤, 올리비에에게 펜을 잡으라고 손짓했다. 올리비에는 왕 곁에서 대신(大臣) 직무도 보고 있었다. 왕은 공문 내용은 말하지 않은 채 작은 소리로 답장을 받아쓰게 했다. 올리비에는 매우 불편한 자세로 책상 앞에 무릎을 꿇은 채 받아 써내려갔다.

기욤 랭은 말없이 지켜보고 있었다.

왕의 목소리가 어찌나 낮았는지 플랑드르인들에게는 무슨 말을 하고 있는지 잘 들리지 않았다. 이따금 의미를 알 수 없는 단어들이 드문드문 귀에 들어오는 정도였다. "……생산물이 풍부한 곳은 상업으로, 불모지는 수공업으로 유지할 것, ……영국의 제후들에게 롱드르, 브라방, 부르 앙 브레스, 생토메르를 보여줄 것. ……오늘날에는 포병술이 발전한 덕분에 현명하게 전쟁을 치를 수 있다. ……우리 친구, 브레쉬르에게…… 세금 없이는 군대를 유지할 수 없다……" 등이었다.

한번은 왕의 목소리가 버럭 높아졌디. "우라질! 시칠리아 왕이 프랑스 국왕처럼 편지를 노란 밀랍으로 봉인하지 않았는가! 그에게 이런 일을 허락한 것은 옳지 않네. 나의 사촌인 부르고뉴 공도 전쟁터에서 깃발 문장을 사용하지 않았단 말일세. 가문의 영광은 특권을 올바르게 사용함으로써 비로소 떳떳하게 누릴 수 있는 것이라오. 이것을 잘 적어두시오, 올리비에."

또 이런 말도 했다. "허허! 우리 친구 독일황제가 무얼 요구하고 있는 거지?" 왕은 눈으로 편지를 읽어내려가다 말고 이따금 감탄사를 터뜨렸다. "허어 참, 독일제국이 믿어지지 않을 정도로 위대하고 강력한 게 사실이지만 이런 옛말을 잊어서는 안 되지! '가장 아름다운 백작령은 플랑드르고, 가장 아름다운 공작령은 밀라노이며, 가장 아름다운 왕국은 프랑스다' 했거든. 어떻소? 백 번 옳은 말이지 않소, 플랑드르 양반들?"

그러자 코프놀과 기욤 랭이 동시에 고개를 숙였다. 이 말이 옷장수의 애국심을 자극한 것이다.

5 루이 드 프랑스 전하가 기도를 올린 은신처 511

마지막 공문을 보며 루이 11세는 눈살을 찌푸렸다. "이건 또 뭐야?" 그는 소리쳤다. "피카르디 수비대에 대한 불평과 호소인가? 올리비에, 서둘러 루오 원수(루이 11세를 섬겼으나 반역혐의로 벌을 받아 영지에 틀어박혀 있었다)에게 편지를 쓰시오. '군대 규율이 해이해지고 있다. 헌병, 소집귀족, 정규사격병, 스위스 용병들이 마을 주민들에게 온갖 나쁜 짓을 저지르고 있다. 병사들은 농가를 습격하여 재산을 약탈할 뿐 아니라 곤봉이나 창을 휘둘러 사람들을 위협하여 포도주와 생선, 식료품, 잡화는 물론이고 온갖 쓸모없는 것까지 빼앗고 있다. 그것이 왕인 나의 귀에까지 들어왔다. 나는 내 백성의 삶을 편하게 해주고 강도나 약탈로부터 지켜주고자 한다. 성모 마리아를 걸고 이것이 내가 바라는 바다! 또한 떠돌이 악사나 이발사, 병사라면 누구든지 비로드와 비단과 금반지를 몸에 걸치지 않도록 한다. 하느님께서는 이런 허영 또한 노여워하신다. 우리 귀족들조차 17솔짜리 옷감으로 만든 방한용 속옷으로 만족하고 있다. 군대에 소속된 자들도 그런 정도까지 스스로를 낮추어야 한다. 이런 내용의 명령을 모두에게 전달하여 주지시키도록 하라. 나의 친구, 루오 원수에게.' 이상."

왕은 이 편지를 격앙된 목소리로 힘주어 구술했다. 편지 쓰기를 막 마쳤을 때, 문이 열리고 새로운 인물이 놀란 표정으로 숨을 헐떡이며 안으로 뛰어 들어와 외쳤다. "폐하! 폐하! 지금 파리 시내에 시민폭동이 일어났습니다!"

루이 11세의 근엄하던 얼굴이 한순간 굳어졌으나, 그러한 동요는 번개처럼 사라졌다. 그는 이내 마음을 가라앉히고는 준엄한 얼굴로 말했다.

"자크, 그렇게 갑자기 들이닥치니 사람이 놀라잖나? 웬 수선인가?"

"폐하! 폐하! 폭동이 일어났습니다!" 자크가 숨을 헐떡이며 말했다.

왕은 자리에서 벌떡 일어나 자크의 팔을 우악스레 잡더니 화를 억누르고 플랑드르인들을 연신 곁눈질하면서 그에게만 들리도록 입을 귀에 바짝 대고 말했다.

"입 다물어! 아니면 작은 소리로 하든지!"

갑자기 뛰어든 자크는 그제야 상황을 알아차리고 목소리를 한참 낮추어 왕에게 무시무시한 상황을 이야기하기 시작했다. 왕은 그것을 조용히 듣고 있었으며 기욤 랭은 코프놀에게 방금 들어온 사나이의 얼굴과 옷차림을 가리키며, 그의 모피 달린 두건이라든지 짧은 외투, 검정 비로드 법복을 보건대 그는 회계감사원장인 것 같다고 알려주었다.

그 인물이 왕에게 폭동상황에 대해 채 몇 마디 설명하기도 전에 루이 11세는 와락 웃음을 터뜨렸다.

"그게 정말인가, 쿠악티에! 좀더 큰 소리로 이야기하게나! 그렇게 작은 소리로 이야기할 게 뭐 있나? 여기 계신 플랑드르 여러분께도 감출 일이 요만큼도 없다는 것은 성모 마리아께서 알고 계신다네."

"하지만, 폐하······."

"더 크게 말하래도!"

쿠악티에는 당황하여 그만 말문이 막히고 말았다.

"어서 이야기하게. 아름다운 도시 파리에서 백성들이 무슨 소동이라도 일으켰단 얘기야?"

"그렇습니다. 폐하!"

"파리 재판소 대법관에 대한 반란을 일으켰다는 거지?"

"아마 그런 것 같습니다." 그는 이렇게 대답했지만 왕의 머릿속에서 갑자기 일어난, 어떻게도 설명되지 않는 변화에 대해서는 이해할 수 없어 여전히 말을 더듬고 있었다.

루이 11세는 말을 이었다. "야경대는 어디서 그 폭도들과 마주쳤지?"

"그랑드 트뤼앙드리에서 샹주 다리로 가는 도중에 마주쳤다고 합니다. 저도 폐하의 명을 받들러 오는 길에 그들과 맞닥뜨렸는데 '재판소 대법관을 타도하자!' 외쳐대고 있었습니다."

"그들은 대체 대법관한테 뭐가 불만이라던가?"

"그건, 대법관이 그자들의 영주이기 때문인 듯합니다." 자크가 말했다.

"그게 사실이야?"

"그러하옵니다, 폐하. 그자들은 '기적의 소굴' 부랑자들인데 이미 오래전부터 대법관에게 불만을 품고 있었습니다. 그래서 대법관을 재판관으로도 감독관으로도 인정하려 들지 않았습니다."

"호오, 그래?" 왕은 만족스러운 듯 미소를 지으며 말했는데, 자신이 탐탁해하고 있음을 감추려 애썼지만 소용없었다.

"그들이 고등재판소에 제출한 청원서에 따르면 자기들의 주인은 오직 폐하와 신뿐이라고 주장하고 있습니다만, 제 생각에 그들의 신이라는 건 악마를 가리키는 것이라고 사료되옵니다만." 자크가 말했다.

"그렇군! 그래!" 왕이 말했다.

그는 연신 손바닥을 문지르며 내심 흡족해하고 있었다. 그의 얼굴은 마음 깊은 곳에서 우러나오는 기쁨으로 빛나고 있었다. 애써 아무렇지 않은 척 꾸미려 했으나 저절로 솟아오르는 웃음은 막을 수가 없었다. 올리비에를 비롯하여 그 자리에 있던 사람 가운데 어느 누구도 그게 무엇을 뜻하는지 이해할 수 없었다. 그는 무슨 깊은 생각에 잠긴 듯, 그러나 만족스러운 표정으로 한동안 침묵했다.

"놈들의 기세가 등등하던가?" 왕이 갑자기 묻자 자크가 대답했다.

"예, 그렇습니다, 폐하."

"몇 명이나 되는데?"

"적어도 6천 명은 되는 것 같습니다."

그 대답에 왕은 자기도 모르게, "옳거니!" 내뱉고는 다시 물었.

"그래, 놈들은 무장을 했던가?"

"칼, 창, 도끼, 총, 곡괭이 등등 온갖 흉기란 흉기는 다 들고 나온 것 같았습니다."

왕은 이렇게 무기가 줄줄이 나열되는데도 전혀 불안해하는 눈치가 아니었다. 그래서 자크는 뭔가 덧붙여 말해야 할 것 같은 조바심이 났다.

"폐하께서 지금 당장 구원병을 보내지 않으시면 대법관은 파멸할 것입니다."

"물론 구원병을 보내야지!" 왕은 정색하고 대답했다. "좋아! 대법관은 우리 친구가 아닌가. 6천 명이라고? 정말 무모한 놈들이군! 간이 큰 것은 대견하다 하겠지만 몹시 부아가 치미는구나! 그러나 오늘 밤에는 그리 보낼 군사가 많지 않으니 내일 아침에 보내도 늦지 않겠지?"

그러자 자크는 다시 부르짖었다. "지금 당장 보내셔야 합니다! 폐하! 내일 아침이면 늦습니다. 그사이 재판소는 몇 번이나 노략질당하고도 남을 것입니다. 권위는 땅에 떨어질 것이며, 대법관은 교수형을 당할 게 분명합니다. 폐하! 부디 내일 아침이라 하지 마시고 지금 당장 원군을 보내주십시오!"

왕은 그의 얼굴을 똑바로 쏘아보며 말했다. "내일 아침이라고 내가 분명히 말했을 텐데!"

그것은 상대로 하여금 더 이상 아무 말도 할 수 없게 만드는 눈빛이었다.

잠시 침묵을 지키던 루이 11세는 다시 언성을 높였다. "여보게, 자크. 자네는 알고 있겠지? 뭐더라…… 그게…… 대법관의 토지관할구역은 어떻게 되었었지?"

"각하, 대법관의 관할구역은 칼랑드르 거리에서 에르브리 거리까지, 생미셸 광장과 노트르담 데 샹 성당 인근으로 흔히들 뮈로라고 부르는 곳입니다. (루이 11세는 노트르담이란 말을 들은 순간 모자의 테두리를 올렸다.) 거기에는 공공건물이 13채, 그리고 '기적의 소굴'과 '금지구역'이라 불리는 나환자병원이 있습니다. 그리고 이 병원에서부터 생자크 문까지 나 있는 모든 길 등이 관할구역에 속합니다. 대법관은 이 지역 전체의 감독관이고 고등, 중등, 초등재판소의 재판관이며 전권을 가진 영주이기도 합니다."

"그렇군!" 왕은 오른손으로 왼쪽 귀를 긁으면서 말했다. "그가 내 도시의 꽤 많은 부분을 차지하고 있었군그래. 아, 대법관 나리는 그 지역에서는 왕'이었던' 게야!"

그렇게만 말했을 뿐 되묻지는 않았다. 왕은 꿈이라도 꾸는 것처럼 자기 자신에게 말하듯 이렇게 중얼거렸다.

"참 대단하시군, 대법관 나리! 여태껏 이곳 파리에서 알토란 같은 곳을 장악하고 있었구먼!"

갑자기 왕이 목소리를 높이며 세차게 내뱉듯이 말을 쏟아냈다. "이런 빌어먹을! 내가 다스리는 나라에서 감독관이다, 사법관이다, 영주다, 상전이다 하고 자처하는 자들은 대체 뭐하는 작자들이냐? 여기서나 저기서나 통행세를 받아 챙기고, 어느 길목에서나 내 백성들을 재판하고 처형할 권리를 가지고 있다니, 이게 무슨 소리냐고! 마치 그리스인이 샘마다 신이 있다고 믿고, 페르시아인이 하늘에 보이는 별만큼이나 많은 신을 섬겼던 것처럼 프랑스인들은 교수대 수만큼 많은 국왕을 받들고 있었던 셈이야! 기막힐 노릇이군. 뭔가 단단히 잘못되었어. 나는 혼란을 바라지 않아. 파리에 국왕 아닌 다른 감독관이 있고, 왕의 최고재판소 말고 재판소가 또 있으며, 이 제국에 나 말고도 황제가 존재한다는 것이 하느님의 섭리인지 궁금하구나! 천국에 하느님이 한 분뿐이듯이 프랑스에도 국왕은 단 한 사람, 영주가 한 사람, 재판관이 한 사람, 목을 자르는 사람이 한 사람뿐인 그런 날이 반드시 와야 할 것이야! 이것이 나의 신조다!"

5 루이 드 프랑스 전하가 기도를 올린 은신처 515

왕은 다시 자기 모자를 올리며 여전히 꿈을 꾸듯, 사냥개를 부추겨 풀어놓는 사냥꾼 같은 몸짓과 어조로 말했다. "잘했다, 내 백성들아! 더욱 용감해져라! 저 가짜 영주들을 몰아내라! 너희의 목적을 끝까지 이루어내라! 자, 어서! 저들을 약탈하고, 목매달고 노략질하라! ……아, 영주들이여! 너희가 왕이 되려 한단 말이지! 백성들아, 어서! 나가라!"

여기까지 말하고 왕은 갑자기 입을 다물었다. 생각나지 않는 뭔가를 기어코 생각해내려는 사람처럼 입술을 깨물며 찌르는 듯한 눈초리로 주위에 둘러선 다섯 사람을 차례로 훑어보았다. 그러다 갑자기 두 손으로 모자를 움켜쥐더니 그 모자를 정면으로 노려보며 말했다. "오, 만일 네가 내 머릿속에서 무슨 생각이 일어나고 있는지 안다면 나는 너를 불태워버리겠다!"

그러고는 자기 굴속으로 돌아오는 교활한 여우처럼 조심스럽고 불안한 눈빛으로 주위를 둘러보며 말했다.

"어쨌든 좋소! 우선은 대법관 나리에게 지원병을 보내야겠지. 하지만 하필이면 지금 이곳엔 그렇게 많은 민중에 맞설 만큼 군사가 없으니 어쩔 수 없이 내일까지 기다릴 수밖에 없소. 시테의 질서를 회복하고, 체포된 자들은 모조리 교수형에 처할 것이오."

"그러하온데 폐하! 아까는 경황이 없어 깜빡 잊었으나, 야경대가 폭도들 가운데 낙오자 둘을 붙잡았습니다. 밖에 있으니 폐하께서 보심이 어떠하올지요." 쿠악티에가 말했다.

"보심이 어떠하오냐니! 어떻게 그런 걸 깜박할 수가 있지? 얼빠진 자 같으니! 빨리 가시오, 올리비에! 냉큼 이리 데려오란 말이오!" 왕이 벼락같이 소리쳤다.

서둘러 밖으로 나간 올리비에는 얼마 뒤 친위대에 둘러싸인 포로 2명을 데리고 돌아왔다. 한 사나이는 통통한 얼굴에 반쯤 얼이 빠져 있는 듯 보였고, 잔뜩 취한 데다 몹시 놀란 모양이었다. 그는 누더기 차림에 무릎을 굽힌 채 다리를 질질 끌며 걸어왔다. 또 한 사내는 창백한 얼굴에 미소를 짓고 있었는데 여러분도 이미 알고 있는 얼굴이다.

왕은 한동안 말없이 그들을 쳐다보다가 첫 번째 사나이에게 불쑥 말했다.

"네 이름이 뭐냐?"

"제프루아 팡스부르드라고 합니다."

"직업은?"

"떠돌이입니다."

"그런 괘씸한 난동에 가담해서 뭘 얻으려 한 게냐?"

떠돌이는 정신이 나간 사람처럼 팔을 흔들며 멀뚱히 왕을 쳐다보았다. 그는 촛불 끄는 덮개 아래의 불처럼 거의 캄캄하고 아무 생각도 없어 보일 만큼 모자란 자였다.

"모르겠습니다요. 그냥 다들 그리로 가기에 따라갔지요."

"대법관을 습격하여 약탈하려던 게 아니었어?"

"어떤 사람 집에서 뭔가를 훔치려 한다는 건 알고 있었어요. 그냥 그것뿐이에요."

한 병사가 그 거지에게서 압수한 손도끼를 왕 앞에 내놓았다.

"넌 이 무기를 본 기억이 있느냐?" 왕이 물었다.

"예, 제 도낍니다. 저는 포도밭 일꾼이에요."

"그럼 저 사내와 한패거리냐?" 루이 11세는 다른 포로를 가리키며 물었다.

"글쎄요, 모르는 사람입니다요."

"알았다, 됐어." 그러면서 왕은 문 옆에 꼼짝 않고 묵묵히 서 있는 인물에게 손가락으로 신호했다.

"트리스탕, 이놈은 너에게 맡긴다."

트리스탕 레르미트는 머리 숙여 절하고는 두 헌병에게 낮은 소리로 명령을 내렸다. 그들은 그 가련한 떠돌이를 데리고 나갔다.

한편, 왕은 두 번째 포로에게 다가갔다. 그 포로는 진땀을 뻘뻘 흘리고 있었다. "이름이 뭐냐?"

"전하, 피에르 그랭구아르라고 합니다."

"직업은?"

"철학자입니다, 폐하."

"이런 모자란 놈! 네가 감히 내 친구인 대법관의 저택을 약탈하려 했단 말이냐? 이런 민중의 소요에 대해 무슨 변계를 대려느냐?"

"폐하, 저는 그 일과 무관하옵니다."

"뭐라고? 발칙한 놈! 넌 그 폭도들과 함께 있다가 야경대한테 붙잡힌 게 아니냐?"

"오해시옵니다, 폐하. 저는 지나가다 운 나쁘게 잡힌 것뿐입니다. 저는 비극을 쓰는 사람입니다. 제 말씀을 들어보십시오. 저는 시인이기도 합니다. 저 같은 사람들은 우울해지면 밤거리로 나가 하릴없이 돌아다니곤 하지요. 저는 밤중에 우연히 그곳을 지나고 있었을 뿐입니다. 참으로 우연이었습니다. 그 자리에 있다는 이유만으로 저를 체포한 것일 뿐, 저는 그 폭동과는 아무 관계도 없습니다. 보시다시피 방금 그 거지도 저를 모르지 않습니까? 간절히 바라옵건대⋯⋯."

"닥쳐라!" 왕은 탕약을 한 모금 마시다가 멈추고 말했다. "말이 많구나. 네 말을 듣고 있으니 머리가 다 아파온다!"

트리스탕 레르미트가 앞으로 나와서 그랭구아르를 가리키며 말했다.

"폐하, 이놈도 교수형에 처할까요?" 그가 처음으로 한 말이었다.

"흠, 크게 지장이 있을 것 같진 않군." 왕이 시큰둥한 표정으로 대답했다.

"제겐 막대한 지장이 있습니다, 폐하!" 그랭구아르는 필사적으로 말했다.

그 순간 철학자의 얼굴에선 핏기가 싹 사라져 올리브 열매보다 더 새파랗게 변해 있었다. 그는 왕의 냉담하고 무관심한 얼굴을 보며 몹시 비통한 자세로 나가는 수밖에 달리 방법이 없다는 결론을 내렸다. 그는 절망적인 몸짓으로 루이 11세의 발치에 몸을 던지며 읊조렸다.

"폐하! 폐하께서는 제가 드리는 말씀에 부디 한 번만 귀를 기울여주십시오. 저처럼 보잘것없는 놈을 향해 천둥처럼 노여워하실 것 없습니다. 하느님의 크나큰 벼락은 결코 양상추 같은 소소한 것에는 떨어지지 않는 법입니다. 폐하, 폐하는 매우 존귀한 분이십니다. 부디 불쌍하고 정직한 인간에게 연민의 정을 베풀어주십시오. 얼음 조각이 불꽃을 일으키지 못하는 것 이상으로 저는 폭동을 선동하는 일 따위 죽어도 할 수 없는 인간입니다! 지극히 인자하시고 덕망 높으신 폐하, 인자한 마음이야말로 사자(獅子)와 군왕의 미덕입니다. 아! 가혹한 정치는 민심을 떨게 할 따름입니다. 북풍이 거칠게 불어와도 나그네의 외투를 벗기지 못하지만, 태양은 그 빛으로 나그네의 외투를 벗길 수 있지 않습니까? 태양은 그 빛을 천천히 내리쬐어 나그네를 덥히고 마침내는 속옷 바람으로 만듭니다. 폐하, 폐하는 태양이시옵니다. 감히 말씀드리건대, 최고 지배자이며 군주이신 폐하, 저는 결코 떠돌이패도 도적패도 난동을 부리는 폭도도 아닙니다. 반란과 강도질은 아폴로를 따르는 이에겐 결코 없습니다. 그 폭동의 소요 속에 제가 뛰어드는 일 따위는 결코 없습니다. 저는 폐하의 충성스러운 신하입니다. 아내의 명예를 위하여 남편이 갖는 마음, 아버지를 사랑하기 때문에 자식이 품는 효심, 착한 신하는 이러한 것들을 국왕의 영광을 위해 가져야 하고, 왕가에 대한 열정을 품고 더 잘 섬기기 위하여 노심초사해야 합니다. 그 밖의 모든 열정은 어차피 발광에 불과합니다. 폐하, 이것이 제가 금과옥조로 삼는 국가관이옵니다. 그러므로 팔꿈치가 닳은 저의 누더기를 보시고 폭도나 강도라고 판단하지 말아주시길 부탁드립니다. 만약 폐하께서 저에게 자비를 베푸신다면, 저는 무릎이 다 닳도록 폐하를 위하여 아침저녁으로 하느님께 기도드리겠습니다. 아아! 솔직히 말씀드리건대 저는 재산이 없습니다. 아니, 가난뱅이라고 해야겠지요. 그렇다고 해서 나쁜 짓을 저지르지는 않습니다. 가난한 건 제 탓이 아니지요. 갑부는 문예의 길을 통해 얻어지지 않으며, 엄청난 책을 독파한 사람이라 해서 그의 난로에 늘 온기가 있으리라는 보장이 없다는 것은 누구나 다 아는 사실입니다. 엉터리 변호사질만이 알곡을 모두 차지하고, 다른 학문을 연구하는 사람들에게는 지푸라기밖에 남겨놓지 않습니다. 철학자들의 구멍 뚫린 외투에 관한 훌륭한 속담이 수십 가지가 있습니다. 오, 폐하! 관용이야말로 위대한 영혼을 밝혀줄 수 있는 유일한 빛입니다. 그것은 다른 모든 미덕 앞에서 횃불을 들어줍니다. 긍용이 없으면 하느님을 더듬어 찾는 소경들과 같습니다. 불쌍히 여기는 마음은 관용의 미덕으로, 신하들의 사랑을 얻게 하며, 신하들의 사랑은 군주의 몸에 가장 강력한 호위대가 되는 것입니다. 이 땅에 저처럼 가련한 사나이가 하나 더 있다 해도, 불행이 암흑 속에서 질퍽거리는, 주린 배 위에서 텅 빈 호주머니가 팔랑거리는 가련하고 무고한 철학자가 하나 더 있다 한들 용안이 빛나시는 폐하께 무슨 지장이 있겠습니까? 또한 폐하, 저는 일개 문학자입니다. 위대한 왕들은 문학을 보호함으로써 그들의 왕관에 진주 하나를 더해주는 것입니다. 헤라클레스는 '뮤즈의 안내자'라는 칭호를 경멸하지 않았거니와 마티아스 코르뱅(15세기 헝가리의 왕)은 수학계의 자랑인 장 드 몽루아얄을 우대했습니다. 그런데 문학자를 교수대로 보내심은 문학을 보호함에 있어 좋지 않은 방법입니다. 만약 알렉산드로스가 아리스토텔레스의 목을 매달았다면 그에게 커다란 오점이 되었을 것입니다. 그런 행위는 명성이 자자한 그의 얼굴에 앉은 날벌레 한 마리가 아니라, 얼굴을 흉측하게 만드는 악성궤양 덩어리가 되고 말 것입니다. 폐하! 저는 플랑드르 공주와 지존하신 황태자 전하를 위하여 매우 훌륭한 축혼시를 지은 적이 있습니다. 이런 사람이 반란의 선동자가 될 리 있겠습니까? 폐하께서도 보고 계시듯이 저는 결코 서 푼짜리 싸구려 예술가가 아닙니다. 연구도 열심히 했고, 웅변술도 타고났습니다. 서를 용서해주십시오, 폐하. 성모 마리아께 착한 일을 하시는 것이 될 겁니다. 솔직히 말씀드려 교수형을 당하다니 생각만 해도 등골이 오싹한 일입니다!"

그렇게 말하면서 잔뜩 슬픔에 젖은 그랭구아르는 왕의 발끝에 입을 맞추었다. 기욤 랭은 코프놀에게 작은 소리로 말했다. "바닥을 기면서 제법 잘하고 있군그래. 왕들이란 크레타 섬의 유피테르처럼 발에만 귀가 달렸거든." 그러자 옷장수는 크레타 섬의 유피테르 따위에는 관심 없다는 듯 그랭구아르만을 뚫어지게 쳐다보며 야릇한 미소를 지은 채 말했다. "참, 대단한 말솜씨구려! 마치 대법관 위고네가 내게 사면을 청하는 소리를 듣는 것 같소이다."

그랭구아르는 마침내 숨이 목까지 차서 입을 다물고 몸을 떨면서 왕을 향해 슬며시 고개를 우러렀다. 왕은 바지에 묻은 얼룩을 손톱으로 긁어내더니 잔에 든 탕약을 마시기 시작했다. 그동안 왕은 한마디도 하지 않았는데 그 침묵이 그랭구아르에게는 천 년같이 길게 느껴졌다. 마침내 왕은 그를 바라보며 말했다. "참으로 청산유수로구나!" 그러고는 뒤에 있는 트리스탕 레르미트를 돌아보며 명령했다. "좋아, 이자는 놔줘라!"

그랭구아르는 너무도 기쁘고 놀란 나머지 뒤로 나자빠졌다.

"용서해주시는 겁니까?" 트리스탕이 못마땅하다는 듯 투덜거렸다. "그래도 잠시 감옥에 쳐 넣어야 하지 않을까요?"

"이보게, 저런 놈들을 위해서 내가 367리브르 8솔 3드니에나 들여서 감옥을 만든 줄 아나? 저런 부랑자(루이 11세는 이 말을 좋아했는데 그것은 '우라질'이라는 말과 더불어 그가 기분이 좋을 때 곧잘 쓰는 말이었다)들은 흠씬 두들겨 패준 뒤 내쫓아버리도록!"

"어이구, 감사합니다! 참으로 위대하신 왕이십니다!" 그랭구아르는 이렇게 외쳤다. 그러고는 다시 명령을 무르지나 않을까 두려워하며 재빨리 문 쪽으로 내달렸다. 트리스탕은 떨떠름한 표정으로 문을 열어주었다. 병사들은 주먹을 휘두르며 그를 쫓아냈는데 그랭구아르는 진정한 금욕주의적 철학자답게 모든 것을 참고 견뎠다.

　대법관에 대한 반란 소식을 듣고 기분이 좋아진 왕은 여러 면에서 그 반응을 드러내고 있었다. 이러한 관용 역시 매우 보기 드문 일일뿐만 아니라 전례가 없는 것이었다. 트리스탕 레르미트는 구석에서 먹이를 쳐다보기만 할 뿐 먹지 못하는 개처럼 오만상을 찌푸리고 있었다.

　한편, 왕은 즐거운 듯 의자 팔걸이에 손가락으로 퐁 토드메르의 행진곡 가락을 두드리고 있었다. 그는 자기 감정을 잘 드러내지 않는 편이었는데, 특히 고통을 감추는 데는 명수였다. 하지만 기쁨은 잘 감추지 못했다. 좋은 소식이 있을 때면 이렇게 기쁨을 밖으로 쉽게 드러내곤 했다. 이를테면 샤를 테메레르(부르고뉴 공작, 루이 11세의 매제)가 죽었을 때는 생마르탱 드 투르 성당에 은 난간을 헌납했고, 자신이 즉위할 때는 아버지의 장례식을 치르라고 명령하는 것조차 잊어버릴 정도였다.

　"그런데 폐하! 저를 부르게 만든 그 심한 통증은 어찌되셨습니까?" 갑자기 자크 쿠악티에가 생각난 듯 왕에게 물었다.

　"아 그렇지, 난 몹시 괴로워. 귀에서는 바람 소리가 끊이지 않고 이 심장은 불 갈퀴로 마구 할퀴는 것 같소!"

　그러자 쿠악티에는 자신만만한 표정으로 왕의 맥을 짚었다.

　"이보게, 코프놀." 랭이 작은 소리로 말했다. "국왕은 지금 쿠악티에와 트리스탕 사이에 끼어 있구려. 궁중에 있는 신하들이란 저들이 전부인 것이나 다름없소. 의사는 왕을 위해서, 사형집행인은 왕 말고 다른 사람들을 위해서 말이오."

　국왕의 맥을 짚으며 쿠악티에는 차츰 걱정스러운 표정을 지었다. 루이 11세도 근심스러운 듯 그를 바라보았다. 그러는 사이에도 쿠악티에의 얼굴은 눈에 띄게 어두워지고 있었다. 그에게는 왕의 병환만이 끼니거리를 채워주는 훌륭한 경작지였다. 그래서 그는 왕의 질병을 최대한 이용하고 있었다.

　"오오! 이런! 전하, 이것 참…… 정말로 매우 위중하십니다." 마침내 그는 이렇게 중얼거렸다.

　"그렇소? 역시?" 왕은 걱정스러운 듯 말했다.

　"맥박도 급하고 호흡이 곤란한 데다가, 시끄럽고 고르지도 못합니다." 의사는 진단한 내용을 계속해서 설명했다.

"우라질!"

"사흘도 못 가서 이것이 목숨을 앗아갈 수도 있습니다."

"어이쿠! 어쩌면 좋은가? 치료 방법은 있나?" 왕이 소리쳤다.

"지금 생각하는 중입니다. 폐하!"

그는 루이 11세에게 혀를 내밀게 하더니 고개를 젓고는 얼굴을 잔뜩 찌푸렸다가 아주 젠체하며 불쑥 말을 꺼냈다. "저, 폐하…… 긴히 드릴 말씀이 있습니다. 실은 주교 부재시에 국왕을 대리하여 세금을 수납하는 자리 하나가 비어 있는데 마침 제게 조카가 하나 있습니다."

"그래? 그 수납관 자리를 자네 조카에게 주겠네, 자크! 그러니 어서 타는 듯한 이 가슴속 불부터 좀 꺼주게."

"폐하께서는 매우 너그러우시니 드리는 말씀입니다만, 생탕드레 데 자르크 거리에 제가 집을 짓고 있는데 공사비용을 약간 보조해주시는 것을 거절하진 않으시리라 생각합니다만."

"뭐야?" 왕이 말했다.

"제가 가진 것이 부족하여 공사비 조달에 어려움이 많습니다. 집이 완성되어도 지붕을 덮지 않으면 그보다 안타까운 일이 어디 있겠습니까? 집은 그저 검소하고 소박하게 서민적으로 짓는다고 하지만 벽을 장식하는 장 푸르보의 그림 때문에 고민입니다. 거기엔 공중을 나는 달의 여신 디아나가 있는데 매우 훌륭하고 부드럽고 섬세하며 동작도 세밀할 뿐 아니라 그 머리에는 초승달 모양 관을 쓰고 있지요. 그 살갗은 어찌나 흰지 보는 사람마다 자기도 모르게 유혹을 느낄 정도랍니다. 또 케레스의 그림도 하나 있는데, 그 역시 매우 아름다운 여신입니다. 그녀는 밀 이삭 위에 앉아 있고 수선화와 그 밖의 꽃들을 한데 엮은 밀 이삭 모양의 아리따운 화환을 쓰고 있습니다. 그 사랑스런 눈 하며, 그 다리보다 더 포동포동하고 그 자태보다 더 고상하고 그 치마보다 더 우아한 것은 세상 어디에도 없을 겁니다. 그것은 이제까지 어떤 그림보다도 가장 순결하고 완전한 미인들의 모습입니다."

"이런 고얀 놈 같으니! 그래서 뭘 어쩌자는 거냐?" 루이 11세가 중얼거렸다.

"그 그림들 위에 아무래도 지붕을 얹어야 할 것 같은데, 폐하, 적은 돈이긴 하지만 저한텐 그럴만한 돈이 없거든요."

"그 지붕을 올리는 데 얼마나 드는데?"

"예에, 지붕은…… 그림이 들어간 금박 동판으로 만들려 하는데, 그래 봐야 2천 리브르 정도입니다."

"뭐어? 이런 도둑놈 같으니!" 왕은 소리쳤다. "네놈은 내게서 다이아몬드를 쏙쏙 뽑아먹을 작정이로구나!"

쿠악티에는 태연하게 말했다. "폐하, 지붕은 어떻게 할까요?"

"알았다! 그러니 입 닥치고 내 병이나 고쳐다오."

자크 쿠악티에는 머리가 땅에 닿도록 허리 숙여 절한 뒤 말을 이었다.

"폐하, 소염제를 쓰면 곧 회복되실 겁니다. 밀랍 연고와 아르메니아 환약과 달걀흰자와 기름에 초를 섞은 특효약을 써보도록 하겠습니다. 지금 드시는 탕약은 계속 드셔야 합니다. 폐하의 병환은 제가 책임지고 확실하게 완쾌시켜드리겠습니다."

잘 타고 있는 양초는 단지 모기 한 마리를 끌어들이는 것으로 만족하지 않는다. 올리비에는 왕이 이처럼 너그러운 것을 보고 자신도 무언가 부탁할 아주 좋은 기회라 생각하고, 이번엔 내 차례다 싶어 잰걸음으로 왕 앞에 나아갔다. "폐하……" 올리비에가 입을 열었다.

"이번엔 또 뭐야?" 루이 11세가 말했다.

"폐하, 폐하께서도 아시겠지만, 시몽 라댕 나리가 얼마 전에 죽었습니다."

"그래서?"

"그는 회계감사담당 왕실고문관이었습니다."

"그런데?"

"지금 그 자리가 비어 있습니다, 폐하."

이렇게 말하면서 올리비에의 거만하던 얼굴은 건방진 표정이 사라지고 점점 비굴한 표정을 띠기 시작했다. 그것은 왕을 섬기는 사람들이 갖는 또 다른 얼굴이었다. 왕은 그를 쏘아보더니 냉랭하게 말했다. "알고 있다."

그리고 왕은 말을 이었다.

"올리비에, 부시코 원수(14세기의 군인)가 이런 말을 한 적이 있지. '왕이 내린 것 말고는 하사품이란 없다. 마치 바다에서만 고기를 잡을 수 있는 것처럼' 말이야. 자네도 부시코와 같은 생각인 모양이군. 내 얘기를 좀 들어보게. 나는 기억력이 무척 좋거든. 내가 68년에 자네를 시종으로 삼았고, 69년에는 투르 은화 1백 리브르의 급료를 받는 생클루 별궁의 경호원 자리에 앉혔어. 기억 하나? 자네는 파리 금화로 급료를 받고 싶어했지. 그리고 73년 11월에는 제르졸에게 내린 편지에 따라 평귀족 질베르 아클 대신 뱅센 숲 관리자로 임명했어. 그 뒤, 75년에는 자크 르 메르를 대신해서 루브레 레 생클루 숲의 재판관으로 봉했고, 78년에는 이중 리본을 초록 밀랍으로 봉인한 국왕의 사령장을 내려 생제르맹 학교 부지에 있는 상점가를 관리하게 했지. 그럼으로써 자네와 자네 안사람에게 파리 주화 10리브르의 연금을 받는 지위에 앉혀 주었어. 또 79년에는 저 불쌍한 장 데를 대신해서 그대에게 스나르 숲 영주 자리를 주었고, 그다음엔 로슈 성의 대장, 생캉탱의 사령관, 이어 묄랑 다리의 대장을 시켜준 덕에 자네는 묄랑 백작으로 불리고 있지 않은가. 축제일에 수염을 깎아준 이발사들이 내는 벌금 5솔 중에서 3솔은 자네에게 돌아가고 나는 그 나머지를 받을 뿐이야. 나는 '르 모베(안당이라)'라는 자네 성을 바꿔주려고도 했어. 그게 자네 모습과 너무나 닮았었거든. 또 74년에는 귀족들의 반대를 무릅쓰고 자네에게 공작처럼 화려한 온갖 빛깔의 문장을 하사하여 자네 가슴을 화려하게 장식하게 해주었지. 아니! 그런데도 자네는 아직 뭐가 부족한가? 자네가 누리고 얻은 혜택은 그만하면 충분하지 않은가? 자네 어장은 그만하면 충분히 훌륭하고 풍족하지 않은가 말이야! 욕심을 부려 연어 한 마리를 더 채워넣었다가 자네 배가 뒤집힐까 걱정되지도 않는가? 이 보게, 교만은 스스로를 파멸로 이끌게 마련이야. 그 뒤에는 몰락과 치욕만이 뒤따르게 되어 있네. 내 말을 잘 새겨듣고 좀 가만히 있게나."

왕의 준엄한 꾸짖음에 올리비에의 억울한 듯한 얼굴은 잔뜩 건방진 표정으로 바뀌었다.

"좋습니다." 그는 일부러 왕에게 들으라는 듯이 큰 소리로 중얼거렸다. "오늘은 폐하께서 몹시 편찮으셔서 뭐든지 의사에게만 주시는 모양이야."

루이 11세는 그런 무례한 말을 듣고도 전혀 노여워하지 않고 오히려 부드럽게 말을 이었다. "아, 그렇지. 내가 잊은 게 하나 있구나. 자네를 사신으로 삼아 마리 왕비가 있는 곳에 보냈던 일 말이야. 암, 그렇고말고! 여러분!" 그러면서 왕은 플랑드르 사람들을 돌아보았다. "이 친구가 나의 사신이었소. 그러니 여보게." 왕은 올리비에를 바라보며 말했다. "우리는 오랜 친구 아닌가. 이제 밤도 많이 깊었으니 오늘은 그만하기로 하지. 내 수염을 깎아주게."

여러분은 아마도 이 올리비에에게서 저 위대한 극작가이신 하느님의 섭리가 그토록 교묘하게 루이 11세의 길고 피비린내 나는 극 속에 섞어놓은 저 섬뜩한 피가로(보마르셰의 희곡《피가로의 결혼》《세비야의 이발사》의 주인공)의 모습을 발견할 수 있었으리라. 여기서 굳이 그 기묘한 인물에 대해 더 이상 설명할 생각은 없다. 그는 왕의 전속이발사이면서 3개의 이름으로 불리었다. 궁정에서 예의 바르게 불리는 이름은 '얼간이 올리비에', 백성들 사이에서는 '악마 올리비에'로 불렸으나, 진짜 이름은 '악당 올리비에'였다.

'악당 올리비에'는 왕에게 앙심을 잔뜩 품고 자크 쿠악티에를 곁눈질하면서 꼼짝 않고 서 있었다.

"그래, 좋다! 어디 두고 보자, 의사 놈아!" 그는 중얼거렸다.

"아무렴 그렇고말고, 의사잖아! 그는 당연히 자네보다 믿음이 가는 사람이지." 루이 11세는 이상하리만치 친절하게 말을 이었다. "그야 뻔한 거 아닌가? 의사는 내 몸 전부를 살피고 책임지고 있지만 자네가 맡은 부분은 내 몸에서 턱뿐이잖은가? 그러니, 이 이발사야, 자네 청을 들어줄 기회가 또 있을 테니 오늘은 실망하지 말게. 내가 만약에 실페릭 왕(고대 프랑크왕)처럼 한 손으로 자기 수염을 붙잡는 버릇이 있었다면 자네는 뭐라고 했겠나? 그러니 자네는 어서 할 일을 하게. 수염이나 깎게. 얼른 가서 필요한 도구를 가져오게."

올리비에는 여신 웃고 있는 왕을 보며 아무리 해도 왕을 화나게 할 수 없음을 알고 투덜거리면서도 명령을 실행하기 위해 방을 나갔다.

왕은 자리에서 일어나 창가로 다가가더니 갑자기 매우 흥분된 모습으로 창문을 열었다. "아, 그렇구나!" 하고 손뼉을 치며 외쳤다. "정말로 시테의 하늘이 붉게 물들어. 저건 대법관을 태우는 불인가 봐! 틀림없어. 아아, 백성들이여! 드디어 그대들이 나를 도와 영주의 권한을 무너뜨리는구나!"

이렇게 말하고 플랑드르 사람들을 돌아보았다. "여러분도 와서 보시오. 저 붉은 하늘은 불 때문이 아닐까?"

두 사람이 다가왔다.

"큰불인 듯합니다." 기욤 랭이 말했다.

"와! 저 광경을 보니 앙베르쿠르 영주 집이 불타던 때가 생각납니다. 틀림없이 대규모 반란이 일어나고 있는 겁니다." 이렇게 덧붙이는 코프놀의 눈빛이 반짝이고 있었다.

5 루이 드 프랑스 전하가 기도를 올린 은신처 525

"코프놀 경, 당신도 그렇게 생각하지?" 이렇게 말하는 루이 11세의 눈빛도 의류상인 코프놀처럼 기쁨으로 반짝였다. "저건 막기도 쉽지 않겠지?"
"그렇습니다. 폐하! 이 정도라면 병사들도 꽤 많이 다치겠는데요."
"사실, 그렇지 않아요! 정말로 내가 원한다면 말이오." 왕이 즉각 말했다.
그러자 옷장수가 대담하게도 이렇게 대꾸했다.
"만약 저 폭동이 제 추측대로라면 폐하께서 아무리 수를 써봤자 도저히 안 될 것 같습니다!"
"여보게, 내 친위대 2개 중대와 대포 1문만 있으면 저 따위 천민 떼거지들은 얼마든지 해치울 수 있어!"
옷장수는 기욤 랭이 몇 번이나 신호를 하는데도 끝끝내 왕의 말에 어깃장을 놓고 있었다.
"폐하, 스위스 용병들도 저런 오합지졸이었습니다. 하지만 부르고뉴 공작(샤를르테메레르를 말함)은 위대한 귀족이어서 그 불한당들을 얕잡아보고 무시했습니다. 그는 그랑종 전투에서 이렇게 외쳤지요. '포병들아! 저놈들에게 발포하라!' 그러면서 성 조르주를 걸고 맹세하셨지요. 하지만 스위스의 수석 사법관 샤르나흐탈은 곤봉을 휘두르며 부하를 독려하여 공작에게 덤벼들었고, 무공에 빛나는 부르고뉴 군대도 물소가죽을 쓴 농민들과 부딪쳐서는 조약돌 하나에 산산이 깨져버린 유리창처럼 무너지고 만 겁니다. 말 탄 수많은 기사들이 그들에게 죽음을 당하고 부르고뉴의 최대 영주였던 드 샤토 기용 씨도 그 커다란 회색 말과 함께 어느 늪지의 풀밭에 시체로 팽개쳐졌지요."
"여보게, 그건 전쟁 얘기지만 지금 이건 폭동이란 말일세. 그러니 그깟 폭동쯤은 내가 눈살만 한 번 제대로 찌푸려도 모조리 쓸어버릴 수가 있다니까."
상대방은 개의치 않고 대꾸했다.
"그럴지도 모르지요, 폐하. 하지만 그건 민중에게 아직 '때'가 이르지 않았을 적 얘기입니다."
기욤 랭은 더 이상 두고 볼 수가 없어서 끼어들었다.
"코프놀, 당신은 지금 강대한 힘을 지니신 국왕 폐하께 말씀을 드리고 있다는 것을 잊지 마십시오."
"나도 잘 알고 있어요." 옷장수 코프놀이 정색하고 말했다.
"괜찮아, 그냥 두게, 랭." 왕이 말했다. "나도 이렇게 기탄없이 솔직하게 말하는 걸 좋아한다네. 부왕이신 샤를 7세는 '진실은 병들었다'고 말씀하셨지만 나는 진실은 죽었고 고해신부조차 이제는 찾을 수가 없다고 믿었어. 그런데 코프놀이 내 생각이 잘못됐다는 걸 알려주었네."

그렇게 말하고 왕은 아주 친근하게 코프놀의 어깨에 손을 얹었다.

"아, 자크. 좀 전에 뭐라고 했지?"

"예, 폐하. 분명 폐하의 말씀이 옳을 것 같습니다만, 저는 폐하의 나라 민중에게는 아직 '때'가 오지 않았다고 했습니다."

루이 11세는 그의 마음을 꿰뚫어보는 듯한 시선으로 가만히 바라보았다.

"그래, 그 '때'란 것은 언제 오는데?"

"폐하께서도 그 '때'를 알리는 소리를 들으실 수 있을 것입니다."

"그런데 어느 시계가 울리는지 좀 가르쳐주지 않겠나?"

코프놀은 무척 침착한 태도로 왕을 창가로 이끌며 말했다.

"들어보십시오, 폐하! 여기에는 큰 탑이나 종루는 물론이고 대포도 시민도 군사도 있습니다. 종루의 종이 울려퍼지고 대포 소리가 울리고, 큰 탑이 어마어마한 소리를 내며 무너지고 시민이나 군사들이 고함을 치며 서로 치고받고 죽일 때가 바로 그 '때'의 종이 울리는 순간입니다."

그러자 왕의 얼굴이 순식간에 음울한 꿈이라도 꾸는 것처럼 눈에 띄게 어두워졌다. 한동안 아무 말 없이 그렇게 있다가 왕은 다시금 군마의 엉덩이를 어루만지듯 탑의 두꺼운 벽을 손으로 쓰다듬었다. "아냐, 그렇지 않아! 결코 그렇지 않을 것이다! 내가 끔찍이 아끼는 바스티유야, 너는 그렇게 쉽사리 무너지지는 않겠지?"

왕은 이렇게 말하고는 고개를 휙 돌려 대담한 플랑드르인을 돌아보며 물었다.

"지금까지 폭동이 일어난 것을 목격한 적이 있는가, 자크?"

"그보다 저는 직접 반란을 일으킨 적이 있었습니다." 옷장수 코프놀이 대답했다.

"그래? 폭동을 일으키려면 어떻게 해야 하지?" 왕이 물었다.

"예! 그것은 별로 어려운 일이 아닙니다. 방법은 여러 가지입니다만, 첫 번째로, 시민들로 하여금 불만을 품게 해야 합니다. 본디 시민들은 세금이라든가 여러 가지 면에서 불만이 있게 마련이니 이건 특별히 신기할 것도 없습니다. 그 다음으로 시민들의 성격이 중요합니다. 우리의 도시, 강의 시민들은 반란에 적합합니다. 그들은 군주의 아들은 탐탁해하지만 군주를 좋아하는 경우란 절대 없지요. 자, 여기서 어느 날 아침 일어날 수 있는 대화를 가정해보지요. 사람들이 제 가게에 들어와 이런 얘기를 하는 겁니다. '코프놀 씨, 이러저러한 일이 있었는데, 플랑드르의 공주님이 대신을 구출하려 하고 있어요' 또 '대법관이 방아세(稅)를 2배로 올린대요' 같은 이야기들을 하는 겁니다. 저는 가게 일도 팽개치고 거리로 뛰쳐나가 '약탈하라!' 외치는 거죠. 그런 일이 벌어지는 거리에는 으레 빈 술통 같은 것이 뒹굴게 마련이라 저는 그 위로 올라가서 생각나는 대로, 마음속에 품고 있던 불만사항을 크게 떠벌리고요. 폐하! 평민 처지에서는 누구나 가슴속에 크고 작은 불만들이 쌓이게 마련입니다. 제가 떠드는 소리를 듣고 사람들이 순식간에 주위로 몰려들어 함성을 지르고 경종을 울리거나 병사들에게서 무기를 빼앗아 무장하겠지요. 시장 사람들도 가담하여 폭동이 시작되는 겁니다. 영지에 영주가 있고 시에 시민이 있고 농촌에 농민이 있는 한 폭동이란 이런 식으로 언제든지 일어나기 마련입니다."

"그런데 자네들은 대체 그런 반란을 누구에 대해서 일으키는 것인가?" 왕이 물었다. "자네들의 대법관에 대해서였는가, 아니면 영주들에 대해서?"

"그것은 때에 따라, 그리고 경우에 따라 달라지지요. 대법관이나 영주는 물론 공작에 대해서 반란을 일으키는 경우도 있습니다."

루이 11세는 자기 자리로 돌아가 미소를 머금으며 말했다.

"아하, 그러고 보니 여기서는 아직 대법관에 대해서만 일어난 반란인 모양인걸."

이때 마침 올리비에가 돌아왔다. 그의 뒤에는 왕의 화장(化粧) 도구를 든 시동 둘이 따르고 있었다. 루이 11세는 그를 보다가 화들짝 놀랐는데, 그것은 올리비에 뒤로 시동들 말고도 파리시장과 야경 기마대장이 따라오고 있었기 때문이다. 그들은 몹시 당황한 표정이었으며, 자신의 청을 거절한 왕에게 앙심을 품은 이발사 역시 깜짝 놀라기는 마찬가지였으나 속으로는 은근히 쾌재를 부르고 있었다. 그가 먼저 입을 열었다.

"폐하, 황공하옵니다만, 폐하께 좋지 못한 소식을 알려드리게 되었습니다."

그 소리에 왕은 황급히 돌아보다가 앉아 있던 의자 다리로 바닥의 돗자리를 벗기고 말았다.

"무슨 일이냐?"

"폐하." 올리비에는 왕에게 몹시 강한 타격을 줄 수 있게 된 것이 매우 기쁜지 잔뜩 심술궂은 얼굴로 말을 이었다. "이번에 일어난 인민폭동은 대법관을 겨냥한 것이 아니라고 하는데요."

"그럼 누구한테 그러는 거냐?"

"그것은 폐하를 겨냥한 것입니다, 폐하."

갑자기 늙은 왕은 청년처럼 벌떡 일어섰다. "이유를 대라, 올리비에! 그 이유를 말하라고! 생로의 십자가에 걸고 맹세하건대, 만약에 네가 한 말에 한 치의 거짓이라도 있었다간 뤽상부르 공의 목을 벤 칼이 네 목을 자르지 못할 만큼 무뎌지지 않았다는 것을 보게 될 것이다!"

섬뜩한 맹세였다. 루이 11세가 생로의 십자가에 걸고 맹세한 일은 평생 단 두 차례뿐이다.

올리비에는 입을 열어 대답하려고 했다. "폐하, ……"

"무릎을 꿇어라!" 왕은 매몰차게 그의 말을 가로막으며 준엄하게 소리쳤다. "트리스탕, 이자를 잘 감시하도록!"

올리비에는 시키는 대로 무릎을 꿇고 차갑게 다시 입을 열었다. "폐하, 마녀 하나가 재판소에서 사형선고를 받은 일이 있는데 그 마녀가 노트르담으로 피신했다고 합니다. 그런데 민중이 그녀를 그곳에서 빼내려 하고 있는 것입니다. 그 폭동 현장에 있던 헌병대장과 야경대장이 이곳에 와 있으니 물어보시면 제 말이 거짓인지 아닌지 금방 아실 것입니다. 폭동을 일으킨 자들이 에워싸고 있는 것은 노트르담입니다, 폐하."

"뭐가 어째?" 왕의 얼굴은 분노로 파랗게 질려 온몸을 부들부들 떨며 낮은 목소리로 말했다. "오, 성모 마리아여! 노트르담을! 그놈들이 거룩한 마리아의 대성당 노트르담을 포위하고 있단 말이지! 어서 일어서라, 올리비에! 네 말이 옳다. 네게 시몽 라댕의 직위를 주겠다. 네 말대로 놈들은 나를 공격하는 것이다. 그 마녀는 그 성당의 보호 아래 있으며, 그 성당은 나의 보호 아래 있으니 말이다. 내가 대법관의 문제라고 오해를 했었다니! 아아, 이게 나에 대한 반역이었단 말이지?"

몹시 화가 난 왕은 오히려 활력을 되찾은 듯 방 안을 성큼성큼 돌아다녔다. 웃음기가 싹 가셔버린 왕의 얼굴은 험악했다. 여우는 이제 하이에나로 변해 있었다. 그는 숨이 막혀 말도 하지 못하는 것 같았다. 이리저리 왔다 갔다 할 뿐, 입술이 실룩거리고 앙상한 주먹은 부들부들 떨렸다. 그러다 별안간 고개를 들었는데, 움푹 파여 퀭한 눈에 번개 같은 광채가 번쩍이더니 목소리가 나팔처럼 울려나왔다. "모조리 죽여버려, 트리스탕! 그 악당놈들을 몰살시키라고! 어서 가라, 트리스탕! 죽여라, 깡그리 죽여버려!"

어마어마한 폭발이 가라앉자 왕은 다시 자리로 돌아가 평정을 되찾으려 억누르고 있지만 여전히 노기 띤 목소리로 말했다.

"이리 오너라, 트리스탕! 이 바스티유에는 지프 자작의 창기병 50명이 내 곁에 있으니 그것은 기병 3백 명에 해당한다. 네가 그들을 데려가거라. 그리고 샤토페르 지휘 아래 있는 왕실 친위대 중대가 있으니 그들도 함께 데리고 가도록. 너는 헌병대사령관이니 부하들도 데리고 가거라. 생폴 저택에는 새로 임명한 황태자 호위 친위대가 40명 있을 테니 그들까지 네가 몽땅 거느리고 노트르담으로 가라. 아! 파리의 인민들아, 너희는 프랑스 왕권도, 노트르담의 신성도, 이 나라의 평화도 뒤흔들려 하는구나! 모조리 없애라, 트리스탕! 저항하는 놈들은 하나도 남김없이 죽여버려! 깡그리 잡다가 몽포콩 형장으로 보내버려!"

트리스탕은 고개를 숙이고 대답했다. "분부대로 따르겠습니다, 폐하!"

그는 조금 지난 뒤 왕에게 물었다. "그런데 마녀는 어떻게 할까요, 폐하?"

이 질문을 듣고 왕은 잠시 생각에 잠겼다.

"아, 그 마녀 말이구나! 데스투트빌, 거지들은 그 여자를 어떻게 할 작정이라던가?" 왕이 말했다.

파리시장이 대답했다. "폐하, 인민들이 그 여자를 노트르담의 은신처에서 끌어내려는 것은 그 여자가 충분한 벌을 받지 않았기 때문에 화가 나 들고 일어난 것이라 생각됩니다. 그래서 그 여자의 목을 매달려는가 봅니다."

시장의 말에 왕은 깊이 고심하는 듯하더니, 트리스탕 레르미트에게 말했다. "좋다! 폭동을 일으킨 자들을 몰살시킨 뒤, 그 마녀를 교수형에 처하도록!"

"지당하신 말씀." 뒤쪽에서 지켜보던 랭이 나지막한 목소리로 코프놀에게 말했다. "폭동을 일으킨 민중은 벌을 받게 되고, 그러면서 그들의 요구도 받아들여지는 거로구먼."

"알겠습니다. 폐하." 트리스탕이 대답했다. "그런데 만약 마녀가 아직 노트르담 안에 있다면 성역을 침범해야 그녀를 잡을 수 있는데, 그렇게 해서라도 잡아야 할까요?"

"제기랄, 성역이라고?" 왕은 연신 귀를 긁어대며 중얼거렸다. "할 수 없지, 어찌 됐거나 그 여자는 교수형에 처해야 하니까."

이렇게 말한 왕은 무슨 생각이 났는지 의자 앞에서 무릎을 꿇고는 모자를 벗어 자리에 놓고, 납으로 만든 부적 하나를 경건하게 바라보며 두 손을 모아 중얼거렸다. "오! 파리의 노트르담이여, 자애로우신 저의 수호신이여, 부디 용서하십시오. 딱 한 번만, 이런 일은 두 번 다시 없을 것입니다. 저 죄인은 벌을 받아 마땅합니다. 단언하건대 성모 마리아여, 저의 주님이시여, 그 마녀는 당신의 자비로우신 보호를 받을 자격이 없습니다. 성모 마리아여, 당신도 아시다시피 신앙심 매우 두터운 군주들 중에 하느님의 영광과 국가의 필요를 위해 성당의 특권을 넘어선 분이 여럿 있었습니다. 영국의 주교인 성 위그는 에드워드 왕에게 자기 성당 안에 숨은 마녀 하나를 잡아가는 것을 허락했습니다. 저의 스승이신 프랑스의 위대하신 왕 루이 역시 같은 목적으로 성 바울로 성당을 침범했습니다. 예루살렘 왕의 왕자인 알퐁스 공은 성 세퓔쿠르 성당마저도 침범했나이다. 그러하오니 이번에 제가 노트르담을 침범하더라도 부디 용서해주소서. 이런 일은 두 번 다시 없을 것입니다. 그리고 지난해에 에쿠이의 노트르담 성당에 바친 것과 똑같은 아름다운 은조각상을 당신께 바치겠나이다, 아멘!"

왕은 가슴에 성호를 긋고 다시 일어나 모자를 쓰더니 트리스탕에게 말했다. "어서 서둘러라! 샤토페르도 함께 가도록 해라. 경종을 울리고 폭도들을 무찔러라. 마녀를 교수형에 처하되 그 집행 역시 네가 직접 해주길 바란다. 일이 마무리되면 그 결과를 내게 직접 보고하도록. 자, 올리비에, 나는 오늘 밤엔 자지 않을 테니 수염을 밀어다오."

트리스탕 레르미트는 고개를 숙이고 밖으로 나갔다. 그러자 왕은 랭과 코프놀에게 물러가라는 신호를 하며 말했다. "하느님의 가호가 그대들에게 있기를. 플랑드르 친구들이여, 가서 조금 쉬도록 하시오. 벌써 날이 밝아오는 것 같구려. 밤이라기보다 새벽에 가까운 시각이야."

두 사람은 물러나 바스티유 수비대장의 안내를 받으며 자기들 방으로 돌아갔다. 방으로 들어가자마자 코프놀이 랭에게 말했다. "쳇, 기침만 해대는 왕이라니 정나미가 뚝 떨어지는구려. 주정뱅이 샤를 드 부르고뉴가 곤드레만드레된 걸 본 적이 있는데 저 병든 루이 11세만큼 괴팍하지는 않았다고."

랭이 대답했다. "여봐요, 자크. 포도주가 탕약보다 왕들에게 덜 해롭기 때문이 아니겠소."

6 바그노의 작은 불꽃

바스티유를 나온 그랭구아르는 도망치는 말처럼 생탕투안 거리를 향해 냅다 뛰기 시작했다. 보두아예 문에 이르자 광장 한가운데 서 있는 돌 십자가를 향해 걸어갔는데, 그 십자가 돌계단 위에 앉아 있는 검정 옷에 두건을 쓴 사나이를 알아보고 그리로 향하는 것 같았다.

"선생님이십니까?" 그랭구아르가 사나이를 향해 물었다.

그러자 검은 옷의 사나이가 벌떡 일어나며 말했다.

"야, 속이 타서 죽는 줄 알았다! 내 속을 새까맣게 태울 생각이냐? 그랭구아르, 생제르베 탑 위의 사나이가 조금 전에 새벽 1시 반을 알렸단 말이다."

"아, 그건 제 탓이 아니에요. 야경대와 루이 11세 때문이에요. 간신히 목숨을 부지하고 위험에서 벗어났다고요. 목이 매달리기 직전에 아슬아슬하게 다시 살아나는 게 제 팔자인가 봅니다."

"넌 늘 일을 그르치기만 해. 잔말 말고 어서 가자. 암호는 알고 있겠지?"

"하지만 제 얘기 좀 들어보세요. 저는 방금 루이 11세를 만나고 오는 길이라니까요. 그분은 비로드 바지를 입고 계시더군요. 정말 간이 콩알 만해지는 모험이었어요."

"아, 웬 쓸데없는 소리를 그렇게 지껄이는 거야? 네 놈이 어떤 모험을 하든 말든 그게 나하고 무슨 상관이냐고? 입 닥치고, 암호나 대봐!"

"알고 있으니까 마음 푹 놓으세요. '바그노의 불꽃'이에요."

"알았어. 그걸 모르면 성당 안으로 들어갈 수가 없으니. 엄청난 거지들이 거리를 온통 막고 있어. 다행히도 그놈들이 저항을 받고 있는 것 같으니 아직 늦지 않았을 수도 있어."

"네. 그런데 노트르담 안으론 어떻게 들어가죠?"

"나한테 종탑 열쇠가 있어."

"그럼 나올 때는요?"

"수도원 뒤에, 테랭 쪽으로 나 있는 문이 하나 있다. 거기서부턴 강이야. 그 열쇠를 집어 왔지. 그리고 오늘 새벽에 그쪽에 배도 한 척 매놓았거든."

"전 정말 목이 달아나는 아슬아슬한 순간에 살아났어요!" 그랭구아르는 다시 그 말을 꺼냈다.

"서둘러라. 얼른!"

두 사람은 잰걸음으로 시테를 향했다.

7 샤토페르의 지원군이 출동하다!

 여러분은 카지모도가 어떤 일촉즉발의 위기상태에 있었는지 아마 기억할 것이다. 그 용감한 귀머거리는 사기를 완전히 잃은 것은 아니지만, 사방팔방의 적에게 둘러싸인 채 자기가 살아날 생각은 하지 않았다. 하지만 이제는 어떻게 해서라도 그녀만큼은 구해야겠다는 희망마저 잃고 말았다(그는 자기 걱정은 티끌만큼도 하지 않았다). 그는 물불을 가리지 않고 회랑 위를 뛰어다녔다. 노트르담은 당장이라도 거지들의 손아귀에 떨어질 상황이었다. 그때 갑자기 말발굽 소리가 요란하다 싶더니 횃불 행렬과 전속력으로 내닫는 기마부대 대열이 굉음을 내며 광장으로 폭풍처럼 몰려들어왔다. "프랑스! 프랑스! 놈들을 무찔러라! 샤토페르의 지원군이 출동했다! 헌병대다! 헌병대다!"

 거지들은 겁에 질려 방향을 바꾸었다.

 카시모도의 귀에는 그 소리가 들리지 않았으나, 번쩍이는 칼날과 횃불과 창들의 날카로운 촉을 비롯한 기마대 전체를 보고 알 수 있었다. 그리고 그 선두에 선 사람이 다름 아닌 페뷔스 중대장이라는 것도 알아보았다. 또한 그 대단한 위용에 놀란 거지들이 혼란에 빠져 허둥거리다 놀라 자빠지고 몹시 당황하는 것을 보았다. 카지모도는 생각지도 않던 구원에 힘을 얻어 이미 회랑으로 들이닥치기 시작한 공격군들을 다시 성당 밖으로 내던지기 시작했다.

 하늘에서 떨어진 것처럼 등장한 사람들은 바로 왕의 군대였다.

 그러나 거지들도 만만치 않았다. 그들은 죽을힘을 다해 저항했다. 생피에르 오 뵈프 거리에서는 측면공격을 받고, 성당 앞뜰 거리 사이에 끼어 후면공격을 받으며 자신들이 여전히 포위하고 있는 노트르담 성당으로 내몰리고 있었다. 노트르담에서는 카지모도가 선전하고 있었다. 결국 그들은 포위자인 동시에 포위를 당하고 있는 셈이었다. 이는 훗날, 1640년의 저 유명한 토리노 포위전 때, 앙리 다르쿠르 백작이 자신이 포위하고 있는 토마 드 사부아 공작(샤부아 공국)과 그를 봉쇄하고 있는 르가네즈 후작 사이에서, '포위자인 동시에 포위당한 자'의 처지에 빠지게 되었던 그런 이상야릇한 처지가 된 것이다. 이것은 그의 묘비명에 잘 나타나 있다.

거지들과 왕의 군대는 엎치락뒤치락 승패를 가늠할 수 없을 만큼 치열하게 싸웠다. 피에르 마티외의 말마따나 그것은 늑대의 살을 물어뜯는 개의 이빨 격이었다. 국왕의 기병들 한복판에서는 페뷔스 드 샤토페르가 닥치는 대로 칼을 휘두르며 용감무쌍하게 싸우고 있었다. 가차 없이 쳐 죽이지 않으면 베어서 죽였다. 거지들은 왕의 군대에 비하면 장비가 충분하지 않았는데도 입에 거품을 물고 필사적으로 덤벼들었다. 여자도 남자도 어린애까지 가릴 것 없이 모두들 말 엉덩이나 가슴팍에 덤벼들어 고양이처럼 물어뜯거나 손톱 발톱으로 매달렸다. 또한 사수들의 얼굴을 횃불로 후려치거나 기사의 목에 쇠갈퀴를 걸어 넘어뜨리기도 했다. 그들은 쓰러진 자들을 갈가리 찢어 죽이고 있었다.

그들 가운데 번쩍번쩍 빛나는 커다란 낫 한 자루를 들고 말의 다리만 베어 넘어뜨리는 자가 눈에 띄었다. 그는 콧노래를 부르며 쉴 새 없이, 전혀 힘들이지 않고 낫을 딘졌다 당겼다 하고 있었는데 그럴 때마다 주위에는 동강난 다리들이 쌓여갔다. 그는 침착하고 여유 있게 밀밭을 베는 농부처럼 머리를 흔들고 숨을 고르며 기병들이 밀집한 곳을 찾아 한가운데로 조용히 돌진해 갔다. 그는 바로 클로팽 트루유푸였다. 그러나 그는 소총이 일제히 불을 뿜자 그 자리에 쓰러지고 말았다.

그러는 사이 집집마다 창문이 다시 열리기 시작했다. 근처에 사는 사람들은 왕의 군대가 지르는 고함 소리를 듣고 그에 가담하여 1층에서건 2층에서건 거지들을 향해 총격을 비오듯 퍼부었다. 성당 광장은 피어오르는 연기로 가득했고, 그 속에서 일제사격의 총화가 꼬리에 꼬리를 물고 이어졌다. 그 연기 속에 노트르담의 정면 현관이 희미하게 떠오르고 역시 희미하게 보이는 낡은 파리 시립병원 지붕 위에서 핏기 없는 환자 몇몇이 그 광경을 내려다보고 있었다.

마침내 거지들이 굴복했다. 강력한 무기가 부족했으며, 피로와 갑작스런 공격에 대한 놀람과 두려움, 거기에 주변 집들의 창문들에서 쏟아진 총알 세례와 군사들의 격렬한 공격 등 이 모든 것 앞에 결국 무릎을 꿇고 말았다.

그들은 포위망을 뚫고 성당 앞뜰에 엄청난 시체의 산을 남겨놓은 채 뿔뿔이 흩어져 달아나기 시작했다.

카지모도는 단 한 순간도 싸움을 멈추지 않았는데 드디어 적이 패배하여 도망치는 것을 보자 털썩 무릎을 꿇고 앉아 두 손을 하늘 높이 쳐들고 감사의 기도를 드렸다. 그리고 너무나 기쁜 나머지 지금까지 용감하게 싸워 적이 침입하지 못하게 죽을힘을 다해 막았던 독방으로 새처럼 재빠르게 올라갔다. 이제 그는 단 한 가지 생각만 하고 있었다. 어서 가서 자신이 또다시 생명을 구해준 바로 그 여인 앞에 무릎을 꿇고 싶었던 것이다.

그러나 그가 한달음에 독방으로 달려갔을 때, 방은 이미 텅 비어 있었다.

제11편

1 작은 신발

거지들이 대성당을 공격할 때, 에스메랄다는 잠들어 있었다.

그러나 얼마 지나지 않아 건물 주위에서 시시각각 커져가는 시끄러운 소리와 그녀보다 먼저 잠을 깬 염소가 불안하게 우는 소리에 그녀도 잠에서 깼다. 그녀는 이불 위에 앉아 밖에서 나는 소리에 귀를 기울이다가 불빛과 요란한 소리에 겁에 질려 방 밖으로 나가 보았다. 광장에서 일어나는 광경 하며, 그곳에서 움직이며 돌아다니는 환영, 한밤의 기습이 가져온 혼란, 어둠 속에서 개구리들처럼 뛰어다니는 끔찍한 사람들을 그녀는 보았다. 목쉰 군중의 개구리 울음 같은 소리, 안개 낀 늪의 수면을 달리는 도깨비불처럼 흔들리는 횃불들도 보았다. 이러한 광경은 모두 그녀에게는 마치 마녀들이 벌이는 한밤중 향연의 환영과, 성당 안 석조 괴물들 사이에 벌어진 해괴한 싸움처럼 보였다. 그녀는 어려서부터 집시족 미신에 젖어 있었으므로 불현듯 밤중에만 나온다는 괴물들이 마술을 부리고 있는 거라는 생각이 들었다. 그녀는 겁에 질려 자기 방으로 뛰어들어가 그보다 덜 무서운 악몽을 꾸는 것이 낫겠다고 생각하며 몸을 웅크리고 있었다.

그러자 조금씩 공포감이 사라졌으나 끊임없이 커져가는 시끄러운 소리들과 그 밖의 여러 가지 현실로 미루어 그녀는 자신을 둘러싸고 있는 것은 유령들이 아니라 인간들임을 깨달았다. 그녀의 공포감이 특별이 더 커진 것은 아니지만 형태를 바꾸기 시작한 것이다. 그녀는 자신을 은신처에서 끌어내기 위한 민중의 폭동일 거라고 짐작했다. 생명이자 희망인 페뷔스, 늘 자기의 미래 속에 그려보던 페뷔스를 다시 잃은 것은 아닐까 하는 걱정, 모든 달아날 길이 완전히 막혀버렸다는 생각, 의지할 데가 하나도 없는 가련한 처지가 불러일으키는 공허감, 버림받아 외톨이가 되어버린 신세 등등, 이러한 생각들이며 오만가지 잡다한 걱정들로 불안에 떨고 있었다. 그녀는 무릎을 꿇고 머리를 침대에 처박고, 두 손을 머리 위에서 맞잡고, 불안과 전율에 가득

차, 비록 집시여자로서 우상을 숭배하는 이교도지만, 흐느끼면서 기독교의 하느님에게 용서를 빌고 은신처의 여주인인 성모 마리아에게 기도를 올리기 시작했다. 사람이란 아무런 신앙이 없다 할지라도, 살다보면 손을 뻗으면 닿을 수 있는 종교에 매달리게 될 때가 있기 마련이다.

그녀는 한참 동안 엎드려 있었다. 기도한다기보다는 솔직히 말해서 바들바들 떨면서 시시각각 더 미친 듯이 날뛰는 군중의 거친 숨결에 두려워하며 마음을 졸이고 있었던 것이다. 그녀는 사람들이 왜 그렇게 날뛰는지 전혀 알지 못했고, 어떤 바람들이 있는지, 무엇을 하고 있는지 전혀 알지 못했다. 다만 어떤 무서운 결과가 일어날 것 같다는 예감이 드는 것만은 확실했다.

그렇게 괴로워하고 있을 때, 누군가 걸어오는 발소리가 들렸다. 뒤를 돌아보니 두 남자가 이미 방 안에 들어와 있었다. 그중 한 사람은 호롱불을 들고 있었다. 그녀는 희미하게 외마디 소리를 내뱉었다.

"무서워할 것 없어요. 나야, 나라니까." 어디선가 들은 적 있는 낯익은 목소리였다.

"누구세요, 당신은?" 그녀가 물었다.

"나요, 피에르 그랭구아르."

이름을 듣고서야 그녀는 마음을 놓고 눈을 들었다. 아닌 게 아니라 그는 틀림없는 철학자였다. 그러나 그 옆에는 머리끝에서 발끝까지 새까만 차림을 한 다른 사람 하나가 서 있었다. 그를 본 그녀는 움찔하고 말을 멈췄다.

"아, 당신보다 잘리가 먼저 나를 알아보는군!" 그랭구아르가 그녀를 나무라는 투로 말했다.

정말로 염소는 그랭구아르가 이름을 대기도 전에 먼저 그에게 다가가 무릎에 몸을 비비면서 제 하얀 털을 듬뿍 묻혀놓았던 것이다. 염소는 한창 털갈이를 하는 중이었다. 그랭구아르도 염소를 다정하게 쓰다듬어주었다.

"함께 오신 분은 누구예요?" 집시처녀가 작은 소리로 물었다.

"걱정하지 말아요, 내 친구니까." 그랭구아르가 대답했다.

철학자는 호롱불을 바닥에 내려놓고 주저앉아 잘리를 팔에 안고 좋아 죽겠다는 듯 소리쳤다. "아, 정말 사랑스럽구나. 넌 크지는 않지만 예쁘고 영리하고 민첩하고 문법학자처럼 유식하니 말이야! 어때, 잘리야, 그 귀여운 재주를 잊어버린 건 아니겠지? 자크 샤르몰뤼 나리가 어떻게 했더라?······"

검정 옷의 사나이는 그랭구아르의 말이 채 끝나기도 전에 거칠게 어깨를 붙잡았다. 그랭구아르는 일어나며 말했다.

"참, 그렇지. 지금 이럴 때가 아니지. 하지만 선생님. 뭐 그렇게까지 난폭하게 하실 필요는 없잖아요? 에스메랄다, 지금 당신 목숨이 위태로워요. 잘리도 마찬가지고. 사람들이 당신을 다시 잡아가려고 하거든. 우리는 당신 편이오. 당신을 구출하러 온 거니까 우리와 함께 빨리 갑시다." 그가 말했다.

"네에? 그게 정말이에요!" 그녀는 깜짝 놀라 외쳤다.

"그래, 그렇다니까. 그러니 어서 갑시다. 어서!"

"네, 갈게요. 그런데 당신 친구는 왜 아무 말도 없으시죠?" 그녀가 더듬거리며 물었다.

"그건, 이 친구의 아버지와 어머니가 좀 괴팍스러우셔서 이 친구를 말수가 적게 만들었기 때문이죠."

그녀는 이 설명에 만족해야 했다. 그랭구아르는 그녀의 손을 잡았고, 동행한 사나이는 등불을 들고 앞장섰다. 그녀는 몹시 겁에 질려 얼이 빠진 상태로 그저 그가 이끄는 대로 따를 뿐이었다. 염소는 팔짝팔짝 뛰면서 그들을 뒤따랐는데 그랭구아르를 다시 본 것이 기쁜지 그의 발 사이로 뿔을 들이미는 바람에 그를 몇 번이고 비틀거리게 했다.

"이런 게 인생이야." 철학자는 쓰러질 뻔할 때마다 이렇게 말했다. "우리를 넘어뜨리는 건 언제나 가장 친한 친구들이지!"

그들은 서둘러 종탑 계단을 내려가 성당을 빠져나갔다. 성당은 칠흑처럼 캄캄하여 사람 그림자도 보이지 않았는데 때문에 외부의 야단법석과는 무서운 대조를 이루고 있었다. 그들은 붉은 문을 지나 수도원 안뜰로 나왔다. 수도원에도 역시 사람이라곤 없었다. 참사회원들은 주교관으로 도망쳐 함께 기도드리고 있었다. 마당은 텅 비고 놀란 하인들 몇이 어두운 마당 구석에 삼삼오오 모여 앉아 있었다. 세 사람은 테랭 쪽으로 난 문을 향해 걸어갔다. 검은 옷의 사나이가 열쇠를 꺼내 문을 열었다. 여러분도 알다시피 테랭은 시테 끄트머리에 담으로 둘러싸인 가늘고 긴 땅으로, 노트르담 성당 참사회에 속해 있으며 시테의 동쪽, 다시 말해 성당의 뒤쪽까지 이어진 곳이다. 이곳 또한 사람 그림자조차 보이지 않았다. 거지들이 공격해오는 시끄러운 소리도 여기서는 그리 크게 들리지 않았다. 강물의 수면을 스쳐 불어오는 서늘한 바람은 테랭의 툭 튀어나온 끝머리에 심어진 나무에 가 닿아 잎이 바스락거리는 소리가 제법 크게 들려왔다. 그러나 그들이 위험에서 완전히 벗어났다고는 할 수 없었다. 가장 가까이에 있는 건물은 주교관과 성당이었다. 주교관 안에서는 큰 소동이 일어나고 있었다. 짙은 어둠 속에 우뚝 솟아 있는 그 건물에는, 불빛이 이 창에서 저 창으로 이리저리 뛰어다니고 있었다. 그것은 종이를 태우면 재가 건물처럼 검게 남아 아직 꺼지지 않은 불꽃이 온갖 모양으로 을씨년스럽게 피었다 졌다 하는 꼭 그 모양 같았다. 그 옆에 서 있는 노트르담의 거대한 종탑들은 성당의 기다란 본당과 더불어 후면에서 볼 때, 성당 앞뜰을 가득 채우고 있는 새빨갛고 거대한 불빛 속에 새카맣게 우뚝 솟아 있어서, 마치 외눈박이 거인들의 아궁이 불의 거대한 두 장작 받침쇠처럼 보였다.

파리는 어느 방향에서 보든 빛과 그림자가 이리저리 섞여 어둠 속에서 흔들리고 있었다. 렘브란트의 작품 가운데서도 그러한 배경을 그린 그림들을 볼 수 있다.

초롱불을 든 사나이는 테랭 끝 쪽으로 곧장 걸어갔다. 물가에는 좁은 널빤지를 얽어 세운 울타리의 낡은 잔해가 있었는데, 그 위로 키 작은 포도나무 덩굴 하나가 사람 손가락처럼 펼쳐진 모양으로 가지를 뻗치고 있었다. 그 뒤편, 무성한 가지로 그늘진 곳에 작은 배 한 척이 숨겨져 있었다. 검은 옷의 사나이는 그랭구아르와 집시처녀에게 먼저 배에 타라고 손짓했다. 염소도 그들을 따라 배에 올랐다. 사나이는 가장 나중에 배에 올라 배를 묶어둔 줄을 끊고 긴 갈고리로 배를 기슭에서 밀어내고는 앞쪽에 앉아 두 자루의 노를 잡고 힘껏 저어 나갔다. 센 강은 그 부근에서는 꽤 물살이 세서 섬의 튀어나온 부분을 빠져나오느라 사내는 몹시 애를 써야 했다.

그랭구아르는 배에 오른 뒤, 맨 먼저 염소를 제 무릎 위에 올리는 것을 잊지 않았다. 그는 뒤쪽에 앉았고, 집시처녀는 낯선 남자가 신경 쓰여 그랭구아르 옆에 바짝 다가앉았다.

배가 흔들리자 우리의 철학자는 손뼉을 치며 품에 안은 잘리의 뿔 사이에 입을 맞추고 말했다. "야, 이제 우리 넷 다 살았어!"

그러더니 이내 심각한 고민에 빠진 듯한 얼굴로 덧붙였다. "큰일을 도모하여 좋은 결과를 얻으려면 운을 타고나든가, 아니면 책략을 써야 하는 법이지."

그들이 탄 배는 오른쪽 기슭을 향해 천천히 나아갔다. 그녀는 여전히 겁먹은 얼굴로 낯선 사나이를 세심하게 살피고 있었다. 그러나 그는 미리 초롱불빛이 제 모습을 비추지 않도록 적당히 가려놓고 있었다. 배 앞머리 어둠 속에서 묵묵히 노를 젓는 모습은 마치 유령 같았다. 검은 외투와 두건은 그의 모습을 감추기에 충분한 가면 노릇을 했고, 노를 저으며 옷소매를 걷어 올리곤 했는데 그 널찍한 소맷자락이 펄럭거리는 모양은 박쥐의 커다란 양 날개처럼 보였다. 더구나 그는 배를 탄 뒤에도 전혀 말이 없었으며, 심지어 숨도 쉬지 않는 것 같았다. 배 안에서는 나룻배를 따라 일렁이는 물결 소리에 섞여 노 젓는 소리 말고는 아무 소리도 들려오지 않았다.

배 안의 적막을 깨고 그랭구아르가 큰 소리로 외쳤다. "그야말로 우리는 날벌레처럼 쾌활하고 즐겁군요! 우리 모두 피타고라스학파 사람들의 물고기처럼 침묵을 지키고 있어요! 에이, 그러지들 말고 누가 말 좀 해봐요. 사람이 내는 목소리는 사람 귀에는 하나의 음악이랍니다. 이런 말을 한 건 내가 아니라 알렉산드리아의 디디무스(아우구스투스 시대의 그리스 철학자)예요. 아주 유명한 말이죠. 알렉산드리아의 디디무스는 결코 시시한 철학자가 아니었다는 걸 지금 새삼스레 느낍니다. 무슨 말 좀 해봐요, 여봐요, 아가씨! 부탁이에요, 네? 아, 그러고 보니 아가씨는 입술을 비쭉거리는 버릇이 있었는데, 아직도 그런가요? 저 최고재판소는 성역에 대해서도 재판권을 가지고 있기 때문에 당신이 아무리 노트르담의 깊숙한 방 속에 숨어 있어도 매우 위험한 처지라는 걸 아시오? 아 참, 하긴 악어새라는 작은 새는 악어 입속에 둥지를 짓기는 하지만 말이오. 선생님, 달이 떴네요. 제발 사람들 눈에 띄지 말아야 할 텐데. 우리가 한 아가씨를 구출한 것은 칭찬받아 마땅한 일이지만, 여기서 붙잡혔다간 왕명에 의해서 우리 셋 다 교수형을 면치 못할 겁니다! 아, 인간의 행위를 2개의 손잡이로 잡을 수 있다니. 한쪽에서는 상을 받을 일이 다른 한쪽에서는 벌 받을 일이 되기도 하지. 카이사르를 숭배하는 자는 카틸리나(로마 귀족, 원로원에 모반을 기도했다)를 비난하게 된다고 했죠. 안 그렇습니까, 선생님? 이런 철학을 어떻게 생각하십니까? 저는 타고난 본능의 철학을 갖고 있지요. '벌들이 기하학을 갖고 있듯이' 말이에요. 나 참, 아무도 내 말에 신경을 쓰지 않는군요. 두 분 모두 별로 기분이 안 좋으신 모양인데 그럼 나 혼자라도 좀 떠들어야겠습니다. 연극으로 치자면 독백이라고 하는 거죠. 우라질! 아까도 말씀드렸다시피 저는 조금 전에 루이 11세를 만나고 왔어요. '우라질'이라는 욕설은 그분께 배웠다는 걸 알려드립니다. '이런 우라질! 시테에선 아직도 난리법석인가 보군!' 하더군요. 그 양반, 이젠 다 늙어빠져서인지 몹시 고약하고 심술궂으시더라고요. 몸을 모피로 휘감고 있는데 편안해 보였죠. 내가 지어준 축혼가에 대한 돈은 여전히 내수지 않으면서 어젯밤 내게 베푼 것이라고는 고작 교수형을 면제해준 것뿐이에요. 안 그랬더라면 사실 난 진짜 난처해졌겠지만요. 어쨌거나 그분은 재능 있는 사람을 알아보지 못하시더군요. 적어도 콜로뉴의 살비아누스(5세기 콜로뉴(현재의 쾰른)의 주교이자 저술가)의 책 네 권 《탐욕에 대하여》는 반드시 읽어야 할 텐데 말이에요. 정말이지 그는 문인들을 무시하고 대하는 태도도 옹졸하고 야만적일 뿐 아니라 자비심이라곤 손톱만큼도 없는 늙은 왕이에요. 그는 가엾은 민중에게 들러붙어 돈을 빨아먹는 거머리라고요. 그가 아끼는 건 비장(脾臟)인데, 팔다리는 빼빼 말라갈수록 그것만 부풀어가지요. 마찬가지로 가혹한 살림살이에 대한 불평은 바로 군주에 대한 불만으로 터져나오는 겁니다. 이 신앙심 두터운 온화한 국왕 아래서 교수대는 처형당한 시체들로 삐걱거리고, 단두대는 피에 절어 있으며, 감옥은 죄수들로 터져나갈 지경이랍니다. 이 왕은 한 손으로는 백성을 붙들고 다른 한 손으로는 목을 조르고 있어요. 그야말로 그는 세금을 걷는 경리관이자 '교수대'의 대리인이라고 할 수 있지요. 귀족들은 그 격식을 박탈당하고 서민들은 쉴 새 없이 새로운 착취에 시달리고 있어요. 그는 정말이지 터무니없는 군주라고 할 수 있죠. 나는 그런 왕이 싫어요. 선생님은 그를 어떻게 생각하세요?"

검정 옷의 사나이는 이 수다스러운 시인이 마음대로 지껄이도록 내버려둔 채, 자신은 오늘날 생루이 섬이라고 불리는 노트르담 섬과 시테 섬 사이의 좁고 빠른 물살을 거슬러 헤쳐나가려 안간힘을 다하고 있었다.

"그런데, 선생님!" 그랭구아르가 불쑥 그를 불렀다. "저기 미쳐서 날뛰는 거지들을 뚫고 우리가 성당 앞뜰에 왔을 때, 그 귀머거리 종지기가 역대 왕의 조각상이 있는 회랑 난간에 어떤 남자를 냅다 던져 머리통을 박살내고 있었는데, 그 가엾은 사람이 누군지 혹시 아세요? 저는 눈이 나빠서 그게 누군지 잘 모르겠던데 누구였나요?"

낯선 사나이는 아무 말도 하지 않았다. 그러나 노를 젓던 손을 멈추고 힘이 빠진 듯 두 팔을 축 늘어뜨린 채 고개를 아래로 꺾었다. 에스메랄다는 그가 갑자기 경련을 일으키듯 한숨을 내쉬는 것을 들었다. 그 순간 그녀도 진저리를 쳤다. 사내의 한숨 소리는 어디선가 들은 적이 있었던 것이다.

배는 노 젓기를 멈추자 물살을 따라 한동안 제멋대로 흘러갔다. 그러나 이윽고 사나이는 다시 몸을 일으켜 노를 잡고 강물을 거슬러 올라가기 시작했다. 노트르담 섬의 끝을 돌아, 포르 토 푸앵 나루터를 향했다.

"아하! 저기가 바르보 저택이로군요." 그랭구아르가 말했다. "보세요, 선생님, 저기 각도가 아주 기묘한 검은 지붕들이 모여 있는 것이 보이죠? 저기요, 조각조각 흩어져 있고 뿌연 구름 아래로요. 저 구름 덕분에 구름 속에 뜬 달도 마치 껍질 깨진 달걀의 노른자처럼 찌그러져 보이는군요. 정말 훌륭한 저택이죠? 거기엔 교회당이 하나 있는데, 작고 둥근 천장은 잘 꾸며진 장식물로 가득하답니다. 그 지붕 위로는 매우 섬세하게 구멍을 뚫어놓은 종탑을 보실 수 있어요. 또 잘 꾸며진 정원도 있는데 정원 안에는 연못도 있고 커다란 새 사육장도 있는가 하면, 메아리치는 곳도 있고, 산책로, 미로, 맹수들의 우리뿐 아니라 베누스에게 매우 기분 좋은, 숲이 우거진 수많은 오솔길이 있어요. 거기엔 또 나무 한 그루가 서 있는데 그 나무는 어느 유명한 공작부인과 재치 있고 멋들어진 프랑스 원수의 애정행각에 사용됐다 해서 '음란한 나무'라고 불리지요. 아! 우리 같은 불쌍한 철학자들이야 원수 같은 사람에 비하면, 부브르 궁 정원과 한 떼기 배추밭이나 무밭을 비교하는 것에 불과하겠죠. 그러나 결국 그게 뭐 어쨌다는 겁니까. 고귀한 양반들의 인생도 우리네 인생이나 매한가지로 선과 악으로 섞여 있는걸요. 고통은 늘 기쁨 곁에 있기 마련이고, 시로 말할 것 같으면 장장격(長長格)은 장단단격(長短短格) 가까이에 있게 마련이니까요. 선생님, 제가 저 바르보 저택의 이야기를 좀더 해드릴까요? 그것은 참 비참하게 끝나긴 했는데 1319년, 프랑스의 역대 왕들 가운데 가장 오래 재위한 필리프 5세 치하에서 있었던 일입니다. 이 이야기의 교훈은 육체의 유혹이 얼마나 해롭고 위험한가 하는 것이랍니다. 비록 우리의 관능이 여자의 미모에 아무리 매료되었다 해도, 남의 아내를 너무 뚫어지게 쳐다보아서는 안 된다는 거예요. 간음은 매우 음탕한 생각입니다. 간통이란 남의 육욕에 대한 호기심이죠……. 아니! 저기는 소동이 점점 더 심해지는 것 같은데요!"

그의 말대로 노트르담 주위에서는 소란이 더욱 심해지고 있었다. 그들은 그쪽으로 귀를 기울였다. 승리의 함성이 제법 또렷하게 들려왔다. 그러다 갑자기 무장한 사람들의 투구에 반사되어 번쩍거리는 수백 개의 횃불이 성당 위 높은 곳 여기저기에 퍼졌다. 횃불은 무언가를 찾는 듯하더니 곧 이런 고함 소리가 멀리까지 또렷하게 들려왔다. "집시계집을 찾아라! 마녀가 도망갔다! 마녀를 잡아 죽여라!"

가엾은 집시처녀는 두 팔로 제 머리를 감싸 쥐었고 낯선 사나이는 강기슭을 향해 더욱더 미친 듯이 노를 저었다. 그러는 사이 우리의 철학자는 줄곧 무슨 생각에 잠겨 있었다. 그는 염소를 두 팔로 감싸 안고 집시처녀에게서 슬며시 떨어져 앉으려 했으나, 그럴수록 그녀는 더욱 그의 곁으로 바싹 다가앉았다. 그녀에게는 그가 마지막 피난처라도 되는 듯이.

그랭구아르의 처지가 매우 난처해진 것은 분명해 보였다. 그는 속으로 이런 생각을 하고 있었다. 염소도 다시 잡히는 날에는 틀림없이 '현행법규에 따라' 목이 달아나겠지? 그렇게 되면, 아아, 가엾은 잘리! 사형수가 둘씩이나 내게 매달리는 건 정말 부담스러운 일이야. 하긴 내 동행인은 두말없이 에스메랄다를 맡겠다고 나서겠지, 등등 그의 머릿속에서는 이처럼 복잡한 생각들이 어지럽게 꼬리를 물고 이어졌다. 그 어지러운 생각 속에서 《일리아스》의 유피테르처럼 집시처녀와 염소의 중요성을 번갈아 가늠해보았다. 눈물 젖은 눈으로 둘을 번갈아 쳐다보던 그는 중얼거렸다. "하지만 내가 너희 둘을 다 구한다는 건 정말 불가능한 일이야."

그사이 배가 한 차례 크게 요동쳤으므로 그들은 마침내 강기슭에 닿은 것을 알았다. 시끄럽고 험악한 소리가 아직도 시테 섬을 가득 메우고 있었다. 낯선 사나이가 먼저 일어나 집시처녀에게 다가와 팔을 잡고 배에서 내리는 것을 도와주려 했다. 그러나 그녀는 놀란 듯 뿌리치고 그랭구아르의 소매에 매달렸다. 그랭구아르는 그랭구아르대로 염소에게 정신이 팔려 있어서 거의 그녀를 밀치다시피 하고 말았다. 하는 수 없이 그녀는 혼자 배 아래로 뛰어내렸다. 그녀는 몹시 당황하여 자기가 무엇을 하고 있는지 또 어디로 가는지도 알지 못한 채 한동안 흘러가는 강물만 멍하니 바라보고 서 있었다. 문득 정신을 차리고 보니 그녀 곁에는 낯선 사나이뿐이었다. 그랭구아르는 배에서 내리자마자 염소와 함께 교묘한 방법으로 그르니에 쉬르 로 거리의 빽빽한 집들 사이 골목으로 사라져버린 것이다.

가련한 집시처녀는 그 사나이와 단둘이 남겨진 것을 알고 온몸을 바들바들 떨었다. 그녀는 비명을 지르고 그랭구아르의 이름을 소리쳐 부르고 싶었으나 입속에서 혀가 도무지 움직이질 않아 소리가 입술 사이로 나오질 않았다. 그때 갑자기 사나이의 우악스런 손이 자기 손에 닿는 것을 느꼈다. 차갑고 억센 손이었다. 그녀는 이가 딱딱 부딪쳤고, 얼굴은 자신을 비추는 달빛보다도 창백해졌다. 사나이는 한마디도 하지 않은 채 그녀의 손을 잡고 그레브 광장 쪽으로 성큼성큼 올라가기 시작했다. 그 순간 그녀는 운명이라는 거역할 수 없는 힘을 어렴풋이 느끼고 있었다. 이제는 반항할 힘도 없이 그저 이끄는 대로 끌려갈 뿐이었다. 앞장선 그는 걷고 있었으나 그녀는 달려야 했다. 강기슭은 오르막길이었지만 그녀에게는 비탈길을 내려가는 것처럼 느껴졌다.

아무리 주위를 돌아보아도 지나가는 사람은 보이지 않았다. 강변은 고요 속에 잠겨 있었다. 붉게 타오르는 시테 섬에만 사람 그림자가 꿈실거리는 것이 보였다. 그녀와 시테 사이에는 겨우 센 강의 지류가 가로놓였을 뿐인데 그녀를 부르는 소리는 죽음의 절규와 뒤섞여 그녀가 있는 곳까지 들려왔다. 파리의 다른 지역은 여전히 커다란 어둠의 덩어리가 되어 그녀 주위에 퍼져 있었다.

그사이에도 낯선 사나이는 여전히 침묵한 채 똑같은 속도로 그녀를 어디론가 이끌고 있었다. 아무리 기억을 더듬어도 그녀는 어디로 끌려가고 있는 것인지 알 수 없었다. 어느 불 켜진 창문 앞을 지날 때 그녀는 갑자기 힘을 내어 외쳤다. "사람 살려요!"

불 켜진 창에서 집주인이 창을 열고 속옷 바람으로 등불을 들고 모습을 드러내더니 긴가민가하는 표정으로 밖을 내다보며 그녀에게는 제대로 들리지도 않는 말을 혼자 중얼거리다가 곧 문을 닫아버렸다. 이로써 그녀의 마지막 희망의 빛이 사라져버렸다.

검정 옷의 사나이는 여전히 아무 말도 없었다. 그녀의 손을 꽉 잡고 더 빨리 걷기 시작했다. 그녀는 더 이상 저항할 기력도 없이 그냥 끌려갈 따름이었다.

이따금 닦이지 않은 울퉁불퉁한 길을 걷다가 돌에 걸려 넘어지기도 했고 몹시 뛰었으므로 숨이 차서 헐떡거리기도 했다. 그녀는 띄엄띄엄 가쁜 숨을 몰아 쉬며 간신히 내뱉었다. "당신은 누구세요? 도대체 누구시냐고요?" 그러나 그는 아무런 대답이 없었다.

그들은 이렇게 강기슭을 계속 걸어서 제법 커다란 광장에 이르렀다. 달빛이 희미하게 비치고 있었다. 그곳은 그레브 광장이었다. 광장 한가운데 새카만 십자가가 서 있는 것이 보였다. 그것은 교수대였다. 그녀는 모든 것을 확실히 이해하고, 현재 자신이 어디에 있는지 똑똑히 알았다.

그는 걸음을 멈추고는 그녀를 향해 돌아서서 두건을 벗었다.

"어머나! 역시 당신이었어!" 그녀는 화석처럼 굳어져서는 더듬거렸다.

틀림없는 클로드 부주교였다. 달빛 때문에 그는 마치 그 자신의 망령처럼 보였다. 달빛 아래서는 모든 것이 망령처럼 보이기 마련이다.

"먼저 내 말을 들어봐!" 그가 말했다. 그녀는 한동안 듣지 않았던 그 불길한 목소리를 듣고 진저리를 쳤다. 그는 계속했다. 숨이 차서 헐떡이는지 한마디씩 끊어서 말했는데, 그 떨림은 마음속의 깊은 동요를 나타내고 있었다. "이봐, 여기 있는 건 우리 둘뿐이야. 네게 할 말이 있어. 알겠나? 여긴 그레브 광장이야. 여기가 막다른 길인 셈이지. 우리 둘이 얼굴을 맞대고 이곳으로 밀려온 것도 운명이야. 네 목숨은 내 손에 있고, 내 영혼은 네 뜻에 달려 있지. 여기는 광장이고 지금은 한밤중이야. 이 기회를 잡지 않으면 더이상 아무것도 없어. 그러니 내 말을 들으라고. 당신한테 묻고 싶은 게 있어. 첫째, 페뷔스 얘기를 내 앞에서 꺼내지 않도록 해. (그러면서 그는 마치 한자리에 서 있지 못하는 사람처럼 왔다 갔다 하다가 그녀를 자기 옆구리로 바짝 끌어당기면서) 그놈 애길랑은 꺼내지 말란 말이야, 알아듣겠어? 만약 그 이름을 내게 지껄이는 날에는 내가 무슨 짓을 할지 모르고, 그건 아마 무시무시한 일이 될 거야."

이렇게 말하고 그는 다시 제 중심을 찾은 물체처럼 한동안 조용해졌는데 그것은 심적인 동요를 드러내고 있었다. 그의 목소리는 점점 낮아졌다.

"그렇게 얼굴 돌리지 말고 내 얘길 들으라고. 이건 심각한 일이야. 우선 그동안 있었던 일을 알려주지. 다시 말하지만 이걸 듣고 웃을 사람은 아무도 없을 거야. 내가 무슨 말을 하다 말았지? 아, 그렇지. 너를 단두대에 세우라는 최고재판소의 체포영장이 나왔어. 그래서 내가 너를 그들 손에서 구해낸 거야. 하지만 그들은 널 쫓아 성역에까지 와 있어. 잘 보라고."

사나이는 시테 섬 쪽으로 손을 뻗어 가리켰다. 실제로 그곳에서는 지금도 그녀에 대한 수색작업이 계속되고 있는 것 같았다. 수색대의 왁자지껄한 소리가 점점 가까워지고 있었다. 그레브 광장 맞은편에 있는 경찰 대리관 저택 탑은 소음과 불빛으로 가득했고, 건너편 강기슭에서는 횃불을 들고 병사들이 "집시계집을 잡아라! 집시계집은 어디 있느냐! 잡아 죽여라!" 외치며 이리저리 뛰어다니는 것이 보였다.

"어떠냐? 널 찾겠다고 저토록 난리법석인 걸 똑똑히 보았지? 내 말이 거짓이 아니란 것도 알았고? 나는, 나는 네가 좋아서 미칠 것 같다. 입을 열지 마라, 날 미워한다고 말할 거면 차라리 아무 말도 하지 마라. 그런 말은 더 이상 듣지 않기로 마음먹었으니까. 난 널 살려주었다. 먼저 내 말부터 들어. 나는 너를 완전하게 구해낼 수가 있어. 모든 준비가 다 되어 있지. 그러니 이젠 네게 달렸다. 네가 원하는 대로 해줄 생각이다."

그는 거칠게 말을 잘랐다. "아니야, 내가 하려던 말은 이런 게 아니야!"

그러더니 그는 그녀를 우악스레 붙잡은 채 내달려 교수대 앞까지 다가가더니 교수대를 가리키며 차갑게 말했다. "나하고 이것하고, 둘 중 어느 것을 택할 테냐? 모든 것은 네게 달려 있다."

그녀는 그의 손을 뿌리치고 교수대 아래 쓰러져 그 꺼림칙한 받침돌을 끌어안았다. 그러고는 그 아름다운 얼굴을 돌려 어깨 너머로 부주교를 쳐다보았다. 그런 그녀의 모습은 마치 십자가 아래 있는 성모상 같았다. 신부는 마치 석상처럼 여전히 손을 들어 교수대를 가리킨 채로 그대로 꼼짝도 않고 있었다.

마침내 집시처녀가 입을 열었다. "차라리 이게 당신보다 덜 무서워요."

이 말에 신부의 팔이 천천히 아래로 떨어졌고, 완전히 낙담한 듯 시선을 바닥으로 떨어뜨린 채 이렇게 중얼거렸다. "만약 이 돌길이 말을 할 수 있다면, 그래, 이 돌들은 이렇게 말할 거야, 여기에 매우 불행한 사나이가 서 있다고 말이야."

그는 집요하게 설득하려 들었다. 그녀는 얼굴 위로 쏟아져버린 머리카락을 쓸어 올리려고도 하지 않은 채 교수대 앞에 무릎 꿇고 앉아 그의 말을 듣고 있었다. 그의 침통하고 부드러운 어조는 무자비하고 준엄한 외모와 애처로울 정도로 두드러진 대조를 이루고 있었다.

"나는, 나는 너를 사랑해. 아! 이건 정말이지 누가 뭐라 해도 사실이야. 내 가슴을 태우는 이 불길은 밤이고 낮이고 타올라 잠시도 꺼지는 법이 없지. 그런데도 전혀 불쌍하다는 생각이 들지 않는 거야? 괴로워, 아, 나는 너무나 괴로워! 사랑스런 여인아, 나를 측은하게 생각해주지 않겠나? 해가 뜨나 지나, 앉으나 서나 네 생각뿐이다. 내 가슴이 갈가리 찢기는 것처럼, 아아! 나는 너무 괴롭다고. 사랑스런 그대여! 제발 나를 가엾게 여겨줘. 보다시피 나는 이렇게 조용조용히 이야기하고 있잖아. 네가 제발 나를 두려워하지 않기를 얼마나 바라는지 알기나 해? 남자가 여자를 사랑하는 것이 잘못인가? 아아, 안타까울 뿐이다. 왜 나를 용서해주면 안 되는 거지? 언제까지나 나를 증오할 셈인가? 그렇다면 모든 게 끝이야. 바로 그 때문에 내 성질이 고약해지고 자꾸 포악해지는 거라고. 내가 보아도 나라는 인간이 무서워. 너는 잠깐이라도 나를 거들떠볼 생각도 하지 않아! 내가 이렇게 우리 두 사람의 마지막 갈림길에 서서 떨며 애타게 호소하는 사이에도 너는 아마 딴생각을 하고 있을 테지. 하지만 그 장교 얘기는 하늘이 두 쪽 나더라도 내 앞에서 꺼내지 마! 아아! 내가 네 앞에 무릎이라도 꿇을게. 그게 싫다면 흙바닥에 입을 맞추고 어린애처럼 흐느껴 울고, 사랑한다는 말을 하기 위해 내 염통과 창자를 모두 뽑아내도 좋아. 하지만 그렇게 해도 아무 소용없겠지! 무슨 짓을 해도! 그러나 네 영혼은 다정함과 너그러움이 가득하다는 것을 알고 있어. 너는 이 세상에서 가장 아름다운 상냥함으로 반짝이고, 아리따움과 다정함과 자비로움과 매력으로 가득하지. 그런 네가 왜, 왜 나한테만 심술궂고 냉정한가! 아아, 이게 무슨 운명이란 말인가!"

그는 두 손으로 얼굴을 가렸다. 그녀는 그의 울음소리를 들었다. 그가 눈물을 보인 것은 이번이 처음이었다. 이렇게 선 채 온몸을 떨며 흐느끼는 모습은 무릎 꿇고 애원하는 것보다 더 불쌍하고 애처롭게 느껴졌다. 그는 한참을 그렇게 울었다.

"아!" 얼마 뒤 눈물이 어느 정도 마르자 그는 말을 계속했다. "이제 더 이상 할 말은 없다. 너에게 무슨 말을 할지 미리 생각해두었는데, 이런 결정적인 순간에 그저 떨리기만 할 뿐 더 이상 아무 생각도 나지 않는다. 지금 어떤 숭고한 것이 우리를 뒤덮고 있는 것 같아 말도 잘 할 수가 없어. 아, 나를 가엾게 여기지 않는다면, 당신 자신에 대하여도 가엾게 여기지 않는다면 나는 이 자리에 쓰러져버릴 거야. 우리 두 사람 모두에게 죽음을 선고하지 말아줘. 내가 너를 얼마나 사랑하는지, 내 가슴이 어떤지 네가 알 수 있다면 얼마나 좋을까! 모든 미덕이 내게서 떠나버렸다. 나는 완전히 자포자기한 상태다! 학자이면서 학문을 비웃고, 귀족이면서 내 이름을 더럽혔다. 성직자이면서 미사 기도문을 음란한 베개로 삼았을 뿐 아니라 하느님의 얼굴에까지 거침없이 침을 뱉었다! 이런 모든 것들이 다 너 때문이다, 요망한 것! 네가 나를, 나의 정신을 흔들고 어지럽혀놓았기 때문이라고! 너의 지옥에 걸맞은 사람이 되고 싶어서 말이야! 그런데 너는 이 저주받은 사나이를 원치 않는다고? 나는 이제 모든 것을 너에게 다 말해버리겠어! 그보다도 훨씬, 훨씬 더 끔찍한 것, 더욱 무서운 것을 말이다! ……"

마지막 말을 할 때 그는 완전히 정신착란을 일으킨 사람 같았다. 그는 잠깐 말이 없다가 다시 혼잣말처럼 강하게 말했다.

"카인아(성서에 나오는 아담과 이브의 맏아들. 하느님이 동생을 칭찬한 것을 질투하여 동생을 죽였다), 네 동생을 어찌하였느냐?"

또다시 한참을 말이 없다가 그는 다시 말했다. "어찌하다니요? 주여, 저는 그 아이를 맡아 기르고 먹이고 아꼈습니다. 애지중지 떠받들었음에도 저는 결국 그 애를 죽이고 말았습니다! 그렇습니다, 주여, 그 아이는 조금 전에 제가 보는 앞에서 당신의 집 돌 위에서 머리가 깨져 죽고 말았습니다. 저 때문입니다. 이 여자 때문입니다. 바로 이 여자 때문이라고요. ……"

그의 눈초리는 매서웠다. 목소리는 꺼져가는 촛불처럼 점점 잦아들고 있었으나 기계적으로, 마치 마지막 여운을 길게 끄는 종소리처럼 상당히 긴 간격을 두고 되풀이하고 있었다. "이 여자 때문입니다…… 이 여자 때문입니다. ……" 그런 뒤에도 그의 입술은 여전히 움직이고 있었지만 무슨 말인지 더 이상 알아들을 수가 없었다. 그러다 갑자기 커다란 벽이 무너져 내리듯 바닥으로 주저앉아 무릎 사이에 머리를 묻은 채 꼼짝도 하지 않았다.

그녀가 그의 몸 아래 깔린 발을 살며시 빼내려고 그의 몸을 살짝 건드리자 그의 정신이 돌아왔다. 그는 움푹 팬 자신의 볼을 손으로 어루만지다가 눈물이 묻어난 손가락을 한동안 멍하니 바라보더니 중얼거렸다. "아, 이런! 내가 울고 있었던 거야?"

그러고는 도저히 말로는 표현하기 어려운 고뇌로 가득한 표정으로 집시처녀를 돌아보았다.

"아, 내가 우는 꼴을 그렇게 냉정하게 바라보고만 있었나? 이것 봐! 이 눈물이 용암처럼 뜨겁다는 걸 알고 있나? 미운 사람은 무슨 짓을 해도 상대방을 감동시키지 못한다는 게 사실이란 말인가? 넌 내가 이 자리에서 피를 토하며 죽어도 아마 웃으며 쳐다보기만 하겠지. 하지만, 나는 네가 죽는 것을 보고 싶지 않아! 한마디만, 용서한다고 제발 한마디만 해다오. 날 사랑한다는 말은 하지 않아도 좋아. 하다못해 앞으로 생각해보겠다는 말이라도 해다오. 그것으로도 충분하다. 그러면 널 살려주지. 그렇지 않다면…… 아! 점점 시간이 가고 있다! 모든 신성한 것에 맹세하거니와 네 목숨을 기다리는 교수대처럼 내가 돌이 되기 전에 제발 대답 좀 해다오. 제발 다시 한 번만 생각해봐. 우리 둘의 운명은 바로 내 손에 달려 있다! 그리고 무서운 일이지만 나는 이미 제정신이 아니다. 모든 것이 나락으로 떨어져가는 것을 냉혹하게 바라볼 수도 있다는 것을 말이야! 이봐, 불쌍한 아가씨, 우리 발밑에는 끝없는 심연이 펼쳐져 있어. 네가 그곳으로 떨어진다면 나 또한 영원히 너를 뒤쫓을 거야! 다정한 말 한마디만 해다오, 제발! 한마디만, 딱 한마디면 돼!"

그녀는 입을 열어 무언가 대답하려고 했다. 그는 그녀의 입술에서 흘러나올, 어쩌면 감동적인 말일지도 모를 대답을 열정적으로 기대하며 조금이라도 가까이서 들으려고 그녀 앞에 쓰러지듯 무릎을 꿇었다. 그러나 그녀는 말했다. "당신은 살인자야!"

부주교는 화가 머리끝까지 치밀어 그녀를 거칠게 끌어안고는 무시무시한 웃음을 터트렸다. "하하하, 그런가? 맞다, 나는 살인자! 그러니 이제 네 목숨은 내 것이다. 너는 나를 노예로도 삼기를 바라지 않으니 차라리 내가 너의 주인이 되겠다. 너의 목숨을 거두어주지. 나에겐 은신처가 있다. 너를 끌고 그리로 갈 것이다. 알아듣겠어? 너는 나를 따라와야 한다고. 그렇지 않으면 너를 그들에게 넘겨버리면 그만이다. 이봐, 처녀! 너는 이제 죽거나 내 것이 되거나 둘 중 하나다! 이 신부의 것, 배교자의 것, 살인자의 것이 되는 것이다! 바로 오늘 밤부터! 알아들었어? 기꺼이 받아들이고 따라오도록 해라! 자! 나에게 키스해라, 이 어리석은 것! 무덤이냐? 내 이불 속이냐?"

그의 눈은 분노와 음란한 빛으로 이글이글 타오르고 있었다. 그의 음란한 입술에서 수치심을 느낀 그녀는 자신도 모르게 목덜미까지 붉어졌다. 그녀는 그의 억센 팔에 갇힌 채 버둥거렸다. 그는 입에 거품을 물고 그녀에게 격정적인 키스를 퍼부어댔다.

"물어뜯지 마, 이 끔찍한 괴물아!" 그녀가 소리쳤다. "아, 싫어! 더럽고 추잡하고 썩어빠진 놈아! 놔, 그 더러운 흰머리를 쥐어뜯어 해괴한 낯짝에 던져줄 테다!"

그의 얼굴은 붉으락푸르락하더니 마침내 여자를 놓아주고는 비통한 얼굴로 쳐다보았다. 그녀는 더욱 기가 살아서 계속 퍼부어댔다. "난 페뷔스의 여자라고! 내가 사랑하는 건 오직 페뷔스 님뿐이야, 그분은 정말 잘생기셨어! 다 늙어빠진 사제 주제에! 보기도 싫은 몰골을 하고는. 당장 꺼져버려!"

그는 마치 새빨갛게 달궈진 인두로 단근질당하는 가련한 사나이처럼 끔찍한 비명을 질렀다. "그래, 죽어라!" 그는 이를 부드득 갈며 악을 썼다. 그녀는 그의 섬뜩한 눈초리를 보고는 도망치려 했으나 그는 다시금 그녀를 잡아 거칠게 흔들더니 바닥으로 내동댕이쳤다. 그리고 그녀의 고운 손을 움켜잡고 길바닥에 질질 끌면서 투르 롤랑 모퉁이로 성큼성큼 걸어갔다.

그곳에 이르자 그는 여자를 돌아보았다.

"마지막으로 한 번 더 묻겠다, 아직도 내 것이 되는 게 싫으냐?"

그녀는 더욱 힘주어 대답했다.

"싫어!"

그러자 그는 큰 소리로 외쳤다. "귀뒬! 귀뒬! 여기 집시계집을 데려왔으니 실컷 복수해!"

그녀는 갑자기 누군가가 자기 팔꿈치를 붙잡는 것을 느꼈다. 고개를 돌려보니 뼈만 남아 앙상한 팔 하나가 벽에 난 채광창 밖으로 튀어나와 갈퀴 같은 손으로 그녀를 단단히 붙잡고 있었다.

"꼭 잡아!" 부주교가 말했다. "이게 바로 그 교수대에서 도망친 집시계집이야. 놓치면 안 돼! 나는 가서 경찰을 데려오겠다. 이 계집의 목이 매달리는 꼴을 구경시켜주지!"

그러자 마치 목구멍 깊숙한 곳에서 치밀어 터져나오는 듯한 웃음소리가 그 무자비한 말에 대한 대답처럼 벽 안쪽으로부터 들려왔다. "으히히히! 히히히히!" 집시처녀는 신부가 노트르담 다리 쪽으로 부리나케 뛰어가는 것을

1 작은 신발 555

보았다. 그 부근에선 기마대 말발굽 소리가 들려오고 있었다.
 그녀는 그 웃음소리가 심술궂은 은둔자의 것임을 알고 있었다. 두려움에 떨면서 그녀는 그 손아귀에서 벗어나려고 몸부림쳤으나 그럴수록 상대방은 더욱 무지막지한 힘으로 움켜쥐었다. 뼈만 남은 앙상한 손가락들은 놀라운 힘으로 그녀에게 상처를 내고 살 속 깊이 파고 들어갔다. 그 손은 마치 그녀의 팔뚝에 박혀 있는 못 같았다. 그것은 쇠사슬이나 족쇄보다 더욱 딴딴하게 죄어들었다. 벽에서 나와 저절로 움직이는 살아 있는 장도리 같았다.
 그녀는 마침내 완전히 기진맥진하여 벽에 기대어 쓰러졌다. 그러자 죽음의 공포가 엄습해왔다. 인생의 아름다움, 청춘, 푸른 하늘, 자연의 다양한 변화와 경치, 사랑, 페뷔스 그리고 모든 사라져가는 것들과 다가오는 것들을, 자신을 고발한 신부와 이제 곧 나타날 망나니와 교수대, 이런 것들이 차례로 머릿속에 떠올랐다. 그럴수록 머리카락이 모조리 곤두설 만큼 극심한 공포가 밀려왔다. 그때 은둔자가 기괴한 웃음을 흘리며 그녀에게 나지막한 소리로 말했다. "으흐흐흐! 흐흐흐! 넌 이제 교수형을 당할 거야!"
 그녀가 거의 숨이 끊어질 듯 창백한 얼굴로 채광창을 돌아보자 창살 너머로 독기 어린 자루 수녀의 누렇게 뜬 얼굴이 보였다.
 "내가 당신에게 뭘 잘못했다고 이러는 거예요?" 그녀는 거의 생기 없는 목소리로 힘없이 말했다.
 은둔자는 대답 대신 노래를 부르듯, 성난 듯, 비웃는 듯한 어조로 중얼거리기 시작했다. "집시계집! 집시계집! 집시계집!"
 가엾은 에스메랄다는 자신이 상대하는 것은 사람이 아니라는 것을 깨닫고는 고개를 떨어뜨려 머리칼 아래로 묻어버렸다.
 갑자기 은둔자가 소리쳤다. 그것은 마치 집시처녀의 물음이 은둔자의 생각에까지 가 닿는데 긴 시간이 필요했던 것처럼 보였다. "네가 나한테 무슨 짓을 했느냐 그 말이냐? 요 가증스런 계집. 얘기해줄 테니 잘 들어라! 나한테는 어린 딸이 있었지. 알겠어? 어린 딸이 있었단 말이다. 그 사랑스럽고 귀여운 딸, 아녜스가 있었다고!" 그녀는 그러면서 어둠 속에서 무엇엔가 입을 맞추며 얼이 빠진 듯 말을 이었다. "그런데! 이 집시계집아, 알아들어? 누가 내 아이를 데려가고 말았어. 내 사랑스런 아이를 훔쳐갔단 말이다. 그리고 그 아이를 잡아먹어버린 거야. 그게 바로 네년 짓이 아니란 말이냐!"

집시처녀는 순한 양처럼 대답했다.

"세상에! 하지만 난 그때 아직 태어나지도 않았을 때인걸요!"

"뭐라고? 천만에! 그렇지 않아!" 은둔자는 이렇게 쏘아붙였다. "넌 그때 틀림없이 태어나 있었어. 그 도둑년들 틈에 끼여 있었다고. 내 딸이 살아 있다면 아마 네 또래쯤 될 거다! 그렇지, 나는 지난 15년 동안이나 여기서 그 아이를 위해 기도하고 있다. 15년째 이 고생을 하고 있다고. 어느덧 15년 동안이나 사방 벽에 머리를 짓찧으며 살아왔어. 내 아이를 훔쳐간 건 바로 집시계집들이란 말이다. 알아들어? 알겠느냐고? 그리고 그년들이 내 아이를 잡아먹었단 말이다. 너에게도 인정이란 게 있느냐? 그렇다면 생각해봐라. 놀고 있는 아기를, 젖을 빨다가 잠이 든 그 천진난만한 아이를 말이다. 얼마나 순결한 존재인지! 그런데 그런 천사 같은 어린아이를 그년들이 훔쳐다가 죽였어! 하느님은 다 알고 계신다. 그러니 오늘은 네 차례야. 이젠 내가 집시계집을 먹어치우겠어. 아, 이 창살이 가로막고 있지만 않았던들 벌써 네년을 잘근잘근 씹어 먹었을 텐데, 내 머리가 너무 크구나. 가엾은 우리 아기! 아기는 새근새근 자고 있었는데 그만! 우리 아기가 잡혀가다 만약 잠에서 깨어 울었더라도 소용없을 테지. 내가 거기에 없었으니까! 아, 지독한 집시어미들 같으니라고! 네년들은 내 아이를 잡아먹었다! 와서 너희들의 아이를 보아라!"

그리고 나서 은둔자는 웃기 시작했다. 아니, 어쩌면 이를 갈았는지도 모른다. 어느 쪽이건 노기등등하여 미친 듯이 날뛰는 건 마찬가지였다. 어느새 동이 트고 있었다. 희뿌연 햇빛이 이 광경을 어슴푸레 비추고 있었고, 교수대가 광장에서 조금씩 모습을 드러내고 있었다. 반대편 노트르담 다리 쪽에서 다가오는 기마대 말발굽 소리가 점점 뚜렷해지고 있었다.

"아주머니!" 그녀는 두 손을 맞잡고 무릎을 꿇은 채, 머리는 잔뜩 흐트러지고 공포에 질려서는 미친 듯이 부르짖었다. "아주머니, 제발 살려주세요! 사람들이 오고 있어요. 난 정말 아주머니한테 아무 짓도 하지 않았어요. 당신 앞에서 내가 끔찍하게 죽는 모습을 기어코 보기 바라세요? 인정 많으신 분인 걸 잘 알아요. 무서워요. 제발 보내주세요. 이렇게 빌게요! 이런 식으로 죽고 싶지는 않아요!"

"내 아이를 내놔라!" 은둔자는 말했다.

"살려주세요, 제발 부탁이에요!"

"아일 당장 내놔!"

"놓아주세요. 제발이요!"

"내 아일 내놓으라니까!"

그녀는 다시 기진맥진하여 쓰러졌다. 눈은 이미 무덤 속에 들어간 사람처럼 그냥 유리알 같았다.

"아! 슬픈 일이네요. 아주머니는 아이를 찾고 계시군요. 저는 부모님을 찾고 있답니다." 그녀는 띄엄띄엄 말했다.

"내 사랑스런 딸 아녜스를 내놔!" 귀될 수녀는 계속해서 소리쳤다. "정말로 그 애가 어디 있는지 몰라? 그렇다면 죽어라! 말해주마, 난 창녀였어. 아이가 하나 있었지. 그런데 누가 훔쳐갔다. 틀림없이 집시계집들의 소행이야. 그러니 네가 왜 죽어야 하는지 이제 이유를 알겠느냐? 네 어미들이 너를 내놓으라고 한다면 난 그녀들에게 말해줄 거다. '어미야, 저 교수대를 봐라'라고 말이다. 그게 싫으면 내 아일 내놔라. 넌 그 아이가, 내 사랑스런 딸이 어디 있는지 아느냐? 이걸 보여줄까? 이게 바로 내 딸이 신었던 신발이다. 내 딸 물건은 그것 말고는 남은 게 없어. 다른 한 짝은 어디 있는지 넌 알고 있지? 어서 말해. 이 세상 끝까지, 무릎으로 기어서라도 끝끝내 찾으러 갈 테다!"

그러면서 은둔자는 수놓은 작은 분홍색 신발 한 짝을 다른 한 손으로 채광창 밖으로 내밀어 집시처녀에게 보여주었다. 이미 날이 밝기 시작했으므로 신발 모양과 색깔은 똑똑히 알아볼 수 있었다.

"어디 좀 보여주세요." 집시처녀는 와들와들 떨면서 말했다.

"아, 세상에! 오, 하느님! 하느님!" 그와 동시에 그녀는 은둔자에게 잡히지 않은 자유로운 한쪽 손으로 제 목에 걸고 있던 초록색 유리세공품 장식이 달린 작은 주머니를 열었다.

"그래, 그래!" 은둔자는 이렇게 중얼거렸다. "악마의 부적을 어디 실컷 뒤져보시지!" 그러다 문득 말을 멈추었는데, 순간적으로 온몸을 부들부들 떨면서 창자 깊숙한 곳에서 터져나오는 듯한 소리로 울부짖기 시작했다. "아아, 내 아기!"

집시처녀가 조그만 주머니에서 꺼낸 것은 은둔자가 꺼내 보인 작은 신발

한 짝과 같은 것이었다. 그 작은 신발에는 양피지가 한 장 붙어 있었고 거기에는 이런 글귀가 적혀 있었다.

    이것과 똑같은 짝이 발견될 때,
    네 어미는 네게 팔을 뻗치리라.

번개보다 더 빠르게 은둔자는 두 신발의 짝을 맞추어보고 양피지에 쓰인 글을 읽고는 천사처럼, 기쁨으로 환하게 빛나는 얼굴을 채광창 창살에 바짝 들이대고 외쳤다.
"내 딸이었구나! 아아, 내 딸이었어!"
"어머니!" 집시처녀는 대답했다.
이 장면은 더 이상 묘사할 수가 없다.
벽과 창살이 두 사람을 가로막고 있었다. "오, 이 망할 놈의 벽이!" 은둔자는 소리쳤다. "아! 그토록 그리던 너를 만났건만 안을 수가 없다니. 손을 다오, 네 손을!"
그녀는 채광창 너머로 팔을 넣고 은둔자는 그 손에 매달려 입을 맞추고 감격에 젖어 있을 뿐 움직일 줄 몰랐다. 다만 이따금 어깨를 들썩이며 흐느껴 우는 것만이 아직 살아 있다는 증서였다. 그사이 그녀는 한마디 말도 없이 밤에 내리는 비처럼 어둠 속에서 억수 같은 눈물만 흘리고 있었다. 이 가련한 어머니는 그 사랑스런 손 위에 눈물을 흘리며 마음속에 있던 어둡고 깊은 눈물의 우물을 퍼내고 있었던 것이다. 지난 15년 세월의 고통이 한 방울씩 쌓여 만들어진 우물이었다.
은둔자는 벌떡 일어나더니 이마에 흘러내린 백발을 헤치고 한마디 말도 없이 두 손으로 채광창의 창살을 사자보다 거칠게 흔들기 시작했다. 그러나 창살은 끄떡도 하지 않았다. 그러자 베개로 사용하던 커다란 돌 하나를 가지러 방 한구석으로 뛰어가더니 그것을 창살을 향해 있는 힘을 다해 집어던졌다. 꿈쩍도 않던 창살 하나가 불똥을 튀기며 부러져 나갔다. 다시 한 번 돌을 던지자 창살을 막고 있던 낡은 쇠 십자가도 산산조각이 났다. 그러나 그녀는 남아 있던 녹슨 창살 토막까지도 부수어 빼버렸다. 앙상하게 말라빠진 여자의 손도 인간을 초월하는 놀라운 힘을 발휘할 때가 있는 것이다.

1분도 걸리지 않아서 지나갈 수 있는 틈이 만들어지자 그녀는 딸의 몸을 부축하여 독방 안으로 들어오게 했다. "이리 오너라! 너를 지옥의 구렁텅이에서 끌어내줄게." 그녀는 중얼거렸다.

 딸이 방으로 들어오자 그녀는 조심스레 바닥에 앉혔다가 어느새 다시 일으켜 세우더니 마치 예선의 아녜스였을 때처럼 품에 안아보며 정신없이 소리를 지르고 노래를 불렀다가 입을 맞추었다가, 이야기를 시키기도 하고 눈물을 흘리기도 하고, 그런가 하면 어느새 웃어젖히기도 하면서 모든 것이 뒤범벅이 되어 격정에 휩싸인 채 그 좁은 방 안을 오락가락하는 것이었다.

 "아가야! 내 아가야! 내 딸이 여기 있구나. 봐라, 여기 내 딸이 있다. 하느님이 나에게 내 아기를 돌려주셨어. 여러분! 다들 여기 와서 보세요! 아무도 없나요! 돌아온 내 딸을 봐줄 사람이 아무도 없나요? 주 예수님, 우리 아기가 얼마나 예쁜지 보세요. 하느님, 저를 지난 15년 동안이나 기다리게 하시더니 그건 이렇게 아름답게 만들어 보내시려고 그랬군요. 집시들이 내 아이를 잡아먹은 게 아니었어요! 누가 그런 말을 했는지 모르겠네. 내 귀여운 딸아! 내 사랑스런 딸아! 내게 입을 맞춰다오. 집시여자들은 참 좋은 사람들이로구나. 그래, 나는 이제 집시여자가 좋아졌다. 분명히 너 맞지? 그래, 그래서 네가 요 앞을 지나갈 때마다 내 가슴이 그리도 두근거렸던 거야. 그런데 난 그게 미움 때문인 줄 알았단다. 날 용서해주겠니? 나의 사랑스런 아녜스야! 나를 심술궂은 여자라고 생각했겠지? 널 사랑한단다. 어디 보자. 네 목의 작은 점은 여전히 거기 있구나. 분명 넌 내 딸이야. 아! 넌 정말 예쁘구나. 그 커다란 눈을 갖고 태어나게 한 건 바로 나란다. 아가야, 입맞춤해다오. 다른 어미들에게 제아무리 아이들이 많이 있어도 그런 건 이제 아무래도 상관없다. 이제는 모두 웃어줄 수 있어. 다들 와서 보라지. 내 아이가 여기 있다! 보아라, 내 딸의 아름다운 목과 눈과 머리와 손을. 이렇게 아름다운 아이가 있다면 어디 한번 보여 보라지. 아름다운 아가씨에겐 수많은 사내들이 따르게 마련이지. 나는 15년 동안이나 눈물로 살아왔다. 그래서 나의 아름다움은 모두 사라졌지만 그것이 네게 옮겨갔구나. 자, 입을 맞추어주렴!"

 그녀는 딸에게 의미를 알 수 없는 이런저런 말들을 했는데 그 말투는 그지없이 다정하고 부드러웠다. 가엾은 딸의 얼굴이 빨개질 정도로 옷을 이리저리 헤집었다. 비단결처럼 매끄러운 머리칼을 쓰다듬고 발과 무릎과 이마와 눈에 입을 맞추고 모든 것에 감격한 듯 넋을 잃고 있었다. 딸은 어머니가 하는 대로 몸을 맡기고 있었는데 이따금 매우 낮고 한없이 부드러운 소리로 다정하게, "어머니!" 하고 부르기만 했다.

"자, 내 사랑스런 아가야." 은둔자는 다시 말을 이었으나 키스를 하느라 중간 중간 말이 끊어지곤 했다. "애야! 앞으로 난 너만을 사랑하며 살 거야. 이곳을 떠나 우리 함께 행복하게 살자꾸나! 고향 랭스에 내가 상속받은 재산이 조금 있으니 그곳으로 가자. 랭스를 아니? 아! 그래, 모르겠구나. 넌 아주 어렸으니까 모를 수밖에! 네가 태어난 지 겨우 4개월 정도였을 때, 그때 네가 얼마나 예쁘고 사랑스러웠는지 넌 모를 거야! 28킬로미터나 떨어진 에페르네에서도 너의 그 앙증맞은 발을 보려고 사람들이 찾아오곤 했었지! 가자꾸나. 가서 작은 집도 짓고 밭을 일구며 살자. 너를 내 침대에 재워주마! 하느님! 아, 하느님! 누가 이 얘기를 곧이들어줄까요! 내 아기를 다시 찾았다는 이 사실을 말입니다!"

"아. 어머니!" 딸은 마침내 감격에 북받치면서도 어떻게든 감정을 추스르고 겨우 말을 꺼냈다. "집시여자들이 제게 이런 말을 자주 했어요. 그중에서도 유독 저를 유모처럼 자상하게 보살펴주셨던 친절한 아주머니가 계셨는데, 그분은 작년에 돌아가셨어요. 그런데 그분이 제게 이 주머니를 주시며 말씀하셨어요. '애야, 이것을 소중히 간직하도록 해라. 이건 네 어머니를 만나게 해줄 보물이란다. 이걸 목에 걸고 다니면 넌 언제나 어머니와 함께 있는 거나 마찬가지야'라고요. 그분 말씀이 옳았어요!"

은둔자는 또다시 딸을 꼭 껴안으며 말했다.

"어서 이리 오너라, 애야. 키스해줄게. 말하는 모습도 어쩌면 그렇게 사랑스러우냐! 고향으로 돌아가면, 성당 아기예수께 이 작은 신발을 신겨드리자꾸나. 성모 마리아께 은혜를 갚기 위해서도 꼭 그렇게 해야만 해. 아유! 어쩜 그렇게 목소리도 고우냐! 애야, 네 말소리는 마치 음악소리 같구나! 아, 하느님 아버지시여! 제가 사랑하는, 세상의 무엇과도 바꿀 수 없는 우리 아기를 다시 만났습니다. 이런 기적 같은 일이 믿어지시나요? 세상에, 사람 목숨이란 참으로 질기군요. 다시 만난 지금 이토록 기뻐 죽겠는데도 죽지 않는 걸 보면 말입니다!"

그러고는 또다시 손뼉을 치며 감격적인 웃음을 터뜨렸다. "하하하! 아,

우리는 이제 행복하게 살 수 있단다, 애야!"

바로 그때, 말들이 달리는 소리와 무기들이 서로 부딪치는 소리로 그 작은 방이 울리기 시작했다. 그것은 노트르담에서 출발하여 차츰 강기슭 쪽으로 다가오고 있었다. 에스메랄다는 너무나 무서워서 어머니 품 안으로 몸을 던졌다.

"살려주세요! 살려주세요! 어머니, 저 좀 살려주세요! 그들이 오고 있어요!" 어머니는 얼굴이 새파래졌다.

"뭐라고? 그게 무슨 소리니? 까마득히 잊고 있었구나. 그래, 넌 쫓기는 몸이라고 했었지! 대체 네가 무슨 잘못을 했기에 그러니?"

"저도 몰라요. 그런데 전 이미 사형선고를 받았어요."

"뭐어? 사형선고라고!" 귀딜 수녀는 그야말로 마른하늘에 날벼락을 맞은 사람처럼 비틀거리며 말했다. "사형이라니, 세상에! 우리 딸을, 사형이라니!"

"그래요, 어머니." 딸은 공포에 질려 제정신이 아닌 듯 더듬더듬 말을 이었다. "저를 죽이려 해요. 저것 보세요. 저를 잡으러 이리로 오고 있어요! 저 교수대는 저 때문에 세워진 거예요. 어머니, 저 좀 살려주세요! 제발요! 벌써 왔어요! 제발 살려주세요!"

어머니는 한동안 돌처럼 꼼짝도 하지 않고 있다가 이윽고 뭔가 미심쩍다는 듯 고개를 갸우뚱하더니 갑자기 미친 듯이 새된 웃음을 터뜨렸다. 그 모습은 그녀가 평소 보이던 그런 괴기스런 웃음이었다.

"으히히히! 히히히히! 아니야! 그럴 리가 없어! 넌 지금 꿈을 꾸고 있는 거야. 그렇고말고! 내가 널 15년 만에 다시 만났는데, 만난 지 겨우 몇 분 만에 또 헤어지다니, 그럴 수는 없다. 눈에 넣어도 아프지 않을 내 아기를 다시 빼앗아간다고? 이렇게 아름다운 처녀가 다 된 내 딸을, 내게 말을 걸어오고, 날 이렇게 사랑해주는데 이런 감격스런 순간에 나타나서 내 딸을 잡아먹으려 한다는 말이냐? 이렇게 어미가 두 눈을 뻔히 뜨고 있는 앞에서! 아니, 아니야! 절대 그럴 수 없어! 하느님이 그런 일을 허락하실 리가 없어!"

이때 기마대 발소리가 잦아들다가 마침내 멈추는 것 같았다. 멀리서 이런 말소리가 들려왔다. "이쪽입니다, 트리스탕 나리! 부주교 말로는 여기 이 '쥐구멍'에 가면 그 여자가 있을 거라고 했습니다." 그리고 말발굽 소리가 다시 들려왔다.

은둔자는 자리에서 벌떡 일어서며 절망적으로 소리쳤다. "도망쳐! 도망쳐라! 애야, 어서 달아나거라! 또 왔어! 네 말이 맞구나. 저놈들은 널 죽일 거야! 이를 어쩌면 좋단 말이냐! 저 나쁜 놈들! 어서 달아나!"

그녀는 채광창으로 머리를 내밀었다가 얼른 다시 들여놓고는 작은 소리로 말했다.

"꼼짝 말고 있어라!" 공포 때문에 사색이 된 딸의 손을 바들바들 떨리는 손으로 움켜잡으며 어머니는 비통한 목소리로 낮고 짧게 속삭였다. "그냥 가만히 있어라. 숨도 쉬면 안 돼! 군사들이 좍 깔렸어. 도망칠 곳이 없구나. 이미 동이 터서 달아나도 숨을 곳이 없겠다."

은둔자의 눈은 몹시 건조하여 금세 불이라도 붙을 것 같았다. 그녀는 한동안 말을 잊은 채 성큼성큼 방 안을 오락가락하다가 이따금 걸음을 멈추고는 백발이 된 머리카락을 한 움큼씩 뽑아서는 이로 물어뜯었다.

갑자기 그녀가 말했다. "이리로 온다. 놈들이 오고 있어. 내가 말할 테니 너는 보이지 않는 곳에 숨어 있어라. 도망친 지가 오래라고, 널 놓쳐버렸다고 말이야. 얼른 숨어라! 걱정할 것 없어!"

그녀는 밖에서는 보이지 않는 방 한쪽 모퉁이에 딸을 조심스레 풀어놓았다. 그때까지 어머니는 딸을 꼭 끌어안고 있었던 것이다. 그녀는 딸을 쪼그려 앉게 하고 손이나 발끝도 보이지 않도록 꼭꼭 가렸다. 딸의 검은 머리채를 풀어서 흰옷을 가리도록 헤쳐놓고, 그녀가 가진 돌베개와 물주전자를 그 앞에 내려놓았다. 이렇게 하찮은 것이라도 딸의 몸을 가려주리라 믿었기 때문이다. 숨기는 일을 마치자 그녀는 침착한 태도로 무릎을 꿇고 기도를 드리기 시작했다. 주위는 이제 막 밝아오기 시작했으나 '쥐구멍'은 아직 어두컴컴했던 것이다.

마침 그때 부주교가 방 바로 옆을 지나가고 있는지 오싹한 그의 목소리가 들려왔다. "여기요, 여기! 페뷔스 드 샤토페르 중대장!"

방구석에 숨죽여 웅크리고 앉아 있던 에스메랄다는 그 이름과 목소리를 듣고는 저도 모르게 몸을 들썩였다.

"안 돼! 움직이면 안 돼!" 은둔자가 다급하게 속삭였다.

그 말이 채 끝나기도 전에 독방 주위로 사람들이 웅성거리는 소리와 말발

1 작은 신발

굽 소리가 들려오다가 이내 잠잠해졌다. 어머니는 재빨리 일어나 채광창을 가리려고 앞으로 다가섰다. 말을 타거나 걸어오는 무장한 군인들의 대부대가 그레브 광장에 가득 늘어선 것이 보였다. 그들을 지휘하던 군인 하나가 말에서 내려 그녀가 서 있는 곳으로 다가왔다. "여봐, 할멈!" 몹시 험상궂게 생긴 그 사나이가 말했다. "우리는 교수형에 처할 마녀를 찾고 있다. 네가 그 마녀를 잡고 있다던데!"

가련한 어머니는 최대한 태연한 표정을 지으려 안간힘을 쓰며 대답했다.

"대체 무슨 말씀을 하시는지 모르겠네요."

그러자 상대방은 투덜거렸다. "이런 젠장! 그 얼빠진 부주교란 놈이 눈알이 뒤집혀서 헛소리를 지껄였나? 그놈 어디 있지?"

"어디로 갔는지 자취를 감추었습니다." 병사 하나가 다가와 보고했다.

"그래? 이봐, 미치광이 할망구! 헛소릴 지껄였다간 죽을 수도 있어. 마녀를 단단히 잡고 있으라고, 분명히 네게 맡겼다고 했다. 어디로 숨겼는지 똑바로 대라." 지휘관이 말했다.

은둔자는 무조건 모른다, 없다고 하면 오히려 의심을 살 것 같아서 진지하면서도 무관심한 투로 대답했다. "조금 전에 누군가 제 손에 붙잡게 했던 키 큰 처녀를 말씀하시나 본데, 그년이 제 팔을 물어뜯고는 도망쳐버렸습니다요. 그게 전부입니다. 그만 귀찮게 하시고 저를 그냥 내버려두십시오."

지휘관은 실망스러운 듯 얼굴을 잔뜩 찌푸렸다.

"거짓말하지 마라. 이 늙어빠진 유령아! 나는 트리스탕 레르미트다. 국왕의 신임을 얻은 사람이라고. 알겠느냐?" 그는 이렇게 말하고 그레브 광장을 둘러보며 이렇게 덧붙였다. "나는 새도 떨어뜨리는 내 이름을 몰라?"

"당신이 바로 그 악마 레르미트로군!" 귀둴은 조금씩 안정을 되찾으며 조심스레 대꾸했다. "그렇다 하더라도 그것밖에는 특별히 드릴 말씀이 없거니와, 전 아무것도 두려울 게 없습니다."

"제기랄! 빌어먹을 여편네, 말도 많군! 좋아, 그 년이 달아났단 말이지? 그럼 어느 쪽으로 도망치더냐?" 트리스탕이 물었다.

은둔자는 담담한 태도로 대답했다.

"무통 거리 쪽으로 달려간 것 같아요, 아마도."

트리스탕은 늘어선 부대를 향해 돌아서서는 다시 출발준비를 하라는 신호를 했다. 은둔자는 안도의 숨을 내쉬었다.

"각하!" 부하 하나가 불쑥 나섰다. "그럼 채광창 창살은 왜 이렇게 부서졌는지 할멈에게 물어보면 어떨까요?"

그 소리를 들은 가련한 어머니는 또다시 애간장이 타기 시작했다. 그러나 끝까지 침착하게 혼잣말처럼 대답했다. "이건 늘 이런 걸요."

"무슨 소리! 창살에 어제까지도 검은 십자가 모양이 멀쩡하게 달려 있는 걸 봤는데!" 부하가 되받았다.

그러자 트리스탕은 은둔자를 쏘아보았다.

"이 할망구가 지금 무척 당황하고 있구먼!"

불행한 어머니는 모든 것이 자신의 침착한 태도에 달려 있다는 생각에 다리 힘이 풀려 그 자리에 털썩 주저앉고 싶었지만, 고통스런 감정을 숨긴 채 실성한 듯 킬킬거리기 시작했다. 어머니에겐 이런 힘이 있다.

"무슨 헛소릴 지껄이는 거야! 저 사람 간밤에 마신 술이 덜 깼나? 돌을 잔뜩 싣고 가던 수레가 꽁무니로 여길 들이받은 지가 벌써 1년도 더 됐는데! 그 수레꾼에게 내가 얼마나 욕설을 퍼부었는지 알기나 해?"

"아, 맞다. 나도 그때 봤어." 다른 군사가 이렇게 증언했다.

이런 경우엔 으레 자신이 그걸 보았다고 말하는 사람들이 있게 마련이다. 나쁜 군사의 증언은 은둔자에게 새로운 용기를 북돋아주었는데 그 순간 그녀의 심정은 마치 칼날을 밟고 불가마를 건너는 것만 같았다.

그녀는 희망과 불안 사이를 오락가락하며 괴로워하고 있었다.

"그래? 만약 수레가 그렇게 했다면." 첫 번째 군사가 의문을 제기했다. "창살 파편이 안쪽으로 휘어져 있어야 맞는 게 아니오? 그런데 창살이 왜 이렇게 밖으로 휘어져 있지?"

"그러고 보니 맞는 말이야!" 트리스탕이 그 군사를 돌아보며 말했다. "호오, 자네는 샤틀레 재판소의 취조관 같은 날카로운 눈을 가졌군그래! 어이, 할멈! 이 말에 대답 좀 해보시지!"

"어이구, 세상에! 이렇게 답답할 데가!" 그녀는 그들이 날카롭게 추궁하자 엉겁결에 울먹이는 소리로 외쳤다. "나리, 정말 맹세합니다. 짐수레가 이 창살을 부쉈다니까요. 저 양반도 봤다고 하지 않습니까? 그리고 이 창살이랑 집시계집이 대체 무슨 상관이 있다고 이러십니까, 이러시길."

"흠!" 트리스탕이 미심쩍다는 듯 중얼거렸다.

"아니!" 방금 트리스탕에게서 칭찬을 들어 잔뜩 기가 산 병사가 또다시 소리쳤다. "창살의 부러진 자국은 오래된 게 아니에요!"

트리스탕은 고개를 끄덕였다. 동시에 은둔자의 얼굴이 새파랗게 질렸다. "그래, 수레가 들이받은 지 얼마나 됐다고 했지?"

"그게 그러니까 한 달이나, 한 보름쯤 전일 거예요, 나리. 잘 기억나질 않네요."

"그것 보세요. 이 할멈이 처음엔 1년 전이라고 했습니다." 그 군사가 다시 지적했다.

"흠, 수상한데!" 헌병대장 트리스탕이 말했다.

"나리!" 그녀는 여전히 채광창 앞에 바싹 붙어 서서 의심쩍어하는 그들이 머리를 디밀고 독방을 살피려 들지나 않을까 두려워 떨며 소리쳤다. "나리, 정말 맹세합니다요. 이 창살을 망가뜨린 건 수레였어요! 천국에 있는 거룩한 천사들에게 대고 맹세합니다. 만약 그게 수레가 아니라면 저는 영원히 지옥에 떨어져도 괜찮고, 하느님께 영영 버림받아도 좋아요!"

"뭘 그렇게 정색을 하고 맹세하느냐!" 트리스탕은 종교재판소의 심문관 같은 눈초리로 말했다.

이 가련한 은둔자는 말을 할수록 점점 침착성을 잃고 있음을 느꼈다. 그래서 혹시라도 말실수를 할까봐 스스로도 조마조마할 지경이었으며, 해서는 안 될 말까지 하고 있다는 것이 너무나 무서웠다.

그때 또 다른 군사 하나가 다가오며 말했다. "각하, 저 할멈 말은 거짓입니다. 마녀는 무통 거리 쪽으로 가지 않았습니다. 거리의 철책은 밤새 쳐져 있던 대로 아직 있고, 철책을 지키는 파수꾼도 지나가는 사람을 아무도 보지 못했다고 합니다."

트리스탕은 얼굴이 점점 험악해지며 은둔자에게 물었다. "이 군사의 말에 어떻게 대답하겠느냐?"

그녀는 이 새로운 사태에 재차 저항하려 애를 썼다. "글쎄요, 그것까지는 저도 모르겠는데 나리, 제가 잘못 알았을 수도 있지 않습니까? 분명 그 마녀가 강을 건너가는 것 같았는데……."

"그건 반대쪽인데, 아무리 생각해도 시테에서 쫓겨나왔는데 그리로 돌아가려고 했을 것 같지는 않아. 네가 거짓말을 하는 거다. 이 할망구가!" 트리스탕은 날카롭게 말했다.

"게다가 강물 이쪽이나 저쪽 기슭에도 배는 한 척도 없습니다!" 처음의 군사가 다시 덧붙였다.

"그럼 헤엄쳐서 건넜나 보네요." 은둔자는 필사적으로 대응하려 했다.

"여자도 헤엄을 치나?" 그 군사가 되받았다.

"이런 빌어먹을, 어이, 할멈! 넌 지금 거짓말을 하고 있어! 거짓말이지!" 트리스탕은 몹시 화를 내며 소리쳤다. "그 마녀는 놓쳐도 상관없어. 네년 목을 매달아야겠다! 15분만 더 몰아붙이면 넌 틀림없이 사실을 토해낼 것이다. 자, 어서 따라와!"

그녀는 기다렸다는 듯 그 말을 붙잡고 늘어졌다. "그러시든지 마음대로 하시구려. 나리, 어서 그렇게 해주시오! 그게 제가 바라는 바이니 부디 저를 끌고 가세요! 어서요, 어서! 당장에라도 따라가지요." 그사이에 딸이 안전한 곳으로 도망치기를 그녀는 바라고 있었다.

"이런 제기랄! 고문당하는 걸 저렇게 좋아하는 인간은 처음 보겠군! 그러니 미쳤다고들 하겠지." 헌병대장 트리스탕이 중얼거렸다.

그때 머리가 허연 나이 든 야경대원 하나가 나서서 헌병대장에게 말했다. "각하, 정말 미친년입니다. 이 할멈이 그 집시계집을 놓쳤다고 해도 할멈 잘못은 아닙니다. 왜냐하면 저 할멈은 본디부터 집시여자들을 잡아먹지 못해 애를 태웠거든요. 제가 15년째 야경대원으로 일하고 있는데 밤이면 밤마다 집시여자들에 욕설을 퍼부어대는 걸 들어서 잘 압니다. 우리가 쫓고 있는 여자가 염소를 데리고 다니는 그 춤추는 집시처녀인 것 같은데 저 할멈은 다른 어떤 사람보다도 그 여자를 미워하고 있습니다."

그 말에 은둔자는 다시 용기를 얻어 말했다. "그래요, 그중에서도 그 계집을 가장 미워한다오."

야경대원들의 증언이 일치하자 헌병대장은 중년 대원의 말을 믿게 되었다. 트리스탕 레르미트는 결국 은둔자에게서 아무것도 얻지 못한 채 실망하여 그대로 발길을 돌렸다. 그가 말을 타기 위해 걸음을 옮기는 것을 그녀는 몹시 불안하고 초조한 심정으로 바라보고 있었다.

"자, 가자! 다른 방향에서 수색을 계속한다! 집시계집의 목을 매달기 전에는 한숨도 자지 않을 것이다!"

그러나 그는 말에 오르기 전, 다시 한동안 망설였다. 마치 짐승의 소굴 냄새를 맡고 킁킁거리는 사냥개처럼 그가 자리를 떠나지 않고 주위를 두리번거리는 모습을 보며 그녀는 삶과 죽음의 갈림길에 선 것처럼 초조해하고 있었다. 그러던 그는 마침내 고개를 저으며 말안장에 올라앉았다. 그러자 그토록 가슴을 졸이던 은둔자는 속이 후련해지는 것을 느끼며 수색대가 온 다음부터 한 번도 쳐다보지 못했던 딸을 흘끗 바라보며 낮은 소리로 말했다. "갔다, 갔어."

그녀는 방구석에서 코앞에 닥친 죽음을 생각하며 숨을 쉬기는커녕 꼼짝도 못한 채 죽은 듯 웅크리고 있었다. 그녀는 어머니와 트리스탕이 나누는 대화를 한마디도 놓치지 않고 듣고 있었으며 어머니의 고통과 괴로움이 고스란히 자기 몸에까지 전해져오는 것을 느꼈다. 그녀는 자신을 둘러싸고 소용돌이치는 심연에 매달려 있는 밧줄이 아슬아슬하게 끊어져가는 불안한 소리를 남김없이 들었으며, 여차하면 끊어질 것 같은 절망적인 순간도 수도 없이 느꼈다. 이제 겨우 한시름 놓고 자신이 살아 있음을 실감할 수 있었다. 그때 누군가가 헌병대장 트리스탕에게 말을 건네는 소리가 들려왔다.

"젠장! 헌병대장, 마녀를 목매다는 것은 나 같은 무장이 할 일이 아니라고 생각하오. 난동을 일으킨 천민들은 깡그리 진압했으니 이 일은 당신에게 맡기겠소. 중대장으로서 자리를 오래 비울 수 없어 나는 그만 돌아가겠소. 당신도 그게 옳다고 생각할 거라 믿소." 그 목소리는 바로 페뷔스 드 샤토페르였다. 에스메랄다의 마음속에서 어떤 일이 일어났을지는 말로 설명할 수 없다. 그가 거기 있었던 것이다. 그녀의 연인, 녀의 보호자, 그녀의 지지자, 그녀의 페뷔스가! 그녀는 튕겨져 오르듯 벌떡 일어나서는 어머니가 어찌 막아볼 겨를도 없이 채광창으로 달려가 소리쳤다.

"페뷔스! 오, 나의 페뷔스, 여기예요!"

페뷔스는 이미 떠난 뒤였다. 그는 말을 달려 쿠텔르리 거리 모퉁이를 돌아가버려 그곳에 없었다. 그러나 트리스탕은 아직 그 자리에 있었다.

어머니는 난폭하게 딸에게 달려들었다. 그리고 딸의 목덜미를 갈퀴처럼 앙상한 손가락으로 낚아채었다. 어미호랑이 같은 심정으로 그녀는 딸의 위험을 그대로 두고 볼 수 없어 죽을힘을 다해 버둥거렸다. 그러나 이미 때는 늦었다. 트리스탕이 모든 것을 보아버린 것이다.
 "아하!" 트리스탕은 몹시 유쾌한지 이가 모조리 드러날 정도로 크게 웃어 젖혔는데, 순간 그의 얼굴은 마치 먹이를 발견한 굶주린 늑대와 같았다. "쥐새끼 두 마리가 덫에 걸렸군!"
 "제가 보기에도 그런 것 같습니다." 옆에 있던 군사가 말했다.
 트리스탕은 그의 어깨를 두드렸다. "자네는 매우 훌륭한 고양이야! 그런데 앙리에 쿠쟁은 어디 있지?"
 그러자 군복도 입지 않고 군인같이 생기지도 않은 사나이 하나가 대열에서 뛰어나왔다. 그는 회색과 갈색 줄무늬 옷을 입고 있었으며 머리털은 온통 흐트러져 있고, 입고 있는 옷소매는 가죽으로 덧대어져 있었다. 투박하고 큼지막한 손에는 둘둘 만 밧줄을 들고 있었다. 트리스탕이 늘 루이 11세를 따라다니는 것처럼 그는 언제나 트리스탕의 뒤를 쫓아다녔던 것이다.
 "우리가 애타게 찾던 마녀가 여기 있는 것 같다. 끌어내어 목을 매달아라. 사다리는 갖고 있겠지?" 트리스탕 레르미트가 물었다.
 "사다리는 저기 '기둥집' 창고에 있습니다. 이번 일은 저 재판소에서 하는 건가요?" 그는 돌로 만든 교수대를 가리키며 말했다.
 "그렇다!"
 "으헤헤, 그야 식은 죽 먹기지요." 그는 헌병대장보다도 훨씬 짐승 같은 야비한 웃음을 흘리며 말을 이었다.
 "빨리 서둘러라! 웃는 건 나중에 하고." 트리스탕이 말했다.
 한편 딸이 트리스탕에게 발각되어 실낱같은 희망이 완전히 끊어져버린 뒤로 어머니는 아무 말도 하지 않고 있었다. 그녀는 초죽음 상태에 이른 가엾은 딸을 방 한구석으로 몰아놓고, 다시 채광창 앞에 버티고 앉아 맹수의 발톱처럼 두 손의 손톱을 곤두세우고 있었다. 그녀는 배짱 좋게도 군사들과 맞서는 자세를 보였지만 눈빛은 황갈색을 띠고 광기로 번득이고 있었다. 앙리에 쿠쟁이 방으로 다가왔을 때 그녀가 사나운 맹수 같은 얼굴로 그를 노려보자 그는 움찔하고 뒷걸음질쳤다.
 "각하." 앙리에 쿠쟁이 헌병대장에게 돌아오며 말했다. "누굴 잡을까요?"
 "젊은 년이다."
 "휴, 살았다. 저 할망구는 얼마나 고약하고 골치 아픈지 몰라요."

"에이그, 쯧쯧. 염소를 데리고 다니며 춤을 추던 가엾은 젊은 계집!" 나이 든 야경대원이 말했다.

앙리에 쿠쟁은 채광창으로 다가갔다. 어머니의 날카로운 눈과 마주치자 그는 기가 죽어 시선을 내리깔고 머뭇거리며 말했다.

"부인……."

그녀는 아주 낮고, 그러면서도 몹시 성난 목소리로 말을 가로막았다. "원하는 게 뭐냐?"

"당신이 아니라 다른 계집이야." 그가 말했다.

"다른 계집이라고?"

"젊은 계집 말이야."

그녀는 고개를 가로저으며 미친 듯이 소리쳤다. "아무도 없어! 아무도 없다고! 아무도 없다는데 왜 난리야!"

"천만에!" 그는 말을 이었다. "잘 알 텐데, 그 젊은 년을 내놔. 당신을 해칠 생각은 없으니까."

그녀는 알 수 없는 웃음을 띠며 말했다.

"오호라! 날 해치진 않는다고 했나? 나는?"

"그래, 그 여자를 내보내라고. 헌병대장님의 명령이야!"

그녀는 제정신이 아닌 듯 되풀이했다. "여긴 아무도 없어!"

"그렇지 않아! 거기 둘이 있는 걸 우리가 다 봤어." 앙리에가 대꾸했다.

"그럼 들여다보고 확인하면 될 거 아냐? 채광창 안으로 고개를 어디 들이밀어 보라니까!" 은둔자는 이죽거리며 말했다.

앙리에 쿠쟁은 그녀의 날카로운 손톱을 보고는 감히 안으로 고개를 들이밀 엄두를 내지 못했다.

"빨리 서둘러라!" 뒤쪽에서 트리스탕이 외쳤다. 그는 조금 전 '쥐구멍' 주위에 부대원들을 둥글게 배치해놓고 말을 탄 채 교수대 옆에 서 있었다.

앙리에는 당황하여 다시 헌병대장에게 돌아갔다. 그는 밧줄을 땅에 내려놓고는 망설이듯 모자의 챙을 돌려가며 만지작거리고 있었다.

"각하, 어디로 들어가야 할까요?" 그가 물었다.

"문으로 들어가야지."

"그런데 문이 없어요."

"그럼 창으로 가."

"거긴 너무 좁아서 들어가기 힘듭니다."

"그럼 넓히면 될 거 아냐! 곡괭이가 없느냐?" 트리스탕이 화를 버럭 내며 말했다.

어머니는 동굴 같은 자기 방 안에서 먹잇감을 지키는 사냥개처럼 여전히 버티고 선 채 꼼짝도 않고 사람들의 동태를 살피고 있었다. 그녀에게는 이제 아무런 희망도 없었으며 또 자기가 무엇을 바라는지조차 알 수 없었으나, 오직 딸을 빼앗기지 않겠다는 생각만큼은 확고했다.

앙리에 쿠쟁은 '기둥집' 창고로 사형집행에 쓰이는 도구상자를 가지러 갔다. 그는 먼저 둘로 접혀 있는 사다리를 꺼내 교수대에 붙여 세웠다. 재판소 직원 대여섯 명이 곡괭이와 지렛대 등을 메고 다가왔고, 트리스탕은 부하들과 함께 채광창 앞에 섰다.

"이봐, 할멈! 순순히 그 계집을 내놓으시지!" 헌병대장은 엄격한 목소리로 말했다.

그러나 은둔자는 지금 무슨 말을 하는지 전혀 모르겠다는 표정으로 그를 멍뚱히 쳐다보았다.

"이 망할 놈의 할망구야. 그 마녀를 국왕의 명령에 따라 교수형에 처하려는데 자꾸 방해하는 이유가 뭐냐?" 트리스탕이 물었다.

몹시 볼썽사나운 그녀는 악마 같은 웃음을 흘리며 말했다.

"이유가 뭐냐고? 내 딸이기 때문이다!"

그녀의 어조는 너무나 처절해서 서슬 퍼렇던 앙리에 쿠쟁마저도 소름이 끼칠 정도였다.

"그래? 그거 참 안된 일이긴 하다만 국왕의 명령이다!" 헌병대장은 대꾸했다.

그녀는 이제 특유의 섬뜩한 웃음을 점점 높게 터뜨리면서 발작적으로 외쳤다. "그게 나하고 무슨 상관이야? 국왕? 그게 뭔데? 이 아이는 내 딸이란 말야!"

"벽을 헐어라!" 트리스탕이 외쳤다.

사람이 들어가기에 적당한 크기로 구멍을 넓히려면 채광창 아래로 한 줄 정도 벽돌을 뽑아내면 되었다. 트리스탕의 부하들이 곡괭이와 지렛대를 이용해 요새를 허물기 시작하자 가엾은 어머니는 끔찍한 비명을 질렀다. 마치 우리에 갇힌 짐승처럼 무서운 속도로 방 안을 빙빙 돌기 시작했다. 그녀는 이제 아무 말도 없었으나 두 눈에서는 뜨거운 불길이 활활 타고 있었다. 병사들도 가슴속까지 얼어붙는 것 같았다.

갑자기 그녀는 웃음을 흘리며 돌덩이를 집어 들어 벽을 헐고 있는 군사들을 향해 마구 던졌다. 그러나 그녀의 손이 심하게 떨리고 있어서 던져진 돌덩이는 위협적이기는 했으나 아무도 맞히지 못하고 트리스탕이 타고 있는 말의 발치까지 굴러가 멎었다. 그녀는 뿌드득 이를 갈았다.

아직 해는 떠오르지 않았으나 날이 꽤 밝아져서 기둥집의 썩어 무너진 굴뚝 주위가 아름다운 장밋빛으로 물들었다. 바야흐로 도시에서 가장 일찍 일어나는 사람들의 집 창문들이 즐겁게 열리는 그런 때였다. 몇몇 동네사람들과 과일장수들이 나귀를 타고 시장에 가기 위해 그레브 광장을 가로지르다가 '쥐구멍' 주위에 모여 있는 군사들 앞에서 잠시 걸음을 멈추고 놀라서 바라보다 지나치곤 했다.

은둔자는 딸에게로 가서 제 몸으로 딸을 가리듯 앞에 버티고 앉아서 똑바로 앞만 노려보고 있었다. 가련한 딸은 미동도 하지 않은 채 쭈그리고 앉아 작은 소리로 이렇게 중얼거리고만 있었다. "페뷔스! 페뷔스!" 벽을 헐어내는 일이 진척될수록 어머니는 점점 뒤로 물러나면서 딸을 더욱 구석 쪽으로 몰아갔다. 어느덧 벽돌이 와르르 허물어져 내리는 소리와(그때 그녀는 그들을 감시하는 눈길을 잠시도 떼지 않았다) 일하는 사람들을 독려하는 트리스탕의 목소리도 들려왔다. 그러자 그녀는 지금까지 기진맥진하고 있던 상태에서 정신을 가다듬고 미친 듯이 소리를 질렀는데, 그 소리는 어느 때는 톱날처럼 고막을 찢는 것 같았고, 어느 때는 세상의 모든 저주가 한꺼번에 쏟아져 나오기 위해 그녀의 입술 위로 모여든 것처럼 더듬거렸다.

"이런! 이런! 이런! 아, 세상이 이럴 수는 없어! 이 천벌을 받을 놈들아! 네놈들은 강도로구나! 정말로 내 딸 목을 매달 생각이냐? 이 아이는 내 딸이라고 하지 않더냐? 이 비열한 놈들아! 살인자의 종놈들아! 천하에 없는 살인청부업자의 하수인들아! 사람 살려! 사람 살려요! 불이야! 네놈들이 내 딸을 기어코 데려가겠다는 거냐? 아, 하느님은 도대체 뭘 하고 계시는 거야?"

그러고는 입에 거품을 품고, 두 눈은 살기로 번득이며 성난 표범처럼 네 발로 기면서 머리털을 바짝 곤두세우고는 트리스탕을 향해 소리 질렀다.

"어디 조금이라도 가까이 와 봐라! 이리 와서 내 딸을 데려가보시지! 이 아이는 내 딸이라고 하지 않더냐? 어미에게 자식이 어떤 것인지 네놈들이 아느냐? 이 살쾡이 같은 놈들아! 너흰 한 번도 새끼를 가져본 적이 없단 말이냐? 네놈에게도 새끼가 있다면 새끼들이 울며 매달릴 때 네 창자는 아무렇지도 않더냐?"

"돌을 치워라! 이제 그만하면 됐다." 트리스탕이 말했다.

무거운 토대도 지렛대로 들어올려 간단히 옮겨버렸다. 마지막 보루였던 돌이 치워지자 은둔자는 그것을 되찾으려 달려들어 매달리고 군사들을 할퀴며 대항했다. 그러나 장정 여섯에서 옮기던 육중한 돌덩이는 은둔자의 손에서 벗어나 지렛대를 따라 땅바닥으로 미끄러져 내렸다.

뻥 뚫려 입구가 생긴 것을 보고 어머니는 구멍 앞 바닥에 가로누워 몸으로라도 막아보려는 듯 버둥거리고 머리를 바닥에 찧고 두 팔을 뒤틀며 간신히 알아들을 수 있을 정도로 지치고 잠긴 목소리로 발악을 했다. "사람 살려요! 사람 살려! 불이야!"

"이제 마녀를 끌어내라!" 트리스탕은 여전히 싸늘한 목소리로 명령했다.

그러나 어머니가 미친 듯 몹시 험악한 눈초리로 군사들을 쏘아보았으므로 그들은 차마 구멍 안으로 발을 들여놓을 엄두를 내지 못하고 있었다.

"이봐, 앙리에 쿠쟁! 어서 들어가!" 헌병대장이 말했다.

아무도 앞으로 나서려 하지 않았다.

"이런 겁쟁이 놈들을 보겠나! 명색이 내 부하라고 하는 것들이 계집 하나를 무서워하다니!"

"각하, 저걸 계집이라고 하시는 겁니까?" 앙리에 쿠쟁이 말했다.

"저 계집이 사자처럼 도사리고 있습니다!" 다른 군사가 말했다.

"시끄럽다! 구멍은 충분히 넓다. 퐁투아즈 성의 돌파구로 쳐들어갔던 것처럼 한꺼번에 셋이 밀고 들어가라. 이제 그만 끝장을 내야 한다. 알겠나? 누구든지, 물러나는 놈은 그 자리에서 두 토막을 내주마!"

이렇게 위협하는 헌병대장과 은둔자 사이에서 군사들은 갈팡질팡했으나 결국 마음을 다잡고는 '쥐구멍'을 향해 나아갔다.

은둔자는 그것을 보고 무릎을 꿇은 채 상체를 일으켜 세우고는 얼굴에 드리운 머리카락을 쓸어 넘기고 바짝 야위어서 뼈와 가죽만 앙상하게 남은 손가락을 허리께로 툭 떨어뜨렸다. 그러더니 마치 급류가 저절로 파인 강바닥을 흘러가듯 갑자기 커다란 눈물방울이 눈에서 뚝뚝 떨어져 그녀의 야윈 볼을 타고 흘러내렸다. 그때 그녀는 무슨 말을 하기 시작했는데, 그 소리가 어찌나 애절하고 처량하고 다정하고 솔직한지 주위에 있던 사람들은 트리스탕은 물론이고 인육이라도 먹어치울 만큼 사나워 보이는 관록 있는 늙은 간수들조차 눈물을 흘릴 정도였다.

"여러 군인들께 꼭 한마디 드릴 말씀이 있습니다! 꼭 드리고 싶은 말이 있습니다. 이 아이는 저의 사랑하는 딸입니다. 보세요, 저기 있잖아요? 저 아이는 제가 잃어버렸던 아기입니다! 제발 제 말을 좀 들어주십시오. 이건 지어낸 이야기가 아니랍니다. 저는 여러 나리들을 잘 알고 있습니다. 한창 꽃다운 나이에 저는 매춘 생활을 했기 때문에 어린아이들에게도 돌을 맞던 시절이 있었지요. 그랬던 그 시절에도 나리님들은 제게 늘 친절하게 대해주셨습니다. 왜 그렇지 않았겠어요? 여러분이 그 이유를 아시게 되면 틀림없이 제 딸을 그냥 두고 가실 거에요! 저는 몸을 파는 가엾은 창녀였습니다. 제 딸을 훔쳐간 것은 집시여자들이에요. 저는 지난 15년 동안 제 딸을 찾겠다는 일념으로 딸이 떨어뜨린 신발 한 짝을 지금까지 고이 간직해왔습니다. 이것 보세요, 이 작은 신발을. 딸의 발은 이렇게 앙증맞았어요. 랭스에서 저는 샹트플뢰리라는 이름으로 불렸어요. 폴 펜 거리에서 말이죠! 여러분도 그 이름을 잘 아시리라 생각합니다. 그게 바로 제 이름이랍니다. 여러분의 소싯적에, 그때는 아주 좋았을 테고, 즐거운 시간을 보냈을 겁니다. 여러분은 저를 가엾게 여기시리라 믿어요. 나리님들! 집시계집들이 나한테서 제 딸을 훔쳐갔어요. 그러고는 지난 15년 동안이나 그 아이를 숨겨놓고 있었어요. 저는 딸아이가 이미 죽었다고 생각했지요. 생각해보세요, 여러분, 저는 정말로 이 아이가 죽은 줄만 알았다니까요. 그래서 여기서 15년 동안이나, 이곳 동굴에서 겨울에도 온기 없이 지내왔어요. 그 세월은 너무나 고통스러웠습니다. 이 작고 불쌍하고 사랑스러운 신발 한 짝! 제가 날마다 울면서 하느님께 기도하고 울부짖었더니 어느 날 마침내 제 소원을 들어주셨어요. 바로 어젯밤, 하느님은 제게 딸을 돌려주셨습니다. 하느님이 기적을 일으키신 거예요. 제 딸은 죽지 않고 살아 있었던 겁니다. 여러분은 저에게서 제 딸을 빼앗아가지 않으시겠지요. 저는 믿어요. 차라리 제가 잡혀가야 한다면 얼마든지 그러겠어요. 하지만 이 아이를 잡아가신다니요? 이 아이는 겨우 16살이에요! 이 아이에게 햇빛을 볼 시간을 조금만 더 주세요. 우리 아이가 여러분에게 어떤 못할 짓을 했나요? 아무 짓도 하지 않았어요. 저도 마찬가지예요. 제발 그것만 알아주세요. 저에겐 이제 이 아이밖에 없고, 이렇게 나이가 든 저에게 성모님께서 내려주신 단 하나의 축복이란 것을 알아주세요! 그리고 여러분은 모두 인정 많으신 분들이죠! 단지 이 아이가 제 딸이란 사실을 모르셨던 거고요. 하지만 지금은 아셨잖아요. 아! 저는 딸아이를 끔찍이 사랑하고 있어요! 높으신 헌병대장님. 저 아이 손가락에 긁히는 상처 하나라도 생기는 것을 보느니 차라리 제 창자에 구멍이 뚫리는 게 낫습니다. 인자하신 대장님! 이렇게 말씀드리면 잘 아셨으리라 믿습니다. 아! 여러분에게도 어머니가 계시지 않나요! 당신은 대장님이니까 부디 저 아이를 이곳에 있게 놓아주세요! 제 아이를 사랑할 시간을 빼앗지 말아주세요. 예수님께 빌 듯이 이렇게 대장님께 무릎 꿇고 빌고 있어요! 저는 더 이상 아무것도 바라지 않아요. 저는 랭스 사람이에요. 그곳에 제 아저씨 마이에 프라동에게서 물려받은 밭뙈기를 조금 가지고 있어요. 저는 거지가 아닙니다. 여러분께 아무것도 바라지 않아요. 그냥 제 딸만을 원합니다! 아! 이제는 이 아이를 떠나보내고 싶지 않습니다. 우리를 보살펴주시는 하느님은 아무 대가도 없이 제게 아이를 돌려보내주셨어요! 국왕의 명령이라고요? 아무리 그렇다 해도 제 어린 딸이 죽는 것은 왕의 기쁨이 되지 못할 거예요! 인자하신 폐하께서 그런 것을 바라실 리가 없어요! 이 아이는 제 아이이지 국왕의 아이가 아닙니다. 여러분의 아이도 아니고요! 저희는 여기를 떠나겠습니다. 둘이서 떠나고 싶습니다. 하나는 어미고 하나는 딸이니 그냥 보내주세요! 저희들을 무사히 지나가게 해주세요. 우리는 랭스 사람입니다. 오! 인정 많으신 여러분! 저는 아무것도 바라지 않아요. 다만 사랑스런 제 딸을 데려가지만 말아주세요. 설마 그러시지는 않겠지요. 도저히 그럴 수는 없습니다. 그렇지 않나요? 제발! 아, 내 아기! 사랑스런 내 아기!"

그녀의 몸짓이나 말투, 말하면서 삼키는 눈물, 처음에 마주 잡고 있었으나 감정이 북받쳐 이리저리 비틀던 손, 보는 이의 가슴을 에는 듯한 미소, 눈물이 가득한 두 눈, 신음인지 한숨인지 갈피를 잡을 수 없고, 두서없는 말속에 섞여드는, 사람의 가슴을 에는 애처로운 울부짖음에 더 이상 어떤 설명이 필요하겠는가. 그녀가 마침내 입을 다물었을 때, 트리스탕 레르미트는 짜증스럽게 눈살을 찌푸렸는데 그것은 사실 호랑이 같은 그의 눈에 괸 눈물을 감추기 위해서였다. 그는 자꾸만 약해지려는 마음을 가다듬고 매정하게 잘라 말했다. "국왕의 명령이다!"

그러고는 앙리에 쿠쟁의 귀에 대고 속삭이듯 작은 소리로 말했다. "빨리 끝내버려!" 냉혈한인 이 헌병대장 역시 마음이 약해지려 하는 것을 느꼈던 것이다.

사형집행인과 군사들이 그 방 안으로 들어갔다. 어머니는 이제 더 이상 저항하려고도 않고 다만 딸에게 바짝 다가가 필사적으로 몸을 던졌다. 집시처녀는 군사들이 다가오는 것을 보자 극도의 공포에 질린 나머지 오히려 힘이 솟았다.

"어머니!" 그녀는 몹시 비통하게 절규했다. "어머니! 저들이 다가와요! 살려줘요. 어머니!"

"아무렴, 지켜주고말고. 애야! 내가 지켜주마!" 어머니는 점점 꺼져가는 듯한 목소리로 힘겹게 대답하고, 두 팔로 딸을 꼭 안고 소나기처럼 입을 맞추었다. 딸과 어머니가 한 몸이 되어 바닥에 쓰러져 있는 모습은 참으로 측은한 광경이 아닐 수 없었다.

앙리에 쿠쟁은 집시처녀의 아름다운 옆구리 아래로 손을 넣어 몸통을 안았다. 처녀는 낯선 손길을 느끼자 "으악!" 비명을 지르며 정신을 잃었다. 사형집행인도 커다란 눈물방울을 뚝뚝 흘리고 있었지만 이내 그녀를 데려가려 했다. 그는 딸을 단단히 끌어안고 놓지 않는 어머니를 떼어내려 했으나 마치 자물쇠처럼 있는 힘을 다해 매달려 있어서 도저히 떼어낼 수가 없었다. 앙리에 쿠쟁이 처녀를 방 밖으로 끌어내자, 딸에게 매달린 어머니도 함께 질질 끌려 나왔다. 어머니 역시 정신을 잃은 것인지 눈을 감은 채였다.

아침 해가 떠오르기 시작했다. 광장에는 어느새 사람들이 잔뜩 모여들어 교수대를 향해 끌려가는 모녀의 모습을 멀리서 지켜보고 있었다. 그것이 헌병대장 트리스탕의 사형집행 방식이었다. 그는 구경꾼들이 교수대 근처로 근접하지 못하도록 하는 데 몰두하고 있었다.

창문에는 아무도 나와 있지 않았다. 다만 그레브 광장을 내려다보는 노트르담 종탑 꼭대기에 맑게 갠 아침 하늘을 배경으로 이쪽을 뚫어져라 내려다보는 두 사나이의 윤곽이 떠오를 뿐이었다.

앙리에 쿠쟁은 '그들'을 끌고 와서 숙명의 사다리 아래 멈추었다. 몹시 애통한 마음에 숨을 쉬는 것조차 힘겨워 보일 정도인 그는 처녀의 사랑스런 목덜미에 밧줄을 걸었다. 가엾은 처녀는 삼밧줄이 닿는 섬뜩한 느낌에 눈을 뜨고, 돌로 만든 교수대에 가로대가 머리 위에 버티고 있는 것을 보았다. 그녀는 온몸을 부르르 떨며 비단을 찢는 듯한 처절한 소리로 외쳤다. "싫어요! 싫어! 살려주세요!" 어머니는 머리를 딸의 옷 속에 묻은 채 말이 없었다. 다만 사람들은 그녀가 온몸을 떨며 딸에게 더욱 열렬히 입을 맞추는 소리를 들을 수 있을 뿐이었다. 사형집행인은 그 틈을 타서 딸을 꼭 껴안고 있는 어머니의 팔을 거칠게 잡아떼었다. 힘이 다했기 때문인지 체념한 탓인지 알 수 없으나 그녀는 이제 가만히 있었다. 그러자 그는 처녀를 어깨에 들쳐 메었다. 처녀의 가녀린 몸은 사내의 어깨 위에, 그 커다란 머리 위에서 둘로 접혀 힘없이 늘어져 있었다. 그는 사다리를 오르려 했다.

바로 그 순간, 바닥에 쓰러져 있던 어머니가 눈을 번쩍 뜨더니 아무 소리도 내지 않고 험악한 표정을 지으며 벌떡 일어나 먹이를 향해 덤비는 맹수처럼 사형집행인의 손에 달려들어 물어뜯었다. 번개가 번쩍할 때처럼 순식간에 벌어진 일이었다. 사형집행인이 고통스런 비명을 지르자 사람들이 달려들어 어머니의 이 사이에서 피투성이가 된 그의 손을 간신히 빼냈다. 그녀는 여전히 침묵하고 있었다. 군사들이 그녀를 난폭하게 내치는 바람에 그녀는 돌바닥 위에 쿵 소리를 내며 머리를 부딪혔다. 사람들이 그녀를 일으켜 세웠으나 다시 축 늘어졌다. 그녀는 죽고 말았던 것이다.

그때까지도 처녀를 단단히 잡고 놓지 않았던 사형집행인은 다시 사다리를 오르기 시작했다.

2 흰 옷을 입은 아름다운 사람*

카지모도는 방이 텅 비고 집시처녀가 이미 그 방에 없다는 것을 확인하고, 자기가 아가씨를 위해 싸우고 있는 사이 누군가가 처녀를 빼앗아간 사실을 알고는 두 손으로 머리를 움켜쥐고 놀라움과 슬픔으로 발을 동동 굴렀다. 그러다 온 성당 안을 뛰어다니기 시작했다. 집시처녀를 찾으려고 그는 구석구석 찾아 헤매며 이상한 비명을 지르기도 하고, 제 빨강 머리카락을 쥐어뜯기도 했다. 그때 마침, 왕의 친위대 군사들이, 마찬가지로 집시처녀를 찾으려고 의기양양하게 노트르담 안으로 밀고 들어왔다. 카지모도는 안타깝게도 귀머거리였으므로 그들의 비열한 계략을 전혀 눈치 채지 못한 채 그들을 도와주었다. 그는 집시처녀의 적은 거지떼라고만 단단히 믿고 있었던 것이다. 그는 자진해서 트리스탕 레르미트를 그녀가 숨어 있을 만한 곳으로 안내하여 비밀 출입문이라든지 제단의 이중문, 성구실 뒷방까지 열어주었다. 만약 그 불행한 처녀가 아직 그곳에 숨어 있었더라면 그가 그녀를 넘겨주는 결과가 되었으리라.

아무것도 찾지 못하자, 쉽게 단념하지 않는 그 유명한 트리스탕도 그만 지치고 말았다. 그래도 카지모도는 혼자서 이곳저곳을 계속해서 찾아 헤매었다. 그는 수십 번, 수백 번 성당을 돌았다. 탑을 이리저리 오르내리고 뛰어다녀가며, 이름을 불러보기도 하고 큰 소리로 고함을 지르기도 하며 냄새를 맡거나 여기저기 뒤지고, 구멍이란 구멍마다 모조리 머리를 디밀어보고, 둥근 천장마다 일일이 횃불로 비춰보기도 했다. 절망으로 거의 미칠 지경이 되어 있었다. 암컷을 잃은 수컷도 그토록 사납게 울부짖지는 않을 것이고, 또 그토록 난폭해지지는 않았을 것이다. 마침내, 그녀가 더 이상 이곳에 없다는 것이, 이미 틀렸다는 것이, 누군가에게 빼앗겨버렸다는 것이 확실해지자 카

---

* La Creatura Bella Bianco Vestita. 단테의 《신곡》〈연옥편〉 제7곡 88-89행.

지모도는 얼마 전에 그가 처음 그녀를 살려주던 날, 그토록 흥분하여 의기양양하게 뛰어올랐던 그 탑 계단을 천천히 올라갔다. 고개를 떨구고 소리도 없이, 눈물도 흘리지 않으며, 거의 숨도 쉬지 않고서 그때 그 계단을 다시 올라갔다. 성당은 쥐 죽은 듯 고요했다. 친위대 병사들이 노트르담을 떠나 시테를 향해 마녀를 쫓아갔기 때문이다. 방금 전까지 사람들에게 둘러싸여 몹시 떠들썩했던 이 넓은 노트르담 안에 오직 홀로 남게 된 카지모도는 집시처녀가 자기의 보호를 받으며 몇 주 동안이나마 편안한 잠을 잤던 방 쪽으로 발걸음을 돌렸다.

그 방으로 다가가면서 그는 어쩌면 그녀를 다시 볼지도 모른다는 실낱같은 기대를 품었다. 낮은 지붕 쪽에 있는 회랑 모퉁이에서 나뭇가지 밑에 있는 새집처럼 커다란 공중부벽 아래 작게 뚫려 있는 창문과 출입문이 붙은 조그만 방이 눈에 띄었다. 그러자 가련한 이 사나이는 완전히 맥이 풀려 비틀거리다 간신히 기둥에 기대섰다. 그녀가 혹시 돌아오지 않았을까, 수호신이 어쩌면 그녀를 이리로 다시 데려다주었을지도 모른다, 이 방은 아주 조용하고 안전하고 쾌적했는데 그녀가 없을 리가 없다는 상상을 하며 그런 상상이 깨실까봐 두려워 더 이상 걸음을 내디딜 수가 없었다. "그래, 그녀는 틀림없이 지금 자고 있거나 기도를 드리고 있을 거야. 방해하지 말자." 그는 혼잣말을 했다.

마침내 용기를 낸 그가 조심스레 방 안을 들여다보면서 까치발을 하고 걸어 들어갔다. 비어 있다! 역시 방 안은 텅 비어 있었다. 가련한 귀머거리는 완전히 맥이 풀려 천천히 방 안을 돌아보면서 혹시나 이불 속에 숨어 있지 않을까 하고 이불을 들춰보고 침대 밑을 살펴보았다. 그러고는 고개를 가로로 젓고 얼빠진 사람처럼 멍하니 서 있었다. 그러다 갑자기 미친 사람처럼 횃불을 짓밟아버리고 한마디 말도 없이, 한숨 한 번도 쉬지 않고 벽을 향해 전속력으로 돌진하여 머리를 부딪치고는 정신을 잃고 바닥에 쓰러지고 말았다.

얼마 뒤 정신이 돌아오자 침대 위로 몸을 던져 그 위를 뒹굴며 그곳에 잠들어 있던 처녀의 온기가 아직 남아 있는 자리에 미친 듯이 입을 맞추었다. 마치 그곳에서 숨이 끊어진 듯 한동안 꼼짝도 않더니 곧 땀으로 범벅이 되어 정신없이 다시 일어나 숨을 헐떡이며 시계추처럼 무섭도록 규칙적으로 벽에다 머리를 들이박기 시작했다. 마치 머리를 박살내버리기로 결심한 것 같았다. 그러다 그는 완전히 기운이 빠졌는지 다시 쓰러졌으나 무릎으로 기어서 방을 나와, 문 앞에 웅크리고 앉았다.

그는 그렇게 꼼짝도 하지 않고 인적 없는 방을 바라보며, 1시간 이상이나 그대로 있었다. 텅 빈 요람과 시신이 든 관 사이에 앉아 있는 어머니보다도 훨씬 어두운 얼굴로 아주 깊은 생각에 잠겨 있는 것 같았다. 한마디 말도 없이 이따금씩 격렬하게 온몸을 떨며 흐느껴 울 뿐이었다. 그것은 눈물 없는 흐느낌이어서 마치 소리 없는 한여름의 번갯불 같았다.

바로 그때였다. 절망에 빠진 채 몽상의 바닥을 더듬어 집시처녀를 빼앗아 간 사람이 과연 누구일지를 탐색하다가 문득 부주교가 떠올랐다. 클로드 부주교만이 이 방으로 통하는 계단 열쇠를 가지고 있다는 데에 생각이 미친 것이다. 또한 부주교가 한밤중에 그녀를 덮치려 했던 것, 첫 번째는 카지모도 자신이 그를 도왔으나 두 번째는 자신이 그를 방해했던 것 등이 생각났다. 그 밖에도 이런저런 생각들을 종합하는 사이 부주교야말로 집시처녀를 자신에게서 빼앗아 간 사람이 틀림없다고 확신하게 되었다. 그러나 부주교에 대한 그의 존경과 감사와 헌신은 매우 깊은 것이었으므로 그 순간에도 선뜻 그에게 질투와 증오의 마음을 갖게 되지는 않았다.

그는 이번 일이 부주교의 소행임을 확신했다. 부주교가 아닌 다른 사람이었다면 노기등등하여 죽을 만큼 분노를 느꼈을지도 모른다. 그러나 클로드 프롤로가 한 짓이라고 결론내린 순간부터 그 분노는 방향을 바꾸어 가엾은 귀머거리의 가슴에 고통만 더해줄 뿐이었다.

이렇게 부주교에 대해 조용히 생각하고 있을 때, 문득 아침 햇빛이 희미하게 밝아오는 벽을 올려다보니 노트르담 맨 꼭대기 층 부근, 바로 건물 뒤쪽을 둘러싼 바깥 난간이 굽어지는 곳에 사람 그림자 하나가 걸어다니는 것이 보였다. 이 그림자는 그가 있는 쪽으로 걸어왔다. 그가 누구인지는 금세 알아볼 수 있었다. 바로 부주교였다.

클로드는 무거운 발걸음으로 천천히 걷고 있었다. 그는 걸으면서도 앞은 전혀 보지 않았다. 몸은 북쪽 탑을 향해 가고 있었으나, 얼굴은 옆으로, 센 강 오른쪽 기슭으로 돌려져 있었으며, 마치 지붕들 너머로 무엇을 보려고 애쓰는 것처럼 고개를 높이 쳐들고 있었다. 부엉이는 곧잘 그런 곁눈질을 한다. 어느 한 지점을 향해 날아가면서도 눈은 다른 곳을 향하는 것이다. 신부 역시 카지모도를 보지 않고 그렇게 그 머리 위를 지나쳐갔다.
 난데없이 부주교가 나타난 것에 깜짝 놀란 귀머거리는 화석이 된 것처럼 꼼짝 않고 서서 그가 북쪽 탑 계단 문 아래로 들어가는 것을 보았다. 이 탑은 시청이 내려다보이는 위치에 있었다. 카지모도는 일어나 그 뒤를 좇았다.
 카지모도는 신부가 왜 탑으로 올라가는지 궁금하여 그 뒤를 따라 올라갔다. 이 가엾은 종지기는 자기가 무엇을 하려는지 알지 못했다. 자기가 무슨 말이 하고 싶은지, 또 무엇을 바라는지도 알지 못했다. 그의 가슴은 분노와 공포로 가득 차 있었다. 부주교와 집시처녀가 그의 가슴속에서 서로 맞부딪치고 있었다.
 카지모도는 종탑 꼭대기에 도착하자 계단 그늘에서 나와 평평한 지붕 위로 나서기 전 부주교가 어디 있는지 조심스레 살폈다. 부주교는 그에게 등을 돌리고 있었다. 종탑 평평한 옥상 둘레에는 듬성듬성 파이게 조각된 난간이 둘러쳐져 있었다. 신부는 노트르담 다리 쪽을 향한 난간에 가슴을 기대고 도시를 내려다보았다.
 카지모도는 발소리를 죽이고 그의 뒤로 살며시 다가가 그가 무엇을 그토록 열심히 내려다보는지 알아보려 했다.
 부주교는 다른 데에 완전히 정신이 팔려 있어서 카지모도가 자기 옆에 바짝 다가온 것을 전혀 눈치채지 못했다.
 여름 새벽, 상쾌한 빛에 둘러싸인 노트르담 탑 꼭대기에서 바라보는 파리 광경, 특히 그 무렵의 파리는 매우 근사하고 아름다웠다. 그것은 아마도 7월 어느 날이었으리라. 하늘은 맑게 개어 있었다. 때늦은 별들 몇 개가 여기저기서 꺼져가고 있었는데, 동쪽 가장 밝은 하늘에 유난히 빛나는 별 하나가 있었다. 해는 이제 막 모습을 드러내려 하고 있었다. 거리는 슬슬 활동을 시작했다. 새하얗고 맑디맑은 햇빛을 받아 수많은 집들의 동쪽을 향해 있는 면들이 생생하고 산뜻하게 빛나고 있었다. 종루의 거대한 그림자가 지붕에서 지붕으로 뻗어나가 그 큰 도시의 한쪽 끝에서 다른 쪽 끝으로 이어졌다. 어느새 발소리와 소음이 일어나고 있는 동네도 있었다. 한쪽에선 종이 울리고 다른 한쪽에선 망치 소리가 나고, 또 어디선가는 덜그럭거리며 굴러가는 수레 소리가 들려온다. 벌써 몇 줄기 연기들이 여기저기 마치 거대한 지옥의 계곡 틈바구니에서 나오는 것처럼 그 모든 지붕들의 표면에서 솟아오르고 있었다. 센 강은 많은 다리의 아치와 섬 끝자락에서 잔물결을 일으키며 은빛으로 아른거리고 있었다. 도시 주위, 즉 성벽 밖에는 솜 같은 안개가 자욱하게 끼어 있어 그 앞이 잘 보이지 않았다. 다만 그 안개 너머로 선명하지 않은 평야의 선이나 안만힌 산비탈을 어렴풋이 짐작할 수 있을 뿐이었다. 온갖 소음들이 잠에서 반쯤 깨어난 도시 위에 흩어져 있었다. 동쪽 하늘에는 산을 감싸고 있는 양털 같은 짙은 안개 덩어리에서 뽑아낸 하얀 솜뭉치들이 아침 바람에 날려 하늘을 흘러가고 있었다.

대성당 앞 광장에선 몇몇 나이 든 여인들이 우유 항아리를 든 채 노트르담 대문이 부서지고 납이 두 줄기로 흘러 돌바닥 사이의 틈새에 굳어져 있는 것을 서로 가리키며 놀라워하고 있었다. 그것만이 지난밤에 일어난 소동의 흔적이었다. 종루와 종루 사이에 카지모도가 붙였던 장작불은 이미 꺼져 있었다. 트리스탕은 광장을 정리하고, 시체들을 센 강에 던져버리게 했다. 루이 11세 같은 왕은 학살이 일어난 뒤에는 재빨리 돌바닥을 씻어내고 정리하는 것을 잊지 않는 법이다.

종탑 난간 밖으로 부주교가 서 있던 바로 밑에는 고딕식 건물에 많이 솟아 있는, 기괴한 조각을 한 이무깃돌 하나가 붙어 있었다. 그 이무깃돌의 벌어진 틈새에는 예쁜 무꽃 두 송이가 산들바람에 지친 듯 서로 나부끼며, 마치 살아 있는 것처럼 서로 장난치며 인사를 주고받고 있었다. 종탑 위쪽, 하늘 저 멀리에서 새들이 지저귀는 소리가 아련히 들려오고 있었다.

그러나 부주교에게는 이러한 광경 어느 것 하나 귀에 들리지 않았고 눈에 들어오지도 않았다. 그는 아침 풍경에도, 새에게도, 꽃에도 무관심한 남자 가운데 하나였다. 그의 주위에서 그토록 다양한 모습을 보여주고 있는 이 드넓은 조망 속에서 그의 시선은 단 하나의 점에 집중되어 있었다.

카지모도는 그에게 에스메랄다를 어떻게 했는지 묻고 싶어 미칠 지경이었다. 그러나 그 순간 부주교는 이미 이 세상 사람이 아닌 것 같았다. 발밑 땅이 무너져도 모를 만큼 인생의 가장 격렬한 순간에 놓여 있었던 것이 확실하다. 눈은 어느 한 지점에 꽂혀 있고, 꼼짝도 하지 않고 말 한마디도 하지 않았다. 그러한 침묵과 정지 상태에서 어떤 범접하지 못할 두려움이 느껴졌으므로 분노로 열 받은 종지기마저도 그 앞에선 그저 떨리기만 할 뿐, 감히 부딪쳐볼 용기가 나지 않았다. 부주교에게 물어보는 방법으로 택한 것이 고작 그의 시선이 어디를 향하고 있는지 따라가보는 것뿐이었고, 그렇게 하여 이 불행한 귀머거리의 시선은 그레브 광장으로 가 닿게 되었다.

마침내 그는 부주교가 무엇을 바라보고 있는지 알 수 있었다. 그것은 1년 내내 늘 똑같은 자리에 서 있는 돌 교수대 옆에 세워져 있는 사다리였다. 광장에는 몇몇 구경꾼들과 그보다 많은 군사들이 모여 있었다. 한 사나이가 어떤 흰 물체 하나를 돌바닥 위로 질질 끌고 갔다. 거기에는 또 다른 검정 물체도 딸려 있는 듯했다. 그 사나이는 교수대 아래서 걸음을 멈추었다.

그때 무슨 일이 일어났지만 카지모도는 자세히 알 수 없었다. 하나뿐인 눈이 먼 데까지 볼 수 없어서가 아니라 그곳에 모여선 군사들에 가려졌기 때문이다. 게다가 때마침 아침 해가 솟아오르며 눈부신 햇살을 사방으로 퍼뜨리자 파리 시내에 있는 수많은 첨탑들이며 굴뚝이며 가파른 지붕들이 마치 불붙은 것처럼 빛났기 때문이다.

이윽고 그 사나이는 사다리를 오르기 시작했다. 그때 카지모도의 눈에 그 사나이의 형체가 또렷이 들어왔다. 그의 어깨에는 한 여자가 얹혀 있었다. 흰 옷을 입은 여자였고 목에는 밧줄이 감겨 있었다. 카지모도는 그 여자가 누구인지 금세 알아보았다.

바로 '그녀'였다.

사나이는 그렇게 사다리 꼭대기까지 올라가 그곳에 밧줄 매듭을 걸었다. 이때 부주교는 좀더 자세히 보려고 난간 위에 무릎을 꿇었다.

별안간 사나이는 근육으로 다져진 굵은 다리로 사다리를 냅다 내질러버렸다. 카지모도는 아까부터 가만히 숨을 죽이고 있었는데 그 불쌍한 처녀가 바닥으로부터 4미터 높이 밧줄 끝에 매달린 채 흔들리는 것을 보고 말았다. 그 사나이는 그녀의 어깨 위에 올라앉아 있었다. 밧줄은 몇 번이고 빙글빙글 돌았다. 숨이 끊어져가는 집시처녀의 온몸이 무서운 경련으로 심하게 떨리는 것도 카지모도는 보았다. 그러는 사이, 부주교는 고개를 앞으로 쑥 내밀고 눈을 부릅뜨고는 사나이와 처녀를, 마치 거미에게 먹히는 파리 같은 끔찍한 광경을 지켜보고 있었다.

가장 처참한 순간에 악마의 웃음소리가, 더 이상 인간이 아닌 순간에나 낼 수 있을 그런 웃음소리가 부주교의 창백한 얼굴에서 폭발하듯 터져나왔다. 카지모도에게는 그 소리가 들리지 않았지만 눈으로 볼 수는 있었다. 카지모도는 부주교 뒤로 두세 걸음 물러났다가 느닷없이 달려들었다. 억센 두 팔에 온몸의 힘을 실어 그가 굽어보고 있던 심연을 향해 그의 등을 힘껏 밀어버린 것이다.

클로드 신부는 "으악!" 비명과 함께 떨어졌다.

그는 떨어지다가 건물에 튀어나와 있는 이무깃돌에 걸렸다. 두 팔로 죽을힘을 다해 이무깃돌에 매달려 다시 비명을 지르려고 입을 여는 순간, 머리 위 난간 가장자리로 카지모도가 복수심 가득한 무시무시한 얼굴을 내밀고 있는 것이 보였다.

그는 입을 꾹 다물어버렸다.

까마득한 심연, 그 아래 70미터 정도 되는 바닥에는 돌이 깔려 있었다. 이런 절체절명의 상황에 놓인 부주교는 더 이상 비명도, 아무 소리도 내지 못했다. 다만 기어 올라오기 위해 이무깃돌을 붙잡고 아등바등 몸부림칠 뿐, 수직으로 뻗은 화강암 위에서 잡을 것도 발 디딜 곳도 없어 헛발질만 할 뿐이었다. 노트르담에 올라가본 적이 있는 사람이라면 난간 바로 아래에 배흘림기둥이 하나 있는 것을 알 것이다. 부주교는 가엾게도 바로 그 요각(凹角) 위에서 죽을힘을 다해 몸부림치고 있었다. 그가 매달린 곳은 수직으로 깎아지른 벽이 아니라 발밑이 꺼져 있는 벽이었다.

카지모도가 이제라도 부주교를 구할 마음이 있다면 손만 뻗으면 되었다. 그러나 그는 부주교에게는 눈길도 주지 않고 그레브 광장만을 바라볼 뿐이었다.

귀머거리는 바로 조금 전까지 부주교가 서 있던 자리에서 난간에 팔을 괸 채, 그 순간 그에게 존재했던, 온 세상에 오직 하나라 할 수 있는 것에서 눈을 떼지 못한 채 마치 벼락 맞은 사내처럼 꼼짝 않고 서 있었다. 그리고 그때까지 한 번밖에 보인 적 없었던 눈물이 그 외눈에서 말없이 폭포처럼 쏟아져내렸다.

그러는 사이 부주교는 고통스레 헐떡이고 있었다. 벗겨진 이마에서는 땀이 비 오듯 흐르고, 손톱 끝에서 나온 피가 돌을 물들였으며 무릎은 벽에 부딪혀 벗겨지고 있었다.

옷자락이 이무깃돌에 걸려 몸을 움직일 때마다 찢어지며 실밥 터지는 소리를 냈다. 게다가 하필이면 그 이무깃돌 끝이 납관(鉛管)으로 되어 있어 그의 몸무게 때문에 조금씩 휘어지고 있었다. 관이 조금씩 휘어지고 있음을 부주교는 알아차렸다. 그 순간 손에서 힘이 다 빠져버리거나, 걸려 있는 옷자락이 다 뜯겨지거나 납관마저 완전히 휘어버리면 결국 떨어질 수밖에 없다고 생각했다. 그러자 죽음에 대한 공포가 뼛속까지 밀려들었다. 그는 이따금 3미터 아래쪽에 조각의 형태상 들쑥날쑥하게 만들어진 좁은 받침대 같은 것을 바라보았다. 절망의 끄트머리에서 그는 설령 100년 동안 계속된다 해도 좋으니 그 사방 6, 70센티미터 정도 되는 평면에서라도 살 수 있게만 해달라고 하늘에 빌었다. 그러다 어느 순간에는 발아래 까마득한 광장을 내려다보기도 했다. 그곳은 그야말로 깊디깊은 연못이었다. 얼른 고개를 쳐들었으나 그의 눈은 저절로 감기고 머리털은 하나도 남김없이 바짝 곤두섰다.

　두 남자의 침묵은 오싹한 광경이었다. 부주교가 난간 아래 1미터 정도 떨어진 곳에서 처참한 몰골로 죽음의 공포와 싸우는 동안 카지모도는 눈물을 펑펑 쏟으며 그레브 광장을 하염없이 바라보고 있었다.

　부주교는 아무리 몸부림쳐봐야 그나마 남아 있는 약해 빠진 디딤대를 뒤흔들 뿐임을 깨닫고 더 이상 움직이지 않기로 마음먹었다. 그는 이무깃돌을 껴안은 채 숨도 제대로 쉬지 못하고, 꿈속에서 떨어져 내릴 때처럼 배가 기계적인 경련을 일으키는 것 외에는 꼼짝도 하지 않고 있었다. 눈마저 고정된 채 병적으로 멍하게 열려 있었다. 그사이 차츰 발 디딜 곳이 없어지고 그의 손가락이 이무깃돌에서 자꾸만 미끄러져 내렸고, 그럴수록 팔에서도 기운이 빠져 몸무게를 버티기가 힘겨워졌다. 그나마 몸을 받쳐주던 납관도 휘어지면서 시시각각 아래로 기울어지고 있었다.

　아래로 노트르담 바로 옆에 있는 생장 르 롱 성당 지붕이 반으로 접은 종이처럼 조그맣게 보였다. 부주교는 종탑의 조각상들을 하나씩 바라보았는데 그들도 자신과 마찬가지로 낭떠러지에 매달려 있음에도 두려워하거나, 그를 가엾게 여기는 것 같지도 않았다. 부주교 주위는 모두가 돌뿐이었다. 눈앞에는 괴물들이 입을 쩍 벌리고 있고, 아래로는 아득한 광장의 돌바닥이 있었으며, 머리 위에서는 카지모도가 울고 있었다.

　대성당 앞 광장에서는 구경꾼들이 삼삼오오 모여 서성이며 누가 저렇게 심한 장난을 치는지 궁금하여 호기심 어린 시선으로 올려보고 있었다. 그들의 말소리가 부주교에게까지 들려왔다. 그것은 희미했지만 또렷하게 클로드의 귀에까지 들려왔던 것이다. "저 사람, 저러다 목 부러질 텐데!"
 카지모도는 여전히 울고 있었다.
 마침내 부주교는 분노와 공포로 거품을 내뿜으며 이제 끝이라는 생각을 했다. 그러면서도 지푸라기라도 잡는 심정으로 남은 힘을 쥐어짜 마지막 안간힘을 썼다. 이무깃돌에서 몸을 잔뜩 도사렸다가 두 무릎으로 벽을 차고 올라 벽 틈새에 손을 넣고 매달려 30센티미터쯤 기어오르는 데 성공했다. 그러나 그 충격 때문에 지금까지 몸을 받치고 있던 납관이 갑자기 크게 휘어버렸다. 그와 동시에 걸려 있던 옷자락이 완전히 찢어지고 말았다. 온몸이 허공에 떠 있음을 감지하고, 이제 믿을 것이라고는 기운이 다 빠진 손밖에 없었던 이 불행한 사나이는 눈을 감고 이무깃돌을 잡고 있던 손을 놓치고 말았다. 그리고 광장으로 떨어져 내렸다.
 카지모도는 그가 떨어지는 것을 바라보고 있었다.
 이렇게 높은 곳에서 추락할 때는 수직으로 낙하하는 경우는 거의 없다. 부주교는 허공으로 내던져지자 처음에는 머리를 아래로 하고 두 팔을 벌린 채 떨어지다가 이윽고 여러 번 빙글빙글 돌면서 추락했다. 바람에 날려 어느 집 지붕 위로 떨어졌고 그곳에서 몸이 부러졌다. 그러나 거기에 떨어졌을 때만 해도 그는 아직 살아 있었다. 종지기가 내려다보니 그는 다시 필사적으로 손톱을 세워 가파른 지붕을 잡고 오르려 하고 있었다. 그러나 지붕의 기울기가 매우 급했으므로 힘이 다 빠진 그는 떨어져 나가는 기왓장처럼 지붕 위를 미끄러져 돌바닥으로 떨어졌다. 그러고는 더 이상 움직이지 않았다.
 카지모도는 눈을 들어 집시처녀가 있는 곳을 보았다. 교수대에 매달린 그녀의 몸이 단말마(斷末魔)의 고통 때문에 흰옷 아래에서 마지막 경련을 일으키며 떨리는 것을 멀리서도 알 수 있었다. 다시 부주교에게로 시선을 떨어뜨렸으나 종탑 아래 축 늘어져 있는 그는 더 이상 인간의 형체가 아니었다. 카지모도는 가슴속 깊은 곳에서 끓어오르는 오열을 토하면서 말했다. "아아! 내가 사랑했던 사람들이 모두 다!"

3 페뷔스의 결혼

그날 저녁 주교의 재판관들이 광장 돌바닥에 있던 부주교의 산산조각난 주검을 치울 무렵 카지모도는 이미 노트르담에서 자취를 감춘 뒤였다.

이 사건에 대해서는 갖가지 소문들이 떠돌았다. 세상 사람들은 카지모도가, 즉 악마가 클로드 프롤로 마술사를 약속대로 데려간 것이 틀림없으며, 그날이 바로 오늘이라고 믿어 의심치 않았다. 원숭이가 호두를 먹기 위해 껍질을 깨듯이 카지모도가 부주교의 영혼을 가져가려고 그의 육체를 부숴버린 거라고 사람들은 생각했다.

이런 이유로 부주교는 성지에 묻히지 못했다.

루이 11세는 이듬해인 1483년 8월에 세상을 떠났다.

피에르 그랭구아르는 운 좋게도 염소를 구했고, 다시 비극을 써서 큰 성공을 거두었다. 그는 점성술과 철학과 건축학과 연금술 등 모는 잡다한 학문들을 조금씩 맛본 뒤 결국 그중에서도 가장 쓸모없는 연극으로 되돌아갔던 것이다. 그것이야말로 그가 평소 말했던 것처럼 "마침내 비극적인 최후를 마쳤다"라는 말과 걸맞았다. 그가 거둔 극작가로서의 성공에 대하여 사람들은 1483년 주교의 보고서에 다음과 같은 기록을 남겼다. "목수 장 마르샹과 극작가 피에르 그랭구아르는 로마교황 특사가 수도에 들어올 때 파리 샤틀레에서 상연한 연극 대본을 쓰고, 배역을 정하고 연극에 필요한 분장과 의상을 갖추어 무대를 만들었다. 이에 대한 보수로 그들에게 100리브르를 지불한다."

페뷔스 드 샤토페르 역시 비극적인 최후를 맞았다. 결혼을 한 것이다.

4 카지모도의 결혼

앞에서도 말한 것처럼 카지모도는 집시처녀와 부주교가 죽은 날, 노트르담에서 자취를 감추었다. 그 뒤 그를 본 사람은 아무도 없으며, 또 그가 어떻게 되었는지 아는 사람도 없었다.

에스메랄다가 처형된 날 한밤중에 사형집행인들은 그녀의 주검을 교수대에서 내려 관례대로 몽포콩의 지하 무덤으로 옮겼다.

소발의 말마따나 몽포콩은, '왕국에서 가장 역사가 오래된, 가장 훌륭한 교수대'였다. 탕플 지역과 생마르탱 지역 사이에 있는, 파리 성벽에서 300미터쯤 떨어진 곳이며, 쿠르티유 공원에서 엎드리면 코 닿을 만한 곳에 언뜻 보아도 알 수 있을 정도로 완만한 기울기로 주위 10킬로미터 정도 되는 곳에서도 눈에 띄는 야트막한 산 위에 독특한 모양의 건물이 하나 있다. 이 건물은 켈트족의 거석비와 매우 닮았으며, 여기에도 역시 인간제물이 바쳐졌다.

상상해보라. 회칠을 한 약간 높은 건물 꼭대기에 높이 5미터, 폭 10미터, 길이 13미터쯤 되는, 돌로 된 커다란 평행육면체가 있고, 그것에 출입문이 하나, 바깥쪽 난간이 하나, 발코니가 하나 달려 있다. 이 발코니 위에 높이가 10미터쯤 되는 다듬지 않은 거대한 돌기둥 16개가 이 기둥을 떠받치는 주춧돌과 함께 삼면으로 늘어서 있다. 기둥 꼭대기에는 튼튼한 대들보가 가로질러 있고 대들보에는 군데군데 쇠사슬이 늘어뜨려져 있으며, 그 쇠사슬에는 모두 해골이 달려 있다. 그리고 주변 들판에는 돌십자가 하나와 작은 교수대 2개가 있는데, 이 교수대는 한가운데에 있는 십자가 주위에 자라난 나뭇가지처럼 보인다. 그렇게 펼쳐진 광경 위로는 까마귀가 끊임없이 날고 있다. 이것이 몽포콩이다.

15세기 끝무렵에는 1328년에 세워진 이 살벌한 교수대도 대부분 망가져 있었다. 대들보는 벌레 먹고, 쇠사슬은 녹슬었으며, 기둥은 이끼가 파랗게 끼어 있었다. 주춧돌은 모두 이음새가 갈라져 있었고, 사람의 발길이 끊긴 발코니 위에는 잡풀이 무성했다. 건물 윤곽은 꺼림칙하게도 공중에 둥실 떠올라 있었다. 특히 밤중에 희미한 달빛이 하얀 머리뼈를 비추거나 저녁나절 된바람이 쇠사슬과 해골을 어슴푸레한 어둠 속에서 흔들 때면 한층 공포가 스미는 것이었다. 이런 교수대가 있다는 것만으로도 그 일대 전체가 으스스한 곳이 되었다.

이렇게 끔찍한 건물을 떠받치는 주춧돌 속은 텅 비어 있었다. 그곳에는 커다란 동굴이 만들어져 있었고, 다 부서진 낡은 쇠살문으로 닫혀 있었다. 이 동굴에는 몽포콩의 쇠사슬에서 끌어내린 주검뿐 아니라 파리 시내의 다른 교수대에서 처형된 모든 가엾은 주검들도 함께 던져졌다. 수많은 사람들의 유해와 죄악이 함께 썩어갔던 이 깊은 납골당에는 세상의 수많은 위인들과 죄 없는 사람들이 계속해서 그 뼈를 묻으러 왔다. 몽포콩에서 최초로 처형되었으나 정의로운 사람이었던 앙게랑 드 마리니(13~14세기의 재정관, 정치가. 공금유용 의혹을 받아 루이 11세 시절 몽포콩 형장에서 교수형을 당했다.)를 비롯하여 역시 정의로운 자였으나 처형된 콜리니 제독(16세기 신교도의 거물. 성 바르톨로메오 축일에 일어난 대학살로 희생당해 몽포콩에 버려졌다.)으로 마지막을 알릴 때까지 차례로 이곳에 뼈를 묻었던 것이다.

카지모도의 수수께끼 같은 실종에 대해 나는 다음과 같은 것 말고는 아는 바가 없다.

이 이야기의 결말이 되는 사건이 있은 지 어림잡아 2년, 아니면 1년 반쯤 지났을 때, 사람들은 이틀 전 교수형을 당한 올리비에 르 댕의 주검을 찾으러 몽포콩 지하 동굴을 찾은 적이 있었다. 그는 이틀 전 교수형에 처해졌는데 샤를 8세가 특별사면을 내려 훌륭한 장례를 갖추어 생로랑 성당 묘지에 묻으라는 허락을 내렸던 것이다. 사람들은 섬뜩한 해골들 사이에서 2개의 유골을 발견했다. 그것은 기묘한 형상을 하고 있었는데 유골 하나가 다른 유골 하나를 끌어안고 있었다. 유골 하나는 여자였는데 전에는 흰색이었을 것으로 짐작되는 천으로 만든 옷 조각이 아직 몇 군데 남아 있었다. 그 유골 목에는 초록색 유리구슬에 작은 주머니가 달린 호박구슬 열매 목걸이가 걸려 있었다. 그런 물건은 아무런 가치도 없어서 사형집행인들도 탐을 내지 않고 그대로 남겨두었던 것 같다. 또 그 유골을 꼭 껴안고 있는 다른 유골은 남자였는데, 자세히 보니 그것은 등뼈가 구부러지고 머리는 어깨뼈 속에 파묻혀 있으며, 한쪽 다리가 다른 한쪽보다 짧았다. 또한 목뼈가 손상되지 않은 것으로 보아 그는 교수형을 당한 시체가 아닌 것이 확실했다. 다시 말해서 그 유골의 주인은 여기까지 찾아와 죽은 것이다. 이 유골을 꼭 껴안고 있던 유골로부터 떼어내려 하자 그것은 순식간에 부서져버리고 말았다.

위고 로망의 꽃 《노트르담 드 파리》

그의 생애

위대한 소설가이자 시인이며 극작가인 빅토르 위고는 1802년 2월 26일 프랑스 브장송에서 태어났다. 아버지 조제프 레오폴드 시지스베르는 낭시 출신으로 나폴레옹 휘하 장군이었고 어머니 소피 트레뷔셰는 왕당파 집안 출신이었다. 위고는 어린 시절을 군인인 아버지를 따라 전쟁의 소용돌이에 휘말린 코르시카, 에스파냐, 이탈리아 등지에서 보냈다.

아버지 어머니가 이혼한 뒤 1812년부터 위고는 어머니와 함께 파리에 정착했다. 아버지 레오폴드는 아들을 군인으로 키우고 싶어했으나 빅토르 위고의 관심은 이미 문학으로 향해 있었다. 그의 문학적 재능은 1817년 열다섯 살 나이로 아카데미 프랑세즈 문학경시대회 시부문에 입상하면서 증명되었다. 이때부터 본격적으로 시와 소설의 세계에 빠져는 그는 1819년 형 아베르와 함께 〈문학 수호자(Conservateur Littéraire)〉라는 잡지를 창간한 뒤로 소설과 시집을 출간하며 파리 문단에 발을 들여놓았다.

1821년 어머니가 세상을 떠난 뒤, 이듬해 어릴 적 친구였던 아델 푸셰와 결혼했으며, 같은 해에 첫 시집 《송가 및 그 외 시 Odes et poésies diverses》를 출판했다. 이 작품으로 루이 18세로부터 연금을 받게 되었다. 1년 뒤에는 첫 장편소설인 《아이슬란드의 한스 Han d'Islande》를 발표했다. 이 소설은 1825년에 영어로 번역되어 나왔고, 이 책의 삽화는 영국의 풍자만화가인 조지 크룩섕크가 맡았다.

언론인이자 공상소설 작가인 노디에는 이 작품에 매혹되어 위고를 친구들의 모임에 끌어들였다. 낭만주의의 신봉자였던 이 친구들은 노디에가 관장으로 있던 아르스날 도서관에서 정기적으로 모임을 가졌는데, 이때부터 위고를 중심으로 이른바 '세나클(클럽)'을 이루었고, 사실상 위고는 낭만주의자들의 지도자가 되었다.

빅토르 위고의 아버지 레오폴드 장군(오른쪽에서 두 번째)과 형 로베르(왼쪽에서 두 번째)

그러한 의미로 《크롬웰 Cromwell》(1827)의 서문은 낭만주의 문학의 선언이라 할 만큼, 그는 고전주의를 비판하여 '삼일치(三一致)의 법칙' 가운데 시간과 장소의 일치는 너무나 구차한 구속이라고 주장했다. 1830년에는 희곡 《에르나니 Hernani》의 상연을 계기로 고전주의 지지파와 격렬한 투쟁을 벌여 승리를 거두었다.

1833년 아내 아델과 친구 생트뵈브와의 추문으로 크게 상심했던 위고는 여배우 쥘리에트 드루에와의 연애를 시작했다. 쥘리에트는 위고에게 헌신하기 위해 무대에서 은퇴한 뒤 1883년 죽을 때까지 그의 사려 깊고 충실한 반려자가 되었다.

1830년 7월혁명이 일어날 무렵부터 위고는 인도주의와 자유주의로 기울어, 시집 《가을 나뭇잎 Les Feuilles d'automne》(1831), 《황혼의 노래 Les Chants du crépuscule》(1835), 《마음의 소리 Les Voix intérieures》(1837), 《빛과 그림자 Les Rayons et les ombres》(1840)와 희곡 《마리옹 드 로름 Marion de Lorme》(1831), 《왕은 즐긴다 Le Roi s'amuse》(1832), 《뤼 블라 Ruy Blas》(1838), 《레 뷔르그라브 Les Burgraves》(1843) 등을 발표했다. 특히 소설에는 불후의 걸작으로 꼽히고 있는 《노트르담 드 파리》(1831)가 있다.

1843년 딸 레오폴딘이 남편과 함께 센 강에서 익사하자, 비탄에 빠져 그로부터 10여 년 동안 문필을 중단하고 정치에 관심을 쏟았다. 1848년의 2월혁명 이후는 공화주의에 기울어, 1851년에 루이 나폴레옹(나폴레옹 3세)이 쿠데타로 제정(帝政)을 수립하려고 하자 이를 반대, 결국 망명길에 올랐다.

그의 망명생활은 1870년 9월에 프랑스가 자유를 되찾고 다시 공화국이 세워질 때까지 지속되었

빅토르 위고(1802~1885)
프랑스 낭만주의 문인들 중 가장 많은 작품을 쓴 작가.

다. 처음에는 강요된 명령이었지만 나중에는 자발적인 행동이 되었고, 1859년에 사면을 받은 뒤에는 자존심을 세우는 행위가 되었다. 그는 1년 동안 브뤼셀에 머물다가, 그곳에서도 추방당할 것을 예견하고 영국에서 피난처를 찾았다. 1852~55년 저지 섬에 정착하여 살았던 그는 이 섬에서 추방되자 옆에 있는 건지 섬으로 갔다. 거의 20년에 이르는 이 망명생활 동안, 위고는 그의 모든 글 가운데 가장 광범위하고 독창적인 부분을 썼다. 이 집필작업은 사실상 완전히 고립된 상태에서 이루어졌다. 가족과 쥘리에트를 제외하면, 그의 벗은 끝없이 파도치는 바다뿐이었다.

나폴레옹 3세를 비난하는 《징벌시집(懲罰詩集), Les Châtiments》(1853), 딸의 추억과 철학사상을 노래한 《정관시집(靜觀詩集), Les Contemplations》(1856), 인류의 진보를 노래한 서사시집 《여러 세기의 전설 La Légende des siècles》(1859), 장편소설 《레 미제라블 Les Misérables》(1862), 《바다의 노동자 Les Travailleurs de la mer》(1866), 《웃는 사나이 L'Homme qui rit》

위고의 《레미제라블》(1862) 삽화
위고의 삽화가 에밀 비아르가 그린 코제트의 이미지는 뮤지컬의 심벌로서도 널리 사용되었다.

(1869) 등을 연이어 발표했다. 그가 이 시기에 쓴 운문과 산문은 그의 심란한 마음을 여실히 보여 주고 있으며, 사실상 그의 천재성은 슬픔 속에서 성숙했다.

프랑스-프로이센 전쟁에서 프랑스가 지고 제3공화정이 선포되자 위고는 자신의 맹세를 충실히 지켜 파리로 돌아왔다. 그는 국민의회 의원(1871)으로 국사에 참여하기로 동의했지만, 1개월 만에 사임했다.

1871년 3월 파리 포위가 끝난 뒤 맺어진 평화조약에 분노한 사람들이 반란을 일으켜 파리에서 권력을 잡고 코뮌이라는 혁명정부를 수립했으나, 이 반란은 5월 말에 진압되었다. 위고는 이 혁명정부에 반대하여 다시 브뤼셀로 망명했고, 패배한 반란자들에게 피난처를 제공한다는 이유로 다시 추방되었다. 그는 뤽상부르에 잠시 피신해 있다가 파리로 돌아와 귀족원 의원으로 선출되었다.

1872~73년에 위고는 《93년 *Quatrevingttreize*》을 쓰고 나머지 작품들의 출판준비를 하기 위해 건지 섬에서 지냈다. 1878년에 그는 뇌출혈을 일으켰

프랑스 극장판 〈레미제라블〉을 위한 무대 의상 세 번째 줄 왼쪽에서 세 번째 인물이 장발장이다.

지만, 파리의 '엘로 가(街)'에서 몇 년 동안 더 살았다. 이 거리는 그의 여든 살 생일에 빅토르 '위고 가'로 이름이 바뀌었다. 충실한 반려자 쥘리에트가 죽은 지 2년 뒤에 위고도 눈을 감았다. 프랑스는 극장을 닫고, 개선문 밑에 유해를 안치해 두었다가 팡테옹에 묻었다.

작품의 탄생

《노트르담 드 파리》는 빅토르 위고의 첫 번째 걸작소설로, 이것이 집필되기까지 위고스러운 여러 가지 일화가 있다. 위고가 이 소설을 쓰려고 자료를 수집하기 시작한 것은 1828년 9월이었다. 11월에 고슬랭 서점과 출판계약을 맺고, 이듬해 4월 15일 무렵에는 원고를 넘기기로 약속했다. 그러나 1829년에는 걸작 두 편, 즉 《마리옹 드 로름》과 《에르나니》를 쓰고 있었으므로 《노트르담 드 파리》에는 손을 댈 여유가 없었다. 그 뒤, 1830년에 위고가 문단에 일대 선풍을 일으켰던 《에르나니》의 판권을 다른 회사로 넘긴 것을 괘씸하게 여긴 고슬랭이 같은 해 6월 5일에는 "무슨 일이 있어도 12월 1일까지 원고를 넘긴다. 이를 어길 경우엔 1주일 지연될 때마다 출판사에 1천 프랑을 지불한다"는 가혹한 계약을 하도록 위고에게 강요한다.

하는 수 없이 위고는 7월 25일에 펜을 들고 소설을 쓰기 시작했지만 그로부터 이틀 뒤에 7월혁명이 일어난 바람에 집필은 다시 중단되었다. 위고는 혁명 와중에 자료의 일부가 사라졌다는 평계로 원고를 넘길 시한을 2개월 연장할 수 있었다. 위고 부인이 뒷날 쓴 《함께 산 사람이 말하는 빅토르 위고》(1863)에는 9월 1일부터 시작된 위고의 지지부진하기 짝이 없던 집필 상황을 다음과 같이 적고 있다.

'이제는 더 이상 기한을 미룰 가망이 없었다. 기한 내에 완성하는 수밖에 없다. 그는 잉크 한 병과, 목에서 발끝까지 완전히 뒤덮는 커다란 회색 모직 옷을 입고는 바깥바람을 쐬고 싶은 생각이 나지 않도록 다른 옷은 몽땅 자물쇠로 채워 버렸다. 그러고선 마치 감옥에 들어가는 심정으로 소설 속으로 파고들었던 것이다. 몹시 우울해 보였다. ……그러나 첫 부분 몇 장을 써내려가는 사이에 그의 우울함은 모두 사라지고 없었다. 완전히 작품에 몰입하고 있었던 것이다. 피곤함도, 몰아닥친 겨울 한파도 아랑곳하지 않고 그는 12월에도 창문을 활짝 열어젖힌 채 작업했다. ……1월 14일(사실은 15일)에 이 책은 완성되었다. 글을 쓰기 시작하던 날 구입한 잉크 한 병도 이제 비어 있었다. 최후의 한 방울로 마지막 한 줄을 썼던 것이다.'

최후의 한 방울로 마지막 한 줄을 썼다는 것은 조금은 과장된 표현이겠지만 정열적인 위고의 글쓰기 작업을 아주 잘 드러내 주는 대목이다.

어쨌든 이런 정열 덕분에 《노트르담 드 파리》는

《여러 세기의 전설》(1859) 속표지 그림
위고는 그림에 비범한 재능을 보였다. 1860년, 친구에게 선물한 책에 그려진 위고의 자필화. 파리, 위고기념관 소장.

조금 늦게 마무리한 '파리 조감' 등의 장을 제외하면 넉 달 반 만에 완성되었다. 1831년 3월 16일에 고슬랭 서점에서 출판된 초판에는 3장이 빠져 있는데, 이 점에 대해선 '1832년 간행 결정판'의 주석을 보기 바란다.

이 3장은 1832년 12월 17일에 랑뒤에르 서점에서 간행된 결정판에 처음으로 수록되었다.

위고는 눈부신 변모와 발전을 보인 19세기와 함께 걸어온 인물로서, 그의 활동과 《노트르담 드 파리》는 어떠한 관계가 있는지를 살펴보고자 한다.

이 소설을 쓰기 2, 3년 전부터 위고는 이미 낭만파 지도자로서의 지위를 확고히 다졌으며, 1830년 7월혁명의 영향까지 받아 더한층 자유주의와 인도주의에 깊이 빠져들었다. 따라서 이 소설에는 수많은 낭만주의적 요소가 유감없이 표현되는 한편, 민주주의와 인도주의를 향한 그의 열망도 어느 정도 엿볼 수 있다.

낭만주의적 대서사시
《노트르담 드 파리》는 우선 숙명적인 사랑과 정열, 질투 같은 인간의 살아 있는 감정들을 서정 넘치는 자유분방한 수법으로 묘사했다는 점에서 낭만주의의 전형적인 작품이라고 할 수 있다. 집시처녀 에스메랄다에 대한 클로드 프롤로의 어긋난 사랑과, 이 사랑에 숨겨진 치열한 질투와 증오, 죽음을 택할 것인지 자신을 따를 것인지 택하라는 압박을 받으면서도 페뷔스에 대한 일념으로 프롤로를 거부하는 에스메랄다, 에스메랄다에 대한 카지모도의 맑고 깨끗한 사랑, 이와 같은 솔직하고 격정적인 인간감정의 적나라한 묘사는 낭만파 작가들이 즐겨 쓰던 수법이며, 그것은 호화롭고 웅장한 위고의 기법으로 이 작품 속에 훌륭하게 펼쳐져 있다.

낭만주의 소설은 흔히 시적인 성격을 띠곤 하는데 위고도 소설과 시가 서로 합쳐져 있는 것이 이상적인 작품이라고 믿었다. 등장인물 대부분이 마지막에는 숙명의 먹이가 되는 비장한 전개, 노트르담 대성당에 대한 거지떼의 처절한 공격, 이러한 서사시적인 요소 때문에 《노트르담 드 파리》는 그야말로 낭만주의적 소설다운 시적 작품이 되고 있다.

또한 이 소설에 묘사된 클로드 프롤로의 질투는 저자인 위고의 생생한 체험 결과로 짐작된다. 위고는 의욕적으로 이 소설에 매달리던 순간에도 아내에 대한 생트뵈브의 사랑이 심각하다는 것을 느끼고 괴로워했던 것이다.

'전혀 생각지도 않았던 질투심이 부글부글 끓어오르는 것이 어렴풋하게 느껴졌다. ……밤이 되자 스스로도 어찌지 못할 무서운 욕구에 휩싸였다. 집시처녀가 살아 있다는 것을 안 뒤로 ……또다시 육체적 욕구가 되살아나 몸을 뒤틀었다. ……그는 침대 위에서 몸부림쳤었다.'(제9편 5)

에스메랄다의 육체를 그리며 침대 위에서 괴로워하고 몸부림치는 클로드 프롤로의 모습은 아내의 불륜으로 고통당하는 위고의 모습이 아니었을까?

위고는 또한 《노트르담 드 파리》를 통해 중세에 대한 애정을 표현하고, 중세예술의 부활을 꾀하기도 했다. 대체로 프랑스 낭만파 작가들은 고전파 작가들이 지금까지 존경했던 그리스 로마 문학이나 문화에 등을 돌리고, 자국 국민문화의 모태인 중세문화를 아끼고 사랑했다. 이런 경향은 프랑스뿐만 아니라 영국, 독일 등 유럽 여러 나라의 문학에서도 찾아볼 수 있는데, 요컨대 낭만파 작가에게 '중세'란 영감의 보물창고이며, 영혼의 고향이 있다.

위고도 중세 건축의 최고봉인 노트르담 대성당을 이 소설의 주인공으로 선택함으로써 중세문화나 중세사회에 대한 뜨거운 사랑을 나타냈다. 카지모도, 클로드 프롤로, 에스메랄다 같은 주요 등장인물은 모두 이 대성당을 중심으로 죽어 간다. 위고가 이 대성당이나 중세 고딕건축을 동경하고, 안팎에서 덮치는 파괴의 손길에 의해 사라져 가는

《노트르담 드 파리》에서 카지모도를 가엾이 여겨 물을 주는 에스메랄다
위고기념관 개관을 기념하여 파리 시가 제작 의뢰하였다.

위고 로망의 꽃《노트르담 드 파리》 599

이 예술을 진심으로 안타까워하고 있음은 '머리말'을 보아도 잘 알 수 있다.
 이와 같은 중세의 훌륭한 역사적 건축을 기분 내키는 대로 개조하거나 무너뜨리는 파괴자들에 대한 분노가 '1832년 간행 결정판에 첨부한 글'에 마음껏 표출되어 있다. 위고가 일마만한 열정을 가지고 이 대성당을 아꼈는지는 제3편 1의 〈노트르담〉을 읽으면 금세 알 수 있다.
 또한 이 소설에는 현실세계에 얼마든지 있을 수 있는 다양하고 잡다한 인물·계급·장소가 등장한다. 루이 11세 같은 국왕에서부터 클로팽 트루유푸 같은 부랑자나 거지에 이르기까지 귀족·성직자·의사·서민 등등 천차만별의 인간 군상을 보여 준다. 사랑의 종류도 남녀의 사랑에서 모성애, 학문에 대한 열정, 예술에 대한 사랑, 동물에 대한 사랑까지 열 손가락을 꼽아야 할 정도이다.
 이와 같이 인생과 사회 전반을 묘사하려는 수법은 낭만주의시대부터 특히 강하게 의식된 것이며, 그때까지 고전주의 작품의 등장인물이 왕후귀족 등에 한정되곤 했던 것에 대한 하나의 혁명이라고 할 수 있다. 위고는 모든 계급의 인물들과 인생의 다양한 국면을 묘사한 셰익스피어나 영국의 역사소설가 월터 스코트의 영향을 받아 이러한 묘사를 했다고 한다.
 낭만주의의 낭만주의적인 특징은 이뿐만이 아니다. 낭만파 작가들, 특히 위고는 그 작품의 등장인물들에게 전혀 상반되는 두 가지 특징을 갖게 하여 두드러진 대조를 보이는 모습을 자주 그려내려 했다. 《노트르담 드 파리》의 주인공들 또한 그러한 성격을 갖추고 있다. 카지모도는 세상에 보기 드문 추악한 신체 속에 에스메랄다에 대한 그지없이 맑고 깨끗한 사랑의 마음을 감추고 있으며, 클로드 프롤로는 성직자이면서도 집시처녀 에스메랄다에게 불같이 뜨거운 육체적 욕구를 느낀다. 또한 집시이면서 무희라는 타락하기 쉬운 환경에 있는 에스메랄다는 목숨을 건 지고지순한 사랑을 한다. 이와 같은 대조적 기법이 충분히 구사되어 있다는 점에서도 이 작품은 매우 낭만적이라고 할 수 있다.

민주주의를 품은 대성당

 《노트르담 드 파리》에는 수많은 낭만주의적 성격과 함께 군데군데 민주주의적 성격도 나타나 있다. 1827년부터 시작된 생트뵈브와의 친교와 7월혁명은 이러한 경향을 더욱 강하게 밀고나가게 했다. 1829년에 쓴 《사형수 최후의 날》은 사형에 반대하는 의견을 기술한 작품으로 파리 근교의 비세트르 감옥을 찾아가 비참한 상황을 보고 들은 작가의 체험이 반영되어 있다.

《노트르담 드 파리》에서도 이와 같은 사상을 엿볼 수 있다. 영화와 뮤지컬로도 유 명한 이 작품은 흔히 곱사등이 종지기 카지모도와 아름다운 집시 에스메랄다의 사랑 이

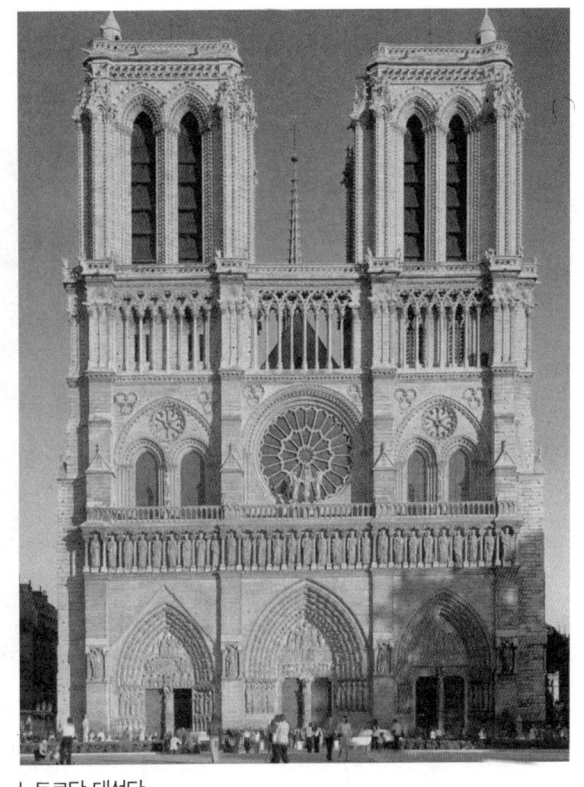

노트르담 대성당
프랑스 센 강의 시테 섬에 있는 중세 고딕 건축의 가장 조화로운 성당.

야기 정도로 알려져 있지만, 원작에서 이것은 주제를 떠받치는 다양한 소재 가운데 하나일 뿐이다.

19세기 프랑스에서 자유와 낭만을 외치던 위고는 15세기로 거슬러 올라가 복잡하게 얽힌 하나의 세계를 구축하게 된다. 그곳에는 아름답고 정교한 노트르담 대성당이 있고, 성당의 닫힌 문을 두드리는 이교도들이 있으며, 광장 한가운데 서 있는 교수대와 지하 감옥이 있다. 사람들은 그곳에서 나고, 자라고, 미치고, 죽는다. 위고는 15세기 노트르담 아래에서 일어나는 이 모든 일을 조감하듯 그려냄으로써 자신의 세기의 진통을 고찰하고자 했던 것이다.

위고는 거리의 시인 그랭구아르, 곱사등이 카지모도, 거지들의 우두머리 클로팽 등을 통해 노트르담 뒤편에서 꿈틀거리는 이 기운을 포착해낸다. 신에게 바치는 숭배의 표현이었던 노트르담 대성당은, 실은 신에게 보일 수 없

국민 시인의 국장 위고는 여든셋의 나이에 생애를 마쳤다. 1885년 6월 1일 에투왈 개선문에 안치된 거대한 관은 거리를 메운 시민들이 지켜보는 가운데 판테온으로 운구되었다.

는 많은 것들을 등 뒤에 가리고 있었다.

미로처럼 얽힌 골목길 끝에 '기적의 소굴'이라는, 이름과 맞지 않는 거지들의 주거지도 수많은 은폐물 가운데 하나이다. 도시의 분위기를 흩뜨려 놓는 이들이야말로 광인절에 가장 적합한 주인공들이며, 아름다운 도시와 대성당을 의도치 않게 위협하는 세력이었을 것이다. 15세기에 사람들은 이들을 광인 또는 이교도라 불렀다. 프랑스 대혁명과 7월혁명을 거친 뒤 프롤레타리아 계급을 이루게 되는 것 역시 그들이다. 영토 안에 있지만 사실상 바깥에 존재하는 그들은 모두 집시이고, 하나의 디아스포라(Diaspora)이다.

그런데 작품 초반 비럭질과 사기를 일삼는 존재들에 지나지 않았던 이들이 후반부에 이르러 바뀌는 것을 볼 수 있다. 이들은 에스메랄다를 구출하고 동시에 못마땅했던 성당을 노략질하기 위해 기적의 소굴을 과감히 박차고 나선다. 그리고 진입 시도를 하던 중 나이 어린 학생 한 명이 무참히 살해당하자, 그 분노에 힘입어 미친 듯이 전진하기 시작한다.

잔인한 사형이 프랑스에서 거의 자취를 감추었음을 환영하는 저자의 인도주의적 감정은 제2편 2 '그레브 광장'에 솔직하게 나타나 있다. 또한 민중의 대변자인 강 시(市)의 옷장수 코프놀은 "……폭동이라니 그깟 것 단숨에 진압해주지" 하며 왕의 위엄을 보이는 루이 11세의 말에 당당하게 반론을 펼쳐, "그럴지도 모릅니다, 폐하. 하지만 그것은 민중의 '때'가 아직 오지 않았기 때문입니다"(제10편 5)라고 대답한다.

이것이 《노트르담 드 파리》의 시작이고 어쩌면 모든 것이다. 위고는 어떤 문이 아주 잠깐 열리려는 바로 그 순간을 그려냈다.

이렇게 보면 《노트르담 드 파리》는 1820년부터 30년까지의 낭만주의의 특징을 집대성하면서, 그 뒤 크게 발전하는 위고의 민주주의적 요소까지 보태져 쓰인 작품이라고 할 수 있다. 초기 소설이나 《동방시집》 또는 《에르나니》 같은 작품에 드러나 있는 낭만주의의 대표자로서 위고의 진면목을 유감없이 펼침으로써 훗날 풍자시 《징벌시집》이나 《레 미제라블》의 등장의 가능성마저 점칠 수 있게 해 준다.

빅토르 위고의 연보

1797	11월 15일 파리에서 대위 조제프 레오폴드 시지스베르 위고 (1773년 11월 15일 낭시 출생), 소피 트레뷔셰(1772년 6월 19일 낭트 출생)와 결혼하다.
1798	11월 15일 두 사람 사이에서 빅토르 위고의 맏형 아벨 위고 파리에서 태어나다.
1800	9월 16일 둘째 형 으젠느 위고 낭시에서 태어나다.
1802	2월 26일 빅토르 마리 위고 브장송에서 셋째 아들로 태어나다. 나폴레옹군의 장교인 아버지가 집을 떠나 임지에서 근무하게 되자 어머니는 빅토르 라오리와 애인 관계가 되다.
1803(1세)	아버지 레오폴드 소령, 가족과 함께 코르시카 섬의 바스티아, 이어서 엘바 섬의 폴르트 펠라조에 머무르다.
1804(2세)	아이들과 어머니 소피, 파리의 클리시 거리에서 살다.
1807(5세)	12월 말 소피와 아들들, 이탈리아 나폴리로 옮겨와 몇 달 동안 아버지와 살다.
1808(6세)	7월 아버지 레오폴드 대령, 나폴레옹을 따라 에스파냐로 가다. 12월 남아 있던 가족 파리로 출발하다.
1809(7세)	이 해 봄 위고 부인 세 아들과 함께 라오리 장군이 몸을 피하러 오게 될 파리의 페이앙틴 거리에 살다. 아버지 레오폴드, 에스파냐에서 장군과 총독에 임명되다.
1810(8세)	12월 라오리, 페이앙틴 거리에서 체포되다.
1811(9세)	3월 15일 어머니, 세 아들을 데리고 남편 부임지 마드리드로 출발, 일 년 동안 머무르다. 아버지 레오폴드 이혼 요구, 형 으젠느와 빅토르를 마드리드의 귀족학교에 입학시키다.

1812(10세)	3월 3일 어머니와 아이들만 파리로 돌아와서 다시 페이앙틴에서 살다.
	말레·기달·라오리의 음모가 실패, 12월 라오리 총살당하다.
1813(11세)	아버지, 귀국 뒤에도 어머니와 별거하다. 12월 31일 살던 곳을 떠나 현(現) 르 셰르쉬미디 거리 40번지로 옮기다.
1814(12세)	1월 아버지 티옹빌 지구 사령관이 되다. 위고 집안의 아들들, 루이 18세로부터 '백합의 기사' 칭호 받다.
	아버지 레오폴드, 소피와 이혼 소송을 시작, 아들 으젠느와 빅토르를 코르디에 기숙학교에 넣다. 빅토르는 이곳에 4년 머무르며 마지막 2년은 루이르그랑 고등중학에 다니다.
1816(14세)	이공과 대학 수험 준비하다. 아버지 레오폴드, 블루와에서 반급(半級)을 받는 장교로 머무르다.
	7월 10일 위고, 시첩(詩帖)에 쓰다 — '샤토브리앙이 되는 게 아니라면 아무것도 되고 싶지 않다.' 첫 작품 비극 《이르타멘느》 쓰다.
1817(15세)	빅토르 위고, 아카데미 프랑세즈 문학경시대회에서 수상하다.
1818(16세)	부모의 별거가 시작되다. 으젠느와 빅토르, 코르디에 기숙학교에서 나와 어머니와 살다.
1819(17세)	2월 툴루즈 문학경시대회에서 시 두 편이 입상, 5월 시 한 편 아카데미 프랑세즈 상 수상하다.
	이 해 봄 어린 시절 친구 아델 푸셰에게 사랑을 고백하다.
	12월 위고, 형제들과 함께 〈문학 수호자(Conservateur littéraire)〉지를 창간하다(1821년 3월까지 월 2회 발행).
1820(18세)	3월 9일 〈베리 공작의 죽음에 대한 오드〉로 루이 18세로부터 하사금을 받다. 중편소설 《뷔그 자르갈》을 〈문학 수호자〉지에 게재하다.
	어머니의 반대로 빅토르 위고, 푸셰 집안과 관계를 끊다. 위고와 아델 비밀리에 편지를 주고 받다.
	위고, 지식인 사회에 들어가다(라마르틴·샤토브리앙 등과 교유).
1821(19세)	6월 27일 어머니를 잃다. 7월 20일 아버지는 애인 카트린느 토마와 재혼하다. 7월 위고와 아델 푸셰 약혼하다. 10월 사촌 트

레뷔세와 함께 드라공 거리 30번지 다락방으로 옮기다.

1822(20세) 6월 8일 첫 시집 《송가 및 그 외 시》 간행하다. 7월, 국왕 루이 18세로부터 연금을 받다. 10월 12일 생 쉴피스 성당에서 아델 푸셰(1803년 출생)와 결혼식 후 르 셰르쉬미디 거리에서 살다. 아델을 짝사랑하던 형 으젠느, 두 사람의 결혼에 충격받고 정신착란을 일으키다.

1823(21세) 2월 8일 소설 《아이슬란드의 한스》 간행하다. 7월 〈라 뮤즈 프랑세즈〉지 창간(1년간)하다. 7월 16일 첫아들 레오폴드 태어나 10월 9일 죽다. 샤를르 노디에의 인정을 받아 대우를 받는다.

1824(22세) 3월 시집 《새 오드》 출판으로 생활에 여유가 생겨 6월 보지라르 거리 90번지로 옮기다. 8월 28일 맏딸 레오폴딘 태어나다. 노디에의 집에서 '아르스날' 모임이 형성되다.

1825(23세) 4월 29일 라마르틴과 함께 레지옹 도뇌르 5등 훈장을 받다. 5월 29일 샤를르 노디에와 함께 랭스 대성당에서 있었던 샤를르 10세의 대관식에 초대받아 한 편의 송시를 짓다. 아버지 레오폴드 육군 중장이 되다. 여름, 노디에 가족과 빅토르 가족이 샤모니, 제네바로 여행하다.

1826(24세) 1월 말 《뷔그 자르갈(증보 제2판)》 간행하다. 11월 2일 아들 샤를르 태어나고, 같은 달 시집 《오드와 발라드》 간행하다.

1827(25세) 1월 12일 빅토르 부부, 비평가 생트 뵈브의 방문을 받고 그와 친구가 되다. 4월 노트르담 데샹 거리 11번지로 옮기다.
10월 자택에서 〈세나클 로망티크〉의 회합을 가지다.
친구들에게 《크롬웰》 서문을 낭독하다. 12월 5일 희곡 《크롬웰》 간행 후 낭만주의 투쟁 시대에 들어가다(1831년까지).

1828(26세) 1월 28일 파리에서 아버지 레오폴드 죽다. 10월 21일 아들 프랑수아 빅토르 태어나다.

1829(27세) 1월 《동방시집》 간행하다. 코메디 프랑세즈 극장 상연 예정인 〈마리옹 드 로름〉 검열로 인해 8월 13일 금지령 내리다. 빅토르 위고, 보상으로 제공된 은급을 거절하다.
8월 29일부터 9월 24일까지 〈에르나니〉 쓰다. 10월 코메디 프랑세즈 극장 상연 예정되다.
아내 아델과 생트 뵈브, 사랑에 빠지다.
소설 《사형수의 마지막 날》 출간하다.

1830(28세) 2월 25일 〈에르나니〉 첫 상연되자 고전·낭만파 사이에 이른바 '에르나니 싸움'이 일어나다. 3월 13일 《에르나니》 간행하다. 4월 장 구종 거리의 새 아파트로 옮기다. 7월 28일 7월 혁명의 혼란 중 둘째 딸 아델 태어나고 생트 뵈브가 대부되다.

1831(29세) 3월 16일 소설 《노트르담 드 파리》 간행(작자명 없음. 2권)하다. 8월 11일 〈마리옹 드 로름〉 포르트 생 마르탱 극장 첫 상연되다. 11월 30일 시집 《가을 나뭇잎》 간행하다. 아내 아델, 생트 뵈브와 헤어지다. 샤를르 콜레라에 걸리다.

1832(30세) 10월 루아얄 광장(현(現) 레 보쥬 광장) 6번지로 이사하다. 11월 22일 코메디 프랑세즈 극장에서 〈왕은 즐긴다〉 첫 상연되었으나 이튿날 상연 중지되다. 빅토르 위고 소송을 제기, 검열 폐지를 주장하다.

1833(31세) 2월 2일 포르트 생 마르탱 극장에서 〈뤼크레스 보르지아〉 첫 상연되다. 같은 달 19일 밤(루이 바르즈 《시인의 사랑》에 의함) 위고와 여배우 쥘리에트 드루에, 애인 관계가 되다. 11월 6일 같은 극장에서 〈마리 튀도르〉 첫 상연되다.

1834(32세) 1월 15일 《미라보 연구》, 3월 19일 《문학 철학논집》 간행하다. 8월 애인 쥘리에트와 브르타뉴 여행. 9월 6일 《클로드 괴》 간행하다. 9월 초부터 10월 말까지 비에브르의 골짜기에 있는 레 로슈의 별장(〈데바〉지 주간 베르탱 소유)과 쥬이 안 죠자스의 시골집(쥘리에트가 빌린 집) 사이를 걸어서 왕복하다.

1835(33세) 4월 28일 〈앙젤로, 파두아의 폭군〉 코메디 프랑세즈에서 상연되다. 쥘리에트와 노르망디 여행하다. 9월부터 10월 비에브르의 골짜기로 여행하다. 10월 27일 시집 《황혼의 노래》 간행하다. 위고와 생트 뵈브, 결별하다.

1836(34세) 1월 31일 니자르의 혹평을 받다. 2월 18일 아카데미 프랑세즈 첫 번째 닉선하다. 6, 7월 쥘리에트와 노르망디·브르타뉴 여행

하다. 11월 14일 위고의 대본에 의한 오페라 〈라 에스메랄다〉 상연되다. 12월 29일 아카데미 프랑세즈 두 번째 낙선하다.

1837(35세) 3월 5일 샤랑통 요양소에서 형 으젠느 죽다. 6월 26일 시집 《미음의 소리》 간행하다. 7월 3일 레지옹 도뇌르 4등 훈장 받다. 오를레앙 공작의 친구가 되다. 8, 9월 쥘리에트와 함께 벨기에·네덜란드 여행하다(부인과 아이들은 오토이유로 피서감). 10월 15일 비에브르의 골짜기를 방황하고, 며칠 사이에 《올랭피오의 비극》을 쓰다.

1838(36세) 8월 샹파뉴로 여행하다. 11월 8일 자신의 극장 '라 르네상스'에서 〈뤼 블라〉 첫 상연되다. 자신의 집으로 오를레앙 공작 부부를 초대하다.

1839(37세) 8월 25일 극 〈쌍둥이〉를 중지하고 라인 지방으로 가다. 10월 말까지 알자스·스위스·알프스·프로방스·부르고뉴로 여행을 계속하다. 딸 레오폴딘, 샤를르 바크리를 만나다. 아카데미 프랑세즈 입회에 다시 실패하다. 위고, 루이 필립으로부터 A. 바르베스의 사면을 받아내다.

1840(38세) 1월 문예가협회 회장 되다. 2월 20일 아카데미 프랑세즈 네 번째 낙선하다.
5월 16일 시집 《빛과 그림자》 간행하다. 여름부터 가을까지 쥘리에트와 함께 라인 지방을 여행하다. 시집 《황제의 귀환》 간행하다.

1841(39세) 1월 7일 라마르틴·샤토브리앙·노디에 등의 찬성에 힘입어 아카데미 프랑세즈 회원에 당선, 6월 3일 아카데미 입회식에서 연설하다.
아들 프랑수아 빅토르, 중병에 걸리다.

1842(40세) 1월 28일 전설과 그림, 노래 등에 정치적 의미를 부여한 《라인 강, 어느 친구에게 보내는 편지(2권)》 간행하다.

1843(41세) 2월 15일 딸 레오폴딘과 샤를르 바크리 결혼식을 올리다. 3월 7일 바르브루스라는 무사의 영웅적 투쟁을 그린 〈레 뷔르그라브〉 코메디 프랑세즈 극장에서 첫 상연되나 관객의 호응을 얻지

못하다. 7월 15일 쥘리에트와 함께 에스파냐 피레네 지방으로 여행하다. 9월 4일 딸 레오폴딘과 그 남편 센 강 빌키에에서 익사하다.

1844(42세) 9월 4일 빌키에 사건 1주년에 걸작 시집 《빌키에에서》의 제1고 완성하다.
위고, 루이 필립의 측근이 되다. 레오니 비아르(화가 오귀스트 비아르의 아내)를 연인으로 삼다.

1845(43세) 4월 13일 루이 필립 왕으로부터 자작 작위를 받고 프랑스 귀족이 되다. 7월 5일 레오니 비아르 부인과의 간통 현장 들키다.
11월 17일 《레 미제르》(뒤에 《레 미제라블》) 집필 시작하다.

1846(44세) 3월 19일 귀족원에서 위고의 정치 연설 〈폴란드를 위해서〉 발표하다. 쥘리에트의 딸 클레르 프라디에 죽다.
처음으로 빌키에 여행하다.

1847(45세) 일 년 내내 《레 미제르》 집필 계속하다.

1848(46세) 2월 혁명 일어나다. 2월 라마르틴, 임시정부 주석이 되다. 같은 달 25일 라마르틴이 위고를 파리 지구 혁명위원으로 임명하다.
4월 23일 헌법의회 의원 총선거에 낙선 6월 5일 보궐 선거에서 파리 선출 의원 당선, 6월 20일 의회에서 첫 연설하다. 6월 24일~26일 바리케이드의 폭도들 파리 제8지구(지구장 위고) 청사를 습격, 루아얄 광장의 위고 숙소도 침입하다. 7월 리슐리 거리로 옮기다. 같은 달 샤를・프랑수아 두 아들과 함께 〈레벤느망〉지를 창간하다. 8월 1일 〈레벤느망〉지 제1호 루이 나폴레옹 보나파르트를 공화국 대통령 후보로 추천하다.

1849(47세) 5월 라투르도베른느 거리 37번지로 이사, 같은 달 13일 입법 의회의 파리 선출 의원이 되다. 7월 9일 위고의 〈빈곤에 대한 연설〉이 의회에서 물의를 일으키다. 10월 19일 온건파와 결별하다.

1850(48세) 1월 15일 교육의 자유에 대해 팔루법 반대의 의회 연설 발표하다. 〈레벤느망〉이 발행금지되자, 〈인민의 출현〉이란 이름으로 재발행하다.
6월 28일 쥘리에트, 위고와 비아르 부인과의 관계를 알다.

1851(49세) 위고, 노동자들이 어렵게 생활하는 릴(Lille) 빈민가를 방문하다.
7월 17일 루이 나폴레옹의 야심을 공격하는 의회 연설 발표하다. 7월 30일 아들 샤를르, 콩셸쥴리 감옥에 수감되다.
11월 18일 아들 프랑수아 빅토르도 출판물 위반죄로 수감되다.
12월 2일~4일 루이 나폴레옹의 쿠데타에 대한 민중저항운동 벌이다. 12월 9일 위고와 71명의 민중 대표에게 국외 추방령 내리다. 12월 11일 밤 노동자로 변장하고 쥘리에트와 함께 브뤼셀로 탈출하다.

1852(50세) 8월 1일 벨기에서 영국령으로, 5일 제르제 섬 도착하다. 8월 5일 《꼬마 나폴레옹》을 브뤼셀에서 몰래 출판하다. 8월 12일 가족과 함께 마린테라스 별장에 숙소를 정하다.

1853(51세) 9월 지라르댕 부인이 제르제 섬을 방문, 회전탁자의 모임 가지다. 11월 21일 브뤼셀에서 나폴레옹 3세를 공격하는 《징벌시집》을 은밀히 발행하다. 9월부터 약 2년 동안 강신술(spiritisme)에 열중하다.

1854(52세) 일년 내내 시작(詩作)에 열중하다.

1855(53세) 1월 7일 파리에서 큰형 아벨 죽다. 10월 27일 제르제 섬에서 떠날 것을 명령받고 31일 게르느제 섬 도착하다.

1856(54세) 4월 23일 《정관시집(2권)》 간행하다. 5월 10일 오트빌하우스를 사들여 10월 5일 그곳에 정착하다.

1857(55세) 거의 완성된 시집 《신(神)》 《사탄의 종말》을 출판사 에첼은 달갑게 생각지 않고 《레 미제라블》을 독촉하다. 《신》은 1891년, 《사탄의 종말》은 1886년 모두 지은이가 죽은 뒤 간행하다.

1858(56세) 1월 《지상(至上)의 자애》, 5월 《당나귀》를 완성하다. 6월 30일 악성 종기를 앓아 이때부터 3개월간 집필을 못하다. 아내와 딸 아델 파리에 머무르고, 위고의 고독이 시작되다.

1859(57세) 8월 16일 나폴레옹 3세가 내린 공화주의자 추방 해제령에 대하여 위고 귀국하기를 거부—'자유가 되돌아올 때 나는 돌아갈 것이다(8월 18일).'
9월 28일 파리에서 시집 《여러 세기의 전설(제1부 2권)》 간행하다.

	샤를르·쥘리에트와 함께 서크 섬을 여행, 이때 받은 강한 인상 이 뒤에 소설《바다의 노동자들》을 쓰는데 영향을 미치다.
1860(58세)	4월 《레 미제라블》 다시 착수하다.
1861(59세)	3월 17일 벨기에 여행하다. '6월 30일 워털루의 전쟁터였던 곳에서 워털루의 달에《레 미제라블》을 완성했다(수첩의 메모).' 9월 3일 게르느제 섬으로 돌아오다. 10월 4일 라크루아 출판사와《레 미제라블》계약하다(약 30만 프랑). 12월 25일 핀슨 중위(딸 아델의 애인) 오트빌하우스를 방문하다.
1862(60세)	4월 3일~6월 30일 파리와 브뤼셀에서《레 미제라블(10권)》간행하다. 7월 말부터 9월 말까지 쥘리에트와 함께 벨기에, 룩셈부르크, 라인 강 기슭으로 여행하다.
1863(61세)	6월 18일 위고의 아내와 오귀스트 바크리가 쓴《생애의 한 증인이 말하는 빅토르 위고(2권)》간행하다. 이날 딸 아델은 애인 핀슨을 만나기 위해 캐나다로 떠나다.
1864(62세)	4월 14일 셰익스피어 탄생 300주년 기념 에세이《윌리엄 셰익스피어》간행하다. 이해 아들 프랑수아 빅토르《셰익스피어 전집(15권)》번역 완성하다. 위고, 쥘리에트·샤를르·프랑수아와 함께 벨기에·라인 강 기슭을 여행하다.
1865(63세)	1월 14일 프랑수아 빅토르의 약혼녀 에밀리 드 뷔트롱 죽다. 18일부터 위고 부인과 자식들은 오트빌하우스를 떠나 브뤼셀에 살다. 위고는 그곳에 정착할 것을 결정하지 못하다. 10월 17일 아들 샤를르, 알리스 르아느와 결혼하다. 같은 달 25일 시집《거리와 숲의 노래》간행하다.
1866(64세)	3월 12일 소설《바다의 노동자》간행, 크게 성공하다.《보상금 1,000프랑》과 희극〈조정〉을 쓰다. 벨기에와 게르느제 섬 사이를 왕복하다. 이후 해마다 이를 계속하다.
1867(65세)	3월 31일 첫 손자 조르주가 브뤼셀에서 태어나다.〈에르나니〉파리에서 재공연, 호평 받다. 딸 아델, 미쳐서 바르바도스에 도착하고, 아내 아델은 병세가

악화되어 시력을 잃다.

시집 《게르느제의 목소리》를 출간하다.

1868(66세)   4월 14일 손자 조르주 죽다. 8월 16일 둘째 손자(역시 조르주라 이름지음) 태어나다. 8월 27일 아내 아델 브뤼셀에서 죽다.

1869(67세)   5월 소설 《웃는 사나이》 완성하다. 5월 8일 샤를르와 프랑수아 빅토르, 〈르 라펠〉 창간하다. 9월 14일~18일 로잔느에서 평화회의 총재가되다. 9월 29일 손녀 잔느(샤를르의 딸) 태어나다.

1870(68세)   8월 15일 프랑스·프로이센 전쟁의 형세로 제국이 몰락할 것을 짐작하고 브뤼셀로 가서 프랑스로 돌아갈 시기를 기다리다.

공화국 선언 이튿날 9월 5일 위고, 19년 간의 망명생활을 끝내고 대대적인 환영을 받으며 파리로 돌아오다. 9일 《독일인에게 고한다》, 17일 《프랑스인에게 고한다》, 10월 2일 《파리 시민에게 고한다》, 10월 20일 《징벌시집》 완본 나오다.

1871(69세)   2월 8일 국민의회 파리 선출 의원에 당선(3월 8일 보르도의 의회에서 사직). 3월 13일 아들 샤를르, 보르도에서 갑자기 죽다. 3월 21일 파리 코뮌의 난을 브뤼셀로 피하다. 6월 1일 코뮌 추방자를 숨겨주었다는 이유로 벨기에에서 추방되어 룩셈부르크 등지를 옮겨다니다가 9월 25일 파리로 돌아오다.

1872(70세)   2월 딸 아델, 미친 상태로 캐나다에서 돌려보내져 정신병원에 수용되다(1915년 죽음). 4월 20일 시집 《무시무시한 해》 간행하다. 8월 7일 쥘리에트와 함께 게르느제 섬으로 떠나다. 12월 16일 소설 《93년》을 쓰기 시작하다. 여배우 사라 베르나르와 테오필 고티에의 딸 주디트와 가깝게 지내다.

1873(71세)   이 해 초 만년의 최대 걸작시 《테오필 고티에에게 바치는 조시(弔詩)》 발표하다. 4월 쥘리에트의 하녀 블랑슈, 위고의 정부가 되다. 7월 31일 파리로 돌아오다. 12월 26일 아들 프랑수아 빅트르 죽다.

1874(72세)   2월 19일 소설 《93년(3권)》 간행하다.

4월 29일 위고 가족, 클리시 거리 21번지로 옮기다. 자택에서 살롱을 열다.

《내 아들들》 출간하다.

1875(73세) 6월 《행동과 말(제1권)》, 11월 《행동과 말(제2권)》 간행하다.

1876(74세) 1월 30일 상원 의원에 선출되다. 7월 《행동과 말(제3권)》 간행하다.

1877(75세) 대통령 막 마옹이 하원을 해산하자 그를 비난하다. 아들 샤를르의 미망인 알리스, 재혼하다.
2월 26일 시집 《여러 세기의 전설(제2부)》, 5월 12일 시집 《할아버지 노릇하는 법》, 10월 10일 풍자물 《어느 범죄 이야기(제1부)》 간행하다.

1878(76세) 3월 15일 《어느 범죄 이야기(제2부)》, 4월 29일 시 《교황》 간행하다. 6월 17일 국제문학회의 개회 인사 작성하다. 6월 28일 가벼운 심장마비를 일으키다. 7월 4일 게르느제 섬으로 떠나 그곳에서 쥘리에트와 함께 머물다가, 11월 10일 다시 파리로 돌아와 엘로 큰거리 124번지에 마지막 주거지를 마련하다.
볼테르 서거 100주년 기념 연설하다. 《레 미제라블》을 극으로 각색, 초연하다.

1879(77세) 2월 시집 《지상의 연민》 간행하다.
연인 레오니 비아르 죽다. 처음으로 빌키에 있는 아내 아델의 묘지에 가다.

1880(78세) 10월 24일 시 《당나귀》 간행하다. 이해부터 에첼판(결정판) 전집 나오기 시작하다(48권은 1885년까지. 미발표 작품 16권은 1886~1902까지).
《종교들과 종교》 간행하다.

1881(79세) 2월 26일 시민들이 위고 80회 생일을 축하하여 그의 집 앞에서 행렬을 벌이다. 5월 31일 시집 《정신의 네 바람(2권)》 간행하다. 7월 엘로 거리가 빅토르 위고 거리가 되다. 8월 31일 위고의 모든 원고를 파리국립도서관에 기증한다는 유언장을 쓰다.

1882(80세) 5월 말 희곡 《토르크마다(1869년 집필)》 간행하다.
상원의원에 재선출되다.
11월 22일 《왕은 즐기다》 공연 50주년을 맞아 재상연되다.

1883(81세)	5월 11일 식도 종양으로 고생하던 쥘리에트 드루에 죽다.
	6월 9일 시집 《여러 세기의 전설(제3부)》 간행.
	8월 12일 레만 호반인 빌르뇌브로 가다.
1884(82세)	어린 손녀들과 스위스로 여행하다.
1885(83세)	5월 18일 폐렴으로 병석에 누워 22일 오후 1시 27분에 숨을 거두다.
	5월 31일 국장으로 장례식을 치러 영구가 파리 개선문 아래 놓이다. 200만 인파가 애도하는 가운데 가난한 시민들이 이끄는 영구차에 실려 팡테옹에 묻히다.
2002	빅토르 위고 탄생 200주년(2월 26일)을 맞아 프랑스 교육부가 새해 첫 수업을 교과목 관계없이 위고의 작품을 읽는 것으로 시작해줄 것을 당부하자 전국 초·중·고교가 일제히 그의 작품으로 시작하다. 자크 랑 교육부 장관도 이날 파리의 달랑베르초등학교를 방문, 서사시 《징벌시집》의 한 구절을 낭송하다.
	한국 최초 동서문화사 유그판 에밀 비야르 등의 그림 300장을 수록한 레 미제라블 완역 전6권(송면 옮김) 발간하다.

송면(宋勉)

메이지대학 문학부 불문과 졸업. 와세다대학원 문학연구과 박사과정 졸업. 문학박사 학위취득. 고려대학교·이화여자대학교·연세대학교 교수. 한국불어불문학회 회장. 논문 Bouvard et Pécuchet의 기원(1968) 등 다수. 지은책《프랑스 문학사》《플로베르—그 문학 사상과 소설미학》《플로베르의 형이상학》《프랑스 사실주의문학론》《소설미학》《프랑수아 비용—그 생애와 시 세계》옮긴책 비용《시전집 유언집》위고《레미제라블》

World Book 198
Victor Hugo
NOTRE DAME DE PARIS
노트르담 드 파리
빅토르 위고/송면 옮김
1판 1쇄 발행/1973. 7. 1
2판 1쇄 발행/2012. 11. 11
2판 4쇄 발행/2021. 2. 20
발행인 고정일
발행처 동서문화사
창업 1956. 12. 12. 등록 16-3799
서울 중구 마른내로 144(쌍림동)
☎ 546-0331~6 Fax. 545-0331
www.dongsuhbook.com

*
이 책은 저작권법(5015호) 부칙 제4조 회복저작물 이용권에 의해 중판발행합니다.
이 책의 한국어 문장권 의장권 편집권은 저작권 법에 의해 보호받으므로
무단전재 무단복제 무단표절 할 수 없습니다.
이 책의 법적문제는「하재홍법률사무소 jhha@naralaw.net」에서 전담합니다.
사업자등록번호 211-87-75330
ISBN 978-89-497-0794-5 04080
ISBN 978-89-497-0382-4 (세트)